MATEMÁTICA

com Aplicações Tecnológicas

Blucher

DIRCEU D'ALKMIN TELLES
SEIZEN YAMASHIRO
SUZANA ABREU DE OLIVEIRA SOUZA
Organizadores

JAQUES VERETA
Autor

MATEMÁTICA

com Aplicações Tecnológicas

Matemática Financeira | **Volume 4**

Matemática com Aplicações Tecnológicas, Volume 4: Matemática financeira

Editora Edgard Blücher Ltda.

Imagem da capa: iStockphoto

Publisher Edgard Blücher

Editor Eduardo Blücher

Coordenação editorial Jonatas Eliakim

Produção editorial Isabel Silva

Preparação de texto Ana Maria Fiorini

Diagramação Villa D'Artes

Revisão de texto Beatriz Carneiro

Capa Mexerica Design e Leandro Cunha

Imagem da capa iStockphoto

Blucher

Rua Pedroso Alvarenga, 1245, 4º andar
04531-012 – São Paulo – SP – Brasil
Tel.: 55 11 3078-5366
contato@blucher.com.br
www.blucher.com.br

Segundo o Novo Acordo Ortográfico, conforme 5. ed. do *Vocabulário Ortográfico da Língua Portuguesa*, Academia Brasileira de Letras, março de 2009.

Dados Internacionais de Catalogação na Publicação (CIP)
Angélica Ilacqua CRB-8/7057

Vereta, Jaques

Matemática com aplicações tecnológicas : matemática financeira – Volume 4 / Jaques Vereta ; organização Dirceu D'Alkmin Telles, Seizen Yamashiro, Suzana Abreu de Oliveira Souza. — São Paulo : Blucher, 2021.

768 p.

Bibliografia

ISBN 978-85-212-1948-4 (impresso)

ISBN 978-85-212-1939-2 (eletrônico)

1. Matemática : Problemas, questões, exercícios I. Título. II. Telles, Dirceu D'Alkmin.

20-0274 CDD 510

Índice para catálogo sistemático:
1. Matemática – Problemas, questões, exercícios

Dedico este trabalho à minha esposa, Grace, aos meus filhos, Henrique, Artur e Ricardo, às minhas noras, Karla e Lilian, e aos meus netos, Felipe, Fernando e Olívia pelo incentivo e pela compreensão em relação aos momentos de convívio familiar roubados.

Um agradecimento especial à Dra. Adélia Santos Patrício, minha médica por mais de 30 anos, sempre presente nos momentos difíceis e sem a qual a realização desta obra certamente não teria sido possível.

Jaques

AO ESTUDANTE

Se um correntista tivesse depositado R$ 100,00 na poupança de um banco, no dia 1º de julho de 1994 (data de lançamento do Plano Real), ele teria em fevereiro de 2005, na conta, a extravagante quantia de R$ 374,00.

Por outro lado, se esse mesmo correntista tivesse sacado R$ 100,00 no cheque especial do mesmo banco em 1º de julho de 1994, teria em fevereiro de 2005, aproximadamente, a incrível dívida de R$ 139.000,00.

Não é à toa que as gigantes do setor financeiro costumam declarar lucros da ordem de bilhões de reais. Para entender esse fenômeno, basta verificar que o *spread* dos bancos brasileiros (diferença entre as taxas de captação e empréstimo) é um dos maiores do mundo.

E os juros do cartão de crédito? E os juros do cheque especial?

Em maio de 2016 os juros do cheque especial chegaram a 311,3% ao ano, ou aa (ou seja, 12,51% ao mês, ou am), enquanto os juros do crédito rotativo do cartão de crédito chegaram a 471,3% aa (ou seja, 15,63% am). Já a poupança, no mesmo período, apresentou um ganho aproximado de 0,63% am.

Devemos observar que a maioria esmagadora dos brasileiros utiliza as instituições financeiras ora para solicitar empréstimos (muitas vezes por meio da utilização do cartão de crédito ou do cheque especial), ora para realizar aplicações, visando proteger seu capital da corrosão causada pela inflação.

Essas disparidades também ocorrem no comércio de forma geral, uma vez que a péssima distribuição de renda existente no Brasil obriga um grande número de pessoas a se sujeitar aos juros abusivos praticados nas compras a prazo como única forma de adquirir bens de consumo.

Acreditamos que a falta de conhecimentos na área financeira de uma grande parte da população brasileira (mesmo aqueles com curso superior) é um dos principais fatores que alimentam esse estado de coisas.

Devemos ainda levar em conta que qualquer decisão tomada pela área econômica do governo para fazer frente a problemas financeiros internos ou externos vai certamente nos afetar mais cedo ou mais tarde.

Por tudo isso, escrevemos este livro para as pessoas que realizam aplicações, fazem investimentos, tomam empréstimos e solicitam financiamentos e que, para isso, precisam de conhecimentos para melhor avaliar as alternativas oferecidas pelo mercado financeiro, de modo a tomar as decisões adequadas protegendo seu capital de forma conveniente.

A opção de utilizar uma calculadora financeira se deve à necessidade de agilizar os cálculos, permitindo que o conteúdo deste livro possa ser assimilado de forma mais agradável (com menor esforço computacional e sem a necessidade de utilizar um grande número de fórmulas). Entretanto, tendo em vista que nos concursos públicos não é permitido o uso de calculadoras, dedicaremos uma atenção especial aos procedimentos numéricos.

A escolha da HP-12C, embora esta não seja a melhor calculadora da linha financeira da HP (o que torna o seu preço mais acessível), se justifica por ser a mais utilizada pelos profissionais da área financeira.

Deve ainda ficar claro que, a qualquer momento, novas regulamentações governamentais podem alterar o valor de taxas e impostos, bem como a forma como eles são calculados. Entretanto, os conhecimentos adquiridos devem permitir que o leitor se adapte às novas regras com facilidade.

INTRODUÇÃO

Este livro foi escrito em uma linguagem acessível, permitindo que mesmo aqueles que não possuam nenhum conhecimento prévio na área financeira, tampouco no manuseio da calculadora HP-12C, possam absorver os seus ensinamentos.

No Capítulo 1 fornecemos ao leitor os conceitos básicos da matemática financeira, bem como as primeiras orientações no que tange à utilização da calculadora HP-12C.

No Capítulo 2 tratamos da capitalização simples e da sua aplicação no cálculo dos juros do cheque especial.

No Capítulo 3 tratamos da capitalização composta, com ênfase no cálculo da taxa efetiva de juros das aplicações e dos empréstimos. A taxa *over* não foi esquecida, sendo estudada detalhadamente.

No Capítulo 4 abordamos problemas envolvendo prestações. Estudamos exaustivamente as séries uniformes e não uniformes, de modo a não deixar dúvidas com relação ao conceito básico da matemática financeira: "o valor do dinheiro no tempo".

No Capítulo 5 estudamos uma das mais importantes operações financeiras do mercado, que é o desconto de títulos de crédito (também chamada de antecipação de recebíveis). Este estudo é feito no sistema de capitalização simples e composta.

No Capítulo 6 tratamos do maior vilão da economia, particularmente para os assalariados: a inflação. Neste capítulo definimos e apresentamos os principais índices agregados de preços, fazemos um retrospecto da economia brasileira e suas consequências sobre a inflação e tratamos das aplicações remuneradas com juros mais correção monetária.

No Capítulo 7 definimos o conceito de financiamento e estudamos detalhadamente os sistemas Price, Sac e Sacre, amplamente utilizados na aquisição de bens como o automóvel e a casa própria.

No Capítulo 8 fornecemos ao leitor noções básicas de programação na HP-12C. Elaboramos e armazenamos dois programas que nos permitirão operar na capitalização simples, bem como calcular taxas equivalentes na capitalização composta.

No Capítulo 9, o leitor interessado encontrará a demonstração de todas as fórmulas utilizadas neste livro.

Além de uma grande quantidade de exemplos, apresentamos ao final de cada capítulo uma lista de exercícios resolvidos, seguida de uma coleção de exercícios propostos com respostas.

PREFÁCIO

A presente obra, escrita em linguagem acessível, é dedicada a todos que necessitam de conhecimentos na área financeira. Sua utilização é recomendada não apenas a alunos das instituições de ensino do país, mas também a todos que precisam tomar decisões sobre, por exemplo, empréstimos ou investimentos e para os quais se faz mister a existência de ferramentas que os norteiem face às diferentes alternativas apresentadas pelo mercado financeiro, possibilitando inclusive adaptações decorrentes das alterações do contexto econômico do país.

A concretização da presente obra é fruto de trabalho incansável do Prof. Jaques Vereta, docente exemplar da Faculdade de Tecnologia de São Paulo (FATEC-SP), instituição cujo privilégio de tê-lo em seu quadro docente é motivo de orgulho. Devo externar ao Prof. Vereta meus sinceros cumprimentos pelo zelo e primor na apresentação dos capítulos, pela clareza na abordagem dos tópicos mais complexos, enfim, pela brilhante didática, inerente de sua natureza, cuja devoção pelo ensino da matemática nunca impôs limites à materialização de suas aspirações.

Profa. Dra. Luciana Reyes Pires Kassab

Diretora da FATEC-SP (gestão 2006-2017)

APRESENTAÇÃO

A publicação do livro *Matemática com Aplicações Tecnológicas*, Volume 4, oferece mais uma oportunidade de contribuir para a transferência e a difusão do conhecimento científico e tecnológico, promovendo assim a democratização do conhecimento.

O livro, que abrange matemática financeira e suas aplicações, será fundamental para o desenvolvimento acadêmico de alunos e professores dos cursos superiores de tecnologia, engenharia, bacharelado em Matemática e para estudiosos da área. No processo de elaboração da obra, o autor teve o cuidado de incluir textos, ilustrações e orientações para a solução de exercícios. Isso faz com que a obra possa ser considerada uma ferramenta de aprendizado bastante completa e eficiente.

Criada em 1987 por um grupo de professores da Faculdade de Tecnologia de São Paulo (FATEC-SP), a FAT (Fundação de Apoio à Tecnologia) nasceu com o objetivo principal de ser o elo entre o setor produtivo e o ambiente acadêmico. Ações como essa se unem ao conjunto de outras que a entidade oferece, como assessorias especializadas, cursos, treinamentos em diversos níveis, consultorias e concursos. Essas ações são direcionadas tanto a instituições públicas como privadas e à comunidade em geral.

A FAT tem o prazer de apoiar a edição e a divulgação desta obra e parabeniza o autor por este excelente trabalho.

Prof. César Silva

Diretor-Presidente da FAT

www.fundacaofat.org.br

SOBRE O AUTOR

JAQUES VERETA

É bacharel licenciado pela Pontifícia Universidade Católica de São Paulo (PUC-SP); especialista em Administração da Produção pela Fundação Getulio Vargas. Mestre em Matemática pela PUC-SP. Professor da Faculdade de Tecnologia de São Paulo (FATEC-SP) desde 1982. Professor do curso de especialização em Gestão Empresarial da FATEC-SP, com apoio da Fundação de Apoio à Tecnologia (FAT), desde 2006. Foi professor adjunto da Universidade Paulista por doze anos. Atuou como analista de sistemas na empresa Siemens S/A. Atuou também como administrador de empresas na Tecno-Industrial Cotrim Ltda. por 25 anos.

SOBRE OS ORGANIZADORES

DIRCEU D'ALKMIN TELLES

É engenheiro, mestre e doutor pela Escola Politécnica da Universidade de São Paulo (EPUSP). Atua como colaborador da Fundação de Apoio à Tecnologia (FAT). É professor do programa de pós-graduação do Centro Estadual de Educação Tecnológica Paula Souza (CEETPS).

Foi presidente da Associação Brasileira de Irrigação e Drenagem (ABID), professor e diretor da Faculdade de Tecnologia de São Paulo (FATEC-SP), coordenador de irrigação do Departamento de Águas e Energia Elétrica (DAEE) e professor do programa de pós-graduação da EPUSP.

Organizou e escreveu livros e capítulos nas seguintes áreas: reúso da água, agricultura irrigada, aproveitamento de esgotos sanitários em irrigação, elaboração de projetos na irrigação, ciclo ambiental da água e física com aplicações tecnológicas.

SEIZEN YAMASHIRO

É licenciado em Matemática pela Faculdade de Filosofia, Ciências e Letras da Universidade Presbiteriana Mackenzie, 1964; mestre em Matemática pela Pontifícia Universidade Católica de São Paulo (PUC-SP), 1991; professor decano da Academia de Polícia Militar do Barro Branco (APMBB), onde lecionou Matemática e Estatística de 1970 a 2008; professor pleno na Faculdade de Tecnologia de São Paulo (FATEC-SP), onde leciona Cálculo e Estatística desde 1980; professor do curso de reforço para alunos ingressantes na FATEC-SP no início de todos os semestres desde 1997.

SUZANA ABREU DE OLIVEIRA SOUZA

É bacharel em Matemática pela Universidade Federal do Rio de Janeiro (UFRJ), 1986; mestre em Ciências – Matemática Aplicada pela Universidade de São Paulo (USP), 1992; doutora em Ciências – Matemática Aplicada pela USP, 2001; professora na FATEC-SP e no Centro Universitário da Fundação Educacional Inaciana "Padre Sabóia de Medeiros" (FEI); professora do curso de reforço para alunos ingressantes na FATEC-SP no início de todos os semestres desde 1997.

RENOVADOS AGRADECIMENTOS PELO REITERADO APOIO E INCENTIVO

À Profa. Dra. Luciana Reyes Pires Kassab,
diretora da FATEC-SP.

Ao Prof. Dr. Dirceu D'Alkmin Telles,
organizador desta coleção.

À Profa. Dra. Suzana Abreu de Oliveira Souza
e ao Prof. Me. Seizen Yamashiro,
autores dos Volumes 1, 2 e 3 desta
coleção e organizadores deste volume.

CONTEÚDO

1 OS CONCEITOS BÁSICOS DA MATEMÁTICA FINANCEIRA

1.1 OPERAÇÃO FINANCEIRA

Denominamos operação financeira qualquer operação efetuada com dinheiro.

De forma geral destacamos dois tipos de operações: as aplicações e os empréstimos. As aplicações, realizadas com dinheiro próprio, têm por objetivo a sua proteção e evolução ao longo do tempo. Entendemos por proteção a manutenção do poder de compra do dinheiro frente à inflação, que se caracteriza como uma alta generalizada dos preços. Caso a rentabilidade da aplicação ultrapasse a inflação no período, aí sim podemos então dizer que ocorreu uma evolução do dinheiro.

Diversas aplicações estão hoje disponíveis ao público em geral, sendo que as mais utilizadas são: a caderneta de poupança, o Certificado de Depósito Bancário (CDB), a Letra de Câmbio (LC) e os fundos de investimento em ações. Não devemos esquecer as aplicações com rendimentos atrelados à moeda estrangeira, bem como as aplicações em imóveis.

Já os empréstimos, realizados com dinheiro de terceiros, podem ser contraídos em diversas situações. Os empréstimos contraídos automaticamente quando da utilização do cheque especial, bem como da impossibilidade de quitar a fatura do cartão de crédito devido à insuficiência de recursos, gerada por imprevistos ou por uma má administração financeira, apresentam custo muito alto. Já os empréstimos garantidos, com desconto direto na folha de pagamento, mesmo que contraídos para os mesmos fins, possuem custo mais baixo.

Os financiamentos, que são empréstimos destinados à aquisição de bens e que normalmente são utilizados pelas pessoas físicas para aquisição de veículos e imóveis, também apresentam custo mais baixo, pois o objeto da aquisição responde pela dívida.

Finalmente, não podemos esquecer os empréstimos contraídos por pessoas jurídicas, destinados a investimentos, que têm custo diferenciado.

1.2 CAPITAL

Qualquer quantia disponível para ser utilizada em uma operação financeira recebe o nome de capital. Devemos, entretanto, salientar que, para melhorar a rentabilidade de uma aplicação, é necessário que essa disponibilidade ocorra por um período mínimo de trinta dias, tendo em vista que as aplicações em caderneta de poupança não pagam juros para períodos inferiores a trinta dias e que as demais aplicações inferiores a esse mesmo período estão sujeitas à incidência do Imposto sobre Operações Financeiras (IOF).

Neste livro, vamos utilizar para capital a denominação Valor Presente, representada na calculadora HP-12C pela tecla **PV** (do inglês *present value*).

1.3 JUROS

A remuneração pelo uso do capital de terceiros é denominada juro e pode ser entendida, de forma simplificada, como um aluguel a ser pago pela utilização desse capital. Neste curso, iremos representar os juros pela letra **J**.

1.4 CAPITALIZAÇÃO

O ato de adicionar juros ao capital recebe o nome de capitalização.

1.5 TAXA DE JUROS

O valor dos juros a serem pagos em uma operação financeira é determinado pela taxa de juros.

Podemos definir a taxa de juros como a razão entre os juros recebidos (pagos) ao final de um determinado período e o capital aplicado (tomado), ou seja:

$$\mathbf{i} = \frac{\mathbf{J}}{\mathbf{PV}}$$

Devemos ainda observar que a taxa de juros deve estar obrigatoriamente relacionada a uma unidade de tempo: dia (**d**), mês (**m**), bimestre (**b**), trimestre (**t**), semestre (**s**) e ano (**a**). Para quaisquer outras unidades de tempo, podemos utilizar a notação **ap**, que representa "ao período".

Essa unidade de tempo que determina, nas taxas efetivas, de quanto em quanto tempo os juros são calculados se denomina período de capitalização.

Exemplo:

E 1.1 Determine a taxa de juros necessária para que um capital no valor de R$ 1.000,00 produza juros no valor de R$ 195,00 em dois meses.

Resolução:

$$i = \frac{J}{PV} = \frac{195,00}{1.000,00} = \mathbf{0,1950 \ \ ou \ \ 19,50\% \ ab}$$

É importante observar que 0,1950 representa a taxa de juros na forma unitária, enquanto 19,50% ab representa a taxa de juros na forma percentual.

Observe ainda que, ao utilizar a fórmula acima, obtivemos a taxa de juros diretamente na forma unitária, e não na forma percentual. Isso ocorre porque *todas as fórmulas em matemática financeira utilizam (e fornecem quando solicitadas) a taxa de juros na forma unitária*.

A taxa de juros será representada pela letra **i**, correspondente à tecla de mesmo nome na HP-12C (do inglês *interest*).

1.6 MONTANTE

Denominamos montante a quantia resultante da adição dos juros ao capital.

Neste curso, vamos utilizar para montante a denominação Valor Futuro, representada na calculadora HP-12C pela tecla **FV** (do inglês *future value*).

Assim, podemos escrever:

$$\mathbf{FV = PV + J}$$

1.7 MODELOS DE CAPITALIZAÇÃO

A forma como os juros são calculados define o modelo de capitalização. Neste curso, iremos estudar as capitalizações simples, composta e mista.

Na capitalização simples, os juros são calculados sempre sobre o capital inicial. Assim, a quantidade de juros incorporada ao capital a cada período é a mesma, ou seja, a capitalização é linear.

Na capitalização composta, a cada novo período, os juros são calculados sobre o montante obtido no período imediatamente anterior. Podemos, assim, dizer que na capitalização composta calculamos juros sobre juros, ou seja, neste caso, a capitalização é exponencial. A capitalização composta pode gerar juros maiores, menores ou iguais aos gerados pela capitalização simples.

Embora a capitalização mista seja muito pouco utilizada no Brasil, optamos por estudá-la tendo em vista que é a capitalização padrão da calculadora HP-12C. Este modelo de capitalização costuma gerar juros maiores do que os modelos citados anteriormente.

1.8 FLUXO DE CAIXA

Denominamos fluxo de caixa o diagrama que nos permite visualizar todas as movimentações de uma operação financeira. A vantagem de se utilizar um fluxo de caixa se baseia na seguinte premissa: “mais vale uma imagem do que mil palavras”.

Um fluxo de caixa se compõe de um eixo horizontal denominado “linha do tempo”. As flechas acima dessa linha geralmente representam as “entradas de dinheiro”, e as flechas abaixo indicam “saídas de dinheiro”. A linha do tempo deve iniciar com o número zero e progredir da esquerda para a direita. À direita da linha do tempo devemos encontrar a unidade de tempo a que estes números se referem.

Exemplo:

E 1.2 Elabore um fluxo de caixa para a seguinte situação: uma empresa efetua quatro investimentos trimestrais consecutivos de R$ 10.000,00 e espera com isso obter um retorno em 15 parcelas mensais e consecutivas de R$ 3.500,00, de modo que a primeira delas ocorra 9 meses após o primeiro investimento.

Resolução:

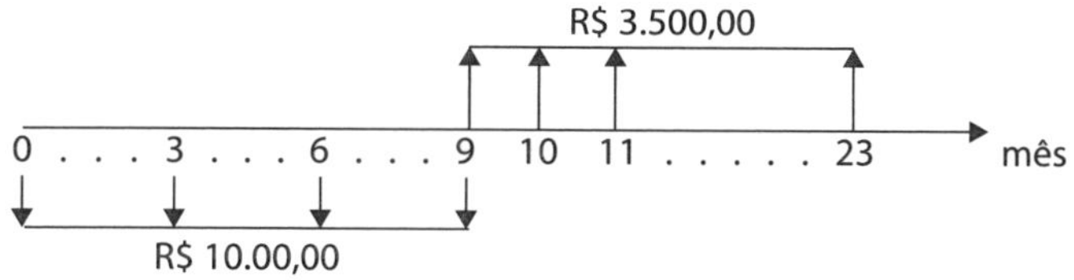

1.9 O PRINCÍPIO BÁSICO DA MATEMÁTICA FINANCEIRA

Sem dúvida, o princípio básico da matemática financeira pode ser descrito como *o valor do dinheiro no tempo*. Para entender esse princípio vamos considerar a existência dos seguintes participantes:

- de um lado, as pessoas que possuem dinheiro e podem gozar imediatamente dos benefícios que esse dinheiro pode proporcionar (como adquirir um bem, fazer uma viagem, efetuar uma aplicação financeira etc.);
- de outro lado, as pessoas que não possuem dinheiro e não podem, mas desejam, usufruir imediatamente dos benefícios que esse dinheiro pode proporcionar.

Ora, quando uma pessoa que possui dinheiro empresta esse dinheiro, ela inviabiliza a possibilidade imediata de gozar dos benefícios que ele pode proporcionar, transferindo-os para quem tomou o empréstimo. Assim, é justo que essa pessoa tenha uma compensação financeira por essa atitude, que pode ser entendida como um aluguel pelo uso alheio do seu dinheiro (juros).

Exemplificando: se essa pessoa abriu mão de adquirir um bem para emprestar o seu dinheiro, tendo em vista a existência da inflação (alta generalizada dos preços), se o valor do dinheiro devolvido for o mesmo, ele não será mais suficiente para comprar tal bem (perda do poder aquisitivo). Assim, é justo que o valor do dinheiro devolvido seja suficiente para manter o poder aquisitivo e eventualmente compensar a frustração gerada pelo adiamento da compra do bem. Isso nos mostra que a cobrança dos juros não é um luxo, mas uma necessidade.

Podemos também explicar esse princípio com o seguinte exemplo:

- se uma pessoa tem que pagar uma dívida em trinta dias, por exemplo, e resolve pagá-la hoje, é intuitivo que ela receba da parte do credor um desconto. Caso isso não ocorra, essa pessoa poderia aplicar esse dinheiro por trinta dias e, então, pagar a sua dúvida, ficando com os juros gerados pela aplicação. Assim, esse desconto deveria ser, pelo menos, igual aos juros provenientes da aplicação.

- por outro lado, se uma pessoa tem uma quantia para receber em trinta dias, e tem a possibilidade de recebê-la hoje, ela pode, ainda hoje, efetuar uma aplicação financeira que irá lhe proporcionar uma quantia maior em trinta dias. Assim, é justo que ela conceda ao devedor um desconto de, no máximo, o valor dos juros resultantes da aplicação financeira.

Podemos, assim, concluir que *não se pode somar (ou subtrair) quantias em datas distintas*. A matemática financeira está alicerçada sobre o princípio do *valor do dinheiro no tempo*.

1.10 MANUSEIO BÁSICO DA HP-12C: TESTANDO A HP-12C

Recomendamos ao leitor que efetue dois testes em sua HP-12C. O primeiro deles apresenta na tela da sua HP-12C todas as mensagens numéricas e alfanuméricas disponíveis, de acordo com o modelo adquirido. Assim, é possível verificar o comportamento do visor com relação à ocorrência de eventuais falhas. O segundo teste verifica a integridade de todas as teclas do teclado da sua calculadora.

Como esses são, na prática, os defeitos mais recorrentes, é conveniente que o leitor não deixe de realizar os testes descritos a seguir (particularmente no caso de uma calculadora nova, esse procedimento evita, no caso da ocorrência de defeitos, a perda do prazo de garantia contratado).

Modelo novo (com duas pilhas grandes)	**Modelo antigo (com uma pilha grande ou três pilhas pequenas)**
Teste do visor	
1º passo Com a calculadora desligada, pressione simultaneamente as teclas: < g > e < ENTER > e mantenha.	**1º passo** Com a calculadora desligada, pressione simultaneamente as teclas: < ON > e < x > e mantenha.
2º passo Pressione a tecla < ON > sem soltar as teclas: < g > e < ENTER > O visor deve mostrar: ‘ 1.L 2.C 3.H ’ Os modelos Platinum e Prestige podem apresentar uma mensagem ligeiramente distinta	**2º passo** Libere a tecla < ON > e depois libere a tecla < x >. Se tudo estiver funcionando corretamente, depois de aproximadamente 15 segundos (durante os quais a palavra "*running*" aparecerá no visor de forma intermitente) o mostrador exibirá: – 8 , 8 , 8 , 8 , 8 , 8 , 8 , 8 , 8 , 8 , junto com todos os indicadores de estado correspondentes ao modelo da sua HP-12C. O leitor deve verificar se não há nenhuma falha no visor.

(*continua*)

(*continuação*)

Teste do visor	
3º passo Pressione a tecla correspondente ao número 1. Se tudo estiver funcionando corretamente, depois de aproximadamente 15 segundos (durante os quais a palavra "*running*" aparecerá no visor de forma intermitente) o mostrador exibirá: – 8 , 8 , 8 , 8 , 8 , 8 , 8 , 8 , 8 , 8 , junto com todos os indicadores de estado correspondentes ao modelo da sua HP-12C. O leitor deve verificar se não ocorre nenhuma falha no visor. **4º passo** Pressione qualquer tecla para que o visor volte a mostrar: ' 1.L 2.C 3.H '	**3º passo** Pressione qualquer tecla para sair do teste.
Teste do teclado	
1º passo Pressione a tecla correspondente ao número 3 (o visor deve mostrar o conteúdo resultante do 3º passo do teste do visor).	**1º passo** Com a calculadora desligada, pressione simultaneamente as teclas: < ON > e < ÷ > e mantenha.
2º passo Pressione as teclas em ordem da esquerda para a direita ao longo de cada linha, começando com a primeira linha e terminando com a última (quarta) linha. A tecla < ENTER > é a única a ser pressionada duas vezes (terceira e quarta linhas). O visor apagará progressivamente à medida que as teclas forem pressionadas. Após todas as teclas terem sido pressionadas, se a calculadora estiver funcionando corretamente, o visor deve estar limpo.	**2º passo** Libere a tecla < ON > e depois libere a tecla < ÷ >. Pequenos traços horizontais e verticais devem aparecer no visor.
3º passo Pressione qualquer tecla para que a tela volte a mostrar: ' 1.L 2.C 3.H '	**3º passo** Pressione as teclas em ordem da esquerda para a direita ao longo de cada linha, começando com a primeira linha e terminando com a última (quarta) linha. A tecla < ENTER > é a única a ser pressionada duas vezes (terceira e quarta linhas). Ao pressionar cada tecla, pequenos traços horizontais e verticais vão mudando de posição. Se a calculadora estiver funcionando corretamente e todas as teclas forem pressionadas na ordem correta, a calculadora exibirá o número 12 depois de pressionada a última tecla.
4º passo Pressione a tecla < ON > para sair do teste. Isso também desligara a calculadora.	**4º passo** Pressione qualquer tecla para sair do teste.

1.11 O CONCEITO DE PONTO FLUTUANTE

Inicialmente, solicitamos que o leitor pressione a seguinte sequência de teclas:

3478.71935 < ENTER>,

que deve gerar no visor a seguinte informação:

3,478.72

Observações

1) Caso o número de dígitos após o ponto esteja em desacordo com o apresentado acima, deve ser pressionada a sequência de teclas:

   < f > 2

2) O resultado obtido acima se encontra no padrão americano de representação de valores monetários, que utiliza a vírgula no lugar do ponto e vice-versa.

3) É importante observar que a vírgula após o dígito 3 (que corresponde ao ponto no padrão brasileiro) é inserida automaticamente pela calculadora, cabendo ao leitor apenas a tarefa de pressionar o ponto (que corresponde à vírgula no padrão brasileiro) após pressionar o dígito 8.

4) Ao digitar a tecla < ENTER > a calculadora armazena internamente a informação recebida, ou seja, o valor

   3,748.71935

   e uma vez que a sequência de teclas:

   < f > 2

esteja ativa (ou tenha sido pressionada anteriormente), o visor mostrará o valor:

3,748.72

Isso ocorre porque a sequência de teclas < f > 2 solicita que a calculadora mostre o valor armazenado com apenas duas casas decimais (dois dígitos após a vírgula), utilizando arredondamento padrão, ou seja:

- se o terceiro dígito após a vírgula for menor do que 5, ele e todos os dígitos que o seguem são simplesmente abandonados;
- por outro lado, se o terceiro dígito após a vírgula for maior ou igual a 5, o dígito anterior a ele é incrementado de uma unidade, e ele e todos os dígitos que o seguem são abandonados (observe que foi exatamente isto que ocorreu).

Uma vez que o valor original, 3,748.71935, foi salvo pela calculadora, é possível alterar o formato de apresentação do visor conforme a necessidade do usuário. Por exemplo:

Sequência de teclas	Apresentação no visor
< f > 3	3,748.719
< f > 4	3,748.7194
< f > 5	3,748.71935
< f > 6	3,748.719350
< f > 1	3,748.7
< f > 0	3,749

É importante observar que a sequência de teclas < f > n:

- apenas informa à calculadora com quantas casas decimais desejamos visualizar a informação que se encontra armazenada na sua forma original; e
- não interfere no andamento dos cálculos que estão sendo efetuados.

Caso seja do interesse do leitor, é possível mudar o padrão de fábrica da HP-12C (padrão americano) para o padrão brasileiro, ou seja, inverter a posição do ponto e da vírgula. Para tanto, uma vez digitado um valor qualquer, devem ser praticados os seguintes passos:

- *1º passo*: desligar a calculadora (< ON >).
- *2º passo*: pressionar a tecla do ponto decimal (8ª tecla da 4ª linha) e manter.
- *3º passo*: ligar a calculadora (< ON >), enquanto mantém pressionada a tecla do ponto decimal.

É importante observar que, como a HP-12C possui memória contínua, esse padrão (brasileiro) será mantido, a menos que o procedimento descrito acima seja realizado novamente.

Convém também salientar que se o usuário permitir que a carga da(s) bateria(s) acabe completamente, ao ser reinicializada a calculadora retorna aos padrões de fábrica. Assim, para evitar esse e outros inconvenientes, que veremos oportunamente, recomendamos que o usuário tenha sempre a mão baterias novas e efetue a troca tão logo o aviso de "bateria fraca" seja emitido.

1.12 A NOTAÇÃO RPN

A calculadora HP-12C modelo Gold opera apenas no sistema RPN (notação polonesa reversa), enquanto os modelos Platinum e Prestige operam tanto no sistema algébrico como no sistema RPN. Exemplificando: a operação

$$3 + 4$$

em uma calculadora que opera no sistema algébrico é realizada por meio dos seguintes passos:

3 < + > 4 =

Já em uma calculadora que opera no modo RPN, essa mesma operação é realizada por meio dos seguintes passos:

3 < ENTER > 4 < + >

ou seja, há uma inversão de posição entre o segundo operando e o sinal da operação aritmética, o que justifica o nome de notação reversa. Neste contexto, vamos operar apenas no modo RPN.

1.13 O CONCEITO DE PILHA OPERACIONAL

A HP-12C opera através de um sistema de empilhamento formado por quatro andares que recebem os seguintes nomes: registro X (1º andar), registro Y (2º andar), registro Z (3º andar) e registro T (4º andar).

Particularmente, o registro X (1º andar) corresponde ao visor da sua calculadora.

Em virtude de a HP-12C ter memória contínua, todo e qualquer valor armazenado nos quatro andares da pilha operacional lá permanecerá até que seja efetuada uma operação de limpeza (ou que a carga da(s) bateria(s) se esgote completamente).

A sequência de teclas

< f > < CLX >

limpa (preenche com zeros) o registro X (visor).

Já a sequência de teclas:

< f > < REG >

limpa (preencha com zeros) os quatro registros que compõem a pilha operacional.

Exemplos:

E 1.3 Supondo que a HP-12C esteja no modo < f > 2 (apresentação de resultados com duas casas decimais), a operação:

< f > < REG > 3 < ENTER > 4 < + >

ao ser executada, é realizada da seguinte forma:

4º andar	Registro T	*	0,00	0,00	0,00	0,00	0,00
3º andar	Registro Z	*	0,00	0,00	0,00	0,00	0,00
2º andar	Registro Y	*	0,00	0,00	3,00	3,00	0,00
1º andar	Registro X	*	0,00	3,00	3,00	4,00	7,00
	Digitação		< f > < REG >	3	< ENTER >	4	< + >

O leitor deve observar que o comando < ENTER > copia (salva) o conteúdo do registro X (dígito 3) no registro Y, permitindo que o dígito 4 seja armazenado no registro X, sem perder a informação anterior (dígito 3).

As operações aritméticas (adição, subtração, multiplicação e divisão) são efetuadas apenas com os conteúdos dos registros X e Y, e o resultado da operação é colocado no registro X. Particularmente no caso das operações de subtração e divisão, que não são comutativas, a calculadora opera da seguinte forma:

- subtração: subtrai o conteúdo do registro X do conteúdo do registro Y;
- divisão: divide o conteúdo do registro Y pelo conteúdo do registro X.

E 1.4 Para avaliar o valor da seguinte expressão aritmética:

$$1350 \,.\, (1 + 0{,}23 \,.\, 45)$$

Podemos digitar a seguinte sequência de teclas:

< f > < REG >	O leitor deve observar que a ordem da digitação, como não poderia deixar de ocorrer, segue a hierarquia das operações algébricas:
0,23 < ENTER >	
45 < x >	*primeiro*, parênteses (do mais interno para o mais externo);
1 < + >	*segundo*, multiplicações e divisões; e
1350 < x >	*terceiro,* adições e subtrações.

Supondo que a HP-12C esteja no modo < f > 2, esta sequência de teclas, ao ser efetuada, é realizada da seguinte forma:

Registro T	*	0,00	0,00	0,00	0,00	0,00	0,00	0,00	0,00	0,00
Registro Z	*	0,00	0,00	0,00	0,00	0,00	0,00	0,00	0,00	0,00
Registro Y	*	0,00	0,00	0,23	0,23	0,00	10,35	0,00	11,35	0,00
Registro X	*	0,00	0,23	0,23	45	10,35	1,00	11,35	1.350,00	15.322,50
		<f><REG>	0,23	<ENTER>	45	< x >	1	< + >	1350	< x >

O leitor deve observar que embora a tecla < ENTER > seja obrigatória entre a digitação dos números 0,23 e 45 (para informar à calculadora que estamos trabalhando com dois valores distintos), ela não é necessária entre a digitação dos números 45 e 1, pois, neste caso, a informação de que estamos trabalhando com dois valores distintos é dada pelo comando < x >, que aciona a tecla < ENTER > automaticamente. Fato semelhante ocorre entre a digitação dos números 1 e 1350 (neste caso a informação é passada à calculadora pelo comando < + >).

Observe, novamente, que esse procedimento utiliza apenas os dois primeiros andares da pilha operacional. Esse mesmo cálculo também poderia ser efetuado utilizando todos os andares da pilha operacional se optássemos por empilhar inicialmente as informações e efetuar os cálculos posteriormente, conforme descrito a seguir:

< f > < REG >
1350 < ENTER >
1 < ENTER >
0,23 < ENTER >
45
< x >
< + >
< x >

Como as operações são realizadas apenas com os valores do 1º e 2º andares, e tendo em vista a hierarquia das operações algébricas, o último valor a ser utilizado, neste caso 1350, deve ser o primeiro a ser empilhado, e assim sucessivamente.

		1º andar	2º andar	3º andar	4º andar
	Digitação	**Registro X**	**Registro Y**	**Registro Z**	**Registro T**
EMPILHAMENTO		*	*	*	*
	< f > < REG >	0,00	0,00	0,00	0,00
	1350	1.350,00	0,00	0,00	0,00
	< ENTER >	1.350,00	1.350,00	0,00	0,00
	1	1,00	1.350,00	0,00	0,00
	< ENTER >	1,00	1,00	1.350,00	0,00
	0,23	0,23	1,00	1.350,00	0,00
	< ENTER >	0,23	0,23	1,00	1.350,00
	45	45,00	0,23	1,00	1.350,00
CALC	**< x >**	10,35	1,00	1350,00	1.350,00
	< + >	11,35	1350,00	1.350,00	1.350,00
	< x >	15.322,50	1350,00	1.350,00	1.350,00

Observações

1) Ao final da fase de **empilhamento**, após a digitação do número 45, não devemos pressionar a tecla < ENTER >, pois esse comando copiaria o número 45 para o 2º andar, enviaria o número 0,23 para o 3º andar, o número 1 para o 4º andar e o número 1350 deixaria a pilha operacional.

2) Durante a fase de **cálculos**, após efetuar a multiplicação do número 45 (1º andar) pelo número 0,23 (2º andar), o resultado (10,35) é colocado no 1º andar, o conteúdo do 3º andar é remetido para o 2º andar e o conteúdo do 4º andar é copiado para o 3º andar.

3) Ao final da fase de **empilhamento** o leitor pode visualizar o conteúdo dos quatro andares da pilha operacional utilizando o comando <R ↓>, que efetua uma rotação dos andares (de cima para baixo), conforme descrito a seguir:

4º andar	**Registro T**	1.350,00	45,00	0,23	1,00	1.350,00
3º andar	**Registro Z**	1,00	1.350,00	45,00	0,23	1,00
2º andar	**Registro Y**	0,23	1,00	1.350,00	45,00	0,23
Visor	**Registro X**	45,00	0,23	1,00	1.350,00	45,00
		<R ↓>	<R ↓>	<R ↓>	<R ↓>	<R ↓>

Observe que após a quinta digitação do comando < R ↓ > o conteúdo da pilha operacional retorna à posição original.

E 1.5 Para avaliar o valor da expressão aritmética

$$\frac{1.750}{1 + 0{,}17 \cdot \frac{85}{30}}$$

podemos proceder como segue:

< f > < REG > 85 < ENTER >	Iniciamos o procedimento pelo denominador, respeitando a hierarquia das operações aritméticas.

30 < ÷ >
0,17 < x >
1 < + >
1750 < x ↔ y >
< ÷ >

Assim, em primeiro lugar dividimos 85 por 30, e, depois, multiplicamos por 0,17 e somamos 1.

Finalmente, efetuamos a divisão de 1.750 pelo valor obtido acima, não nos esquecendo de inverter o conteúdo dos andares, para que 1.750 se posicione no 2º andar.

		Visor	**2º andar**	**3º andar**	**4º andar**
	Digitação	**Registro X**	**Registro Y**	**Registro Z**	**Registro T**
CÁLCULOS		*	*	*	*
	< f > < REG >	0,00	0,00	0,00	0,00
	85	85,00	0,00	0,00	0,00
	< ENTER >	85,00	85,00	0,00	0,00
	30	30,00	85,00	0,00	0,00
	< ÷ >	2,83	0,00	0,00	0,00
	0,17	0,17	2,83	0,00	0,00
	< x >	0,48	0,00	0,00	0,00
	1	1,00	0,48	0,00	0,00
	< + >	1,48	0,00	0,00	0,00
	1750	1.750,00	1,48	0,00	0,00
	< x ↔ y >	1,48	1.750,00	0,00	0,00
	< ÷ >	1.181,10	0,00	0,00	0,00

Também podemos efetuar esses cálculos utilizando inicialmente o processo de empilhamento, conforme descrito a seguir:

< f > < REG >
1 < ENTER >
0,17 < ENTER >
85 < ENTER >
30
< ÷ >
< x >
< + >
1750
< x ↔ y >
< ÷ >

Como a pilha operacional tem apenas quatro andares e neste caso temos cinco valores para empilhar, efetuamos inicialmente apenas os cálculos indicados no denominador.

Respeitando, no processo de empilhamento, a hierarquia das operações algébricas (primeiro multiplicações e divisões e depois adições e subtrações), empilhamos primeiro o número 1 (será utilizado por último) e a seguir os números 0,17, 85 e 30.

		Visor	2º andar	3º andar	4º andar
	Digitação	**Registro X**	**Registro Y**	**Registro Z**	**Registro T**
EMPILHAMENTO		*	*	*	*
	< f > < REG >	0,00	0,00	0,00	0,00
	1	1,00	0,00	0,00	0,00
	< ENTER >	1,00	1,00	0,00	0,00
	0,17	0,17	1,00	0,00	0,00
	< ENTER >	0,17	0,17	1,00	0,00
	85	85,00	0,17	1,00	0,00
	< ENTER >	85,00	85,00	0,17	1,00
	30	30,00	85,00	0,17	1,00
CÁLCULOS	< ÷ >	2,83	0,17	1,00	1,00
	< x >	0,48	1,00	1,00	1,00
	< + >	1,48	1,00	1,00	1,00
	1750	1.750,00	1,48	1,00	1,00
	< x ↔ y >	1,48	1.750,00	1,00	1,00
	< ÷ >	1.181,10	1,00	1,00	1,00

É muito provável que, neste momento, o leitor deva estar pensando: "o primeiro procedimento é muito mais simples! Vou utilizá-lo sempre que possível!". Recomendamos, entretanto, que o segundo procedimento seja utilizado sempre que possível, pois é a melhor maneira de se habituar com o manuseio da pilha operacional.

Acreditamos que os conceitos básicos que acabamos de ver são, por ora, suficientes. As demais informações a respeito do manuseio da HP-12C serão fornecidas gradativamente, à medida que o assunto for desenvolvido.

2 CAPITALIZAÇÃO SIMPLES

2.1 CONCEITO

Denominamos capitalização o ato de adicionar os juros ao capital.

A forma como os juros são calculados para posteriormente serem adicionados ao capital define o que denominamos *tipo de capitalização*. Neste capítulo, veremos como esse fato ocorre na capitalização simples.

Exemplo:

E 2.1 Vamos considerar que um capital no valor de R$ 1.000,00 ficou aplicado durante quatro meses no regime de capitalização simples com taxa de 10% am. Apresentamos abaixo um demonstrativo dessa aplicação:

Mês	PV (Valor Presente)	J (Juros)	FV (Valor Futuro)
1	R$ 1.000,00	R$ 100,00	R$ 1.100,00
2	R$ 1.000,00	R$ 100,00	R$ 1.200,00
3	R$ 1.000,00	R$ 100,00	R$ 1.300,00
4	R$ 1.000,00	R$ 100,00	R$ 1.400,00

Observe na planilha que a capitalização simples apresenta as seguintes características:

- Os juros são calculados sempre sobre o capital inicial (PV = 1.000,00);

- O valor dos juros é o mesmo em todos os períodos;
- O aumento do capital ocorre de forma linear, ou seja, o aumento é o mesmo a cada período (100,00).

Observação:

Para calcular o valor dos juros, utilizamos a fórmula **J = PV. i**, com a taxa de juros expressa na forma unitária (ou seja, i = 10/100 = 0,10).

2.2 AS FÓRMULAS DA CAPITALIZAÇÃO SIMPLES

Observe que para obter o valor dos juros (J = R$ 400,00), bem como o valor do montante (FV = R$ 1.400,00), foi utilizado um procedimento repetitivo. Poderíamos ter chegado a esses mesmos resultados utilizando as seguintes fórmulas específicas para a capitalização simples:

Fórmula para o cálculo dos juros:

$$\mathbf{J = PV.i.n}$$

Fórmula para o cálculo do valor futuro:

$$\mathbf{FV = PV.(1 + i.n)}$$

A demonstração dessas fórmulas está disponível no **Capítulo 9 (item 9.1)**.

As fórmulas da capitalização simples podem ainda ser combinadas com a fórmula:

$$\mathbf{FV = PV + J}$$

(que independe do tipo de capitalização utilizada) quando da resolução dos exercícios.

2.3 EXEMPLOS BÁSICOS

As resoluções dos exemplos apresentados a seguir estão estruturadas nos seguintes passos:

- *1º passo*: identificar as variáveis do exemplo;
- *2º passo*: escolher a fórmula mais conveniente a ser utilizada; tomando por base as variáveis do exemplo;
- *3º passo*: substituir o valor das variáveis conhecidas na fórmula escolhida e isolar a variável desconhecida no primeiro membro;
- *4º passo*: utilizar a HP-12C para efetuar os cálculos indicados no segundo membro.

Na resolução dos exemplos a seguir estamos considerando todo mês com 30 dias e, consequentemente, o ano com 360 dias (ano comercial).

E 2.2 Determine os juros resultantes da aplicação de R$ 4.350,00 por 3 meses, no sistema de capitalização simples, com taxa de 15% aa.

Resolução:

Inicialmente, devemos observar que, como o exercício em questão solicita o valor dos juros, é conveniente utilizar a fórmula **J = PV . i . n**.

Devemos também observar que o valor da taxa de juros (**i**) e o número de períodos de capitalização (**n**) devem ser compatíveis, ou seja, devem referir-se à mesma unidade de tempo. Caso isso não ocorra, como acontece neste exercício, em que a taxa **i** está expressa em anos e o tempo de aplicação **t**, em meses, devemos efetuar o ajuste (compatibilização) obrigatoriamente no valor de **t** para gerar o valor de **n** (o ajuste de **i** requer conhecimentos que ainda não temos).

Finalmente, não podemos nos esquecer de que o valor da taxa de juros (como ocorre em todas as fórmulas da matemática financeira) deve ser utilizado na sua forma unitária (ou seja, deve ser dividido por 100).

J = ?	J = PV . i . n	**HP-12C**
PV = 4.350,00	J = 4.350 . 0,15 . 0,25	< f > < REG >
$i = \frac{15}{100} = 0,15$ aa	J = **163,13**	4350 < ENTER >

$t = 3\ m$		0,15 < x >
$n = \frac{3}{12}\ a = 0{,}25$		0,25 < x > → 163,13

Resposta: R$ 163,13.

E 2.3 Determine os juros resultantes da aplicação de R$ 4.350,00 por 5 meses, no sistema de capitalização simples, com taxa de 15% aa.

Resolução:

$J = ?$	$J = PV \cdot i \cdot n$	**HP-12C**
$PV = 4.350{,}00$	$J = 4.350 \cdot 0{,}15 \cdot \frac{5}{12}$	< f > < REG >
$i = 0{,}15\ aa$	$J = \mathbf{271{,}88}$	4350 < ENTER >
$t = 5\ m$		0,15 < x >
$n = \frac{5}{12}\ a$		5 < x >
		12 < ÷ > → 271,88

Resposta: R$ 271,88.

Observação

Observe que, neste exemplo, não efetuamos a divisão de 5 por 12 para obter o valor de **n**. A justificativa para esse procedimento está no fato de que a divisão em questão resultaria no valor **0,41666...**, e, estando a HP-12C no formato < f > < 2 >, seria visualizado o valor **0,42** (arredondado para duas casas decimais), o que levaria o leitor a cometer um erro de arredondamento, conforme mostramos a seguir:

$J = ?$	$J = PV \cdot i \cdot n$	**HP-12C**
$PV = 4.350{,}00$	$J = 4.350 \cdot 0{,}15 \cdot 0{,}42$	< f > < REG >
$i = 0{,}15\ aa$	$J = \mathbf{274{,}05}$	4350 < ENTER >

$t = 5$ m $n = \dfrac{5}{12} = 0{,}42$ a		0,15 < x > 0,42 < x > → 274,05

Resposta: R$ 274,05.

Deve, entretanto, ficar claro que, se o leitor utilizasse o valor de **n** com dez dígitos, ou seja, **0,416666667** no lugar de **0,42**, esse erro não ocorreria. Entendemos que este não é um procedimento prático, e recomendamos que os cálculos, sempre que possível, sejam efetuados de uma só vez ao final da resolução.

Neste momento cabe a seguinte pergunta: por que não utilizar esse mesmo procedimento com a taxa de juros, ou seja, por que não utilizar o valor da taxa de juros como **15/100**?

A resposta: notando que, para efetuar essa divisão, basta deslocar a vírgula duas casas para a esquerda, se o quociente da divisão for utilizado com todos os seus dígitos significativos, não haverá geração de erro de arredondamento. Assim, levando em conta a relação custo/benefício, optamos por não sobrecarregar a pilha operacional (que possui apenas quatro andares).

E 2.4 Um capital foi aplicado por 33 dias com taxa de 2,69% am no sistema de capitalização simples, rendendo juros de R$ 500,00. Determine o valor do capital.

Resolução:

$J = 500{,}00$ $PV = ?$ $i = \dfrac{2{,}69}{100} = 0{,}0269$ am $t = 33$ d $n = \dfrac{33}{30}$ m	$J = PV \,.\, i \,.\, n$ $500 = PV \,.\, 0{,}0269 \,.\, \dfrac{33}{30}$ $PV = \dfrac{500}{0{,}0269 \,.\, \dfrac{33}{30}} = \mathbf{16.897{,}60}$	**HP-12C** < f > < REG > 500 < ENTER > 0,0269 < ENTER > 33 < ENTER > 30 < ÷ > < x > < ÷ > → 16.897,60

Resposta: R$ 16.897,60.

Observação

O leitor deve ficar atento ao seguinte fato: se a divisão de **2,69** por **100** for realizada na HP-12C formatada para duas casas decimais (< f > < 2 >), o resultado obtido seria **0,03**. Ao utilizar esse valor estaríamos alterando o valor da taxa de juros e, consequentemente, cometendo um erro de arredondamento, conforme mostramos a seguir:

$J = 500{,}00$

$PV = ?$

$i = 0{,}03$ am

$t = 33$ d

$n = \dfrac{33}{30}$ m

$J = PV \,.\, i \,.\, n$

$500 = PV \,.\, 0{,}03 \,.\, \dfrac{33}{30}$

$PV = \dfrac{500}{0{,}03 \,.\, \dfrac{33}{30}} = \mathbf{15.151{,}52}$

HP-12C

< f > < REG >

500 < ENTER >

0,03 < ENTER >

33 < ENTER >

30 < ÷ >

< x >

< ÷ > → 15.151,52

Resposta: R$ 15.151,52.

Assim, para evitar esse tipo de erro, recomendamos, novamente, que a divisão da taxa por 100 seja efetuada simplesmente deslocando a vírgula duas casas para a esquerda, e que o resultado obtido seja utilizado sem qualquer tipo de arredondamento (ou seja, com todos os seus dígitos significativos).

E 2.5 Um capital de R$ 1.234,00, ao ser aplicado no sistema de capitalização simples por 1 ano, produziu de juros exatamente o seu valor. Determine a taxa mensal envolvida na operação financeira.

Resolução:

$PV = 1.234{,}00$

$J = PV$

$t = 1$ a

$n = 12$ m

$i = ?$

$J = PV \,.\, i \,.\, n$

$1.234 = 1.234 \,.\, i \,.\, 12$

$i = \dfrac{1.234}{1.234 \,.\, 12} = \dfrac{1}{12} = \mathbf{0{,}08}$

HP-12C

< f > < REG >

12 < 1 / x > → 0,08

100 < x > → 8,33% am

Resposta: 8,33% am.

Observação

O leitor deve observar que a fórmula dos juros para a capitalização simples forneceu para a taxa de juros o valor **0,08** (valor unitário).

Assim, para obter a taxa de juros na forma percentual, devemos multiplicar 0,08 por 100, ou seja, basta deslocar a vírgula duas casas para a direita e obter a resposta:

$$i = 8\%\ \text{am}$$

que está incorreta (a resposta correta, como vimos, é **8,33% am**).

Assim, cabe a seguinte pergunta: por que, ao introduzir o valor de **i** em uma fórmula, devemos mover a vírgula duas casas para a esquerda (transformando a taxa de juros da forma percentual para a forma unitária), mas não podemos efetuar o procedimento inverso (ou seja, deslocar a vírgula duas casas para a direita) ao receber essa taxa na forma unitária, quando oriunda de uma fórmula?

A resposta a essa pergunta se justifica pelo seguinte fato: ao efetuar a divisão de 1 por 12, estando a HP-12C formatada para duas casas decimais (< f > < 2 >), devemos visualizar, como de fato ocorreu, o valor **0,08**. Entretanto, se nesse momento for pressionada a sequência de teclas < f > < 9 >, iremos visualizar o valor **0,083333333.**

Assim, ao simplesmente deslocar a vírgula duas casas para a esquerda, a fim de obter a taxa na forma percentual, estamos supondo que a taxa de juros na forma unitária é exatamente igual a **0,08**, e, consequentemente, vamos obter para a taxa de juros o valor de **8,0% am.** Por outro lado, ao efetuar esse procedimento na HP-12C, ou seja, ao multiplicar a taxa unitária por 100 por meio da sequência de teclas

100 < x >

a calculadora irá utilizar para a taxa unitária o valor de **0,083333333**, e, consequentemente, obteremos a resposta correta, ou seja, **8,33% am**. Em resumo:

- para obter a taxa na forma unitária, quando da sua introdução em uma fórmula, desloque a vírgula duas casas para a direita e utilize o resultado obtido com todos os seus dígitos significativos;
- para obter a taxa na forma percentual, oriunda de uma fórmula, efetue a multiplicação por 100 na HP-12C por meio da sequência de teclas 100 < x >.

Finalizando, recomendamos ao leitor que não trabalhe com a calculadora no modo < f > < 9 >, como forma de evitar os problemas citados, pois a grande quantidade de dígitos poderá confundi-lo. Lembre-se de que estamos trabalhando com dinheiro, ou seja, com valores que só têm sentido com duas casas decimais.

E 2.6 Uma pessoa tem uma dívida de R$ 3.500,00 que deve ser paga em 75 dias. Quanto deve ser aplicado hoje no sistema de capitalização simples, à taxa de 2,5% am, de modo a obter a quantia suficiente para liquidar a dívida na data prevista?

Resolução:

$FV = 3.500,00$

$t = 75\ d$

$n = \dfrac{75}{30}\ m$

$i = 0,025\ am$

$PV = ?$

$$FV = PV\,.\,(1 + i\,.\,n)$$

$$3.500 = PV\,.\left(1 + 0,025\,.\,\frac{75}{30}\right)$$

$$PV = \frac{3.500}{1 + 0,025\,.\,\dfrac{75}{30}} = \mathbf{3.294,12}$$

HP-12C

< f > < REG >

1 < ENTER >

0,025 < ENTER >

75 < ENTER >

30

< ÷ > < x > < + >

3500 < x↔y >

< ÷ > → 3.294,12

Resposta: R$ 3.294,12.

E 2.7 Determine o montante resultante da aplicação de R$ 7.500,00, no sistema de capitalização simples, por 1 ano, 5 meses e 19 dias, à taxa de 2,74% am.

Resolução:

$FV = ?$

$PV = 7.500,00$

$i = 0,0274\ am$

$t = 529\ d$

$n = \dfrac{529}{30}\ m$

$$FV = PV\,.\,(1 + i\,.\,n)$$

$$FV = 7.500\,.\left(1 + 0,0274\,.\,\frac{529}{30}\right)$$

$$FV = \mathbf{11.123,65}$$

HP-12C

< f > < REG >

1 < ENTER >

0,0274 < ENTER >

529 < ENTER >

30

< ÷ > < x > < + >

7500 < x > → 11.123,65

Resposta: R$ 11.123,65.

Observação

Ao compatibilizar **n** com **i** optamos por calcular inicialmente o número total de dias da aplicação ($1 \times 360 + 5 \times 30 + 19 = 529$ d) e , em seguida, converter esse resultado em meses, dividindo-o por 30.

Esse exercício também poderia ser resolvido utilizando a fórmula dos juros para a capitalização simples combinada com a fórmula universal

$$\mathbf{FV = PV + J}$$

conforme apresentado a seguir:

FV = ?

PV = 7.500,00

i = 0,0274 am

t = 529 d

$$n = \frac{529}{30}\,m$$

$$J = PV \, . \, i \, . \, n$$

$$J = 7.500 \, . \, 0{,}0274 \, . \, \frac{529}{30}$$

$$J = 3.623{,}65$$

$$FV = PV + J$$

$$FV = 7.500 + 3.623{,}65$$

$$FV = \mathbf{11.123{,}65}$$

HP-12C

< f > < REG >

7500 < ENTER >

0,0274 < ENTER >

529 < ENTER >

30

<÷>

< x >

< x > → 3.623,65

7500 < + > → 11.123,65

Resposta: R$ 11.123,65.

E 2.8 Quantos dias são necessários para que um capital qualquer, aplicado a juros simples com taxa de 123% aa, produza um montante igual ao triplo do seu valor?

Resolução:

PV = qualquer

FV = 3.PV

i = 123% aa

n = ?

$$FV = PV \,.\, (1 + i \,.\, n)$$

$$3.PV = PV \,.\, (1 + 1{,}23.n)$$

$$\frac{3.PV}{PV} = 1 + 1{,}23.n$$

$$1 + 1{,}23.n = 3$$

$$1{,}23.n = 2$$

$$n = \frac{2}{1{,}23} = 1{,}63 \text{ a}$$

$$n = 1{,}63 \,.\, 360 = 585{,}37 \text{ d } \mathbf{(586\ d)}$$

HP-12C

< f > < REG >

2 < ENTER >

1,23 < ÷ > → 1,63 a

360 < x > → 585,37 (586 d)

Resposta: 586 dias.

Observação

Lembrando que o dia é a menor unidade de tempo utilizada em operações financeiras, fica claro que devemos arredondar o valor da resposta (**585,37 d**).

Utilizando o arredondamento padrão obteríamos o valor de **585 d**. Entretanto, ao efetuar o arredondamento para baixo, a quantidade de dias obtida seria insuficiente para conseguir o montante desejado. Assim, o arredondamento foi efetuado para o número inteiro imediatamente posterior, ou seja, **586 d**.

Este exemplo também poderia ser resolvido utilizando-se a fórmula dos juros para a capitalização simples, lembrando que:

$$FV = 3\ PV \Longrightarrow J = FV - PV = 3\ PV - PV = 2\ PV$$

PV = qualquer	$J = PV \cdot i \cdot n$	**HP-12C**
J = 2 PV	$2.PV = PV \cdot 1{,}23 \cdot n$	< f > < REG >
i = 123% aa	$\frac{2.\cancel{PV}}{\cancel{PV}} = 1{,}23 \cdot n$	2 < ENTER >
n = ?	$1{,}23 \cdot n = 2$	1,23 < ÷ > → 1,63 a
	$n = \frac{2}{1{,}23} = 1{,}63\ a =$	360 < x > → 585,37 (586 d)
	$n = 1{,}63\ a = 585{,}37\ d\ (586\ d)$	

Resposta: 586 dias.

Já para aqueles leitores que não possuem intimidade com a álgebra, lembramos que se o enunciado do exercício fala em um capital qualquer, podemos efetivamente utilizar para o capital um valor genérico a nossa escolha, sem perder a generalidade da solução.

Assim, por exemplo, vamos assumir um capital de R$ 100,00.

PV = 100,00	$FV = PV \cdot (1 + i \cdot n)$	**HP-12C**
FV = 300,00	$300 = 100 \cdot (1 + 1{,}23 \cdot n)$	< f > < REG >
i = 123% aa	$3 = 1 + 1{,}23 \cdot n$	2 < ENTER >
n = ?	$1 + 1{,}23 \cdot n = 3$	1,23 < ÷ > → 1,63 a
	$n = \frac{2}{1{,}23} = 1{,}63\ a$	360 < x > → 585,37 (586 d)
	$n = 1{,}63\ a = 585{,}37\ d$ **(586 d)**	

Resposta: 586 dias.

E 2.9 Tenho hoje disponível para aplicar a quantia de R$ 3.900,00. Em 3 meses vou precisar de R$ 5.120,00 para fazer uma viagem. A que taxa mensal devo aplicar o meu capital no sistema de capitalização simples, de modo a obter a quantia suficiente para efetuar a viagem na data prevista?

Resolução:

PV = 3.900,00

FV = 5.120,00

t = 3 m

n = 3

i = ?

$$FV = PV \,.\, (1 + i \,.\, n)$$

$$5.120 = 3.900 \,.\, (1 + i \,.\, 3)$$

$$\frac{5.120}{3.900} = 1 + 3 \,.\, i$$

$$i = \frac{\frac{5.120}{3.900} - 1}{3} = 0{,}10$$

HP-12C

< f > < REG >

5120 < ENTER >

3900 < ÷ >

1 < – >

3 < ÷ > → 0,10

100 < x > → 10,43% am

Resposta: 10,43% am.

2.4 TAXAS PROPORCIONAIS

Duas taxas $\mathbf{i_1}$ e $\mathbf{i_2}$ dizem-se proporcionais se for verificada uma proporção entre o valor dessas taxas e os períodos a que elas se referem, períodos estes expressos em uma mesma unidade de tempo.

Exemplos:

E 2.10 As taxas de 14% ab e 21% at são proporcionais, pois, ao expressar os períodos de tempo a que essas taxas se referem em uma mesma unidade (1 bimestre = 2 meses e 1 trimestre = 3 meses), podemos escrever:

$$\frac{14\%\ \text{ab}}{21\%\ \text{at}} = \frac{2\ \text{m}}{3\ \text{m}}$$

E 2.11 Considerando a taxa de 54,60% as, determine as taxas proporcionais: mensal, bimestral, trimestral, quadrimestral e anual.

Resolução:

Mensal

Como 1 semestre = 6 meses, podemos escrever:

$$\frac{i}{54{,}60} = \frac{1}{6} \quad \Rightarrow \quad i = \frac{54{,}60}{6} = \mathbf{9{,}10\%\ am}$$

Podemos também raciocinar (mais facilmente) da seguinte forma: considerando que a taxa dada é semestral e queremos determinar a taxa mensal (1 semestre corresponde a 6 meses), basta dividir a taxa dada por 6.

Bimestral

Considerando que a taxa dada é semestral e queremos determinar a taxa bimestral (1 semestre corresponde a 3 bimestres), basta dividir a taxa dada por 3:

$$54{,}60 \div 3 = 18{,}20\% \text{ ab}$$

Também poderíamos raciocinar da seguinte forma: 54,60% as corresponde à taxa de 9,10% am. Assim, como queremos determinar a taxa bimestral (1 bimestre corresponde a 2 meses), basta multiplicar a taxa mensal por 2:

$$9{,}10 \times 2 = 18{,}20\% \text{ ab}$$

Trimestral

Considerando que a taxa dada é semestral e queremos determinar a taxa trimestral (1 semestre corresponde a 2 trimestres), basta dividir a taxa dada por 2:

$$54{,}60 \div 2 = 27{,}30\% \text{ at}$$

Também poderíamos raciocinar da seguinte forma: 54,60% as corresponde à taxa de 9,10% am. Assim, como queremos determinar a taxa trimestral (1 trimestre corresponde a 3 meses), basta multiplicar a taxa mensal de 9,10% por 3:

$$9{,}10 \times 3 = 27{,}30\% \text{ at}$$

Quadrimestral

A taxa de 54,60% as corresponde à taxa de 9,10% am. Assim, como queremos determinar a taxa quadrimestral (1 quadrimestre corresponde a 4 meses), basta multiplicar a taxa mensal de 9,10% por 4:

$$9{,}10 \times 4 = 36{,}40\% \text{ aq}$$

Anual

Finalmente, considerando que a taxa dada é semestral e queremos determinar a taxa anual (1 ano corresponde a 2 semestres), basta multiplicar a taxa dada por 2:

$$54{,}60 \times 2 = 109{,}20\% \text{ aa}$$

Resposta: 9,10% am; 18,20% ab; 27,30% at; 36,40% aq; 109,20% aa.

O conceito de taxas proporcionais (que por si só não é relevante no estudo da matemática financeira) foi apresentado tendo em vista a sua importância no conceito de taxas equivalentes (este sim um dos conceitos mais importantes do nosso estudo).

2.5 TAXAS EQUIVALENTES

Duas taxas dizem-se equivalentes quando aplicadas a capitais iguais, durante tempos iguais, produzem juros iguais, portanto, montantes iguais.

Exemplo:

E 2.12 Determine o montante gerado pelas seguintes aplicações no sistema de capitalização simples:

- Banco I: aplicação de R$ 5.310,00 por 6 meses à taxa de 14% ab.
- Banco II: aplicação de R$ 5.310,00 por 6 meses à taxa de 21% at.

Resolução:

Banco I	$FV = PV.(1 + i.n)$	**Banco II**	$FV = PV.(1 + i.n)$
$PV = 5.310{,}00$	$FV = 5.310.(1 + 0{,}14.3)$	$PV = 5.310{,}00$	$FV = 5.310(1 + 0{,}21.2)$
$i = 14\%$ ab	$FV = \mathbf{7.540{,}20}$	$i = 21\%$ at	$FV = 7.540{,}20$
$t = 6$ m		$t = 6$ m	
$n = \frac{6}{2} = 3$ b		$n = \frac{6}{3} = 2$ t	

Resposta: Banco I, R$ 7.540,20; Banco II, R$ 7.540,20.

Observações

1) Aplicamos capitais iguais, durante tempos iguais, e obtivemos montantes iguais, ou seja, as taxas do enunciado (14% ab e 21% at) são equivalentes.
2) Como já vimos, 14% ab e 21% at são taxas proporcionais.

Essas observações nos levam a formular a seguinte pergunta: no sistema de capitalização simples, taxas proporcionais são sempre equivalentes?

É obvio que um único exemplo não pode garantir essa afirmação, ou seja, quem nos garante que se tivéssemos escolhido outro capital, outro período e outras taxas proporcionais obteríamos montantes iguais? Entretanto, a demonstração apresentada no **Capítulo 9 (item 9.2)** prova que esse fato ocorre sempre, ou seja:

na capitalização simples, taxas proporcionais são equivalentes.

Como consequência dessa premissa, podemos, a partir de agora, ao efetuar a compatibilização das variáveis **i** e **n** nos problemas envolvendo capitalização simples, ajustar tanto o valor de **n** como o valor de **i**, conforme nos mostra o exemplo seguinte.

Exemplo:

E 2.13 Determine os juros resultantes da aplicação de R$ 4.350,00 por 3 meses, no sistema de capitalização simples, com taxa de 15% aa, efetuando o ajuste:

a) da variável **n**;

b) da variável **i**.

Resolução:

a) ajuste da variável **n**:

J = ?

PV = 4.350,00

i = 0,15 a

t = 3 m

$n = \frac{3}{12} = 0{,}25$ a

J = PV . i . n

J = 4.350 . 0,15 . 0,25

J = **163,13**

HP-12C

< f > < REG >

4350 < ENTER >

0,15 < x >

0,25 < x > → 163,13

Resposta: R$ 163,13.

b) ajuste da variável **i**:

$J = ?$

$PV = 4.350{,}00$

$i = 0{,}15\%\ aa = \dfrac{0{,}15}{12}\%\ am$

$t = 3\ m$

$n = 3$

$$J = PV \,.\, i \,.\, n$$

$$J = 4.350 \,.\, \frac{0{,}15}{12} \,.\, 3$$

$$J = \mathbf{163{,}13}$$

HP-12C

< f > < REG >

4350 < ENTER >

3 < ENTER >

0,15 < ENTER >

12

< ÷ > < x > < x > → 163,13

Resposta: R$ 163,13.

Observação

Para efetuar o ajuste da variável **i** (ou seja, encontrar uma taxa mensal equivalente à taxa anual de 15%), tomamos a taxa mensal proporcional a 15% aa, tendo em vista que na capitalização simples taxas proporcionais são equivalentes.

2.6 O CHEQUE ESPECIAL

2.6.1 CARACTERÍSTICAS

O cheque especial apresenta duas características:

- A primeira é a de distinguir o cliente que goza de crédito perante o banco mediante uma impressão específica no talão de cheques, cujo objetivo é facilitar as negociações do seu emitente.
- A segunda é um crédito pré-aprovado que o banco coloca à disposição do cliente. Na prática, esse crédito representa um saldo extra que o cliente pode utilizar automaticamente, sem burocracia, toda vez que a conta-corrente apresentar insuficiência de fundos para cobrir as despesas diárias e compromissos assumidos. O limite desse crédito sofre constantes reajustes e leva em conta o saldo médio do cliente.

Podemos dividir os usuários do cheque especial (pessoas que gastam mais do que ganham) em dois grandes grupos:

- o primeiro grupo seria composto por pessoas que, embora tenham um planejamento financeiro, sofreram algum tipo de revés;

- o segundo grupo seria composto por pessoas que se deixam levar por um consumismo compulsivo e não possuem qualquer tipo de planejamento financeiro. Nesses casos, a utilização do cheque especial costuma ocorrer entre os dias 20 de um mês qualquer e o dia 5 do mês subsequente (final do mês até o recebimento do novo salário).

É importante frisar que qualquer pessoa que utiliza esse crédito está sujeita a uma das taxas de juros mais altas do mercado (talvez do mundo), além da incidência do Imposto sobre Operações Financeiras (IOF).

2.6.2 MODELOS

2.6.2.1 Cheque especial com juros reduzidos

Este modelo costuma ser oferecido apenas aos clientes que têm um bom relacionamento com o banco, ou seja, que têm outras operações com o banco, como investimentos, seguros, cartão de crédito etc. Uma outra forma de obter essa redução dos juros é aderir a determinadas exigências, como: aceitar a cobrança de determinado pacote de serviços, transferir a conta-salário para o banco etc. É a chamada reciprocidade.

De junho para julho de 2012, com o movimento de queda dos juros nos bancos brasileiros, a taxa do cheque especial ficou em 151% aa (a menor da série histórica do Banco Central desde março de 2008). Esse movimento não teve vida longa e, em maio de 2016, os juros do cheque especial atingiram o patamar de 311% aa (12,50% am).

2.6.2.2 Cheque especial com carência

Algumas instituições financeiras oferecem dez dias no cheque especial todos os meses. O leitor, entretanto, deve estar ciente de que:

- o regulamento do cheque especial deixa bem claro que, caso o cliente utilize o cheque especial por um tempo maior do que os dez dias, deverá pagar juros sobre todos os dias de utilização, e não apenas sobre os dias excedentes;
- o produto em questão, que permite que o cliente utilize dez dias sem juros todos os meses, não se refere ao mês-calendário, mas sim ao mês que se inicia no dia escolhido para o pagamento dos encargos financeiros. Em outras palavras, se for escolhido o dia 10 para pagamento dos encargos, o mês de referência será o período compreendido entre o dia 10 de um determinado mês e o dia 9 do mês subsequente. A não observância desse fato pode levar o cliente a ultrapassar o prazo de dez dias, gerando prejuízos indesejáveis;

- a utilização correta desse limite evita o pagamento dos juros, mas não evita o pagamento do IOF devido ao governo, que será debitado sempre no primeiro dia do mês;
- quando o décimo dia for um sábado, domingo ou feriado, o cliente deve cobrir o saldo devedor no dia útil anterior com depósitos de recursos imediatamente disponíveis;
- é preciso ainda verificar quais são as condições para ter acesso a esse produto. É possível que o produto esteja disponível apenas para os clientes que compram um determinado pacote de serviços, que, se for superior às necessidades do cliente, pode não ser vantajoso.

2.6.2.3 Cheque especial com juros decrescentes

Neste modelo, quanto maior for o prazo de utilização, menor será a taxa de juros. Entretanto, esse fato não deve servir de incentivo aos clientes, pois mesmo com essa redução a taxa de juros ainda é muito alta.

2.6.2.4 Adiantamento a depositante

Os bancos podem cobrar uma multa caso o cliente estoure o seu limite do cheque especial. Essa multa recebe o nome de adiantamento a depositante.

O caso mais comum ocorre quando o cliente utiliza o limite durante o mês e, no dia da cobrança do IOF (sempre no primeiro dia do mês), não possui saldo na conta para quitá-lo.

Outro fato que pode gerar a cobrança dessa multa é a existência de mais do que um limite para o cheque especial. Isso ocorre quando o cliente que possui um cheque especial com carência não observa que o banco estabeleceu um limite menor.

Resta alertar que o valor dessa multa não é insignificante, e que no primeiro semestre de 2013, em alguns bancos, esteve próximo de R$ 45,00.

2.6.3 CÁLCULO DOS JUROS

Inicialmente, devemos chamar a atenção do leitor para o fato de que a forma de cálculo e pagamento dos juros do cheque especial varia de uma para outra instituição financeira.

De forma geral, utiliza-se a capitalização simples (alguns bancos utilizam capitalização composta), e a cobrança pode considerar dias úteis ou dias corridos.

O Banco Central monitora as taxas de juros praticadas pelas instituições financeiras e as divulga no seu site: www.bc.gov.br.

Exemplo:

E 2.14 Apresentamos, neste exemplo, o extrato bancário do sr. Antônio, que possui um cheque especial com limite de R$ 5.100,00.

Conta-corrente					Cheque especial	
Data	**Dia**	**Débito**	**Crédito**	**Saldo**	**Utilizado**	**Disponível**
31/08	SAB			– 4.007,77	4.007,77	1.092,23
01/09	DOM			– 4.007,77	4.007,77	1.092,23
02/09	SEG	150,74		– 4.158,51	4.158,51	941,49
03/09	TER	37,00		– 4.195,51	4.195,51	904,49
04/09	QUA		4.200,00	4,49	0,00	5.100,00
05/09	QUI	581,56		– 577,07	577,07	4.522,93
06/09	SEX			– 577,07	577,07	4.522,93
07/09	SAB			– 577,07	577,07	4.522,93
08/09	DOM			– 577,07	577,07	4.522,93
09/09	SEG	86,00		– 665,07	665,07	4.434,93
10/09	TER	585,05		– 1.250,12	1.250,12	3.849,88
11/09	QUA		2.000,00	749,88	0,00	5.100,00
12/09	QUI			749,88	0,00	5.100,00
13/09	SEX			749,88	0,00	5.100,00
14/09	SAB			749,88	0,00	5.100,00
15/09	DOM			749,88	0,00	5.100,00
16/09	SEG			749,88	0,00	5.100,00
17/09	TER	4,38		745,50	0,00	5.100,00
18/09	QUA	147,13		598,37	0,00	5.100,00
19/09	QUI			598,37	0,00	5.100,00
20/09	SEX			598,37	0,00	5.100,00
21/09	SAB			598,37	0,00	5.100,00
22/09	DOM			598,37	0,00	5.100,00
23/09	SEG	344,83		253,54	0,00	5.100,00
24/09	TER			253,54	0,00	5.100,00
25/09	QUA	1.358,00		– 1.104,46	1.104,46	3.995,54
26/09	QUI	490,00		– 1.594,46	1.594,46	3.505,54
27/09	SEX	251,32		– 1.845,78	1.845,78	3.254,22
28/09	SAB			– 1.845,78	1.845,78	3.254,22
29/09	DOM			– 1.845,78	1.845,78	3.254,22
30/09	SEG	196,09		– 2.041,87	2.041,87	3.058,13

Vamos supor que a taxa de juros do cheque especial é de 10,2% am, no sistema de capitalização simples, e que a cobrança é efetuada por dias corridos.

Para o cálculo dos juros vamos construir uma tabela que contém apenas os dias do mês de setembro, em que o sr. Antônio esteve com saldo negativo, e os juros respectivos.

Data	Dia	Saldo na conta-corrente	Juros
01/09	DOM	– 4.007,77	13,63
02/09	SEG	– 4.158,51	14,14
03/09	TER	– 4.195,51	14,26
05/09	QUI	– 577,07	1,96
06/09	SEX	– 577,07	1,96
07/09	SAB	– 577,07	1,96
08/09	DOM	– 577,07	1,96
09/09	SEG	– 665,07	2,26
10/09	TER	– 1.250,12	4,25
25/09	QUA	– 1.104,46	3,76
26/09	QUI	– 1.594,46	5,42
27/09	SEX	– 1.845,78	6,28
28/09	SAB	– 1.845,78	6,28
29/09	DOM	– 1.845,78	6,28
30/09	SEG	– 2.041,87	6,94
Total		**26.863,39**	**91,34**

Para o cálculo dos juros diários utilizamos a fórmula dos juros da capitalização simples, ou seja, **J = PV i n**.

Assim, no cálculo dos juros do dia 1º de setembro, temos:

$$PV = 4.077,77$$

$$i = 0,102 \text{ am} \Rightarrow i = \frac{0,102}{30}\% \text{ ad } (\blacksquare)$$

$$t = 1 \text{ d} \Rightarrow n = 1 \text{ d}$$

$$J = PV\ i\ n$$

$$J = 4.007,77 \cdot \frac{0,102}{30} \cdot 1$$

$$\mathbf{J = 13,63}$$

(■) Para o cálculo da taxa diária equivalente os bancos costumam utilizar o ano comercial, ou seja, se considera todo mês com 30 dias e, consequentemente, o ano com 360 dias.

Outra forma de calcular os juros devidos, com menor esforço computacional, é utilizar o saldo médio negativo do mês, que, neste caso, consiste em dividir a soma dos saldos negativos diários por 30:

$$26.863{,}39 \div 30 = 895{,}45$$

e a seguir obtemos o total de juros devidos no mês como segue:

$PV = 895{,}45$ $i = 0{,}102$ am $t = 30$ d $\Rightarrow n = 1$ m	$J = PV\ i\ n$ $J = 895{,}45 \ .\ 0{,}102 \ .\ 1$ $\mathbf{J = 91{,}34}$

Além dos juros de R$ 91,35, o sr. Antônio deve pagar também o Imposto sobre Operações Financeiras (IOF), obrigatório em todas as operações de empréstimo em território nacional.

Atualmente (segundo semestre de 2019), o IOF é composto de duas alíquotas:

- a primeira é de 0,0082% ao dia, cobrada sobre o saldo devedor diário;
- a segunda é de 0,38% e incide sobre os acréscimos do saldo devedor.

Como o IOF é um imposto regulatório, ele pode ser alterado a qualquer momento pela equipe econômica do governo. Assim, o leitor deve se manter informado, de modo a não cometer erros de gestão financeira.

Para calcular o IOF devido pelo sr. Antônio vamos gerar a seguinte tabela:

Conta-corrente				IOF		
Data	**Dia**	**Saldo**	**Acréscimo**	**1ª alíquota**	**2ª alíquota**	**Total**
31/08	SAB	– 4.007,77	–	–	–	–
01/09	DOM	– 4.007,77	0,00	0,33	0,00	0,33
02/09	SEG	– 4.158,51	150,74	0,34	0,57	0,91
03/09	TER	– 4.195,51	37,00	0,34	0,14	0,48
04/09	QUA	4,49	0,00	0,00	0,00	0,00
05/09	QUI	– 577,07	577,07	0,05	2,19	2,24
06/09	SEX	– 577,07	0,00	0,05	0,00	0,05
07/09	SAB	– 577,07	0,00	0,05	0,00	0,05

(*continua*)

(*continuação*)

Conta-corrente				IOF		
Data	**Dia**	**Saldo**	**Acréscimo**	**1ª alíquota**	**2ª alíquota**	**Total**
08/09	DOM	– 577,07	0,00	0,05	0,00	0,05
09/09	SEG	– 665,07	88,00	0,05	0,33	0,38
10/09	**TER**	**– 1.250,12**	**585,05**	**0,10**	**2,22**	**2,32**
11/09	QUA	749,88	0,00	0,00	0,00	0,00
12/09	QUI	749,88	0,00	0,00	0,00	0,00
13/09	SEX	749,88	0,00	0,00	0,00	0,00
14/09	SAB	749,88	0,00	0,00	0,00	0,00
15/09	DOM	749,88	0,00	0,00	0,00	0,00
16/09	SEG	749,88	0,00	0,00	0,00	0,00
17/09	TER	745,50	0,00	0,00	0,00	0,00
18/09	QUA	598,37	0,00	0,00	0,00	0,00
19/09	QUI	598,37	0,00	0,00	0,00	0,00
20/09	SEX	598,37	0,00	0,00	0,00	0,00
21/09	SAB	598,37	0,00	0,00	0,00	0,00
22/09	DOM	598,37	0,00	0,00	0,00	0,00
23/09	SEG	253,54	0,00	0,00	0,00	0,00
24/09	TER	253,54	0,00	0,00	0,00	0,00
25/09	QUA	– 1.104,46	1.104,46	0,09	4,20	4,29
26/09	QUI	– 1.594,46	490,00	0,13	1,86	1,99
27/09	SEX	– 1.845,78	251,32	0,15	0,96	1,11
28/09	SAB	– 1.845,78	0,00	0,15	0,00	0,15
29/09	DOM	– 1.845,78	0,00	0,15	0,00	0,15
30/09	SEG	– 2.041,87	196,09	0,17	0,75	0,92
Total				**2,20**	**13,22**	**15,42**

Observações

1) Para calcular a primeira alíquota do IOF no dia 10 de setembro, procedemos da seguinte forma:

1250,12 < ENTER > 0,0082 < % > → R$ 0,10

2) Para calcular a segunda alíquota do IOF no dia 10 de setembro, procedemos da seguinte forma:

585,05 < ENTER > 0,38 < % > → R$ 2,22

A segunda alíquota do IOF, de 0,38%, incidente apenas sobre os acréscimos do saldo devedor, pode gerar cobranças, no mínimo, curiosas: vamos imaginar que o sr. João paga uma taxa de 9,90% am no seu cheque especial com limite de R$ 2.000,00 e que o extrato da sua conta apresentou nos dias 10, 11 e 12 de determinado mês a seguinte situação:

Data	Saldo	Acréscimo	Juros	1ª alíq.	2ª alíq.	Total
09	– 1.500,00	–	–	–	–	–
10	– 1.500,00	0,00	4,95	0,12	0,00	**5,07**
11	– 1.000,00	0,00	3,30	0,08	0,00	**3,38**
12	– 1.700,00	700,00	5,61	0,14	2,66	**8,41**
Total			**13,86**	**0,34**	**2,66**	**16,86**

Vamos agora supor que o sr. João não tivesse efetuado o depósito de R$ 500,00 no dia 11, o que fez com que o saldo devedor da sua conta caísse de R$ 1.500,00 para R$ 1.000,00 nesse dia.

Data	Saldo	Acréscimo	Juros	1ª alíq.	2ª alíq.	Total
09	– 1.500,00	–	–	–	–	–
10	– 1.500,00	0,00	4,95	0,12	0,00	**5,07**
11	– 1.500,00	0,00	4,95	0,12	0,00	**5,07**
12	– 1.700,00	200,00	5,61	0,14	0,76	**6,51**
Total			**15,51**	**0,38**	**0,76**	**16,65**

Observe que, no segundo caso, embora o saldo devedor do dia 11 seja maior, o valor total dos encargos (juros + IOF) é menor!

Exemplo:

E 2.15 Vamos considerar novamente o exemplo anterior (E 2.14), supondo agora que a cobrança de juros leva em conta apenas os dias úteis do mês, mantendo inalterados os demais parâmetros (taxa de 10,2% am e limite de R$ 5.100,00).

Data	Dia	Saldo da conta-corrente	Juros
01/09	DOM	–	–
02/09	SEG	– 4.158,51	20,20
03/09	TER	– 4.195,51	20,38
05/09	QUI	– 577,07	2,80
06/09	SEX	– 577,07	2,80
07/09	SAB	–	–
08/09	DOM	–	–
09/09	SEG	– 665,07	3,23
10/09	TER	– 1.250,12	6,07
25/09	QUA	– 1.104,46	5,36
26/09	QUI	– 1.594,46	7,74
27/09	SEX	– 1.845,78	8,97
28/09	SAB	–	–
29/09	DOM	–	–
30/09	SEG	– 2.041,87	9,92
Total		**18.009,92**	**87,47**

Para o cálculo dos juros diários utilizamos a fórmula dos juros da capitalização simples, ou seja, **J = PV i n**.

No cálculo dos juros do dia 2 de setembro (pois 1º de setembro não foi dia útil), temos:

$$PV = 4.158,51$$

$$i = 0,102 \text{ am} \Rightarrow i = \frac{0,102}{21} \% \text{ ad } (\blacksquare)$$

$$t = 1 \text{ d} \Rightarrow n = 1 \text{ d}$$

$$J = PV\ i\ n$$

$$J = 4.158,51 \ . \ \frac{0,102}{21} \ . \ 1$$

$$\mathbf{J = 20,20}$$

(■) Observe que, neste caso, para obter a taxa diária equivalente, dividimos a taxa mensal de 10,2% pelo número de dias úteis do mês (21). É importante notar que alguns bancos podem utilizar o número exato de dias úteis do mês, enquanto outros podem considerar todos os meses com 21 dias úteis.

Outra forma de calcular os juros devidos é utilizar o saldo médio negativo do mês, que, neste caso, consiste em dividir a soma dos saldos negativos diários por 21 (dias úteis do mês).

$$18.009,92 \div 21 = 857,62$$

e então obtemos o total de juros devidos no mês, como segue:

$PV = 857{,}62$ $i = 0{,}102$ am $t = 21\ d \Rightarrow n = 1\ m$ **(dias úteis)**	$J = PV\ i\ n$ $J = 857{,}62\ .\ 0{,}102\ .\ 1$ $\mathbf{J = 87{,}48}$

2.6.3.1 Comparações

1) No primeiro procedimento (dias corridos) a taxa de juros diária é de:

$$10{,}20 \div 30 = 0{,}34\%\ \text{ad}$$

Assim, se o cliente utiliza o limite do cheque especial na sexta-feira (por exemplo: saldo devedor de R$ 750,00) e faz a cobertura desse saldo devedor na segunda-feira seguinte, são cobrados juros por três dias de utilização, ou seja:

$$J = PV\ i\ n \quad \Rightarrow \quad J = 750\ .\ \frac{0{,}34}{100}.\ 3 \quad \Rightarrow \quad \mathbf{J = R\$\ 7{,}65}$$

Já no caso do segundo procedimento (dias úteis), a taxa de juros diária é:

$$10{,}20 \div 21 = 0{,}49\%\ \text{ad}$$

Assim, neste caso, se o cliente utiliza o limite do cheque especial na sexta-feira (por exemplo, saldo devedor de R$ 750,00) e faz a cobertura desse saldo devedor na segunda-feira seguinte, são cobrados juros por um dia de utilização, ou seja:

$$J = PV\ i\ n \quad \Rightarrow \quad J = 750\ .\ \frac{0{,}49}{100}.\ 1 \quad \Rightarrow \quad \mathbf{J = R\$\ 3{,}68}$$

2) No primeiro procedimento (dias corridos), se o cliente utiliza o limite do cheque especial na segunda-feira (por exemplo, saldo devedor de R$ 750,00) e o cobre na sexta-feira seguinte, são cobrados juros por quatro dias de utilização (0,34% ad), ou seja:

$$J = PV\ i\ n \quad \Rightarrow \quad J = 750\ .\frac{0{,}34}{100}.\ 4 \quad \Rightarrow \quad \mathbf{J = R\$\ 10{,}20}$$

Já no caso do segundo procedimento (dias úteis), se o cliente utiliza o limite do cheque especial na segunda-feira (por exemplo, saldo devedor de R$ 750,00) e o cobre na sexta-feira seguinte, são também cobrados juros por quatro dias de utilização, mas com uma taxa maior (0,49% ad), ou seja:

$$J = PV\,i\,n \quad \Rightarrow \quad J = 750\,.\,\frac{0{,}49}{100}\,.\,4 \quad \Rightarrow \quad \mathbf{J = R\$\,14{,}70}$$

3) Já para os clientes que utilizam o cheque especial durante todo o mês (R$ 750,00, por exemplo), os dois procedimentos gerariam o mesmo valor dos juros, como vemos a seguir:

- 1º procedimento (dias corridos):

$$J = PV\,i\,n \quad \Rightarrow \quad J = 750\,.\,\frac{0{,}34}{100}\,.\,30 \quad \Rightarrow \quad \mathbf{J = R\$\,76{,}50}$$

- 2º procedimento (dias úteis):

$$J = PV\,i\,n \quad \Rightarrow \quad J = 750\,.\,\frac{0{,}49}{100}\,.\,21 \quad \Rightarrow \quad \mathbf{J = R\$\,77{,}18}$$

A diferença encontrada se deve a erro de arredondamento e desaparece se utilizarmos a taxa diária com maior precisão (0,485714286% ad).

2.6.3.2 Conclusão

Levando em consideração os dois procedimentos apresentados, concluímos que:

Cheque especial		
Banco	**Cliente**	
	Utiliza o limite no final de semana e cobre no início da semana seguinte	**Utiliza o limite no início da semana e cobre no final da mesma semana**
1º procedimento (dias corridos)	DESVANTAGEM	VANTAGEM
2º procedimento (dias úteis)	VANTAGEM	DESVANTAGEM

2.6.3.3 *Considerações finais*

Como o cheque especial apresenta uma das maiores taxas de juros do mercado, recomendamos que o leitor não torne a utilização dessa linha de crédito um hábito.

Utilize-a pelo tempo suficiente para que você possa organizar sua vida financeira, ou negocie com a instituição financeira a contratação de outra modalidade de empréstimo com juros menores e quite o seu cheque especial.

Além disso, é de fundamental importância que o leitor conheça os procedimentos utilizados pelo seu banco na cobrança dos juros, de modo que eventuais saques ou depósitos, se possível, sejam efetuados nas datas mais apropriadas.

2.7 EXERCÍCIOS RESOLVIDOS

Observações

1) Na resolução dos exercícios a seguir consideramos:

$$1 \text{ mês} = 30 \text{ dias e } 1 \text{ ano} = 360 \text{ dias}$$

2) Visando facilitar o processo de resolução (desenvolvimento algébrico) de alguns exercícios, e ao mesmo tempo diminuir a incidência de erros de arredondamento, vamos utilizar nos cálculos intermediários, quando necessário, uma precisão de até quatro casas decimais. Entretanto, as respostas dos exercícios serão fornecidas com precisão de duas casas decimais.

R 2.1 Um eletrodoméstico foi financiado em doze parcelas fixas de R$ 99,99, vencendo a primeira 30 dias após a efetivação da venda. Sabendo que o pagamento da primeira parcela ocorreu com 16 dias de atraso, gerando juros de R$ 5,10, determine a taxa mensal de juros praticada pela financeira.

Resolução:

$$J = PV\,i\,n \Rightarrow 5{,}10 = 99{,}99 \,.\, i \,.\, \frac{16}{30} \Rightarrow i = \frac{5{,}10 \,.\, 30}{99{,}99 \,.\, 16} \Rightarrow$$

$$\Rightarrow i = 0{,}10 \text{ am } (9{,}56\% \text{ am})$$

Resposta: 9,56% am.

R 2.2 Ao efetuar o pagamento com atraso de uma prestação de R$ 999,99, uma pessoa teve que pagar a quantia de R$ 1.035,00. Sabendo que a taxa mensal de juros envolvida na operação financeira foi de 11,67%, determine por quantos dias essa prestação permaneceu em atraso.

Resolução:

$$FV = PV\ (1 + i\ n) \Rightarrow 1.035 = 999{,}99\ (1 + 0{,}1167.n) \Rightarrow \frac{1.035}{999{,}9} = 1 + 0{,}1167.n$$

$$n = \frac{\dfrac{1.035}{999{,}99} - 1}{0{,}1167} \Rightarrow n = 0{,}30\ m\ (9\ dias)$$

Resposta: 9 dias.

R 2.3 Um produtor de café possui um estoque de 750.000 sacas. Na expectativa de alta no preço do produto, recusa uma oferta de venda do estoque por R$ 10,00 a saca. Após 140 dias, vende o estoque à razão de R$ 11,00 a saca. Supondo que a taxa de juros do mercado é de 30% aa, verifique se o produtor fez um bom negócio.

Resolução:

Se o produtor aceitasse a primeira proposta, poderia aplicar o valor da venda

R$ 7.500.000,00 (750.000 × R$ 10,00),

à taxa de 30% aa por 140 dias, obtendo:

$$FV = PV\ (1 + i\ n) \Rightarrow FV = 7.500.000\ (1 + 0{,}30\ .\ \frac{140}{360}) \Rightarrow FV = 8.375.000{,}00$$

Por outro lado, ao vender o estoque por R$ 11,00 a saca, o produtor obteve:

750.000 . 11,00 = R$ 8.250.000,00.

Resposta: O produtor não fez um bom negócio (teve um prejuízo de R$ 125.000,00).

R 2.4 Um refrigerador cujo preço à vista é de R$ 1.250,00 está sendo vendido mediante uma entrada de 10% mais uma parcela de R$ 1.190,00 a ser paga em 45 dias. Determine a taxa mensal de juros simples envolvida na operação financeira.

Resolução:

Valor a ser financiado:

R$ 1.250,00 – 10% = R$ 1.125,00

Assim, nosso problema se resume em determinar a taxa de juros simples que faz com que a quantia de R$ 1.125,00 se transforme em R$ 1.190,00 após 45 dias:

$$FV = PV\,(1 + i\,n) \Rightarrow 1.190 = 1125\,(1 + i\,\frac{45}{30}) \Rightarrow 1 + \frac{45}{30}\,i = \frac{1.190}{1.125}$$

$$\Rightarrow i = \frac{\frac{1.190}{1.125} - 1}{\frac{45}{30}} \qquad \Rightarrow i = 0{,}04 \text{ am } (3{,}85\% \text{ am})$$

Resposta: 3,85% am.

R 2.5 Uma pessoa tomou um empréstimo no valor de R$ 3.500,00 por 37 dias à taxa de 2,75% am. Entretanto, na data em que a dívida deveria ser liquidada, procurou o credor para pedir mais um empréstimo de R$ 1.650,00, comprometendo-se a pagá-lo juntamente com o montante do empréstimo anterior, em 15 dias, com taxa de 3,1% am. Determine o valor a ser pago ao final do segundo empréstimo.

Resolução:

Montante do primeiro empréstimo após 40 dias:

$$FV = PV\,(1 + i\,n) \Rightarrow FV = 3.500\,(1 + 0{,}0275\,.\,\frac{37}{30}) = 3.618{,}71$$

Assim, o segundo empréstimo no valor de R$ 5.268,71 (R$ 3.618,71 + R$ 1.650,00) deve gerar, após 15 dias, com juros de 3,1% am, um pagamento no valor de:

$$FV = PV\,(\,1 + i\,n\,) \Rightarrow FV = 5.268{,}71\,(1 + 0{,}031\,.\,\frac{15}{30}) \Rightarrow FV = R\$\ 5.350{,}38$$

Resposta: R$ 5.350,38.

R 2.6 Uma pessoa efetuou duas aplicações no sistema de capitalização simples: a primeira no valor de R$ 2.000,00 à taxa de 6,15% am e a segunda no valor de R$ 3.000,00 à taxa de 2,40% am. Depois de quantos dias os montantes das duas aplicações serão iguais?

Resolução:

Primeira aplicação:

$$FV_1 = 2.000\ (1 + \frac{0,0615}{30}\ .\ n) = 2.000\ (1 + 0,0021\ .\ n) = 2.000 + 4,2\ .\ n$$

Segunda aplicação:

$$FV_1 = 3.000\ (1 + \frac{0,024}{30}\ .\ n) \Rightarrow 3.000\ (1 + 0,0008\ .\ n) \Rightarrow 3.000 + 2,4\ .\ n$$

Como devemos determinar o valor de n, tal que $FV_1 = FV_2$, segue que:

$$FV_1 = FV_2 \Rightarrow 2.000 + 4,2\ .\ n = 3.000 + 2,4\ .\ n \Rightarrow 1,8\ n = 1.000 \Rightarrow n = 556\ d$$

Resposta: 556 dias.

R 2.7 Um capital foi aplicado a juros simples por 30 dias e produziu um montante de R$ 3.750,00. Se esse mesmo capital tivesse sido aplicado por seis meses, nas mesmas condições, teria produzido um montante de R$ 4.500,00. Determine o capital e os juros envolvidos na operação financeira.

Resolução:

Primeira aplicação:

$$FV_1 = PV_1\ (1 + i\ .\ n) \Rightarrow 3.750 = PV\ (1 + i\ .\ 1) \Rightarrow PV = \frac{3.750}{1+\ i}\ \text{(A)}$$

Segunda aplicação:

$$FV_2 = PV_2\,(1 + i\;.\;n) \Rightarrow 4.500 = PV\,(1 + i\;.\;6) \Rightarrow PV = \frac{4.500}{1+6i}\quad (B)$$

Igualando (A) e (B), resulta:

$$\frac{3.750}{1 + i} = \frac{4.500}{1 + 6i} \Rightarrow 3.750\,(1 + 6\,i) = 4.500\,(1 + i) \Rightarrow$$

$$\Rightarrow 3.750 + 22.500\,i = 4.500 + 4.500\,i \Rightarrow 18.000\,i = 750 \Rightarrow i = \frac{750}{18.000} \Rightarrow$$

$$\Rightarrow i = 0{,}04 \text{ am } (4{,}17\% \text{ am})$$

Substituindo, agora, o valor da taxa em (A), resulta:

$$PV - \frac{3.750}{1 + 0{,}0417} \Rightarrow PV - R\$\ 3.599{,}88$$

Resposta: capital de R$ 3.599,88 e juros de 4,17% am.

Observação

Utilizando i = 4,1667% am (ou seja, utilizando uma precisão de quatro decimais para o valor de i), obtemos para PV o valor de R$ 3.600,00.

R 2.8 Um capital de R$ 3.600,00 foi dividido em duas partes. A primeira parte, correspondente a 2/5 do seu valor, foi aplicada por 50 dias, e a segunda, correspondente a 3/5 do seu valor, foi aplicada por 70 dias, à mesma taxa de juros simples. Sabendo que o montante obtido com a primeira parte excedeu a segunda em R$ 1.120,00, determine a taxa de juros mensal envolvida na operação financeira.

Resolução:

Primeira aplicação:

O capital da primeira aplicação corresponde a:

$$2/5 \text{ de R\$ } 3.600{,}00 = \text{R\$ } 1.440{,}00$$

Assim, resulta:

$$FV_1 = PV_1\ (1 + i\ .\ n_1) \Rightarrow FV_1 = 1.440\ (1 + i.\frac{50}{30}) \Rightarrow FV_1 = 1.440 + 2.400\ .\ i$$

Segunda aplicação:

O capital da segunda aplicação corresponde a:

$$3/5 \text{ de R\$ } 3.600{,}00 = \text{R\$ } 2.160{,}00$$

Assim, resulta:

$$FV_2 = PV_2\ (1 + i\ .\ n_2) \Rightarrow FV_1 = 2.160\ (1 + i.\frac{70}{30}) \Rightarrow FV_1 = 2.160 + 5.040\ .\ i$$

Ora, como:

$$FV_2 - FV_1 = 1.120$$

segue que:

$$(2.160 + 5.040\ .\ i) - (1.440 + 2.400\ .\ i) = 1.120 \Rightarrow 720 + 2.640\ .\ i = 1.120 \Rightarrow$$

$$2.640\ .\ i = 400 \Rightarrow i = 0{,}15 \text{ am } (15{,}15\% \text{ am})$$

Resposta: 15,15% am.

R 2.9 Uma pessoa tomou um empréstimo a juros simples com taxa de 28,20% aa. Após 50 dias pagou a dívida e tomou um novo empréstimo três vezes maior do que o anterior, com taxa de 29,70% aa pelo prazo de 40 dias. Sabendo-se que os dois empréstimos geraram juros num total de R$ 1.300,00, determine o valor do primeiro empréstimo.

Resolução:

Juros do primeiro empréstimo:

$$J_1 = PV \,.\, i \,.\, n = PV \,.\, 0{,}2820 \,.\, \frac{50}{360} = 0{,}0392\ PV$$

Juros do segundo empréstimo:

$$J_2 = 3PV \,.\, i \,.\, n = 3PV \,.\, 0{,}2970 \,.\, \frac{40}{360} - 0{,}0990\ PV$$

Ora, como:

$$J_1 + J_2 = 1.300$$

resulta:

$$0{,}0392\ PV + 0{,}0990\ PV = 1.300 \Rightarrow 0{,}1382\ PV = 1.300 \Rightarrow PV = R\$\ 9.406{,}66$$

Resposta: R$ 9.406,66.

R 2.10 Um capital foi aplicado à taxa de 5% am durante 35 dias. O montante resultante dessa aplicação foi então aplicado à taxa de 6,5% am por 47 dias, rendendo juros de R$ 200,00. Determine o valor do capital.

Resolução:

Segunda aplicação:

$$J_2 = PV_2 \,.\, i_2 \,.\, n_2 \Rightarrow 200 = PV_2 \,.\, 0{,}065 \,.\, \frac{47}{30} \Rightarrow PV_2 = \frac{200}{0{,}065 \,.\, \frac{47}{30}} = 1.963{,}9935$$

Primeira aplicação:

Observando que o capital da segunda aplicação corresponde ao montante da primeira aplicação, ou seja, $\mathbf{FV_1 = PV_2}$, segue que:

$$FV_1 = PV_1 \, (1 + i_1 \,.\, n_1) \Rightarrow 1.963{,}9935 = PV_1 \,.\, (1 + 0{,}05 \,.\, \frac{35}{30}) \Rightarrow$$

$$PV_1 = \frac{1.963{,}9935}{1 + 0{,}05 \, \frac{35}{30}} \Rightarrow PV = R\$\ 1.855{,}74$$

Resposta: R$ 1.855,74.

R 2.11 Um capital foi dividido em duas parcelas e aplicado no sistema de juros simples a taxas e prazos diferentes. A primeira parcela foi aplicada à taxa de 2,5% at por 42 dias e a segunda foi aplicada à taxa de 7,8% as por 39 dias. Sabendo que a primeira parcela excede a segunda em R$ 250,00 e que produziu de juros R$ 500,00 a menos do que a segunda parcela, determine o valor do capital.

Resolução:

Primeira parcela:

$$J_1 = PV_1 \,.\, i_1 \,.\, n_1 = PV_1 \,.\, 0{,}025 \,.\, \frac{42}{90} = 0{,}0117\ PV_1\ (A)$$

Segunda parcela:

$$J_2 = PV_2 \,.\, i_2 \,.\, n_2 = PV_2 \,.\, 0{,}078 \,.\, \frac{39}{180} = 0{,}0169\ PV_2\ (B)$$

Como:

$$J_1 + 500 = J_2\ (C)$$

substituindo (A) e (B) em (C), resulta:

$$0{,}0117\ PV_1 + 500 = 0{,}0169\ PV_2\ (D)$$

Por outro lado, como:

$$PV_1 = PV_2 + 250 \text{ (E)}$$

substituindo (E) em (D) resulta:

$$0{,}0117\ (PV_2 + 250) + 500 = 0{,}0169\ PV_2 \Rightarrow 0{,}0117\ PV_2 + 2{,}9250 + 500 = 0{,}0169\ PV_2$$

$$\Rightarrow 0{,}0169\ PV_2 - 0{,}0117\ PV_2 = 500 + 2{,}9250 \Rightarrow 0{,}0052\ PV_2 = 502{,}9250 \Rightarrow$$

$$\Rightarrow PV_2 = 96.716{,}35$$

Assim, como:

$$PV_1 = PV_2 + 250 \Rightarrow PV_1 = 96.716{,}35 + 250 \Rightarrow PV_1 = 96.966{,}35$$

Finalmente, segue que:

$$PV = PV_1 + PV_2 = 96.716{,}35 + 96.966{,}35 \Rightarrow PV = R\$\ 193.682{,}70$$

Resposta: R$ 193.682,70.

R 2.12 A quantia de R$ 10.000,00 foi dividida em três parcelas que foram aplicadas a juros simples por 60 dias. A primeira parcela foi aplicada à taxa de 2% am, a segunda, à taxa de 3% am e a terceira, à taxa de 5% am. Sabendo que a segunda parcela rendeu juros de R$ 180,00 e que as três parcelas totalizaram juros de R$ 730,00, determine o valor das parcelas.

Resolução:

Primeira parcela:

$$J_1 = PV_1\ .\ 0{,}02\ .\ 2 \Rightarrow J_1 = 0{,}04\ PV_1 \text{ (A)}$$

Segunda parcela:

$$J_2 = PV_2 \cdot 0{,}03 \cdot 2 \Rightarrow 180 = 0{,}06\ PV_2 \Rightarrow PV_2 = R\$\ 3.000{,}00$$

Terceira parcela:

$$J_3 = PV_3 \cdot 0{,}05 \cdot 2 \Rightarrow J_3 = 0{,}10\ PV_3\ (B)$$

Como:

$$PV_1 + PV_2 + PV_3 = 10.000\ (C)$$

substituindo o valor de PV_2 em (C), resulta:

$$PV_1 + 3.000 + PV_3 = 10.000 \Rightarrow PV_3 = 7.000 - PV_1\ (D)$$

Ainda, como:

$$J_1 + J_2 + J_3 = 730\ (E)$$

substituindo (A) e (B) em (E) e lembrando que $J_2 = 180$, resulta:

$$0{,}04\ PV_1 + 180 + 0{,}10\ PV_3 = 730\ (F)$$

Substituindo agora (D) em (F), resulta:

$$0{,}04\ PV_1 + 180 + 0{,}10\ (7.000 - PV_1) = 730 \Rightarrow$$

$$\Rightarrow 0{,}04\ PV_1 + 180 + 700 - 0{,}10\ PV_1 = 730 \Rightarrow$$

$$\Rightarrow 0{,}04\ PV_1 - 0{,}10\ PV_1 = 730 - 700 - 180 \Rightarrow -0{,}06\ PV_1 = -150 \Rightarrow$$

$$\Rightarrow -0{,}06\ PV_1 = -150 \Rightarrow PV_1 = R\$\ 2.500{,}00$$

Finalmente, de (D), resulta:

$$PV_3 = 7.000 - PV_1 \Rightarrow PV_3 = 7.000 - 2.500 \Rightarrow PV_3 = R\$\ 4.500{,}00$$

Resposta: 4.500,00, R$ 3.000,00 e R$ 2.500,00.

R 2.13 Um capital foi dividido em duas parcelas e aplicado no sistema de juros simples a taxas e prazos diferentes. A primeira parcela foi aplicada à taxa de 3,9% at por 78 dias e a segunda foi aplicada à taxa de 4,2% as por 25 dias. Sabendo que a segunda parcela excede a primeira em R$ 50,00 e que produziu de juros R$ 100,00 a menos do que a primeira, determine o valor do capital.

Resolução:

Juros da primeira parcela:

$$J_1 = PV_1\ i_1\ n_1 = PV_1\ .\ 0{,}039\ .\ \frac{78}{90} = 0{,}0338\ PV_1\ (A)$$

Juros da segunda parcela:

$$J_2 = PV_2\ i_2\ n_2 = PV_2\ .\ 0{,}042\ .\ \frac{25}{180} = 0{,}0058\ PV_2\ (B)$$

Como:

$$J_1 = J_2 + 100\ (C)$$

substituindo (A) e (B) em (C), resulta:

$$0{,}0338\ PV_1 = 0{,}0058\ PV_2 + 100\ (D)$$

Por outro lado, como:

$$PV_2 = PV_1 + 50\ (E)$$

substituindo (E) em (D), resulta:

$$0{,}0338\ PV_1 = 0{,}0058\ (\ PV_1 + 50\ ) + 100 \Rightarrow$$

$$\Rightarrow 0{,}0338\ PV_1 = 0{,}0058\ PV_1 + 0{,}2900 + 100 \Rightarrow$$

$$\Rightarrow 0{,}0338\ PV_1 - 0{,}0058\ PV_1 = 0{,}2900 + 100 \Rightarrow$$

$$\Rightarrow 0{,}0280\ PV_1 = 100{,}2900 \Rightarrow PV_1 = 3.581{,}79$$

Consequentemente de (E) resulta:

$$PV_2 = PV_1 + 50 = 3.581{,}79 + 50 \Rightarrow PV_2 = R\$\ 3.631{,}79$$

e, finalmente:

$$PV = PV_1 + PV_2 = 3.581{,}79 + 3.631{,}79 \Rightarrow PV = R\$\ 7.213{,}58$$

Resposta: R$ 7.213,58.

R 2.14 Um comerciante tomou um empréstimo de R$ 5.000,00 no sistema de capitalização simples com taxa de 3% am. Após um determinado período, inferior a um ano, liquidou o empréstimo e o renovou em outra instituição financeira, que lhe ofereceu a mesma quantia com taxa de 2,5% am. Após um ano da efetivação do primeiro empréstimo, o comerciante verificou que pagou de juros, considerando os dois empréstimos, um total de R$ 1.625,00. Determine o prazo do primeiro empréstimo.

Resolução:

Juros do primeiro empréstimo:

$$J_1 = 5.000 \,.\, 0{,}03 \,.\, n_1 = 150 \,.\, n_1 \text{ (A)}$$

Juros do segundo empréstimo:

$$J_2 = 5.000 \,.\, 0{,}025 \,.\, n_2 = 125 \,.\, n_2 \text{ (B)}$$

Como:

$$J_1 + J_2 = 1625 \text{ (C)}$$

substituindo (A) e (B) em (C), resulta:

$$150\, n_1 + 125\, n_2 = 1625 \text{ (D)}$$

Por outro lado, como:

$$n_1 + n_2 = 12 \Rightarrow n_2 = 12 - n_1 \text{ (E)}$$

substituindo (E) em (D), resulta:

$$150\ n_1 + 125.\ (12 - n_1) = 1.625 \Rightarrow 150.\ n_1 + 1.500 - 125\ n_1 = 1625 \Rightarrow$$

$$\Rightarrow 150.\ n_1 - 125\ n_1 = 1625 - 1.500 \Rightarrow 25\ n_1 = 125 \Rightarrow n_1 = 5 \text{ meses}$$

Resposta: 5 meses.

R 2.15 Um capital aplicado por 30 dias, no sistema de capitalização simples, produziu um montante de R$ 735,00. Ao aplicar esse mesmo capital por 60 dias, à mesma taxa de juros, observamos que ele supera os juros produzidos nessa aplicação em R$ 635,00. Determine o capital e a taxa mensal de juros envolvidos nessas operações financeiras.

Resolução:

Aplicação por 30 dias:

$$735 = PV\ (1 + i\ .\ 1) \Rightarrow PV = \frac{735}{1+i}\ (A)$$

Juros produzidos pela aplicação por 60 dias:

$$J_{60} = PV\ .\ i\ .\ 2\ (B)$$

Por outro lado, como:

$$PV - J_{60} = 635{,}00\ (C)$$

substituindo (B) em (C), resulta:

$$PV - PV\ .\ i\ .\ 2 = 635 \Rightarrow PV\ .\ (1 - 2\ i) = 635{,}00 \Rightarrow PV = \frac{635}{1 - 2\,i}\ (D)$$

Igualando (A) e (D), resulta:

$$\frac{735}{1+i} = \frac{635}{1 - 2\,i} \Rightarrow 735\ (1 - 2\ i) = 635\ (1 + i) \Rightarrow 735 - 1470\ i = 635 + 635\ i$$

$$\Rightarrow - 1.470\ i - 635\ i = 635 - 735 \Rightarrow - 2.105\ i = - 100 \Rightarrow i = 0{,}0475\ (4{,}75\%\ am)$$

Finalmente, de (A) resulta:

$$PV = \frac{735}{1+i} = \frac{735}{1+0{,}0475} \Rightarrow PV = R\$\ 701{,}67$$

Resposta: capital de R$ 701,67 e taxa de juros de 4,75% am.

R 2.16 Uma dívida no valor de R$ 150.000,00 deveria ser paga daqui a 150 dias. O devedor propõe pagar R$ 50.000,00 agora e os restantes R$ 100.000,00 em data a combinar. Sabendo que o credor aceita a proposta desde que seja mantida uma taxa de juros simples de 15% am, determine após quanto tempo deverá ser efetuado o segundo pagamento.

Resolução:

Inicialmente devemos determinar o valor integral da dívida na data da proposta.

$$FV = PV\,(1 + i.n) \Rightarrow 150.000 = PV\left(1 + 0{,}15.\frac{150}{30}\right) \Rightarrow PV = \frac{150.000}{1 + 0{,}15.\frac{150}{30}} \Rightarrow$$

$$\Rightarrow PV = 85.714{,}29$$

Ora, se o credor pretende pagar R$ 50.000,00 no ato da proposta, então ele ficaria devendo:

$$85.714{,}29 - 50.000{,}00 = 35.714{,}29$$

Assim, o nosso problema consiste em determinar o tempo necessário para que uma dívida de R$ 35.714,29 a uma taxa de 15% am se transforme em R$ 100.000,00.

$$FV = PV\,(1 + i.n) \Rightarrow 100.000 = 35.714{,}29(1 + 0{,}15.n) \Rightarrow n = \frac{\frac{100.000}{35.714{,}29} - 1}{0{,}15} \Rightarrow$$

$$\Rightarrow n = 12\ m$$

Resposta: 12 meses.

R 2.17 Uma pessoa fez duas aplicações, a saber: no banco A aplicou R$ 35.000,00 com taxa de 4,5% at, e no banco B aplicou R$ 30.000,00 com taxa de 5,6% ab. Determine depois de quantos dias os montantes obtidos nas duas aplicações serão iguais.

Resolução:

Primeira aplicação:

$$FV_1 = PV.(1 + i.n) \quad \Rightarrow \quad FV_1 = 35.000.\left(1 + \frac{0,045}{90}.n\right) \quad \Rightarrow$$

$$\Rightarrow \quad FV_1 = 35.000 + 17,50.n \ \ (A)$$

Segunda aplicação:

$$FV_2 = PV.(1 + i.n) \quad \Rightarrow \quad FV_2 = 30.000.\left(1 + \frac{0,056}{60}.n\right) \quad \Rightarrow$$

$$\Rightarrow \quad FV_2 = 30.000 + 28.n \ \ (B)$$

Assim, igualando (A) e (B), resulta:

$$FV_1 = FV_2 \quad \Rightarrow \quad 35.000 + 17,50.n = 30.000 + 28.n \quad \Rightarrow \quad 10,5.n = 5.000 \quad \Rightarrow$$

$$\Rightarrow \quad n = 477 \text{ d}$$

Resposta: 477 dias.

R 2.18 Um eletrodoméstico cujo preço à vista é de R$ 2.999,99 está sendo oferecido a prazo, mediante uma entrada de 20% mais uma parcela de R$ 2.500,00 após 45 dias. Um comprador tem a quantia suficiente para efetuar a compra à vista aplicada em uma instituição financeira com taxa de 3,7% am. O que é melhor para esse comprador: comprar a prazo ou à vista?

Resolução:

Ao dar uma entrada de 20% sobre o preço de tabela, o saldo da dívida na data da compra é de:

$$2.999,99 < \text{ENTER} > 20 < \% > < - > \rightarrow \text{R\$ } 2.399,99$$

Assim, devemos determinar qual é taxa de juros que faz com que uma dívida no valor de R$ 2.399,99 no ato da compra se transforme em R$ 2.500,00 após 45 dias.

$$FV = PV.(1 + i.n) \quad \Rightarrow \quad 2.500 = 2.399{,}99.\left(1 + i.\frac{45}{30}\right) \quad \Rightarrow \quad i = \frac{\dfrac{2.500}{2.399{,}99}\,\S-}{\dfrac{45}{30}} \quad \Rightarrow$$

$$\Rightarrow \quad i = 0{,}03 \ (2{,}78\%\ am)$$

Resposta: concluímos, assim, que é melhor comprar a prazo com juros de 2,78% am e deixar o dinheiro aplicado à taxa de 3,7% am.

R 2.19 Um capital foi dividido em três partes e aplicado da seguinte forma: 1/7 do capital foi aplicado à taxa de 5% aq, 2/7 do capital foi aplicado à taxa de 8% as e o restante, à taxa de 17% aa. Após 10 meses, as três aplicações foram resgatadas e verificou-se que o capital aumentou em R$ 3.750,00. Determine o valor do capital.

Resolução:

Primeira aplicação: $J_1 = PV.i.n = \frac{1}{7}PV.\frac{0{,}05}{4}.10 = 0{,}0179.PV \quad (A)$

Segunda aplicação: $J_2 = PV.i.n = \frac{2}{7}PV.\frac{0{,}08}{6}.10 = 0{,}0381.PV \quad (B)$

Terceira aplicação: $J_3 = PV.i.n = \frac{4}{7}PV.\frac{0{,}17}{12}.10 = 0{,}0810.PV \quad (C)$

Por outro lado, como:

$$J_1 + J_2 + J_3 = 3.750 \ (D)$$

substituindo (A), (B) e (C) em (D), resulta:

$$0{,}0179\ PV + 0{,}0381\ PV + 0{,}0810\ PV = 3.750 \Rightarrow$$

$$\Rightarrow 0{,}1370.PV = 3.750 \Rightarrow PV = R\$\ 27.372{,}26$$

Resposta: R$ 27.372,26.

R 2.20 Uma empresa comprou um equipamento cujo preço à vista é de R$ 100.000,00. A empresa fornecedora do equipamento permite que o pagamento a prazo possa ser efetuado livremente no prazo de 10 meses, exigindo, entretanto, uma taxa de 3% am sobre o saldo devedor da dívida. Sabendo que a empresa compradora deu uma entrada de 30%, a seguir pagou 3 parcelas mensais e consecutivas no valor de R$ 10.000,00 vencendo a primeira 30 dias após a entrada, e que pretende liquidar a dívida com uma parcela final, 10 meses após a compra, determine o valor dessa parcela.

Resolução:

Para a resolução deste exercício convém utilizar um fluxo de caixa.

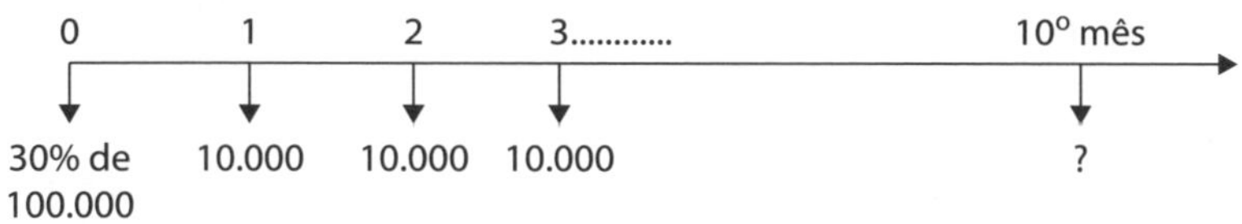

Ao pagar uma entrada de R$ 30.000,00 sobre o valor do equipamento (R$ 100.000,00), a empresa compradora ficou devendo:

100000 < ENTER > 30 < % > < – > → 70.000,00

Após 30 dias, o valor da dívida a uma taxa de 3% am passou a ser de:

$$FV = PV.(1 + i.n) = 70.000.(1 + 0,03.1) = R\$ \ 72.100,00$$

Ao pagar a primeira parcela de R$ 10.000,00 a empresa compradora ficou devendo:

$$72.100,00 - 10.000 = 62.100,00$$

Após 30 dias o valor da dívida a uma taxa de 3% am passou a ser de:

$$FV = PV.(1 + i.n) = 62.100.(1 + 0,03.1) = R\$ \ 63.963,00$$

Ao pagar a segunda parcela de R$ 10.000,00 a empresa compradora ficou devendo:

$$63.963,00 - 10.000 = 53.963,00$$

Após 30 dias o valor da dívida a uma taxa de 3% am passou a ser de:

$$FV = PV.(1 + i.n) = 53.963.(1 + 0,03.1) = R\$\ 55.581,89$$

Ao pagar a terceira parcela de R$ 10.000,00 a empresa compradora ficou devendo:

$$55.581,89 - 10.000 = 45.581,89$$

Após 7 meses (10 meses após a compra) o valor da dívida a uma taxa de 3% am passou a ser de:

$$FV = PV.(1 + i.n) = 45.581,89.(1 + 0,03.7) = R\$\ 55.154,09$$

Resposta: o comprador deverá fazer um pagamento final no valor de R$ 55.154,09.

R 2.21 Uma calculadora cujo preço à vista é de R$ 510,00 está sendo oferecida em três parcelas mensais de R$ 170,00, vencendo a primeira 30 dias após a compra. Supondo que o vendedor esteja utilizando uma taxa de juros compostos de 3,7% am, qual desconto (em valor e porcentagem) pode ser oferecido para pagamento à vista?

Resolução:

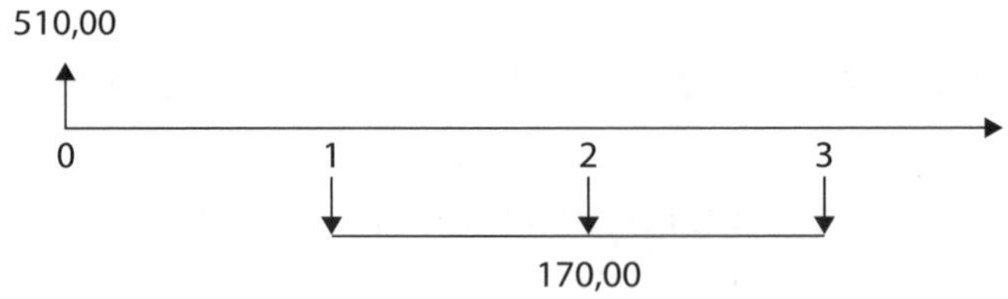

Como sobre a primeira parcela de R$ 170,00 incidem juros de 3,7% am por um mês, ao pagar à vista o comprador tem o direito de expurgar esses juros:

$$FV = PV.(1 + i.n) \Rightarrow 170 = PV.(1 + 0,037.1) \Rightarrow PV = \frac{170}{1 + 0,037.1} \Rightarrow PV = 163,93$$

Como sobre a segunda parcela de R$ 170,00 incidem juros de 3,7% am por dois meses, ao pagar à vista o comprador tem o direito de expurgar esses juros:

$$FV = PV.(1 + i.n) \Rightarrow 170 = PV.(1 + 0{,}037.2) \Rightarrow PV = \frac{170}{1 + 0{,}037.2} \Rightarrow PV = 158{,}29$$

Como sobre a terceira parcela de R$ 170,00 incidem juros de 3,7% am por três meses, ao pagar à vista o comprador tem o direito de expurgar esses juros:

$$FV = PV.(1 + i.n) \Rightarrow 170 = PV.(1 + 0{,}037.3) \Rightarrow PV = \frac{170}{1 + 0{,}037.3} \Rightarrow PV = 153{,}02$$

Assim, o comprador deve pagar:

$$163{,}93 + 158{,}29 + 153{,}02 = 475{,}24$$

ou seja, um desconto de

$$510{,}00 - 475{,}24 = R\$\ 34{,}76$$

Para calcular esse desconto em porcentagem, procedemos como segue:

510 < ENTER > 475,24 < Δ% > → – 6,82%

Resposta: desconto de R$ 34,76 ou 6,82%.

R 2.22 Uma empresa deve efetuar dois pagamentos de R$ 25.000,00 cada um em 30 e 60 dias, respectivamente. Entretanto, tendo em vista dificuldades financeiras, propõe-se ao credor liquidar a dívida em um único pagamento com vencimento em 130 dias. Determine o valor desse pagamento supondo que a taxa de juros simples do mercado é de 1,8% am.

Resolução:

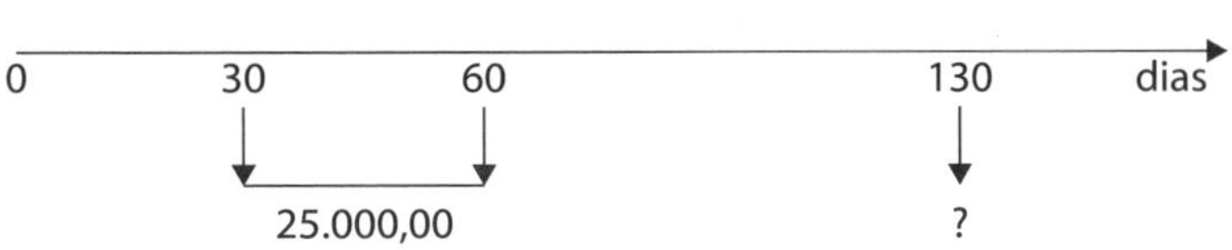

Se o credor recebesse a primeira parcela no vencimento (30 dias) ele poderia aplicá-la por 100 dias (130 – 30) à taxa de 1,8% am, que produziria um montante de:

$$FV = PV.(1 + i.n) = 25.000.\left(1+0,018.\frac{100}{30}\right) = R\$\ 26.500,00$$

Ainda, se o credor recebesse a segunda parcela no vencimento (60 dias) ele poderia aplicá-la por 70 dias (130 – 60) à taxa de 1,8% am, que produziria um montante de:

$$FV = PV.(1 + i.n) = 25.000.\left(1+0,018.\frac{70}{30}\right) = R\$\ 26.050,00$$

Resposta: para que o credor não seja prejudicado, a empresa deve efetuar um pagamento de R$ 52.550,00.

R 2.23 Uma pessoa deve pagar três prestações de R$ 5.000,00 em 45, 75 e 105 dias, respectivamente. Para efetuar esses pagamentos pretende aplicar parte de sua reserva financeira em uma aplicação que promete pagar juros de 4,3% am. Determine o valor do capital a ser aplicado, de forma que o montante obtido permita o pagamento das parcelas nas datas previstas, deixando saldo final zero na aplicação.

Resolução:

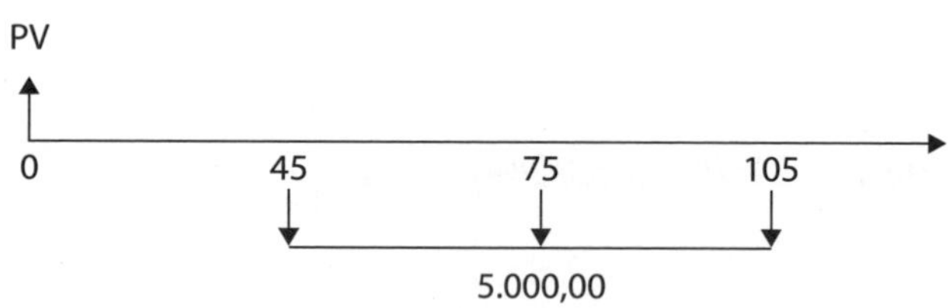

Para determinar o valor do capital a ser aplicado, vamos supor que as três parcelas fossem pagas no ato da aplicação.

A primeira parcela de R$ 5.000,00, ao ser paga no ato da aplicação, seria descapitalizada a uma taxa de 4,3% am por 45 dias.

$$FV = PV.(1 + i.n) \quad \Rightarrow \quad 5.000 = PV.(1 + 0,043.\frac{45}{30}) \quad \Rightarrow \quad PV = \frac{5.000}{1 + 0,043.\frac{45}{30}}$$

$$\Rightarrow \quad PV = 4.697,04$$

A segunda parcela de R$ 5.000,00, ao ser paga no ato da aplicação, seria descapitalizada a uma taxa de 4,3% am por 75 dias.

$$FV = PV.(1 + i.n) \quad \Rightarrow \quad 5.000 = PV.(1 + 0{,}043.\frac{75}{30}) \quad \Rightarrow \quad PV = \frac{5.000}{1 + 0{,}043.\frac{75}{30}}$$

$$\Rightarrow \quad PV = 4.514{,}67$$

A terceira parcela de R$ 5.000,00, ao ser paga no ato da aplicação, seria descapitalizada a uma taxa de 4,3% am por 105 dias.

$$FV = PV.(1 + i.n) \quad \Rightarrow \quad 5.000 = PV.(1 + 0{,}043.\frac{105}{30}) \quad \Rightarrow \quad PV = \frac{5.000}{1 + 0{,}043.\frac{105}{30}}$$

$$\Rightarrow \quad PV = 4.345{,}94$$

Assim, o capital a ser aplicado de forma a proporcionar o pagamento das parcelas nas datas previstas e zerar o valor final da aplicação é de:

$$4.697{,}04 + 4.514{,}67 + 4.345{,}94 = R\$\ 13.557{,}65$$

Resposta: R$ 13.557,65.

R 2.24 Uma dívida no valor de R$ 50.000,00 vence daqui a 90 dias. O devedor pretende saldar a dívida da seguinte forma:

- um pagamento de R$ 20.000,00, hoje;
- três pagamentos mensais consecutivos de R$ 7.500,00 em 30, 60 e 90;
- um pagamento final em 120 dias.

Supondo que o credor aceite a proposta desde que seja utilizada uma taxa de juros simples de 40,8% aa, determine o valor do pagamento final.

Resolução:

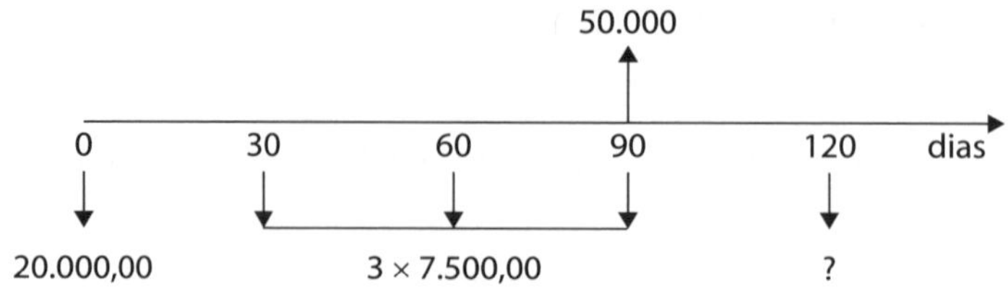

Lembrando que só podemos comparar valores na mesma data focal, vamos capitalizar os pagamentos para a DF90.

Inicialmente vamos capitalizar a entrada para a DF90 com juros de 40,8% aa:

$$FV = PV.(1 + i.n) = 20.000.\left(1 + \frac{0,408}{12}.3\right) = 22.040,00$$

Vamos agora capitalizar a primeira parcela de R$ 7.500,00 da DF30 para a DF90:

$$FV = PV.(1 + i.n) = 7.500.\left(1 + \frac{0,408}{12}.2\right) = \text{8.010ü}$$

Agora, vamos capitalizar a segunda parcela de R$ 7.500,00 da DF60 para a DF90:

$$FV = PV.(1 + i.n) = 7.500.\left(1 + \frac{0,408}{12}.1\right) = 7.755,00$$

Notando que a terceira parcela já se encontra na DF90, vamos somar os valores de todos os pagamentos na DF90:

$$22.040,00 + 8.010,00 + 7.755,00 + 7.500,00 = 45.305,00$$

Assim, o saldo da dívida na DF90 é:

$$50.000,00 - 45.305,00 = 4.695,00$$

Como esse valor só vai ser pago na DF120, devemos capitalizá-lo por mais 30 dias:

$$FV = PV.(1 + i.n) = 4.695.\left(1 + \frac{0,408}{12}.1\right) = 4.854,63$$

Resposta: o pagamento final deve ser de R$ 4.854,63.

R 2.25 Um pessoa tem que saldar os seguintes compromissos com um credor:

- R$ 10.000,00 vencíveis em 25 dias;
- R$ 15.000,00 vencíveis em 50 dias.

Na impossibilidade de efetuar estes pagamentos nas datas previstas, propõe ao credor liquidar a dívida da seguinte forma:

- R$ 20.000,00 em 80 dias;
- um pagamento final em 115 dias.

Supondo que a taxa de juros do mercado seja de 2,7% am, determine o valor do pagamento final.

Resolução:

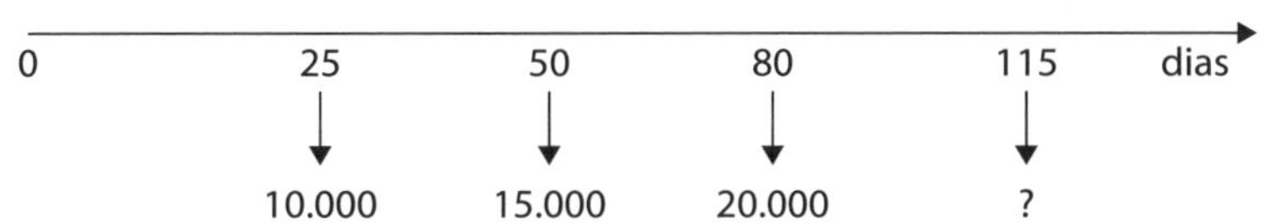

Se o credor recebesse a parcela de R$ 10.000,00 na data prevista (DF25) ele poderia aplicá-la até a DF80 (ou seja, por 55 dias) a uma taxa de 2,7% am, obtendo:

$$FV = PV.(1 + i.n) = 10.000.\left(1 + 0{,}027.\frac{55}{30}\right) = 10.495{,}00$$

Se o credor recebesse a parcela de R$ 15.000,00 na data prevista (DF50) ele poderia aplicá-la até a DF80 (ou seja, por 30 dias) a uma taxa de 2,7% am, obtendo:

$$FV = PV.(1 + i.n) = 15.000.(1 + 0{,}027.1) = 15.405{,}00$$

Assim, na DF80, o credor teria um saldo de:

$$10.495{,}00 + 15.405{,}00 = 25.900{,}00$$

Ao receber do devedor R$ 20.000,00 na DF80 a dívida ainda seria de:

$$25.900,00 - 20.000,00 = 5.900,00$$

Como o saldo da dívida (R$ 5.900,00) só será pago na DF115, se o credor recebesse esse valor na DF80 poderia aplicá-lo por 35 dias (115 – 80), obtendo:

$$FV = PV.(1 + i.n) = 5.900.\left(1 + 0{,}027.\frac{35}{50}\right) = 6.085{,}85$$

Resposta: para que o credor não seja prejudicado, o valor do pagamento final após 115 dias deve ser de R$ 6.085,85.

R 2.26 Uma pessoa tomou um empréstimo à taxa de 38,40% aa que foi liquidado após 43 dias. Em seguida, tomou um novo empréstimo cujo valor era o dobro do empréstimo anterior, a uma taxa de 33,60% aa, que foi liquidado após 57 dias. Finalmente, tomou um terceiro empréstimo cujo valor era o triplo do segundo empréstimo a uma taxa de 27,60% aa, que foi liquidado após 69 dias. Sabendo que o total de juros pagos (nos três empréstimos) foi de R$ 7.654,32, determine o valor do primeiro empréstimo.

Resolução:

Juros do primeiro empréstimo:

$$J_1 = PV_1 \,.\, i_1 \,.\, n_1 = PV \,.\, \frac{0{,}3840}{12} \,.\, \frac{43}{30} = 0{,}0459.PV_1$$

Como o valor do segundo empréstimo é o dobro do valor do primeiro ($PV_2 = 2.PV_1$), podemos escrever:

$$J_2 = PV_2 \,.\, i_2 \,.\, n_2 = 2PV_1 \,.\, \frac{0{,}3360}{12} \,.\, \frac{57}{30} = 0{,}1064.PV_1$$

Como o valor do terceiro empréstimo é o triplo do valor do segundo, ou seja: ($PV_3 = 2.PV_2 = 6.PV_1$), podemos escrever:

$$J_2 = PV_3 \,.\, i_3 \,.\, n_3 = 6PV_1 \,.\, \frac{0{,}2760}{12} \,.\, \frac{69}{30} = 0{,}3174.PV_1$$

Assim, como o total de juros pagos nos três empréstimos foi de R$ 7.654,32, segue que:

$$J_1 + J_2 + J_3 = 7.654,32 \Rightarrow 0,0459.PV_1 + 0,1064.PV_1 + 0,3174.PV_1 = 7.654,32 \Rightarrow$$

$$\Rightarrow 0,4697.PV_1 = 7.654,32 \Rightarrow PV_1 = \frac{7.654,32}{0,4697} \Rightarrow \mathbf{PV_1 = R\$\,16.358,88}$$

Resposta: o valor do primeiro empréstimo foi de R$ 16.358,88.

R 2.27 A partir do extrato bancário abaixo, pertencente ao sr. Aldo, determine os encargos (juros + IOF) gerados pelo seu cheque especial, considerando

a) juros simples de 13,3% am por dias corridos e IOF (0,0082% + 0,38%);

b) juros simples de 13,3% am por dias úteis (22 dias) e IOF (0,0082% mais 0,38%).

Conta-corrente					Cheque especial	
Data	**Dia**	**Débito**	**Crédito**	**Saldo**	**Utilizado**	**Disponível**
16/03	QUI			1.250,00	0,00	3.000,00
17/03	SEX	1.650,00		– 400,00	400,00	2.600,00
18/03	SAB			– 400,00	400,00	2.600,00
19/03	DOM			– 400,00	400,00	2.600,00
20/03	SEG		725,00	325,00	0,00	3.000,00
21/03	TER			325,00	0,00	3.000,00

Resolução:

a) Juros por dias corridos

Dia	Saldo	Acréscimo	Juros	1ª alíq.	2ª alíq.	Total
QUI	1.250,00	–	–	–	–	–
SEX	– 400,00	400,00	1,77	0,03	1,52	3,32
SAB	– 400,00	0,00	1,77	0,03	0,00	1,80
DOM	– 400,00	0,00	1,77	0,03	0,00	1,80
SEG	325,00	0,00	0,00	0,00	0,00	0,00
TER	325,00	0,00	0,00	0,00	0,00	0,00
Total			**5,31**	**0,09**	**1,52**	**6,92**

b) Juros por dias úteis (22 dias)

Dia	Saldo	Acréscimo	Juros	1ª alíq.	2ª alíq.	Total
QUI	1.250,00	–	–	–	–	–
SEX	– 400,00	400,00	2,42	0,03	1,52	3,97
SAB	– 400,00	0,00	0,00	0,03	0,00	0,03
DOM	– 400,00	0,00	0,00	0,03	0,00	0,03
SEG	325,00	0,00	0,00	0,00	0,00	0,00
TER	325,00	0,00	0,00	0,00	0,00	0,00
Total			**2,42**	**0,09**	**1,52**	**4,03**

R 2.28 A partir do extrato bancário a seguir, pertencente ao sr. José, determine os encargos (juros + IOF) gerados pelo seu cheque especial, considerando

a) juros simples de 12,7% am por dias corridos e IOF (0,0082% + 0,38%);

b) juros simples de 12,7% am por dias úteis (22 dias) e IOF (0,0082% mais 0,38%).

Conta-corrente					Cheque especial	
Data	**Dia**	**Débito**	**Crédito**	**Saldo**	**Utilizado**	**Disponível**
11/04	DOM			390,00	0,00	2.500,00
12/04	SEG	735,00		– 345,00	345,00	2.155,00
13/04	TER	120,00		– 465,00	465,00	2.035,00
14/04	QUA			– 465,00	465,00	2.035,00
15/04	QUI	89,00		– 554,00	554,00	1.946,00
16/04	SEX		670,00	116,00	0,00	2.500,00
17/04	SAB			116,00	0,00	2.500,00

Resolução:

a) Juros por dias corridos

Dia	Saldo	Acréscimo	Juros	1ª alíq.	2ª alíq.	Total
DOM	390,00	–	–	–	–	–
SEG	– 345,00	345,00	1,46	0,03	1,31	2,80
TER	– 465,00	120,00	1,97	0,04	0,46	2,47
QUA	– 465,00	0,00	1,97	0,04	0,00	2,01
QUI	– 554,00	89,00	2,35	0,05	0,34	2,74
SEX	116,00	0,00	0,00	0,00	0,00	0,00
SAB	116,00	0,00	0,00	0,00	0,00	0,00
Total			**7,75**	**0,16**	**2,11**	**10,02**

b) Juros por dias úteis (22 dias)

Dia	Saldo	Acréscimo	Juros	1ª alíq.	2ª alíq.	Total
DOM	390,00	—	—	—	—	—
SEG	– 345,00	345,00	1,99	0,03	1,31	3,33
TER	– 465,00	120,00	2,68	0,04	0,46	3,18
QUA	– 465,00	0,00	2,68	0,04	0,00	2,72
QUI	– 554,00	89,00	3,20	0,05	0,34	3,59
SEX	116,00	0,00	0,00	0,00	0,00	0,00
SAB	116,00	0,00	0,00	0,00	0,00	0,00
Total			**10,55**	**0,16**	**2,11**	**12,82**

2.8 EXERCÍCIOS PROPOSTOS

P 2.1 Determine os juros resultantes da aplicação de R$ 10.574,00, no sistema de capitalização simples, por 1 ano, 5 meses e 18 dias com taxa de 4,60% ab.

P 2.2 Um capital foi aplicado por 7 meses e 25 dias com taxa de 3,67% at no sistema de capitalização simples, rendendo juros de R$ 247,00. Determine o valor do capital.

P 2.3 Determine a taxa diária de juros simples que faz com que um capital qualquer, aplicado por 4 meses, produza de juros o equivalente a 3/7 do seu valor.

P 2.4 Por quantos dias um capital de R$ 4.686,00 deve ficar aplicado no sistema de capitalização simples, com taxa de 13,80% as, de modo a produzir juros equivalentes a 1/4 do seu valor?

P 2.5 Determine o montante resultante da aplicação de R$ 1.555,00 a juros simples, por 2 anos e 137 dias, com taxa de 7,88% aq.

P 2.6 Para realizar uma viagem daqui a 2 anos e 7 meses uma pessoa vai necessitar de R$ 12.000,00. Nessas condições, quanto deve aplicar hoje no sistema de capitalização simples, com taxa de 1,3% am, de modo a obter a quantia necessária na data prevista?

P 2.7 Quantos dias são necessários para que um capital qualquer, aplicado a juros simples com taxa de 7,35% at, produza um montante correspondente a 9/7 do seu valor?

P 2.8 Tenho disponível para aplicar hoje um capital de R$ 7.500,00 e uma dívida no valor de R$ 10.000,00 vencível em 5 meses e 13 dias. A que taxa anual devo aplicar meu capital, de modo a obter a quantia necessária para saldar a dívida na data do vencimento?

P 2.9 Um fone de ouvido com *bluetooth* foi financiado em seis prestações mensais e consecutivas no valor de R$ 150,00. Sabe-se que a terceira prestação foi paga com 23 dias de atraso e que é costume da loja, nesses casos, cobrar sobre a parcela em atraso uma multa de 2% mais 0,33% por dia de atraso. Nessas condições, determine a taxa mensal de juros simples utilizada pela loja.

P 2.10 Uma dívida foi paga com atraso de 17 dias. Sabendo que o credor aplicou uma multa correspondente a 1% sobre o valor da dívida mais 0,5% por dia de atraso, determine a taxa anual de juros simples utilizada na operação financeira.

P 2.11 Uma pessoa de mudança para o exterior estava vendendo seus móveis, que se encontravam guardados em um depósito e pelos quais estava pedindo, à vista, a quantia de R$ 10.000,00. Sabe-se que foi recusada uma oferta no valor de R$ 9.600,00 e que, após 29 dias da data dessa oferta, os móveis foram vendidos pelo valor desejado. Como esse atraso gerou uma cobrança adicional de R$ 337,00, correspondente ao aluguel do depósito, determine se foi um bom negócio, sabendo que a taxa de juros simples do mercado, na época, era de 1,35% am.

P 2.12 Um televisor cujo preço à vista é de R$ 1.730,00 está sendo negociado mediante uma entrada de 20% mais um pagamento de R$ 1.500,00 em data a combinar. Sabendo que está sendo utilizada uma taxa de juros simples de 2,79% am, determine após quantos dias da data da compra deve ocorrer o pagamento final.

P 2.13 Uma pessoa tomou um empréstimo no valor de R$ 1.500,00 por 45 dias, com taxa de 3,5% am, no sistema de capitalização simples. Entretanto, na data prevista para a liquidação da dívida, pagou apenas R$ 500,00 e pediu ao credor mais R$ 1.000,00, comprometendo-se a pagar esse segundo empréstimo junto com o saldo da dívida anterior em 25 dias. Sabendo que o pagamento final foi de R$ 2.148,00, determine a taxa de juros mensal utilizada no segundo empréstimo.

P 2.14 Um capital de R$ 8.000,00 foi aplicado a juros simples nas seguintes condições: 3/8 do capital foi aplicado por 37 dias com taxa de 2% am e o restante foi aplicado por 54 dias. Sabendo que os juros da segunda aplicação superam os juros da primeira aplicação em R$ 196,00, determine a taxa mensal de juros utilizada na segunda aplicação.

P 2.15 Um capital foi aplicado a juros simples com taxa de 2,5% am e, após determinado período, produziu um montante de R$ 10.000,00. Se esse mesmo capital tivesse sido aplicado com taxa de 4,7% am, nas mesmas condições, teria produzido um montante de R$ 10.500,00. Nessas condições, determine o valor do capital, bem como o número de dias em que ele esteve aplicado.

P 2.16 Um capital foi aplicado a juros simples, por 63 dias, nas seguintes condições: 2/9 do seu valor foi aplicado à taxa de 3,5% am, 3/9 do seu valor foi aplicado à taxa de 3% am e 4/9 do seu valor foi aplicado à taxa de 2,5% am. Sabendo que a soma dos montantes foi de R$ 5.734,00, determine o valor do capital.

P 2.17 Uma pessoa tomou um empréstimo a juros simples com taxa de 6,20% ab. Após 55 dias pagou a dívida e tomou um novo empréstimo, de valor duas vezes maior que o anterior, com taxa de 8,25% at pelo prazo de 35 dias. Sabendo que os juros resultantes do segundo empréstimo excedem o primeiro em R$ 51,25, determine o valor do primeiro empréstimo.

P 2.18 Um capital no valor de R$ 10.500,00 foi aplicado a juros simples por 32 dias. O montante resultante dessa aplicação foi então aplicado com taxa de 47% aa, por 85 dias, rendendo juros de R$ 1.207,00. Nessas condições, determine a taxa mensal de juros utilizada na primeira aplicação.

P 2.19 A quantia de R$ 15.000,00 foi dividida em três parcelas que foram aplicadas a juros simples por 37 dias. A primeira parcela foi aplicada à taxa de 2,12% ab, a segunda, à taxa de 6,36% at e a terceira, à taxa de 12,51% aq. Sabendo que a terceira parcela produziu um montante de R$ 7.740,00 e que o montante produzido pela segunda parcela excede a primeira em R$ 1.890,00, determine o valor das parcelas.

P 2.20 Um capital foi dividido em duas parcelas e aplicado no sistema de juros simples com taxas e prazos diferentes. A primeira parcela foi aplicada com taxa de 1,75% am por 43 dias e a segunda com taxa de 1,52% am por 32 dias. Sabendo que a primeira parcela excede a segunda em R$ 5.292,00 e que a soma dos montantes obtidos nas duas aplicações foi de R$ 8.141,00, determine o valor das parcelas.

P 2.21 Uma pessoa tomou um empréstimo de R$ 4.500,00 no sistema de juros simples com taxa de 2% am. Após a liquidação desse empréstimo tomou um segundo empréstimo no mesmo valor, porém com taxa de 1,5% am. Sabendo que o prazo do segundo empréstimo supera o do primeiro em 90 dias e que a soma dos pagamentos dos dois empréstimos foi de R$ 9.911,25, determine o prazo do primeiro empréstimo.

P 2.22 Um capital aplicado por 60 dias produziu juros simples no valor de R$ 40,00. Se esse mesmo capital tivesse sido aplicado por 120 dias, teria produzido um montante no valor de R$ 1.080,00. Determine o valor do capital e a taxa mensal de juros envolvida nas operações financeiras.

P 2.23 Uma pessoa efetuou duas aplicações: a primeira no valor de R$ 57.000,00 foi aplicada a juros simples com taxa de 31,80% aa por 15 dias. A segunda, de valor desconhecido, foi aplicada no mesmo sistema à taxa de 18,90% as por 45 dias. Sabendo que o montante obtido na segunda aplicação supera o montante obtido na primeira aplicação em R$ 20.780,00, determine o valor da segunda aplicação.

P 2.24 Uma pessoa efetuou duas aplicações: a quantia de R$ 14.500,00 foi aplicada no banco A, à taxa de 18% aa, por 135 dias, no sistema de capitalização simples. A quantia de R$ 14.000,00 foi aplicada no banco B, no mesmo sistema, pelo mesmo prazo. Sabendo que as duas aplicações produziram o mesmo montante, determine a taxa de juros mensal utilizada pelo banco B.

P 2.25 Um produto cujo preço à vista é de R$ 476,00 está sendo oferecido mediante uma entrada de 30% sobre o preço à vista mais uma parcela R$ 350,00 após 39 dias. Sabe-se que o comprador tem dinheiro investido suficiente para realizar a compra à vista. Qual deve ser a taxa do investimento para que comprar à vista seja um bom negócio?

P 2.26 Um capital foi dividido em quatro partes e aplicado da seguinte forma no sistema de capitalização simples: 1/8 do capital foi aplicado à taxa de 3% am, 2/8 do capital foi aplicado à taxa de 5% ab, 3/8 do capital foi aplicado à taxa de 6% at e o restante foi aplicado à taxa de 6% aq. Sabendo que após 100 dias as quatro aplicações foram resgatadas e, juntas, produziram um montante de R$ 5.354,00, determine o valor do capital.

P 2.27 Uma dívida no valor de R$ 75.000,00 deve ser paga daqui a 55 dias. O devedor propõe pagar R$ 25.000,00 hoje mais R$ 25.000,00 daqui a 30 dias, e os R$ 25.000,00 restantes em data a combinar. O credor aceita a proposta, desde que seja utilizada uma taxa de juros simples no valor de 7% am. Nessas condições, determine após quantos dias deverá ser efetuado este último pagamento.

P 2.28 Um equipamento no valor de R$ 58.000,00 deve ser pago mediante uma entrada de 10% mais cinco parcelas mensais e consecutivas de R$ 11.200,00, vencendo a primeira 30 dias após a entrada. Após pagar a segunda prestação, o comprador propõe pagar o saldo da dívida com um único pagamento de R$ 35.000,00 em data a combinar. Sabendo que está sendo utilizada uma taxa mensal de juros simples de 2,43%, determine após quantos dias (a partir do segundo pagamento) deverá ser efetuado esse pagamento.

P 2.29 Um sofá cujo preço é R$ 2.400,00 está sendo oferecido mediante uma entrada de 30% mais quatro parcelas mensais consecutivas de R$ 420,00, vencendo a primeira 30 dias após a compra. Supondo que o vendedor costuma utilizar uma taxa de juros simples de 2,95% am, qual desconto (em valor e porcentagem) poderia ser oferecido para o pagamento à vista?

P 2.30 Uma empresa deve efetuar três pagamentos no valor de R$ 4.500,00 com vencimento em 30, 45 e 60 dias, respectivamente. Entretanto, tendo em vista dificuldades financeiras, propõe ao credor efetuar um pagamento de R$ 3.000,00 agora e R$ 10.700,00 em data a combinar. Sabendo que será utilizada uma taxa de juros simples de 3,7% am, determine após quantos dias deverá ser efetuado o pagamento final.

P 2.31 Uma pessoa deve efetuar quatro pagamentos, a saber:

- o primeiro no valor de R$ 3.000,00 com vencimento em 26 dias;
- o segundo no valor de R$ 3.500,00 com vencimento em 39 dias;
- o terceiro no valor de R$ 4.000,00 com vencimento em 47 dias;
- o quarto no valor de R$ 4.500,00 com vencimento em 58 dias.

Nessas condições, quanto deve ser aplicado hoje em uma instituição financeira que promete pagar juros simples de 1,9% am de modo a permitir que os pagamentos sejam efetuados nas datas previstas, deixando saldo final zero na aplicação?

P 2.32 Uma pessoa deve saldar os seguintes compromissos:

- R$ 5.000,00 com vencimento em 20 dias;
- R$ 10.000,00 com vencimento em 35 dias;
- R$ 15.000,00 com vencimento em 50 dias.

Na impossibilidade de quitar os pagamentos nas datas previstas, propõe ao credor o seguinte plano de pagamento:

- R$ 4.500,00 com vencimento em 25 dias;
- R$ 12.000,00 com vencimento em 45 dias;
- R$ 13.850,00 em data a combinar.

Supondo que será utilizada uma taxa de juros de 2,88% am, determine após quantos dias deve ocorrer o último pagamento.

P 2.33 A partir do extrato bancário a seguir, pertencente ao sr. Paulo, determine os encargos (juros + IOF) gerados pelo seu cheque especial, considerando juros simples de 14,1% am por dias corridos e IOF (0,0082% + 0,38%):

Conta-corrente					Cheque especial	
Data	**Dia**	**Débito**	**Crédito**	**Saldo**	**Utilizado**	**Disponível**
25/09	QUI			900,00	0,00	5.000,00
26/09	SEX	425,00		475,00	0,00	5.000,00
27/09	SAB	375,00		100,00	0,00	5.000,00
28/09	DOM	175,00		– 75,00	75,00	4.925,00
29/09	SEG	100,00		– 175,00	175,00	4.825,00
30/09	TER	85,00		– 260,00	260,00	4.740,00
01/10	QUA	2.750,00		– 3.010,00	3.010,00	1.990,00
02/10	QUI	250,00		– 3.260,00	3.260,00	1.740,00
03/10	SEX	135,00		– 3.395,00	3.395,00	1.605,00
04/10	SAB	73,00		– 3.468,00	3.468,00	1.532,00
05/10	DOM	350,00		– 3.818,00	3.818,00	1.182,00
06/10	SEG		9.460,00	5.642,00	0,00	5.000,00
07/10	TER	1.350,00		4.292,00	0,00	5.000,00

P 2.34 Considerando novamente os dados do exercício anterior, determine os encargos (juros + IOF) gerados pelo cheque especial do sr. Paulo supondo juros de 14,1% am por dias úteis (21 dias úteis em setembro e 20 em outubro) e IOF (0,0082% + 0,38%).

2.9 RESPOSTAS DOS EXERCÍCIOS PROPOSTOS

Exercício	Resposta	Exercício	Resposta
P 2.1	R$ 4.280,36	**P 2.18**	3,36% am
P 2.2	R$ 2.577,54	**P 2.19**	R$ 2.870,95, R$ 4.676,51 e R$ 7.452,54
P 2.3	0,36% ad	**P 2.20**	R$ 1.330,61 e R$ 6.622,61
P 2.4	327 dias	**P 2.21**	135 dias
P 2.5	R$ 2.430,10	**P 2.22**	R$ 1.000,00 e 2% am
P 2.6	R$ 8.553,10	**P 2.23**	R$ 74.991,88
P 2.7	350 dias	**P 2.24**	2,35% am
P 2.8	73,62% aa	**P 2.25**	Inferior a 3,88% am
P 2.9	12,51% am	**P 2.26**	R$ 4.966,60
P 2.10	201,18% aa	**P 2.27**	164 dias
P 2.11	Prejuízo de R$ 62,28	**P 2.28**	114 dias
P 2.12	90 dias	**P 2.29**	R$ 113,91 (4,75%)
P 2.13	4% am	**P 2.30**	75 dias
P 2.14	3% am	**P 2.31**	R$ 14.591,97
P 2.15	73 dias e R$ 9.426,55	**P 2.32**	69 dias
P 2.16	R$ 5.405,86	**P 2.33**	Juros: R$ 82,06 e IOF: R$ 15,94
P 2.17	R$ 6.925,68	**P 2.34**	Juros: R$ 71,06 e IOF: R$ 15,94

3 CAPITALIZAÇÃO COMPOSTA

3.1 CONCEITO

Denominamos capitalização composta aquela em que a taxa de juros incide sobre o capital inicial, acrescido dos juros acumulados até um período anterior. Nesse tipo de capitalização, a taxa varia exponencialmente em função do tempo.

Exemplo:

E 3.1 Vamos considerar que um capital no valor de R$ 1.000,00 ficou aplicado durante quatro meses no regime de capitalização composta com taxa de 10% am. Apresentamos a seguir um demonstrativo dessa aplicação:

Mês	PV (Valor presente)	J (Juros)	FV (Valor futuro)
1	R$ 1.000,00	R$ 100,00	R$ 1.100,00
2	R$ 1.100,00	R$ 110,00	R$ 1.210,00
3	R$ 1.210,00	R$ 121,00	R$ 1.331,00
3	R$ 1.331,00	R$ 133,10	R$ 1.464,10

Observando a planilha, notamos que:

- os juros a cada período são calculados sobre o montante obtido no período imediatamente anterior;

- o valor dos juros obtidos em cada período não é o mesmo;
- o aumento do capital não ocorre de forma linear.

Observação

Para calcular o valor dos juros, utilizamos a fórmula universal $\mathbf{J = PV.i}$ com a taxa de juros expressa na forma unitária (ou seja: i = 10/100 = 0,10).

3.2 AS FÓRMULAS DA CAPITALIZAÇÃO COMPOSTA

Observe que o procedimento repetitivo descrito na seção anterior nos permitiu obter os juros (J = 464,10), bem como o montante (FV = 1.464,10) da aplicação.

Poderíamos ter chegado a esses mesmos resultados utilizando as seguintes fórmulas específicas para a capitalização composta:

Fórmula para o cálculo do valor futuro:

$$\mathbf{FV = PV.(1+i)^n}$$

Fórmula para o cálculo dos juros:

$$\mathbf{J = PV.[(1+i)^n - 1]}$$

A demonstração dessas fórmulas está disponível no **Capítulo 9 (item 9.3)**.

As fórmulas da capitalização composta podem ainda ser combinadas com a fórmula:

$$\mathbf{FV = PV + J}$$

(que independe do tipo de capitalização utilizada) quando da resolução dos exercícios.

3.3 EXEMPLOS BÁSICOS

As resoluções dos exemplos apresentados a seguir estão estruturadas nos seguintes passos:

- *1º passo*: identificar as variáveis do exemplo.
- *2º passo*: escolher a fórmula mais conveniente a ser utilizada, tomando por base as variáveis do exemplo.

- *3º passo:* substituir o valor das variáveis conhecidas na fórmula escolhida e isolar a variável desconhecida no primeiro membro.
- *4º passo:* utilizar a HP-12C para efetuar os cálculos indicados no segundo membro.

Na resolução dos exemplos a seguir estamos considerando todo mês com 30 dias e, consequentemente, o ano com 360 dias (ano comercial).

Exemplos:

E 3.2 Determine o montante resultante da aplicação de R$ 5.000,00, por 3 meses, à taxa de 2,5% am, no sistema de capitalização composta.

Resolução:

Inicialmente, devemos observar que, como o exercício em questão solicita o valor do montante da aplicação, é conveniente utilizar a fórmula $\mathbf{FV = PV.(1+i)^n}$.

Não podemos nos esquecer de que a taxa de juros deve ser utilizada na sua forma unitária, ou seja, **i = 0,025**.

FV = ?	$FV = PV.(1+i)^n$	**HP-12C**
PV = 5.000,00	$FV = 5.000\,(1+0{,}025)^3$	< f > < REG >
i = 0,025 am	$FV = 5.000\,(1{,}025)^3$	5000 < ENTER >
t = 3 m	FV = **5.384,45**	1,025 < ENTER > 3 < y^x >
n = 3		< x > → 5.384,45

Resposta: R$ 5.384,45.

Observação

No caso da HP-12C, a tecla destinada ao cálculo de potências **< y^x >** deixa claro que a potência será calculada a partir da base colocada no segundo andar da pilha operacional (**registro Y**), elevada ao expoente colocado no primeiro andar da pilha operacional (**registro X**).

E 3.3 Determine o montante resultante da aplicação de R$ 57.000,00 no sistema de capitalização composta, por 1 ano, 3 meses e 17 dias, à taxa de 7,32% am.

Resolução:

$$1\text{ a, } 3\text{ m e } 17\text{ d} = 360\text{ d} + 90\text{ d} + 17\text{ d} = 467\text{ d} = 467/30\text{ m}$$

		HP-12C
FV = ?	$FV = PV.(1+i)^{n}$	< f > < REG >
PV = 57.000,00	$FV = 57.000\,(1 + 0{,}0732)^{467/30}$	57000 < ENTER >
i = 0,0732 am	$FV = 57.000\,(1{,}0732)^{467/30}$	1,0732 < ENTER >
t = 1 a 3 m 17 d	FV = **171.186,90**	467 < ENTER > 30 < ÷ >
n = 467/30 m		< y^{x} >
		< x > → 171.186,90

Resposta: R$ 171.186,90.

E 3.4 Uma pessoa tem uma dívida de R$ 3.500,00 que deve ser paga em 75 dias. Quanto deve ser aplicado hoje, no sistema de juros compostos, com taxa de 2,37% am, de modo a obter a quantia suficiente para liquidar a dívida na data prevista?

Resolução:

		HP-12C
PV = ?	$FV = PV.(1+i)^{n}$	< f > < REG >
FV = 3.500,00	$3.500 = PV.(1 + 0{,}0237)^{75/30}$	3.500 < ENTER >
i = 0,0237 am	$3.500 = PV.\,(1{,}0237)^{75/30}$	1,0237 < ENTER >
t = 75 d	$PV = \dfrac{3.500}{(1{,}0237)^{75/30}}$	75 < ENTER > 30 < ÷ >
n = 75/30 m	PV = **3.300,93**	< y^{x} >
		< ÷ > → 3.300,93

Resposta: R$ 3.300,93.

E 3.5 Determine o número de dias necessários para que um capital de R$ 2.000,00, aplicado à taxa de 5,37% am, no sistema de capitalização composta, produza um montante de R$ 2.339,81.

Resolução:

PV = 2.000,00

FV = 2.339,81

i = 0,0537 am

n = ? (em dias)

$$FV = PV.(1+i)^n$$

$$2.339,81 = 2.000\,(1 + 0,0537)^n$$

$$2.339,81 = 2.000\,(1,0537)^n$$

$$(1,0537)^n = \frac{2.339,81}{2.000}$$

$$LN\,(1,0537)^n = LN\left(\frac{2.339,81}{2.000}\right)$$

$$n\,.\,LN\,(1,0537) = LN\left(\frac{2.339,81}{2.000}\right)$$

$$n = \frac{\text{ü}\left(\frac{2.339,81}{2.000}\right)}{LN\,(1,0537)} = \mathbf{3\,m\,(90\,d)}$$

HP-12C

< f > < REG >

2.339,81 < ENTER >

2.000 < ÷ >

< g > < LN >

1,0537

< g > < LN >

< ÷ > → 3 m

30 < x > → 90 d

Resposta: 90 dias.

Observação

Para resolver algebricamente a equação acima, ou seja, para determinar o valor de **n**, foi preciso utilizar a função logaritmo.

De forma geral, nesses casos, se utilizaria o logaritmo decimal. Entretanto, por facilidade, vamos utilizar o logaritmo neperiano (LN), que se encontra disponível no teclado da HP-12C (o que não ocorre com o logaritmo decimal).

Ainda: como a taxa está expressa (e foi utilizada) em meses, o resultado obtido (número de dias) também se encontra expresso em meses e deve ser multiplicado por 30 para ser transformado em dias.

E 3.6 Tenho hoje disponível para aplicar a quantia de R$ 9.300,00. Em 4 meses vou precisar de R$ 12.500,00 para fazer uma viagem. A que taxa mensal devo aplicar o meu capital, no sistema de capitalização composta, de modo a obter a quantia suficiente para a viagem na data prevista?

Resolução:

PV = 9.300,00

FV = 12.500,00

t = 4 m

n = 4 m

i = ? (mensal)

$$FV = PV.(1+i)^{n}$$

$$12.500 = 9.300\,(1+i)^{4}$$

$$(1+i)^{4} = \frac{12.500}{9.300}$$

$$1+i = \sqrt[4]{\frac{12.500}{9.300}}$$

$$1+i = \left(\frac{12.500}{9.300}\right)^{1/4}$$

$$i = \left(\frac{12.500}{9.300}\right)^{1/4} - 1 = \mathbf{0,08\,am}$$

HP-12C

< f > < REG >

12500 < ENTER >

9300 < ÷ >

4 < 1 / x >

< y^{x} >

1 < - > → 0,08

100 < x > → 7,67% am

Resposta: 7,67 am.

Observações

1) Observe que o teclado da HP-12C não disponibiliza a função $\sqrt[y]{x}$, que permite calcular a raiz de um índice qualquer. Assim, a raiz de índice 4 ($\sqrt[4]{x}$) foi transformada em potência de expoente fracionário ($x^{1/4}$).

2) Observe novamente que se, ao término do processo, a conversão da taxa para a forma percentual fosse realizada pelo simples deslocamento da vírgula duas casas para a direita, isso nos levaria ao valor incorreto de 8,00% am.

E 3.7 Determine os juros resultantes da aplicação de R$ 3.750,00 por 6 meses, no sistema de capitalização composta, com taxa de 42% aa.

Resolução 1:

J = ?

PV = 3.750,00

i = 0,42 aa

t = 6 m

n = 6/12 a

$J = PV[(1+i) \quad -1]$

$J = 3.750[(1+0,42)^{6/12} - 1]$

$J = 3.750[(1,42)^{6/12} - 1]$

$J = \mathbf{718,64}$

HP-12C

< f > < REG >

1,42 < ENTER >

6 < ENTER > 12 < ÷ >

< y^x >

1 < - >

3750 < x > → 718,64

Resposta: R$ 718,64.

Observação

Este exercício também poderia ser resolvido utilizando a fórmula do montante para a capitalização composta associada à fórmula **FV = PV + J**:

Resolução 2:

J = ?

PV = 3.750,00

i = 0,42 aa

t = 6 m

n = 6/12 a

$FV = PV.(1+i)^{n}$

$FV = 3.750\,(1 + 0,42)^{6/12}$

$FV = 3.750\,(1,42)^{6/12}$

$FV = 4.468,64$

$FV = PV + J$

$4.468,64 = 3.750,00 + J$

$J = 4.468,64 - 3.750,00$

$J = \mathbf{718,64}$

HP-12C

< f > < REG >

3750 < ENTER >

1,42 < ENTER >

6 < ENTER > 12 < ÷ >

< y^x >

< x > → 4.468,64

3750 < - > → 718,64

Resposta: R$ 718,64.

E 3.8 Determine durante quantos dias deve ficar aplicado um capital de R$ 9.900,00, no sistema de capitalização composta, com taxa de 5,50% am, de modo a produzir juros no valor de R$ 1.118,95.

Resolução 1:

$J = 1.118,95$

$PV = 9.900,00$

$i = 0,055$ am

$n = ?$ (em dias)

$$J = PV[(1+i)^n - 1]$$

$$1.118,95 = 9.900[(1+0,055)^n - 1]$$

$$(1,055)^n - 1 = \frac{1.118,95}{9.900}$$

$$(1,055)^n = \frac{1.118,95}{9.900} + 1$$

$$LN(1,055)^n = LN\left(\frac{1.118,95}{9.900} + 1\right)$$

$$n.LN(1,055) = LN\left(\frac{1.118,95}{9.900} + 1\right)$$

$$n = \frac{LN\left(\frac{1.118,95}{9.900} + 1\right)}{LN(1,055)} = \mathbf{2\,m}$$

HP-12C

< f > < REG >

1118,95 < ENTER >

9900 < ÷ >

1 < + >

< g > < LN >

1,055

< g > < LN >

< ÷ > → 2 m

30 < x > → 60 d

Resposta: 60 dias.

Observação

Este exercício também poderia ser resolvido utilizando a fórmula do montante para a capitalização composta associada à fórmula **FV = PV + J**:

Resolução 2:

$J = 1.118,95$

$PV = 9.900,00$

$i = 0,055$ am

$n = ?$ (em dias)

$$FV = PV + J$$

$$FV = 9.900,00 + 1.118,95$$

$$FV = 11.018,95$$

HP-12C

< f > < REG >

9900 < ENTER >

1118,95

$$FV = PV.(1+i)^n$$

$$11.018,95 = 9.900\,(1+0{,}055)^n$$

$$(1{,}055)^n = \frac{11.018,95}{9.900}$$

$$LN\,(1{,}055)^n = LN\left(\frac{11.018,95}{9.900}\right)$$

$$n = \frac{LN\left(\frac{11.018,95}{9.900}\right)}{LN\,(1{,}055)}$$

$$n = \mathbf{2\,m\ (60\,d)}$$

<+> → 11.018,95
9900 <÷>
<g> <LN>
1,055
<g> <LN>
<÷> → 2 m
100 <x> → 60 d

Resposta: 60 dias.

E 3.9 Determine a taxa mensal necessária para que um capital qualquer, ao ser aplicado no sistema de capitalização composta por 7 meses, produza de juros exatamente o seu valor.

Resolução 1:

PV = qualquer
J = PV
t = 7 m
n = 7 m
i = ? (mensal)

$$J = PV[(1+i)^n - 1]$$

$$PV = PV.[(1+i)^7 - 1]$$

$$(1+i)^7 - 1 = \frac{PV}{PV}$$

$$(1+i)^7 - 1 = 1$$

$$(1+i)^7 = 2$$

$$1+i = \sqrt[7]{2}$$

$$1+i = (2)^{1/7}$$

$$i = (2)^{1/7} - 1$$

$$i = \mathbf{0{,}10\ am}$$

HP-12C

< f > < REG >
2 < ENTER >
7 < 1 / x >
< g > < y^x >
1 < - >
100 < x > → 10,41% am

Resposta: 10,41% am.

Observações

1) Este exercício também poderia ser resolvido utilizando a fórmula do montante para a capitalização composta, associada à fórmula universal: **FV = PV + J**:

Resolução 2:

		HP-12C
PV = qualquer	$FV = PV + J$	< f > < REG >
J = PV	$FV = PV + PV$	2 < ENTER >
t = 7 meses	$FV = 2\,PV$	7 < 1 / x >
n = 7 m	$FV = PV\,.(1+i)^n$	< g > < y^x >
i = ? (mensal)	$2\,PV = PV\,(1+i)^7$	1 < - >
	$(1+i)^7 = \dfrac{2\,PV}{PV}$	100 < x > → 10,41% am
	$(1+i) = (2)^{1/7}$	
	$i = (2)^{1/7} - 1 = \mathbf{0{,}10\ am}$	

Resposta: 10,41% am.

2) Já para aqueles leitores que não possuem maior intimidade com a álgebra, lembramos que se o enunciado do exercício fala em um capital qualquer, podemos, sem perder a generalidade, utilizar um valor genérico a nossa escolha. Assim, por exemplo, vamos utilizar PV = R$ 1.000,00.

Resolução 3:

		HP-12C
PV = 1.000,00	$J = PV[(1+i)^n - 1]$	< f > < REG >
J = 1.000,00	$1.000{,}00 = 1.000{,}00[(1+i)^7 - 1]$	2 < ENTER >
t = 7 meses	$(1+i)^7 - 1 = \dfrac{1.000{,}00}{1.000{,}00}$	7 < 1 / x >
n = 7 m		< g > < y^x >
i = ? (mensal)	$(1+i)^7 - 1 = 1$	1 < - >
	$(1+i) = \sqrt[7]{2}$	100 < x > → **10,41% am**
	$i = (2)^{1/7} - 1 = \mathbf{0{,}10\ am}$	

Resposta: 10,41% am.

E 3.10 Um capital foi aplicado por 37 dias, com taxa de 6,9% am, no sistema de capitalização composta, rendendo juros de R$ 500,00. Determine o valor do capital.

Resolução 1:

PV = ?

J = 500,00

t = 37 dias

n = 37/30 m

i = 0,069 m

$$J = PV[(1+i)^{n} - 1]$$

$$500,00 = PV[(1+0,069)^{37/30} - 1]$$

$$PV = \frac{500,00}{(1,069)^{37/30}} - 1$$

$$PV = \mathbf{5.829,32}$$

HP-12C

< f > < REG >

1,069 < ENTER >

37 < ENTER > 30 < ÷ >

< y^{x} >

1 < - >

500 < x ↔ y >

< ÷ > → 5.829,32

Resposta: R$ 5.829,32.

Observação

Neste caso, para resolver o problema sem utilizar a fórmula dos juros, devemos fazer uso de um pequeno artifício:

Resolução 2:

- *1ª etapa:* inicialmente, vamos determinar o montante produzido por um capital qualquer (neste caso, vamos utilizar R$ 1.000,00) nas condições do exercício (ou seja, aplicados a juros compostos por 37 dias com taxa de 6,9% am):

$$FV = PV \cdot (1+i)^{n}$$

$$FV = 1.000\,(1 + 0,069)^{37/30}$$

$$FV = 1.000\,(1,069)^{37/30}$$

$$FV = 1.085,77$$

HP-12C

< f > < REG >

1000 < ENTER >

1,069 < ENTER >

37 < ENTER >

30

< ÷ > < y^{x} > < x > → 1.085,77

- *2ª etapa:* a seguir, vamos calcular os juros gerados por esta aplicação:

	HP-12C
FV = PV + J	1085,77 < ENTER >
J = FV - PV	1000 < – > → 85,77
FV = 1.085,77 - 1.000,00	
FV = 85,77	

- *3ª etapa:* finalmente, considerando que a aplicação de um capital PV nas mesmas condições (prazo de 37 dias e taxa de 6,9% am) rendeu juros de R$ 500,00, podemos construir uma regra de três:

PV	**J**	**HP-12C**
1.000	85,77	1000 < ENTER >
x	500,00	500 < x >
		85,77
		< ÷ > → 5.829,54

$$\Rightarrow \quad x = \frac{1000 \,.\, 500}{85{,}77} = \mathbf{5.829{,}32}$$

Resposta: R$ 5.829,54.

O leitor deve observar o aparecimento de um erro de arredondamento neste procedimento (R$ 5.829,54 × 5.829,32). Este erro desaparece se efetuarmos os cálculos de forma encadeada, ou seja, na *2ª etapa*, aproveitando que o valor 1.085,77 já se encontra no visor, simplesmente digitamos:

1000 < – > → 85,77

e na *3ª etapa*, aproveitando que o valor 85,77 já se encontra no visor, simplesmente digitamos:

1000 < ENTER > 500 < x > < x ↔ y > → 5.829,32

Resposta: R$ 5.829,32.

3.4 AS TECLAS FINANCEIRAS DA HP-12C PARA CAPITALIZAÇÃO COMPOSTA

É importante observar que qualquer calculadora que opera no sistema RPN é capaz de realizar os cálculos utilizados até o presente momento. Assim, surge naturalmente a seguinte pergunta: por que utilizar uma calculadora financeira?

De forma geral, tendo em vista a importância da capitalização composta na área financeira, as calculadoras financeiras disponibilizam aos usuários um programa armazenado na memória do fabricante que permite, de forma simples e rápida, resolver problemas básicos, como os apresentados nos exemplos anteriores.

Para tanto, vamos utilizar as seguintes teclas financeiras: **< PV >**, **< FV >**, **< n >** e **< i >**.

Exemplos:

E 3.11 Determine o montante resultante da aplicação de R$ 5.000,00, por 3 meses, à taxa de 2,5% am, no sistema de capitalização composta.

Resolução:

	HP-12C
FV = ?	< f > < REG >
PV = 5.000,00	5000 < PV >
i = 2,5% am	2,5 < i >
t = 3 m	3 < n >
n = 3 m	< FV > → - 5.384,45

Resposta: R$ 5.384,45.

Observações

1) Os parâmetros conhecidos (nesse caso, PV, i e n) podem ser inseridos em qualquer ordem. Neste caso, a ordem de inserção foi: primeiro o valor de **PV**, depois o valor de **i** e, finalmente, o valor de **n**.
2) Ao digitar **5000 < PV >**, o leitor estará solicitando que a calculadora armazene o valor 5000 no registro (financeiro) de nome **PV**.

3) Ao digitar **2,5 < i >** o leitor estará solicitando que a calculadora armazene o valor 2,5 no registro (financeiro) **i**.

   É importante notar que o valor da taxa de juros não deve ser dividido por 100, pois o programa realiza essa tarefa. Assim, se o leitor efetuar a divisão e digitar **0,025 < i >** será armazenado no registro **i** o valor 0,00025.

4) Ao digitar **3 < n >** o leitor está solicitando à calculadora que armazene o valor 3 no registro (financeiro) **n**.

5) Finalmente, o leitor deve digitar **< FV >**, que corresponde ao parâmetro desconhecido. Isso fará com que a calculadora execute o programa de capitalização composta e forneça o valor do montante.

6) Observe que o valor obtido é negativo (R$ - 5.384,45). Isso ocorreu porque o programa para a capitalização composta exige que o capital (**PV**) e o montante (**FV**) tenham sinais contrários. A justificativa para esse procedimento se baseia no seguinte fato:

   - em operações de empréstimo, o capital solicitado (**PV**) representa uma entrada de caixa e o pagamento desse empréstimo (**FV**) representa uma saída de caixa;
   - nas operações de aplicação, o valor aplicado (**PV**) representa uma saída de caixa e o resgate da aplicação (**FV**) representa uma entrada de caixa.

Assim, uma alternativa a esse procedimento seria inserir o valor de **PV** com sinal negativo (utilizando o comando < CHS > = *change signal*), de modo a receber o valor de **FV** com sinal positivo.

	HP-12C
FV = ?	< f > < REG >
PV = 5.000,00	5000 < CHS > < PV >
i = 2,5% am	2,5 < i >
t = 3 m	3 < n >
n = 3 m	< FV > → 5.384,45

Resposta: R$ 5.384,45.

E 3.12 Determine o montante resultante da aplicação de R$ 57.000,00, no sistema de capitalização composta, por 1 ano, 3 meses e 17 dias, à taxa de 7,32% am.

Resolução:

FV = ?

PV = 57.000,00

i = 7,32% am

t = 1a 3m 17d = 467 dias

$$n = \frac{467}{30} \, m$$

HP-12C

< f > < REG >

57000 < CHS > < PV >

7,32 < i >

467 < ENTER > 30 <÷ > < n >

< FV > → 171.291,48

Resposta: R$ 171.291,48.

Observação

A resposta obtida (R$ 171.291,48) difere da resposta correta (R$ 171.186,90), pois a operação financeira (OF) foi realizada no sistema de capitalização mista.

Esse tipo de capitalização, amplamente utilizado no mercado americano, é padrão na calculadora HP-12C e fornece montantes maiores que os obtidos na capitalização composta toda vez que o número de períodos não é inteiro (neste caso, 467/30 = 15,57 meses). Para contornar esse problema o leitor deve pressionar a sequência de teclas:

< STO > < EEX >

que informa à calculadora o desejo de obter o montante na capitalização composta (note que a letra "c" aparece no visor da sua HP-12C).

FV = ?

PV = 57.000,00

i = 7,32% am

t = 1a 3m 17d

$$n = \frac{467}{30} \, m$$

HP-12C

< f > < REG >

< STO > < EEX >

57000 < CHS > < PV >

7,32 < i >

467 < ENTER > 30 <÷ > < n >

< FV > → 171.186,90

Resposta: R$ 171.186,90.

Como a capitalização mista é muito pouco utilizada no mercado brasileiro, recomendamos ao leitor que esse procedimento seja mantido. Caso, eventualmente, seja solicitada a realização de uma operação financeira no sistema de capitalização mista, basta digitar novamente a sequência de teclas:

< STO > < EEX >

e a calculadora volta ao formato padrão de capitalização mista (note que a letra "c" desaparece do visor).

No **Capítulo 9 (item 9.5)**, o leitor interessado poderá conhecer melhor as características da capitalização mista (particularmente o fato de que ela fornece montantes maiores do que aqueles obtidos na capitalização composta para períodos de tempo não inteiros).

E 3.13 Uma pessoa tem uma dívida de R$ 3.500,00 que deve ser paga em 75 dias. Quanto deve ser aplicado hoje, no sistema de juros compostos, à taxa de 2,37% am, de modo a obter a quantia suficiente para liquidar a dívida na data prevista?

Resolução:

	HP-12C
PV = ?	< f > < REG >
FV = 3.500,00	3500 < CHS > < FV >
i = 2,37% am	2,37 < i >
t = 75 d	75 < ENTER > 30 <÷ > < n >
n = 75/30 m	< PV > → 3.300,93

Resposta: R$ 3.300,93.

E 3.14 Determine o número de dias necessários para que um capital de R$ 2.000,00, aplicado à taxa de 5,37% am, no sistema de capitalização composta, produza um montante de R$ 2.339,81.

Resolução:

PV = 2.000,00

FV = 2.339,81

i = 5,37% am

n = ? (em dias)

HP-12C

< f > < REG >

2000 < CHS > < PV >

2339,81 < FV >

5,37 < i >

< n > → 3 m

30 < x > → 90 d

Resposta: 90 dias.

Observação

Inserimos na calculadora o valor de **PV** negativo e o valor de **FV** positivo. Poderíamos também ter procedido de forma inversa (ou seja, inserido **PV** positivo e **FV** negativo).

Entretanto, caso **PV** e **FV** fossem inseridos com o mesmo sinal, a HP-12C forneceria uma mensagem de erro (**Error 5**) que, neste caso, estaria indicando que **PV** e **FV** têm o mesmo sinal.

E 3.15 Tenho hoje disponível para aplicar a quantia de R$ 9.300,00. Em 4 meses vou precisar de R$ 12.500,00 para fazer uma viagem. A que taxa mensal devo aplicar o meu capital, no sistema de capitalização composta, de modo a obter a quantia suficiente para a viagem na data prevista?

Resolução:

PV = 9.300,00

FV = 12.500,00

t = 4 m

n = 4

i = ? (mensal)

HP-12C

< f > < REG >

9300 < PV >

12500 < CHS > < FV >

4 < n >

< i > → 7,67% am

Resposta: 7,67% am.

Observação

O programa da HP-12C para capitalização composta se encarrega de multiplicar a taxa de juros por 100, fornecendo-a diretamente na forma percentual.

E 3.16 Determine os juros resultantes da aplicação de R$ 3.750,00 por 6 meses, no sistema de capitalização composta, com taxa de 42% aa.

Resolução:

Para resolver este problema utilizando as teclas financeiras da HP-12C, devemos proceder como segue:

- *1º passo*: calcular o montante resultante da aplicação em questão.
- *2º passo*: subtrair o valor do capital do montante obtido no passo anterior, lembrando que J = FV – PV).

	HP-12C
J = ?	< f > < REG >
PV = 3.750,00	3750 < CHS > < PV >
i = 42% aa	42 < i >
t = 6 m	6 < ENTER > 12 < ÷ > < n >
n = 6 / 12 a	< FV > → 4.468,64
	3750 < - > → 718,64

Resposta: R$ 718,64.

E 3.17 Durante quantos dias deve ficar aplicado um capital de R$ 9.900,00, no sistema de capitalização composta, com taxa de 5,50% am, de modo a produzir juros no valor de R$ 1.118,95?

Resolução:

Para resolver este problema utilizando as teclas financeiras da HP-12C, devemos proceder como segue:

- *1º passo:* adicionar o valor dos juros ao capital obtendo FV (lembre que FV = PV + J).

- *2º* passo: conhecidos < FV >, < PV > e < i >, determinar o valor de < n >.

	HP-12C
J = 1.118,95	< f > < REG >
PV = 9.900,00	9900 < ENTER > 1118,95 < + > < FV >
i = 5,50% am	9900 < CHS > < PV >
n = ? (em dias)	5,50 < i >
	< n > → 2 m
	30 < x > → 60 d

Resposta: 60 dias.

E 3.18 Determine a taxa mensal que faz com que um capital qualquer, ao ser aplicado no sistema de capitalização composta por 7 meses, produza de juros exatamente o valor do capital.

Resolução:

Para resolver este problema utilizando as teclas financeiras da HP-12C, devemos proceder como segue:

- *1º passo*: atribuir um valor qualquer para o capital (e consequentemente para os juros).
- *2º passo*: adicionar o valor dos juros ao capital obtendo FV (FV = PV + J).
- *3º passo*: conhecidos < FV >, < PV > e < n >, determinar o valor de < i >.

	HP-12C
PV = 1.000,00 (por exemplo)	< f > < REG >
J = 1.000,00	1000 < ENTER > 1000 < + > < FV >
t = 7 m	1000 < CHS > < PV >
n = 7 m	7 < n >
i = ? (mensal)	< i > → 10,41% am

Resposta: 10,41% am.

E 3.19 Um capital foi aplicado por 37 dias com taxa de 6,9% am, no sistema de capitalização composta, rendendo juros de R$ 500,00. Determine o valor do capital.

Resolução:

Neste caso, como PV e FV não são conhecidos, devemos proceder como segue:

- *1º passo*: atribuir um valor qualquer para o capital e calcular os juros resultantes da aplicação deste capital nas condições do exercício (t = 37 dias e i = 6,9% am).
- *2º passo*: elaborar uma regra de três com os valores de PV e J.

PV = 1.000,00	**HP-12C**	**Regra de três**	
t = 37 dias	< f > < REG >	**PV**	**J**
n = 37/30 m	1000 < CHS > < PV >	1.000	85,77
i = 6,9% am	6,9 < i >	x	500,00
	37 < ENTER > 30 < ÷ > < n >	$x = \dfrac{1000 \,.\, 500}{85{,}77}$	
	< FV >		
	1000 < - > → 85,77		
		1000 < ENTER > 500 < x >	
		< x ↔ y > < ÷ > → 5.829,32	

Resposta: R$ 5.829,32.

3.5 TAXAS EQUIVALENTES

No capítulo anterior vimos que:

- Duas taxas dizem-se equivalentes quando, aplicadas a capitais iguais, durante tempos iguais, produzem juros iguais e, portanto, montantes iguais.
- No sistema de capitalização simples taxas proporcionais são equivalentes.

Vejamos agora se este fato permanece válido no sistema de capitalização composta.

Exemplo:

E 3.20 Determine o montante gerado pelas seguintes aplicações no sistema de capitalização composta:

- Banco I: aplicação de R$ 5.310,00 por 6 meses à taxa de 14% ab.
- Banco II: aplicação de R$ 5.310,00 por 6 meses à taxa de 21% at.

Resolução:

Banco I		**Banco II**	
PV = 5.310,00	< f > < REG >	PV = 5.310,00	< f > < REG >
i = 14% ab	5310 < CHS > < PV >	i = 21% at	5310 < CHS > < PV >
t = 6 m	14 < i >	t = 6 m	21 < i >
$n = \frac{6}{2} = 3$	3 < n >	$n = \frac{6}{3} = 2$	2 < n >
	< FV > → **7.867,00**		< FV > → **7.774,37**

Resposta: Banco I, R$ 7.867,00; Banco II, R$ 7.774,37.

Ora, levando em consideração que as taxas utilizadas são proporcionais (14% ab e 21% at) e que os montantes respectivamente obtidos não são iguais (R$ 7.867,00 e R$ 7.774,37), podemos de forma geral concluir que:

na capitalização composta, taxas proporcionais não são equivalentes.

Surge, assim, naturalmente, a seguinte pergunta: qual é a taxa trimestral equivalente à taxa bimestral de 14% no sistema de capitalização composta? Vamos utilizar três procedimentos diferentes para responder a essa pergunta.

Primeiro procedimento: fórmula

A fórmula utilizada neste procedimento se encontra (para os leitores interessados) demonstrada no **Capítulo 9 (item 9.4)**.

Resolução:

$$t = 2 \cdot 3 = 6 \text{ m}$$

$$i_1 = i_d = i_t = ?$$

$$n_1 = 2$$

$$i_2 = i_c = i_b = 14\%$$

$$n_2 = 3$$

$$i_1 = (1 + i_2)^{\frac{n_2}{n_1}} - 1$$

$$i_1 = (1 + 0{,}14)^{\frac{3}{2}} - 1$$

$$i_1 = (1{,}14)^{\frac{3}{2}} - 1$$

$$i_1 = 0{,}22 \text{ at}$$

HP-12C

< f > < REG >

1,14 < ENTER >

3 < ENTER > 2 < ÷ >

< y^x >

1 < - >

100 < x > → 21,72% at

Resposta: 21,72% at.

Observações

1) De acordo com a definição de taxas equivalentes, o tempo de aplicação pode ser qualquer. Entretanto, como veremos oportunamente, é conveniente utilizar como tempo de aplicação o produto das unidades de tempo a que as taxa de juros envolvidas no problema se referem, previamente reduzidas à mesma unidade. Assim, neste caso:

   (1 bimestre = 2 meses) . (1 trimestre = 3 meses) = 6 meses

2) É conveniente que a taxa $\mathbf{i_1}$ seja sempre a taxa desconhecida $\mathbf{i_d}$ (no caso, a taxa trimestral) e que a taxa $\mathbf{i_2}$ seja sempre a taxa conhecida $\mathbf{i_c}$ (no caso, a taxa bimestral de 14%, que foi introduzida na fórmula como 0,14, ou seja, na forma unitária).

3) Observe que se resolvermos novamente este exemplo com a taxa trimestral equivalente de 21,72% obteremos:

   < f > < REG >

   5310 < CHS > < PV >

   21,72 < i >

   2 < n >

   < FV > → 7.867,17

A diferença encontrada (R$ 7.867,00 contra R$ 7.867,17) se deve a erros de arredondamento e desaparece se utilizarmos a taxa trimestral equivalente com mais casas decimais (21,71869210).

Segundo procedimento: registros financeiros

Com base na definição de taxas equivalentes (ou seja, duas taxas dizem-se equivalentes quando, aplicadas a capitais iguais, durante tempos iguais, produzem juros iguais e, portanto, montantes iguais), vamos utilizar o seguinte procedimento:

Resolução:

Primeira aplicação:

$$PV_1 = 1{,}00 \text{ (por exemplo)};\ t_1 = 2\ .\ 3 = 6 \text{ m};\ i_1 = 14\% \text{ ab};\ n_1 = 3 \text{ b} \rightarrow FV_1$$

Segunda aplicação:

$$PV_2 = PV_1 = 1{,}00\ ;\ FV_2 = FV_1\ ;\ t_2 = t_1 = 6\text{m}\ ;\ n_2 = 2\text{t} \rightarrow i \text{ (trimestral)}$$

Observe agora que, embora estejamos interessados em determinar a taxa trimestral da segunda aplicação, não podemos utilizar as teclas financeiras da IIP-12C para juros compostos, pois não conhecemos dois dos quatro parâmctros (i e FV_2).

Entretanto, notando que se utilizarmos tempos iguais, capitais iguais e taxas equivalentes nas duas aplicações devemos obter montantes iguais (ou seja: $FV_1 = FV_2$), o procedimento consiste em:

1º passo: determinar FV_1 na primeira aplicação observando que são conhecidos:

$$PV_1 = 1{,}00,\ i = 14\% \text{ ab},\ n_1 = 3 \text{ b}$$

2º passo: determinar i_t na segunda aplicação observando que são conhecidos:

$$PV_2 = PV_{1,}\ n = 2,\ FV_2 = FV_1$$

Assim, resulta:

HP-12C	Observações
1ª APLICAÇÃO: < f > < REG > 1 < PV > 14 < i > 3 < n > < FV >	Na primeira aplicação não há necessidade de inserir o valor de PV com sinal negativo.
2ª APLICAÇÃO: 2 < n > < i > → 21,72% at	Na segunda aplicação, como os valores de PV e FV são os mesmos, não há necessidade de inseri-los novamente.

Resposta: 21,72% at.

Terceiro procedimento: programa para taxas equivalentes

Para utilizar este procedimento, o leitor deve inicialmente ler as informações do Capítulo 8, "Programação básica na HP-12C", e, após ter armazenado na calculadora o PROGRAMA 01 (cálculo de taxas equivalentes na capitalização composta), proceder como segue:

14 < i >

3 < ENTER > 2 < ÷ > < n >

< g > < GTO > (0)01

< R / S > → 21,72% at

Resposta: 21,72% at.

Exemplos:

E 3.21 Determinar a taxa diária equivalente à taxa mensal de 10% (1 mês = 30 dias).

Resolução:

Primeiro procedimento: fórmula

		HP-12C
t = 1 d . 30 d = 30 dias (1 m)		
$i_1 = i_d = i_d = ?$	$i_1 = (1+i_2)^{\frac{n_2}{n_1}} - 1$	< f > < REG >
$n_1 = 30$ d	$i_1 = (1+0{,}10)^{\frac{1}{30}} - 1$	1,10 < ENTER >

$i_2 = i_c = i_m = 10\%$ am	$i_1 = (1{,}10)^{\frac{1}{30}} - 1$	30 < 1/x >
$n_2 = 1$ m		< y^x >
		1 < - >
		100 < x > → 0,32% ad

Resposta: 0,32% ad.

Segundo procedimento: teclas financeiras	Terceiro procedimento: programa 01
< f > < REG >	< f > < REG >
1 < PV >	10 < i >
10 < i >	1 < ENTER > 30 <÷ > < n >
1 < n >	< g > < GTO > (0)01
< FV >	< R/S > → 0,32% ad
30 < n >	
< i > → 0,32% ad	

Resposta: 0,32% ad.

E 3.22 Determinar a taxa diária equivalente à taxa anual de 84% (considerar o ano com 360 dias).

Resolução:

Primeiro procedimento: fórmula

		HP-12C
t = 1 d . 360 d = 360 dias (1 a)	$i_1 = (1 + i_2)^{\frac{n_2}{n_1}} - 1$	< f > < REG >
$i_1 = i_d = i_d = ?$	$i_1 = (1 + 0{,}84)^{\frac{1}{360}} - 1$	1,84 < ENTER >
$n_1 = 360$ d	$i_1 = (1{,}84)^{\frac{1}{360}} - 1$	360 < 1/x >
$i_2 = i_c = i_a = 84\%$ am		< y^x >
$n_2 = 1$ a		1 < - >
		100 < x > → 0,17% ad

Resposta: 0,17% ad.

Segundo procedimento: teclas financeiras	**Terceiro procedimento: programa 01**
< f > < REG >	< f > < REG >
1 < PV >	84 < i >
84 < i >	1 < ENTER > 360 <÷ > < n >
1 < n >	< g > < GTO > (0)01
< FV >	< R/S > → 0,17% ad
360 < n >	
< i > → 0,17% ad	

Resposta: 0,17% ad.

E 3.23 Determinar a taxa mensal equivalente à taxa anual de 12%.

Resolução:

Primeiro procedimento: fórmula

$t = 1\ m \,.\, 12\ m = 12\ m$

$i_1 = i_d = i_m = ?$

$n_1 = 12\ m$

$i_2 = i_c = i_a = 12\%\ am$

$n_2 = 1\ a$

$$i_1 = (1+i_2)^{\frac{n_2}{n_1}} - 1$$

$$i_1 = (1+0{,}12)^{\frac{1}{12}} - 1$$

$$i_1 = (1{,}12)^{\frac{1}{12}} - 1$$

HP-12C

< f > < REG >

1,12 < ENTER >

12 < 1/x >

< y ^{x} >

1 < - >

100 < x > → 0,95% am

Resposta: 0,95% am.

Segundo procedimento: teclas financeiras	**Terceiro procedimento: programa 01**
< f > < REG >	< f > < REG >
1 < PV >	12 < i >
12 < i >	1 < ENTER > 12 <÷ > < n >
1 < n >	< g > < GTO > (0)01
< FV >	< R/S > → 0,95% *am*
12 < n >	
< i > → 0,95% *am*	

Resposta: 0,95% am.

Consequência

Podemos, a partir de agora, resolver os problemas de capitalização composta efetuando o ajuste tanto da variável **i** como da variável **n**, conforme nos mostra o exemplo a seguir:

Exemplo:

E 3.24 Determine os juros resultantes da aplicação de R$ 4.350,00 por 3 anos, no sistema de capitalização composta, com taxa de 1,5% am, efetuando o ajuste:

a) da variável n;

b) da variável i.

Resolução:

a) Ajuste da variável **n**

	HP-12C
J = ?	4350 < CHS > < PV >
PV = 4.350,00	1,5 < i >
i = 1,5% am	36 < n >
t = 3 a	< FV > → 7.434,76
n = 3.12 = 36 m	4350 < - > → 3.084,76

Resposta: R$ 3.084,76.

b) Ajuste da variável **i**

J = ?

PV = 4.350,00

i = 1,5% am

t = 3 a

n = 3 a

1º passo: determinar a taxa anual equivalente à taxa mensal de 1,5%, utilizando o programa 01:

< f > < REG >

1,5 < i >

12 < ENTER > 1 < ÷ > < n >

< g > < GTO > (0)01

< R/S > → 19,56% aa

2º passo: resolver o problema utilizando a taxa mensal equivalente:

< i >

4350 < CHS > < PV >

3 < n >

< FV > → 7.434,76

4350 < - > → 3.084,76

Resposta: R$ 3.084,76.

Observação

Ao calcular a taxa equivalente anual no 1º passo, obtivemos o valor de 19,56% aa arredondado para duas casas decimais. Entretanto, observe que:

< f > 9 → 19,56181710 (valor de **i** com 8 casas decimais)

Dessa forma, se no 2º passo utilizarmos para a taxa de juros o valor 19,56, vamos gerar um erro de arredondamento, ou seja:

4350 < CHS > < PV > 3 < n > 19,56 < i > < FV > → 7.434,42

4350 < – > → 3.084,42 (erro de 0,34)

Para contornar esse problema, no início do 2º passo, em vez de pressionar:

19,56 < i >

pressionamos simplesmente:

< i >

armazenando o valor da taxa de juros, obtida no 1º passo, com 8 casas decimais.

Finalizando, nunca é demais lembrar que, ao ajustar o valor da taxa de juros nos problemas de *capitalização simples*, basta utilizar a *taxa proporcional correspondente*, lembrando que *nesse tipo de capitalização taxas proporcionais são equivalentes*. Já na *capitalização composta*, como *taxas proporcionais não são equivalentes*, devemos obrigatoriamente *ajustar a taxa* utilizando qualquer um dos três procedimentos apresentados anteriormente.

3.6 O CÁLCULO DO < n > UTILIZANDO AS TECLAS FINANCEIRAS

Exemplo:

E 3.25 Quantos dias são necessários para que um capital de R$ 256,00, aplicado no sistema de capitalização composta, com taxa de 117,96% aa, produza um montante de R$ 635,00?

Resolução:

Primeiro procedimento: fórmula

PV = 256,00

FV = 635,00

i = 117,96% aa

n = ? (em dias)

$$FV = PV.(1+i)^n$$

$$635 = 256 \,.\, (1 + 1{,}1796)^n$$

$$635 = 256 \,.\, (2{,}1796)^n$$

$$(2{,}1796)^n = \frac{635}{256}$$

$$LN\,(2{,}1796)^n = LN\left(\frac{635}{256}\right)$$

$$n \,.\, LN\,(2{,}1796) = LN\left(\frac{635}{256}\right)$$

$$n = \frac{LN\left(\frac{635}{256}\right)}{LN\,(2{,}1796)} = 1{,}17\,a = \mathbf{420\,d}$$

HP-12C

< f > < REG >

635 < ENTER >

256 < ÷ >

< g > < LN >

2,1796

< g > < LN >

< ÷ > → 1,17 a

360 < x > → 420 d

Resposta: 420 dias.

Segundo procedimento: teclas financeiras

PV = 256,00	< f > < REG >
FV = 635,00	256 < CHS > < PV >
i = 117,96% aa	635 < FV >
n = ? (em dias)	117,96 < i >
	< n > → 2 a
	360 < x > → 720 d

Resposta: 720 dias.

Observando os resultados obtidos nos procedimentos descritos, constatamos uma divergência bastante acentuada, de 300 dias.

Ora, uma vez que os dois procedimentos estão corretos, cabe então a seguinte pergunta: o que teria causado essa diferença? Resposta: ao calcular o valor de "n" na capitalização composta, caso este não seja um número inteiro, a HP-12C efetua o seu arredondamento para o número inteiro imediatamente posterior.

Cabem ainda, com relação a este fato, as seguintes perguntas:

- Por que este fato não ocorreu na resolução do exemplo E 3.5?

  Resposta: naquele caso o valor de **"n"** resultou em um número inteiro e, assim, não foi necessário efetuar o processo de arredondamento.

- Como é possível saber que o arredondamento foi efetuado?

  Resposta: uma das formas de saber que o arredondamento foi efetuado consiste em pressionar a tecla **< FV >** imediatamente após a obtenção do valor de **n**.

HP-12C	Observações
< f > < REG >	Ao pressionar a tecla < FV > recalculamos o montante com os valores originais:
256 < CHS > < PV >	
635 < FV >	PV = 256,00 e i = 117,96% aa
117,96 < i >	
< n > → 2 a	e com o valor de **n** obtido no segundo procedimento:
< FV > → 1.216,17	n = 2 a

Como o valor obtido difere do valor original:

$$1216{,}17 \neq 635{,}00$$

efetivamente ocorreu o arredondamento para o inteiro imediatamente posterior:

$$1{,}17\ a \rightarrow 2\ a$$

- Sabendo que a HP-12C efetuou o arredondamento, é possível obter o resultado correto sem utilizar o primeiro procedimento (fórmula)?

  Resposta: sim, mas para isso é necessário, inicialmente, converter a taxa dada no problema para a taxa diária equivalente.

1º passo: determinar a taxa diária equivalente à taxa anual de 117,96% aa.

PROGRAMA 01

< f > < REG >

117,96 < i >

1 < ENTER > 360 < ÷ > < n >

< g > < GTO > (0)01

< R/S > → 0,22% ad

2º passo: resolver o problema com a taxa diária equivalente.

→ < i >

256 < CHS > < PV >

635 < FV >

< n > → 420 d

Resposta: com a taxa de 0,22% ad, obtém-se o prazo de 420 dias.

> **Observação**
>
> Ao calcular, no 1º passo, a taxa diária equivalente, obtivemos o valor de 0,22% aa arredondado para duas casas decimais. Entretanto, observe que:
>
> < f > 9 → 0,216662500 (valor de **i** com 9 casas decimais)

Dessa forma, se no 2º passo utilizarmos para a taxa de juros o valor 0,22, vamos gerar um erro de arredondamento, ou seja:

256 < CHS > < PV > 0,22 < i > 635 0,22 < i > → 414 dias

Para contornar esse problema, no início do 2º passo, em vez de pressionar:

0,22 < i >

pressionamos simplesmente:

< i >

armazenando o valor da taxa de juros, obtida no 1º passo, com 9 casas decimais.

3.7 AS FUNÇÕES DE CALENDÁRIO DA HP-12C

3.7.1 TEMPO EXATO E TEMPO APROXIMADO

Quando se deseja calcular os juros resultantes de uma operação financeira em que são conhecidas a data de aplicação e a data de resgate, são utilizados dois procedimentos para a contagem de tempo:

- Considerar o número exato de dias contados no calendário, gerando, assim, o *tempo exato*.
- Considerar todo mês com 30 dias, gerando, neste caso, o *tempo aproximado*.

Observação

A menos que o problema especifique o contrário, é convenção utilizar, sempre que possível, o tempo exato.

Exemplo:

E 3.26 Determinar o tempo exato e o tempo aproximado entre 13 de novembro de 2012 e 21 de abril de 2013.

Resolução:

Primeiro procedimento:

Utilizar um calendário.

Tempo exato:

17 (nov.) + 31 (dez.) + 31 (jan.) + 28 (fev.) + 31 (mar.) + 21 (abr.) = 159 dias.

Resposta: 159 dias.

Tempo aproximado:

17 (nov.) + 30 (dez.) + 30 (jan.) + 30 (fev.) + 30 (mar.) + 21 (abr.) = 158 dias.

Resposta: 158 dias.

Observação

Apenas um dos dias (13 de novembro ou 21 de abril) deve ser incluído na contagem.

Segundo procedimento:

Utilizar a tabela a seguir, que permite efetuar diretamente a contagem de tempo entre duas datas:

Jan.	Fev.	Mar.	Abr.	Maio	Jun.	Jul.	Ago.	Set.	Out.	Nov.	Dez.
1	32	60	91	121	152	182	213	244	274	305	335
2	33	61	92	122	153	183	214	245	275	306	336
3	34	62	93	123	154	184	215	246	276	307	337
4	35	63	94	124	155	185	216	247	277	308	338
5	36	64	95	125	156	186	217	248	278	309	339
6	37	65	96	126	157	187	218	249	279	310	340
7	38	66	97	127	158	188	219	250	280	311	341
8	39	67	98	128	159	189	220	251	281	312	342
9	40	68	99	129	160	190	221	252	282	313	343
10	41	69	100	130	161	191	222	253	283	314	344
11	42	70	101	131	162	192	223	254	284	315	345
12	43	71	102	132	163	193	224	255	285	316	346

(*continua*)

(*continuação*)

Jan.	Fev.	Mar.	Abr.	Maio	Jun.	Jul.	Ago.	Set.	Out.	Nov.	Dez.
13	44	72	103	133	164	194	225	256	286	**317: INÍCIO**	347
14	45	73	104	134	165	195	226	257	287	318	348
15	46	74	105	135	166	196	227	258	288	319	349
16	47	75	106	136	167	197	228	259	289	320	350
17	48	76	107	137	168	198	229	260	290	321	351
18	49	77	108	138	169	199	230	261	291	322	352
19	50	78	109	139	170	200	231	262	292	323	353
20	51	79	110	140	171	201	232	263	293	324	354
21	52	80	**111: FIM**	141	172	202	233	264	294	325	355
22	53	81	112	142	173	203	234	265	295	326	356
23	54	82	113	143	174	204	235	266	296	327	357
24	55	83	114	144	175	205	236	267	297	328	358
25	56	84	115	145	176	206	237	268	298	329	359
26	57	85	116	146	177	207	238	269	299	330	360
27	58	86	117	147	178	208	239	270	300	331	361
28	59	87	118	148	179	209	240	271	301	332	362
29	–	88	119	149	180	210	241	272	302	333	363
30	–	89	120	150	181	211	242	273	303	334	364
31	–	90	–	151	–	212	243	–	304	–	365

Tempo exato:

Localizar na tabela a linha correspondente ao dia 13 e a coluna correspondente ao mês de novembro. A interseção desta linha com esta coluna nos fornece o número **317**.

Em seguida, repetimos o processo com o dia 21 e o mês de abril, obtendo o número **111**. O número exato de dias é dado por:

$$(365 - 317) + 111 = 159 \text{ dias}$$

Resposta: 159 dias.

Observação

Se o ano for bissexto e o mês de fevereiro estiver incluído na contagem, deve-se acrescentar uma unidade ao resultado final.

Tempo aproximado:

Neste caso, devemos subtrair do valor obtido anteriormente (tempo exato) uma unidade para cada mês com 31 dias envolvido no processo e acrescentar duas unidades correspondentes ao mês de fevereiro. Assim, resulta:

159 – 1 (dez.) – 1 (jan.) – 1 (mar.) + 2 (fev.) = 158 dias

Resposta: 158 dias.

Terceiro procedimento:

Utilizar uma das funções de calendário disponíveis na HP-12C, conforme descrição a seguir:

- A entrada de dados pode ser feita em dois formatos: **D.MY** (dia/mês/ano) ou no formato padrão da calculadora (americano), que é **M.DY** (mês/dia/ano).
- Se a calculadora estiver programada para receber datas no formato dia/mês/ano, o indicador de estado **D.MY** fica aceso no visor. Se o anúncio **D.MY** não estiver aceso, o formato que está ativo é o padrão: mês/dia/ano.
- Para alterar o formato, basta simplesmente pressionar a sequência de teclas correspondente ao formato desejado: **< g > < D.MY >** ou **< g > < M.DY >**.
- No formato **D.MY**, o dia deve entrar com um ou dois dígitos, o mês com dois dígitos e o ano com quatro dígitos. No formato **M.DY**, o mês deve dar entrada com um ou dois dígitos, o dia com dois dígitos e o ano com quatro dígitos.
- O ponto que aparece nos dois formatos é obrigatório, e a sua ausência gera uma mensagem de erro: **Error 8**.
- Após a entrada de dados, a sequência de teclas **< g > < Δ DYS >** (onde Δ DYS representa diferença em dias) calcula o número de dias entre as datas armazenadas.
- O tempo exato é apresentado no registro X (visor), e o tempo aproximado é armazenado no registro Y (segundo andar da pilha operacional).
- O número de dias apresentado pela sequência de teclas **< g > < Δ DYS >** inclui os dias adicionais correspondentes a anos bissextos, quando for o caso.

Tendo em vista essas instruções, para resolver o exemplo em questão devemos proceder como segue:

< g > < D.MY >

13.112012 < ENTER >

21.042013 < g > < Δ DYS > → 159 dias (tempo exato)

< X↔Y > → 158 dias (tempo aproximado)

Resposta: 159 dias (tempo exato) e 158 dias (tempo aproximado).

As datas podem ser introduzidas em qualquer ordem. Entretanto, se a data posterior for introduzida primeiro, a contagem resultará em um número negativo.

A HP-12C disponibiliza, ainda, por meio da sequência de teclas

< g > < DATE >

mais uma função de calendário, que permite calcular uma data futura (ou passada) e o dia da semana correspondente, resultante da adição de um número positivo (ou negativo) de dias a uma data qualquer, nos formatos D.MY ou M.DY.

Exemplos:

E 3.27 Uma aplicação efetivada no dia 17 de julho de 2007 deverá ser resgatada após 143 dias. Determine a data e o dia da semana em que deve ocorrer o resgate.

Resolução:

< g > < D.MY >

17.072017 < ENTER >

143

< g > < DATE > → 7.12.2017 4

Resposta: 7 de dezembro de 2007, quinta-feira.

Observação

O último dígito do visor representa o dia da semana correspondente à data encontrada. O número 1 corresponde à segunda-feira, o número 2, à terça-feira, e assim sucessivamente.

E 3.28 Uma pessoa nasceu no dia 17 de março de 1946. Determine quantos dias de vida ela terá no dia 10 de janeiro de 2017 e o dia da semana em que ela nasceu.

Resolução:

Para calcular quantos dias de vida essa pessoa terá em 10 de janeiro de 2017, devemos proceder da seguinte forma:

< g > < D.MY >

17.031946 < ENTER >

10.012017

< g > < Δ DYS > → 25.867 dias

Resposta: 25.867 dias.

Para determinar o dia da semana em que essa pessoa nasceu, devemos proceder da seguinte forma:

< g > < D.MY >

17.03.1946 < ENTER >

0

< g > < DATE > → 17.03.1946 7

Resposta: domingo.

3.8 EXERCÍCIOS RESOLVIDOS

Visando facilitar o processo de resolução e simultaneamente diminuir a incidência de erros de arredondamento, vamos utilizar nos cálculos intermediários, quando conveniente, uma precisão de até quatro casas decimais.

R 3.1 Um capital foi aplicado a juros compostos, por 45 dias, nas seguintes condições: um terço foi aplicado à taxa de 1,2% am e os restantes dois terços foram aplicados à taxa de 1,5% am. Sabendo que foi de R$ 275,00 a soma dos juros obtidos nas duas aplicações, determine o valor do capital.

Resolução:

Como um terço do capital foi aplicado por 45 dias com taxa de 1,2% am, podemos escrever:

$$J_1 = 1/3\ PV\ [\ (1 + 0{,}012)^{45/30} - 1] \Rightarrow J_1 = 0{,}0060.PV\ (A)$$

Como dois terços do capital foram aplicados por 45 dias com taxa de 1,5% am, podemos escrever:

$$J_2 = 2/3\ PV\ [\ (1 + 0{,}015)^{45/30} - 1] \Rightarrow J_2 = 0{,}0151.PV\ (B)$$

Por outro lado, como:

$$J_1 + J_2 = 275\ (C)$$

segue, substituindo (A) e (B) em (C), que:

$$0{,}0060.PV + 0{,}0151.PV = 275 \Rightarrow PV = 13.033{,}18$$

Resposta: R$ 13.033,18.

R 3.2 Uma pessoa efetuou uma aplicação por 90 dias, com taxa de 1,5% am, no regime de capitalização composta. Retirou o montante assim obtido e o aplicou à taxa de 1,4% am, no mesmo regime, por 60 dias. Sabendo que o montante da segunda aplicação foi de R$ 10.500,00, pede-se determinar:

a) o capital aplicado (primeira aplicação);

b) a que taxa média mensal este capital esteve aplicado.

Resolução:

a) Sabendo que o montante da segunda aplicação foi de R$ 10.500,00, vamos determinar o capital aplicado:

10500 < CHS > < FV > 1,4 < i > 2 < n > < PV > → 10.212,06

Notando agora que o capital investido na segunda aplicação é precisamente o montante obtido na primeira aplicação, temos condições de determinar o capital investido na primeira aplicação:

10.212,06 < CHS > < FV > 1,5 < i > 3 < n > < PV > → 9.765,97

Resposta: R$ 9.765,97.

b) Para determinar a taxa média mensal das duas operações financeiras, basta considerar que o capital de R$ 9.765,97 ficou aplicado durante 150 dias (60d + 90d), gerando um montante de R$ 10.500,00. Assim:

10500 < CHS > < FV > 9765,97 < PV > 5 < n > < i > → 1,46% am

Resposta: 1,46% am.

R 3.3 Uma pessoa aplicou R$ 15.000,00 a juros compostos, no dia 1º de janeiro de 2011, com taxa de 1,35% am. Sabendo que esta aplicação rendeu juros equivalentes a 3/5 do capital aplicado, determine a data e o dia da semana em que ocorreu o resgate.

Resolução:

Notemos inicialmente que:

$$J = 3/5\ PV = 3/5\ .\ 15.000,00 = R\$\ 9.000,00$$

$$FV = PV + J = 15.000,00 + 9.000,00 = R\$\ 24.000,00$$

Como vamos utilizar as teclas financeiras da HP-12C na resolução deste exercício, devemos inicialmente obter a taxa diária equivalente à taxa de 1,35% am, lembrando que a HP-12C arredonda o valor da variável < n > sempre para o inteiro imediatamente posterior.

1º passo: determinar a taxa diária equivalente

PROGRAMA 01

1,35 < i >

1 < ENTER > 30 <÷ > < n >

< g > < GTO > (0)01

< R/S > → 0,04% ad

2º passo: resolver o problema com a taxa diária equivalente

→ < i >

15000 < CHS > < PV >

24000 < FV >

< n > → 1.052 d

Finalmente podemos obter a data do resgate:

01.012011 < ENTER > 1052 < g > < DATE > → **18.11.2013 1**

Resposta: 18 de novembro de 2013, segunda-feira.

R 3.4 Determine a taxa mensal de juros simples equivalente à taxa de 3% am a juros compostos no período de 75 dias.

Resolução:

Lembrando que duas taxas são equivalentes quando, aplicadas a capitais iguais durante tempos iguais, produzem montantes iguais, temos:

Aplicação a juros simples:

$$FV = PV\,(1 + i\,.75/30) = PV\,(1 + 2{,}5\,i)\ (A)$$

Aplicação a juros compostos:

$$FV = PV\,(1 + 0{,}03)^{75/30} = 1{,}0767\ PV\ (B)$$

Assim, igualando (A) e (B), resulta:

$$PV\,(1 + 2{,}5\,i) = 1{,}0767\ PV \Rightarrow 1 + 2{,}5\,i = 1{,}0767 \Rightarrow 2{,}5\,i = 0{,}0767 \Rightarrow$$

$$\Rightarrow i = 0{,}03\ (3{,}07\%\ am)$$

Resposta: 3,07% am.

R 3.5 Uma calculadora cujo preço à vista é de R$ 246,00 está sendo oferecida em 3 parcelas mensais sem juros de R$ 82,00, vencendo a primeira no ato da compra e as demais em 30 e 60 dias. Supondo que a taxa de juros compostos praticada pelo vendedor seja de 3,7% am, qual o desconto (em valor e em porcentagem) que a loja poderia dar para o pagamento à vista?

Resolução:

Supondo que o vendedor está utilizando uma taxa de juros de 3,7% am, segue que: sobre a primeira parcela (no ato da compra) não incide juros; sobre a segunda parcela (30 dias após a compra) incide um mês de juros; e sobre a terceira parcela (60 dias após a compra) incidem dois meses de juros compostos.

Assim, para obter o preço à vista, devemos expurgar os juros incidentes sobre a segunda e a terceira parcelas, ou seja:

Primeira parcela:

82 < STO > 1

Segunda parcela:

82 < CHS > < PV > 3,7 < i > 1 < n > < PV > → 79,07 < STO > < + > 1

Terceira parcela:

82 < CHS > < PV > 3,7 < i > 2 < n > < PV > → 76,25 < STO > < + > 1

Assim, o vendedor poderia praticar à vista, sem prejuízo, o seguinte preço:

< RCL > 1 → R$ 237,33

fornecendo um desconto de R$ 8,67.

Para obter a porcentagem correspondente ao desconto concedido, procedemos da seguinte forma:

246 < ENTER > 237,33 < Δ% > → - 3,52% (■)

(■) A tecla < Δ% > calcula a variação percentual do valor a prazo (maior) para o valor à vista (menor). Isso explica o sinal negativo.

Resposta: desconto de 3,52%.

R 3.6 Dividir a importância de R$ 15.000,00 em três parcelas de tal forma que, aplicadas à taxa de 1,5% am, produzam montantes iguais em 1, 3 e 5 meses, respectivamente.

Resolução:

Vamos denominar o valor das três parcelas por A, B e C, respectivamente.

Primeira parcela:

$$FV = A \,.\, (1 + 0{,}015)^{1} = 1{,}0150\, A \Rightarrow A = \frac{FV}{1{,}0150} = 0{,}9852\, FV$$

Segunda parcela:

$$FV = B \,.\, (1 + 0{,}015)^{3} = 1{,}0457\, B \Rightarrow B = \frac{FV}{1{,}0457} = 0{,}9563\, FV$$

Terceira parcela:

$$FV = C \,.\, (1 + 0{,}015)^{5} = 1{,}0773\, C \Rightarrow C = \frac{FV}{1{,}0773} = 0{,}9282\, FV$$

Levando em conta:

$$A + B + C = 15.000 \Rightarrow 0{,}9852\, FV + 0{,}9563\, FV + 0{,}9282\, FV = 15.000 \Rightarrow$$

$$\Rightarrow 2{,}8697\, FV = 15.000 \Rightarrow FV = 5.227{,}02$$

Assim, segue que:

A = 0,9852 . 5.227,02 = R$ 5.149,66

B = 0,9563 . 5.227,02 = R$ 4.998,60

C = 0,9282 . 5.227,02 = R$ 4.851,72

Resposta: primeira parcela, R$ 5.149,66; segunda parcela, R$ 4.998,60; terceira parcela, R$ 4.851,72.

R 3.7 Uma empresa deve efetuar dois pagamentos de R$ 25.000,00 cada um, em 30 e 60 dias, respectivamente. Entretanto, tendo em vista dificuldades financeiras, propõe ao credor liquidar a dívida com um único pagamento vencível em 130 dias. Determine o valor desse pagamento, supondo que a taxa de juros do mercado é de 1,8% am.

Resolução:

Para determinar o valor deste pagamento, devemos nos colocar no lugar do credor e atentar para os seguintes fatos:

Se o credor recebesse o primeiro pagamento no valor de R$ 25.000,00 após 30 dias, poderia aplicá-lo por 100 dias (130d – 30d), com taxa de 1,8% am, obtendo um montante de:

25000 < CHS > < PV > 1,8 < i > 100 < ENTER > 30 < ÷ > < n >

< FV > → 26.531,75

Se o credor recebesse o segundo pagamento no valor de R$ 25.000,00 após 60 dias, poderia aplicá-lo por 70 dias (130d – 60d), com taxa de 1,8% am, obtendo um montante de:

25000 < CHS > < PV > 1,8 < i > 70 < ENTER > 30 < ÷ > < n >

< FV > → 26.062,63

Assim, para que o credor não tenha prejuízo o pagamento deve ser de:

26.531,75 + 26.062,63 = R$ 52.594,38

Resposta: R$ 52.594,38.

R 3.8 Um capital foi aplicado a juros compostos, nas seguintes condições:

- inicialmente foi aplicado à taxa de 1,2% am por 5 meses;
- o montante obtido foi reaplicado à taxa de 1,35% am nos 4 meses seguintes;
- o montante obtido foi reaplicado à taxa de 1,60% am nos 3 meses seguintes;
- o montante obtido foi reaplicado à taxa de 1,95% am nos 2 meses seguintes;
- o montante obtido foi reaplicado à taxa de 2,3% am no mês seguinte.

Nessas condições, pede-se determinar a que taxa média anual este capital esteve empregado.

Resolução:

Primeira aplicação:

Considerando um capital PV, o montante obtido na primeira aplicação é:

$$FV_1 = PV_1 . (1 + i_1)^{n_1} = PV. (1 + 0{,}012)^5 = 1{,}0615. PV$$

Segunda aplicação:

Notando que o capital da segunda aplicação é precisamente o montante obtido na primeira aplicação, segue que:

$$FV_2 = FV_1 . (1 + i_2)^{n_2} = 1{,}0615. PV. (1 + 0{,}0135)^4 = 1{,}1200. PV$$

Terceira aplicação:

Notando agora que o capital da terceira aplicação é precisamente o montante obtido na segunda aplicação, segue que:

$$FV_3 = FV_2 . (1 + i_3)^{n_3} = 1{,}1200. PV. (1 + 0{,}0160)^3 = 1{,}1746. PV$$

Quarta aplicação:

Notando agora que o capital da quarta aplicação é precisamente o montante obtido na terceira aplicação, segue que:

$$FV_4 = FV_3 . (1 + i_4)^{n_4} = 1{,}1746. PV. (1 + 0{,}0195)^2 = 1{,}2209. PV$$

Quinta aplicação:

Finalmente, notando que o capital da quinta aplicação é precisamente o montante obtido na terceira aplicação, segue que:

$$FV_5 = FV_4 . (1 + i_5)^{n_5} = 1{,}2209. PV. (1 + 0{,}023)^1 = 1{,}2490. PV$$

Assim, após 15 meses, um capital PV produziu um montante correspondente a 1,2490.PV, que equivale a uma taxa média anual de:

$$FV = PV. (1 + i)^n \Rightarrow 1{,}2490. \cancel{PV} = \cancel{PV}. (1 + i)^{\frac{15}{12}} \Rightarrow 1{,}2490 = (1 + i)^{\frac{15}{12}} \Rightarrow$$

$$\Rightarrow 1 + i = 1{,}2490^{\frac{\frac{1}{15}}{12}} \Rightarrow i = 1{,}2490^{\frac{12}{15}} - 1 = \mathbf{19{,}47\%\ aa}$$

Resposta: 19,47% aa.

R 3.9 Um investidor pretende executar uma aplicação a juros compostos com taxa de 1,5% am, de modo a poder efetuar as seguintes retiradas: R$ 3.500,00 em 105 dias, R$ 4.000,00 em 145 dias e R$ 5.000,00 em 170 dias. Determine, nessas condições, qual o valor mínimo do capital a ser aplicado.

Resolução:

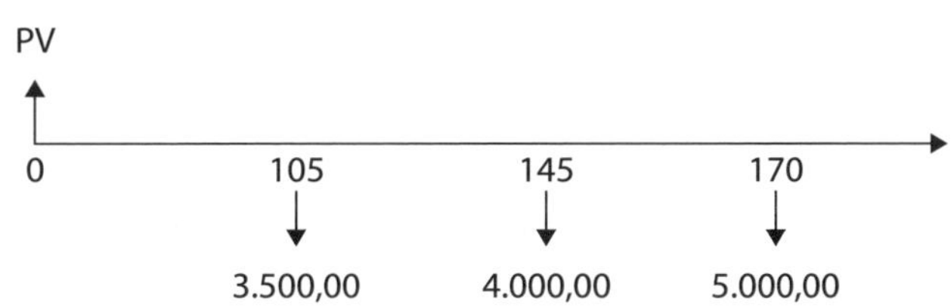

Inicialmente, vamos descapitalizar a parcela de R$ 3.500,00, da DF105 para a DF0:

3500 < CHS > < FV > 1,5 < i > 105 < ENTER > 30 < ÷ > < n >

< PV > → R$ 3.322,29

em outras palavras, para que seja possível efetuar uma retirada no valor de R$ 3.500,00 daqui a 105 dias, é necessário aplicar, hoje, R$ 3.322,29, a uma taxa de 1,5% am.

A seguir, vamos descapitalizar a parcela de R$ 4.000,00, da DF145 para a DF0:

4000 < CHS > < FV > 1,5 < i > 145 < ENTER > 30 < ÷ > < n >

< PV > → R$ 3.722,27

Finalmente, vamos descapitalizar R$ 5.000,00, da DF170 para a DF0:

5000 < CHS > < FV > 1,5 < i > 170 < ENTER > 30 < ÷ > < n >

< PV > → R$ 4.595,46

Assim, para ter condições de efetuar as retiradas nas datas previstas, o investidor deve aplicar, hoje, no mínimo:

$$3.322{,}29 + 3.722{,}27 + 4.595{,}46 = \text{R\$ } 11.640{,}02$$

Resposta: R$ 11.640,02.

R 3.10 No dia 7 de julho de 2007 uma empresa solicitou de uma instituição financeira um empréstimo a juros compostos, com taxa de 3,4% am, a ser liquidado em três pagamentos iguais de R$ 4.300,00 em 45, 85 e 115 dias, respectivamente. Sabe-se que a IF aceitou a proposta e ainda acenou com a possibilidade de liquidar a dívida com um único pagamento de R$ 13.000,00. Nessas condições, determine a data (bem como o dia da semana) em que esse único pagamento deve ocorrer, de modo a manter a mesma taxa de juros.

Resolução:

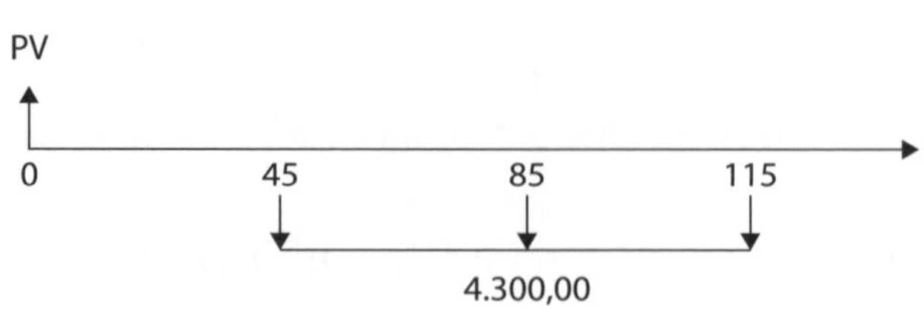

Inicialmente, vamos descapitalizar as três parcelas de R$ 4.300,00 para a DF0, de modo a determinar o valor da dívida nessa data.

Primeira parcela:

4300 < CHS > < FV > 3,4 < i > 45 < ENTER > 30 < ÷ > < n >

< PV > → R$ 4.089,66 < STO > 1

Segunda parcela:

4300 < CHS > < FV > 3,4 < i > 85 < ENTER > 30 < ÷ > < n >

< PV > → R$ 3.911,35 < STO > < + > 1

Terceira parcela:

4300 < CHS > < FV > 3,4 < i > 115 < ENTER > 30 < ÷ > < n >

< PV > → R$ 3.782,74 < STO > < + > 1

Assim, o valor da dívida na DF0 é:

< RCL > 1 → R$ 11.783,76

Devemos agora determinar quantos dias são necessários para que R$ 11.783,76 se transformem em R$ 13.000,00 aplicados a uma taxa de 3,4% am. Para isso, devemos inicialmente determinar a taxa diária equivalente.

1º passo: determinar a taxa diária equivalente

Programa 01

3,4 < i >

1 < ENTER > 30 <÷ > < n >

< g > < GTO > (0)01

< R/S > → 0,11% ad

2º passo: resolver o problema com a taxa diária equivalente

< i >

11783,76 < CHS > < PV >

13000 < FV >

< n > → 89 d

Finalmente podemos obter a data do resgate:

07.072007 < ENTER > 89 < g > < DATE > → 4.10.2007 4

Resposta: 4 de outubro de 2007, quinta-feira.

R 3.11 Uma empresa pretendia fazer um empréstimo junto a uma IF a ser liquidado em um único pagamento de R$ 15.000,00 em 100 dias. Entretanto, tendo em vista uma queda nas vendas, resolveu limitar esse pagamento a R$ 12.500,00. Nessas condições, sabendo que a IF opera com juros compostos de 2,47% am, determine em quanto deve ser reduzido o valor do empréstimo.

Resolução:

Inicialmente vamos descapitalizar o valor do pagamento de R$ 15.000,00 da DF100 para a DF0.

15000 < CHS > < FV > 2,47 < i > 100 < ENTER > 30 < ÷ >

< PV > → R$ 13.828,30

ou seja, o empréstimo cogitado inicialmente seria de R$ 13.828,30.

Por outro lado, um pagamento em 100 dias, limitado a R$ 12.500,00, corresponde a um empréstimo de:

12500 < CHS > < FV > 2,47 < i > 100 < ENTER > 30 < ÷ >

< PV > → R$ 11.523,58

Assim, o empréstimo inicialmente cogitado deve ser reduzido em:

$$13.828,30 - 11.523,58 = \text{R\$ } 2.304,72$$

Resposta: R$ 2.304,72.

R 3.12 Uma pessoa solicitou um empréstimo de R$ 2.500,00 no dia 30 de março de 2013. Efetuou a seguir três pagamentos, a saber: R$ 500,00 no dia 13 de maio de 2013, R$ 750,00 no dia 24 de maio de 2013 e R$ 1.000,00 no dia 17 de junho de 2013. Nessa data, solicitou ao credor liquidar a dívida com um único pagamento em 75 dias (a contar da data do terceiro pagamento). Determine o valor deste pagamento supondo que foi utilizada uma taxa de juros compostos de 2,85% am.

Resolução:

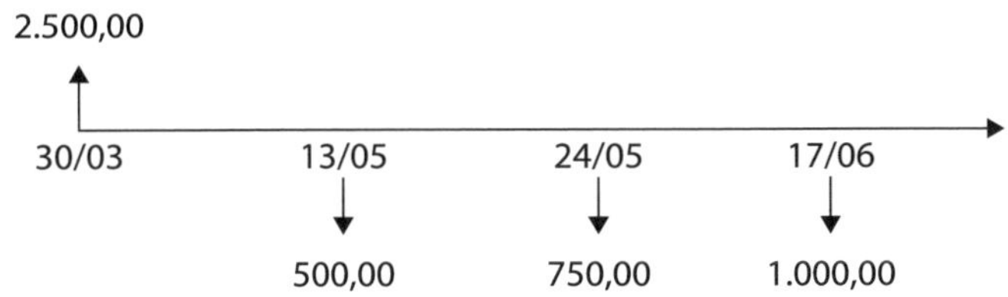

Lembrando que só podemos comparar valores na mesma data, vamos estabelecer para as devidas comparações a data de 17 de junho de 2013.

Inicialmente, vamos capitalizar o primeiro pagamento de 13 de maio para 17 de junho:

Contagem de tempo	**Montante na DF 17 de junho**
13.052013 < ENTER >	500 < CHS > < PV >
17.062013	2,85 < i >
< g > < Δ DYS > → 35 d	35 < ENTER > 30 < ÷ > < n >
	< FV > → 516,66

Em seguida, vamos capitalizar o segundo pagamento de 24 de maio para 17 de junho:

Contagem de tempo	**Montante na DF 17 de junho**
24.052013 < ENTER >	750 < CHS > < PV >
17.062013	2,85 < i >
< g > < Δ DYS > → 24 d	24 < ENTER > 30 < ÷ > < n >
	< FV > → 767,05

Vamos agora capitalizar o valor do empréstimo de 30 de março para 17 de junho:

Contagem de tempo	**Montante na DF 17 de junho**
30.032013 < ENTER >	2500 < CHS > < PV >
17.062013	2,85 < i >
< g > < Δ DYS > → 79 d	79 < ENTER > 30 < ÷ > < n >
	< FV > → 2.692,02

Assim, o saldo da dívida em 17 de junho era de:

2.692,02 – (516,66 + 767,05 + 1.000,00) = R$ 408,31

Finalmente, como esse saldo deve ser pago após 75 dias, segue que o seu valor será de:

408,31 < CHS > < PV > 2,85 < i > 75 < ENTER > 30 < ÷ > < FV > → R$ 438,03

Resposta: R$ 438,03.

R 3.13 O preço de tabela de uma televisão é de R$ 3.500,00. No caso de pagamento à vista, o comprador consegue um desconto de 7% sobre o preço de tabela. Já o pagamento a prazo prevê uma entrada de 30% sobre o preço de tabela mais um pagamento de R$ 2.300,00 em 30 dias. Um comprador com dinheiro suficiente para efetuar a compra à vista poderia aplicá-lo a uma taxa de 3,5% am. Verifique, para esse comprador, se é melhor comprar à vista ou a prazo.

Resolução:

Preço à vista:

3500 < ENTER > 7 < % > < – > → R$ 3.255,00

No caso do pagamento a prazo, a entrada corresponde a:

3500 < ENTER > 30 < % > → R$ 1.050,00

e, nessas condições, no ato da compra o saldo do valor da televisão, em relação ao preço à vista, é de:

3.255,00 – 1.050,00 = R$ 2.205,00

Assim, para determinar a taxa efetiva de juros, devemos descobrir qual é a taxa que faz com que uma dívida de R$ 2.205,00 seja liquidada após 30 dias com um pagamento de R$ 2.500,00:

2205 < CHS > < PV > 2300 < FV > 1 < n > < i > → 4,31% am

Resposta: concluímos, assim, que, para esse comprador, é melhor efetuar a compra à vista, uma vez que o seu dinheiro seria aplicado a 3,5% am (inferior à taxa praticada pelo vendedor, de 4,31% am).

R 3.14 Um capital de R$ 13.500,00, aplicado no sistema de capitalização composta, rendeu após um determinado prazo juros de R$ 750,00. Se esse mesmo capital tivesse ficado aplicado por mais 2 meses, nas mesmas condições, os juros resultantes seriam quadruplicados. Determine o prazo (em dias) e a taxa de juros envolvidos na aplicação financeira.

Resolução:

Primeira aplicação:

$$FV = PV\,(1+i)^n \Rightarrow 13.500 + 750 = 13.500\,(1+i)^n \Rightarrow (1+i)^n = \frac{14.250}{13.500}$$

$$(1+i)^n = 1{,}0556 \text{ (A)}$$

Segunda aplicação:

$$FV = PV\,(1+i)^n \Rightarrow 13500 + 3000 = 13500\,(1+i)^{n+2} \Rightarrow (1+i)^{n+2} = \frac{16.500}{13.500}$$

$$\Rightarrow (1+i)^n \,.\, (1+i)^2 = 1{,}2222 \text{ (B)}$$

Agora, substituindo (A) em (B), temos:

$$1{,}0556 \,.\, (1+i)^2 = 1{,}2222 \Rightarrow (1+i)^2 = 1{,}1578 \Rightarrow 1 + i = \sqrt{1{,}1578} \Rightarrow$$

$$i = \sqrt{1{,}1578} - 1 \Rightarrow 0{,}0760 \text{ (7,60\% am)}$$

Substituindo em (A) o valor da taxa obtida acima, resulta:

$$(1 + 0{,}0760)^n = 1{,}0556 \Rightarrow (1{,}0760)^n = 1{,}0556 \Rightarrow LN\,(1{,}0760)^n = LN\,(1{,}0556)$$

$$\Rightarrow n \,.\, LN\,(1{,}0760) = LN\,(1{,}0556) \Rightarrow n = \frac{LN\,(1{,}0556)}{LN\,(1{,}0760)} \Rightarrow n = 0{,}7387 \text{ m} = 23 \text{ d}$$

Resposta: taxa de juros de 7,60% am e prazo de 23 dias.

Observação

Poderíamos obter a solução anterior (número dias) utilizando as teclas financeiras da HP-12C, lembrando, entretanto, de converter a taxa obtida (7,60% am) para a taxa diária equivalente, ou seja:

1º passo: determinar a taxa diária equivalente

Programa 01

7,60 < i >

1 < ENTER > 30 <÷ > < n >

< g > < GTO > (0)01

< R/S > → 0,24 % ad

2º passo: resolver o problema com a taxa diária equivalente

→ < i >

13500 < CHS > < PV >

14250 < FV >

< n > → 23 d

Resposta: taxa de juros de 0,24% ad e prazo de 23 dias.

R 3.15 Dois capitais foram aplicados no regime de capitalização composta por 60 dias. O primeiro capital foi aplicado à taxa de 3% am e o segundo, de 2% am. Sabendo que o primeiro capital é R$ 1.000,00 maior do que o segundo e rendeu R$ 100,00 a mais de juros, determine o valor dos capitais.

Resolução:

Sabendo que o primeiro capital é R$ 1.000,00 maior do que o segundo podemos escrever:

$$PV_1 = PV_2 + 1.000 \text{ (A)}$$

Por outro lado, como o primeiro capital rendeu R$ 100,00 a mais de juros que o segundo, podemos escrever:

$$J_1 = J_2 + 100$$

Agora, somando membro a membro as duas expressões acima, resulta:

$$PV_1 + J_1 = PV_2 + 1.000 + J_2 + 100 \Rightarrow PV_1 + J_1 = PV_2 + J_2 + 1.100$$

e, lembrando que FV = PV + J, segue que:

$$FV_1 = FV_2 + 1.100 \text{ (B)}$$

Por outro lado, como o primeiro capital foi aplicado por 60 dias à taxa de 3% am, podemos escrever:

$$FV_1 = PV_1\ (1 + 0{,}03)^2 \Rightarrow FV_1 = PV_1\ (1{,}03)^2 \Rightarrow FV_1 = 1{,}0609\ .\ PV_1 \text{ (C)}$$

e como o segundo capital foi aplicado por 60 dias à taxa de 2% am, segue que:

$$FV_2 = PV_2\ (1 + 0{,}02)^2 \Rightarrow FV_2 = PV_2\ (1{,}02)^2 \Rightarrow FV_2 = 1{,}0404\ .\ PV_2 \text{ (D)}$$

Substituindo (C) e (D) em (B), resulta:

$$1{,}0609\ PV_1 = 1{,}0404\ PV_2 + 1.100$$

Substituindo, agora, (A) na expressão acima, resulta:

$$1{,}0609\ (PV_2 + 1.000) = 1{,}0404\ PV_2 + 1.100 \Rightarrow$$

$$\Rightarrow 1{,}0609\ PV_2 + 1.060{,}9 = 1{,}0404\ PV_2 + 1.100 \Rightarrow$$

$$\Rightarrow 0{,}0205\ PV_2 = 39{,}1 \Rightarrow$$

$$\Rightarrow PV_2 = 1.907{,}32$$

Finalmente, como $PV_1 = PV_2 + 1.000$, segue que $PV_1 = 2.907{,}32$.

Resposta: R$ 1.907,32 e R$ 2.907,32.

3.9 TAXAS NOMINAL E EFETIVA

A taxa de juros contratada em uma operação financeira é denominada *taxa nominal* e, frequentemente, difere da taxa que efetivamente é utilizada, denominada, por este motivo, *taxa efetiva*.

Isso acontece devido à existência de taxas, impostos e comissões, que fazem com que a taxa nominal seja corroída nas aplicações e onerada nos empréstimos.

Esse fato também ocorre devido a artifícios como juros cobrados antecipadamente ou calculados sobre o valor total da dívida que está sendo paga em parcelas.

No sistema de capitalização composta, é costume indicar a taxa para um período com capitalização para um período distinto (exemplo: 12% aa com capitalização mensal). Essa maneira de expressar a taxa de juros também é responsável por divergências entre as taxas nominal e efetiva. Convenciona-se, nesses casos, proceder da seguinte forma:

$$12\%\ \text{aa com capitalização mensal} \Rightarrow \begin{cases} \text{Taxa Nominal} = 12\%\ \text{aa} \\ \text{Taxa Efetiva} = \dfrac{12}{12} = 1\%\ \text{am} \end{cases}$$

Devemos observar que, embora a taxa de 1% am seja proporcional à taxa de 12% aa, na capitalização composta essas taxas não são equivalentes. Assim, considerar essa taxa simplesmente como 12% aa vai levar o leitor a cometer erros conceituais.

3.10 EXERCÍCIOS RESOLVIDOS

R 3.16 Um eletrodoméstico tem seu preço à vista fixado em R$ 1.999,99. A venda a prazo (duas parcelas iguais sendo uma no ato da compra e o saldo em 45 dias) acresce 10% ao preço à vista. Determine a taxa efetiva da operação financeira.

Resolução:

Preço à vista:

R$ 1.999,99

Preço a prazo:

$$1999{,}99 < \text{ENTER} > 10 < \% > < + > \rightarrow \text{R\$ } 2.199{,}99$$

Valor das parcelas:

$$2199{,}99 < \text{ENTER} > 2 < \div > \rightarrow \text{R\$ } 1.100{,}00$$

Saldo da dívida no ato da compra após o pagamento da primeira parcela:

$$1999{,}99 < \text{ENTER} > 1100 < - > \rightarrow \text{R\$ } 899{,}99$$

Para encontrar a taxa efetiva da operação financeira, devemos determinar qual é a taxa de juros que faz com que uma dívida de R$ 899,00 seja liquidada após 30 dias, com um pagamento de R$ 1.100,00:

899,99 < CHS > < PV > 1100 < FV > 45 < ENTER > 30 < ÷ > < n >

< i > → 14,32% am

Resposta: 14,32% am.

Observação

Neste caso, o artifício utilizado para onerar a taxa de juros foi acrescer 10% sobre o preço à vista do eletrodoméstico, em vez de acrescê-lo apenas sobre o saldo da dívida, que era de R$ 899,99.

R 3.17 Considere as seguintes opções para efetivação de um empréstimo:

- *Financeira A*: aplica juros compostos de 7% am e cobra uma taxa de serviços correspondente a 5% do valor do empréstimo a ser paga no ato da liberação do dinheiro.
- *Financeira B*: aplica juros compostos de 8% am e cobra uma taxa de serviços correspondente a 4% do valor do empréstimo a ser paga no ato da liberação do dinheiro.
- *Financeira C*: aplica juros compostos de 6% am e cobra uma taxa de serviços correspondente a 6% do valor do empréstimo a ser paga no ato da liberação do dinheiro.

Nessas condições, para empréstimos de 30 dias, qual das três financeiras utiliza a menor taxa efetiva mensal?

Resolução:

Sem perder a generalidade, vamos resolver o problema supondo um empréstimo de R$ 1.000,00.

Financeira A:

Empréstimo efetivo:

1000 < ENTER > 5 < % > < − > → 950,00

Pagamento final efetivo:

1000 < CHS > < PV > 1 < n > 7 < i > < FV > → 1.070,00

Taxa mensal efetiva:

950 < CHS > < PV > 1070 < FV > 1 < n > < i > → 12,63% am

Financeira B:

Empréstimo efetivo:

1000 < ENTER > 4 < % > < – > → 960,00

Pagamento final efetivo:

1000 < CHS > < PV > 1 < n > 8 < i > < FV > → 1.080,00

Taxa mensal efetiva:

960 < CHS > < PV > 1080 < FV > 1 < n > < i > → 12,50% am

Financeira C:

Empréstimo efetivo:

1000 < ENTER > 6 < % > < – > → 940,00

Pagamento final efetivo:

1000 < CHS > < PV > 1 < n > 6 < i > < FV > → 1.060,00

Taxa mensal efetiva:

940 < CHS > < PV > 1060 < FV > 1 < n > < i > → 12,77% am

Resposta: a Financeira B é a que está utilizando a menor taxa mensal efetiva de juros.

R 3.18 Uma pessoa tomou um empréstimo de R$ 7.500,00 por 75 dias, em uma instituição financeira, com taxa de 42% aa com capitalização mensal. É costume da financeira cobrar dos seus clientes, no ato do empréstimo, 0,75% sobre o valor do empréstimo, a título de taxa de serviços. Considerando a incidência do Imposto sobre Operações Financeiras (IOF, 0,38% mais 0,0082% ad), determine a taxa mensal efetiva da operação financeira, sabendo que os juros correspondentes ao empréstimo devem ser pagos no final dessa operação.

Resolução:

Tendo em vista que a taxa de juros está expressa ao ano com capitalização mensal, devemos utilizar a taxa mensal proporcional à taxa de 42% aa, ou seja:

42 <ENTER > 12 < ÷ > → 3,50% am

Juros do empréstimo:

7500 < CHS > < PV > 3,5 < i > 75 < ENTER > 30 < ÷ > < n > < FV > → R$ 8.173,58

7500 < – > → R$ 673,58

Taxa de serviços:

7500 < ENTER > 0,75 < % > → R$ 56,25

IOF: a maioria das operações de empréstimo em território nacional está sujeita ao pagamento do IOF, que é composto de duas parcelas incidentes sobre o valor dele: a primeira delas é de 0,0082% ad limitada a 3% aa (ou 0,0041% ad limitada a 1,5% aa) e a segunda é de 0,38%, independentemente do número de dias da operação financeira. Assim, temos:

7500 < ENTER > 0,0082 < % > 75 < x > → 46,13 < STO > 1

7500 < ENTER > 0,38 < % > → 28,50 < STO > < + > 1

< RCL > 1 → R$ 74,63

Entrada efetiva de caixa: no ato do empréstimo, tendo em vista as observações mostradas, o tomador do empréstimo recebe efetivamente o valor do empréstimo (R$ 7.500,00) subtraído da taxa de serviços (R$ 56,25) e do IOF (R$ 74,63), ou seja:

7500 < ENTER > 56,25 < – > 74,63 < – > → R$ 7.369,12

Saída efetiva de caixa: após 75 dias, o tomador do empréstimo deve pagar à financeira o valor do empréstimo (R$ 7.500,00) acrescido dos juros (R$ 673,58), ou seja:

7500 < ENTER > 673,58 < + > → R$ 8.173,58

Taxa mensal efetiva:

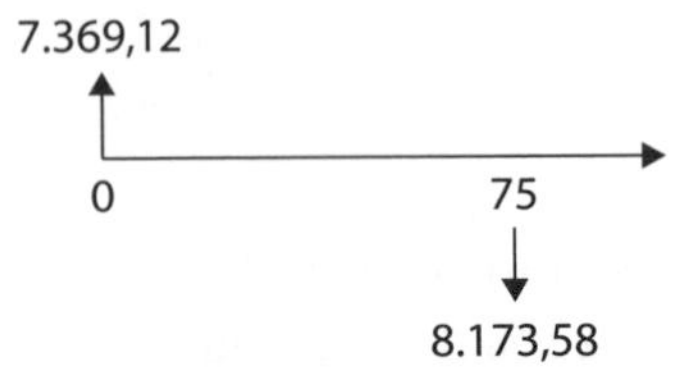

7369,12 < CHS > < PV >

8173,58 < FV >

75 < ENTER > 30 < ÷ > < n >

< i > → 4,23% am

Resposta: 4,23%. Observe, neste caso, que a diferença entre a taxa efetiva (4,23% am) e a taxa nominal (3,50% am) foi gerada por dois fatores: a taxa de serviços e o IOF.

R 3.19 Considere novamente os dados do exercício anterior (R 3.18) e determine a taxa efetiva mensal da operação financeira, supondo que os juros do empréstimo devem ser pagos antecipadamente (no ato da liberação do dinheiro).

Resolução:

Juros do empréstimo: R$ 673,58

Taxa de serviços: R$ 56,25

IOF: R$ 74,63

Entrada efetiva de caixa: no ato do empréstimo, tendo em vista as observações do enunciado, o tomador do empréstimo recebe efetivamente o valor do empréstimo (R$ 7.500,00) subtraído da taxa de serviços (R$ 56,25), do IOF (R$ 74,63) e dos juros (R$ 673,58), ou seja:

7500 < ENTER > 56,25 < – > 74,63 < – > 673,58 < – > → R$ 6.695,54

Saída efetiva de caixa: como os juros foram pagos antecipadamente, após 75 dias o tomador do empréstimo deve pagar à financeira apenas o valor do empréstimo, ou seja:

R$ 7.500,00

Taxa mensal efetiva:

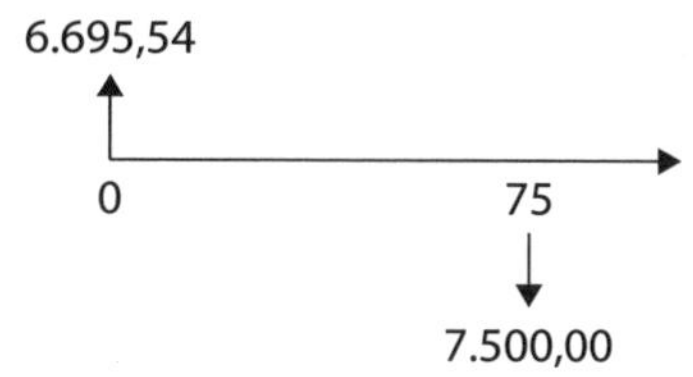

6.695,54 < CHS > < PV >

7500 < FV >

75 < ENTER > 30 < ÷ > < n >

< i > → 4,64 % am

Resposta: 4,64% am.

Observação

Como é de praxe, os juros resultantes de um empréstimo são pagos ao final da operação financeira.

Assim, ao cobrar os juros antecipadamente do cliente, sem conceder o devido desconto, a instituição financeira está ferindo o princípio básico da matemática financeira, que é o *valor do dinheiro no tempo*. Em outras palavras, está usufruindo prematuramente de uma quantia do cliente, inibindo que este possa, por exemplo, efetuar uma aplicação que lhe renderia juros. Outra consequência desse fato é que, ao cobrar os juros antecipadamente, o valor efetivo do empréstimo diminui significativamente, obrigando o cliente a tomar um empréstimo maior (ou seja, com mais juros).

Esse procedimento raramente é realizado por instituições bancárias. Costuma, entretanto, ser utilizado por financeiras, ao concederem empréstimos a pessoas que têm dificuldades em consegui-los, tendo em vista problemas de crédito junto a órgãos de proteção, como a Serasa Experian (criada em parceria com as associações de bancos) e o Serviço de Proteção ao Crédito (SPC, patrocinado pelas associações comerciais). Na verdade, nada mais é do que uma manobra a mais para mascarar a taxa efetiva de juros.

Assim, deve ficar claro neste exercício que a diferença entre a taxa efetiva (4,64% am) e a taxa nominal (3,50% am) se deve à taxa de serviços, ao IOF e à cobrança antecipada dos juros sem o devido desconto.

R 3.20 Um investidor recebeu à vista, no dia 15 de abril de 2015, o valor de R$ 150.000,00 resultante da venda de um imóvel. Compareceu no mesmo dia a uma instituição financeira e aplicou a quantia citada com taxa de 23,80% aa com capitalização mensal. Determine a taxa efetiva mensal da operação financeira supondo que o resgate ocorreu em 3 de maio de 2015. Considere a incidência da Contribuição Provisória sobre Movimentações Financeiras (CPMF).

Resolução:

Tendo em vista que a taxa de juros (23,80% aa com capitalização mensal) está expressa ao ano com capitalização mensal, devemos utilizar a taxa mensal proporcional à taxa de 23,80% aa, ou seja:

23,80 < ENTER > 12 < ÷ > → 1,98% am

CPMF: muito embora a CPMF tenha sido extinta, o seu retorno não está definitivamente descartado. Assim, optamos por considerá-la, de modo que o leitor possa observar o custo gerado por esta taxa.

Como a aplicação no valor de R$ 150.000,00 caracteriza uma movimentação financeira (da conta-corrente para a aplicação ou conta investimento) estaria sujeita à CPMF, cuja alíquota era de 0,38%. Assim:

150000 < ENTER > 0,38 < % > → R$ 570,00

Prazo da aplicação: é regra dos bancos utilizar neste cálculo o tempo exato.

15.042015 < ENTER > 03.052015 < g > < ΔDYS > → 18 dias

Juros resultantes da aplicação: é regra dos bancos utilizar neste cálculo juros comerciais (ou seja, considerar todo mês com 30 dias e consequentemente o ano com 360 dias).

150000 < CHS > < PV > 1,98 < i > 18 < ENTER > 30 < ÷ > < n >

< FV > → R$ 151.775,01

150000 < – > → R$ 1.775,01

IOF: como o prazo da aplicação é inferior a 30 dias (18 dias), os juros estão sujeitos à incidência do IOF, conforme a tabela a seguir:

Número de dias	Porcentagem sobre os juros	Número de dias	Porcentagem sobre os juros	Número de dias	Porcentagem sobre os juros
1	96	11	63	21	30
2	93	12	60	22	26
3	90	13	56	23	23
4	86	14	53	24	20

(*continua*)

(*continuação*)

Número de dias	Porcentagem sobre os juros	Número de dias	Porcentagem sobre os juros	Número de dias	Porcentagem sobre os juros
5	83	15	50	25	16
6	80	16	46	26	13
7	76	17	43	27	10
8	73	18	40	28	6
9	70	19	36	29	3
10	66	20	33	30	0

Assim, temos:

1775,01 < ENTER > 40 < % > → R$ 710,00 (IOF)

< – > → R$ 1.065,01 (saldo de juros)

Imposto de Renda (IR): o saldo de juros está sujeito à incidência do IR conforme a tabela a seguir:

Prazo da aplicação	Até 180 dias	De 181 a 360 dias	De 361 a 720 dias	Mais de 720 dias
Alíquota sobre os juros	22,5%	20%	17,5%	15%

Assim, temos:

1.065,01 < ENTER > 22,5 < % > → R$ 239,63 (IR)

< – > → R$ 825,38 (saldo de juros)

Saída efetiva de caixa: observe que, para que a aplicação seja realizada, o investidor retira da sua conta-corrente o valor de R$ 150.000,00 mais R$ 570,00 para o pagamento da CPMF, ou seja:

150000 < ENTER > 570 < + > → R$ 150.570,00

É preciso deixar claro que, embora os R$ 150.000,00 tenham como destino a aplicação e os R$ 570,00 tenham migrado para os cofres do governo (ou seja, destinos diferentes), os dois valores saíram da conta-corrente do investidor e, portanto, constituem uma saída efetiva de caixa, no valor de R$ 150.570,00.

Entrada efetiva de caixa: no ato do resgate (após os 18 dias), o investidor deve receber de volta o seu capital (R$ 150.000,00) acrescido do saldo de juros (R$ 825,38), ou seja:

150000 < ENTER > 825,38 < + > → R$ 150.825,38

Taxa efetiva mensal:

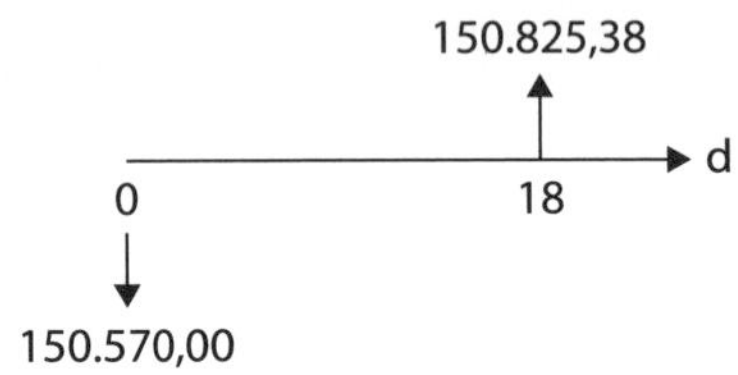

150570 < CHS > < PV >

150825,38 < FV >

18 < ENTER > 30 < ÷ > < n >

< i > → 0,28% am

Resposta: 0,28% am. Observe, neste caso, que a diferença entre a taxa efetiva (0,28% am) e a taxa nominal (1,98% am) foi gerado por três fatores: o IOF, o IR e a CPMF, que praticamente destruíram a rentabilidade do investimento.

R 3.21 Considere novamente os dados do exercício anterior (R 3.20) e determine a taxa efetiva mensal da operação financeira sem considerar a incidência da CPMF.

Resolução

Taxa de juros: 1,98% am

Prazo da aplicação: 18 dias

Juros: R$ 1.775,01

IOF: R$ 710,00

IR: R$ 239,63

Saldo de juros (após IOF e IR): R$ 825,38

Saída efetiva de caixa: R$ 150.000,00

Entrada efetiva de caixa: R$ 150.825,38

Taxa efetiva mensal:

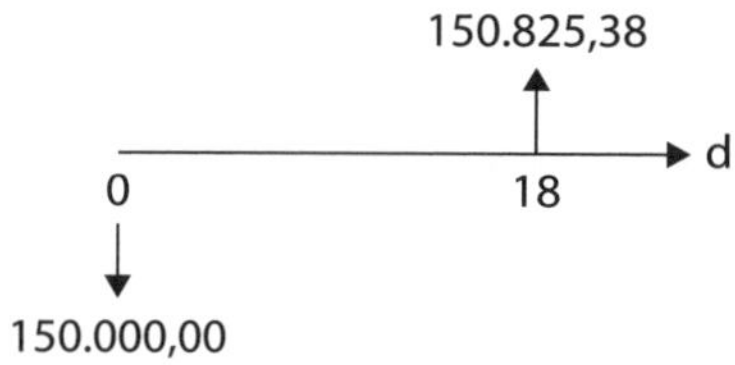

150000 < CHS > < PV >

150825,38 < FV >

18 < ENTER > 30 < ÷ > < n >

< i > → 0,92% am

Resposta: 0,92% am. Observe, neste caso, que a diferença entre a taxa efetiva (0,92% am) e a taxa nominal (1,98% am) foi gerada por dois fatores: o IOF e o IR.

R 3.22 Considere novamente os dados do exercício R 3.20 e determine a taxa efetiva mensal da operação financeira, supondo que o resgate ocorreu em 1º de novembro de 2015, considerando a incidência da CPMF.

Resolução:

Taxa de juros: 1,98% am

CPMF: R$ 570,00

Prazo da aplicação:

15.042015 < ENTER > 01.112015 < g > < ΔDYS > → 200 dias

Juros resultantes da aplicação:

150000 < CHS > < PV > 1,98 < i > 200 < ENTER > 30 < ÷ > < n >

< FV > → R$ 170.945,62

150000 < – > → R$ 20.945,62

IOF: como o prazo da aplicação é superior a 30 dias, não há incidência do IOF sobre os juros resultantes da operação.

IR: os juros estão sujeito à incidência do IR conforme a tabela a seguir:

Prazo da aplicação	Até 180 dias	De 181 a 360 dias	De 361 a 720 dias	Mais de 720 dias
Alíquota sobre os juros	22,5%	20%	17,5%	15%

Assim, temos:

20945,62 < ENTER > 20 < % > → R$ 4.189,12 (IR)

< – > → R$ 16.756,50 (saldo de juros)

Saída efetiva de caixa:

150000 < ENTER > 570 < + > → R$ 150.570,00

Entrada efetiva de caixa: no ato do resgate (após os 200 dias) o investidor deve receber de volta o seu capital (R$ 150.000,00) acrescido do saldo de juros (R$ 16.756,50), ou seja:

150000 < ENTER > 16.756,50 < + > → R$ 166.756,50

Taxa efetiva mensal:

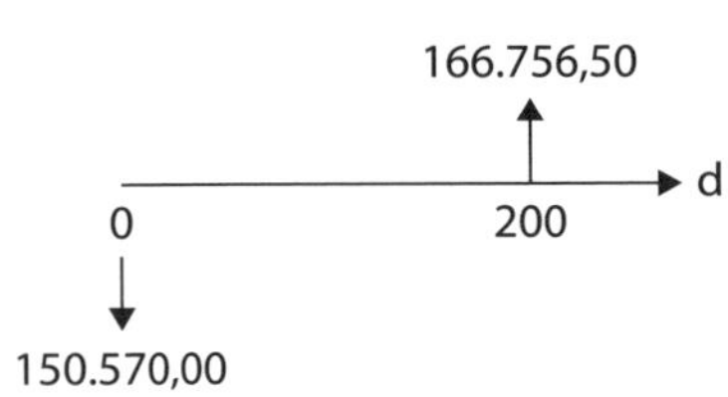

150570 < CHS > < PV >

166756,50 < FV >

200 < ENTER > 30 < ÷ > < n >

< i > → 1,54% am

Resposta: 1,54% am. Observe, neste caso, que a diferença entre a taxa efetiva (1,54% am) e a taxa nominal (1,98% am) foi gerada por dois fatores: a CPMF e o IR.

R 3.23 Considere novamente os dados do exercício anterior (R 3.22) e determine a taxa efetiva mensal da operação financeira, sem considerar a incidência da CPMF.

Resolução:

Taxa de juros: 1,98% am

Prazo da aplicação: 200 dias

Juros: R$ 20.945,62

IR: R$ 4.189,12

Saldo de juros (após IR): R$ 16.756,50

Saída efetiva de caixa: R$ 150.000,00

Entrada efetiva de caixa: R$ 166.756,50

Taxa efetiva mensal:

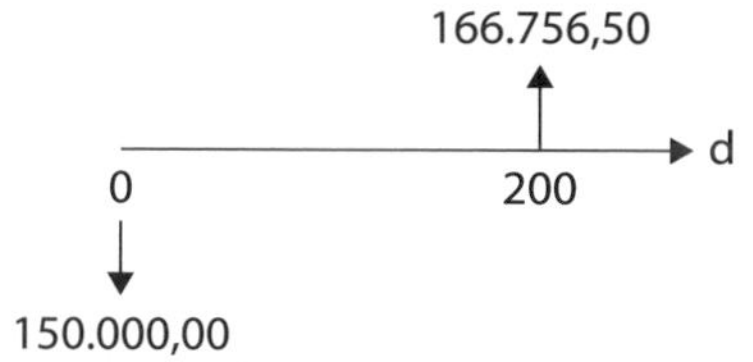

150000 < CHS > < PV >

166756,50 < FV >

200 < ENTER > 30 < ÷ > < n >

< i > → 1,60% am

Resposta: 1,60% am. Observe, neste caso, que a diferença entre a taxa efetiva (1,60% am) e a taxa nominal (1,98% am) foi gerada apenas por um fator: o IR.

R 3.24 Uma financeira empresta dinheiro a 8,9% am nas seguintes condições: além do IOF e dos juros que devem ser pagos antecipadamente, o cliente deve pagar, no ato da liberação do empréstimo, 1,5% sobre seu valor a título de taxa de serviços e mais 3,0% a título de seguro. Um cliente pretende efetuar um empréstimo no valor de R$ 10.000,00 junto à financeira, por 75 dias, para investir em um negócio que promete pagar juros de R$ 4.200,00 após os mesmos 75 dias, livre de taxas e impostos. Verifique se é um bom negócio.

Resolução:

Juros do empréstimo:

10000 < CHS > < PV > 8,90 < i > 75 < ENTER > 30 < ÷ > < n > < FV > → 12.375,70

10000 < – > → R$ 2.375,70

Taxa de serviços:

10000 < ENTER > 1,5 < % > → R$ 150,00

Taxa de seguro:

10000 < ENTER > 3,0 < % > → R$ 300,00

IOF:

10000 < ENTER > 0,0082 < % > 75 < x > → 61,50 < STO > 1

10000 < ENTER > 0,38 < % > → 38,00 < STO > < + > 1

< RCL > 1 → R$ 99,50

Entrada efetiva de caixa: no ato do empréstimo, tendo em vista as considerações do problema, o cliente recebe efetivamente o valor do empréstimo (R$ 1.000,00) subtraído do IOF (R$ 99,50), da taxa de serviços (R$ 150,00), da taxa do seguro (R$ 300,00) e dos juros devidos (R$ 2.375,70), ou seja:

10000 < ENTER > 99,50 < – > 150 < – > 300 < – > 2375,70 < – > → R$ 7.074,80

Saída efetiva de caixa: após 75 dias, o tomador do empréstimo deve pagar à financeira apenas o valor do empréstimo (R$ 10.000,00), pois os juros (R$ 2.375,70) foram pagos antecipadamente.

Taxa mensal efetiva:

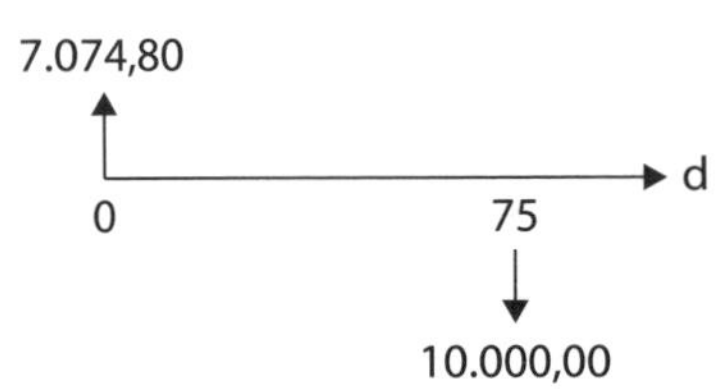

7.074,80 < CHS > < PV >

10000 < FV >

75 < ENTER > 30 < ÷ > < n >

< i > → 14,85% am

Taxa de juros do negócio:

10000 < CHS > < PV > 14200 < FV > 75 < ENTER > 30 < ÷ >

< i > → 15,06% am

Resposta: como a taxa do negócio é de 15,06% e a do empréstimo, 14,85%, é um bom negócio.

R 3.25 Considere novamente os dados do exercício anterior (R 3.24) e suponha que o cliente pretende efetuar um empréstimo de R$ 10.000,00 junto à financeira, por 90 dias, para investir em um negócio que promete pagar juros de R$ 5.250,00, livre de taxas e impostos, após os mesmos 90 dias. Verifique se é um bom negócio,

Resolução:

Juros do empréstimo:

10000 < CHS > < PV > 8,90 < i > 3 < n > < FV > → 12.914,68

10000 < – > → R$ 2.914,68

Taxa de serviços: R$ 150,00

Taxa de seguro: R$ 300,00

IOF:

10000 < ENTER > 0,0082 < % > 90 < x > → 73,80 < STO > 1

10000 < ENTER > 0,38 < % > → 38,00 < STO > < + > 1

< RCL > 1 → R$ 111,80

Entrada efetiva de caixa:

10000 < ENTER > 111,80 < – > 150 < – > 300 < – > 2914,68 < – > → R$ 6.523,52

Saída efetiva de caixa: R$ 10.000,00

Taxa mensal efetiva:

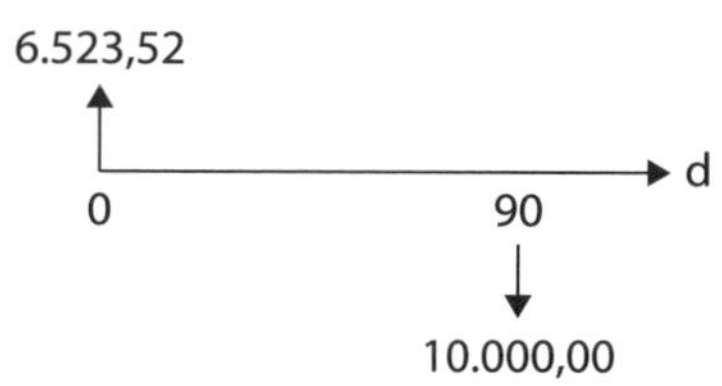

6523,52 < CHS > < PV >

10000 < FV >

3 < n >

< i > → 15,30% am

Taxa de juros do negócio:

10000 < CHS > < PV > 15250 < FV > 3 < n > < i > → **15,10% am**

Resposta: como a taxa do negócio é de 15,10% e a do empréstimo, 15,30%, é um mau negócio.

3.11 A TAXA *OVER* (JUROS POR DIAS ÚTEIS)

Nos últimos anos, ganhou relevância no Brasil a prática de operações com prazos considerados em dias úteis. Um exemplo desse tipo de operação são os fundos de investimento (que têm as suas cotas divulgadas apenas em dias úteis) e as operações financeiras entre bancos (Certificados de Depósitos Interbancários, ou CDI).

A taxa *over* mensal é definida como o produto da taxa por dia útil pelo fator 30. Já a taxa *over* anual é definida como a taxa anual equivalente à taxa por dia útil (considerando o ano com 252 dias úteis).

Os bancos utilizam essa taxa para equilibrar seus caixas, realizando compras ou vendas de títulos federais, por um dia útil. Essas operações, cujo objetivo é garantir maior segurança nas negociações do mercado financeiro, são realizadas fora do âmbito do Banco Central, e sobre elas não incide qualquer tipo de imposto.

Na década de 1980 as operações com taxa *over* eram liberadas para as pessoas físicas e jurídicas não financeiras. Essa permissão gerou o que se chamou de ciranda financeira. Em outras palavras, como a inflação no período era bastante acentuada (as operações de *overnight* chegavam a render mais do que 1% ao dia), muitos empresários optavam por investir seus recursos disponíveis em operações de *overnight*, em vez de aplicá-los na produção. Isso, além de gerar inflação de demanda (pouca oferta para muita procura), travava o crescimento econômico. Para evitar essas consequências, as operações de *overnight* foram proibidas.

A partir de 2 de agosto de 1999, o Conselho Monetário Nacional (CMN) permitiu novamente às pessoas físicas e jurídicas não financeiras aplicar em títulos públicos federais. Entretanto, a incidência da tabela regressiva do IOF torna essas operações inviáveis no curto prazo (de forma geral, prazos inferiores a 30 dias).

A taxa *over* é também responsável por gerar divergências entre as taxas nominal e efetiva.

3.12 EXERCÍCIOS RESOLVIDOS

Observação

Com o intuito de minimizar os erros de arredondamento, vamos utilizar na resolução dos exercícios a seguir uma precisão de 4 casas decimais.

R 3.26 Qual a taxa efetiva mensal correspondente a uma taxa *over* de 4,35% am, considerando o mês com 21 dias úteis?

Resolução:

Inicialmente, devemos obter a taxa efetiva por dia útil:

4,35 < ENTER > 30 < ÷ > → 0,1450% adu

A seguir, vamos determinar a taxa efetiva equivalente para um período de 21 dias úteis (ou 30 dias corridos):

Programa 01

0,1450 < i > 21 < ENTER > 1 < ÷ > < g > < GTO > (0)01 < R/S > → 3,0896% am

Resposta: 3,0896% am.

R 3.27 Qual a taxa *over* mensal correspondente a uma taxa efetiva mensal de 1,50%, sabendo que no mês temos 21 dias úteis?

Resolução:

Neste caso, devemos inicialmente determinar a taxa equivalente para o período de 1 dia útil:

Programa 01

1,5 < i > 1 < ENTER > 21 < ÷ > < n > < g > < GTO > (0)01 < R/S > → 0,0709% adu

A seguir, para obter a taxa *over* devemos multiplicar a taxa obtida acima por 30:

0,0709 < ENTER > 30 < x > → 2,1277% am

Resposta: 2,1277% am.

R 3.28 Um título público com valor de resgate de R$ 1.000,00 foi adquirido 25 dias antes do vencimento por R$ 879,00.

a) Qual a taxa efetiva de rendimento do título no período (25 dias)?

b) Qual a taxa efetiva de rendimento por dia útil sabendo que há no período 19 dias úteis?

c) Qual a taxa *over* mensal de rentabilidade do título?

Resolução:

a) Taxa efetiva de rendimento no período (25 dias):

< 879 > < CHS > < PV > 1000 < FV > 1 < n > < i > → 13,7656% ap (25 dias)

Resposta: 13,7656% ap (25 dias).

b) Taxa de rendimento por dia útil:

Programa 01

13,7656 < i > 1 < ENTER > 19 < ÷ > < g > < GTO > (0)01 < R/S > → 0,6811% ad

Resposta: 0,6811% ad.

c) Taxa *over* mensal:

0,6811 < ENTER > 30 < x > → 20,4330% am

Resposta: 20,4330% am.

R 3.29 Uma instituição financeira comprou R$ 350.000,00 de outra instituição por um dia útil a uma taxa efetiva de 20,5% aa (base de 252 dias úteis).

a) Determine o valor da revenda.

b) Determine a taxa efetiva por dia útil.

c) Determine a taxa *over* mensal correspondente.

Resolução:

a) Valor da revenda:

350000 < CHS > < PV > 20,5 < i > 1 < ENTER > 252 < ÷ >

< FV > → R$ 350.259,10

Resposta: R$ 350.259,10.

b) Taxa efetiva por dia útil:

Programa 01

20,5 < i > 1 < ENTER > 252 < ÷ > < g > < GTO > (0)01 < R/S > → 0,0740% ad

Resposta: 0,0740% ad.

c) Taxa *over* mensal:

0,0740 < ENTER > 30 < x > → 2,2200% am

Resposta: 2,2200% am.

R 3.30 No dia 11 de agosto de 2015, uma pessoa aplicou R$ 175.000,00 em um fundo de investimentos cuja cota tinha o valor de 5,396783. No dia 25 de outubro de 2015, após 51 dias úteis, quando o valor da cota era de 5,754678, resgatou integralmente o valor do fundo.

a) Quantas cotas do fundo foram adquiridas?

b) Qual a taxa de rentabilidade do fundo no período?

c) Qual a taxa de rentabilidade por dia útil?

d) Qual a taxa *over* mensal correspondente?

e) Qual o valor bruto do resgate (antes do pagamento do IR)?

f) Sabendo que a alíquota do IR à data do resgate foi de 22,5%, determine o valor do imposto pago.

g) Qual o valor líquido do resgate (após o pagamento do IR)?

Resolução:

a) Quantidade de cotas adquiridas:

175000 < ENTER > 5,396783 < ÷ > → 32.426,7253 cotas

Resposta: 32.426,7253 cotas.

b) Taxa de rentabilidade no período:

5,754678 < FV > 5,396783 < CHS > < PV > 1 < n > → 6,6316% ap

Resposta: 6,6316% ap.

c) Taxa de rentabilidade por dia útil:

Programa 01

6,6316 < i > 1 < ENTER > 51 < ÷ > < n > < g > < GTO > (0)01

< R/S > → 0,1260% ad

Resposta: 0,1260% ad.

d) Taxa *over* mensal correspondente:

0,1260 < ENTER > 30 < x > → 3,7800% am

Resposta: 3,7800% am.

e) Valor bruto do resgate (antes do IR):

32.426,7235 < ENTER > 5,754678 < x > → R$ 186.605,35

Resposta: R$ 186.605,35

f) Valor do IR:

Como a alíquota de IR (22,5%) incide sobre os juros resultantes da operação financeira, temos:

186605,35 < ENTER > 175000 < – > 22,5 < % > → R$ 2.611,20

Resposta: R$ 2.611,20.

g) Valor líquido do resgate (após o IR):

186605,35 < ENTER > 2611,20 < – > → R$ 183.994,15

Resposta: R$ 183.994,15

R 3.31 Um banco capta recursos no mercado pagando uma taxa *over* de 1,75% am para 21 dias úteis. Nessas condições:

a) Determine o custo efetivo mensal pago pelo banco ao investidor.

b) Se a instituição deseja acrescentar um *spread* de 17,5% aa com capitalização mensal, qual a taxa efetiva mensal que ela deve cobrar em uma operação de empréstimo?

Resolução:

a) Custo efetivo mensal pago ao investidor: inicialmente, vamos determinar a taxa efetiva por dia útil:

1,75 < ENTER > 30 < ÷ > → 0,0583% adu

A seguir, vamos determinar a taxa efetiva para 21 dias úteis (ou 30 dias corridos):

Programa 01

0,0583 < i > 21 < ENTER > 1 < ÷ > < n > < g > < GTO > (0)01 → 1,2315% am

Resposta: 1,2315% am.

b) Taxa efetiva mensal para empréstimos: denominamos *spread* a taxa de juros que uma instituição financeira acrescenta sobre a taxa de captação (no sistema de capitalização composta) para formar a taxa de empréstimo.

Assim, se i_e é a taxa de empréstimo, i_c é a taxa de captação e i_s é a taxa do *spread*, podemos escrever:

$$i_e = (1 + i_c) \,.\, (1 + i_s) - 1$$

Ora, como neste caso a taxa de *spread* é de 17,5% aa com capitalização mensal, ou seja:

17,5 < ENTER > 12 < ÷ > → 1,4583% am

segue que:

$$i_e = (1 + 0{,}012315) \,.\, (1 + 0{,}014583) - 1 = 2{,}7078\%\ \text{am}$$

Resposta: 2,7078% am.

R 3.32 Um empréstimo é concedido por 10 dias à taxa *over* de 3,3% am. Nesse período existem 8 dias úteis. Sabe-se ainda que a instituição financeira cobra um *spread* de 0,05% ad para realizar essa operação. Nessas condições, determine o custo efetivo mensal da operação para o tomador dos recursos.

Resolução:

Taxa efetiva por dia útil:

3,3 < ENTER > 30 < ÷ > → 0,1100% adu

Taxa efetiva por dia útil acrescida do *spread*:

$$i_e = (1 + 0{,}0011) \,.\, (1 + 0{,}0005) - 1 = 0{,}1601\%\ \text{adu}$$

Taxa efetiva por 8 dias úteis (10 dias corridos):

Programa 01

0,1601 < i > 8 < ENTER > 1 < ÷ > < n > < g > < GTO > (0)01 → 1,2880% ap

Taxa efetiva mensal:

PROGRAMA 01

1,2880 < i > 30 < ENTER > 10 < ÷ > < n > < g > < GTO > (0)01 → 3,9140% am

R 3.33 Um empréstimo é contratado por 4 dias úteis. As taxas *over* vigentes para esses dias foram, respectivamente, de 2,4% am, 2,5% am, 2,7% am e 3,0% am. Sendo de 3,5% am a taxa efetiva do *spread* cobrado pelo banco, determine o custo efetivo da operação supondo a existência de 23 dias úteis no mês.

Resolução:

Taxa do *spread* por dia útil:

Programa 01

3,5 < i > 1 < ENTER > 23 < ÷ > < n > < g > < GTO > (0)01 < R/S > → 0,1497% adu

1º dia útil:

Taxa efetiva por dia útil:

2,4 < ENTER > 30 < ÷ > → 0,0800% adu

Taxa efetiva por dia útil acrescida do *spread*:

$$i_e = (1 + 0{,}000800) \cdot (1 + 0{,}001497) - 1 = 0{,}2298\% \text{ adu}$$

2º dia útil:

Taxa efetiva por dia útil:

2,5 < ENTER > 30 < ÷ > → 0,0833% adu

Taxa efetiva por dia útil acrescida do *spread*:

$$i_e = (1 + 0{,}000833) \cdot (1 + 0{,}001497) - 1 = 0{,}2331\% \text{ adu}$$

3º dia útil:

Taxa efetiva por dia útil:

2,7 < ENTER > 30 < ÷ > → 0,0900% adu

Taxa efetiva por dia útil acrescida do *spread*:

$$i_e = (1 + 0{,}000900) \,.\, (1 + 0{,}001497) - 1 = 0{,}2398\% \text{ adu}$$

4º dia útil:

Taxa efetiva por dia útil:

3,0 < ENTER > 30 < ÷ > → 0,1000% adu

Taxa efetiva por dia útil acrescida do *spread*:

$$i_e = (1 + 0{,}001000) \,.\, (1 + 0{,}001497) - 1 = 0{,}2498\% \text{ adu}$$

Custo efetivo por 4 dias úteis:

$$i_e = (1 + 0{,}002298).(1 + 0{,}002331).(1 + 0{,}002398).(1 + 0{,}002498) - 1 = 0{,}9559\% \text{ ap}$$

Custo efetivo por 23 dias úteis (30 dias corridos):

Programa 01

0,9559 < i > 23 < ENTER > 4 < ÷ > < n > < g > < GTO > (0)01

< R/S > → 5,6227% am

Resposta: 5,6227% am.

R 3.34 Considere uma aplicação de R$ 475.000,00 por 65 dias corridos, com 44 dias úteis. Sabendo que o valor do resgate foi de R$ 500.000,00, determine:

a) a taxa efetiva no período;

b) a taxa efetiva mensal;

c) a taxa efetiva por dia corrido;

d) a taxa efetiva por dia útil;

e) a taxa *over* ao mês;

f) a taxa *over* ao ano.

Resolução:

a) Taxa efetiva no período (65 dias corridos):

475000 < CHS > < PV > 500000 < FV > 1 < n > < i > → 5,2632% ap

Resposta: 5,2632% ap.

b) Taxa efetiva mensal (30 dias corridos):

Programa 01

5,2632 < i > 30 < ENTER > 65 < ÷ > < n > < g > < GTO > (0)01

< R/S > → 2,3956% am

Resposta: 2,3956% am.

c) Taxa efetiva por dia corrido:

Programa 01

2,3956 < i > 1 < ENTER > 30 < ÷ > < n > < g > < GTO > (0)01

< R/S > → 0,0789% adc

Resposta: 0,0789% adc.

d) Taxa efetiva por dia útil:

Programa 01

5,2632 < i > 1 < ENTER > 44 < ÷ > < n > < g > < GTO > (0)01

< R/S > → 0,1166% adu

Resposta: 0,1166% adu.

e) Taxa *over* ao mês:

0,1166 < ENTER > 30 < x > → 3,4980% am

Resposta: 3,4980% am.

f) Taxa *over* ao ano:

Programa 01

0,1166 < i > 252 < ENTER > 1 < ÷ > < n > < g > < GTO > (0)01

< R/S > → 34,1329% aa

Resposta: 34,1329% aa.

3.13 EXERCÍCIOS PROPOSTOS

P 3.1 Determine o montante resultante da aplicação de R$ 10.375,00, por 1 ano, 9 meses e 22 dias, com taxa de 29,5% aa, no sistema de capitalização composta.

P 3.2 Uma pessoa pretende fazer uma viagem daqui a 10 meses, para a qual vai precisar de R$ 9.000,00. Quanto deve aplicar hoje, no sistema de capitalização composta, com taxa de 17,36% aa, de modo a conseguir o dinheiro necessário na data prevista?

P 3.3 Determine o número de dias necessários para que um capital de R$ 3.750,00, aplicado no sistema de capitalização composta com taxa de 0,18% ad, produza de juros o equivalente a 3/8 do seu valor.

P 3.4 Disponho hoje, para aplicar, da quantia de R$ 1.000,00 e daqui a 85 dias necessito pagar uma dívida no valor de R$ 1.100,00. A que taxa anual de juros compostos devo aplicar meu capital, de modo a obter a quantia necessária para liquidar a dívida na data prevista?

P 3.5 Determine os juros resultantes de uma aplicação no valor de R$ 4.890,00, a juros compostos, durante 7 meses e 14 dias, com taxa de 5,75% ab.

P 3.6 Durante quantos dias um capital de R$ 7.245,00 deve ficar aplicado no sistema de capitalização composta, com taxa de 10,8% as, de modo a produzir juros equivalentes a 1/7 do seu valor?

P 3.7 Determine a taxa mensal necessária para que um capital qualquer, aplicado no sistema de juros compostos por 2 anos, 2 meses e 2 dias, produza de juros o equivalente a 4/15 do seu valor.

P 3.8 Um capital foi aplicado por 2 meses e 13 dias com taxa de 3,17% am, no sistema de capitalização composta, rendendo juros de R$ 125,00. Determine o valor do capital. (Resolva o problema de duas maneiras: utilizando a fórmula dos juros e utilizando as teclas financeiras da sua HP-12C.)

P 3.9 Dois capitais foram aplicados no sistema de capitalização composta por 42 dias. O primeiro capital foi aplicado à taxa de 2,7% am e o segundo, à taxa de 3,8% am. Sabendo que o primeiro capital produziu R$ 100,00 a menos de juros do que o segundo e que o montante gerado pelo primeiro capital é R$ 500,00 menor do que o montante gerado pelo segundo, determine o valor dos capitais.

P 3.10 Um capital foi aplicado no regime de capitalização composta por 1 mês e 3 dias, nas seguintes condições:

- 1/9 do capital foi aplicado à taxa de 2,9% am;
- 3/9 do capital foi aplicado à taxa de 2,6% am;
- o restante do capital foi aplicado à taxa de 2,3% am.

Sabendo que a soma dos montantes das três aplicações foi de R$ 1.350,00, determine o valor do capital.

P 3.11 Uma pessoa aplicou um capital no sistema de juros compostos, por 43 dias, com taxa de 1,57% am. Em seguida, retirou o montante obtido e o aplicou no mesmo sistema, por 34 dias com juros à taxa de 1,83% am. Sabendo que a segunda aplicação rendeu juros de R$ 42,00, pede-se determinar o valor do capital e a taxa média mensal de juros considerando as duas aplicações.

P 3.12 No dia 17 de março de 2015 uma pessoa aplicou R$ 7.500,00 no sistema de capitalização composta com taxa de 34,50% aa. Após um determinado período retirou do montante assim obtido a quantia de R$ 450,00 e aplicou o restante por 40 dias, no mesmo sistema, com taxa de 38,50% aa, obtendo um montante de R$ 7.540,00. Nessas condições, determine a data e o dia da semana em que ocorreu o resgate da primeira aplicação.

P 3.13 Um televisor cujo preço à vista é de R$ 1.890,00 está sendo oferecido mediante uma entrada de 15% mais três pagamentos mensais, iguais e consecutivos, sem juros, vencendo o primeiro 30 dias após a entrada. Supondo que o vendedor pretenda utilizar uma taxa de juros compostos de 3,39% am, qual o desconto (em valor e em porcentagem) que a loja poderia dar para o pagamento à vista?

P 3.14 Um capital de R$ 1.000,00 foi aplicado no sistema de juros compostos e após determinado período produziu um montante de R$ 1.100,00. Se esse mesmo capital tivesse ficado aplicado por mais 3 meses, teria produzido um montante de R$ 1.300,00. Nessas condições, determine o prazo (em dias) e a taxa mensal de juros envolvidos na operação financeira.

P 3.15 Divida a quantia de R$ 10.000,00 em quatro parcelas de tal forma que, aplicadas às taxas de 1% am, 2% am, 3% am e 4% am, respectivamente, produzam montantes iguais ao final de 5 meses.

P 3.16 Dois capitais foram aplicados no regime de capitalização composta com taxa de 3,75% am. Sabe-se que o primeiro capital ficou aplicado pela metade do tempo, produziu um montante superior em R$ 500,00 e juros iguais ao segundo capital. Nessas condições, se o primeiro capital ficou aplicado por 25 dias, determine o valor dos capitais.

P 3.17 Uma empresa deve efetuar dois pagamentos no valor de R$ 7.500,00 com vencimento em 15 e 45 dias. Na impossibilidade de fazer os pagamentos nas datas previstas, propõe ao credor efetuar dois pagamentos com vencimento em 30 e 60 dias. Sabendo que o valor do segundo pagamento será o dobro do primeiro e que será utilizada uma taxa de juros compostos de 2,7% am, determine o valor desses pagamentos.

P 3.18 Um capital foi aplicado por um ano no sistema de capitalização composta nas seguintes condições:

- inicialmente foi aplicado à taxa de 1,5% ab por 1 mês;
- o montante obtido foi aplicado à taxa de 3,5% at por 2 meses;
- o montante obtido foi aplicado à taxa de 9,5% as por 4 meses;
- o montante obtido foi aplicado à taxa de 21,5% aa por 5 meses.

Nessas condições, considerando apenas o capital inicial e o montante ao final de um ano, determine a que taxa mensal esse capital esteve aplicado.

P 3.19 Um investidor pretende efetuar uma aplicação no sistema de juros compostos com taxa de 14% aa de modo a poder efetuar as seguintes retiradas: R$ 1.000,00 em 25 dias, R$ 2.000,00 em 50 dias, R$ 3.000,00 em 75 dias e R$ 4.000,00 em 100 dias. Nessas condições, determine o valor mínimo do capital a ser aplicado hoje.

P 3.20 No dia 15 de junho de 2013, uma empresa recebeu de um banco a oferta de um empréstimo a juros compostos, com taxa de 2,95% am, a ser liquidado em quatro pagamentos mensais consecutivos de R$ 3.500,00, vencendo o primeiro 60 dias após a liberação do empréstimo. A outra opção oferecida pelo banco seria liquidar a dívida em um único pagamento em 10 de dezembro de 2013. Determine o valor desse pagamento.

P 3.21 No dia 3 de julho de 2014, o gerente financeiro de uma empresa pretendia tomar um empréstimo junto a uma instituição financeira, a ser liquidado em um único pagamento de R$ 7.290,00, em 85 dias, com taxa de 35,44% aa. Entretanto, devido a problemas pessoais, somente pôde comparecer à instituição financeira no dia 10 de julho de 2014, quando verificou que a taxa de juros havia aumentado para 39,86% aa. Mantidas as mesmas condições, determine após quantos dias deve ocorrer o pagamento do empréstimo (bem como a data e o dia da semana) com a nova taxa de juros.

P 3.22 No dia 4 de maio de 2016, uma pessoa solicitou um empréstimo no valor de R$ 5.000,00, com taxa de 1,95% am, a juros compostos. Sabe-se que no dia 10 de junho de 2016 foi efetuado um pagamento no valor de R$ 1.500,00 e no dia 17 de julho de 2016 foi efetuado um pagamento no valor de R$ 2.500,00. Na data do segundo pagamento, o devedor propôs ao credor liquidar o saldo da dívida com um único pagamento, em data a combinar. Sabendo que o credor exigiu para isso alterar a taxa de juros para 2,15% am, a partir desta data, e que a dívida foi liquidada mediante um pagamento de R$ 1.253,00, determine a data (bem como o dia da semana) em que ocorreu esse pagamento.

P 3.23 Uma mercadoria cujo preço à vista é R$ 2.900,00 está sendo oferecida mediante uma entrada de 10% sobre o preço à vista, mais dois pagamentos mensais e consecutivos de R$ 1.343,00, vencendo o primeiro 30 dias após a entrada. Um comprador tem a quantia necessária para efetuar a compra à vista, aplicada em uma instituição financeira, a uma taxa de juros compostos de 1,3% am. Nessas condições, determine se é melhor comprar à vista ou a prazo.

P 3.24 Uma calculadora tem seu preço à vista tabelado em R$ 300,00. Para efetuar a venda a prazo (uma entrada de 10% mais duas parcelas mensais, iguais e consecutivas, vencendo a primeira 30 dias após a compra), o vendedor exige que o preço de tabela seja acrescido de 10%. Nessas condições, determine a taxa mensal efetiva da operação financeira.

P 3.25 A Financeira **A** faz empréstimos a juros simples com taxa de 6% am (a serem pagos no final da operação financeira) e cobra uma taxa de serviços de 2% sobre o valor do empréstimo, a ser paga no ato da liberação do dinheiro. Já a Financeira **B** faz empréstimos nas mesmas condições, porém utiliza juros compostos. Determine a taxa mensal efetiva de juros compostos praticada pelas duas financeiras, considerando um prazo de:

a) 15 dias;

b) 75 dias.

P 3.26 A Financeira **A** faz empréstimos a juros simples com taxa de 6% am (a serem pagos antecipadamente) e cobra uma taxa de serviços de 2% sobre o valor do empréstimo, a ser paga no ato da liberação do dinheiro. Já a Financeira **B** faz empréstimos nas mesmas condições, porém utiliza juros compostos. Determine a taxa mensal efetiva de juros compostos praticada pelas duas financeiras, considerando um prazo de:

a) 15 dias;

b) 75 dias.

P 3.27 Uma pessoa pretende tomar um empréstimo no valor de R$ 3.500,00, por 45 dias, para o qual se apresentam as seguintes alternativas:

- Banco A: juros simples de 3,5% am (cobrados no final da OF) e taxa de serviços de 1,25% sobre o valor do empréstimo (cobrada no ato da OF).
- Banco B: juros compostos de 3,1% am (cobrados no final da OF) e taxa de serviços de 0,95% sobre o valor do empréstimo (cobrada no ato da OF).
- Banco C: juros simples de 3,3% am (cobrados antecipadamente) e taxa de serviços de 1,15% sobre o valor do empréstimo (cobrada no ato da OF);
- Banco D: juros compostos de 2,9% am (cobrados antecipadamente) e taxa de serviços de 0,85% sobre o valor do empréstimo (cobrada no ato da OF).

Nessas condições, considerando a incidência do IOF (0,0082% ad + 0,38%), determine qual banco está praticando a menor taxa mensal efetiva de juros.

P 3.28 Uma pessoa pretende tomar um empréstimo de R$ 15.000,00 para investir em um negócio que promete pagar juros de 4,65% am, livre de taxas e impostos, após 50 dias. Para tanto, se apresentam duas possibilidades:

- Tomar o empréstimo junto à Financeira **A**, por 50 dias, que cobra juros compostos de 3% am (a serem pagos no final da OF) mais uma taxa de serviços correspondente a 0,75% sobre o valor do empréstimo (a ser paga no ato da OF), bem como uma taxa de seguro correspondente a 1% sobre o valor do empréstimo (a ser paga no ato da OF).
- Tomar o empréstimo junto à Financeira **B**, por 50 dias, que cobra juros compostos de 2,75% am (a serem pagos no ato da OF) mais uma taxa de serviços correspondente a 0,60% sobre o valor do empréstimo (a ser paga no ato da OF), bem como uma taxa de seguro correspondente a 1,5% sobre o valor do empréstimo (a ser paga no final da OF).

Considerando a incidência do IOF (0,0082% ad + 0,38%), analise as opções acima e verifique se o negócio é viável.

P 3.29 Um investidor aplicou no dia 3 de novembro de 2015 a quantia de R$ 570.000,00 em uma aplicação que prometeu pagar juros compostos de 22,20% aa com capitalização mensal. Determine a taxa efetiva mensal da operação financeira supondo que o resgate ocorreu em 19 de novembro de 2015:

a) considerando a incidência da CPMF;

b) desconsiderando a incidência da CPMF.

P 3.30 Considere novamente os dados do exercício anterior (P 3.29) e determine a taxa efetiva mensal da operação financeira, supondo que o resgate ocorreu em 15 de dezembro de 2015:

a) considerando a incidência da CPMF;

b) desconsiderando a incidência da CPMF.

P 3.31 Um investidor aplicou no dia 17 de julho de 2014, em uma instituição financeira, a quantia de R$ 275.000,00, que pagou juros compostos de 18,84% aa com capitalização mensal. No dia 9 de agosto de 2014, retirou o montante assim obtido e aplicou a diferença (montante menos CPMF correspondente) em outra instituição financeira, a juros compostos de 23,16% aa com capitalização mensal, até o dia 18 de setembro de 2014. Considerando a incidência de CPMF, verifique se foi um bom negócio ou se teria sido melhor manter o dinheiro na primeira aplicação até 18 de setembro de 2014, supondo que o resgate da primeira aplicação foi efetuado para a conta-corrente.

P 3.32 Considere novamente os dados do exercício anterior (P 3.31) e verifique se foi um bom negócio, supondo que o resgate da primeira aplicação foi efetuado para a conta investimento (ou seja, não há incidência da CPMF na segunda aplicação).

P 3.33 Considere novamente os dados do exercício (P 3.31), supondo agora que a primeira aplicação tenha sido resgatada apenas no dia 17 de agosto de 2014 e que a segunda aplicação, realizada neste mesmo dia, manteve o seu resgate no dia 18 de setembro de 2014. Nessas condições, verifique se foi um bom negócio ou se teria sido melhor manter o dinheiro na primeira aplicação até 18 de setembro de 2014, supondo que o resgate da primeira aplicação foi efetuado para a conta-corrente.

P 3.34 Considere novamente os dados do exercício anterior (P 3.33) e verifique se foi um bom negócio, supondo que o resgate da primeira aplicação foi efetuado para a conta investimento, ou seja, não há incidência da CPMF na segunda aplicação.

P 3.35 Qual a taxa efetiva mensal correspondente a uma taxa *over* de 3,54% am, considerando o mês com 22 dias úteis?

P 3.36 Qual a taxa *over* mensal correspondente a uma taxa efetiva mensal de 2,35%, sabendo que no mês temos 23 dias úteis?

P 3.37 Um título público com valor de resgate de R$ 10.000,00 foi adquirido 27 dias antes do vencimento por R$ 9.380,00.

a) Qual a taxa efetiva de rendimento do título no período?

b) Qual a taxa efetiva de rendimento por dia útil, sabendo que há no período 21 dias úteis?

c) Qual a taxa *over* anual de rentabilidade do título?

P 3.38 Uma instituição financeira comprou R$ 575.000,00 de outra instituição, por um dia útil, a uma taxa *over* de 2,57% am.

a) Determine a taxa efetiva por dia útil.

b) Determine o valor da revenda.

c) Determine a taxa *over* anual correspondente.

P 3.39 Uma pessoa aplicou R$ 100.000,00 em um fundo de investimentos cuja cota tinha o valor de 3,569387. Após 63 dias úteis, quando o valor da cota era de 3,876375, resgatou integralmente o valor do fundo. Desconsiderando a incidência de taxas e impostos:

a) Quantas cotas do fundo foram adquiridas?

b) Qual a taxa de rentabilidade do fundo no período?

c) Qual a taxa de rentabilidade por dia útil?

d) Qual a taxa *over* mensal correspondente?

e) Qual a taxa *over* anual correspondente?

f) Qual o valor do resgate?

P 3.40 Considere novamente o exercício anterior, supondo que no resgate foi paga uma alíquota de 22,5% de IR mais uma taxa de administração de 1,5% (incidente sobre o valor dos rendimentos). Nessas condições:

a) Qual o valor do resgate?

b) Qual a taxa efetiva de rentabilidade do fundo no período?

c) Qual a taxa efetiva de rentabilidade por dia útil?

d) Qual a taxa *over* mensal correspondente?

e) Qual a taxa *over* anual correspondente?

P 3.41 Um banco capta recursos no mercado pagando uma taxa *over* de 1,87% am para 21 dias úteis. Nessas condições:

a) determine a taxa efetiva mensal paga pelo banco ao investidor;

b) se o banco deseja acrescentar um *spread* de 20,36% aa com capitalização mensal para operações de empréstimo, quanto deve pagar um cliente do banco por um empréstimo de R$ 5.000,00, por 85 dias?

P 3.42 Considere novamente os dados do exercício anterior (P 3.41) supondo que o banco cobra nas operações de empréstimo uma taxa de serviços de 0,75% sobre o valor deste (a ser paga no ato da liberação do dinheiro). Nessas condições, considerando a incidência do IOF (0,0041% ad mais 0,38%), determine a taxa efetiva mensal da operação financeira.

P 3.43 Uma IF capta recursos a uma taxa *over* de 2,95% am e acrescenta um *spread* de 0,0065% adu para operações de empréstimo. Um cliente pretende tomar um empréstimo de R$ 3.450,00 por um período de 15 dias. Supondo no período a existência de 11 dias úteis, determine o custo efetivo mensal para o tomador do empréstimo, considerando:

a) a incidência do IOF (0,0082% ad mais 0,38%);

b) além do IOF, a incidência de uma taxa de serviços de 0,5% sobre o valor do empréstimo, a ser paga no ato da liberação do dinheiro.

P 3.44 Um empréstimo foi contratado por três dias úteis consecutivos, no dia 10 de determinado mês. As taxas *over* mensais para esses dias foram, respectivamente, de 2,1%, 2,3% am e 2,6% am. Sabe-se que a taxa efetiva do *spread* cobrado pelo banco é de 2,7% am, e que o mês possui 22 dias úteis. Nessas condições, determine a taxa efetiva mensal que um cliente deve pagar por um empréstimo de R$ 5.700,00 no período (três dias úteis), considerando a incidência do IOF (0,0082% ad mais 0,38%) e de uma taxa de serviços correspondente a 0,7% do valor do empréstimo, a ser paga no ato da liberação do dinheiro.

P 3.45 Considere uma aplicação de R$ 300.000,00 por 27 dias corridos (com 19 dias úteis) a uma taxa *over* de 4,3890% am. Determine a taxa efetiva mensal da operação financeira:

a) considerando a incidência da CPMF;

b) sem considerar a incidência da CPMF.

P 3.46 Um investidor aplicou R$ 250.000,00 por 40 dias corridos (29 dias úteis) a uma taxa *over* de 31,75% aa. Retirou o montante assim obtido e aplicou a diferença (montante menos CPMF correspondente), no mesmo dia, por 15 dias corridos (11 dias úteis), a uma taxa *over* de 4,12% am. Determine o valor do montante da segunda aplicação, supondo que o resgate da primeira aplicação foi efetuado para:

a) a conta-corrente;

b) a conta investimento.

P 3.47 Considere novamente os dados do exercício (P 3.46) e determine a taxa efetiva mensal média (considerando as duas aplicações), supondo que o resgate da primeira aplicação foi efetuado para:

a) a conta-corrente;

b) a conta investimento.

P 3.48 Considere novamente os dados do exercício (P 3.46) e verifique se teria sido melhor deixar o dinheiro aplicado por 55 dias na primeira aplicação, supondo que o resgate da primeira aplicação foi efetuado para:

a) a conta-corrente;

b) a conta investimento.

3.14 RESPOSTAS DOS EXERCÍCIOS PROPOSTOS

Exercícios	Respostas
P 3.1	R$ 16.569,95
P 3.2	R$ 7.876,06
P 3.3	178 dias
P 3.4	49,73% aa
P 3.5	R$ 1.134,98
P 3.6	235 dias
P 3.7	0,91% am
P 3.8	R$ 1.584,28
P 3.9	R$ 5.035,90 e R$ 5.435,90
P 3.10	R$ 1.314,25
P 3.11	R$ 1.977,96 e 1,68% am
P 3.12	19/04/2015 (domingo)
P 3.13	R$ 103,07 (5,45%)
P 3.14	5,73% am e 52 dias
P 3.15	R$ 2.686,56, R$ 2.557,24, R$ 2.435,55 e R$ 2.320,63
P 3.16	R$ 486,00 e R$ 986,02
P 3.17	R$ 5.089,71 e R$ 10.179,41
P 3.18	1,44% am
P 3.19	R$ 9.731,11
P 3.20	R$ 15.034,25
P 3.21	77d (18/09/2014, quinta–feira)
P 3.22	31/08/2016 (quarta–feira)
P 3.23	À vista (1,94% am × 1,3% am)
P 3.24	7,40% am
P 3.25	a) A: 10,46% am e B: 10,37% am b) A: 6,61% am e B: 6,86% am
P 3.26	a) A: 10,80% am e B: 10,70% am b) A: 7,74% am e B: 8,09% am
P 3.27	Banco D: 4,20% am
P 3.28	É viável, com a Financeira A (4,60% am × 4,72% am)
P 3.29	a) 0,06% am e b) 0,77% am
P 3.30	a) 1,16% am e b) 1,43% am
P 3.31	R$ 281.439,58 × R$ 282.087,44 (mau negócio)
P 3.32	R$ 282.513,13 × R$ 282.087,44 (bom negócio)

Exercícios	Respostas
P 3.33	Mau negócio R$ 281.829,02 × R$ 282.087,44
P 3.34	Bom negócio R$ 282.904,05 × R$ 282.087,44 (1,18% am × 1,04% am)
P 3.35	2,6284% am
P 3.36	3,0300% am
P 3.37	a) 6,6098 (27 dias) b) 0,3053% adu c) 115,5848% aa
P 3.38	a) 0,0857% adu b) R$ 575.492,78 c) 24,0943% aa
P 3.39	a) 28.016,0151 cotas b) 8,6006% ap (63 du) c) 0,1310% adu d) 3,9300% am e) 39,0835% aa f) R$ 108.949,45
P 3.40	a) R$ 106.801,58 b) 6,8016% ap (63 du) c) 0,1045% adu d) 3,1350% am e) 30,1090% aa
P 3.41	a) 1,3165% am b) R$ 5.442,10
P 3.42	3,5787% am
P 3.43	a) 4,6600% am b) 5,7199% am
P 3.44	13,3381% am (22 du)
P 3.45	a) 1,4196% am b) 1,7664% am
P 3.46	a) R$ 256.778,37 b) R$ 257.757,86
P 3.47	a) 1,2602% am b) 1,4707% am
P 3.48	a) Sim: 1,6664% × 1,2602% am b) Sim: 1,6664% × 1,4707% am

4 SÉRIES DE PAGAMENTOS (RENDAS)

4.1 CONCEITO E CLASSIFICAÇÃO

Até o presente momento, trabalhamos com problemas nos quais os fluxos de caixa, de forma geral, apresentavam apenas dois valores: PV e FV.

Sabemos, entretanto, que a grande maioria das operações financeiras é realizada por meio de uma série de pagamentos (recebimentos) denominada **renda.**

Podemos ter dois tipos de rendas: certas ou aleatórias.

As rendas certas são aquelas em que o número de termos (pagamentos ou recebimentos), seus vencimentos e os seus respectivos valores são conhecidos. Como exemplo, podemos citar a compra a prazo de um refrigerador.

As rendas aleatórias são aquelas em que pelo menos um dos parâmetros descritos não é conhecido. Por exemplo, podemos citar o pagamento de um seguro de vida, em que o número de pagamentos é indeterminado, ou o rendimento de ações, em que todos os parâmetros são indeterminados.

Denominamos período da renda o intervalo de tempo que decorre entre os vencimentos de dois termos consecutivos. Quando o período de uma renda não se altera, dizemos que a renda é periódica (caso contrário, é não periódica).

No caso das rendas periódicas, se o período é o mês a renda se diz mensal, se o período é o ano a renda se diz anual, e assim por diante.

Quando todos os termos de uma renda são iguais ela se denomina constante (caso contrário, é variável).

Vamos estudar neste capítulo as **rendas certas, periódicas e constantes**, que serão doravante, por facilidade, simplesmente denominadas **rendas**.

Quando a data de vencimento do primeiro termo de uma renda ocorre no final do primeiro período, a renda recebe o nome de **imediata**, vencida, ordinária ou postecipada.

Muitos são os exemplos de rendas imediatas. Os mais comuns são:

- a compra a prazo de um bem que o comprador paga em parcelas iguais e periódicas, com a primeira prestação vencendo 30 dias após a efetivação da compra;
- o aluguel que o inquilino paga ao final de cada mês, a partir da data em que alugou o imóvel;
- o salário que o trabalhador recebe ao final de cada mês, a partir da data de sua contratação.

4.2 VALOR PRESENTE DE UMA RENDA IMEDIATA

Exemplo:

E 4.1 Um terreno está sendo vendido em cinco prestações mensais e iguais no valor de R$ 4.500,00, vencendo a primeira 30 dias após a efetivação da compra. Sabendo que a operação financeira envolve uma taxa de juros de 2,5% am, determine o preço à vista do terreno.

Resolução:

Observe que se trata de uma renda imediata.

Recomenda-se utilizar o fluxo de caixa para este tipo de problema, tendo em vista, de forma geral, a sua maior complexidade (lembre-se da premissa "Mais vale uma figura do que mil palavras!").

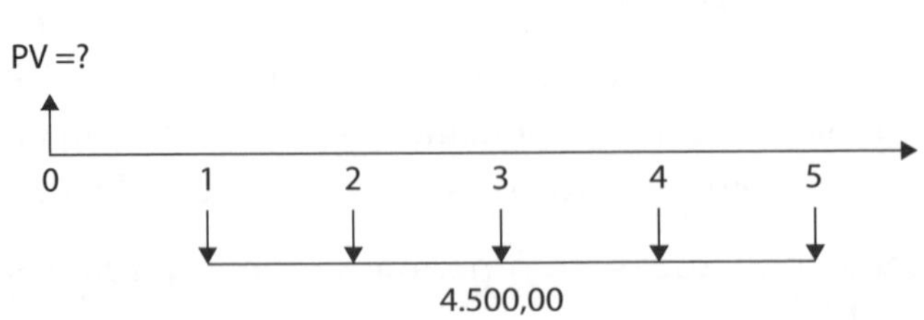

Para determinar o preço à vista do terreno, devemos expurgar de cada uma das cinco parcelas de R$ 4.500,00 os juros que a elas foram acrescidos.

Assim, da primeira parcela devemos expurgar juros de 2,5% am correspondentes ao primeiro período. Para tanto, devemos resolver o seguinte problema de capitalização composta: determinar PV sabendo que FV = R$ 4.500,00 , n = 1 e i = 2,5% am.

Já da segunda parcela devemos expurgar juros de 2,5% am correspondentes ao primeiro e segundo períodos. Para tanto, devemos resolver o seguinte problema de capitalização composta: determinar PV sabendo que FV = R$ 4.500,00, n = 2 e i = 2,5% am.

Procedendo de forma semelhante com as demais parcelas e somando os resultados obtidos, resulta:

HP-12C	**Observações**
< f > < REG >	
4500 < CHS > < FV >	
2,5 < i >	
1 < n >	
< PV > → R$ 4.390,24	1ª parcela expurgada dos juros (1 mês).
< STO > 1	
2 < n >	
< PV > → R$ 4.283,16	2ª parcela expurgada dos juros (2 meses).
< STO > < + > 1	
3 < n >	
< PV > → R$ 4.178,70	3ª parcela expurgada dos juros (3 meses).
< STO > < + > 1	
4 < n >	
< PV > → R$ 4.076,78	4ª parcela expurgada dos juros (4 meses).
< STO > < + > 1	
5 < n >	
< PV > → R$ 3.977,34	5ª parcela expurgada dos juros (5 meses).
< STO > < + > 1	
< RCL > 1 → R$ 20.906,23	Preço à vista.

Resposta: R$ 20.906,23.

Observação

Quanto mais distante da data focal zero estiver a prestação, maior é o valor dos juros a ela acrescidos e, consequentemente, menor é o seu valor à vista (valor expurgado desses juros).

Suponhamos, agora, que o mesmo terreno estivesse sendo vendido em 100 prestações mensais de R$ 4.500,00, mantendo-se inalteradas as demais condições. Ora, para obter, neste caso, o preço à vista do terreno, teríamos que dispender um grande esforço computacional, o que justifica a utilização da fórmula do valor presente para uma renda imediata:

$$\mathbf{PV = PMT \,.\, \frac{1 - (1 + i)^{-n}}{i}}$$

em que:

PV representa o valor presente da renda na data zero;

PMT representa o valor do termo (prestação ou recebimento) da renda;

n representa o número de parcelas da renda; e

i representa a taxa de juros envolvida na operação financeira.

Observação

O leitor pode encontrar a demonstração da fórmula acima no **Capítulo 9 (item 9.6)**.

Aplicando a fórmula acima ao nosso exemplo, resulta:

		HP-12C
PV = ?	$PV = PMT \,.\, \frac{1-(1 + i)^{=}}{i}$	1 < ENTER >
PMT = 4.500,00		1,025 < ENTER >
n = 5 (parcelas mensais)	$PV = 4.500 \,.\, \frac{1 - (1+0,025)^{=}}{0,025}$	5 < CHS >
i = 2,5% am		< y^X >

$$PV = 4.500.\frac{1-(1,025)^{-5}}{0,025}$$

< - >

0,025 < ÷ >

4500

< x > → R$ 20.906,23

Resposta: R$ 20.906,23.

Exemplos:

E 4.2 Considere os dados do exemplo anterior (E 4.1), supondo que o terreno está sendo vendido em 100 prestações, mantendo-se inalteradas as demais condições. Nessas condições, determine o preço à vista do terreno.

Resolução:

PV = ?

PMT = 4.500,00

n = 100 (parcelas mensais)

i = 2,5% am

$$\mathbf{PV} = PMT.\frac{1-(1+i)^{-n}}{i}$$

$$\mathbf{PV} = 4.500.\frac{1-(1+0,025)^{-100}}{0,025}$$

$$\mathbf{PV} = 4.500.\frac{1-(1,025)^{-100}}{0,025}$$

HP-12C

1 < ENTER >

1,025 < ENTER >

100 < CHS >

< y^X >< – >

0,025 < ÷ >

4500

< x > → R$ 164.763,47

Resposta: R$ 164.763,47.

E 4.3 Uma loja de departamentos está oferecendo um televisor por R$ 1.500,00 à vista, ou em 10 prestações mensais e iguais, vencendo a primeira 30 dias após a compra. Determine o valor das prestações, sabendo que a loja está utilizando uma taxa de juros de 9,9% am.

Resolução:

PV = 1.500,00

PMT = ?

$$PV = PMT.\frac{1-(1+i)^{-n}}{i}$$

HP-12C

< f >< REG >

1500 < ENTER >

n = 10

i = 9,9% am

$$1.500 = PMT \,.\, \frac{1 - (1 + 0,099)^{-10}}{0,099}$$

$$PMT = \frac{1.500}{\dfrac{1 - (1,099)^{-10}}{0,099}}$$

$$PMT = \frac{1.500 \,.\, 0,099}{1 - (1,099)^{-10}}$$

0,099 < x >

1 < ENTER >

1,099 < ENTER >

10 < CHS >

< y^x >

< – >

< ÷ > → R$ 243,07

Resposta: R$ 243,07.

E 4.4 Uma pessoa está interessada em comprar um automóvel, que está sendo oferecido à vista por R$ 36.900,00. Faz então ao vendedor a seguinte proposta: uma entrada de 15% sobre o preço à vista e prestações mensais e iguais de no máximo R$ 675,00, vencendo a primeira 30 dias após a entrada. Supondo que a proposta deve ser aceita desde que seja utilizada uma taxa de juros de 0,97% am, determine o número mínimo de prestações necessárias para efetuar a compra e o valor dessas prestações.

Resolução:

Devemos observar neste caso que o PV é o valor a ser financiado, ou seja:

36900 < ENTER > 15 < % > < – > → R$ 31.365,00

PV = 31.365,00

PMT = 675,00

n = ?

i = 0,97% am

$$PV = PMT \,.\, \frac{1 - (1 + i)^{-n}}{i}$$

$$31.365 = 675 \,.\, \frac{1 - (1 + 0,0097)^{-n}}{0,0097}$$

$$\frac{31.365 \,.\, 0,0097}{675} = 1 - (1,0097)^{-n}$$

$$(1,0097)^{-n} = 1 - \frac{31.365 \,.\, 0,0097}{675}$$

$$LN(1,0097)^{-n} = LN\left(1 - \frac{31.365 \,.\, 0,0097}{675}\right)$$

HP-12C

< f > < REG >

31365 < ENTER >

0,0097 < x >

675 < ÷ >

1

< x ↔ y >

< – >

< g > < LN >

$$-n \cdot LN(1{,}0097) = LN\left(1 - \frac{31.365 \cdot 0{,}0097}{675}\right)$$

$$n = -\frac{LN\left(1 - \dfrac{31.365 \cdot 0{,}0097}{675}\right)}{LN(1{,}0097)}$$

1,0097
< g > < LN >
< ÷ >
< CHS > → 62,07

Observação

O número de prestações deve ser obrigatoriamente um número inteiro. Assim, o valor obtido (62,07) deve ser arredondado, e o arredondamento padrão nos levaria ao valor de 62 prestações. Notemos, entretanto, que, ao diminuir o número de prestações, não vamos conseguir atingir o valor do preço à vista do automóvel:

$$PV = 675 \cdot \frac{1 - (1 + 0{,}0097)^{-62}}{0{,}0097} = 31.339{,}87 \neq 31.365{,}00$$

Assim, o arredondamento do número de prestações deve ser efetuado sempre para o número inteiro imediatamente posterior, ou seja, **63 prestações**.

Por outro lado, devemos atentar que, se estamos aumentando o número de prestações (arredondamento para cima), consequentemente haverá uma diminuição no valor da prestação.

Assim, para determinar o novo valor da prestação (obrigatoriamente menor do que R$ 675,00), devemos resolver o problema novamente, impondo que o automóvel será pago em 63 prestações.

PV = 31.365,00
PMT = ?
n = 63
i = 0,97% am

$$PV = PMT \cdot \frac{1 - (1 + i)^{-n}}{i}$$

$$31.365 = PMT \cdot \frac{1-(1+0{,}0097)^{-63}}{0{,}0097}$$

$$PMT = \frac{31.365}{\dfrac{1 - (1{,}0097)^{-63}}{0{,}0097}}$$

$$PMT = \frac{31.365 \cdot 0{,}0097}{1 - (1{,}0097)^{-63}}$$

HP-12C
< f > < REG >
31365 < ENTER >
0,0097 < x >
1 < ENTER >
1,0097 < ENTER >
63 < CHS >
< y^x >
< – >
< ÷ > → R$ 667,71

Resposta: 63 prestações de R$ 667,71.

E 4.5 Um televisor está sendo oferecido por R$ 2.970,00 para pagamento à vista, ou em 12 parcelas mensais e iguais de R$ 328,00, vencendo a primeira 30 dias após a compra. Determine a taxa mensal de juros envolvida na operação financeira.

Resolução

$$\text{PV} = 2.970{,}00$$
$$\text{PMT} = 328{,}00$$
$$n = 12$$
$$i = ?\ (\text{mensal})$$

$$\text{PV} = \textbf{PMT}\,.\,\frac{1-(1+i)^{-n}}{i}$$
$$2.970 = 328\,.\,\frac{1-(1+i)^{-12}}{i}$$

Observando a equação acima, verificamos a impossibilidade de obter o valor da taxa algebricamente.

Para resolver esse tipo de equação, normalmente são utilizados métodos numéricos iterativos, que fornecem soluções aproximadas, como os métodos de Newton-Raphson, Gauss-Cantelli, Karpin, Baily-Lenzi, entre outros.

Entretanto, tendo em vista a maior complexidade dos métodos citados, optamos didaticamente por apresentar um método de resolução mais simples, cujo procedimento é descrito a seguir:

- *1º passo*: determinar, por meio de tentativas, um intervalo de amplitude unitária, que contém a taxa de juros procurada;
- *2º passo*: refinar o resultado obtido no primeiro passo utilizando interpolação linear.

O método

Inicialmente, mantendo inalterados os valores de **PMT** e **n**, vamos atribuir a **i** valores arbitrários convenientes e determinar o valor do **PV** correspondente. Procedendo de forma semelhante ao que foi feito no primeiro exemplo, geramos a seguinte tabela:

i	1%	2%	3%	4%	5%
PV	R$ 3.691,67	R$ 3.468,71	R$ 3.264,91	R$ 3.078,30	R$ 2.907,15

Observando essa tabela, verificamos que a taxa de 4% am fornece um PV de R$ 3.078,30 (maior do que R$ 2.970,00) e que a taxa de 5% am fornece um PV de R$ 2.907,15 (menor do que R$ 2.970,00).

Concluímos, assim, que a taxa de juros procurada se encontra no intervalo de amplitude unitária: [4% , 5%].

Observando agora que

$$
\begin{array}{ccccc}
 & & \mathbf{i} & \mathbf{PV} & \\
\multirow{4}{*}{1\%} & \multirow{2}{*}{x} & 4\% & 3.078,30 & \multirow{2}{*}{108,30} \quad \multirow{3}{*}{171,15} \\
 & & i & 2.970,00 & \\
 & & 5\% & 2.907,15 &
\end{array}
$$

e, utilizando interpolação linear (regra de três), podemos escrever:

$$
\left.\begin{array}{l} 1\% \text{ ——— } 171,15 \\ \\ x \text{ ——— } 108,30 \end{array}\right\} \Rightarrow \quad x = \frac{1 \cdot 108,30}{171,15} = 0,63\%
$$

ou seja, a taxa procurada é:

$$4,0 + 0,63 = 4,63\% \text{ am}$$

Resposta: 4,63% am.

4.3 AS TECLAS FINANCEIRAS DA HP-12C PARA O CÁLCULO DO VALOR PRESENTE DE UMA RENDA IMEDIATA

Assim como ocorreu no caso da capitalização composta, a HP-12C disponibiliza ao usuário um programa armazenado na memória do fabricante que permite, de forma simples e rápida, resolver exercícios básicos envolvendo rendas imediatas.

Para tanto, vamos utilizar as seguintes teclas financeiras: < **PV** >, < **n** >, < **i** > e < **PMT** >.

Antes de iniciar a resolução dos exemplos anteriores utilizando as teclas financeiras, digite na sua HP-12C a sequência de teclas: < **g** > < **END** >. A justificativa para esse procedimento será vista oportunamente.

Exemplos:

E 4.6 Um terreno está sendo vendido em 100 prestações mensais e iguais no valor de R$ 4.500,00, vencendo a primeira 30 dias após a efetivação da compra. Sabendo que a operação financeira envolve uma taxa de juros de 2,5% am, determine o preço do terreno à vista.

Resolução:

	HP-12C
PV = ?	4.500 < CHS > < PMT >
PMT = 4.500,00	2,5 < i >
n = 100 (número de parcelas)	100 < n >
i = 2,5% am	< PV > → R$ 164.763,47

Resposta: R$ 164.763,47.

Observações

1) Os parâmetros conhecidos (**PMT**, **i** e **n**) podem ser inseridos em qualquer ordem. Neste caso, a ordem de inserção foi: primeiro o valor de **PMT**, depois o valor de **i** e, finalmente, o valor de **n**.

2) É importante notar que o valor da taxa de juros não deve ser dividido por 100, pois o programa realiza esta tarefa. Assim, se o leitor efetuar a divisão e digitar:

   0,025 < i >

   será armazenado no registro **i** o valor 0,00025.

3) A HP-12C exige que o valor do capital (PV) e o valor da prestação (PMT) sejam inseridos com sinais contrários, tendo em vista os seguintes fatos:

   - ao efetuar uma compra parcelada, o valor do bem (PV) passa a fazer parte do patrimônio do comprador, representando, portanto, uma entrada de caixa. Já o pagamento das prestações correspondentes (PMT) claramente representa uma saída de caixa;

   - por outro lado, ao vender uma mercadoria em prestações, o valor do bem (PV) representa para o vendedor uma saída de caixa. Já o pagamento das prestações (PMT), a serem recebidas do comprador, representa uma entrada de caixa.

E 4.7 Uma loja de departamentos está oferecendo um televisor por R$ 1.500,00 à vista, ou em 10 prestações mensais e iguais, vencendo a primeira 30 dias após a compra. Determine o valor das prestações, sabendo que a loja está utilizando uma taxa de juros de 9,9% am.

Resolução:

	HP-12C
PV = 1.500,00	1.500 < CHS > < PV >
PMT = ?	9,9 < i >
n = 10 (parcelas mensais)	10 < n >
i = 9,9% am	< PMT > → R$ 243,07

Resposta: R$ 243,07.

E 4.8 Uma pessoa está interessada em comprar um automóvel que está sendo oferecido à vista por R$ 36.900,00. Faz então ao vendedor a seguinte proposta: uma entrada de 15% sobre o preço à vista e prestações mensais e iguais de no máximo R$ 675,00, vencendo a primeira 30 dias após a entrada. Supondo que a proposta deve ser aceita desde que seja aplicada uma taxa de juros de 0,97% am, determine o número mínimo de prestações necessárias para efetuar a compra e o valor dessas prestações.

Resolução:

	HP-12C
PV = 36.900 – 15% = 31.365,00	36900 < ENTER > 15 < % > <⇆> < CHS >< PV>
PMT = 675,00	675 < PMT >
n = ?	0,97 < i >
i = 0,97% am	< n > → 63 parcelas

Resposta: 63 parcelas.

Observação

Caso o valor obtido na resolução do exemplo em questão não seja um número inteiro, a HP-12C irá arredondá-lo, automaticamente, para o número inteiro imediatamente posterior. O leitor não deve estranhar esse procedimento, tendo em vista a observação que sucede a resolução do exemplo E 4.4.

Esse procedimento, entretanto, causa o seguinte transtorno: ao obter no visor da HP-12C o valor de **n**, o leitor não sabe, efetivamente, se o arredondamento foi realizado. Para contornar esse problema, devemos pressionar a tecla **PMT** imediatamente após a obtenção do valor de **n**.

Em outras palavras, estamos recalculando o valor do **PMT** a partir dos valores originais de **PV** e **i**, utilizando **n = 36.** Caso o valor do PMT permaneça inalterado, isso significa que o arredondamento não ocorreu (ou seja, não foi necessário, pois o valor obtido já era um número inteiro). No caso deste exemplo, particularmente, temos:

< PMT > → 667,71

ou seja, o arredondamento efetivamente foi realizado, e a prestação diminuiu.

Resposta: 63 parcelas de R$ 667,71.

E 4.9 Um televisor está sendo oferecido por R$ 2.970,00 para pagamento à vista, ou em 12 parcelas mensais e iguais de R$ 328,00, vencendo a primeira 30 dias após a compra. Determine a taxa mensal de juros envolvida na operação financeira.

Resolução:

	HP-12C
PV = 2.970,00	< f > < REG >
PMT = 328,00	2970 < CHS > < PV >
n = 12	328 < PMT >
i = ? (mensal)	12 < n >
	< i > → 4,62% am

Resposta: 4,62% am.

Observações

1) A diferença encontrada entre a resolução anterior (4,62%) e a resolução utilizando a fórmula (4,63% – E 4.5) se deve única e exclusivamente a erros de arredondamento.
2) A dificuldade apresentada na resolução da equação resultante desse tipo de problema justifica o fato de a HP-12C Gold demorar mais tempo para calcular o valor de **i** (conhecidos **PV**, **PMT** e **n**) do que para calcular o valor das demais variáveis. Já nos modelos Platinum e Prestige, que contam com um processador mais rápido, essa demora é menos acentuada.

4.4 RENDA IMEDIATA × RENDA ANTECIPADA

Exemplo:

E 4.9 Um televisor está sendo vendido em 12 parcelas de R$ 650,00, vencendo a primeira no ato da compra. Sabendo que a loja está utilizando uma taxa de juros de 3,87% am, determine o preço à vista do televisor.

Resolução:

Utilizando os procedimentos vistos anteriormente, temos:

	HP-12C
PV = ?	< f > < REG >
PMT = 650,00	650 < CHS > < PMT >
n = 12 parcelas	3,87 < i >
i = 3,87% am	12 < n >
	< PV > → R$ 6.146,57 (Errado!)

A resolução apresentada acima está incorreta, pois, ao considerar os procedimentos vistos anteriormente (válidos para rendas imediatas), desconsideramos que, neste caso:

Renda antecipada

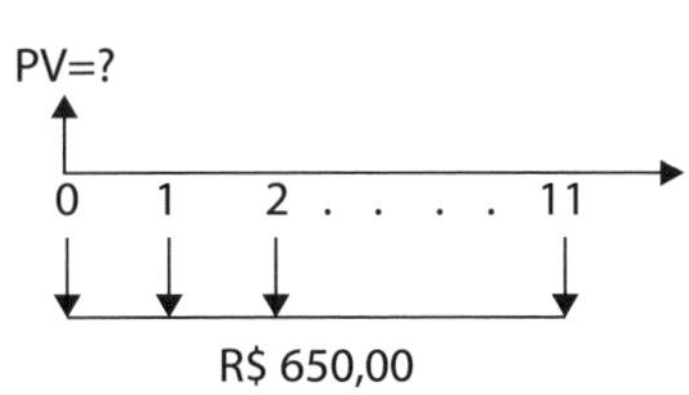

Renda imediata

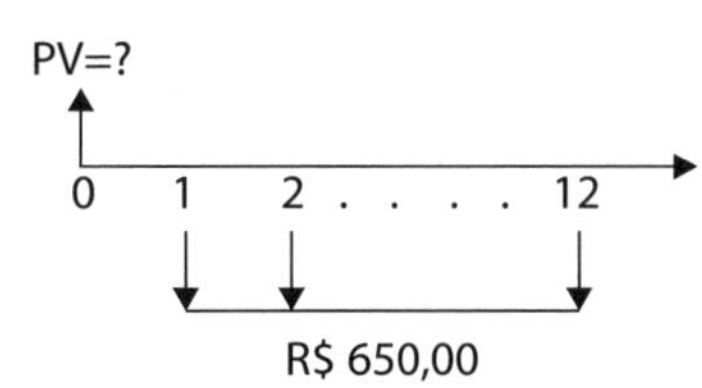

Na **renda antecipada**:

- o primeiro pagamento ocorre no ato da compra (início do primeiro período) e, portanto, sobre ele não incidem juros (já no caso de uma renda imediata, como o primeiro pagamento ocorre no final do primeiro período, sobre ele incide um mês de juros);
- o segundo pagamento ocorre no final do primeiro período e, portanto, sobre ele incide um mês de juros (já no caso de uma renda imediata, como o segundo pagamento ocorre no final do segundo período, sobre ele incidem dois meses de juros), e assim sucessivamente.

Para contornar este problema e obter a solução correta do problema, podemos proceder da seguinte forma:

- *1º passo*: ignorar a primeira parcela e resolver o problema considerando que temos uma renda imediata de 11 termos apenas:

650 < CHS > < PMT > 11 < n > 3,87 < i > < PV > → R$ 5.734,44

- *2º passo*: adicionar ao valor acima obtido o valor integral da primeira parcela, já que sobre ela não incidem juros:

650 < + > → R$ 6.384,44

Outra maneira de tratar esse tipo de problema consiste em informar à sua calculadora que se trata, neste caso específico, de uma renda antecipada:

HP-12C	**Observação**
< f > < REG >	
650 < CHS > < PMT >	**BEG (*begin*) = Início**
12 < n >	Informa à HP-12C que se trata de uma renda antecipada, ou seja, a primeira parcela ocorre no início do primeiro período.
3,87 < i >	
< g > < BEG >	
< PV > → R$ 6.384,44	

Resposta: R$ 6.384,44.

- A sequência de teclas < **g** > < **BEG** > pode ser digitada a qualquer momento, mas, obrigatoriamente, antes do cálculo da variável desconhecida (neste caso, antes de PV).
- Uma vez que a informação de que se trata de uma renda antecipada é repassada à calculadora, não existe mais a necessidade de retirar uma unidade do valor de **n**, que deve conter exatamente o número de parcelas do problema (neste caso, 12).
- Após digitar a sequência de teclas < **g** > < **BEG** >, aparece no visor a palavra **BEGIN**, informando que a calculadora está operando no modo renda antecipada.
- De forma semelhante, para resolver um problema envolvendo uma renda imediata (a primeira parcela ocorre no final do primeiro período), devemos digitar a sequência de teclas < **g** > < **END** > **(END = Final)**. Note que, nesse caso, nenhuma mensagem aparece no visor da sua HP-12C (modo padrão).

Finalizando, tendo em vista que os problemas envolvendo rendas tendem a exigir um maior esforço computacional, recomendamos ao leitor que utilize *sempre* este último procedimento, evitando problemas com o valor de **n**, que deve conter, neste caso, *sempre* o número de parcelas.

Exemplos:

E 4.10 Considere as seguintes alternativas de pagamento, correspondentes à assinatura anual de uma revista de circulação mensal:

a) Um **único pagamento, à vista, de R$ 918,00**.

b) Doze parcelas mensais de R$ 85,00, vencendo a primeira 30 dias após a compra.

c) Dez parcelas mensais de R$ 100,00, vencendo a primeira no ato da compra.

d) Uma entrada correspondente a 25% do preço à vista, mais seis parcelas mensais no valor de R$ 120,00, vencendo a primeira 30 dias após a compra.

Supondo que o comprador tem condições de aceitar qualquer uma das quatro alternativas e que o seu dinheiro está aplicado a uma taxa de 1,7% am, determine qual das propostas é a mais vantajosa.

Resolução:

b)

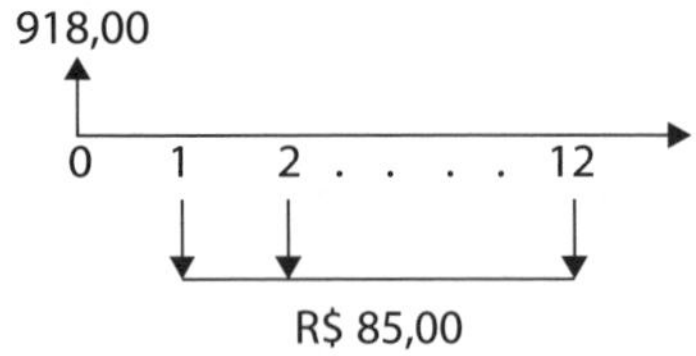

< f > < REG >

918 < CHS > < PV >

85 < PMT >

12 < n >

< g > < END >

< i > → 1,66% am

c)

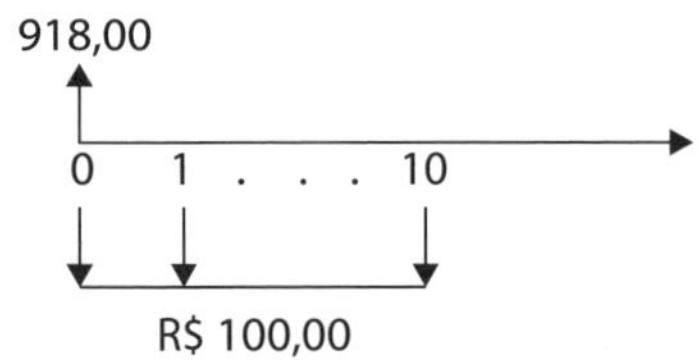

< f > < REG >

918 < CHS > < PV >

100 < PMT >

10 < n >

< g > < BEG >

< i > → 1,95% am

d)

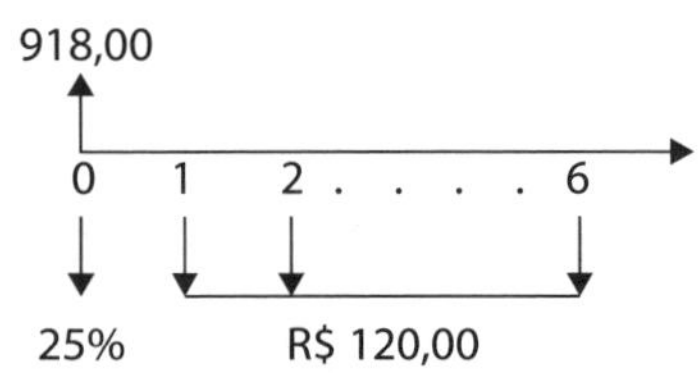

< f > < REG >

918 < ENTER > 25 < % > < CHS > < PV >

120 < PMT >

6 < n >

< g > < END >

< i > → 1,29% am

Resposta: analisando as alternativas **b**, **c** e **d** concluímos que a alternativa **d** é a que apresenta a menor taxa de juros.

Devemos agora verificar se a melhor alternativa é comprar à vista ou optar pela alternativa **d**.

Ora, como o dinheiro do comprador está aplicado à taxa de 1,7% am, é mais vantajoso manter o dinheiro aplicado e efetuar a assinatura da revista a prazo, utilizando a alternativa **d**.

E 4.11 Considere as seguintes alternativas de pagamento correspondentes à aquisição de um televisor:

a) um único pagamento no valor de R$ 3.999,00.

b) 12 parcelas mensais de R$ 365,00, vencendo a primeira no ato da compra.

c) 6 parcelas bimestrais de R$ 762,00, vencendo a primeira 60 dias após a compra.

d) 4 parcelas trimestrais de R$ 1.100,00, vencendo a primeira no ato da compra.

Supondo que o comprador tem condições de aceitar qualquer uma das quatro propostas e que o seu dinheiro está aplicado a uma taxa de 1,2% am, determine qual das propostas é a mais vantajosa.

Resolução:

b)

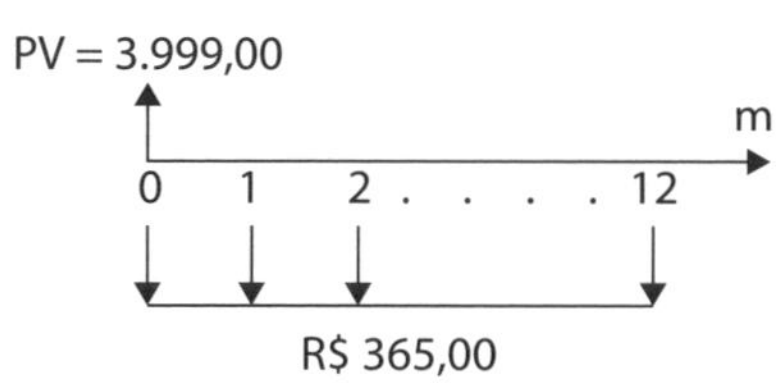

HP-12C

< f > < REG >

3999 < CHS > < PV >

365 < PMT >

12 < n >

< g > < BEG >

< i > → 1,70% am

c)

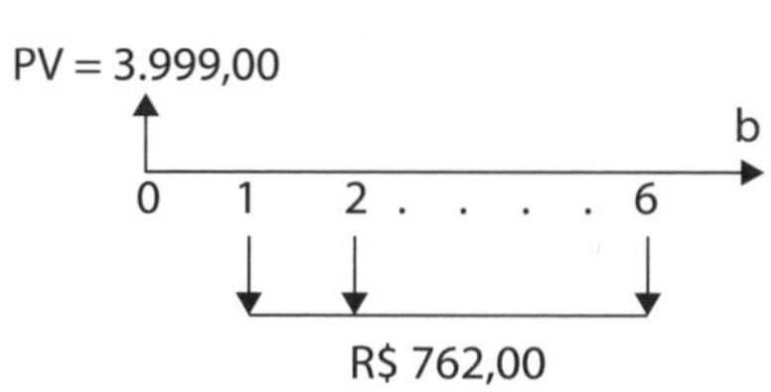

HP-12C

< f > < REG >

3999 < CHS > < PV >

762 < PMT >

6 < n >

< g > < END >

< i > → 3,97% ab

Observe que a opção **c** nos forneceu a taxa de juros expressa em bimestres, tendo em vista que a renda em questão tem periodicidade bimestral. Assim, devemos obter a taxa mensal equivalente:

Programa 01

3,97 < i > 1 < ENTER > 2 < ÷ > < n > < g > < GTO > (0)01 < R/S > → 1,97% am

d)

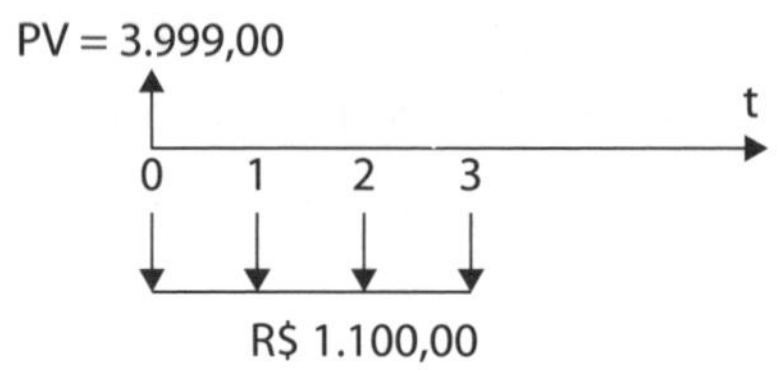

HP-12C

< f > < REG >

3999 < CHS > < PV >

1100 < PMT >

4 < n >

< g > < BEG >

< i > → 6,77% at

Observe que a opção **d** nos forneceu a taxa de juros expressa em trimestres, tendo em vista que a renda em questão tem periodicidade trimestral. Assim, devemos obter a taxa mensal equivalente:

Programa 01

6,77 < i > 1 < ENTER > 3 < ÷ > < n > < g > < GTO > (0)01 < R/S > → 2,21% am

Resposta: analisando as alternativas **b**, **c** e **d** concluímos que a alternativa **b** é a que apresenta a menor taxa de juros.

Devemos agora verificar se a melhor alternativa é comprar à vista ou optar pela alternativa **b**.

Ora, como o dinheiro do comprador está aplicado à taxa de 1,2% am, é mais vantajoso resgatar a aplicação e efetuar a compra à vista.

4.5 RENDA DIFERIDA

Exemplos:

E 4.12 Um eletrodoméstico cujo preço à vista é de R$ 700,00 está sendo vendido em 12 prestações mensais e iguais, vencendo a primeira 90 dias após a compra. Determine o valor das prestações, sabendo que a operação financeira envolve uma taxa de juros de 5,60% am.

Resolução:

Observando o fluxo de caixa correspondente:

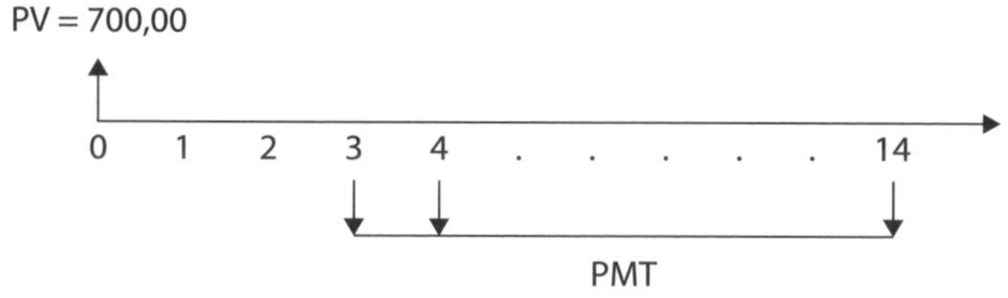

concluímos que não se trata de uma renda imediata (pois, neste caso, a primeira prestação deveria estar localizada na data focal 1) nem de uma renda antecipada (pois, neste caso, a primeira prestação deveria estar localizada na data focal zero).

Este tipo de renda recebe o nome de **renda diferida** e pode ser definida da seguinte forma: uma **renda diferida** caracteriza-se pelo fato de o primeiro pagamento ocorrer ao final de um determinado número de períodos (obrigatoriamente maior que 1), a contar da data focal zero.

Como exemplos deste tipo de renda, podemos citar:

- promoções que ocorrem normalmente a partir no início do segundo semestre, incentivando o comprador a adquirir um bem a prazo, antecipadamente, de forma a utilizar o 13º salário no pagamento da primeira parcela;
- financiamentos que oferecem um prazo de carência antes do início de uma série de pagamentos.

O artifício a ser utilizado na resolução desse tipo de problema consiste em deslocar de forma conveniente o **PV** da renda, pela linha do tempo, de modo a gerar uma renda imediata ou antecipada.

Entretanto, é importante lembrar que, ao deslocar um valor qualquer no sentido da linha do tempo, por **n** períodos, esse valor deve ser capitalizado (acrescido de juros), de acordo com a taxa definida no problema.

Tendo em vista o exposto, vamos apresentar duas soluções para o exemplo E 4.12 que dependem basicamente do tipo de renda considerada:

Resolução 1: renda imediata

- *1º passo*: capitalizar o preço à vista (R$ 700,00) da DF0 (data focal zero) para a DF2 (data focal 2), transformando a renda do problema em uma renda imediata:

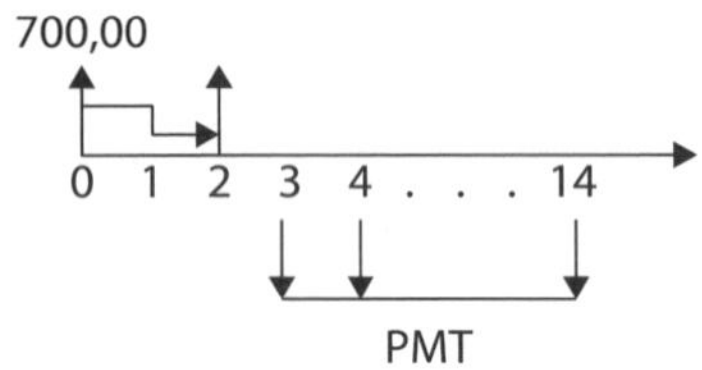

HP-12C

< f > < REG >

700 < CHS > < PV >

5,60 < i >

2 < n >

< FV > → R$ 780,60

- *2º passo*: agora, nosso problema se resume em determinar o PMT de uma renda imediata conhecidos **PV** (R$ 780,60), **n** (12) e **i** (5,60% am):

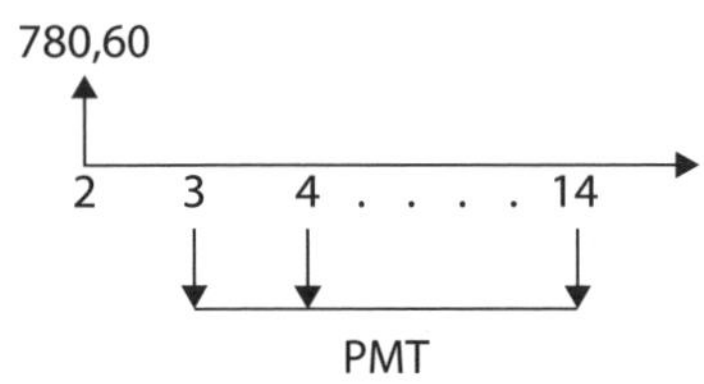

HP-12C

< f > < REG >

780,60 < CHS > < PV >

12 < n >

5,60 < i >

< g > < END >

< PMT > → R$ 91,08

Resposta: R$ 91,08.

Observação

Conforme orientações iniciais, sempre que começamos um novo procedimento, devemos, por questão de segurança, utilizar a sequência de teclas:

< f > < REG >

Entretanto, o leitor já deve ter notado que isso nem sempre é necessário, tendo sido omitido muitas vezes pelo próprio autor.

A partir deste momento, entretanto, em que passamos a utilizar simultaneamente, como no exemplo E 4.12, as teclas financeiras para a capitalização composta (1º passo) e as teclas financeiras para rendas (2º passo), essa sequência de teclas é obrigatória. Senão, vejamos:

1º passo	*2º passo*
< f > < REG >	780,60 < CHS > < PV >
700 < CHS > < PV >	12 < n >
5,60 < i >	5,60 < i >
2 < n >	< g > < END >
< FV > → R$ 780,60	< PMT > → R$ 43,71 (Errado!)

Outra opção é digitar a sequência de teclas:

< f > < FIN >

que limpa apenas os registros financeiros.

A justificativa para esta observação será vista mais adiante.

Resolução 2: renda antecipada

- *1º passo:* capitalizar o preço à vista (R$ 700,00) da DF0 (data focal zero) para a DF3 (data focal 3), transformando a renda do problema em uma renda antecipada:

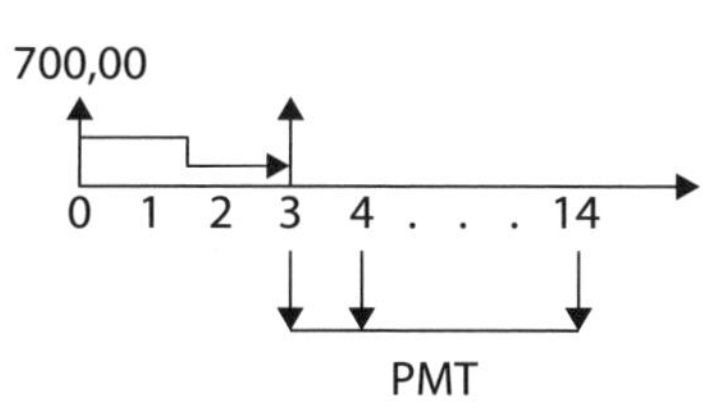

< f > < REG >

700 < CHS > < PV >

5,60 < i >

3 < n >

< FV > → R$ 824,31

- *2º passo:* agora nosso problema se resume em determinar o PMT de uma renda antecipada conhecidos **PV** (R$ 780,60), **n** (12) e **i** (5,60% am):

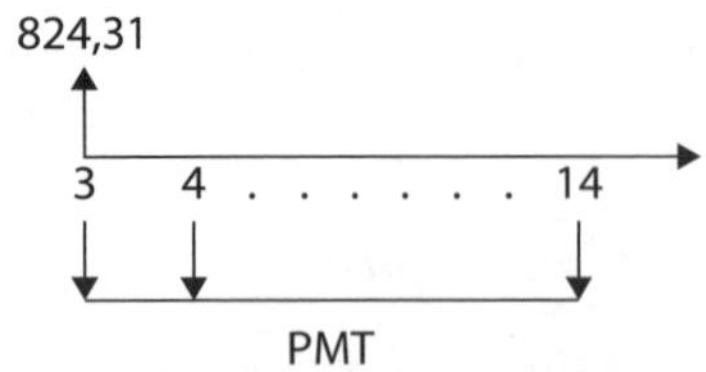

< f > < REG >
824,31 < CHS > < PV >
12 < n >
5,60 < i >
< g > < BEG >
< PMT > → R$ 91,08

Resposta: R$ 91,08.

E 4.13 Determine o preço à vista de uma mercadoria que está sendo vendida em 10 prestações mensais e iguais de R$ 99,99, vencendo a primeira 120 dias após a compra, sabendo que a operação financeira envolve uma taxa de juros de 7,8% am.

Resolução:

O artifício a ser utilizado na resolução deste tipo de problema consiste em determinar o **PV** da renda, lembrando que a data focal do PV na linha do tempo vai depender da forma como a renda é tratada (imediata ou antecipada).

Em seguida, o valor do **PV** deve ser deslocado para a DF0 (data focal zero). Observe que, ao deslocar um valor qualquer no sentido contrário ao da linha do tempo por **n** períodos, esse valor deve ser descapitalizado (expurgado de juros), de acordo com a taxa definida no problema.

Novamente vamos apresentar duas soluções para este problema que dependem basicamente do tipo de renda considerada

Resolução 1: renda imediata

- *1º passo:* determinar o PV da renda na DF3:

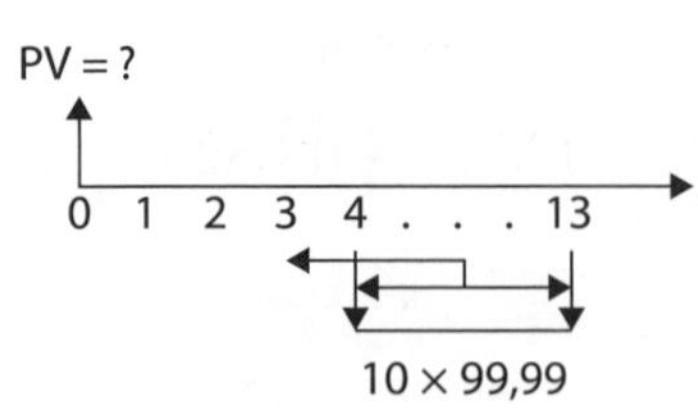

< f > < REG >
99,99 < CHS > < PMT >
7,80 < i >
10 < n >
< g > < END >
< PV > → R$ 677,04

O leitor deve observar que R$ 677,04 na DF3 é equivalente às dez parcelas de R$ 99,99 a uma taxa de 7,80% am.

- *2º passo:* nosso problema se resume agora em descapitalizar R$ 677,04 da DF3 (data focal 3) para a DF0 (data focal zero), com a taxa de 7,80% am:

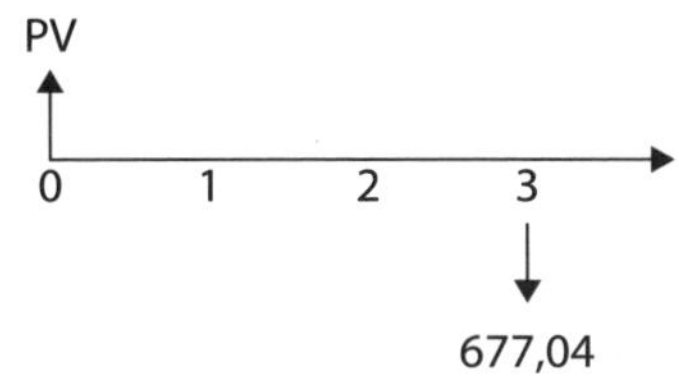

< f > < FIN >

677,04 < CHS > < FV >

3 < n >

7,80 < i >

< PV > → R$ 540,45

Resposta: R$ 540,45.

Observação

Os comandos < g > < END > e < g > < BEG > não interferem nos cálculos efetuados no 2º passo, uma vez que o conteúdo do registro financeiro PMT é igual a zero (consequência da digitação da sequência de teclas < f > < REG > ou < f > < FIN >.

Resolução 2: renda antecipada

- *1º passo:* determinar o PV da renda na DF4:

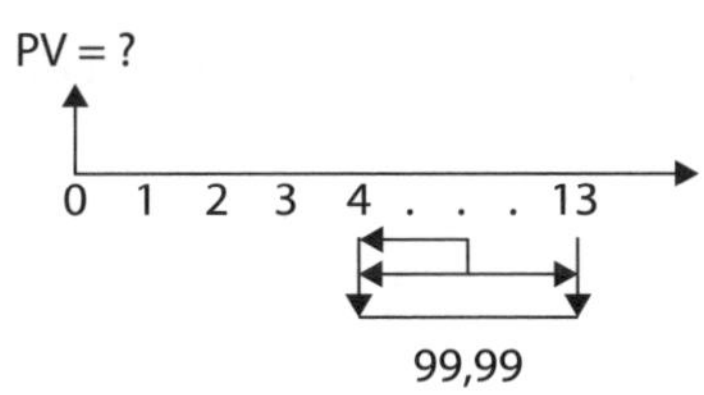

< f > < REG >

99,99 < CHS > < PMT >

7,80 < i >

10 < n >

< g > < BEG >

< PV > → R$ 729,84

- *2º passo:* nosso problema se resume agora em descapitalizar R$ 729,84 da DF4 (data focal 4) para a DF0 (data focal zero), com a taxa de 7,80% am:

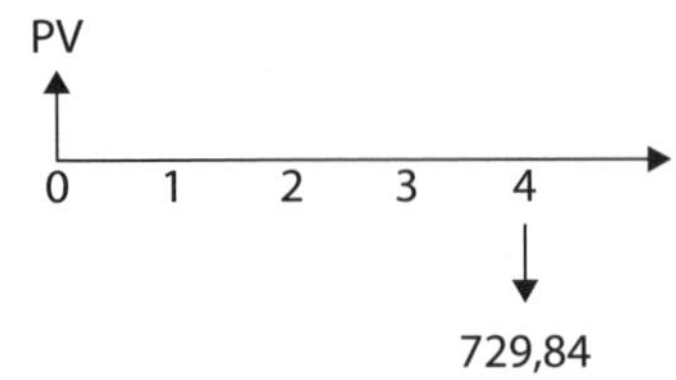

< f > < REG >

729,84 < CHS > < FV >

4 < n >

7,80 < i >

< PV > → R$ 540,45

Resposta: R$ 540,45.

Observações

O prazo concedido para a efetiva realização do primeiro pagamento (90 dias no caso do primeiro problema e 120 dias no caso do segundo) costuma ser denominado **prazo de carência**.

Os exemplos 4.12 e 4.13 são de fundamental importância, pois constituem a base da resolução dos exercícios envolvendo rendas.

Exemplos:

E 4.14 Determine o preço à vista de um automóvel que está sendo oferecido nas condições a seguir, sabendo que está sendo utilizada uma taxa de juros de 0,99% am:

- Uma entrada correspondente a 30% do preço à vista.
- 48 prestações mensais e consecutivas de R$ 475,00, vencendo a primeira 150 dias após a entrada.

Resolução 1: renda imediata

- *1º passo:* determinar o PV da renda na DF4:

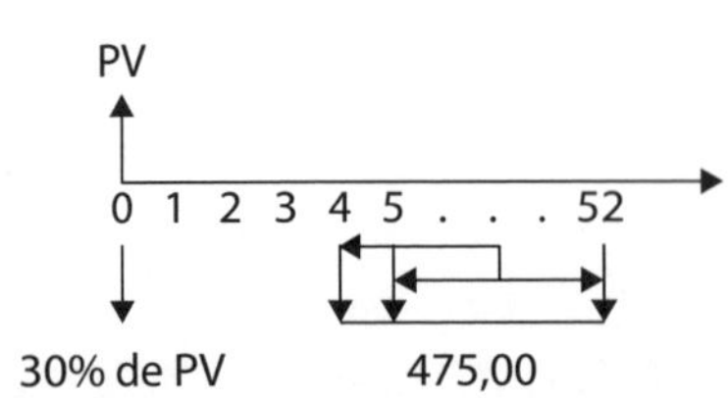

< f > < REG >

475 < CHS > < PMT >

0,99 < i >

48 < n >

< g > < END >

< PV > → R$ 18.078,05

- *2º passo:* descapitalizar R$ 18.078,05 da DF4 para a DF0, com a taxa de 0,99% am:

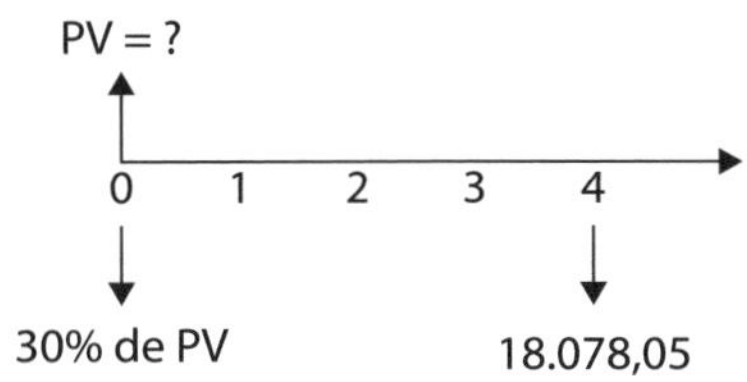

< f > < FIN >

18.078,05 < CHS > < FV >

4 < n >

0,99 < i >

< PV > → R$ 17.379,53

- *3º passo:* finalmente, basta observar que:

$$PV - 0{,}30\ PV = 17.379{,}53 \Rightarrow 0{,}70\ PV = 17.379{,}53 \Rightarrow$$

$$\Rightarrow PV = \frac{17.379{,}53}{0{,}70} = \mathbf{R\$\ 24.827{,}90}$$

Resposta: R$ 24.827,90.

Resolução 2: renda antecipada

- *1º passo:* determinar o PV da renda na DF5:

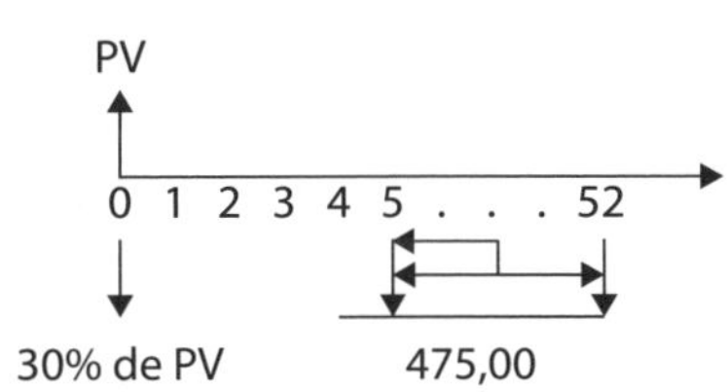

< f > < REG >

475 < CHS > < PMT >

0,99 < i >

48 < n >

< g > < BEG >

< PV > → R$ 18.257,02

- *2º passo:* descapitalizar R$ 18.078,05 da DF5 para a DF0 com a taxa de 0,99% am:

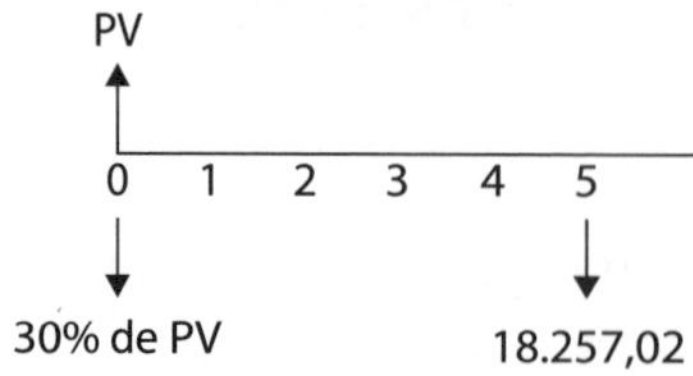

< f > < FIN >

18.257,02 < CHS > < FV >

5 < n >

0,99 < i >

< PV > → R$ 17.379,53

- *3º passo:* finalmente basta observar que:

$$PV - 0{,}30\ PV = 17.379{,}53 \Rightarrow 0{,}70\ PV = 17.379{,}53 \Rightarrow$$

$$\Rightarrow PV = \frac{17.379{,}53}{0{,}70} = \mathbf{R\$\ 24.827{,}90}$$

Resposta: R$ 24.827,90.

E 4.15 Um eletrodoméstico cujo preço à vista é de R$ 1.999,99 está sendo oferecido mediante uma entrada de 20% sobre o preço à vista, mais 24 parcelas mensais e iguais de R$ 80,00, vencendo a primeira 180 dias após a entrada. Sabendo que está sendo utilizada uma taxa de juros de 2,95% am, determine o número de prestações necessárias para liquidar a dívida e o valor desta prestação.

Resolução 1: renda imediata

- *1º passo:* capitalizar (1.999,99 – 20%) da DF0 para DF5:

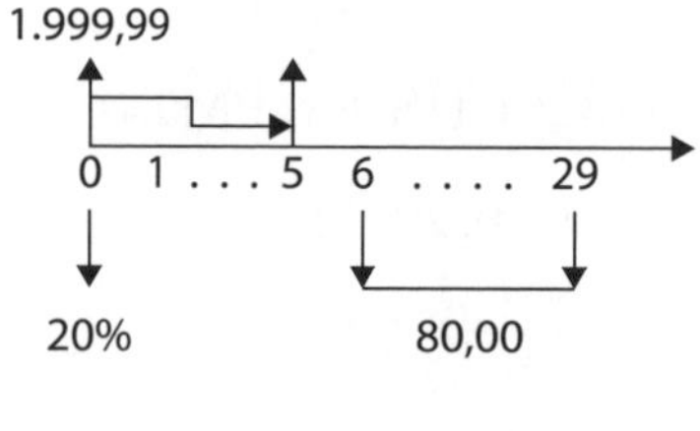

< f > < REG >

1999,99 < ENTER >

20 < % > < – > < CHS > < PV >

2,95 < i >

5 < n >

< FV > → R$ 1.850,33

- *2º passo:* determinar o número de parcelas de uma renda imediata da qual são conhecidos **PV** (R$ 1.850,33), **PMT** (R$ 80,00) e **i** (2,95% am):

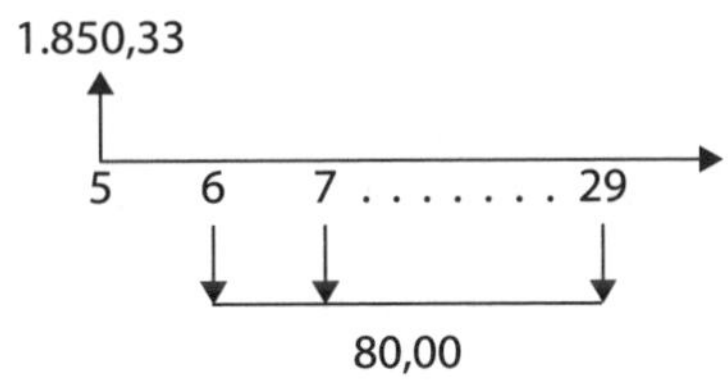

< f > < FIN >

1850,33 < CHS > < PV >

80 < PMT >

2,95 < i >

< g > < END >

< n > → 40 parcelas

Observação

Lembrando que a HP-12C arredonda o valor de **n** para o número inteiro imediatamente posterior, vamos refazer o cálculo do valor das prestações:

< PMT > → R$ 79,40

Assim, caso a loja insista em manter o valor da prestação em R$ 80,00, ela estará, na verdade, praticando a seguinte taxa de juros:

1850,33 < CHS > < PV > 40 < n > 80 < PMT > → 3,00% am

Resposta: 40 parcelas de R$ 79,40.

Resolução 2: renda antecipada

- *1º passo:* capitalizar (1.999,99 – 20%) da DF0 para DF6.

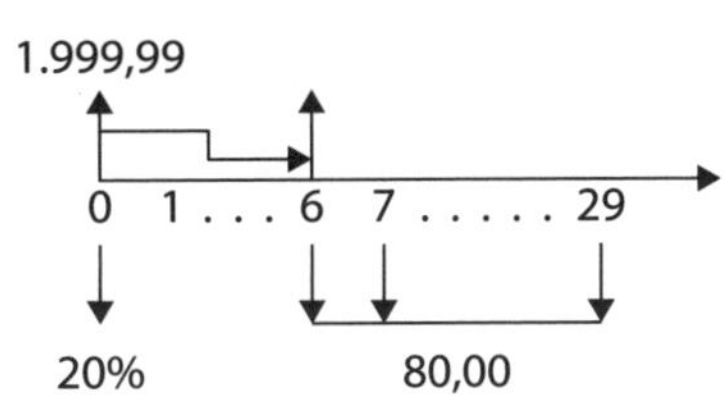

< f > < REG >

1999,99 < ENTER >

20 < % > < – > < CHS > < PV >

2,95 < i >

6 < n >

< FV > → R$ 1.904,92

- *2º passo:* determinar o número de parcelas de uma renda antecipada da qual são conhecidos **PV** (R$ 1.904,92), **PMT** (R$ 80,00) e **i** (2,95% am):

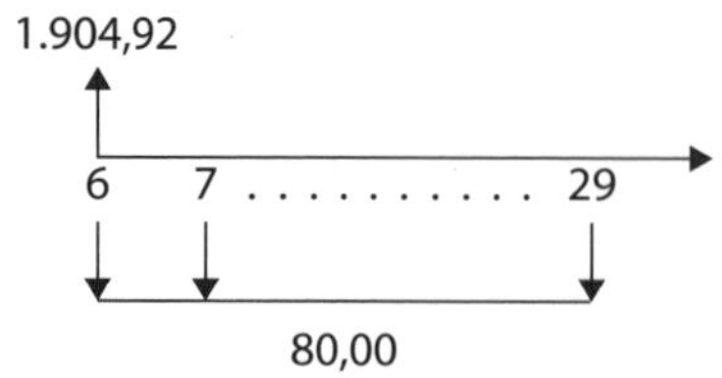

< f > < FIN >

1904,92 < CHS > < PV >

80 < PMT >

2,95 < i >

< g > < BEG >

< n > → 40 parcelas

< PMT > → R$ 79,40

Resposta: 40 parcelas de R$ 79,40.

4.6 VALOR FUTURO DE UMA RENDA IMEDIATA

Consideremos uma renda imediata formada por **n** pagamentos **PMT**, com taxa **i**, da qual desejamos conhecer o valor futuro **FV**, na data correspondente ao último pagamento (imediatamente após a efetivação deste).

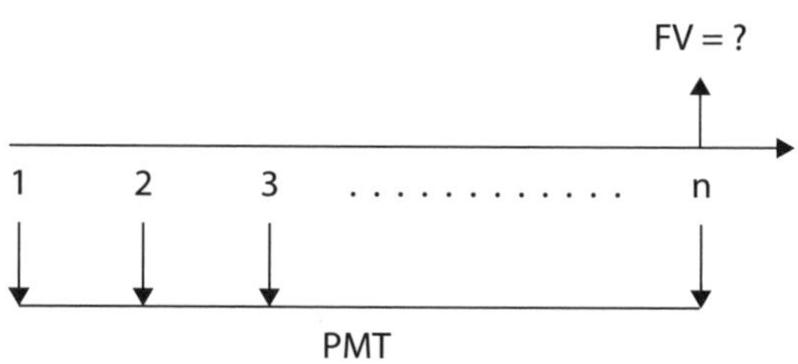

Exemplo:

E 4.16 Uma pessoa pretende constituir uma poupança e, para isso, pretende investir no quinto dia útil dos seis primeiros meses de determinado ano a quantia de R$ 350,00 em uma aplicação que promete pagar juros de 0,85% am. Determine o montante dessa aplicação no dia 5 de junho, imediatamente após o último depósito de R$ 350,00.

Resolução:

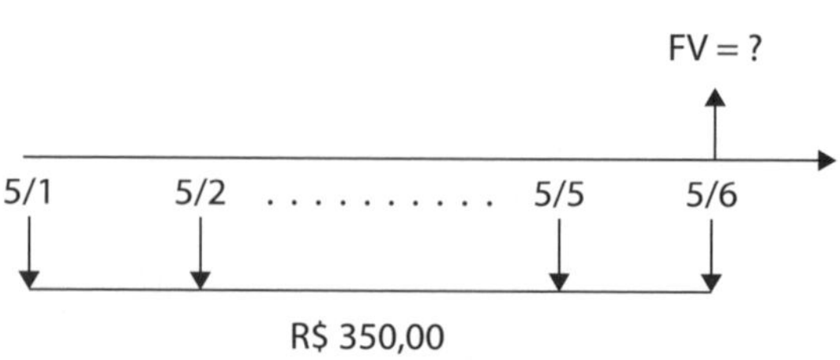

Observando esse fluxo de caixa, constatamos que, em 5 de junho:

- a parcela aplicada em 5 de janeiro será capitalizada 5 vezes com a taxa de 0,85% am;
- a parcela aplicada em 5 de fevereiro será capitalizada 4 vezes com a taxa de 0,85% am;
- a parcela aplicada em 5 de março será capitalizada 3 vezes com a taxa de 0,85% am;
- a parcela aplicada em 5 de abril será capitalizada 2 vezes com a taxa de 0,85% am;
- a parcela aplicada em 5 de maio será capitalizada 1 vez com a taxa de 0,85% am;
- a parcela aplicada em 5 de junho não sofrerá nenhum tipo de capitalização.

Assim, para resolver este exercício, podemos proceder como segue:

	Observações
< f > < REG >	
350 < CHS > < PV >	
0,85 < i >	Entrada de dados.
5 < n >	
< FV > → R$ 365,13 < STO > 1	1ª parcela capitalizada cinco vezes.
4 < n >	
< FV > → R$ 362,05 < STO > < + > 1	2ª parcela capitalizada quatro vezes.
3 < n >	
< FV > → R$ 359,00 < STO > < + > 1	3ª parcela capitalizada três vezes.
2 < n >	
< FV > → R$ 355,98 < STO > < + > 1	4ª parcela capitalizada duas vezes.
1 < n >	
< FV > → R$ 352,98 < STO > < + > 1	5ª parcela capitalizada uma vez.
0 < n >	
< FV > → R$ 350,00 < STO > < + > 1	6ª parcela (não é capitalizada).
< RCL > 1 → R$ 2.145,13	Montante em 5 de junho (imediatamente após a última aplicação de R$ 350,00).

Resposta: R$ 2.145,13.

Observações

1) Suponhamos, agora, que o poupador tivesse efetuado 100 depósitos mensais consecutivos de R$ 350,00, mantendo-se inalteradas as demais condições. Ora, para obter, neste caso, o montante imediatamente após a última aplicação de R$ 350,00, teríamos que dispender um grande esforço computacional, o que justifica a utilização da fórmula do valor futuro para uma renda imediata:

$$\mathbf{FV = PMT \, . \frac{(1+i)^n - 1}{i}}$$

em que:

FV representa o valor futuro da renda na data **n**;

PMT representa o valor do termo (prestação ou recebimento) da renda;

n representa o número de parcelas da renda; e

i representa a taxa de juros envolvida na operação financeira.

2) O leitor interessado poderá encontrar no **Capítulo 9 (item 9.7)** a demonstração dessa fórmula.

Resolução:

Vamos aplicar a fórmula do valor futuro para uma renda imediata na resolução do exercício E 4.16.

FV = ?

PMT = 350,00

n = 6 (parcelas)

i = 0,85% am

$$FV = PMT \, . \frac{(1+i)^n - 1}{i}$$

$$PV = 350 \, . \frac{(1+0{,}0085)^6 - 1}{0{,}0085}$$

$$PV = 350 \, . \frac{(1{,}0085)^6 - 1}{0{,}0085}$$

HP-12C

< f > < REG >

1,0085 < ENTER >

6 < y^x >

1 < – >

0,0085 < ÷ >

350 < x > → R$ 2.145,13

Resposta: R$ 2.145,13.

Exemplos:

E 4.17 Uma pessoa pretende efetuar nove depósitos mensais e consecutivos em uma instituição financeira que prometeu pagar juros de 2,35% am. Determine qual deve ser o valor das prestações, de modo que o montante obtido imediatamente após o último depósito seja suficiente para pagar uma dívida de R$ 7.900,00, com vencimento nesta mesma data.

Resolução:

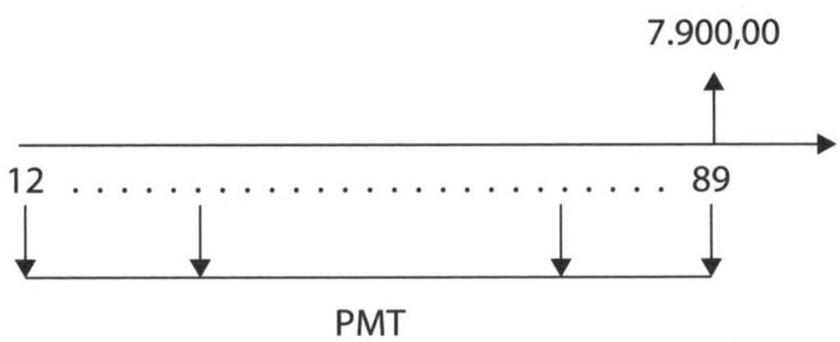

PMT = ?

FV = 7.900,00

n = 9 (parcelas mensais)

i = 2,35% am

$$FV = PMT \cdot \frac{(1+i)^n - 1}{i}$$

$$7.900 = PMT \cdot \frac{(1+0{,}0235)^9 - 1}{0{,}0235}$$

$$PMT = \frac{7.900 \cdot 0{,}0235}{(1{,}0235)^9 - 1}$$

<u>HP-12C</u>

< f > < REG >

7900 < ENTER >

0,0235 < x >

1,0235 < ENTER >

9 < y^x >

1 < – >

< ÷ > → **R$ 798,46**

E 4.18 Uma pessoa deseja comprar um automóvel no valor de R$ 41.000,00. Para isto pretende formar uma poupança com depósitos mensais de no máximo R$ 1.750,00, que devem ser remunerados a uma taxa de 3,5% am. Determine o número mínimo de depósitos necessários para efetuar a compra, bem como o valor desses depósitos.

Resolução:

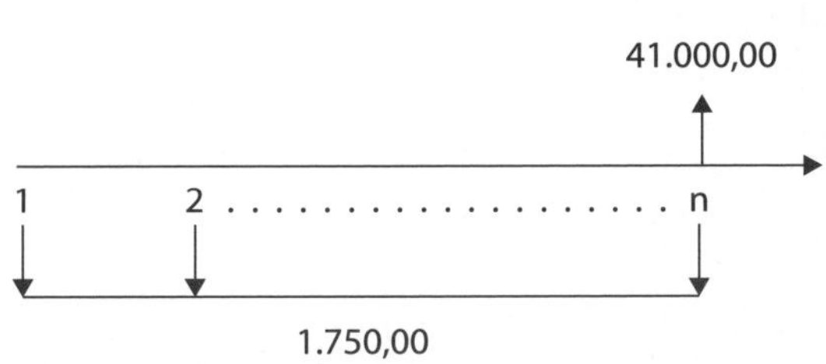

Vamos inicialmente determinar o número mínimo de prestações necessárias para comprar o automóvel.

PMT = 1.750,00
FV = 41.000,00
n = ?
i = 3,5% am

$$FV = PMT \cdot \frac{(1+i)^n - 1}{i}$$

$$41.000 = 1.750 \cdot \frac{(1+0,035)^n - 1}{0,035}$$

$$(1,035)^n = \frac{41.000 \cdot 0,035}{1.750} + 1$$

$$LN\,(1,035)^n = LN\left(\frac{41.000 \cdot 0,035}{1.750} + 1\right)$$

$$\mathbf{n} = \frac{LN\left(\frac{41.000 \cdot 0,035}{1.750} + 1\right)}{LN\,(1,035)}$$

HP-12C

< f > < REG >
41000 < ENTER >
0,035 < x >
1750 < ÷ >
1 < + >
< g > < LN >
1,035 < ENTER >
< g > < LN >
< ÷ > → 17,41

Ora, como o número de prestações deve obrigatoriamente ser um número inteiro, e o arredondamento deve ser efetuado para o inteiro imediatamente posterior, segue que:

$$n \geq 18$$

Agora, para determinar o valor exato dos depósitos, devemos proceder da seguinte forma:

PMT = ?
FV = 41.000,00
n = 18
i = 3,5% am

$$FV = PMT \cdot \frac{(1+i)^n - 1}{i}$$

$$41.000 = PMT \cdot \frac{(1+0,035)^{18} - 1}{0,035}$$

$$PMT = \frac{41.000 \cdot 0,035}{(1,035)^{18} - 1}$$

HP-12C

< f > < REG >
41000 < ENTER >
0,035 < x >
1.035 < ENTER >
18 < y^x >
1 < – >
< ÷ > → R$ 1.673,49

Resposta: R$ 1.673,49.

E 4.19 Uma pessoa pretende fazer uma viagem para a qual vai necessitar da quantia de R$ 12.600,00. Para juntar esse valor, pretende formar uma poupança, depositando mensalmente em uma instituição financeira R$ 650,00. Determine qual deve ser a taxa mensal de juros que irá remunerar esses depósitos para que o montante desejado seja obtido imediatamente após o 13º depósito.

Resolução:

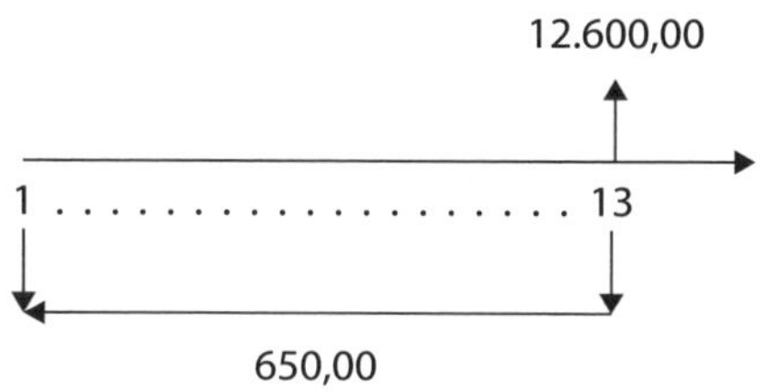

$FV = 12.600,00$

$PMT = 650,00$

$n = 13$

$i = ?$ (mensal)

$$FV = PMT \cdot \frac{(1 + i)^{n} - 1}{i}$$

$$12.600 = 650 \cdot \frac{(1 + \mathbf{i})^{13} - 1}{\mathbf{i}}$$

Observando a equação acima, verificamos a impossibilidade de obter o valor da taxa algebricamente. Assim, vamos utilizar um processo aproximado semelhante ao que foi utilizado em problemas anteriores:

- *1º passo:* determinar, por meio de tentativas, um intervalo de amplitude unitária que contém a taxa de juros procurada;
- *2º passo:* refinar o resultado obtido no primeiro passo utilizando interpolação linear.

Inicialmente, mantendo inalterados os valores de **PMT** e **n**, vamos atribuir a **i** valores arbitrários convenientes e determinar o valor do **FV** correspondente.

i	1%	2%	4%	6%	7%
FV	R$ 8.976,06	R$ 9.542,22	R$ 10.807,44	R$ 12.273,39	R$ 13.091,42

Observando essa tabela, verificamos que a taxa de 6% am fornece um FV de R$ 12.273,39 (menor do que R$ 12.600,00) e que a taxa de 7% am fornece um FV de R$ 13.091,42 (maior do que R$ 11.500,00).

Concluímos, assim, que a taxa de juros procurada se encontra no intervalo de amplitude unitária [6%, 7%].

Observe agora que:

		i	**FV**		
1%	x	6%	12.273,39	326,61	818,03
		i	12.600,00		
		7%	13.091,42		

Utilizando interpolação linear, podemos escrever:

$$\begin{bmatrix} 1\% & \text{———} & 818{,}03 \\ & & \\ x & \text{———} & 326{,}61 \end{bmatrix} \Rightarrow \quad x = \frac{1.326{,}61}{818{,}03} = 0{,}40$$

Resposta: a taxa procurada é 6,0 + 0,40 = 6,40% am.

4.7 AS TECLAS FINANCEIRAS PARA O CÁLCULO DO VALOR FUTURO DE UMA RENDA IMEDIATA

Assim como ocorreu no caso do valor presente de uma renda imediata, a calculadora HP-12C disponibiliza ao usuário um programa armazenado na memória do fabricante que permite, de forma simples e rápida, resolver exercícios básicos como os apresentados anteriormente. Para tanto, vamos agora utilizar as seguintes teclas financeiras: < **FV** >, < **n** >, < **i** > e < **PMT** >.

Exemplos:

E 4.20 Uma pessoa quer formar uma poupança e, para isto, pretende investir no quinto dia útil dos seis primeiros meses de determinado ano a quantia de R$ 350,00, em uma aplicação que promete pagar juros de 0,85% am. Determine o montante dessa aplicação no dia 5 de junho, imediatamente após o último depósito de R$ 350,00.

Resolução:

	HP-12C
FV = ?	< f > < REG >
PMT = 350,00	350 < CHS > < PMT >
n = 6	0,85 < i >
i = 0,85% am	6 < n >
	< g > < END >
	< FV > → R$ 2.145,13

Resposta: R$ 2.145,13.

Observações

1) Os parâmetros conhecidos (no caso: **FV, i** e **n**) podem ser inseridos em qualquer ordem. Neste caso, a ordem de inserção foi: primeiro o valor de **PMT**, depois o valor de **i** e finalmente o valor de **n**.

2) É importante notar que o valor da taxa de juros não deve ser dividido por 100, pois o programa realiza esta tarefa. Assim, se o leitor efetuar a divisão e digitar:

0,0085 < i >

será armazenado no registro **i** o valor 0,000085.

3) A HP-12C exige que o valor futuro FV e a prestação PMT sejam armazenados com sinais contrários, tendo em vista os seguintes fatos:

Ao efetuar uma poupança, o valor das parcelas (PMT) representa saídas de caixa, enquanto o valor futuro, ao ser resgatado (FV), representa uma entrada de caixa.

Ao efetuar uma série de empréstimos de mesmo valor, o valor dessas parcelas (PMT) representa uma entrada de caixa, enquanto o pagamento futuro desses empréstimos (FV) representa uma saída de caixa.

E 4.21 Uma pessoa deve efetuar nove depósitos mensais e consecutivos em uma instituição financeira que prometeu pagar juros de 2,35% am. Determine qual deve ser o valor das prestações para que o montante obtido imediatamente após o último depósito seja suficiente para pagar uma dívida de R$ 7.900,00, com vencimento nessa mesma data.

Resolução:

	HP-12C
FV = 7.900,00	< f > < REG >
PMT = ?	7900 < CHS > < FV >
n = 9	2,35 < i >
i = 2,35% am	9 < n >
	< g > < END >
	< PMT > → R$ 798,46

Resposta: R$ 798,46.

E 4.22 Uma pessoa deseja comprar um automóvel no valor de R$ 41.000,00. Para isto, pretende formar uma poupança, com depósitos mensais de, no máximo, R$ 1.750,00, que devem ser remunerados a uma taxa de 3,5% am. Determine o número mínimo de depósitos necessários para efetuar a compra, bem como o valor desses depósitos.

Resolução:

	HP-12C
FV = 41.000,00	< f > < REG >
PMT = 1.750,00	41000 < CHS > < FV >
i = 3,5% am	1750 < PMT >
n = ? (meses)	3,5 < i >
	< g > < END >
	< n > → 18

Se o valor obtido na resolução deste exemplo não fosse um número inteiro, a HP-12C iria arredondá-lo, automaticamente, para o número inteiro imediatamente superior. O leitor não deve estranhar esse procedimento, tendo em vista a observação que sucede a resolução do exemplo E 4.18.

Esse procedimento, entretanto, causa o seguinte transtorno: ao obter no visor da HP-12C o valor de **n**, o leitor não sabe, efetivamente, se o arredondamento foi realizado.

Para contornar esse problema, devemos pressionar a tecla **PMT** imediatamente após a obtenção do valor de **n**.

Em outras palavras, estamos recalculando o valor do **PMT** a partir dos valores originais de **PV** e **i**, utilizando **n = 18.** Caso o valor do PMT permaneça inalterado, isso significa que o arredondamento não ocorreu (ou seja, não foi necessário, pois o valor obtido já era um número inteiro) .

No caso deste exemplo, particularmente, temos:

< PMT > → **1.673,49**

ou seja, o arredondamento efetivamente foi realizado, e a prestação diminuiu.

Resposta: 18 depósitos de R$ 1.673,49.

E 4.23 Uma pessoa pretende fazer uma viagem para a qual vai necessitar da quantia de R$ 12.600,00. Assim, pretende formar uma poupança, depositando mensalmente em uma instituição financeira a quantia de R$ 650,00. Determine qual deve ser a taxa mensal de juros que irá remunerar esses depósitos de modo que o montante desejado seja obtido imediatamente após o 13º depósito.

Resolução:

	HP-12C
FV = 12.600,00	< f > < REG >
PMT = 650,00	12600 < CHS > < FV >
n = 13	650 < PMT >
i = ? (meses)	13 < n >
	< g > < END >
	< i > → 6,41% am

Resposta: 6,41% am.

Observação

A diferença encontrada em relação à resposta obtida no exemplo E 4.19 (ou seja: 6,40% am *versus* 6,41% am) se deve exclusivamente a erros de arredondamento.

4.8 RENDA IMEDIATA × RENDA ANTECIPADA

Exemplo:

E 4.24 Uma pessoa efetuou depósitos mensais e consecutivos de R$ 1.000,00, no décimo dia dos nove primeiros meses de um determinado ano, que foram remunerados a uma taxa de 1,83% am. Determine o montante obtido em 10 de outubro desse mesmo ano.

Resolução:

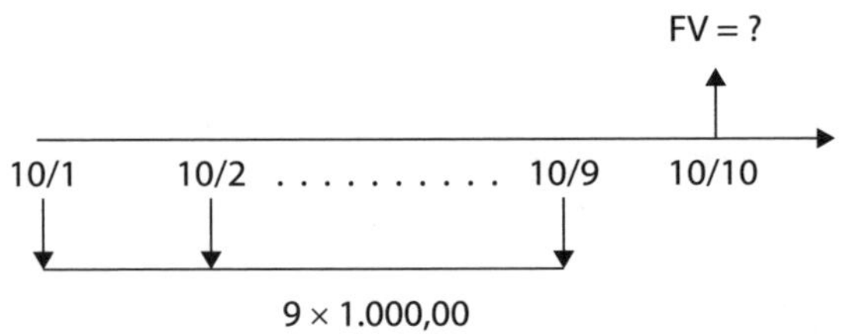

Utilizando os procedimentos vistos anteriormente, temos:

	HP-12C
FV = ?	< f > < REG >
PMT = 1.00,00	1000 < CHS > < PMT >
n = 9	1,83 < i >
i = 1,83% am	9 < n >
	< g > < END >
	< FV > → R$ 9.687,72 (Errado!)

Observações

A resolução apresentada acima está incorreta, pois, ao considerar os procedimentos vistos anteriormente (para rendas imediatas), estamos calculando o montante em 10 de setembro, e não em 10 de outubro, conforme solicitado, ou seja, não estamos considerando que, neste caso:

- o último depósito efetuado em 10 de setembro deve sofrer uma capitalização até 10 de outubro;
- o penúltimo depósito efetuado em 10 de agosto deve sofrer duas capitalizações até 10 de outubro, e assim sucessivamente.

Esse tipo de renda recebe o nome de **renda antecipada**.

Renda imediata

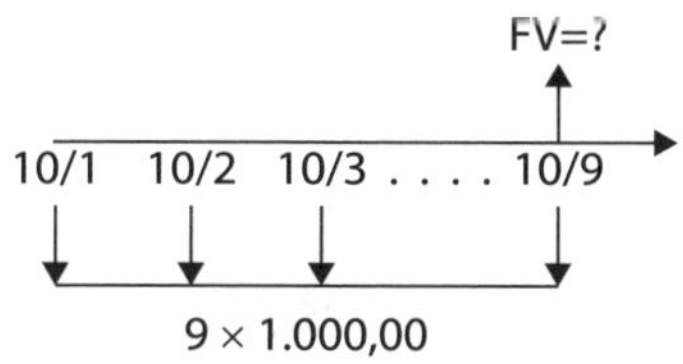

Renda antecipada

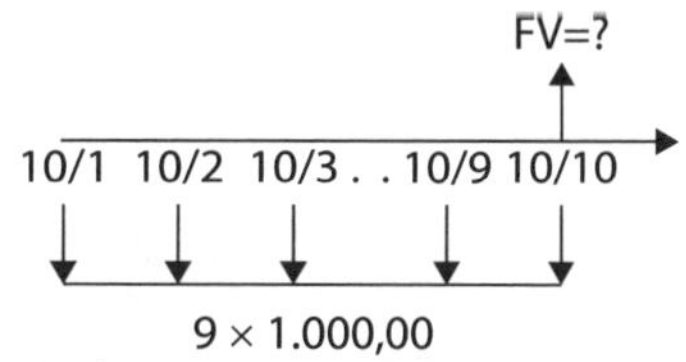

Para contornar esse problema e obter a solução correta do problema, basta tomar a resposta anteriormente obtida (R$ 9.687,72), que representa o montante em 10 de setembro, e capitalizá-la para 10 de outubro com taxa de 1,83% am:

9687,72 < CHS > < FV > 1,83 < i > 1 < n > < FV > → R$ 9.865,01

Outra maneira, mais simples, de tratar esse tipo de problema consiste em informar à sua HP-12C que se trata, neste caso específico, do cálculo do valor futuro de uma renda antecipada, procedendo como segue:

HP-12C	Observações
1000 < CHS > < PMT >	
9 < n >	
1,83 < i >	
< g > < BEG >	Informa à HP-12C que se trata de uma renda antecipada, ou seja, que o FV da renda deve ser calculado um período após o último pagamento.
< FV > → R$ 9.865,00	

Resposta: R$ 9.865,00. A diferença encontrada (R$ 9.865,01 × R$ 9.865,00) se deve apenas a erros de arredondamento.

E 4.25 Considere os investimentos a seguir e determine qual deles foi remunerado com a melhor taxa de juros:

- Carlos efetuou 17 depósitos mensais consecutivos de R$ 570,00 e acumulou, 30 dias após o último depósito, um montante de R$ 11.000,00.
- Carolina efetuou 9 depósitos bimestrais consecutivos de R$ 898,00 e acumulou, imediatamente após o último depósito, um montante de R$ 9.100,00.
- Clara efetuou 5 depósitos trimestrais consecutivos de R$ 1.530,00 e acumulou, 90 dias após o último depósito, um montante de R$ 8.900,00.
- Cristina efetuou 3 depósitos semestrais consecutivos de R$ 2.845,00 e obteve, imediatamente após o último depósito, um montante de R$ 9.200,00.

Resolução:

Carlos

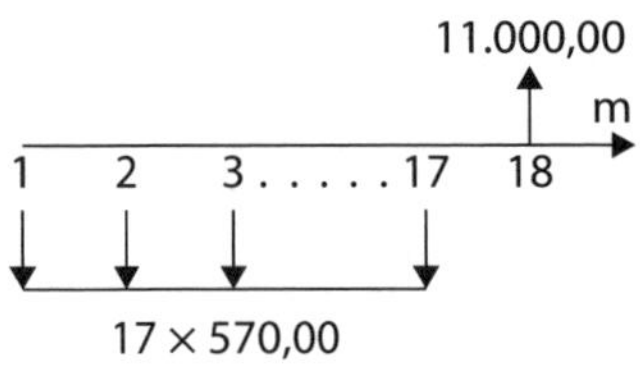

HP-12C

< f > < REG >

11000 < CHS > < FV >

570 < PMT >

17 < n >

< g > < BEG >

< i > → 1,39% am

Carolina

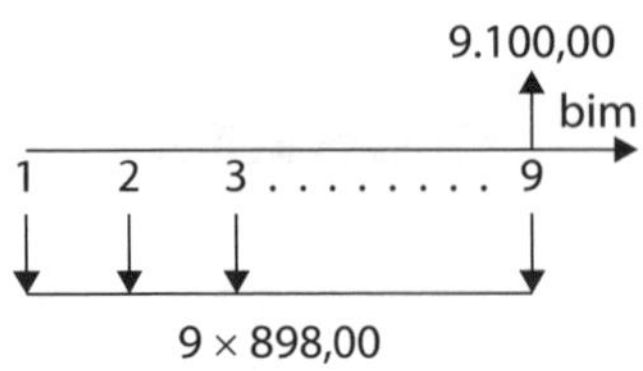

HP-12C

< f > < REG >

9100 < CHS > < FV >

898 < PMT >

9 < n >

< g > < END >

< i > → 2,94% ab

Observe que, no caso de Carolina, obtivemos taxa de juros expressa em bimestres, uma vez que a renda em questão tem periodicidade bimestral. Assim, devemos obter a taxa mensal equivalente:

Programa 01

2,94 < i > 1 < ENTER > 2 < ÷ > < n > < g > < GTO > (0)01 < R/S > → 1,46% am

Clara

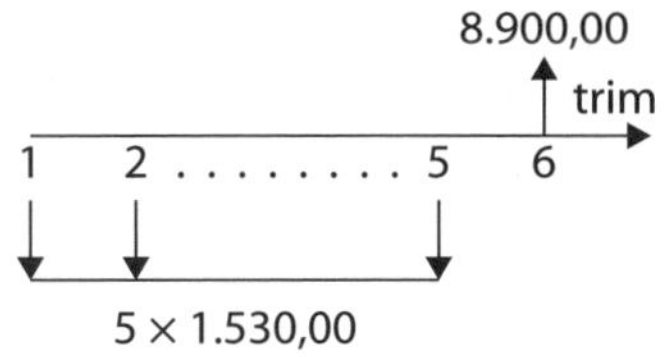

HP-12C

< f > < REG >

8900 < CHS > < FV >

1530 < PMT >

5 < n >

< g > < BEG >

< i > → 5,09% at

Observe que, no caso de Clara, obtivemos taxa de juros expressa em trimestres, uma vez que a renda em questão tem periodicidade trimestral. Assim, devemos obter a taxa mensal equivalente:

Programa 01

5,09 < i > 1 < ENTER > 3 < ÷ > < n > < g > < GTO > (0)01 < R/S > → 1,67% am

Cristina

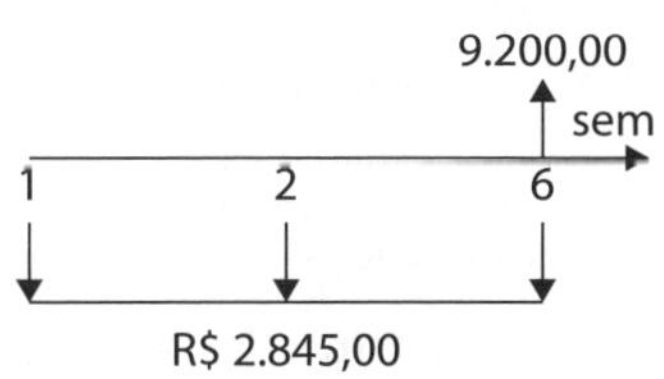

HP-12C

< f > < REG >

9200 < CHS > < FV >

2845 < PMT >

3 < n >

< g > < END >

< i > → 7,60% as

Observe que, no caso de Cristina, obtivemos taxa de juros expressa em semestres, uma vez que a renda em questão tem periodicidade semestral. Assim, devemos obter a taxa mensal equivalente:

Programa 01

7,60 < i > 1 < ENTER > 6 < ÷ > < n > < g > < GTO > (0)01 < R/S > → 1,23% am

Resposta: Clara obteve a melhor taxa de juros mensal, ou seja, 1,67% am.

4.9 CÁLCULO DO VALOR FUTURO DE OUTROS TIPOS DE RENDA

Exemplos:

E 4.26 Uma pessoa efetuou 8 depósitos mensais e consecutivos no valor de R$ 500,00, no primeiro dia de cada um dos oito primeiros meses de determinado ano, em uma instituição financeira que prometeu pagar juros de 1,43% am. Sabendo que não ocorreram mais depósitos, verifique se o montante obtido em 1º de janeiro do ano seguinte foi suficiente para quitar uma dívida de R$ 4.500,00, com vencimento nesse mesmo dia.

Resolução:

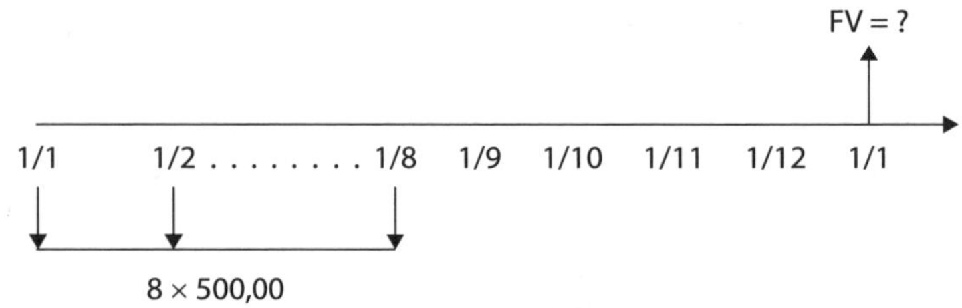

> **Observação**
>
> Examinado esse fluxo de caixa, notamos que não se trata de uma renda imediata (pois nesse caso o FV deveria estar localizado na data focal 1º de agosto) nem de uma renda antecipada (pois nesse caso o FV deveria estar localizado na data focal 1º de setembro).
>
> O artifício a ser utilizado na resolução deste tipo de problema consiste em calcular o FV da renda na data focal 1º de agosto (considerando-a imediata) ou calcular o FV da renda na data focal 1º de setembro (considerando-a antecipada) e, posteriormente, capitalizá-lo para a data focal 1º de janeiro do ano seguinte.

Resolução 1: renda imediata

- *1º passo:* determinar o FV da renda na DF 1º de agosto:

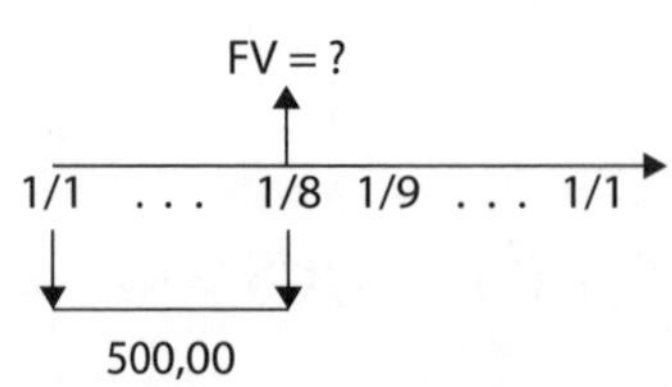

HP-12C

< f > < REG >

500 < CHS > < PMT >

1,43 < i >

8 < n >

< g > < END >

< FV > → R$ 4.206,03

- *2º passo:* capitalizar R$ 4.206,03 da DF 1º de agosto para a DF 1º de janeiro do ano seguinte:

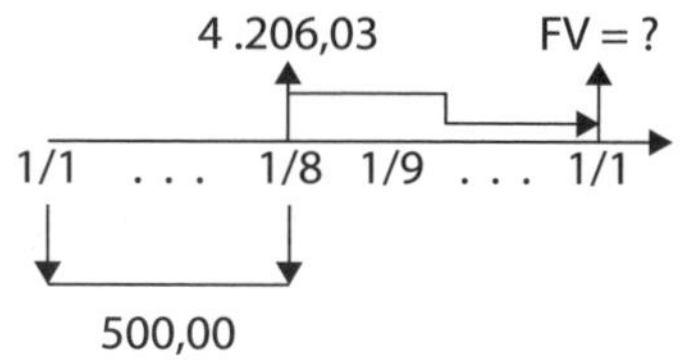

HP-12C

< f > < FIN >

4206,03 < CHS > < PV >

1,43 < i >

5 < n >

FV > → R$ 4.515,49

Resposta: foi suficiente.

Resolução 2: renda antecipada

- *1º passo:* determinar o FV da renda na DF 1º de setembro:

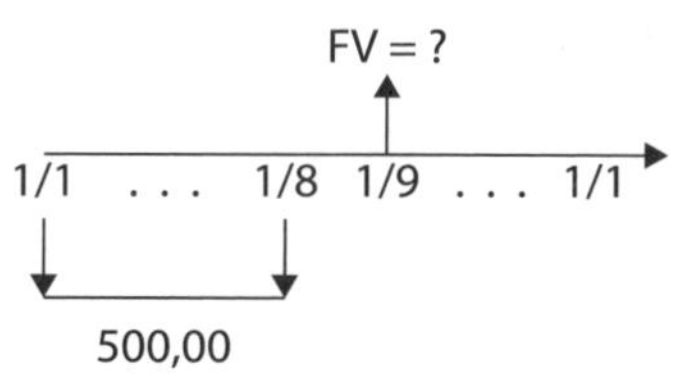

HP-12C

< f > < REG >

500 < CHS > < PMT >

1,43 < i >

8 < n >

< g > < BEG >

< FV > → R$ 4.266,18

- *2º passo:* capitalizar R$ 4.266,18 da DF 1º de setembro para a DF 1º de janeiro do ano seguinte.

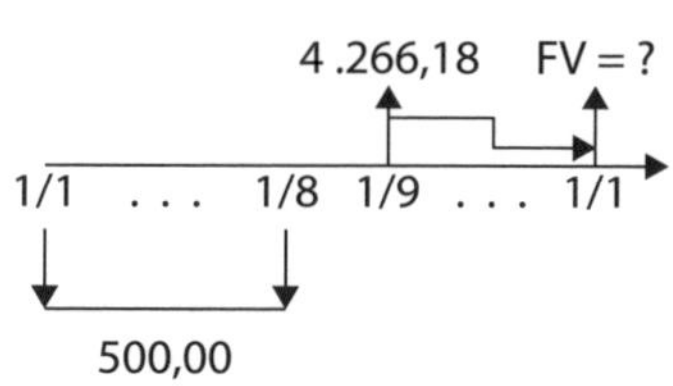

HP-12C

< f > < FIN >

4266,18 < CHS > < PV >

1,43 < i >

4 < n >

FV > → R$ 4.515,49

Resposta: foi suficiente.

E 4.27 Para realizar uma viagem no dia 5 de novembro de 2015, uma pessoa vai necessitar da quantia de R$ 10.000,00. Assim, pretende efetuar sete depósitos mensais, iguais e consecutivos, no quinto dia de cada um dos sete primeiros meses de 2015, em uma instituição financeira que se comprometeu a pagar juros de 2,54% am. Determine o valor dos depósitos, de modo que o montante em 5 de novembro de 2015 seja suficiente para realizar a viagem.

Resolução 1: renda imediata

- *1º passo:* descapitalizar R$ 10.000,00 da DF 5 de novembro para a DF 5 de julho à taxa de 2,54% am:

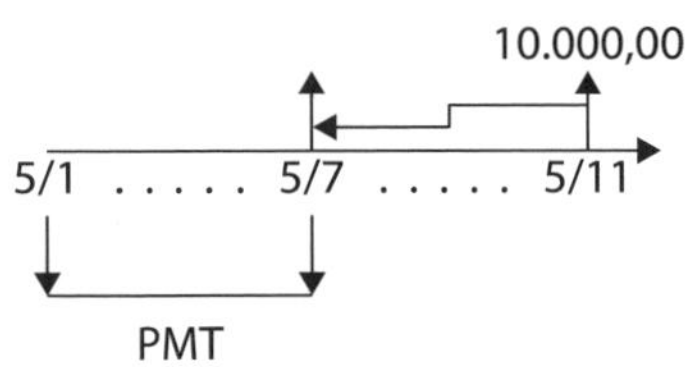

HP-12C

< f > < REG >

10000 < CHS > < FV >

2,54 < i >

4 < n >

< PV > → R$ 9.045,38

- *2º passo:* determinar o PMT de uma renda imediata conhecidos **i**, **n** e **FV**:

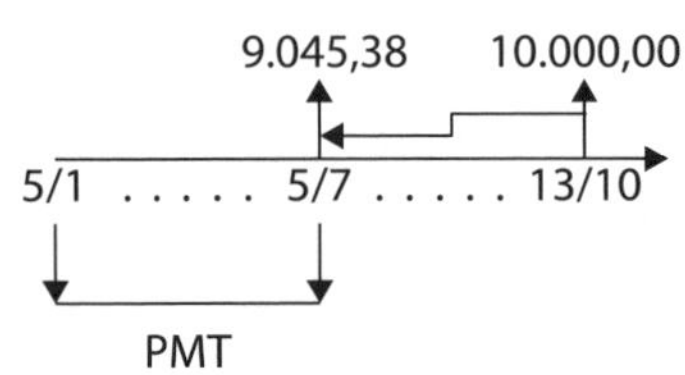

HP-12C

< f > < REG >

9045,38 < CHS > < FV >

2,54 < i >

7 < n >

< g > < END >

< PMT > → R$ 1.197,02

Resposta: R$ 1.197,02.

Resolução 2: renda antecipada

- *1º passo:* descapitalizar R$ 10.000,00 da DF 5 de novembro para a DF 5 de agosto à taxa de 2,54% am:

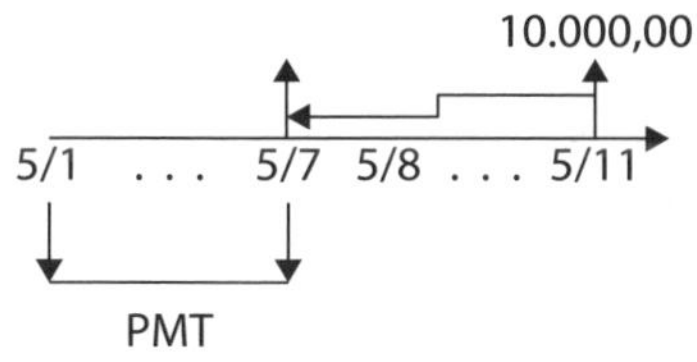

HP-12C

< f > < REG >

10000 < CHS > < FV >

2,54 < i >

3 < n >

< PV > → R$ 9.275,13

- *2º passo:* determinar o PMT de uma renda antecipada conhecidos **i**, **n** e **FV**:

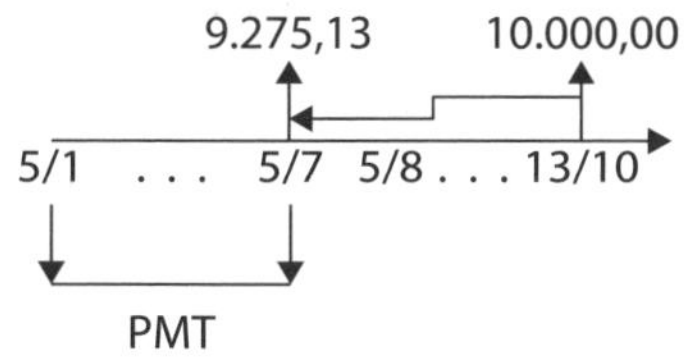

HP-12C

< f > < REG >

9275,13 < CHS > < FV >

2,54 < i >

7 < n >

< g > < BEG >

< PMT > → R$ 1.197,02

Resposta: R$ 1.197,02.

4.10 SÉRIES MISTAS

Exemplos:

E 4.28 Determine o preço à vista de um imóvel que está sendo oferecido nas seguintes condições, com taxa de 1,8% am:

- R$ 15.000,00 de sinal;
- R$ 7.500,00 após 30 dias do sinal;
- R$ 4.00,00 após 60 dias do sinal;
- 70 prestações mensais e iguais no valor de R$ 1.350,00, vencendo a primeira 30 dias após a parcela de R$ 4.000,00;
- 5 parcelas semestrais de R$ 10.000,00, vencendo a primeira 360 dias após o sinal.

Resolução:

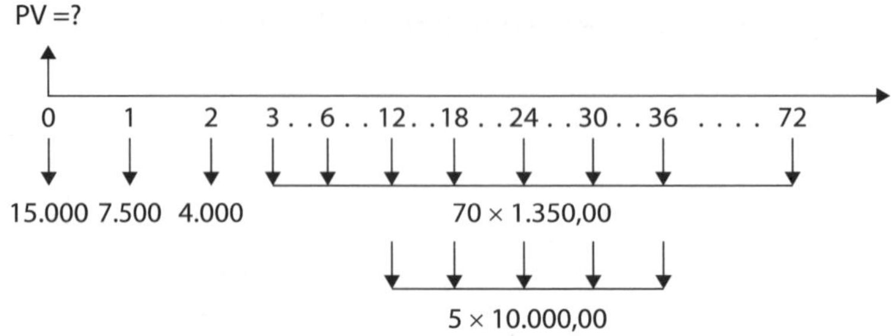

Observações

1) Diferentemente do que ocorreu até agora, observamos nesse fluxo de caixa a existência de três valores distintos (R$ 15.000,00, R$ 7.500,00 e R$ 4.000,00), mais duas séries de pagamentos (uma com periodicidade mensal e 70 termos e a outra com periodicidade semestral e 5 termos). Esse tipo de fluxo de caixa caracteriza o que iremos denominar **série mista**.

   Para resolver este problema, devemos descapitalizar para a data focal zero todas as movimentações do fluxo de caixa e, em seguida, somar os resultados obtidos.

   - *1º passo:* descapitalizar R$ 7.500,00 da DF1 para a DF0.

     < f > < REG > 7500 < CHS > < FV > 1,8 < i > 1 < n >

     < PV > → 7.367,39 < STO > 1

   - *2º passo:* descapitalizar R$ 4.000,00 da DF2 para a DF0:

     < f > < FIN > 4000 < CHS > < FV > 1,8 < i > 2 < n >

     < PV > → 3.859,80 < STO > < + > 1

2) Não podemos utilizar, no 2º passo, a sequência de teclas < f > < REG > para limpar a calculadora, pois esse procedimento limparia também o valor armazenado no registro 1. Por outro lado, a sequência de teclas < f > < FIN > limpa apenas os registros financeiros, evitando esse inconveniente.

- *3º passo:* determinar o PV da renda mensal com 70 termos na DF3 (neste caso devemos tratar esta renda como antecipada)

< f > < FIN > 1350 < CHS > < PMT > 70 < n > 1,8 < i > < g > < BEG >

< PV > → R$ 54.448,97

- *4º passo:* descapitalizar R$ 54.448,97 da DF3 para a DF0

< f > < FIN > 54.448,97 < CHS > < FV > 1,8 < i > 3 < n >

< PV > → 51.611,48 < STO > < + > 1

- *5º passo:* determinar a taxa semestral equivalente à taxa mensal de 1,8%:

Programa 01

< f > < FIN > 1,8 < i > 6 < ENTER > 1 < ÷ > < R/S > → 11,30% as

- *6º passo:* determinar o PV da renda semestral com 5 termos na DF12 (neste caso devemos tratar esta renda como antecipada):

< f > < FIN > 10000 < CHS > < PMT > 5 < n > 11,30 < i > < g > < BEG >

< PV > → R$ 40.826,78

- *7º passo:* descapitalizar R$ 40.826,78 da DF12 para a DF0:

< f > < FIN > 40.826,78 < CHS > < FV > 11,30 < i > 2 < n >

< PV > → 32.957,54 < STO > < + > 1

- *8º passo:* preço à vista:

< RCL > 1

15000 < + > → R$ 110.796,21

Resposta: R$ 110.796,21.

3) O procedimento descrito neste exemplo não é único e permite uma série de variações. Para ilustrar esse fato, vamos apresentar uma das possíveis soluções alternativas para este problema.

Resolução alternativa:

- *1º passo:* descapitalizar R$ 7.500,00 da DF1 para a DF0:

< f > < REG > 7500 < CHS > < FV > 1,8 < i > 1 < n >

< PV > → 7.367,39 < STO > 1

- *2º passo:* determinar o PV da renda mensal com 70 termos na DF2 (neste caso devemos tratar a renda como imediata):

< f > < REG > 1350 < CHS > < PMT > 70 < n > 1,8 < i > < g > < END >

< PV > → R$ 53.486,22

- *3º passo:* somar R$ 53.486,22 na DF2 com R$ 4.000,00 também na DF2:

< f > < REG > 53486,22 < ENTER > 4000 < + > → R$ 57.486,22

- *4º passo:* descapitalizar R$ 57.486,22 da DF2 para a DF0:

< f > < REG > 57.486,22 < CHS > < FV > 1,8 < i > 2 < n >

< PV > → 55.471,28 < STO > < + > 1

- *5º passo:* determinar a taxa semestral equivalente à taxa mensal de 1,8%:

< f > < FIN > 1,8 < i > 6 < ENTER > 1 < ÷ > < R/S > → 11,30% as

- *6º passo:* determinar o PV da renda semestral com 5 termos na DF6 (neste caso devemos considerar a renda como imediata):

< f > < FIN > 10000 < CHS > < PMT > 5 < n > 11,30 < i > < g > < END >

< PV > → R$ 36.681,74

- *7º passo:* descapitalizar R$ 36.681,74 da DF6 para a DF0:

< f > < FIN > 36.681,74 < CHS > < FV > 11,30 < i > 1 < n >

< PV > → 32.957,54 < STO > < + > 1

- *8º passo:* preço à vista:

< RCL > 1

15000 < + > → R$ 110.796,21

Resposta: R$ 110.796,21.

E 4.29 Uma pessoa, interessada em constituir uma poupança em uma instituição financeira, pretende cumprir o seguinte cronograma de depósitos mensais consecutivos:

Data	Depósito	Data	Depósito	Data	Depósito
10/03	R$ 1.100,00	10/10	R$ 1.350,00	10/05	R$ 1.600,00
10/04	R$ 1.100,00	10/11	R$ 1.350,00	10/06	R$ 1.600,00
10/05	R$ 1.100,00	10/12	R$ 1.350,00	10/07	R$ 1.600,00
10/06	R$ 1.100,00	10/01	R$ 1.350,00	10/08	R$ 1.600,00
10/07	R$ 5.000,00	10/02	–	10/09	R$ 1.600,00
10/08	R$ 1.350,00	10/03	R$ 1.600,00	10/10	R$ 1.600,00
10/09	R$ 1.350,00	10/04	R$ 1.600,00	10/11	–

Supondo que esses depósitos serão remunerados a uma taxa de 1,35% am, determine o valor do montante em 10 de novembro.

Resolução:

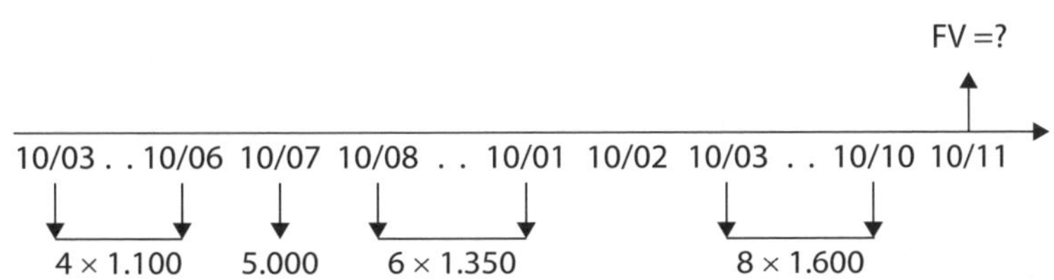

- *1º passo:* determinar o FV da primeira renda (4 × R$ 1.100,00) na DF 10 de junho (tratar a renda como imediata):

< f > < REG > 1100 < CHS > < PMT > 1,35 < i > 4 < n > < g > < END >

< FV > → 4.489,90

- *2º passo:* capitalizar R$ 4.489,90 da DF 10 de junho para a DF 10 de novembro do ano seguinte:

< f > < REG > 4489,90 < CHS > < PV > 17 < n > 1,35 < i >

< FV > → 5.639,50 < STO > 1

- *3º passo:* capitalizar R$ 5.000,00 da DF 10 de julho para a DF 10 de novembro do ano seguinte:

< f > < FIN > 5000 < CHS > < PV > 16 < n > 1,35 < i >

< FV > → 6.196,55 < STO > < + > 1

- *4º passo:* determinar o FV da segunda renda (6 × R$ 1.350,00,00) na DF 10 de janeiro do ano seguinte (tratar a renda como imediata):

< f > < FIN > 1350 < CHS > < PMT > 1,35 < i > 6 < n > < g > < END >

< FV > → R$ 8.378,35

- *5º passo:* capitalizar R$ 8.378,35 da DF 10 de janeiro para a DF 10 de novembro do mesmo ano:

< f > < FIN > 8.378,35 < CHS > < PV > 10 < n > 1,35 < i >

< FV > → R$ 9.580,67 < STO > < + > 1

- *6º passo:* determinar o FV da terceira renda (8 × R$ 1.600,00) na DF 10 de outubro (tratar a renda como imediata):

< f > < FIN > 1600 < CHS > < PV > 1,35 < i > 8 < n > < g > < END >

< FV > → R$ 13.421,41

- *7º passo:* capitalizar R$ 13.421,41 da DF 10 de outubro para a DF 10 de novembro do mesmo ano:

< f > < FIN > 13.421,41 < CHS > < PV > 1 < n > 1,35 < i >

< FV > → 13.602,60 < STO > < + > 1

- *8º passo:* montante em 10 de novembro do ano seguinte:

< RCL > 1 → R$ 35.019,32

Resposta: R$ 35.019,32.

Observação

Novamente, devemos frisar que este procedimento não é único e permite uma série de variações. Para ilustrar esse fato, vamos apresentar duas das possíveis soluções alternativas para este problema.

Resolução alternativa 1:

- *1º passo:* determinar o FV da primeira renda (4 × R$ 1.100,00) na DF 10 de julho (tratar a renda como antecipada):

< f > < REG > 1100 < CHS > < PMT > 1,35 < i > 4 < n > < g > < BEG >

< FV > → R$ 4.550,52

- *2º passo:* somar R$ 4.550,52 na DF 10 de julho com R$ 5.000,00 também na DF 10 de julho:

< f > < REG > 4550,52 < ENTER > 5000 < + > → R$ 9.550,52

- *3º passo:* capitalizar R$ 9.550,52 da DF 10 de julho para a DF 10 de novembro do ano seguinte:

< f > < REG > 9.550,52 < CHS > < PV > 16 < n > 1,35 < i >

< FV > → R$ 11.836,06 < STO > 1

- *4º passo:* determinar o FV da segunda renda (6 × R$ 1.350,00,00) na DF 10 de fevereiro do ano seguinte (tratar a renda como antecipada):

< f > < FIN > 1350 < CHS > < PMT > 1,35 < i > 6 < n > < g > < BEG >

< FV > → R$ 8.491,45

- *5º passo:* capitalizar R$ 8.491,45 da DF 10 de fevereiro para a DF 10 de novembro do mesmo ano:

< f > < FIN > 8491,45 < CHS > < PV > 9 < n > 1,35 < i >

< FV > → 9.580,66 < STO > < + > 1

- *6º passo:* determinar o FV da terceira renda (8 × R$ 1.600,00) na DF 10 de novembro (tratar a renda como antecipada):

< f > < FIN > 1600 < CHS > < PMT > 1,35 < i > 8 < n > < g > < BEG >

< FV > → 13.602,60 < STO > < + > 1

- *7º passo:* montante em 10 de novembro do ano seguinte:

< RCL > 1 → R$ 35.019,32

Resposta: R$ 35.019,32.

Resolução alternativa 2:

Nesta solução, vamos inicialmente determinar o PV da série mista na DF 10 de março e, posteriormente, capitalizar o valor assim obtido para a data 10 de novembro do ano seguinte.

- *1º passo:* determinar o PV da primeira renda (4 × R$ 1.100,00) na DF 10 de março (tratar a renda como antecipada):

< f > < REG > 1100 < CHS > < PMT > 1,35 < i > 4 < n > < g > < BEG >

< PV > → 4.312,86 < STO > 1

- *2º passo:* determinar o PV da segunda renda (6 × R$ 1.350,00) na DF 10 de julho (tratar a renda como imediata):

< f > < FIN > 1350 < CHS > < PMT > 1,35 < i > 6 < n > < g > < END >

< PV > → R$ 7.730,65

- *3º passo:* somar R$ 7.730,65 na DF 10 de julho com R$ 5.000,00 também na DF 10 de julho:

< f > < FIN > 7.730,65 < ENTER > 5000 < + > → R$ 12.730,65

- *4º passo:* descapitalizar R$ 12.730,65 da DF 10 de julho para a DF 10 de março:

< f > < FIN > 12730,65 < CHS > < FV > 1,35 < i > 4 < n >

< PV > → 12.065,78 < STO > < + > 1

- *5º passo:* determinar o PV da terceira renda (8 × R$ 1.600,00) na DF 10 de março do mesmo ano (tratar a renda como antecipada):

< f > < FIN > 1600 < CHS > < PMT > 1,35 < i > 8 < n > < g > < BEG >

< PV > → R$ 12.218,89

- *6º passo:* descapitalizar R$ 12.218,89 da DF 10 de março para a DF 10 de março do ano anterior:

< f > < FIN > 12218,89 < CHS > < FV > 12 < n > 1,35 < i >

< PV > → 10.402,72 < STO > < + > 1

- *7º passo:* PV da série mista na DF 10 de março:

< RCL > 1 → R$ 26.781,36

- *8º passo:* capitalizar R$ 26.781,36 da DF 10 de março para a DF 10 de novembro do ano seguinte:

< f > < FIN > 26781,36 < CHS > < PV > 1,35 < i > 20 < n >

< FV > → R$ 35.019,32

Resposta: R$ 35.019,32.

4.11 UTILIZAÇÃO SIMULTÂNEA DAS TECLAS < FV >, < PV >, < PMT >, < I > E < N >

Devemos recordar que a sequência de teclas < f > < REG > (ou < f > < FIN >), que aparece em diversos passos da solução anterior, não deve ser omitida, sob pena de, como já vimos, nos levar a obter valores incorretos.

A justificativa para esse fato é a seguinte: quando não utilizamos a sequência de teclas < f > < REG > (ou < f > < FIN >) antes de um passo qualquer, pode ocorrer que os registros financeiros **FV**, **PV**, **PMT**, **n** e **i** estejam armazenados, simultaneamente, com valores diferentes de zero, e, nessas condições:

- se formos efetuar uma capitalização (ou descapitalização), em que são utilizados apenas os registros **FV**, **PV**, **i** e **n**, o conteúdo do registro **PMT** é automaticamente utilizado nos cálculos, levando-nos a uma solução incorreta;
- se formos calcular o valor presente de uma renda, em que são utilizados apenas os registros **PV**, **PMT**, **i** e **n**, o conteúdo do registro **FV** é automaticamente utilizado nos cálculos, levando-nos a uma solução incorreta;
- se formos calcular o valor futuro de uma renda em que são utilizados apenas os registros financeiros **FV**, **PMT**, **i** e **n**, o conteúdo do registro **PV** é utilizado nos cálculos, levando-nos a uma solução incorreta.

Isso ocorre porque, na verdade, existe apenas um algoritmo que executa todo o trabalho computacional envolvendo a capitalização composta e as séries uniformes (rendas), que funciona da seguinte forma:

- o algoritmo testa o conteúdo do registro **PMT** e, se este for igual a zero, utiliza os demais valores para resolver problemas envolvendo a fórmula do montante da capitalização composta;
- o algoritmo testa o conteúdo do registro **FV** e, se este for igual a zero, utiliza os demais valores para resolver problemas envolvendo a fórmula do valor presente de uma renda;
- o algoritmo testa o conteúdo do registro **PV** e, se este for igual a zero, utiliza os demais valores para resolver problemas envolvendo a fórmula do valor futuro de uma renda;
- caso o conteúdo dos cinco registros (PV, FV, PMT, i e n) seja simultaneamente diferente de zero, o algoritmo utiliza todos os valores disponíveis, como veremos em mais uma solução alternativa apresentada para o exemplo E 4.30:

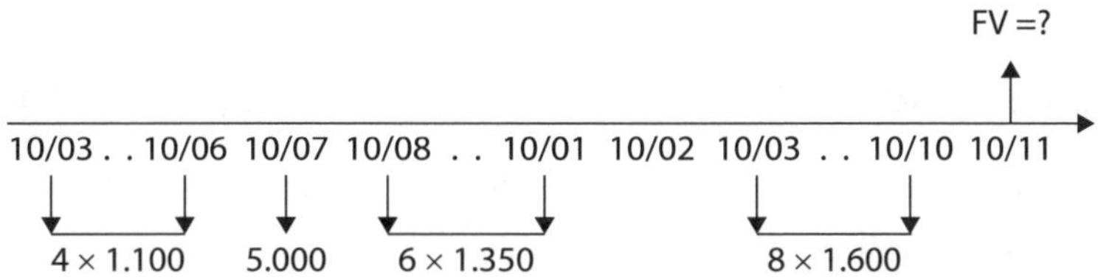

- *1º passo:* determinar o FV da primeira renda (4 × R$ 1.100,00) na DF 10 de julho (tratar a renda como antecipada):

< f > < REG > 1100 < CHS > < PMT > 1,35 < i > 4 < n > < g > < BEG >

< FV > → R$ 4.550,52

- *2º passo:* somar R$ 4.550,52 na DF 10 de julho com R$ 5.000,00 também na DF 10 de julho:

< f > < FIN > 4550,52 < ENTER > 5000 < + > → R$ 9.550,52

- *3º passo:*
  a) capitalizar R$ 9.550,52 da DF 10 de julho para a DF 10 de janeiro do ano seguinte;
  b) determinar o FV da segunda renda (6 × R$ 1.350,00) na DF 10 de janeiro (tratar a renda como imediata);
  c) somar os resultados obtidos em a) e b).

< f > < FIN > 9550,52 < CHS > < PV > 1350 < CHS > < PMT > 6 < n > 1,35 < i >

< g > < END > < FV > → 18.729,04

É importante observar que tanto o valor de PV (R$ 9.550,52) quanto o valor de PMT (R$ 1.350,00) foram introduzidos com o mesmo sinal (no caso negativo), pois ambos representam saídas de caixa.

- *4º passo:* capitalizar R$ 18.729,04 da DF 10 de janeiro para a DF 10 de março:

< f > < REG > 18729,04 < CHS > < PV > 2 < n > 1,35 < i > < FV > → 19.238,14

- *5º passo:*
  a) capitalizar R$ 19.238,14 da DF 10 de março para a DF 10 de novembro;
  b) determinar o FV da segunda renda (8 × R$ 1.600,00) na DF 10 de novembro (tratar a renda como antecipada);
  c) somar os resultados obtidos em a) e b).

< f > < REG > 19238,14 < CHS > < PV > 1600 < CHS > < PMT > 8 < n > 1,35 < i >

< g > < BEG > < FV > → R$ 35.019,32

Resposta: R$ 35.019,32.

Observação

Embora o método utilizado tenha reduzido o esforço computacional envolvido na resolução do exemplo em questão, deve ficar claro que ele deve ser utilizado com muito cuidado, uma vez que estamos manipulando duas fórmulas simultaneamente.

Exemplificando, ao efetuar o 3º passo:

< f > < REG > 9550,52 < CHS > < PV > 1350 < CHS > < PMT > 6 < n > 1,35 < i >

< g > < END > < FV > → 18.729,04

a HP-12C realizou concomitantemente as seguintes operações:

- capitalizou R$ 9.550,52 da DF 10 de julho para a DF 10 de janeiro do ano seguinte;
- calculou o FV da segunda renda (6 parcelas de R$ 1.350,00) na DF 10 de janeiro;
- ora, levando em conta que o registro **n** tem significados diferentes (número de períodos na capitalização composta e número de prestações em séries uniformes), o leitor deve estar atento à ocorrência de erros do tipo citado a seguir:

- se o valor de R$ 9.550,52 estivesse localizado na DF 10 de junho, o procedimento em questão efetuaria a capitalização até a data 10 de dezembro (n = 6), e esse valor seria somado ao FV da renda localizado na DF 10 de janeiro do ano seguinte, ferindo o princípio básico da matemática financeira (valor do dinheiro no tempo);
- por outro lado, se fosse utilizado o modo < BEG > no lugar de < END >, o procedimento em questão calcularia o FV da renda na DF 10 de fevereiro, e esse valor seria somado ao valor capitalizado de R$ 9.550,52 na DF 10 de janeiro, ferindo novamente o princípio básico da matemática financeira.

Finalizando, fica claro que esse procedimento, além de estar indicado apenas em alguns casos, deve ser utilizado com muito cuidado para não gerar erros.

4.12 A FUNÇÃO NPV

Consideremos inicialmente o seguinte exemplo:

Exemplo:

E 4.30 Um projeto exige 3 investimentos anuais consecutivos de R$15.000,00 e deve gerar um retorno em 5 parcelas semestrais consecutivas de R$ 12.000,00, de modo que a primeira parcela ocorra 540 dias após o investimento inicial. Considerando que o custo do capital é de 23,21% aa, determine o saldo na DF0 de todas as movimentações do fluxo de caixa.

Resolução:

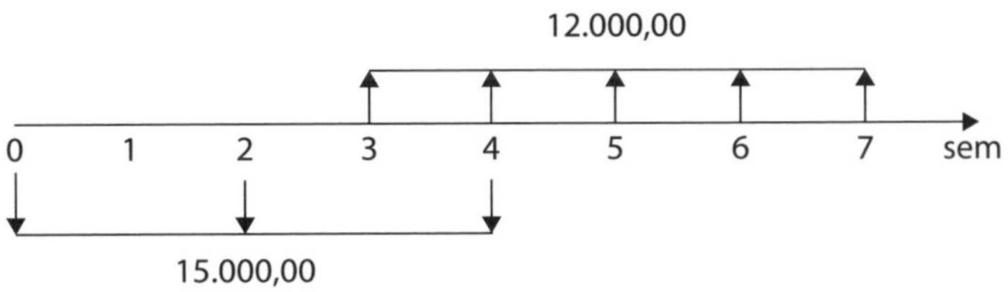

- *1º passo:* determinar o PV da renda anual com 3 parcelas anuais de R$ 15.000,00 na DF0 (tratar a renda como antecipada):

< f > < REG > 15000 < CHS > < PMT > 3 < n > 23,21 < i > < g > < BEG >

< PV > $\rightarrow$ R$ 37.055,30

Observe que o valor econtrado representa, na DF0, a soma de todas as saídas do fluxo de caixa.

- *2º passo:* determinar a taxa semestral equivalente à taxa anual de 23,21%:

Programa 01

23,21 < i > 6 < ENTER > 12 < ÷ > < n > < g > < GTO > (0)01 < R/S > → 11% as

- *3º passo:* determinar o PV da renda semestral com 5 parcelas de R$ 12.000,00 na DF2 (tratar a renda como imediata):

< f > < FIN > 12000 < CHS > < PMT > 5 < n > 11 < i > < g > < END >

< PV > → R$ 44.350,76

- *4º passo:* descapitalizar R$ 44.350,76 da DF2 para a DF0:

< f > < REG > 44350,76 < CHS > < FV > 2 < n > 11 < i > < PV > → R$ 35.996,07

Observe que esse valor representa, na DF0, a soma de todas as entradas do fluxo de caixa.

- *5º passo:* determinar o saldo na DF0 de todas as movimentações do fluxo de caixa (considerando os custos com sinal negativo e os benefícios com sinal positivo):

- 37.055,30 + 35. 996,07 = -R$ 1.059,23 < 0

Resposta: como o saldo encontrado é negativo (custos > benefícios), o projeto não é viável sob o ponto de vista econômico.

Observação

A função *net present value* (**NPV**) da HP-12C fornece o valor presente líquido (VPL) de um fluxo de caixa, ou seja, o saldo na DF0 de todas as movimentações deste fluxo.

O objetivo principal desse método é encontrar projetos ou alternativas de investimento que valham para os seus patrocinadores mais do que custam, ou seja, projetos que tenham VPL positivo (supondo que as entradas de caixa sejam introduzidas com valor positivo e as saídas de caixa, com valor negativo). Vamos agora utilizar a função NPV na resolução do problema anterior.

4.12.1 CONSIDERAÇÕES INICIAIS

Inicialmente devemos efetuar a introdução de todas as movimentações do fluxo de caixa.

A HP-12C (modelo Gold) permite a introdução de até 20 movimentações distintas (os modelos Platinum/Prestige permitem até 80) além da movimentação inicial (desde que não haja programas armazenados).

Particularmente no caso da HP-12C Gold, pressionando a sequência de teclas:

< g > < MEM >

o leitor pode determinar o número de introduções possível somando uma unidade ao número de registros disponíveis. Assim, se o leitor tiver armazenado os dois programas constantes do Capítulo 8, resulta:

< g > < MEM > → P – 57 r – 13

ou seja, o número possível de introduções é:

$$13 + 1 = 14$$

É importante ainda frisar que problemas com mais de 20 movimentações no fluxo de caixa podem ser resolvidos pela HP-12C (modelo Gold) desde que ocorram movimentações consecutivas de mesmo valor. Nesses casos, o usuário deve informar, junto com os valores do fluxo de caixa, o número de vezes (de 2 até 99) que cada valor se repete.

Procedimento

- *1º passo:* digite < f > < REG >.

- *2º passo:* digite o valor da movimentação inicial (pressionando < CHS > se for uma saída de caixa) e, a seguir, digite a sequência de teclas:

  < g > < CFo >

  em que CFo = *cash flow 0* (fluxo de caixa na DF0). Esse procedimento armazena o valor da movimentação inicial no registro zero (R0). Caso não ocorra movimentação inicial no fluxo de caixa, digite:

  0 < g > < CFo >.

- *3º passo:* se o valor da movimentação inicial ocorrer mais do que uma vez consecutivamente, digite o número de repetições e pressione:

  < g > < Nj >

  Se a sequência acima não for digitada, a calculadora irá supor que não ocorrem repetições da movimentação inicial.

  Alguns modelos não aceitam repetições para a movimentação inicial e, neste caso, a calculadora mostra a mensagem ERROR 6.

  Caso isso ocorra, as repetições subsequentes da movimentação inicial devem ser tratadas separadamente, como se fossem outras movimentações quaisquer.

- *4º passo:* digite o valor da movimentação imediatamente posterior à movimentação inicial (pressionando <CHS> se for uma saída de caixa) e, a seguir, digite a sequência de teclas:

  < g > < CFj >

  em que CFj = *cash flow j* (fluxo de caixa consecutivo). Esse procedimento armazena o valor da movimentação em questão no registro 1 (R1). Caso não ocorra movimentação no período, digite:

  0 < g > < CFj >

- *5º passo:* se o valor informado no passo anterior ocorrer mais do que uma vez consecutivamente, digite o número de repetições e pressione:

  < g > < Nj >

em que Nj representa o número de repetições referente ao valor armazenado imediatamente antes.

Se a sequência de teclas citada não for pressionada, a calculadora irá supor que não ocorrem repetições do valor informado imediatamente antes.

- *6º passo:* repita o 4º e o 5º passo para cada nova movimentação do fluxo de caixa, até que todas elas sejam informadas.

- *7º passo:* digite a taxa de juros e pressione < i >.

- *8º passo:* pressione < f > < NPV >.

Vamos agora utilizar a função NPV na resolução do exemplo E 4.30.

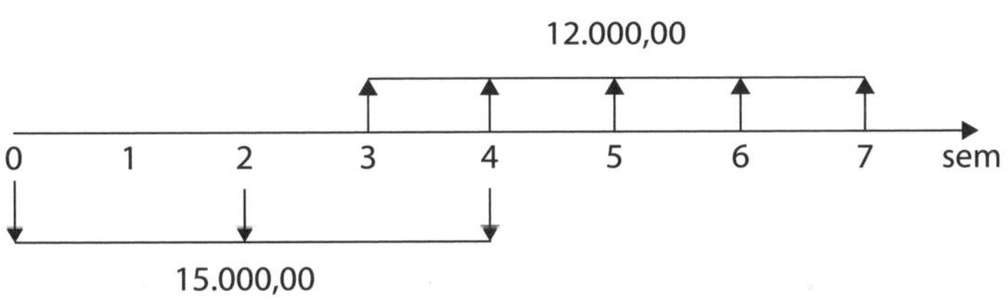

HP-12C	Observações
< f > < REG >	Limpeza dos registros.
15000 < CHS > < g > < CFo >	Armazena a movimentação inicial (saída) em R0.
0 < g > < CFj >	Armazena zero em R1 (não há movimentação).
15000 < CHS > < g > < CFj >	Armazena R$ 15.000,00 (saída) em R2.
12000 < g > < CFj >	Armazena R$ 12.000,00 (entrada) em R3.
3000 < CHS > < g > < CFj >	Armazena (saída = 15.000 - 12.000) em R4.
12000 < g > < CFj >	Armazena R$ 12.000,00 em R5.
3 < g > < Nj >	Indica que o valor acima se repete três vezes.
11 < i >	Armazena a taxa semestral de juros.
< f > < NPV > → -R$ 1.059,23	Valor presente líquido na DF0.

Resposta: como o saldo encontrado é negativo (custos > benefícios), o projeto não é viável sob o ponto de vista econômico.

4.12.2 REVISANDO AS INTRODUÇÕES DE UM FLUXO DE CAIXA

1) Para exibir o valor de uma movimentação qualquer do fluxo de caixa, digite a sequência de teclas

< RCL > n

em que **n** é o número do registro que contém a movimentação a ser exibida. Lembre que

$$n = j - 1$$

em que **j** é a ordem da movimentação (distinta) pesquisada.

Assim, analisando o fluxo de caixa do exemplo E 4.30 e digitando a sequência de teclas

< RCL > 0

obtemos o valor -15.000,00, que é o valor da primeira movimentação (investimento inicial). Já digitando a sequência de teclas

< RCL > 1

obtemos o valor 0,00, que é o valor da segunda movimentação, e assim sucessivamente.

2) Para exibir o número de vezes que uma movimentação qualquer se repete consecutivamente, digite a sequência de teclas

(j - 1) < n >

em que **j** é a ordem da movimentação (distinta) pesquisada no fluxo de caixa, e a seguir digite

< RCL > < g > < Nj >

Assim, analisando o fluxo de caixa do exemplo E 4.30 e digitando a sequência de teclas

4 < n > < RCL > < g > < Nj >

obtemos o valor 1, que nos mostra que a quinta movimentação (-3.000,00), armazenada em R4, ocorre apenas uma vez. Já digitando a sequência

5 < n > < RCL > < g > < Nj >

obtemos o valor 3, que nos mostra que a sexta movimentação (12.000,00), armazenada em R5, se repete consecutivamente por 3 vezes, e assim sucessivamente.

4.12.3 ALTERANDO AS INTRODUÇÕES DE UM FLUXO DE CAIXA

1) Para alterar o valor de uma movimentação do fluxo de caixa, deve-se pressionar a sequência de teclas

x < STO > n

em que **x** representa o novo valor da movimentação do fluxo de caixa e **n** representa o número do registro que a contém. Lembre que

$$n = j - 1$$

em que **j** é a ordem da movimentação (distinta) no fluxo de caixa.

Assim, analisando o fluxo de caixa do exemplo E 4.30 e digitando a sequência de teclas

16000 < CHS > < STO > 0

alteramos o valor da primeira movimentação (investimento inicial) de -15.000,00 para o valor -16.000,00.

Já digitando a sequência

13000 < STO > 3

alteramos a quarta movimentação (distinta) do fluxo de caixa no valor de R$ 12.000,00 para R$ 13.000,00.

2) Para alterar o número de vezes que uma movimentação se repete, consecutivamente, deve-se digitar a sequência de teclas:

j - 1 < n >

em que **j** representa o número da movimentação desejada, e, em seguida, digitar:

x < g > < Nj >

em que **x** representa o novo número de vezes que esta movimentação se repete.

Assim, analisando o fluxo de caixa do exemplo E 4.30 e digitando a sequência de teclas:

1 < n > 5 < g > < Nj >

alteramos o número de repetições da segunda movimentação (distinta) do fluxo de caixa (neste caso 0,00) de 1 para 5;

Já digitando a sequência:

4 < n > 3 < g > < Nj >

alteramos o número de repetições da quinta movimentação (distinta) do fluxo de caixa (neste caso - 3.000,00) de 1 para 3.

Observação

A função NPV permite resolver um grande número de problemas envolvendo séries mistas com baixo esforço computacional. Para exemplificar esse fato, vamos resolver novamente os exemplos E 4.28 e E 4.29.

E 4.32 Determine o preço à vista de um imóvel, utilizando a função NPV, que está sendo oferecido nas seguintes condições, com taxa de 1,8% am:

- R$ 15.000,00 de sinal;
- R$ 7.500,00 após 30 dias do sinal;
- R$ 4.00,00 após 60 dias do sinal;

- 70 prestações mensais e iguais no valor de R$ 1.350,00, vencendo a primeira 30 dias após a parcela de R$ 4.000,00;
- 5 parcelas semestrais de R$ 10.000,00, vencendo a primeira 360 dias após o sinal.

Resolução:

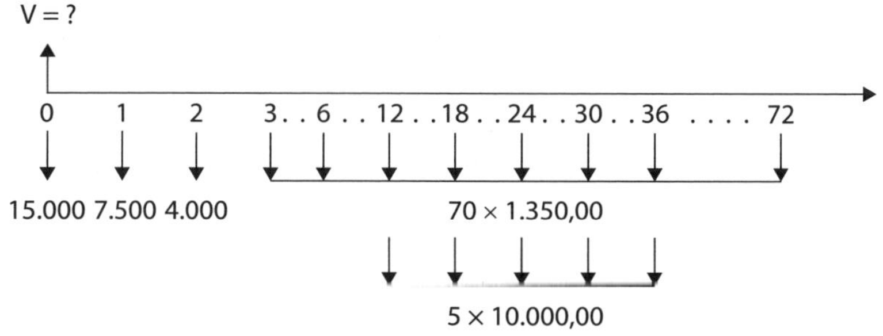

> **Observação**
>
> Como neste caso temos apenas saídas de caixa, não há necessidade de introduzir as movimentações com sinal negativo.

HP-12C	Observações
< f > < REG >	Limpeza de registros.
15000 < g > < CFo >	Armazena R$ 15.000,00 em R0.
7500 < g > < CFj >	Armazena R$ 7.500,00 em R1.
4000 < g > < CFj >	Armazena R$ 4.000,00 em R2.
1350 < g > < CFj >	Armazena R$ 1.350,00 em R3.
9 < g > < Nj >	Informa que o valor acima se repete 9 vezes.
11350 < g > < CFj >	Armazena (R$ 1.350,00 + R$ 10.000,00) em R4.
1350 < g > < CFj >	Armazena R$ 1.350,00 em R5.
5 < g > < Nj >	Informa que o valor acima se repete 5 vezes.
11350 < g > < CFj >	Armazena (R$ 1.350,00 + R$ 10.000,00) em R6.
1350 < g > < CFj >	Armazena R$ 1.350,00 em R7.

HP-12C	Observações
5 < g > < Nj >	Informa que o valor acima se repete 5 vezes.
11350 < g > < CFj >	Armazena (R$ 1.350,00 + R$ 10.000,00) em R8.
1350 < g > < CFj >	Armazena R$ 1.350,00 em R9.
5 < g > < Nj >	Informa que o valor acima se repete 5 vezes.
11350 < g > < CFj >	Armazena (R$ 1.350,00 + R$ 10.000,00) em R.0.
1350 < g > < CFj >	Armazena R$ 1.350,00 em R.1.
5 < g > < Nj >	Informa que o valor acima se repete 5 vezes.
11350 < g > < CFj >	Armazena (R$ 1.350,00 + R$ 10.000,00) em R.2.
1350 < g > < CFj >	Armazena R$ 1.350,00 em **FV**.
36 < g > < Nj >	Informa que o valor acima se repete 36 vezes.
1,8 < i >	Informa a taxa de juros.
< f > < NPV > → R$ 110.798,64	Saldo das movimentações do fluxo na DF0.

Resposta: R$ 110.798,64.

Observações

1) A solução encontrada neste caso (R$ 110.798,64) difere da solução anterior sem a utilização da função NPV (R$ 110.796,21) em R$ 2,43. Esse erro ocorreu porque na solução anterior, ao determinar a taxa semestral equivalente à taxa mensal de 1,8%, optamos por utilizar o valor correspondente com apenas 2 casas decimais (11,30%), enquanto com 8 casas decimais este valor seria de 11,29782260%.

   Trata-se, portanto, de um erro de arredondamento.

2) O leitor que está utilizando uma HP-12C Gold e armazenou os dois programas vistos no capítulo, ao pressionar a sequência de teclas

   < g > < MEM > → P – 57 r - 13

   vai observar que restam disponíveis apenas 13 registros de usuário:

   R0 – R1 – R2 – R3 – R4 – R5 – R6 – R7 – R8 – R9 – R.0 – R0 – R.2

Entretanto, examinando o fluxo de caixa anterior, verificamos que vamos precisar armazenar 14 movimentações.

E agora? A última movimentação (no caso, a 14ª), no valor de R$ 1.350,00, será armazenada no registro FV.

Lembre-se: o número de movimentações em um fluxo de caixa passível de ser armazenado em uma HP-12C é igual ao número de registros disponíveis do usuário (no caso, 13) mais 1 (sempre armazenado em FV).

Nessas condições, se neste caso o usuário tentasse armazenar mais algum valor, obteria a mensagem ERROR 6, que significa tentar utilizar um registro que não existe ou que foi convertido em linhas da memória de programação.

E 4.33 Uma pessoa interessada em constituir uma poupança em uma instituição financeira pretende obedecer ao seguinte cronograma de depósitos mensais consecutivos:

Data	Depósito	Data	Depósito	Data	Depósito
10/03	R$ 1.100,00	10/10	R$ 1.350,00	10/05	R$ 1.600,00
10/04	R$ 1.100,00	10/11	R$ 1.350,00	10/06	R$ 1.600,00
10/05	R$ 1.100,00	10/12	R$ 1.350,00	10/07	R$ 1.600,00
10/06	R$ 1.100,00	10/01	R$ 1.350,00	10/08	R$ 1.600,00
10/07	R$ 5.000,00	10/02	–	10/09	R$ 1.600,00
10/08	R$ 1.350,00	10/03	R$ 1.600,00	10/10	R$ 1.600,00
10/09	R$ 1.350,00	10/04	R$ 1.600,00	10/11	–

Supondo que estes depósitos serão remunerados a uma taxa de 1,35% am, determine o valor do montante em 10 de novembro.

Resolução:

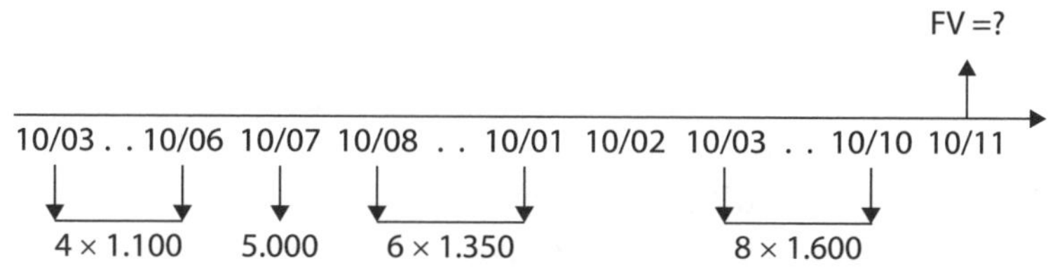

Observação

Como neste caso temos apenas saídas de caixa, não há necessidade de introduzir as movimentações com sinal negativo.

- *1º passo:* saldo na DF0 de todas as movimentações do fluxo de caixa:

HP-12C	Observações
< f > < REG >	Limpeza de registros.
1100 < g > < CFo >	Armazena R$ 1.100,00 em R0.
1100 < g > < CFj >	Armazena R$ 1.100,00 em R1.
3 < g > < Nj >	Informa que o valor acima se repete 3 vezes.
5000 < g > < CFj >	Armazena R$ 5.000,00 em R2.
1350 < g > < CFj >	Armazena R$ 1.350,00 em R3.
6 < g > < Nj >	Informa que o valor acima se repete 6 vezes.
0 < g > < CFj >	Armazena R$ 0,00 em R4.
1600 < g > < CFj >	Armazena R$ 1.600,00 em R5.
8 < g > < Nj >	Informa que o valor acima se repete 8 vezes.
1,35 < i >	Informa a taxa de juros.
< f > < NPV > → R$ 26.781,36	Saldo das movimentações do fluxo na DF0.

- *2º passo:* capitalizar R$ 26.781,36 da DF 10 de março para a DF 10 de novembro do ano seguinte:

< f > < REG > 26781,36 < CHS > < PV > 1,35 < i > 20 < n >

< FV > → R$ 35.019,32

Observação

Alguns modelos de calculadoras aceitam repetições da movimentação inicial. Nesse caso, o início da introdução do fluxo de caixa seria feito da seguinte maneira:

< f > < REG > 1100 < g > < CFo > 4 < g > < Nj > . . .

Uma das formas de avaliar a viabilidade econômica de um investimento é verificar se o valor presente líquido é maior do que zero a uma dada taxa de juros (taxa mínima de atratividade), conforme nos mostra o exemplo a seguir.

E 4.34 Uma empresa pretende realizar uma série de investimentos e espera, em contrapartida, receber retornos assim distribuídos:

	Investimentos					
Mês	0	1 a 2	6	14	35 a 37	40
Valor	8.500,00	8.500,00	7.00,00	6.500,00	5.500,00	4.000,00
	Retornos					
Mês	2	6 a 14	15 a 35	36 a 39	40 a 41	42
Valor	1.300,00	1.500,00	2.000,00	1.750	1.350,00	900,00

Considerando uma taxa mínima de atratividade da ordem de 2,97% am, verifique se o projeto é viável economicamente.

Resolução:

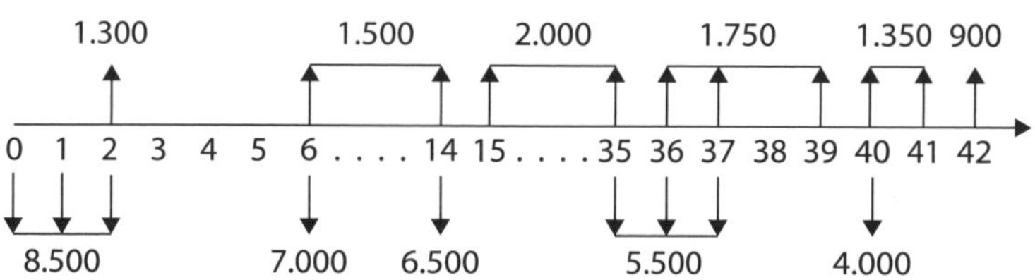

HP-12C	**Observações**
< f > < REG >	Limpeza dos registros.
8500 < CHS > < g > < CFo >	Armazena (-R$ 8.500,00) em R0.
8500 < CHS > < g > < CFj >	Armazena (-R$ 8.500,00) em R1.
7200 < CHS > < g > < CFj >	Armazena (-R$ 7.200,00) em R2.
0 < g > < CFj >	Armazena R$ 0,00 em R3.
3 < g > < Nj >	Informa que o valor acima se repete 3 vezes.
5500 < CHS > < g > < CFj >	Armazena (-R$ 5.500,00) em R4.
1500 < g > < CFj >	Armazena R$ 1.500,00 em R5.

HP-12C	Observações
7 < g > < Nj >	Informa que o valor acima se repete 7 vezes.
5000 < CHS > < g > < CFj >	Armazena (-R$ 5.000,00) em R6.
2500 < g > < CFj >	Armazena R$ 2.500,00 em R7.
20 < g > < Nj >	Informa que R$ 2.500,00 se repete 20 vezes.
3000 < CHS > < g > < CFj >	Armazena (-R$ 3.000,00) em R8.
3750 < CHS > < g > < CFj >	Armazena (-R$ 3.750,00) em R9.
2 < g > < Nj >	Informa que o valor acima se repete 2 vezes.
1750 < g > < CFj >	Armazena R$ 1.750,00 em R.0.
2 < g > < Nj >	Informa que o valor acima se repete 2 vezes.
2650 < CHS > < g > < CFj >	Armazena (– R$ 2.565,00) em R.1.
1350 < g > < CFj >	Armazena R$ 1.350,00 em R.2.
900 < g > < CFj >	Armazena R$ 900,00 em **FV**.
2,97 < i >	Informa a taxa de juros.
< f > < NPV > → – R$ 1.543,10	Saldo do fluxo de caixa na DF0.

Resposta: o projeto não é economicamente viável.

Embora a função NPV facilite a resolução dos problemas envolvendo séries mistas, deve ficar claro para o leitor que nem todos os problemas se adaptam a ela, conforme nos mostra o exemplo a seguir.

E 4.35 Uma pessoa tem uma dívida que deve ser paga no primeiro dia dos quatro últimos meses de determinado ano, com pagamentos iguais de R$ 2.500,00. A fim de conseguir esta quantia nas datas previstas, ela pretende aplicar parcelas iguais no início dos oito primeiros meses deste ano. Nessas condições, determine o valor das parcelas a serem aplicadas, supondo que a operação financeira deve pagar juros de 1,24% am.

Resolução:

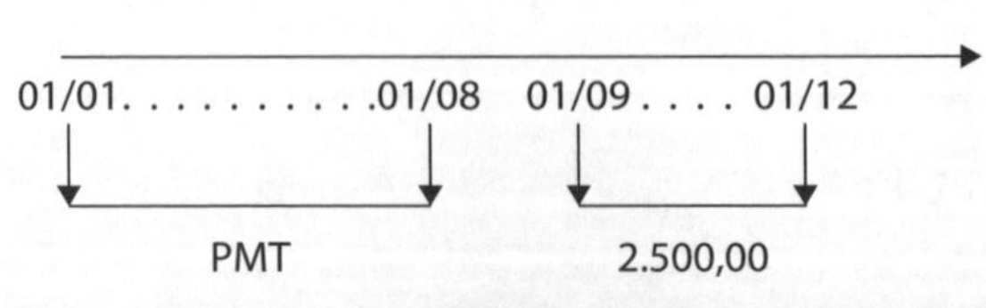

Observe que, como não conhecemos o valor das parcelas da primeira renda, não é possível utilizar o procedimento visto anteriormente (função NPV).

Resolução 1: renda imediata

- *1º passo:* determinar o PV da renda formada pelas quatro parcelas de R$ 2.500,00 na DF 1º de agosto (tratar a renda como imediata):

< f > < REG > 2500 < CHS > < PMT > 4 < n > 1,24 < i > < g > < END >

< PV > → R$ 9.697,52

- *2º passo:* observe agora, no fluxo de caixa a seguir, que o valor de R$ 9.697,52, localizado na DF 1º de agosto, é o FV da renda imediata formada pelas oito parcelas iniciais.

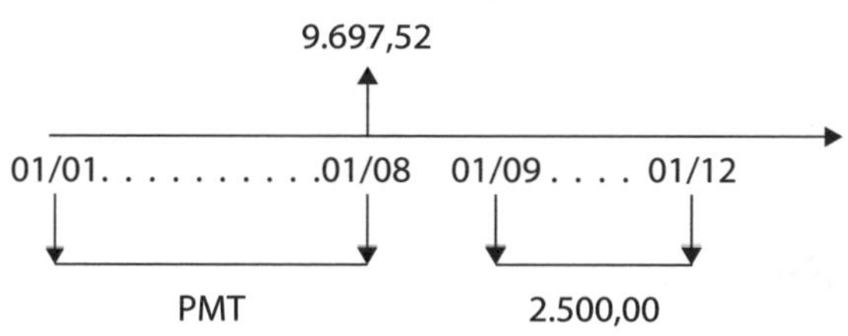

Assim, nosso problema agora se resume a determinar o PMT de uma renda imediata conhecidos FV, i e n:

< f > < FIN > 9697,52 < CHS > < FV > 1,24 < i > 8 < n >

< g > < END > < PV > → R$ 1.160,55

Resposta: R$ 1.160,55.

Resolução 2: renda antecipada

- *1º passo:* determinar o PV da renda formada pelas quatro parcelas de R$ 2.500,00 na DF 1º de setembro (tratar a renda como antecipada):

< f > < REG > 2500 < CHS > < PMT > 4 < n > 1,24 < i > < g > < BEG >

< PV > → R$ 9.817,77

- *2º passo:* observe agora, no fluxo de caixa a seguir, que o valor de R$ 9.817,11, localizado na DF 1º de setembro, é o FV da renda imediata formada pelas oito parcelas iniciais:

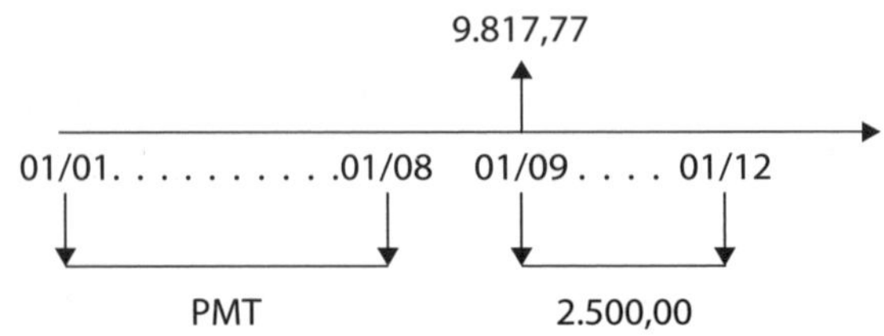

Assim, nosso problema agora se resume a determinar o PMT de uma renda antecipada conhecidos FV, i e n:

< f > < FIN > 9817,77 < CHS > < FV > 1,24 < i > 8 < n >

< g > < BEG > < PV > → R$ 1.160,55

Resposta: R$ 1.160,55.

4.13 A FUNÇÃO IRR

Consideremos inicialmente o seguinte exemplo:

E 4.36 Determine a taxa de juros mensal envolvida na venda de um terreno cujo preço à vista é de R$ 9.500,00 e que está sendo oferecido nas seguintes condições:

- 2 parcelas mensais consecutivas de R$ 1.000,00, vencendo a primeira 30 dias após a venda do terreno;
- 3 parcelas mensais consecutivas de R$ 2.800,00, vencendo a primeira 30 dias após a segunda parcela de R$ 1.000,00.

Resolução:

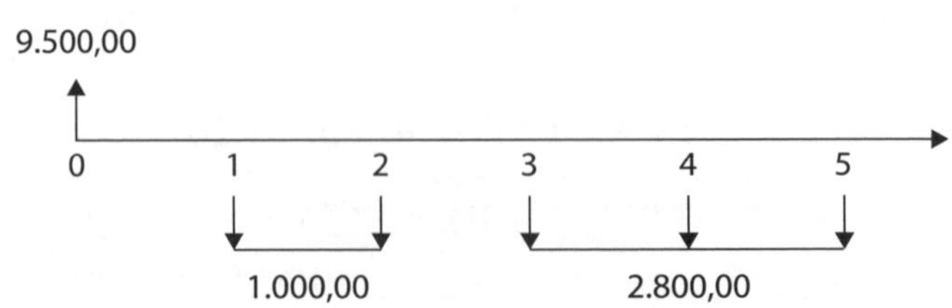

Observação

Para resolver este tipo de problema, devemos utilizar um procedimento específico, que fornece um valor aproximado para a taxa de juros desejada.

Inicialmente, devemos entender que estamos buscando uma taxa de juros que faça com que a soma de todas as saídas de caixa, descapitalizadas para a DF0, seja precisamente igual a R$ 9.500,00.

Em outras palavras, estamos procurando uma taxa mensal de juros que faz com que o saldo na DF0 de todas as movimentações do fluxo de caixa seja igual a zero (VPL = 0).

- *1º passo:* determinar, por meio de tentativas, um intervalo unitário que contém a taxa de juros procurada:

Procedimento	Observações
< f > < REG > 9500 < CHS > < g > < CFo > 1000 < g > < CFj > 2 < g > < Nj > 2800 < g > < CFj > 3 < g > < Nj >	Entrada de todas as movimentações do fluxo de caixa
1 < i > < f > < NPV > → R$ 542,90	1ª tentativa: i = 1% am VPL > 0
2 < i > < f > < NPV > → R$ 202,88	2ª tentativa: i = 2% am VPL > 0
3 < i > < f > < NPV > → -R$ 121,07	3ª tentativa: i = 3% am VPL < 0

Concluímos, assim, que a taxa de juros procurada está entre 2% am e 3% am.

- *2º passo:* refinar a solução obtida utilizando interpolação linear (regra de três):

Taxa mensal	VLP
2	R$ 202,88
i	R$ 0,00
3	- R$ 121,07

x (entre 2 e i) — R$ 202,88

1 (entre 2 e 3) — R$ 323,95

Assim:

$$\left.\begin{array}{l} 1\% \text{ ——— } 323{,}95 \\ \\ x \text{ ——— } 202{,}88 \end{array}\right\} \longrightarrow x = \frac{1 \, . \, 202{,}88}{323{,}95} = 0{,}63$$

e a taxa procurada é:

$$2 + 0{,}63 = 2{,}63\% \text{ am}$$

Resposta: 2,63% am.

A função *internal rate of return* (**IRR**), ou seja, taxa interna de retorno (TIR) da sua HP-12C fornece a taxa de juros que anula o VPL de um fluxo de caixa.

Assim, a função IRR pode ser utilizada para determinar a taxa de juros envolvida em séries mistas, como no caso do exemplo em questão.

4.13.1 PROCEDIMENTO PARA UTILIZAÇÃO DA FUNÇÃO < IRR >

- *1º passo:* entrar com o fluxo de caixa, conforme descrito quando da utilização da função NPV.
- *2º passo:* pressionar < f > < IRR >. O valor da TIR que aparece no visor será automaticamente armazenado no registro **i**.

Vamos utilizar a função < IRR > para resolver, novamente, o exemplo E 4.36.

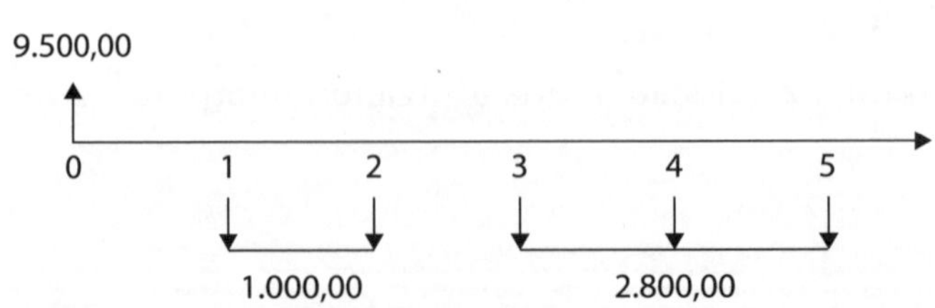

HP-12C	Observações
< f > < REG >	Limpeza dos registros.
9500 < CHS > < g > < CFo >	
1000 < g > < CFj >	Entrada de todas as movimentações do
2 < g > < Nj >	fluxo de caixa.
2800 < g > < CFj >	
3 < g > < Nj >	
< f > < IRR > → 2,62% am	TIR (taxa de juros que anula o NPV).
< f > < NPV > → -R$ 0,0000001	Valor do VPL para a TIR obtida.

Observações

1) O valor encontrado na resolução acima, que utiliza a função <IRR> (2,62%), difere da resolução que não utiliza a TIR (2,63%) em 0,01%. Essa diferença se deve apenas a erros de arredondamento.
2) Na introdução das movimentaçõcs do fluxo dc caixa, para o cálculo da TIR, podemos atribuir livremente os sinais positivo e negativo a essas movimentações. Assim, recomendamos ao leitor atribuir o sinal negativo à movimentação (entrada/saída) que possui o menor número de ocorrências. Lembre-se, entretanto, de que entradas e saídas devem ter obrigatoriamente sinais opostos.
3) A sequência de teclas final

   < f > < NPV > → -R$ 0,0000001

   é na verdade um teste, lembrando que a TIR deve anular o valor do VPL. É importante notar que modelos diferentes de calculadora podem gerar valores diferentes para o VPL (positivos ou negativos), que, entretanto, devem ser sempre muito próximos de zero.

4.13.2 OBSERVAÇÕES SOBRE A FUNÇÃO <IRR>

A calculadora pode demorar de alguns segundos até alguns minutos para produzir uma resposta para a TIR. Isso ocorre porque os cálculos matemáticos utilizados para determiná-la, mais complexos, envolvem uma série de iterações (cálculos sucessivos).

A cada iteração, a calculadora obtém uma estimativa para a TIR, que é empregada como taxa para o cálculo do VPL. A cada nova iteração, o VPL resultante da estimativa em questão é menor (se aproxima de zero).

Uma série de fatores pode impedir que se obtenha uma estimativa para a qual o VPL seja exatamente igual a zero. De qualquer forma, a estimativa que fornece um VPL suficientemente próximo de zero está muito próxima da TIR verdadeira.

Se for pressionada qualquer tecla durante o processo de cálculo da TIR este é interrompido, e a calculadora mostrará a estimativa da TIR que está sendo utilizada na iteração atual (desde que a primeira iteração já tenha sido efetuada).

Para avaliar a exatidão dessa estimativa basta calcular o VPL correspondente, pressionando a sequência de teclas

< f > < NPV >

Para continuar o processo de cálculo da TIR após uma interrupção, basta simplesmente pressionar a sequência de teclas:

< RCL > < g > < R/S >

4.13.3 A EXISTÊNCIA DE MÚLTIPLAS SOLUÇÕES PARA A TIR

Ao introduzir as movimentações de um fluxo de caixa, espera-se que a HP-12C tenha condições de determinar se existe uma TIR e qual o seu valor.

Entretanto, devido à maior complexidade do cálculo da TIR, se a sequência de movimentações do fluxo de caixa não acompanhar determinados critérios, a HP-12C não terá condições de determinar a existência de uma ou mais TIR.

Vamos listar todos os casos possíveis.

- *1º caso:* a calculadora fornece uma resposta positiva. Se a HP-12C fornecer uma resposta positiva, ela será única. Eventualmente poderão existir uma ou mais respostas negativas.
- *2º caso:* a calculadora apresenta a mensagem "ERROR 7". Essa mensagem indica que não existe TIR para o fluxo de caixa introduzido. Essa situação é provavelmente decorrente de erros cometidos na magnitude ou no sinal das movimentações do fluxo de caixa, ou, ainda, no número de ocorrências

consecutivas de uma determinada movimentação do fluxo de caixa. A mensagem "ERROR 7" também ocorre se não houver pelo menos uma movimentação positiva e uma negativa. Recomendamos, nestes casos, que o leitor reveja a introdução do fluxo de caixa.

- *3º caso:* a calculadora apresenta a mensagem "ERROR 3". Essa mensagem indica que o cálculo a ser efetuado é muito complexo, podendo envolver múltiplas soluções, e não poderá continuar a menos que o usuário forneça uma estimativa para a TIR.
- *4º caso:* a calculadora fornece uma resposta negativa. Nesse caso (claramente inconveniente), poderão existir outras respostas negativas e poderá haver uma ***única resposta positiva***. Nesse caso, para obter a única resposta positiva é necessário fornecer uma estimativa da TIR.

Entendemos que os procedimentos necessários para tratar o 3º e o 4º caso estão além dos objetivos deste curso (normalmente são estudados em um curso de pós-graduação, na disciplina Análise de Investimentos), e, por isso, não serão analisados.

Uma das formas de analisar a viabilidade econômica de um investimento é apurar se a TIR supera a taxa mínima de atratividade, como nos mostra o exemplo a seguir.

E 4.37 Supondo uma taxa mínima de atratividade da ordem de 8,90% am, determine:

a) a TIR de cada projeto;

b) se os projetos são viáveis sob o ponto de vista econômico.

Mês	Projeto A	Projeto B
0	– 20.000,00	– 5.000,00
1	– 8.000,00	– 4.000,00
2 a 10	2.500,00	– 2.000,00
11	3.900,00	–
12 a 18	4.300,00	5.400,00
19 a 20	–	6.900,00
21 a 25	5.400,00	8.000,00
26	–	3.000,00

Resolução:

Projeto A

< f > < REG >

20000 < CHS > < CFo >

8000 < CHS > < g > < CFj >

2500 < g > < CFj >

9 < g > < Nj >

3900 < g > < CFj >

4300 < g > < Cfj >

7 < g > < Nj >

0 < g > < CFj >

2 < g > < Nj >

5400 < g > < CFj >

5 < g > Nj >

< f > < IRR > → 9,02% am

< f > < NPV > → -0,0000003

Projeto B

< f > < REG >

5000 < CHS > < CFo >

4000 < CHS > < g > < CFj >

2000 < CHS > < g > < CFj >

9 < g > < Nj >

0 < g > < CFj >

5400 < g > < CFj >

7 < g > < Nj >

6900 < g > < CFj >

2 < g > < Nj >

8000 < g > < CFj >

5 < g > Nj >

3000 < g > < CFj >

< f > < IRR > → 8,73% am

< f > < NPV > → -0,0000003

Resposta: concluímos, assim, que apenas o projeto A é viável economicamente.

4.14 EXERCÍCIOS RESOLVIDOS

R 4.1 Uma revenda de eletrodomésticos pretende oferecer um refrigerador nas seguintes condições: R$ 3.000,00 à vista ou uma entrada mais 6 parcelas mensais e consecutivas de R$ 500,00, vencendo a primeira 150 dias após a compra. Supondo que a revenda pretende utilizar uma taxa de juros de 3,83% am, determine o valor da entrada.

Resolução 1:

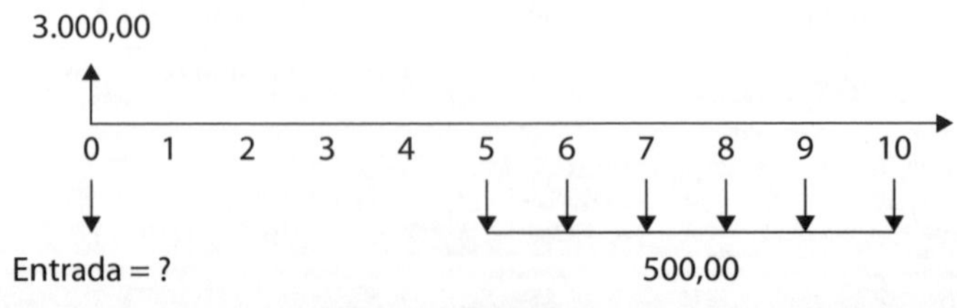

- *1º passo:* inicialmente vamos determinar o PV da renda na DF4 (tratar a renda como imediata):

< f > < REG > 500 < CHS > < PMT > 6 < n > 3,83 < i > < g > < END >

< PV > → R$ 2.635,64

- *2º passo:* a seguir, vamos descapitalizar R$ 2.635,64 da DF4 para a DF0:

< f > < FIN > 2635,64 < CHS > < FV > 3,83 < i > 4 < n > < PV > → R$ 2.267,75

- *3º passo:* ora, como a revenda estipulou a venda à vista em R$ 3.000,00, para que a venda a prazo apresente a mesma rentabilidade a entrada deve ter o valor de:

3.000,00 – 2.267,75 = R$ 732,25

Resposta: R$ 732,25.

Resolução 2:

Vamos utilizar a função < NPV > para determinar o saldo na DF0 de todas as movimentações do fluxo de caixa:

HP-12C

< f > < REG >

0 < g > < CFo >

5 < g > < Nj >

500 < g > < CFj >

6 < g > < Nj >

3,83 < i >

< f > < NPV > → R$ 2.267,74

Observação

Caso o modelo utilizado da HP-12C não aceite a sequência de teclas:

0 < g > < CFo >

5 < g > < Nj >

O leitor deve substituí-la pela sequência:

0 < g > < CFo >

0 < g > < CFj >

4 < g > < Nj >

Subtraindo o valor obtido de R$ 3.000,00, obtemos o valor da entrada:

3.000,00 – 2.267,74 = R$ 732,26

Resposta: R$ 732,26.

Observação

A diferença de R$ 0,01 encontrada se deve apenas a erros de arredondamento.

R 4.2 Um automóvel está sendo oferecido mediante uma entrada de 10% sobre o preço à vista mais 24 prestações mensais consecutivas de R$ 570,00, vencendo a primeira 30 dias após a entrada. Um comprador em potencial faz ao vendedor a seguinte contraproposta: 15% à vista mais 36 prestações mensais iguais e consecutivas, vencendo a primeira 90 dias após a entrada. Supondo que a revenda aceite a proposta desde que seja mantida uma taxa de juros de 2,2% am, determine o valor das prestações, bem como o preço à vista do automóvel.

Resolução:

Proposta

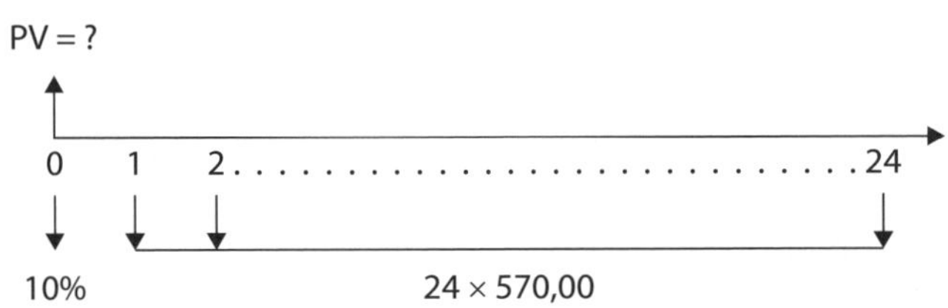

- *1º passo:* determinar o PV da renda na DF0 (tratar a renda como imediata):

< f > < REG > 570 < CHS > < PMT > 24 < n > 2,2 < i > < g > < END >

< PV > → R$ 10.540,62

- *2º passo:* como o valor acima foi gerado após o pagamento de uma entrada de 10%, segue que ele representa:

$$PV - 10\% \text{ de } PV = 90\% \text{ de } PV$$ (90% do preço à vista do automóvel)

e o preço à vista do automóvel é:

$$0{,}90\ PV = 10.540{,}62 \quad \Rightarrow \quad \mathbf{PV = R\$\,11.711{,}80}$$

Resposta: R$ 11.711,80.

Contraproposta

A contraproposta do cliente pode ser apresentada no seguinte fluxo de caixa:

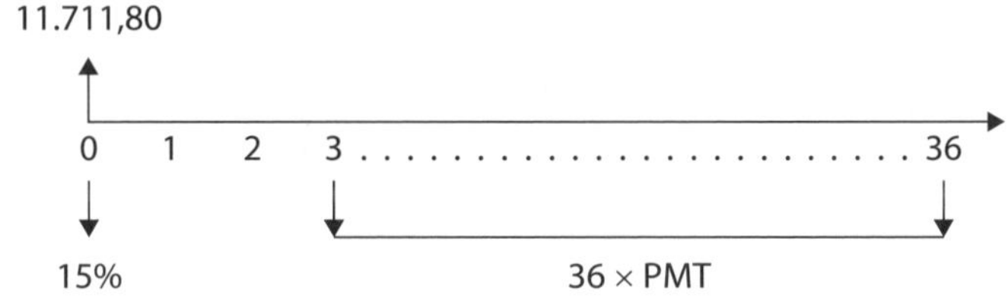

- *3º passo:* capitalizar o valor do preço à vista (R$ 11.711,80) menos a entrada (15%) para a DF3:

< f > < REG > 11711,80 < ENTER > 15 < % > < – > < CHS > < PV > 3 < n > 2,2 < i >

< PV > → R$ 10.626,62

- *4º passo:* determinar o PMT de uma renda antecipada:

< f > < FIN > 10626,62 < CHS > < PV > 2,2 < i > 36 < n > < g > < BEG >

< PMT > → R$ 421,16

Resposta: R$ 421,16.

R 4.3 Um empréstimo de R$ 4.500,00 foi obtido a uma taxa de juros compostos no valor de 2,8% am, para ser pago nas seguintes condições:

- 5 parcelas mensais consecutivas de R$ 500,00, vencendo a primeira 30 dias após o empréstimo;
- 1 parcela de valor desconhecido, 90 dias após a última parcela de R$ 500,00;
- 4 parcelas de R$ 550,00, vencendo a primeira 30 dias após o pagamento da parcela desconhecida.

Nessas condições, determine o valor da parcela desconhecida.

Resolução:

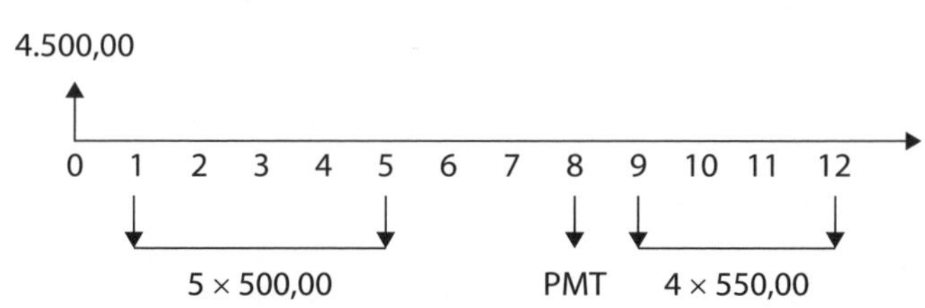

- *1º passo:* vamos utilizar a função NPV para determinar o saldo na DF0 de todas as movimentações do fluxo de caixa, à exceção da parcela desconhecida:

< f > < REG >

4500 < g > < CFo >

500 < CHS > < g > < CFj >

5 < g > < Nj >

0 < g > < CFj >

3 < g > < Nj >

550 < CHS > < g > < CFj >

4 < g > < Nj >

2,8 < i >

< f > < NPV > → R$ 549,98

- *2º passo:* nosso problema agora se resume a determinar que valor deve ser pago na DF8, de modo a quitar uma dívida de R$ 549,98 contraída na DF0, com uma taxa de juros de 2,8% am:

< f > < REG > 549,98 < CHS > < PV > 8 < n > 2,8 < i > < FV > → R$ 685,95

Resposta: R$ 685,95.

R 4.4 Uma pessoa contraiu uma dívida a ser paga em 12 parcelas mensais e consecutivas de R$ 375,00. Pagou as duas primeiras parcelas e, devido a um imprevisto, deixou de pagar as parcelas seguintes. Na data do vencimento da 11ª parcela, procurou o credor com o intuito de liquidar a dívida. Sabendo que será utilizada uma taxa de juros de 4,5% am, determine o valor a ser pago de modo a liquidar a dívida.

Resolução:

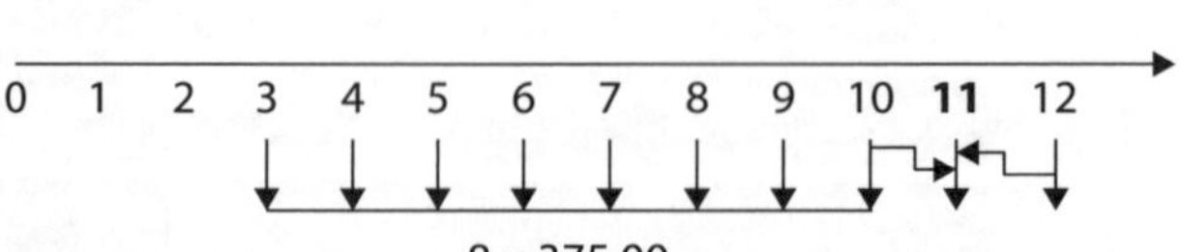

- *1º passo:* determinar o FV de uma renda formada por 8 parcelas de R$ 375,00 (3ª a 10ª parcela) na DF11 (tratar a renda como antecipada):

< f > < REG > 375 < CHS > < PMT > 8 < n > 4,5 < i > < g > < BEG >

< FV > → R$ 3.675,79

- *2º passo:* descapitalizar a 12ª parcela da DF12 para a DF11:

< f > < REG > 375 < CHS > < FV > 1 < n > 4,5 < i > < PV > → R$ 358,85

- *3º passo:* assim, o valor a ser pago na DF11 de modo a quitar a dívida corresponde à soma dos valores obtidos acima mais a 11ª parcela no valor de R$ 375,00.

$$3.675,79 + 358,85 + 375,00 = R\$\ 4.409,64$$

Resposta: R$ 4.409,64.

R 4.5 Uma dívida no valor de R$ 15.000,00 deve ser paga em 5 parcelas iguais vencíveis em 29, 38, 46, 53 e 62 dias, respectivamente. Determine o valor das parcelas supondo que está sendo utilizada uma taxa de juros de 5,6% am.

Resolução:

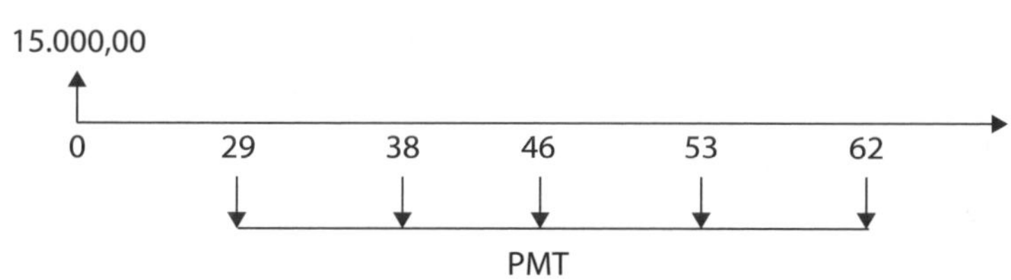

- *1º passo:* descapitalizar a primeira parcela da DF29 para a DF0:

$$FV = PV\,(1+i)^{n} \quad \Rightarrow \quad PMT = PV_1(1 + 0,056)^{29/30} \quad \Rightarrow \quad PV_1 = \frac{PMT}{1,056^{29/30}} \quad \Rightarrow$$

$$\Rightarrow \quad PV_1 = \frac{PMT}{1,0541} \quad \Rightarrow \quad PV_1 = 0,9487.PMT$$

- *2º passo:* descapitalizar a segunda parcela da DF38 para a DF0:

$$FV = PV\,(1+i)^n \;\Rightarrow\; PMT = PV_2(1+0{,}056)^{38/30} \;\Rightarrow\; PV_2 = \frac{PMT}{1{,}056^{38/30}} \;\Rightarrow$$

$$\Rightarrow\; PV_2 = \frac{PMT}{1{,}0715} \;\Rightarrow\; PV_2 = 0{,}9333.PMT$$

- *3º passo:* descapitalizar a segunda parcela da DF46 para a DF0:

$$FV = PV\,(1+i)^n \;\Rightarrow\; PMT = PV_3(1+0{,}056)^{46/30} \;\Rightarrow\; PV_3 = \frac{PMT}{1{,}056^{46/30}} \;\Rightarrow$$

$$\Rightarrow\; PV_3 = \frac{PMT}{1{,}0871} \;\Rightarrow\; PV_3 = 0{,}9198.PMT$$

- *4º passo:* descapitalizar a segunda parcela da DF53 para a DF0:

$$FV = PV\,(1+i)^n \;\Rightarrow\; PMT = PV_4(1+0{,}056)^{53/30} \;\Rightarrow\; PV_4 = \frac{PMT}{1{,}056^{53/30}} \;\Rightarrow$$

$$\Rightarrow\; PV_4 = \frac{PMT}{1{,}1010} \;\Rightarrow\; PV_4 = 0{,}9082.PMT$$

- *5º passo:* descapitalizar a segunda parcela da DF62 para a DF0:

$$FV = PV\,(1+i)^n \;\Rightarrow\; PMT = PV_5(1+0{,}056)^{62/30} \;\Rightarrow\; PV_5 = \frac{PMT}{1{,}056^{62/30}} \;\Rightarrow$$

$$\Rightarrow\; PV_5 = \frac{PMT}{1{,}1192} \;\Rightarrow\; PV_5 = 0{,}8935.PMT$$

- *6º passo:* finalmente, como a soma das 5 parcelas descapitalizadas para a DF0 devem corresponder ao preço à vista, resulta:

$$PV_1 + PV_2 + PV_3 + PV_4 + PV_5 = 15.000$$

$$0{,}9487.PMT + 0{,}9333.PMT + 0{,}9198.PMT + 0{,}9082.PMT + 0{,}8935.PMT = 15.000$$

ou, ainda:

$$4.6035.\text{PMT} = 15.000 \Rightarrow \text{PMT} = \text{R\$ } 3.258{,}39$$

Resposta: R$ 3.258,39.

R 4.6 Com o intuito de realizar uma viagem daqui a 12 meses, uma pessoa pretende construir uma poupança de modo a acumular R$ 30.000,00. Para isto, pretende efetuar depósitos mensais e consecutivos no valor de R$ 2.000,00, que serão remunerados a uma taxa de 1,7% am. Sabendo que na data correspondente ao terceiro depósito, tendo em vista uma participação nos lucros, terá disponibilidade de efetuar um depósito maior, determine de quanto deve ser esse depósito para que a poupança apresente um saldo de R$ 30.000,00 na data prevista.

Resolução:

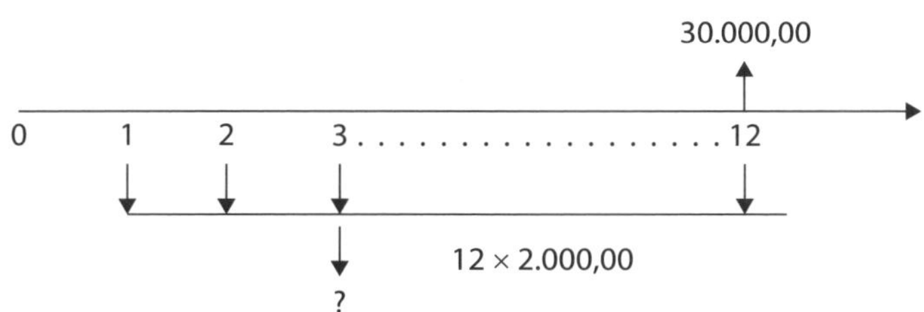

- *1º passo:* determinar o FV da renda formada pelas 12 parcelas de R$ 2.000,00 na DF12 (tratar a renda como imediata):

< f > < REG > 2000 < CHS > < PMT > 1,7 < i > 12 < n > < g > < END >

< FV > → R$ 26.376,16

- *2º passo:* observamos, assim, que a poupança, na data prevista para a viagem (DF12), vai apresentar um déficit de:

30000 < ENTER > 26376,16 < – > → R$ 3.623,84

- *3º passo:* consequentemente, nosso problema se resume a saber quanto deve ser depositado na DF3 (além dos R$ 2.000,00) de modo a produzir, na DF12, um excedente no valor de R$ 3.623,84:

< f > < REG > 3623,84 < CHS > < FV > 9 < n > 1,7 < i > < PV > → R$ 3.113,73

Resposta: R$ 3.113,73 (assim, o valor total a ser depositado é de R$ 5.113,73).

R 4.7 Determine o preço à vista de uma mercadoria que está sendo oferecida em 10 parcelas mensais consecutivas de R$ 348,00, vencendo a primeira 23 dias após a compra. Suponha que está sendo utilizada uma taxa de juros de 8,5% am.

Resolução:

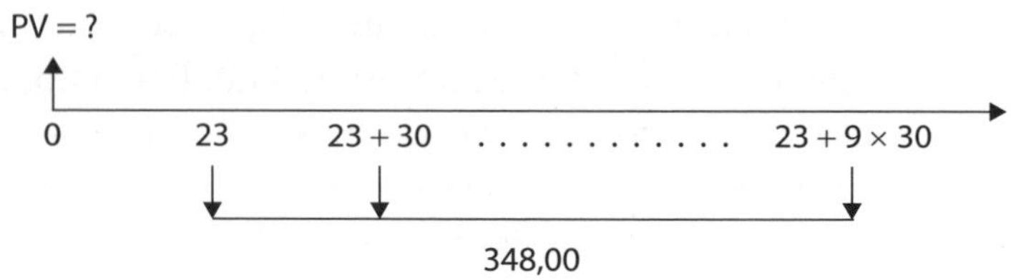

- *1º passo:* determinar o PV da renda na DF23 (tratar a renda como antecipada):

< f > < REG > 348 < CHS > < PMT > 10 < n > < 8,5 > < i > < g > < BEG >

< PV > → R$ 2.477,43

- *2º passo:* descapitalizar R$ 2.477,43 da DF23 para a DF0:

< f > < REG > 2477,43 < CHS > < FV > 8,5 < i > 23 < ENTER > 30 < ÷ > < n >

< PV > → R$ 2.327,23

Resposta: R$ 2.327,23.

R 4.8 Uma mercadoria cujo preço à vista é de R$ 2.170,00 está sendo oferecida a prazo em vários planos de pagamentos mensais, a saber:

- *1º plano:* 12 pagamentos de R$ 225,00, vencendo o primeiro 30 dias após a compra.
- *2º plano:* 15 pagamentos de R$ 170,00, vencendo o primeiro no ato da compra.
- *3º plano:* 10 pagamentos de R$ 265,00, vencendo o primeiro 60 dias após a compra.
- *4º plano:* uma entrada no valor de 30% mais 6 pagamentos de R$ 300,00, vencendo o primeiro 90 dias após a entrada.

Nessas condições, determine qual dos planos de pagamento está utilizando a menor taxa de juros.

Resolução:

1º plano:

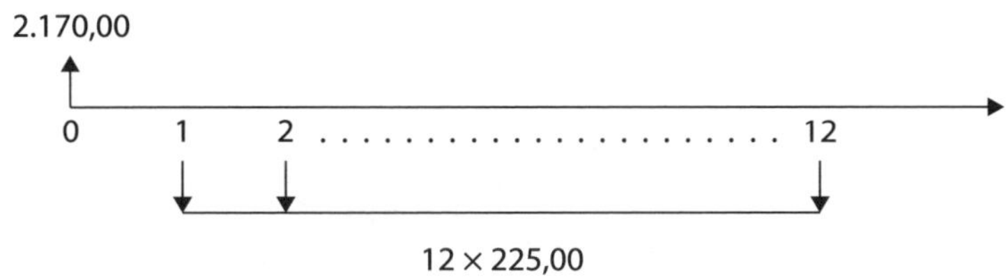

< f > < REG >

2170 < g > < CFo >

225 < CHS > < g > < CFj >

12 < g > < Nj >

< f > < IRR > → 3,53% am

2º plano:

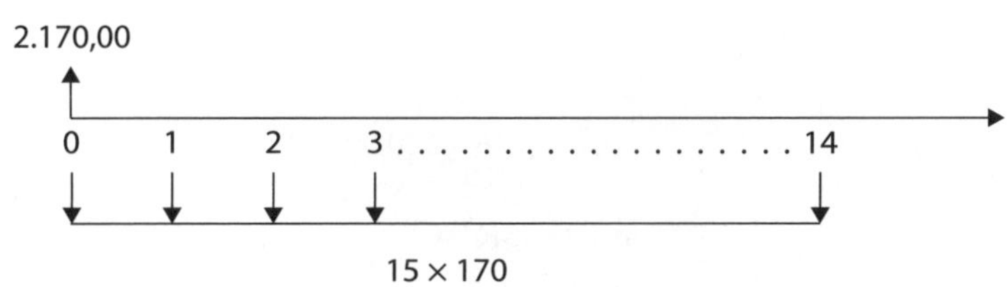

< f > < REG >

2170 < ENTER > 170 < – > < g > < CFo >

170 < CHS > < g > < CFj >

14 < g > < Nj >

< f > < IRR > → 2,41% am

3º plano:

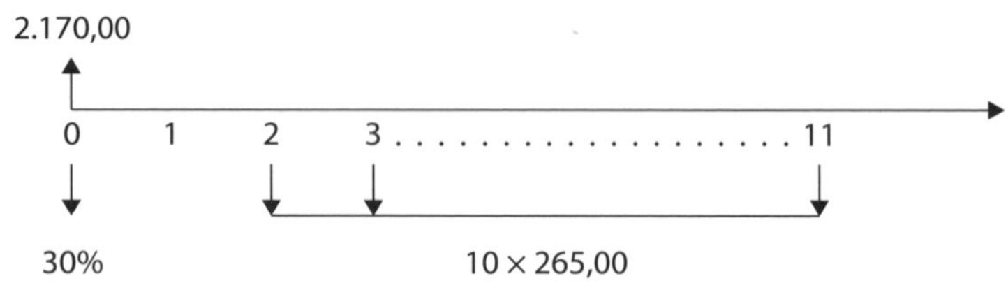

< f > < REG >

2170 < g > < CFo >

0 < g > < CFj >

265 < CHS > < g > < CFj >

10 < g > < Nj >

< f > < IRR > → 3,19% am

4º plano:

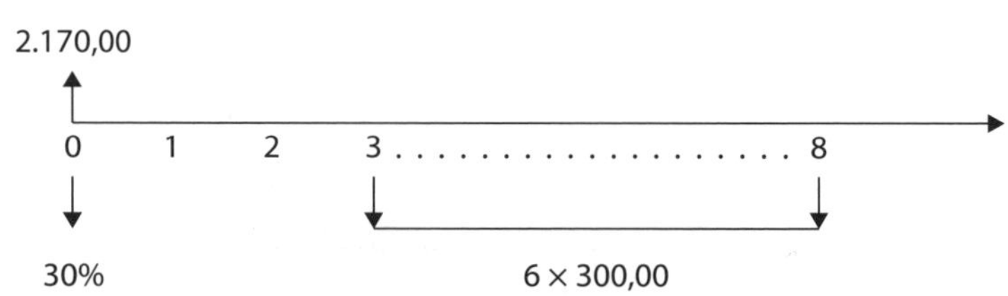

< f > < REG >

2170 < ENTER > < 30 > < % > < – > < g > < CFo >

0 < g > < CFj >

2 < g > < Nj >

300 < CHS > < g > < CFj >

6 < g > < Nj >

< f > < IRR > → 3,16% am

Resposta: o 2º plano está utilizando a menor taxa de juros.

R 4.9 Uma mercadoria cujo preço à vista é de R$ 3.570,00 está sendo oferecida nas seguintes condições: uma entrada de 10% sobre o preço à vista, R$ 1.000,00 em 45 dias, R$ 1.500,00 em 65 dias e R$ 2.000,00 em 90 dias. Determine a taxa mensal de juros que está sendo utilizada na venda a prazo.

Resolução:

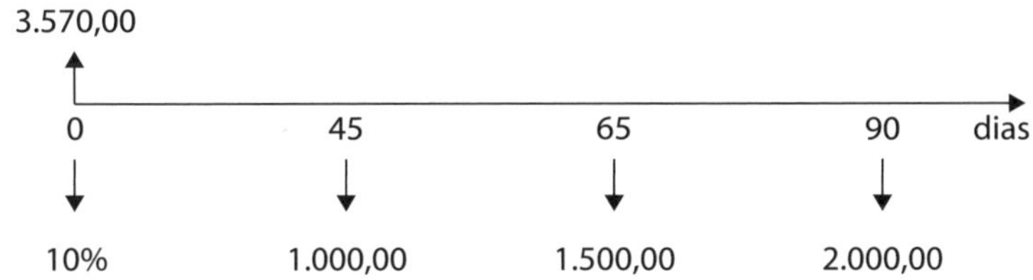

< f > < REG >
3570 < ENTER > < 10 > < % > < – > < g > < CFo >
0 < g > < CFj > 44< g > < Nj >
1000 < CHS > < g > < CFj >
0 < g > < CFj > 19 < g > < Nj >
1500 < CHS > < g > < CFj >
0 < g > < CFj > 24 < g > < Nj >
2000 < CHS > < g > < CFj >
< f > < IRR > → 0,48% ad

Taxa mensal equivalente
Programa 01
0,48 < i >
30 < ENTER > 1 < ÷ > < n >
< g > < GTO > (0)01
< R/S > → 15,45% am

R 4.10 Uma pessoa necessita efetuar duas retiradas iguais de R$ 1.500,00 nos dias 1º de outubro e 1º de dezembro de determinado ano. Para isto, pretende formar uma poupança efetuando depósitos mensais e consecutivos no primeiro dia dos 7 primeiros meses do mesmo ano.

a) Determine qual deve ser o valor dos depósitos, supondo que eles serão remunerados a uma taxa de 2,5% am.

b) Se esta pessoa só puder fazer depósitos no valor de R$ 300,00, determine a taxa mensal de juros necessária para efetuar as retiradas na data prevista.

Resolução:

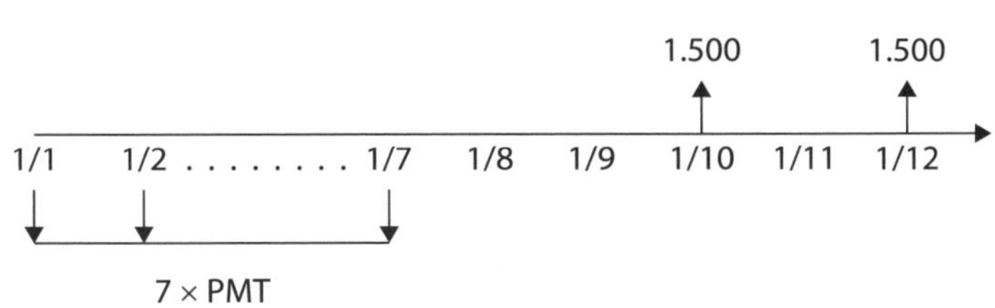

a) Valor dos depósitos:

- *1º passo:* descapitalizar R$ 1.500,00 da DF 1º de outubro para a DF 1º de julho:

< f > < REG > 1500 < CHS > < FV > 3 < n > 2,5 < i > < PV > → R$ 1.392,90

- *2º passo*: Descapitalizar R$ 1.500,00 da DF 1º de dezembro para a DF 1º de julho:

< f > < FIN > 1500 < CHS > < FV > 5 < n > 2,5 < i > < PV > → R$ 1.325,78

- *3º passo:* somar na DF 1º de julho, os resultados obtidos em a e b.

1392,90 + 1.325,78 = R$ 2.718,68

- *4º passo:* determinar o PMT de uma renda mensal imediata, de 7 termos, da qual se conhecem os parâmetros **FV**, **i** e **n**:

< f > < FIN > 2718,68 < CHS > < FV > 7 < n > 2,5 < i > < g > < END >

< PMT > → R$ 360,21

Resposta: R$ 360,21.

b) Taxa de juros:

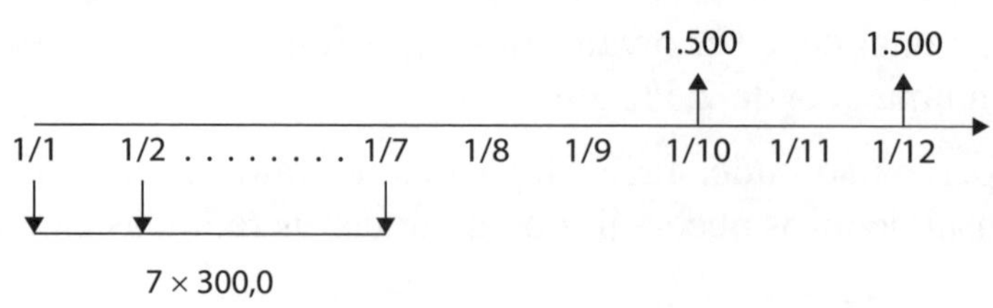

< f > < REG >

300 < CHS > < g > < CFo >

300 < CHS > < g > < CFj >

6 < g > < Nj >

0 < g > < CFj >

2 < g > < Nj >

1500 < g > < CFj >

0 < g > < CFj >

1500 < g > < CFj >

< f > < IRR > → 5,17% am

Resposta: 5,17% am.

R 4.11 Uma pessoa contraiu um empréstimo no valor de R$ 45.000,00 a ser liquidado da seguinte forma: 10% sobre o valor do montante do empréstimo após 60 dias, 20% sobre o valor do montante do empréstimo após 120 dias, 10 parcelas trimestrais, vencendo a primeira 180 dias após a efetivação do empréstimo. Determine o valor dessas parcelas, sabendo que está sendo utilizada uma taxa de juros de 8,3% am

Resolução:

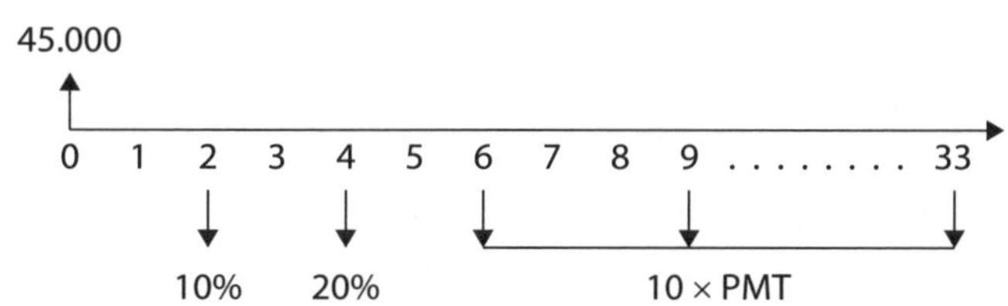

- *1º passo:* capitalizar o empréstimo de R$ 45.000,00 da DF0 para a DF2:

< f > < REG > 45000 < CHS > < PV > 2 < n > 8,3 < i > < FV > → R$ 52.780,01

- *2º passo:* efetuar o pagamento de 10% do montante da dívida na DF2:

52780,01 < ENTER > 10 < % > < – > → R$ 47.502,01

- *3º passo:* capitalizar o montante do empréstimo da DF2 para a DF4:

< f > < REG > 47502,01 < CHS > < PV > 2 < n > 8,3 < i > < FV > → R$ 55.714,59

- *4º passo:* efetuar o pagamento de 20% do montante da dívida na DF4:

55714,59 < ENTER > 20 < % > < – > → R$ 44.571,67

- *5º passo:* capitalizar o montante do empréstimo da DF4 para a DF6:

< f > < REG > 44571,67 < CHS > < PV > 2 < n > 8,3 < i > < FV > → R$ 52.277,62

- *6º passo:* determinar a taxa trimestral equivalente à taxa mensal de 8,3% am:

Programa 01:

8,3 < i > 3 < ENTER > 1 < ÷ > < n > < g > < GTO > (0)01 < R/S > → 27,02% at

- *7º passo:* determinar o PMT de uma renda trimestral antecipada da qual se conhecem os parâmetros **PV**, **i** e **n**:

< f > < REG > 52277,62 < CHS > < PV > 10 < n > 27,02 < i > < g > < BEG >

< PMT > → R$ 12.240,24

Resposta: R$ 12.240,24.

R 4.12 Uma pessoa tem uma dívida com uma instituição financeira a ser paga em 24 prestações mensais consecutivas de R$ 935,00, com juros de 4,15% am. Entretanto, ao receber uma participação nos lucros de R$ 6.530,00, procurou a Financeira na data do vencimento da primeira parcela, com o intuito de liquidar antecipadamente algumas das prestações. Determine quantas prestações podem ser liquidadas, supondo que serão pagas antecipadamente:

a) as primeiras prestações;

b) as últimas prestações.

Resolução:

a) Liquidação antecipada das primeiras prestações:

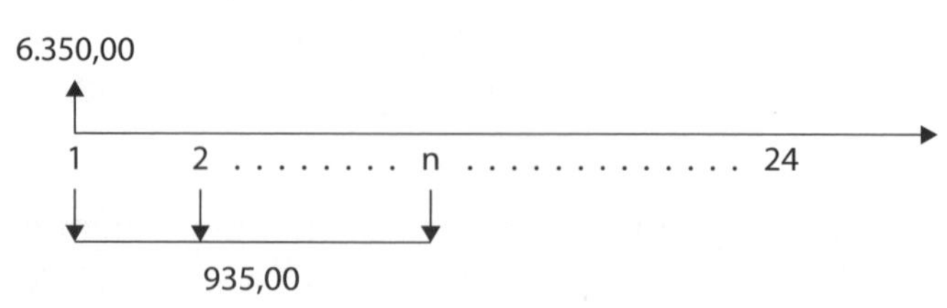

Determinar o número de parcelas de uma renda antecipada da qual se conhecem os parâmetros **PV**, **PMT** e **i**:

< f > < REG > 6350 < CHS > < PV > 4,15 < i > 935 < PMT > < g > < BEG >

< n > → 8 parcelas

Observação

Lembrando que a HP-12C arredonda o valor de **n**, se necessário, para o número inteiro imediatamente superior, vamos verificar se o valor obtido foi efetivamente arredondado:

< PMT > → R$ 911,19 (< R$ 935,00)

Concluímos, assim, que efetivamente ocorreu o arredondamento.

Resposta: o número correto de parcelas iniciais a serem liquidadas antecipadamente é 7.

b) Liquidação antecipada das últimas prestações:

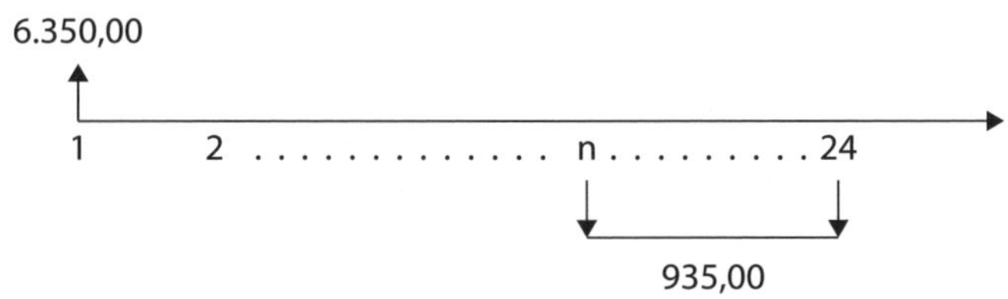

- *1º passo:* capitalizar R$ 6.350,00 da DF1 para DF24:

< f > < REG > 6350 < CHS > < PV > 23 < n > 4,15 < i > < FV > → 16.178,45

- *2º passo:* determinar o número de parcelas de uma renda imediata da qual se conhecem os parâmetros **FV**, **PMT** e **i**.

< f > < FIN > 16178,45 < CHS > < FV > 4,15 < i > 935 < PMT > < g > < END >

< n > → 14 parcelas

Observação

Como a HP-12C arredonda o valor de **n**, se necessário, para o número inteiro imediatamente superior, vamos verificar se o valor obtido foi efetivamente arredondado:

< PMT > → R$ 875,40 (<R$ 935,00)

Concluímos, assim, que de fato ocorreu o arredondamento.

Resposta: o número correto de parcelas finais a serem liquidadas antecipadamente é 13.

R 4.13 Uma pessoa tem uma dívida com uma instituição financeira a ser paga em 48 prestações mensais consecutivas de R$ 500,00, com juros de 3,75% am. Entretanto, ao receber uma participação nos lucros de R$ 8.700,00, procurou a Financeira, 90 dias antes do vencimento da primeira prestação, com o intuito de liquidar antecipadamente algumas das prestações. Determine quantas prestações podem ser liquidadas, supondo que serão pagas antecipadamente:

a) as primeiras prestações;

b) as últimas prestações.

Resolução:

a) Liquidação antecipada das primeiras prestações:

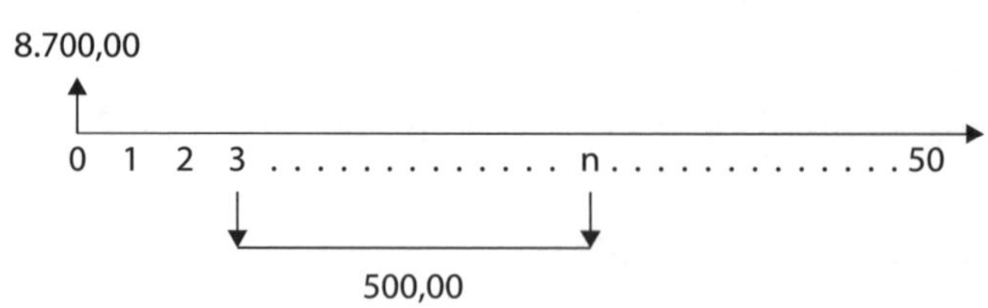

- *1º passo:* capitalizar R$ 8.700,00 da DF0 para a DF2:

< f > < REG > 8700 < CHS > < PV > 2 < n > 3,75 < i > < FV > → R$ 9.364,73

- *2º passo:* determinar o número de parcelas de uma renda imediata da qual se conhecem os parâmetros **PV**, **PMT** e **i**:

< f > < REG > 9364,73 < CHS > < PV > 3,75 < i > 500 < PMT > < g > < END >

< n > → 33 parcelas

Observação

Como a HP-12C arredonda o valor de **n**, se necessário, para o número inteiro imediatamente superior, vamos verificar se o valor obtido foi efetivamente arredondado:

< PMT > → R$ 499,36 (<R$ 500,00)

Concluímos, assim, que de fato ocorreu o arredondamento.

Resposta: o número correto de parcelas iniciais a serem liquidadas antecipadamente é 32.

b) Liquidação antecipada das últimas prestações:

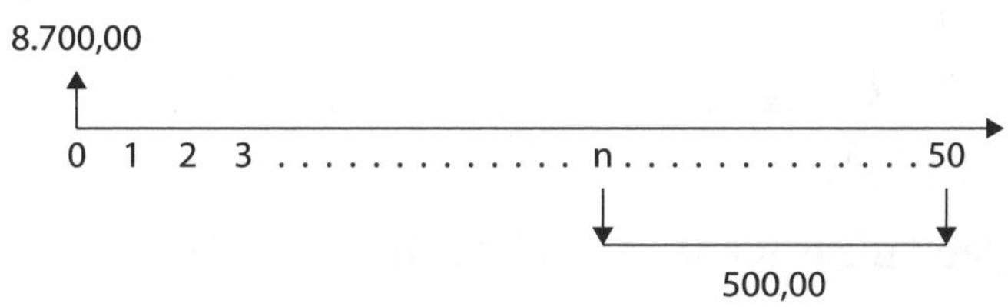

- *1º passo:* capitalizar R$ 8.700,00 da DF0 para DF50:

< f > < REG > 8700 < CHS > < PV > 50 < n > 3,75 < i > < FV > → R$ 54.818,17

- *2º passo:* determinar o número de parcelas de uma renda imediata da qual se conhecem os parâmetros **FV**, **PMT** e **i**:

< f > < REG > 54818,17 < CHS > < FV > 3,75 < i > 500 < PMT > < g > < END >

< n > → 45 parcelas

Observação

Como a HP-12C arredonda o valor de **n**, se necessário, para o número inteiro imediatamente superior, vamos verificar se o valor obtido foi efetivamente arredondado:

< PMT > → R$ 484,65 (<R$ 500,00)

Concluímos, assim, que de fato ocorreu o arredondamento.

Resposta: o número correto de parcelas finais a serem liquidadas antecipadamente é 44.

R 4.14 Um empréstimo de R$ 10.000,00 deve ser pago em 36 prestações mensais, iguais e consecutivas, com juros de 5,60% am. Determine o valor das prestações sabendo que a primeira delas deve ser paga 10 dias após a liberação do dinheiro.

Resolução

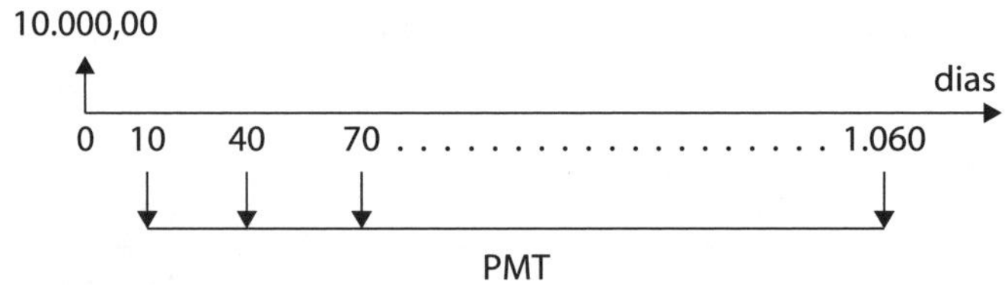

- *1º passo:* capitalizar R$ 10.000,00 da DF0 para DF10:

< f > < REG > 10000 < CHS > < PV > 5,6 < i > 10 < ENTER > 30 < ÷ > < n >

< FV > → R$ 10.183,29

- *2º passo:* determinar o PMT de uma renda antecipada da qual se conhecem os parâmetros **PV**, **n** e **i**:

< f > < REG > 10183,29 < CHS > < PV > 36 < n > 5,6 < i > < g > < BEG >

< PMT > → R$ 628,40

Resposta: R$ 628,40.

R 4.15 Um empréstimo no valor de R$ 10.000,00 deve ser pago em 20 prestações iguais com juros de 3% am. Determine o valor das prestações, admitindo as seguintes condições de pagamento:

- o primeiro pagamento deve ocorrer 15 dias após o recebimento do dinheiro;
- o segundo pagamento deve ocorrer 15 dias após o pagamento da primeira prestação;
- as demais prestações devem ser pagas de 30 em 30 dias.

Resolução:

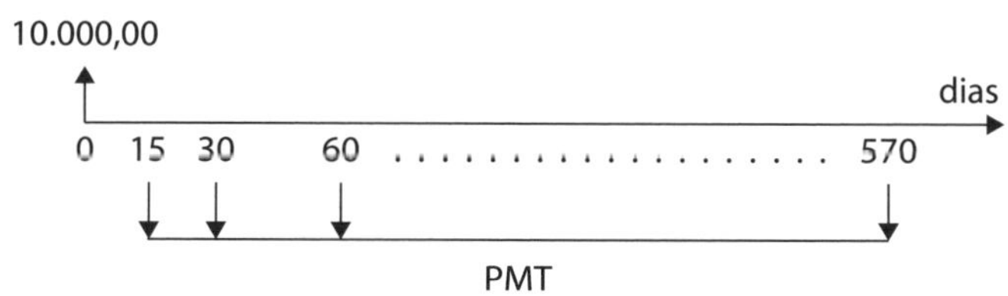

Observação

A insuficiência de parâmetros conhecidos impede que este exercício seja resolvido com o auxílio das teclas financeiras.

- *1º passo:* descapitalizar a primeira parcela da DF15 para a DF0:

$$FV = PV.(1+i)^{n} \quad \Rightarrow \quad PMT = PV_1.(1+0{,}03)^{15/30} \quad \Rightarrow \quad PMT = PV_1.1{,}0149 \quad \Rightarrow$$

$$PV_1 = \frac{PMT}{1.0149} \quad \Rightarrow \quad PV_1 = 0{,}9853.PMT$$

- *2º passo:* determinar o PV na DF0, de uma renda formada por 19 parcelas PMT (tratar a renda como imediata) com taxa de 3% am:

$$PV = PMT.\frac{1-(1+i)^{-n}}{i} \quad \Rightarrow \quad PV_2 = PMT.\frac{1-(1+0{,}03)^{-19}}{0{,}03} \quad \Rightarrow \quad PV_2 = 14{,}3238.PMT$$

- *3º passo:* como

$$PV_1 + PV_2 = 10.000$$

segue que

$$0{,}9853.PMT + 14{,}3238.PMT = 10.000 \Rightarrow 15{,}3091.PMT = 10.000 \Rightarrow$$

$$\Rightarrow \mathbf{PMT = R\$\,653{,}21}$$

Resposta: R$ 653,21.

R 4.16 Um imóvel no valor de R$ 850.000,00 está sendo oferecido nas seguintes condições:

- uma parcela correspondente a 5% do valor à vista, 30 dias após a efetivação do negócio;
- uma parcela única de R$ 30.000,00, 30 dias após a parcela de 5%;
- 48 parcelas mensais consecutivas de R$ 20.000,00, vencendo a primeira 30 dias após a parcela de R$ 30.000,00;
- 36 parcelas mensais consecutivas de R$ 10.000,00, vencendo a primeira 30 dias após o pagamento da última parcela de R$ 20.000,00;
- 14 parcelas semestrais consecutivas, vencendo a primeira 180 dias após a efetivação do negócio.

Determine o valor das parcelas semestrais, sabendo que está sendo utilizada uma taxa de juros de 2,35% am.

Resolução:

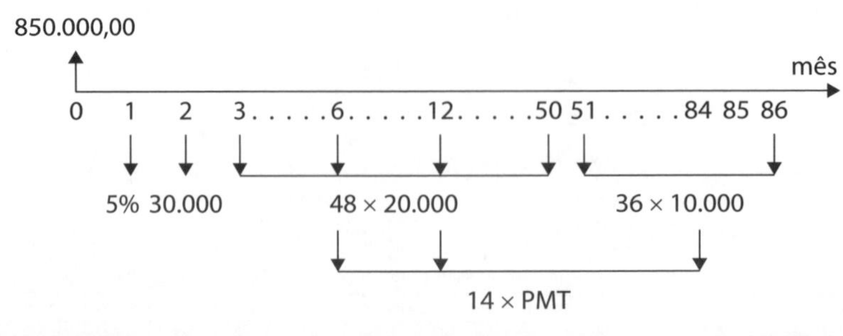

- *1º passo:* determinar o NPV da série mista ignorando as parcelas semestrais.

< f > < REG >

850000 < g > < CFo >

850000 < ENTER > 5 < % > < CHS > < g > < CFj >

30000 < CHS > < g > < CFj >

20000 < CHS > < g > < CFj >

48 < g > < Nj >

10000 < CHS > < g > < CFj >

36 < g > < Nj >

2,35 < i >

< f > < NPV > → 158.344,40

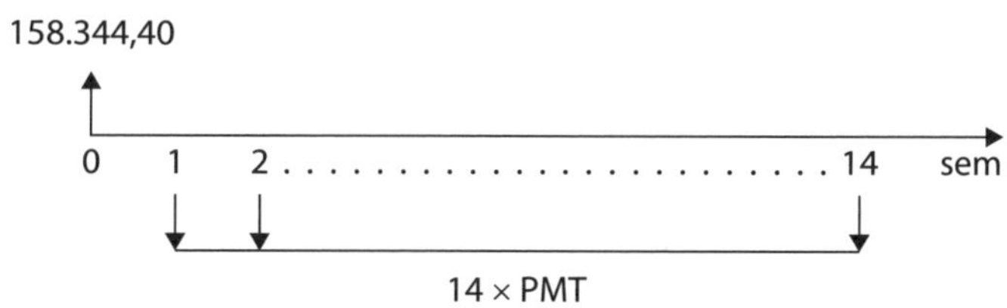

- *2º passo:* taxa semestral equivalente:

Programa 01

2,35 < i > 6 < ENTER > 1 < ÷ > < n > < g > < GTO > (0)01 < R/S > → 14,95% as

Nosso problema agora se resume a determinar o PMT de uma renda semestral imediata, da qual se conhecem os parâmetros **PV**, **n** e **i**:

< f > < FIN > 158.344,40 < CHS > < PV > 14 < n > 14,95 < i > < g > < END >

< PMT > → R$ 27.596,48

Resposta: R$ 27.596,48.

R 4.17 Determine o preço à vista de um apartamento que está sendo oferecido nas condições a seguir, com juros de 2,73% am:

- R$ 19.500,00 de entrada;
- R$ 10.000,00 após 30 dias da entrada;

- 3 parcelas anuais de R$ 7.500,00, vencendo a primeira 360 dias após a entrada;
- 3 parcelas mensais de R$ 3.500,00, vencendo a primeira 60 dias após a entrada;
- 40 parcelas mensais de R$ 1.000,00, vencendo a primeira 150 dias após a entrada.

Resolução:

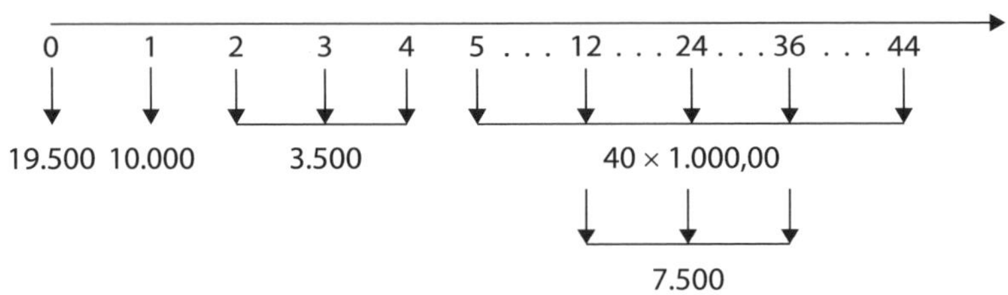

Utilizando a função NPV, resulta:

< f > < REG >
19500 < g > < CFo >
10000 < g > < CFj >
3500 < g > < CFj >
3 < g > < Nj >
1000 < g > < CFj >
7 < g > < Nj >
8500 < g > CFj >
1000 < g > < CFj >
11 < g > < Nj >
8500 < g > < CFj >
1000 < g > < CFj >
11 < g > < Nj >
8500 < g > < g > CFj >
1000 < g > < CFj >
8 < g > < Nj >
2,73 < i >
< f > < NPV > → R$ 72.814,21

Resposta: R$ 72.814,21.

R 4.18 Um imóvel cujo preço à vista é de R$ 100.000,00 foi vendido mediante uma entrada de 30% (sobre o preço à vista), 50 parcelas mensais, iguais e consecutivas, com valor em aberto, mais 8 parcelas semestrais no valor de R$ 5.000,00, vencendo a primeira 180 dias após a entrada. Sabendo que a operação financeira envolveu uma taxa de 2% am, determine o valor das parcelas mensais, supondo que:

a) a primeira delas deve ser paga 30 dias após a compra;

b) a primeira delas deve ser paga 90 dias após a compra.

Resolução:

a) A primeira parcela mensal deve ser paga 30 dias após a compra.

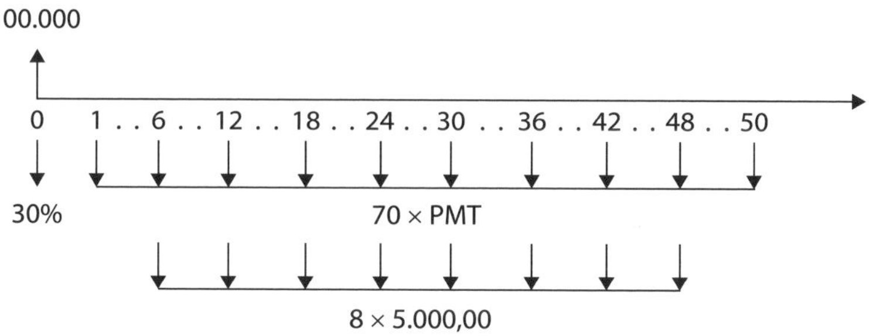

- *1º passo:* determinar a taxa semestral equivalente:

Programa 01

2 < i > 6 < ENTER > 1 < ÷ > < n > < g > < GTO > (0)01 < R/S > → 12,62% as

- *2º passo:* determinar o NPV da série mista ignorando as parcelas mensais:

< f > < REG >

100000 < ENTER > 30 < % > < – > < g > < CFo >

5000 < CHS > < g > < CFj >

8 < g > < Nj >

12,62 < i >

< f > < NPV > → 45.690,75

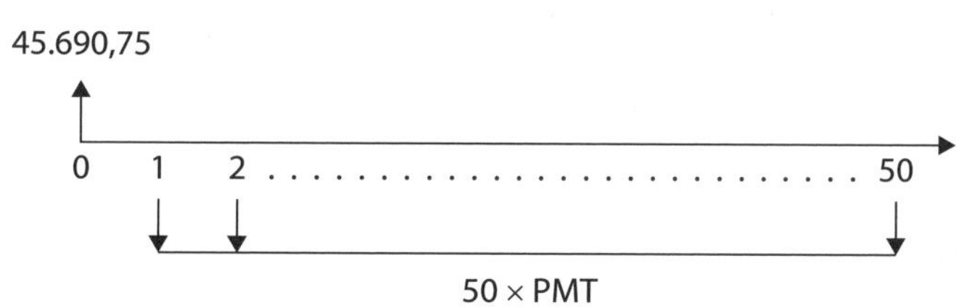

- *3º passo:* nosso problema agora se restringe a determinar o PMT de uma renda mensal imediata, da qual se conhecem os parâmetros **PV**, **i** e **n**:

< f > < FIN > 45690,75 < CHS > < PV > 2 < i > 50 < n > < g > < END >

< PMT > → R$ 1.454,03

Resposta: R$ 1.454,03.

b) A primeira parcela mensal deve ser paga 90 dias após a compra.

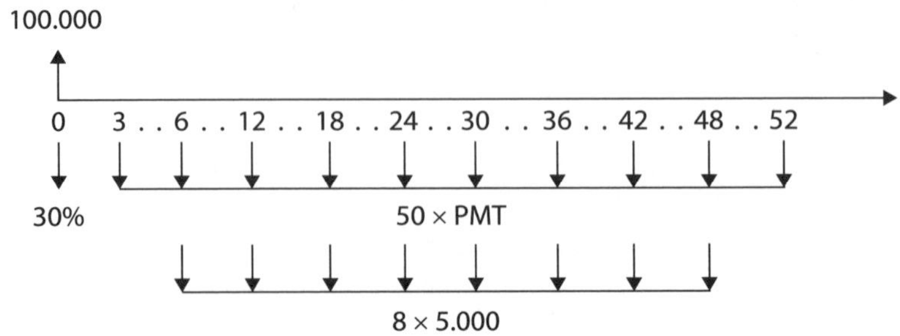

Inicialmente devemos observar que os dois primeiros passos da resolução do item a) não se alteram. Assim, resulta o seguinte fluxo de caixa:

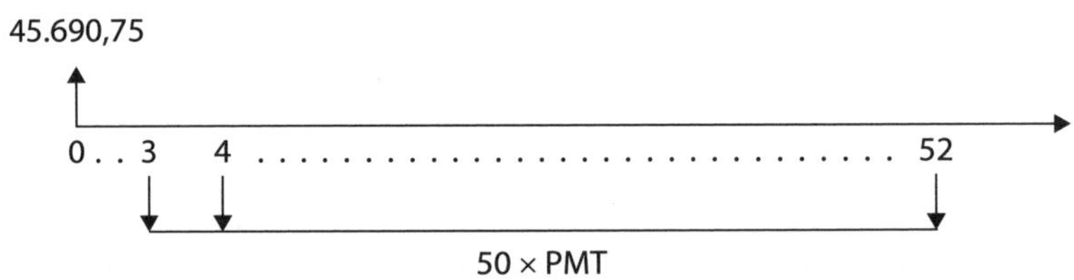

- *3º passo:* capitalizar R$ 45.690,75 da DF0 para a DF2:

< f > < REG > 45690,75 < CHS > < PV > 2 < n > 2 < i > < FV > → 47.536,66

- *4º passo:* determinar o PMT de uma renda mensal imediata da qual se conhecem os parâmetros **PV**, **i** e **n**:

< f > < FIN > 47533,66 < CHS > < PV > 2 < i > 50 < n > < g > < END >

< PMT > → R$ 1.512,67

Resposta: R$ 1.512,67.

R 4.19 Um empréstimo de R$ 7.000,00 devia ser pago com juros de 36% aa com capitalização mensal, em 13 parcelas mensais, iguais e consecutivas, vencendo a primeira 30 dias após o empréstimo. Entretanto, após o pagamento da quinta prestação, o credor propôs baixar os juros para 30% aa com capitalização mensal se o devedor liquidasse a dívida em apenas quatro parcela mensais, iguais e consecutivas, vencendo a primeira 30 dias após o pagamento da quinta prestação. Supondo que o devedor aceitou a proposta, de quanto devem ser as novas parcelas?

Resolução:

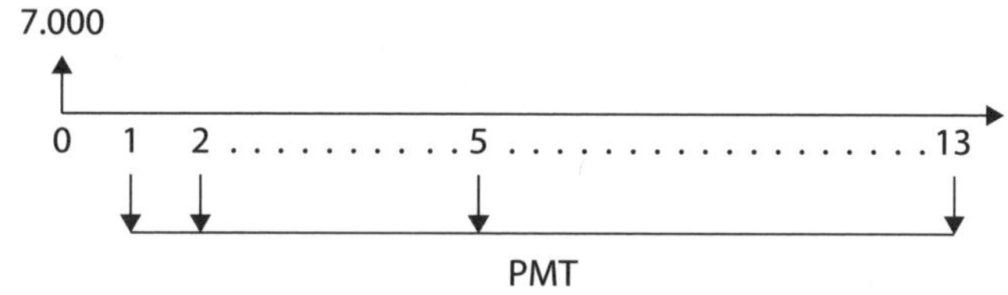

- *1º passo:* cálculo das prestações iniciais:

< f > < REG > 7000 < CHS > < PV > 13 < n > 36 < g > < 12 ÷ > < g > < END >

< PMT > → 658,21

- *2º passo:* saldo da dívida na DF0 após o pagamento de 5 parcelas de R$ 658,21:

< f > < REG >

7000 < g > < CFo >

658,21 < CHS > < g > < CFj >

5 < g > < Nj >

36 < g > < 12÷ >

< f > < NPV > → 3.985,59

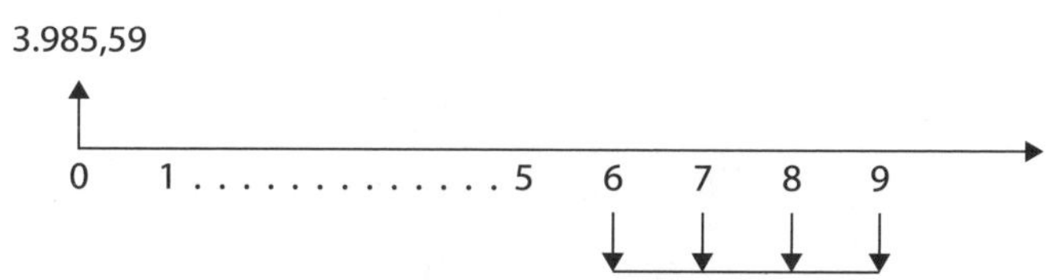

- *3º passo:* capitalizar R$ 3.985,59 da DF0 para a DF5:

< f > < REG > 3985,59 < CHS > < PV > 5 < n > 36 < g > < 12÷ > < FV > → 4.620,39

- *4º passo:* determinar o PMT de uma renda imediata da qual se conhecem os parâmetros **PV**, **n** e **i**:

< f > < REG > 4620,39 < CHS > < PV > 4 < n > 30 < g > < 12÷ > < g > < END >

< PMT > → R$ 1.228,18

Resposta: R$ 1.228,18.

R 4.20 Uma pessoa tomou um empréstimo de R$ 6.000,00 a juros de 37,67% aa, para pagar em 12 parcelas mensais, vencendo a primeira 30 dias após o empréstimo, mas só dispõe de R$ 500,00 por mês para pagar a dívida nos seis primeiros meses. Nessas condições, qual deve ser o valor das seis últimas prestações, de modo que a dívida fique totalmente quitada após o 12º pagamento?

Resolução:

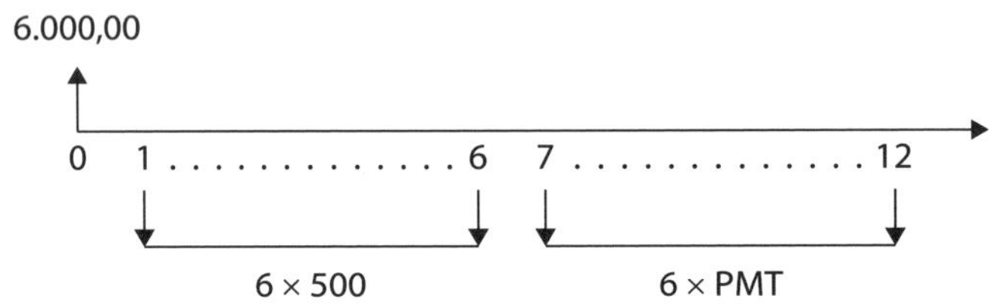

- *1º passo:* determinar a taxa mensal equivalente:

Programa 01

37,67 < i > 1 < ENTER > 12 < ÷ > < n > < g > < GTO > (0)01 < R/S > → 2,70% am

- *2º passo:* determinar o < NPV > do fluxo de caixa acima utilizando apenas as seis parcelas de R$ 500,00.

< f > < REG >

6000 < g > < CFo >

500 < CHS > < CFj >

6 < g > < Nj >

2,7 < i >

< f > < NPV > R$ 3.264,26

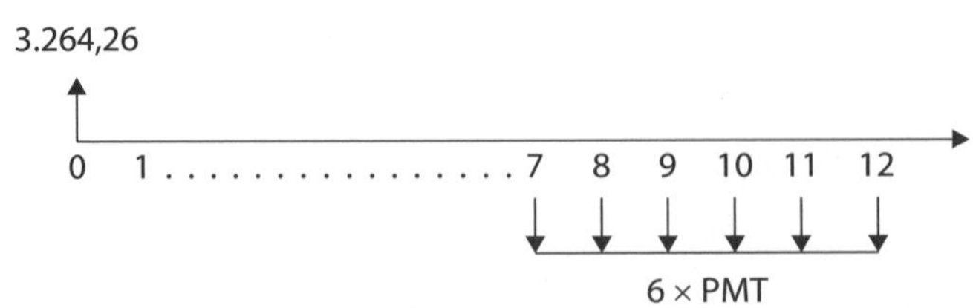

- *3º passo:* capitalizar R$ 3.264,26 da DF0 para a DF7:

< f > < REG > 3264,26 < CHS > < PV > 7 < n > 2,7 < i > < FV > → R$ 3.933,49

- *4º passo:* determinar o PMT de uma renda antecipada da qual se conhecem os parâmetros **PV**, **n** e **i**:

$$< f > < FIN > 3933{,}49 < CHS > < PV > 6 < n > 2{,}7 < i > < g > < BEG >$$

$$< f > < PMT > \rightarrow R\$\ 700{,}01$$

Resposta: R$ 700,01.

R 4.21 O gerente financeiro de uma loja que opera com vendas a crédito calculou, a pedido dos vendedores, os fatores que, multiplicados pelo preço à vista de uma mercadoria, fornecem o valor da prestação correspondente. Sabendo que a loja opera com uma taxa de juros de 3,75% am e que a primeira prestação deve ser paga 30 dias após a compra, determine:

a) o fator correspondente a 3 prestações mensais e o valor da prestação correspondente a uma mercadoria cujo preço à vista é de R$ 500,00;

b) o fator correspondente a 6 prestações mensais e o valor da prestação correspondente a uma mercadoria cujo preço à vista é de R$ 1.000,00;

c) o fator correspondente a 12 prestações mensais e o valor da prestação correspondente a uma mercadoria cujo preço à vista é de R$ 3.750,00.

Resolução:

a)

$$PV = PMT \,.\, \frac{1-(1+i)^{-n}}{i} \;\Rightarrow\; PV = PMT \,.\, \frac{1-(1+0{,}0375)^{-3}}{0{,}0375}$$

$$\Rightarrow\; PV = PMT \,.\, 2{,}7883 \;\Rightarrow\; PMT = \frac{1}{2{,}7883} \,.\, PV \;\Rightarrow\; \mathbf{PMT = 0{,}3586 \,.\, PV}$$

Assim, para uma mercadoria cujo preço à vista é de R$ 500,00, o valor da prestação correspondente é:

$$PMT = 0{,}3586 \,.\, 500{,}00 = R\$\ 179{,}32.$$

Resposta: fator de 0,3586 e prestação de R$ 179,32.

b)

$$PV = PMT \, . \, \frac{1-(1+i)^{-n}}{i} \Rightarrow PV = PMT \, . \, \frac{1-(1+0{,}0375)^{-6}}{0{,}0375}$$

$$\Rightarrow PV = PMT \, . \, 5{,}2851 \Rightarrow PMT = \frac{1}{5{,}2851} \, . \, PV \Rightarrow \mathbf{PMT = 0{,}1892 \, . \, PV}$$

Assim, para uma mercadoria cujo preço à vista é de R$ 1.000,00, o valor da prestação correspondente é:

$$PMT = 0{,}1892 \, . \, 1.000{,}00 = R\$ \, 189{,}20$$

Resposta: fator de 0,1892 e prestação de R$ 189,20.

c)

$$PV = PMT \, . \, \frac{1-(1+i)^{-n}}{i} \Rightarrow PV = PMT \, . \, \frac{1-(1+0{,}0375)^{-12}}{0{,}0375}$$

$$\Rightarrow PV = PMT \, . \, 9{,}5227 \Rightarrow PMT = \frac{1}{9{,}5227} \, . \, PV \Rightarrow \mathbf{PMT = 0{,}1050 \, . \, PV}$$

Assim, para uma mercadoria cujo preço à vista é de R$ 3.750,00, o valor da prestação correspondente é:

$$PMT = 0{,}1050 \, . \, 3.750{,}00 = R\$ \, 393{,}75$$

Resposta: fator de 0,1050 e prestação de R$ 393,75.

R 4.22 Um automóvel, cujo preço à vista tabelado pela montadora é de R$ 34.000,00, era vendido em uma distribuidora em 48 parcelas de R$ 893,35, vencendo a primeira 30 dias após a compra. Para obedecer a uma nova legislação governamental, a distribuidora limitou a venda a apenas 12 parcelas. Determine o valor das novas parcelas, de modo que seja mantida a mesma taxa de juros.

Resolução:

- *1º passo:* determinar a taxa de juros utilizada pela distribuidora em suas vendas a prazo:

< f > < REG > 34000 < CHS > < PV > 893,35 < PMT > 48 < n > < g > < END >

< i > → 0,99% am

- *2º passo:* determinar o valor da nova prestação limitada a 12 vezes:

< f > < FIN > 34000 < CHS > < PV > 0,99 < i > 12 < n > < PMT > → R$ 3.018,95

Resposta: R$ 3.018,95.

R 4.23 Uma loja de móveis tem o hábito de dar 5% de desconto em suas vendas à vista. Entretanto, quando vende a prazo, o hábito é dividir o preço "P" da mercadoria pelo fator "3,7", gerando quatro prestações mensais no valor de "P/3,7", vencendo a primeira 30 dias após a compra. Um comprador, interessado em um jogo de sofás, tem dinheiro aplicado em uma instituição financeira à taxa de 4,1% am, suficiente para efetuar a compra à vista. Decida se é melhor efetuar a compra à vista ou a prazo, tendo em vista que a loja afirma estar praticando uma taxa de juros de 3,2% am.

Resolução:

Supondo que a loja, efetivamente, está praticando uma taxa de juros da ordem de 3,2% am, não resta dúvida de que é melhor para o comprador deixar o dinheiro aplicado à taxa de 4,1% am e efetuar a compra a prazo.

Vamos, entretanto, confirmar a veracidade dessa informação. Assim, sem perder a generalidade, vamos supor que o jogo de sofás custe R$ 3.500,00. Nessas condições, temos:

< f > < REG >

3500 < ENTER > 5 < % > < – > < CHS > < PV >

3500 < ENTER > 3,7 < ÷ > < PMT >

4 < n >

< g > < END >

< i > → 5,38% am

Resposta: a taxa de juros efetivamente cobrada pela loja é de 5,38% am e, neste caso, é melhor retirar o dinheiro da aplicação e efetuar a compra à vista.

R 4.24 Um cliente solicitou de um banco um empréstimo no valor de R$ 18.000,00, a ser pago em 60 prestações mensais, iguais e consecutivas, vencendo a primeira 30 dias após a efetivação do empréstimo, e insiste em uma taxa de juros de 1,30% am. Sabe-se, entretanto, que a meta do banco para esse tipo de operação financeira é uma taxa mínima de 1,36% am. Determine o valor da taxa de serviços (TS) a ser cobrada pelo banco de modo a elevar a taxa de juros de 1,30% am para 1,36% am, sem alterar o valor das prestações.

Resolução:

- *1º passo:* determinar o valor das prestações com taxa de 1,3% am:

< f > < REG > 18000 < CHS > < PV > 60 < n > 1,3 < i > < g > < END >

< PMT > → R$ 433,91

- *2º passo:* como o banco deseja alterar a taxa de 1,30% am para 1,36% am, sem alterar o valor e o número de prestações, vamos calcular o PV dessa renda:

< f > < REG > 433,91 < CHS > < PMT > 60 < n > 1,36 < i >

< PV > → R$ 17.718,99

- 3º passo: nessas condições, a TS a ser cobrada do cliente é de:

18000 < ENTER > 17.718,99 < – > → R$ 281,01

Resposta: R$ 281,01.

R 4.25 Uma pessoa tomou um empréstimo de R$ 10.000,00 para pagar em 6 parcelas mensais, iguais e consecutivas, vencendo a primeira 30 dias após a concessão do empréstimo, com juros de 2,70% am. Entretanto, após pagar a quarta parcela, se viu temporariamente impossibilitada de continuar a efetuar os pagamentos e solicitou da instituição financeira um prazo de 90 dias para pagar o saldo integral da dívida. Determine o valor desse pagamento.

Resolução:

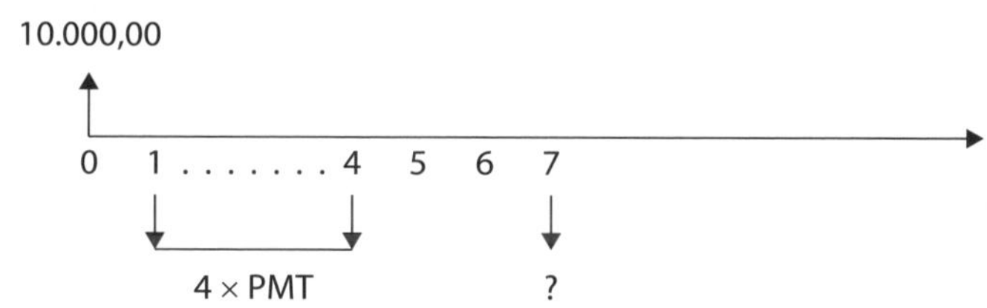

- *1º passo:* determinar o valor das prestações para quitar o empréstimo em 6 parcelas:

< f > < REG > 10000 < CHS > < PV > 2,7 < i > 6 < n > < g > < END >

< PMT > → R$ 1.827,66

- *2º passo:* determinar o saldo do fluxo de caixa na DF0 considerando apenas as 4 prestações pagas:

< f > < REG >

10000 < g > < CFo >

1827,66 < CHS > < g > < CFj >

4 < g > < Nj >

2,7 < i >

< f > < NPV > → R$ 3.157,39

- *3º passo:* capitalizar R$ 3.157,39 da DF0 para a DF7.

< f > < REG > 3157,39 < CHS > < PV > 2,7 < i > 7 < n > → R$ 3.804,71

Resposta: R$ 3.804,71.

R 4.26 Um investidor efetuou uma poupança programada assim distribuída,

Data	Valor	Data	Valor	Data	Valor
01/01/06	R$ 1.500,00	01/05/06	R$ 1.850,00	01/09/06	R$ 2.250,00
01/02/06	R$ 1.500,00	01/06/06	R$ 1.850,00	01/10/06	R$ 2.250,00
01/03/06	R$ 1.500,00	01/07/06	R$ 1.850,00	01/11/06	R$ 2.250,00
01/04/06	R$ 1.500,00	01/08/06	R$ 1.850,00	01/12/06	R$ 2.250,00

em um banco que pagou juros de 16,77% aa, com o objetivo de saldar uma dívida com vencimento no dia 15 de janeiro de 2007, no valor de R$ 24.300,00. Verifique se o montante da poupança foi suficiente para saldar a dívida na data prevista.

Resolução:

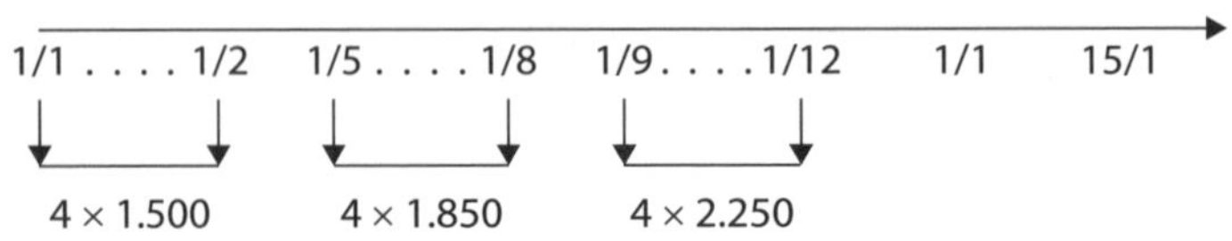

- *1º passo:* determinar a taxa mensal equivalente:

Programa 01

16,77 < i > 1 < ENTER > 12 < ÷ > < n > < g > < GTO > (0)01 < R/S > → 1,30% am

- *2º passo:* determinar o saldo em 1º de janeiro de 2006 de todas as movimentações do fluxo de caixa:

< f > < REG >

1500 < g > < CFo >

1500 < g > < CFj > 3 < g > < Nj >

1850 < g > < CFj > 4 < g > < Nj >

2250 < g > < CFj > 4 < g > < Nj >

1,3 < i >

< f > < NPV > → 20.740,31

- *3º passo:* capitalizar R$ 20.740,31 de 1º de janeiro de 2006 para 1º de janeiro de 2007:

< f > < REG > 20740,31 < CHS > < PV > 12 < n > 1,3 < i > < FV > → R$ 24.217,46

- *4º passo:* capitalizar R$ 24.217,46 de 1º de janeiro de 2007 para 15 de janeiro de 2007:

< f > < FIN > 24.217,46 < CHS > < PV > 15 < ENTER > 30 < ÷ > < n > 1,3 < i >

< FV > → R$ 24.374,37

Resposta: concluímos, assim, que o montante obtido em 15/01/07 foi suficiente para quitar uma dívida de R$ 24.300,00 com vencimento neste dia (sobraram R$ 74,37).

R 4.27 Uma pessoa deposita R$ 350,00, durante 18 meses consecutivos, em uma instituição financeira que se comprometeu a pagar juros de 18,0% aa com capitalização mensal. Considerando que ela pretende resgatar o montante da aplicação por meio de três saques trimestrais consecutivos (o primeiro 120 dias após o último depósito), calcule o valor desses saques.

Resolução:

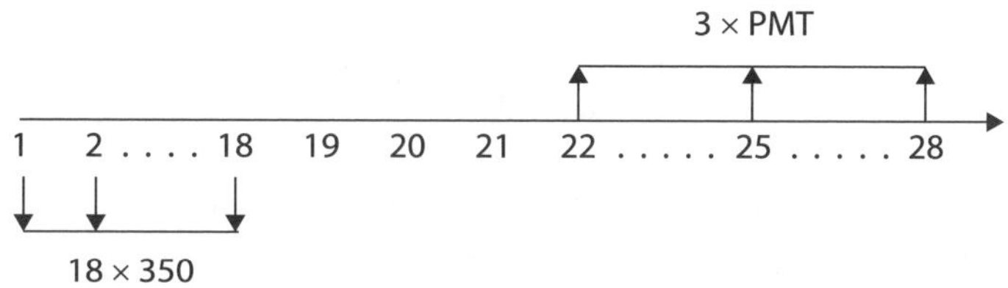

- *1º passo:* determinar o FV da renda formada pelas 18 parcelas de R$ 350,00 na DF19 (tratar a renda como antecipada):

< f > < REG > 350 < CHS > < PMT > 18 < n > 1,80 < g > < 12÷ > < g > < BEG >

< FV > → R$ 7.278,85

- *2º passo:* capitalizar R$ 7.278,85 da DF19 para a DF22:

< f > < FIN > 7278,85 < CHS > < PV > 18 < g > < 12÷ > 3 < n >

< FV > → R$ 7.611,34

- *3º passo:* determinar a taxa trimestral equivalente à taxa de 18,0% aa com capitalização mensal:

Programa 01

1,8 < g > < 12÷ > 3 < ENTER > 1 < ÷ > < n > < g > < GTO > (0)01 < R/S > → 4,57% at

- *4º passo:* determinar o PMT de uma renda trimestral antecipada:

< f > < REG > 7.611,34 < CHS > < PV > 4,57 < i > 3 < n > < g > < BEG >

< PMT > → R$ 2.651,29

Resposta: R$ 2.651,29.

R 4.28 A juros efetivos de 1% am, quantos depósitos mensais e consecutivos no valor de R$ 250,00 são necessários para que uma pessoa acumule o seu primeiro milhão?

Resolução:

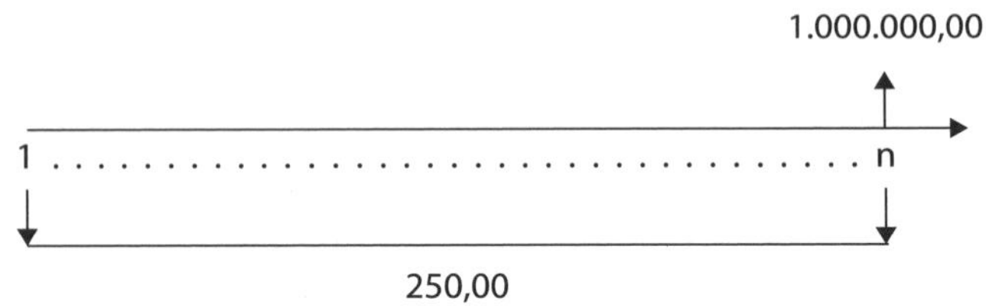

Nosso problema se resume a determinar o número de prestações de uma renda antecipada, da qual se conhecem **PMT**, **FV** e **i**.

< f > < REG > 250 < PMT > 1 < i > 1000000 < CHS > < FV > < g > < END >

< n > → 374

Resposta: 374 prestações.

Observação

Lembrando que a HP-12C efetua, automaticamente, o arredondamento do valor de **n** para o interior imediatamente posterior, a solução encontrada pode não estar rigorosamente correta.

Assim, pressionando PMT imediatamente após obter o valor de n, resulta:

< PMT > → R$ 248,00

ou seja, são necessários 374 depósitos mensais e consecutivos (31 anos e 2 meses) no valor de R$ 248,00, a juros de 1% am, para se obter o primeiro milhão.

Resolução com prestações de R$ 250,00:

Se estivermos interessados em resolver o problema com depósitos de exatamente R$ 250,00, devemos observar que, imediatamente após o 374º depósito, o montante obtido excede o valor de R$ 1.000.000,00:

250 < CHS > < PMT > 374 < n > 1 < i > < FV > → R$ 1.008.079,64

Assim, examinando o fluxo de caixa:

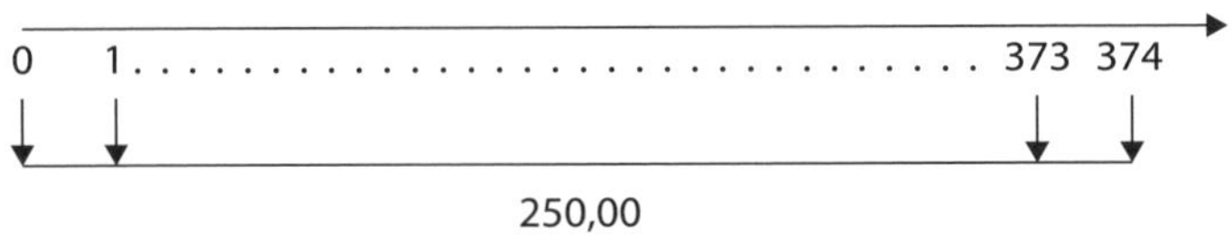

devemos proceder como segue:

- *1º passo:* determinar o FV da renda imediata formada pelas 373 parcelas no valor de R$ 250,00 na DF373:

< f > < REG > 250 < CHS > < PMT > 1 < i > 373 < n > < g > < BEG >

< f > < FV > → R$ 997.851,13

- *2º passo:* determinar a taxa diária equivalente à taxa mensal de 1%:

Programa 01

1 < i > 1 < ENTER > 30 < ÷ > < n > < g > < GTO > (0)01 < R/S > → 0,0332% ad

- *3º passo:* determinar o número de dias necessários para que o montante atinja o valor de R$ 1.000.000,00:

< f > < REG > 997851,13 < CHS > < PV > 1000000 < FV > 0,0332 < i >

< n > → 7 dias

Resposta: após o 373º depósito de R$ 250,00, o dinheiro deve permanecer aplicado por mais 7 dias para completar R$ 1.000.000,00.

R 4.29 Uma pessoa efetuou os seguintes depósitos em uma instituição financeira, tendo em vista o pagamento de uma dívida de R$ 6.450,00 com vencimento no dia 15 de dezembro de 2003:

Data	Valor	Data	Valor
15/01/03	R$ 580,00	15/07/03	–
15/02/03	–	15/08/03	–
15/03/03	R$ 1.270,00	15/09/03	R$ 570,00
15/04/03	R$ 850,00	15/10/03	R$ 570,00
15/05/03	R$ 850,00	15/11/03	R$ 570,00
15/06/03	–	15/12/03	R$ 570,00

a) Supondo que a instituição financeira pagou juros de 1,35% am, verifique se o montante obtido foi suficiente para quitar a dívida na data prevista.

b) Determine a taxa de juros necessária para gerar um montante de R$ 6.450,00 no dia 15 de dezembro de 2003.

Resolução:

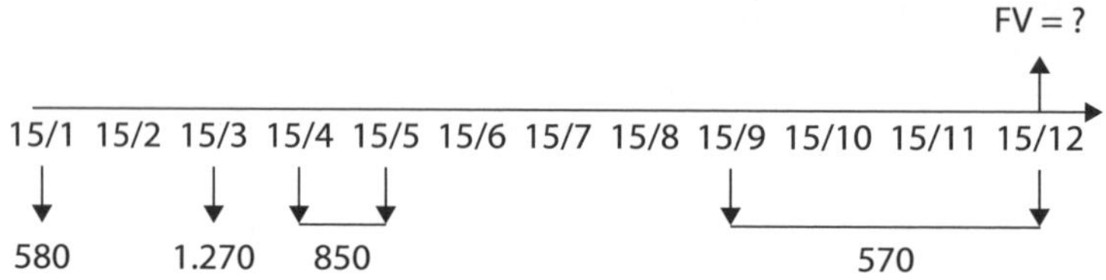

a)

- *1º passo:* determinar o saldo do fluxo de caixa na DF 15 de janeiro:

< f > < REG >

580 < g > < CFo >

0 < g > < CFj >

1270 < g > < CFj >

850 < g > < CFj > 2 < g > < Nj >

0 < g > < CFj > 3 < g > < Nj >

570 < g > < CFj > 4 < g > < CFj >

1,35 < i >

< f > < NPV > → R$ 5.446,00

- *2º passo:* capitalizar R$ 5.446,00 da DF 15 de janeiro para a DF 15 de dezembro:

< f > < REG > 5446 < CHS > < PV > 11 < n >1,35 < i > < FV > → R$ 6.311,59

Resposta: concluímos, assim, que o montante obtido em 15 de dezembro (R$ 6.311,59) não foi suficiente para pagar a dívida.

b)

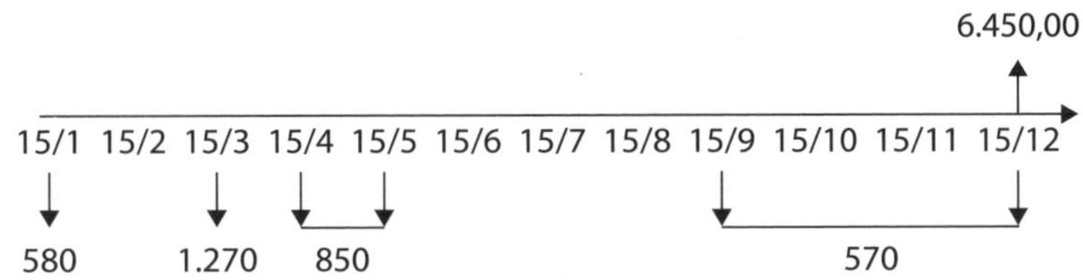

Para resolver este item basta determinar a IRR do fluxo de caixa:

< f > < REG >

580 < g > < CFo >

0 < g > < CFj >

1270 < g > < CFj >

850 < g > < CFj > 2 < g > < Nj >

0 < g > < CFj > 3 < g > < Nj >

570 < g > < CFj > 3 < g > < Nj >

5880 < CHS > < g > < CFj >

< f > < IRR > → 1,72% am

Resposta: 1,72% am.

R 4.30 Uma empresa pretende comprar um equipamento no valor de R$ 25.000,00, com vida útil econômica de cinco anos. Um estudo do projeto gerou a seguinte previsão para o seu fluxo de caixa:

Ano 0	Ano 1	Ano 2	Ano 3	Ano 4	Ano 5
– 25.000,00	7.550,00	7.550,00	7.550,00	7.550,00	8.800,00

Supondo que a compra do equipamento não é primordial para o setor produtivo da empresa (ou seja, o equipamento atualmente em uso ainda está em boas condições), e que o investimento de R$ 25.000,00 poderia ser aplicado a uma taxa de 16% aa, decida se a compra do equipamento é viável sob o ponto de vista econômico.

Resolução:

A compra do equipamento será viável economicamente desde que o seu fluxo de caixa apresente uma taxa interna de retorno superior a 16% aa.

< f > < REG >

25000 < CHS > < g > < CFo >

7550 < g > < CFj >

4 < g > < Nj >

8800 < g > < CFj >

< f > < IRR > → 16,53% aa

Resposta: 16,53% aa (é viável).

R 4.31 Uma pessoa efetuou os seguintes depósitos em uma instituição financeira que pagou juros mensais de 1,22%:

Data	Valor	Data	Valor	Data	Valor
10/03/04	1.000,00	10/07/04	–	10/11/04	3.000,00
10/04/04	1.000,00	10/08/04	–	10/12/04	3.000,00
10/05/04	1.000,00	10/09/04	–	10/01/05	3.000,00
10/06/04	1.000,00	10/10/04	3.000,00	10/02/05	3.000,00

Determine as quantias (iguais) a serem depositadas em 10 de julho de 2004, 10 de agosto de 2004 e 10 de setembro de 2004 para que a aplicação apresente o montante de R$ 25.000,00 em 10 de março de 2015.

Resolução:

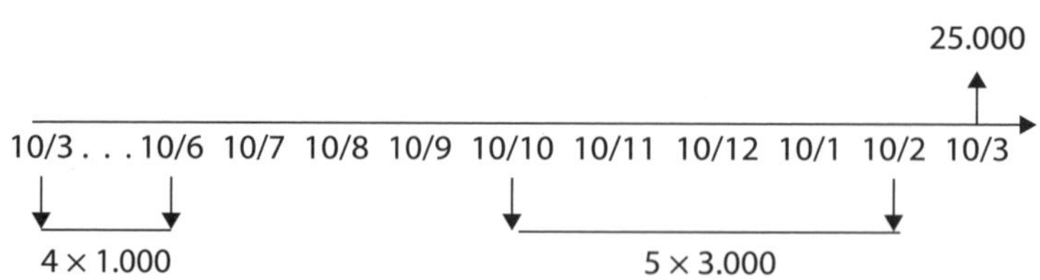

- *1º passo:* determinar o saldo do fluxo de caixa na DF 10 de março de 2004:

< f > < REG >

1000 < CHS > < g > < CFo >

1000 < CHS > < g > < CFj > 3 < g > < Nj >

0 < g > < CFj > 3 < g > < Nj >

< 3000 < CHS > < g > < CFj > 5 < g > < Nj >

25000 < g > < CFj >

1,22 < i >

< f > < NPV > → R$ 4.235,07

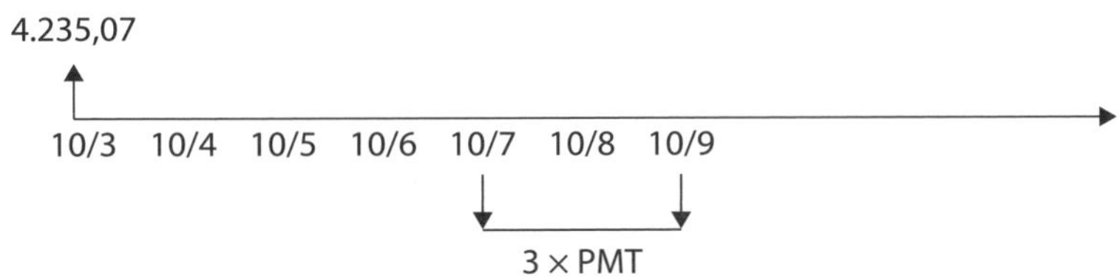

- *2º passo:* capitalizar R$ 4.235,07 da DF 10 de março de 2004 para a DF 10 de junho de 2004:

< f > < REG > 4235,07 < CHS > < PV > 3 < n > 1,22 < i > < FV > → R$ 4.391,97

- *3º passo:* nosso problema agora se resume em determinar o PMT de uma renda imediata, conhecidos os parâmetros **PV**, **i** e **n**.

< f > < REG > 4391,97 < CHS > < PV > 3 < n > 1,22 < i > < g > < END >

< PMT > → R$ 1.499,86

Resposta: R$ 1.499,86.

R 4.32 A fim de realizar um projeto, uma empresa deve fazer quatro investimentos assim distribuídos: o primeiro, de R$ 9.000,00, no início do projeto; o segundo, também no valor de R$ 9.000,00, após 30 dias; o terceiro, de R$ 5.500,00, após 90 dias do segundo investimento, e o quarto, de R$ 1.700,00, após 18 meses do início do projeto. Espera, em contrapartida, obter um retorno assim distribuído: uma parcela de R$ 1.500,00 após 60 dias do início do projeto, 12 parcelas mensais e consecutivas de R$ 1.400,00 com início 60 dias após a parcela de R$ 1.500,00, e, finalmente, 23 parcelas mensais consecutivas de R$ 1.200,00 com início 30 dias após a parcela de R$ 1.700,00. Determine, nessas condições, a taxa interna de retorno do investimento.

Resolução:

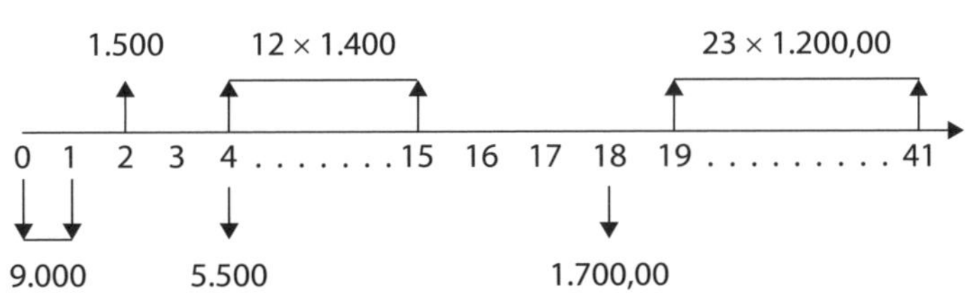

$f > < REG >$

$9000 < CHS > < g > < CF_0 >$

$9000 < CHS > < g > < CF_j >$

$1500 < g > < CF_j >$

$0 < g > < CF_j >$

$4100 < CHS > < g > < CF_j >$

$1400 < g > < CF_j >$

$11 < g > < N_j >$

$0 < g > < CF_j >$

$2 < g > < N_j >$

$1700 < CHS > < g > < CF_j >$

$1200 < g > < CF_j >$

$23 < g > < N_j >$

$< f > < IRR > \rightarrow 3{,}58\%$ am

Resposta: 3,58% am.

4.15 EXERCÍCIOS PROPOSTOS

P 4.1 Para não perder a oportunidade de realizar um empréstimo, o gerente de uma instituição financeira foi obrigado a conceder um empréstimo de R$ 13.500,00, para ser liquidado em 48 parcelas mensais de R$ 570,00, vencendo a primeira 30 dias após a concessão do empréstimo, utilizando uma taxa de juros inferior àquela praticada pelo banco. Nessas condições, determine a taxa de serviços a ser cobrada pela instituição financeira (no ato do empréstimo), de modo a atingir o seu objetivo, ou seja, praticar uma taxa de juros de 42% com capitalização mensal.

P 4.2 Um automóvel está sendo oferecido mediante uma entrada de 5% sobre o preço de venda mais 48 prestações mensais consecutivas de R$ 1.375,00, vencendo a primeira 60 dias após a entrada. Um comprador em potencial faz ao vendedor a seguinte contraproposta: 10% de entrada mais 60 prestações mensais, iguais e consecutivas, vencendo a primeira 120 dias após a entrada. Supondo que a loja aceite a proposta desde que seja mantida uma taxa de juros de 32,46% aa, determine o valor das prestações.

P 4.3 Um empréstimo no valor de R$ 8.900,00 foi obtido por um cliente junto a uma instituição financeira, para ser pago em 36 prestações mensais, iguais e consecutivas, vencendo a primeira 30 dias após a liberação do dinheiro. Sabendo que o cliente exigiu que as 12 primeiras parcelas não ultrapassassem o valor de R$ 200,00 e que as 12 parcelas consecutivas não ultrapassassem o valor de R$ 300,00, determine o valor das últimas doze parcelas, sabendo que a instituição financeira pretende utilizar uma taxa de juros de 41,64% aa com capitalização mensal.

P 4.4 Uma pessoa contraiu um empréstimo a ser pago em 18 parcelas mensais e consecutivas de R$ 430,00, vencendo a primeira 90 dias após a liberação do dinheiro. Pagou as seis primeiras parcelas e, devido a um imprevisto, deixou de pagar as parcelas seguintes. Na data do vencimento da 15ª parcela, procurou o credor com o intuito de liquidar a dívida com um único pagamento. Sabendo que está sendo utilizada uma taxa de juros de 56,45% aa, determine o valor desse pagamento.

P 4.5 No dia 15 de abril de 2016, um cliente de uma instituição financeira tomou um empréstimo, a ser pago em 3 prestações iguais com vencimentos em 27 de abril de 2016, 10 de maio de 2016 e 17 de maio de 2016. Sabendo que será utilizada uma taxa de 25,56% aa com capitalização mensal, determine:

a) o valor do empréstimo, sabendo que o valor das prestações é de R$ 535,00

b) o valor das prestações, sabendo que o valor do empréstimo é de R$ 3.300,00.

P 4.6 Com o intuito de realizar uma poupança, uma pessoa pretendia efetuar 24 depósitos mensais e consecutivos, sendo os 12 primeiros no valor de R$ 1.500,00 e os 12 últimos no valor de R$ 1.650,00. Sabe-se que os depósitos seriam remunerados a uma taxa de 1,35% am.

a) Se o objetivo era obter um montante de R$ 44.500,00 (imediatamente após o último depósito), ele foi alcançado?

b) Devido a um imprevisto, não foram realizados o 11º, 12º, 13º, 14º e 15º depósitos. Determine que valor deveria ter sido depositado nessas datas para que a aplicação apresentasse um saldo de R$ 40.000,00 (após o último depósito).

P 4.7 Um refrigerador cujo preço à vista é de R$ 4.750,00 está sendo oferecido em 12 parcelas mensais consecutivas, vencendo a primeira 55 dias após a compra. Sabendo que a loja está praticando uma taxa de juros de 33,0% aa, determine o valor das prestações.

P 4.8 Uma mercadoria cujo preço à vista é de R$ 1.870,00 está sendo oferecida a prazo, em vários planos de pagamento, a saber:

- *Plano I:* 15 pagamentos de R$ 135,00, vencendo o primeiro no ato da compra.
- *Plano II:* uma entrada de 10% sobre o preço à vista mais 12 pagamentos mensais consecutivos de R$ 150,00, vencendo o primeiro 30 dias após a compra.

- *Plano III:* uma entrada de 20% sobre o preço à vista mais 10 pagamentos mensais consecutivos de R$ 160,00, vencendo o primeiro 60 dias após a compra.
- *Plano IV:* uma entrada de 30% sobre o preço à vista mais 9 pagamentos de R$ 155,00, vencendo o primeiro 90 dias após a entrada.

Nessas condições, determine qual dos planos de pagamento está utilizando a menor taxa de juros.

P 4.9 Uma mercadoria cujo preço à vista é de R$ 6.500,00 está sendo oferecida nas seguintes condições: uma entrada de 15% sobre o preço à vista, R$ 1.000,00 em 20 dias, R$ 1.100,00 em 35 dias, R$ 1.200,00 em 45 dias, R$ 1300,00 em 58 dias e R$ 1.400,00 em 66 dias. Determine a taxa anual de juros que está sendo utilizada na venda a prazo.

P 4.10 Uma pessoa necessitava efetuar três retiradas iguais de R$ 2.700,00, nos dias 1º de dezembro de 2016, 1º de março de 2017 e 1º de junho de 2017. Para que isso fosse possível, efetuou depósitos mensais, iguais e consecutivos, no primeiro dia dos 5 primeiros meses de 2016.

a) Determine qual deve ser o valor dos depósitos, supondo que estes foram remunerados a uma taxa de 1,45% am;

b) Se essa pessoa só pudesse efetuar depósitos no valor de R$ 1.200,00, determine a taxa mensal de juros necessária para solucionar o problema.

P 4.11 Uma pessoa contraiu um empréstimo no valor de R$ 75.000,00, a ser liquidado da seguinte forma: 15% sobre o valor do montante do empréstimo após 45 dias, 15% sobre o valor do montante do empréstimo após 75 dias, 20% sobre o valor do montante do empréstimo após 100 dias e 12 parcelas bimestrais consecutivas, vencendo a primeira 120 dias após a efetivação do empréstimo. Determine o valor das parcelas, sabendo que está sendo utilizada uma taxa de juros de 51,11% aa.

P 4.12 Uma pessoa tem uma dívida com uma instituição financeira a ser paga em 48 prestações mensais consecutivas de R$ 1.360,00, com juros de 3,41% am. No dia em que deveria pagar a sétima parcela, tendo em vista a liberação de parte do seu Fundo de Garantia no valor de R$ 15.000,00, procurou a Financeira com o intuito de liquidar antecipadamente algumas das prestações. Determine quantas prestações podem ser liquidadas, supondo que serão quitadas antecipadamente:

a) as prestações mais atuais (da sétima em diante);

b) as últimas prestações.

P 4.13 Um empréstimo no valor de R$ 25.000,00, deve ser pago em 38 prestações iguais com juros de 2,75% am. Determine o valor das prestações, supondo que:

- a primeira prestação deve ser paga 10 dias após o recebimento do dinheiro;
- a segunda prestação deve ser paga 20 dias após o recebimento do dinheiro;
- as 36 parcelas restantes devem ser pagas mensalmente, vencendo a primeira delas 30 dias após o recebimento do dinheiro.

P 4.14 Um empréstimo no valor de R$ 47.500,00 deve ser pago em 49 prestações iguais com juros de 2,13% am. Determine o valor das prestações supondo que:

- a primeira prestação deve ser paga 40 dias após o recebimento do dinheiro;
- as 48 parcelas restantes devem ser pagas mensalmente, vencendo a primeira delas 75 dias após o recebimento do dinheiro.

P 4.15 Um imóvel no valor de R$ 500.000,00 está sendo oferecido nas seguintes condições:

- uma entrada correspondente a 7,5% do valor do imóvel;
- uma parcela única de R$ 75.000,00, 30 dias após a entrada;
- 36 parcelas mensais consecutivas de R$ 7.500,00, vencendo a primeira 60 dias após a entrada;
- uma parcela desconhecida, 30 dias após a última parcela de R$ 7.500,00;
- 48 parcelas mensais consecutivas de R$ 10.000,00, vencendo a primeira 30 dias após o pagamento da parcela desconhecida.

Nessas condições, determine:

a) o valor da parcela desconhecida, sabendo que está sendo utilizada uma taxa de juros de 1,99% am;

b) a taxa mensal de juros do financiamento, supondo que a parcela desconhecida é de R$ 150.000,00.

P 4.16 Um imóvel no valor de R$ 1.000.000,00 está sendo oferecido nas seguintes condições:

- uma entrada correspondente a 10% do seu valor;
- 100 parcelas mensais consecutivas de R$ 12.000,00, vencendo a primeira 30 dias após a entrada;
- 7 parcelas anuais consecutivas, vencendo a primeira 720 dias após a entrada.

Nessas condições:

a) determine o valor das parcelas anuais, sabendo que será utilizada uma taxa de juros de 1,44% am;

b) considerando a mesma taxa de juros, e supondo que o valor das parcelas anuais seja de R$ 80.000,00, determine o preço à vista do imóvel.

P 4.17 Um empréstimo de R$ 30.000,00 devia ser pago com juros de 42,58% aa, em 24 parcelas mensais, vencendo a primeira 90 dias após o empréstimo. Entretanto, imediatamente após o pagamento da 18ª prestação, o credor propôs baixar os juros para 38,48% aa se o devedor liquidasse a dívida em apenas três parcelas mensais consecutivas, vencendo a primeira após 30 dias. Supondo que o devedor aceite a proposta, de quanto devem ser as novas parcelas?

P 4.18 Um empréstimo de R$ 23.000,00 deve ser pago com juros de 40,80% aa com capitalização mensal, nas seguintes condições:

- 36 parcelas mensais, iguais e consecutivas, vencendo a primeira 60 dias após a efetivação do empréstimo;
- 24 parcelas mensais consecutivas de R$ 1.500,00, vencendo a primeira 30 dias após a última das 36 parcelas iniciais.

a) Determine o valor das parcelas iniciais.

b) Sabendo que imediatamente após o pagamento da 3ª parcela de R$ 1.500,00 o credor propôs baixar a taxa de juros para 26,82% aa se o devedor liquidasse a dívida em um único pagamento após 90 dias, determine o valor desse pagamento.

P 4.19 Uma pessoa tomou um empréstimo de R$ 10.000,00 a juros de 39,29% aa, para pagar em 18 parcelas mensais, iguais e consecutivas, vencendo a primeira 120 dias após o empréstimo. Após pagar as duas primeiras prestações, teve um imprevisto, procurou o gerente da instituição financeira e solicitou pagar apenas R$ 350,00 nos 6 meses seguintes. Sabendo que o valor das 10 últimas parcelas foi de R$ 1.450,00 e que a dívida foi totalmente quitada após o pagamento da 18ª prestação, determine a nova taxa mensal de juros utilizada pela instituição financeira.

P 4.20 O gerente financeiro de uma loja que opera com vendas a crédito calculou, a pedido dos vendedores, os fatores que, multiplicados pelo preço à vista de uma mercadoria, fornecem o valor da prestação correspondente. Sabendo que a loja opera com uma taxa de juros de 2,99% am e que a primeira prestação deve ser paga 30 dias após a compra, determine:

a) o fator correspondente a 12 prestações mensais e o valor da prestação correspondente a uma mercadoria cujo preço à vista é de R$ 2.500,00;

b) o fator correspondente a 18 prestações mensais e o valor da prestação correspondente a uma mercadoria cujo preço à vista é de R$ 4.400,00;

c) o fator correspondente a 24 prestações mensais e o valor da prestação correspondente a uma mercadoria cujo preço à vista é de R$ 6.700,00.

P 4.21 No dia 20 de agosto de determinado ano, uma loja fez a seguinte promoção: compre hoje e só comece a pagar daqui a 90 dias, com o seu 13º salário, em 12 parcelas mensais, iguais e consecutivas. Sabe-se que a loja pretendia utilizar uma taxa de juros de 3,35% am. O setor financeiro elaborou para os seus vendedores o cálculo do fator que, multiplicado pelo preço à vista da mercadoria, fornecia diretamente o valor da prestação. Determine esse fator e calcule o valor da prestação correspondente a uma mercadoria cujo preço à vista era de R$ 1.150,00.

P 4.22 Uma loja vende as suas mercadorias mediante uma entrada de 15% sobre o preço à vista mais 10 parcelas mensais, iguais e consecutivas, vencendo a primeira 45 dias após a efetivação da venda. Determine o fator que multiplicado pelo preço à vista de uma mercadoria fornece diretamente o valor da prestação, bem com o valor da prestação correspondente a uma mercadoria cujo preço à vista é de R$ 570,00, sabendo que a loja está utilizando uma taxa de juros de 3,8% am.

P 4.23 Um automóvel era vendido diretamente pela montadora, mediante uma entrada de 30% sobre o preço de tabela mais 84 parcelas mensais de R$ 574,00, vencendo a primeira 60 dias após a compra, com taxa de 1,2% am. Para obedecer a uma nova legislação governamental, a loja passou a vender o mesmo automóvel mediante uma entrada de 40% sobre o preço de tabela mais 12 parcelas mensais, vencendo a primeira 30 dias após a compra. Determine o valor das novas parcelas, de modo que a distribuidora mantenha a mesma taxa de juros.

P 4.24 Uma distribuidora de eletrodomésticos tem o hábito de dar 7,5% de desconto em suas vendas à vista. Entretanto, quando vende a prazo, o hábito é dividir o preço "P" da mercadoria pelo fator "9,25", gerando dez prestações mensais no valor de "P/9,25", vencendo a primeira 60 dias após a compra. Um comprador interessado em um televisor tem dinheiro aplicado em uma instituição financeira à taxa de 2,15% am, suficiente para efetuar a compra à vista. Decida, para esse comprador, se é melhor efetuar a compra à vista ou a prazo, tendo em vista que a loja afirma estar praticando uma taxa de juros de 1,9% am.

P 4.25 Um cliente está negociando com um banco um empréstimo de R$ 35.000,00, a ser pago em 48 prestações mensais consecutivas, com carência de 90 dias, e insiste em uma taxa de juros de 1,75% am. Sabe-se, entretanto, que a meta do banco para esse tipo de empréstimo é uma taxa mínima de 1,89% am. Determine o valor da taxa de serviços (TS) a ser cobrada pelo banco, no ato do empréstimo, de modo a elevar a taxa de juros de 1,75% am para 1,89% am, sem alterar o valor das prestações.

P 4.26 Um investidor efetuou uma poupança programada de acordo com a planilha baixo, em um banco que prometeu pagar juros de 0,98% am, de forma a poder saldar uma dívida no valor de R$ 17.000,00, com vencimento no dia 22 de maio de 2010.

Data	Valor	Data	Valor	Data	Valor
10/03/09	R$ 1.350,00	10/08/09	R$ 1.650,00	10/01/10	–
10/04/09	R$ 1.350,00	10/09/09	R$ 1.650,00	10/02/10	–
10/05/09	–	10/10/09	–	10/03/10	R$ 1.700,00
10/06/09	R$ 1.550,00	10/11/09	–	10/04/10	R$ 1.700,00
10/07/09	R$ 1.650,00	10/12/09	R$ 3.200,00	10/05/10	–

Entretanto, no dia 13 de abril de 2010 foi procurado pelo credor, com uma oferta para liquidar a dívida naquele mesmo dia, com um desconto de R$ 350,00. Verifique se a oferta era vantajosa.

P 4.27 Uma pessoa, ao completar 25 anos, tomou a decisão de formar uma poupança por meio de depósitos mensais, iguais e consecutivos, de modo a conseguir seu primeiro milhão ao completar 40 anos de idade. Supondo que os depósitos serão remunerados a uma taxa efetiva de 1% am:

a) determine quanto deve ser depositado mensalmente para que isso seja possível;

b) supondo que nos primeiros 5 anos essa pessoa só pode efetuar depósitos no valor de R$ 1.000,00, qual deve ser o valor dos depósitos restantes para que ela consiga atingir o objetivo traçado.

P 4.28 Com o intuito de realizar uma viagem, uma pessoa pretendia efetuar 30 depósitos mensais e consecutivos no valor de R$ 1.750,00. Sabe-se que os depósitos foram remunerados a uma taxa de 1,27% am. Sabe-se ainda que o objetivo de obter um montante de R$ 65.000,00 (imediatamente após o último depósito) não foi alcançado. Nessas condições, determine quanto deveria ter sido acrescentado ao 10º e ao 22º depósito por ocasião do recebimento do 13º salário para que o objetivo estipulado fosse atingido.

P 4.29 Uma empresa pretende comprar um equipamento com vida útil econômica de dez anos (120 meses), no valor de R$ 135.000,00, mediante uma entrada de 30% mais três parcelas mensais, iguais e consecutivas. Um estudo do projeto gerou a previsão apresentada na planilha a seguir. Supondo que a compra do equipamento não é primordial para o setor produtivo da empresa, ou seja, o equipamento atual ainda está em razoáveis condições, e que o investimento no valor de R$ 135.000,00 poderia ser aplicado a uma taxa de 18,45% aa, decida se a compra do equipamento é viável sob o ponto de vista econômico.

Mês	Entrada	Saída
1	–	40.500,00
2	1.300,00	31.500,00
3	1.500,00	31.500,00
4	1.950,00	31.500,00
5 a 84	2.500,00	–
85 a 96	1.600,00	–
97 a 108	1.200,00	–
109 a 120	500,00	–

P 4.30 Considere novamente os dados do exercício anterior e suponha que o equipamento pode ser vendido ao final da sua vida útil (120º mês) por 20% do valor de compra. Nessas condições, o negócio é viável sob o ponto de vista econômico?

P 4.31 Uma pessoa comprou um carro no valor de R$ 54.000,00, no dia 13/07/14, a ser pago nas seguintes condições: 10% de entrada e o saldo em 24 parcelas mensais, iguais e consecutivas. Após 16 meses, no dia 28/11/14, vendeu o carro por R$ 51.000,00 livre de qualquer ônus (ou seja, as parcelas restantes foram pagas integralmente no dia 28/11/14 com desconto pelo vendedor). Tendo em vista a planilha abaixo, verifique se foi um bom negócio, considerando uma taxa de juros de 0,99% am.

Observação

No intuito de simplificar a resolução, vamos considerar que todas as despesas mensais com combustível, manutenção, seguro, DPVAT e IPVA ocorrem na mesma data que o pagamento das prestações.

DATA	PARCELA	IPVA	DPVAT	SEGURO	MANUT.	COMBUSTÍVEL
13/07/14	5.400,00	568,00	67,00	442,00		350,00
13/08/14	2.025,00	568,00		442,00		350,00
13/09/14	2.025,00	568,00		442,00		350,00
13/10/14	2.025,00			442,00		350,00
13/11/14	2.025,00					350,00
13/12/14	2.025,00					350,00
13/01/15	2.025,00					350,00
13/02/15	2.025,00					385,00
13/03/15	2.025,00					385,00
13/04/15	2.025,00					385,00
13/05/15	2.025,00					385,00
13/06/15	2.025,00				1.173,00	385,00
13/07/15	2.025,00	631,00	85,00	465,00		385,00
13/08/15	2.025,00	631,00		465,00		385,00
13/09/15	2.025,00	631,00		465,00		385,00
13/10/15	2.025,00			465,00		385,00
13/11/15	2.025,00					193,00
28/11/15	Venda do carro					

P 4.32 Considere novamente os dados do exercício anterior e considere uma economia mensal, referente a despesas com transporte, da ordem de R$ 683,00 incluindo toda a família. Nessas condições, foi um bom negócio?

P 4.33 Uma empresa precisa decidir entre comprar um equipamento novo e reformar o atual tendo em vista as seguintes informações:

- *Compra:* o equipamento novo com vida útil de 7 anos, cujo preço é de R$ 57.000,00, pode ser pago mediante uma entrada de 15%, mais 6 parcelas mensais, iguais e consecutivas, e poderá ser revendido ao próprio fabricante, ao final dos 8 anos, por 5% do seu valor. Um estudo mostrou que o equipamento traria uma economia para a empresa, conforme exposto na planilha a seguir:

Mês					
01	02	03	04 a 60	61 a 72	73 a 84
–	1.750,00	2.630,00	4.900,00	3.750,00	1.250,00

- *Reforma:* a reforma do equipamento com vida útil de 7 anos, cujo preço é de R$ 15.700,00, pode ser paga em três prestações mensais, iguais e consecutivas, e não permite revenda ao final desses 7 anos. Um estudo mostrou que o equipamento reformado traria uma economia para a empresa, conforme exposto na planilha a seguir:

Mês			
01	02 a 60	61 a 72	73 a 84
–	3.430,00	2.160,00	750,00

Considerando um custo de capital da ordem de 12% aa, utilize a função NPV para determinar qual das opções é a mais viável economicamente.

4.16 RESPOSTAS DOS EXERCÍCIOS PROPOSTOS

Exercícios	Respostas	Exercícios	Respostas
P 4.1	R$ 337,99	**P 4.18**	a) R$ 800,42
P 4.2	R$ 1.221,13		b) R$ 23.618, 08
P 4.3	R$ 1.179,45	**P 4.19**	4,34% am
P 4.4	R$ 5.300,80	**P 4.20**	a) Fator = 0,1004, R$ 251,00
P 4.5	a) R$ 1.579,29 b) R$ 1.117,89		b) Fator = 0,0726, R$ 319,44 c) Fator = 0,0590, R$ 395,30
P 4.6	a) Não (faltaram R$ 376,42)	**P 4.21**	Fator = 0,1096, R$ 126,04
	b) R$ 5.084,63	**P 4.22**	Fator = 0,1057, R$ 60,25
P 4.7	R$ 469,45	**P 4.23**	R$ 2.306,92
P 4.8	Plano IV: 0,92% am	**P 4.24**	À vista (2,15% × 2,94%)

(continua)

(continuação)

Exercícios	Respostas	Exercícios	Respostas
P 4.9	89,42% aa	**P 4.25**	R$ 396,15
P 4.10	a) R$ 1.363,59 b) 2,54% am	**P 4.26**	Bom negócio Sobra: R$ 221,08 × R$ 86,33
P 4.11	R$ 5.884,21	**P 4.27**	a) R$ 2.001,68 b) R$ 3.175,37
P 4.12	a) 13 prestações b) 27 prestações	**P 4.28**	R$ 660,62
P 4.13	R$ 1.014,49	**P 4.29**	Não é viável (1,35% × 1,42%)
P 4.14	R$ 1.587,58	**P 4.30**	É viável (1,45% × 1,42%)
P 4.15	a) R$ 118.116,58 b) 2,10% am	**P 4.31**	Mau negócio Prejuízo de R$ 15.221,57
P 4.16	a) R$ 84.597,24 b) R$ 983.957,68	**P 4.32**	Bom negócio Lucro de R$ 56,01
P 4.17	R$ 3.581,87	**P 4.33**	Equipamento novo R$ 192.505,91 × R$ 157.108,41

5 DESCONTO DE TÍTULOS DE CRÉDITO

5.1 DEFINIÇÃO

Uma operação muito comum no mercado financeiro é aquela em que uma pessoa contrai uma dívida que deve ser paga após um determinado período. Neste caso, para segurança do credor, o devedor deve formalizar um documento que comprove publicamente a existência da dívida (permitindo cobrança judicial), denominado **título de crédito**.

5.2 TÍTULOS DE CRÉDITO MAIS UTILIZADOS

5.2.1 NOTA PROMISSÓRIA

A nota promissória, predominantemente utilizada entre pessoas físicas, funciona da seguinte forma: uma pessoa, doravante denominada devedor (ou emitente), solicita um empréstimo de determinada quantia em dinheiro de outra pessoa, doravante denominada credor (ou beneficiário), comprometendo-se a pagá-lo acrescido de juros, após um determinado período. Nestas condições, é emitida uma nota promissória da qual devem constar obrigatoriamente:

- o valor do empréstimo acrescido de juros;
- a data do pagamento;
- o nome do credor;
- o nome legível e a assinatura do devedor.

É importante observar ainda que uma nota promissória:

- pode ser transferida a terceiros por meio de endosso;
- admite a garantia de um (ou mais) avalista.

Caso a nota promissória não seja liquidada no seu vencimento, ela permite ao credor efetuar sua cobrança judicial (cabe também a ação de protesto).

5.2.2 CHEQUE PRÉ-DATADO

O cheque pré-datado é muito utilizado, principalmente nas operações envolvendo pessoas físicas e pessoas jurídicas (instituições comerciais).

As vantagens do cheque pré-datado em relação a um empréstimo são a sua praticidade e a ausência de impostos, pois não é matéria regulada pela legislação fiscal e tributária.

O pagamento com cheque pré-datado é, do ponto de vista jurídico, um contrato verbal (porém totalmente legal) em que o consumidor (devedor) promete que terá fundos quando do saque, e o vendedor (credor) promete que só apresentará o cheque na data acertada.

Cabe ainda ressaltar que desde 11 de março de 1991, com a entrada em vigor do Crédito Direto ao Consumidor (CDC), essa transação passou a ter regulação expressa em lei.

Se o cheque pré-datado for apresentado pelo vendedor na data combinada e não tiver fundos, este terá a seu dispor as alternativas legais para tentar receber o crédito.

Por outro lado, se cheque pré-datado for apresentado pelo vendedor antes da data acertada, dois fatos podem ocorrer:

- no caso de o cheque ter fundos e ser pago, o consumidor pode ficar sem dinheiro para arcar com outros compromissos;
- no caso de o cheque não ter fundos, o consumidor sofre danos materiais e morais.

Em qualquer uma dessas hipóteses, o consumidor pode pleitear o ressarcimento dos prejuízos com os quais teve que arcar e, além disso, pode pedir uma indenização por danos morais.

5.2.3 DUPLICATA MERCANTIL

A duplicata mercantil é um título emitido por uma pessoa jurídica (vendedor) contra um cliente (comprador), que pode ser uma pessoa física ou jurídica, para o qual ela vendeu mercadorias ou prestou serviços a serem pagos no futuro.

A emissão da duplicata só tem valor legal se baseada na nota fiscal correspondente à venda das mercadorias ou à prestação de serviços. Pode haver várias duplicatas relacionadas a uma mesma nota fiscal.

Devem constar obrigatoriamente de uma duplicata: o valor a ser pago (normalmente acrescidos de juros), a data do pagamento, bem como os nomes do devedor e do credor.

O comprador deve dar seu aceite na duplicata e devolvê-la, confessando-se assim devedor da quantia apresentada, embora, na prática, isso não seja necessário para provar a veracidade do título, tendo em vista a existência da nota fiscal.

Havendo extravio da duplicata, o vendedor pode gerar uma cópia denominada triplicata. Uma duplicata pode ser protestada por falta de aceite, por sua não devolução ou, ainda, por sua falta de pagamento. Embora as duplicatas possam ser garantidas por aval, o avalista não pode ser protestado.

5.3 O CONCEITO DE DESCONTO

É muito comum que bens ou serviços sejam financiados, principalmente por meio de cheques e duplicatas mercantis, como uma forma de acompanhar o mercado e vencer a concorrência.

Tomemos como exemplo o caso de um lojista que vende televisores aos seus clientes, em 10 parcelas mensais sem entrada.

Ora, supondo que esses televisores sejam adquiridos do fornecedor em no máximo 3 parcelas mensais, fica claro que o lojista deve manter um capital de giro substancial para poder financiar os seus clientes.

Como isso nem sempre é possível, o lojista se vê obrigado a recorrer a empréstimos bancários ou ao desconto de títulos de crédito.

Ao optar pela operação de desconto de títulos de crédito, o lojista solicita ao banco uma antecipação do valor do título.

Caso a solicitação seja atendida, o banco antecipa ao lojista (neste caso denominado **sacador**) o valor do título de crédito descontando juros, taxas e impostos e efetua a cobrança do título junto ao seu cliente (neste caso denominado **sacado**).

É importante notar que, caso o sacado não efetue o pagamento, o banco cobrará o valor antecipado diretamente do sacador.

Já as empresas de *factoring*, especialistas em compra de risco de crédito, compram o título mediante um deságio e não têm direito de regresso, ou seja, se o sacado não pagar não é possível cobrar o valor devido do sacador.

Os modelos de desconto de títulos de crédito são:

- No sistema de capitalização simples temos:
  - o desconto comercial simples, também conhecido como desconto bancário ou desconto por fora (muito utilizado no mercado financeiro);
  - o desconto racional simples, também conhecido como desconto por dentro (praticamente não utilizado).
- Já no sistema de capitalização composta temos:
  - o desconto comercial composto, também conhecido como desconto por fora (praticamente não utilizado);
  - o desconto racional composto, também conhecido como desconto por dentro (utilizado no mercado financeiro).

5.4 DESCONTO RACIONAL SIMPLES (OU POR DENTRO)

Embora este desconto não seja utilizado na prática, didaticamente, seu entendimento nos ajudará a compreender melhor o desconto comercial simples. Além disso, cabe ressaltar que este modelo de desconto é cobrado em questões de concurso público.

Seu cálculo é realizado de maneira semelhante ao da capitalização simples e, tendo em vista as seguintes notações:

- **N**, valor nominal (ou de face);
- $\mathbf{D_r}$, desconto;
- $\mathbf{A_r}$, resgate bruto (ou valor atual);
- **d**, taxa de desconto; e
- **n**, prazo de antecipação,

e o fato de que o desconto ($\mathbf{D_r}$) é calculado sobre o valor do resgate bruto ($\mathbf{A_r}$), podemos deduzir as seguintes fórmulas, específicas do desconto racional simples:

$$\mathbf{A_r = \frac{N}{1 + d \cdot n}} \quad \text{e} \quad \mathbf{D_r = \frac{N \cdot d \cdot n}{1 + d \cdot n}}$$

Além dessas fórmulas, na resolução dos problemas envolvendo desconto racional simples é possível utilizar a fórmula:

$$A_r = N - D_r$$

que independe do modelo de desconto de títulos de crédito utilizado.

Para o leitor interessado, a demonstração das fórmulas do desconto racional simples está disponível no Capítulo 9 (item 9.8).

Exemplo:

E 5.1 Um comerciante vendeu a prazo uma mercadoria no valor de R$ 4.352,94, nas seguintes condições: 15% de entrada e o saldo em 90 dias com juros compostos de 9,8% am. Entretanto, necessitando de dinheiro, solicitou a um banco o resgate antecipado da duplicata gerada pela venda. Admitindo que será efetuado um desconto racional simples com taxa de 18,5% am, determine o valor nominal da duplicata, a quantia recebida pelo banco (desconto) e a quantia recebida pelo comerciante (resgate bruto), supondo que o resgate ocorreu:

a) 10 dias antes do vencimento;

b) 30 dias antes do vencimento;

c) 60 dias antes do vencimento.

Resolução:

Como o valor nominal da duplicata deve incluir os juros cobrados pelo comerciante, temos:

< f > < REG > 4352,94 < ENTER > 15 < % > < - > < CHS > < PV > 3 < n > 9,8 < i > < FV > → R$ 4.897,89 (N)

a) Antecipação de 10 dias:

$D_r = ?$

$N = 4.897,89$

$d = 18,5\%$ am

$n = 10$ d

$$D_r = \frac{N.d.n}{1 + d.n} = \frac{4.897,89 \,.\, 0,185 \,.\, \frac{10}{30}}{1 + 0,185 \,.\, \frac{10}{30}} = \textbf{R\$ 284,49}$$

$A_r = ?$
$N = 4.897{,}89$
$D_r = 284{,}49$

$$A_r = N - D_r = 4.897{,}89 - 284{,}49 = \textbf{R\$ 4.613,40}$$

O valor do resgate bruto também poderia ser calculado da seguinte forma:

$A_r = ?$
$N = 4.897{,}89$
$d = 18{,}5\%$ am
$n = 10$ d $= 10/30$ m

$$A_r = \frac{N}{1 + d.n} = \frac{4.897{,}89}{1 + 0{,}185 \cdot \frac{10}{30}} = \textbf{R\$ 4.613,40}$$

Resposta: R$ 4.613,40.

b) Antecipação de 30 dias:

$D_r = ?$
$N = 4.897{,}89$
$d = 18{,}5\%$ am
$n = 30$ d $= 1$m

$$D_r = \frac{N.d.n}{1 + d.n} = \frac{4.897{,}89 \cdot 0{,}185 \cdot 1}{1 + 0{,}185 \cdot 1} = \textbf{R\$ 764,45}$$

$A_r = ?$
$N = 4.897{,}89$
$D_r = 764{,}45$

$$A_r = N - D_r = 4.897{,}89 - 764{,}45 = \textbf{R\$ 4.133,44}$$

Resposta: R$ 4.133,44.

c) Antecipação de 60 dias:

$D_r = ?$
$N = 4.897{,}89$
$d = 18{,}5\%$ am
$n = 60$ d $= 2$m

$$D_r = \frac{N.d.n}{1 + d.n} = \frac{4.897{,}89 \cdot 0{,}185 \cdot 2}{1 + 0{,}185 \cdot 2} = \textbf{R\$ 1.322,79}$$

$A_r = ?$
$N = 4.897{,}89$
$D_r = 1.322{,}79$

$$A_r = N - D_r = 4.897{,}89 - 1.322{,}79 = \textbf{R\$ 3.575,10}$$

Resposta: R$ 3.575,10.

Observações

Esta resolução nos mostra claramente que, quanto maior o prazo de antecipação, maior é o valor do desconto e, consequentemente, menor é o valor do resgate bruto.

O leitor deve ainda observar que, no caso da antecipação de 60 dias, o valor do resgate (R$ 3.575,10) é menor do que o saldo da venda a prazo (R$ 4.352,94 – 15% = R$ 3.700,00).

Para mostrar que a operação de desconto racional simples é realizada de forma semelhante à da capitalização simples, vamos supor que, no caso do item **a)**, o comerciante tivesse optado por tomar um empréstimo a juros simples no valor do resgate bruto (R$ 4.613,40), pelo prazo de antecipação do desconto (10 dias) e com a mesma taxa utilizada na operação de desconto (18,5% am). Nessas condições, vamos determinar o valor dos juros, bem como do pagamento final do empréstimo.

$PV = R\$\ 4.613,40$ $n = 10d = 10/30\ m$ $i = 18,5\%\ am$ $J = ?$ $FV = ?$	$J = PV \,.\, i \,.\, n$ $J = 4.613,40 \,.\, 0,185 \,.\, \dfrac{10}{30}$ $J = \mathbf{R\$\ 284,49}$	$FV = PV + J$ $FV = 4.613,40 + 284,49$ $FV = \mathbf{R\$\ 4.897,89}$

Resposta: juros de R$ 289,49 e pagamento final de R$ 4.897,89.

Esta resolução também nos mostra que uma operação de desconto racional simples com valor nominal **N**, taxa de desconto **d** e prazo de antecipação **n**, que deve gerar um desconto $\mathbf{D_r}$ e um resgate bruto $\mathbf{A_r}$, equivale a um empréstimo a juros simples de valor **PV** (= $\mathbf{A_r}$), por **n** períodos, com taxa **i** (= **d**), que deve gerar juros **J** (= $\mathbf{D_r}$) e um pagamento final **FV** (= **N**).

5.5 DESCONTO COMERCIAL SIMPLES (BANCÁRIO OU POR FORA)

É bastante utilizado no mercado financeiro. Seu cálculo é realizado de maneira semelhante à da capitalização simples (em que os juros correspondentes são cobrados antecipadamente), e, tendo em vista as seguintes notações:

- **N**, valor nominal (ou de face);
- $\mathbf{D_c}$, desconto;
- $\mathbf{A_c}$, resgate bruto (ou valor atual);
- **d**, taxa de desconto; e
- **n**, prazo de antecipação,

e o fato de que, neste caso, o desconto ($\mathbf{D_c}$) é calculado sobre o valor nominal do título de crédito (**N**), podemos deduzir as seguintes fórmulas, específicas do desconto comercial simples:

$$\mathbf{A_c = N\,.\,(1 - d\,.\,n)} \quad \text{e} \quad \mathbf{D_c = N\,.\,d\,.\,n}$$

Além dessas fórmulas, na resolução dos problemas envolvendo desconto comercial simples, é possível utilizar a fórmula:

$$A_c = N - D_c$$

que independe do modelo de desconto de títulos de crédito utilizado.

Para o leitor interessado, a demonstração das fórmulas do desconto comercial simples está disponível no Capítulo 9 (item 9.9).

Exemplo:

E 5.2 Vamos considerar novamente o exemplo anterior, ou seja: um comerciante vendeu a prazo uma mercadoria no valor de R$ 4.352,94 nas seguintes condições: 15% de entrada e o saldo em 90 dias com juros compostos de 9,8% am. Entretanto, necessitando de dinheiro, solicitou a um banco o resgate antecipado da duplicata gerada pela venda. Admitindo que será efetuado um desconto comercial simples, com taxa de 18,5% am, determine o valor nominal da duplicata, a quantia recebida pelo banco (desconto) e a quantia recebida pelo comerciante (resgate bruto), supondo que o resgate ocorreu:

a) 10 dias antes do vencimento;

b) 30 dias antes do vencimento;

c) 60 dias antes do vencimento.

Resolução:

Como o valor nominal da duplicata deve incluir os juros cobrados pelo comerciante, temos:

< f > < REG > 4352,94 < ENTER > 15 < % > < - > < CHS > < PV > 3 < n > 9,8 < i > < FV > → **R$ 4.897,89 (N)**

a) Antecipação de 10 dias:

$A_c = ?$
$N = 4.897,89$
$d = 18,5\%$ am
$n = 10$ d

$$D_c = N \cdot d \cdot n = 4.897,89 \cdot 0,185 \cdot \frac{10}{30} = \mathbf{R\$\,302,04}$$

$A_c = ?$
$N = 4.897,89$
$D_c = 302,04$

$$A_c = N - D_c = 4.897,89 - 302,04 = \mathbf{R\$\,4.595,85}$$

O valor do resgate bruto também poderia ser calculado da seguinte forma:

$A_c = ?$
$N = 4.897,89$
$d = 18,5\%$ am
$n = 10$ d $= 10/30$ m

$$A_c = N(1 - d \cdot n) = 4.897,89 \left(1 - 0,185 \cdot \frac{10}{30}\right) = \mathbf{R\$\,4.595,85}$$

Resposta: R$ 4.595,85.

b) Antecipação de 30 dias:

$A_c = ?$
$N = 4.897,89$
$d = 18,5\%$ am
$n = 30$ d $= 1$m

$$D_c = N \cdot d \cdot n = 4.897,89 \cdot 0,185 \cdot 1 = \mathbf{R\$\,906,11}$$

$A_c = ?$ $N = 4.897{,}89$ $D_c = 906{,}11$	$A_c = N - D_c = 4.897{,}89 - 906{,}11 = \mathbf{R\$\,3.991{,}78}$

Resposta: R$ 3.991,78.

c) Antecipação de 60 dias:

$A_c = ?$ $N = 4.897{,}89$ $d = 18{,}5\%$ am $n = 60$ d $= 2$m	$D_c = N \,.\, d \,.\, n = 4.897{,}89 \,.\, 0{,}185 \,.\, 2 = \mathbf{R\$\,1.812{,}22}$

$A_c = ?$ $N = 4.897{,}89$ $D_c = 1812{,}22$	$A_c = N - D_c = 4.897{,}89 - 1.812{,}22 = \mathbf{R\$\,3.085{,}67}$

Resposta: R$ 3.085,67.

Observações

Esta resolução demonstra que quanto maior o prazo de antecipação, maior é o valor do desconto e, consequentemente, menor é o valor do resgate bruto.

O leitor deve ainda observar que, no caso da antecipação de 60 dias, o valor do resgate (R$ 3.085,67) é menor do que o saldo da venda a prazo (R$ 4.352,94 – 15% = R$ 3.700,00) e menor que o resgate correspondente na modalidade de desconto racional simples.

Para mostrar que a operação de desconto comercial simples é realizada de forma semelhante à da capitalização simples (em que os juros devidos são cobrados antecipadamente), vamos supor que no caso do item **c)** o comerciante tivesse optado por tomar um empréstimo a juros simples correspondente ao valor nominal do título (R$ 4.897,89), pelo prazo da antecipação do desconto (60 dias) e com a taxa utilizada na operação de desconto (18,5% am). Nessas condições, vamos determinar o valor dos juros, o valor efetivo do empréstimo, bem como do pagamento final do empréstimo.

Juros	**Empréstimo efetivo**
J = PV . i . n	PV – J = 4.897,89 – 1812,22 = R$ 3.085,67 (= A_c)
J = 4.897,89 . 0,185 . 2	
J = R$ 1.812,22 (= D_c)	**Pagamento final**
	PV = R$ 4.897,89 (= N)

Resposta: valor dos juros de R$ 1.812,22, valor efetivo do empréstimo de R$ 3.085,67, pagamento final do empréstimo de R$ 4.897,89.

Esta resolução também nos mostra que uma operação de desconto comercial simples com valor nominal **N**, taxa de desconto **d** e prazo de antecipação **n**, que deve gerar um desconto $\mathbf{D_c}$ e um resgate bruto $\mathbf{A_c}$, equivale a um empréstimo a juros simples de valor **PV** (= **N**), por **n** períodos, com taxa **i** (= **d**), que deve gerar juros **J** (= $\mathbf{D_c}$), um empréstimo efetivo **PV – J** (= **N** – $\mathbf{D_c}$) e um pagamento final **FV** (= **N**).

O leitor deve ainda observar que a taxa de desconto comercial praticada no caso do desconto comercial simples é nominal, uma vez que essa operação corresponde a um empréstimo a juros simples, em que os juros devidos são cobrados antecipadamente.

Assim, para calcular a taxa mensal efetiva desta operação a juros simples (a menos de taxas e impostos), devemos proceder como segue:

$$FV = PV\,(1 + i\,.\,n)$$

$$4.897,89 = 3.085,67(1 + i\,.\,2)$$

$$i = \frac{\dfrac{4.897,89}{3.085,67} - 1}{2} = 0,29\ \mathbf{(29,37\%\ am)}$$

ou seja, a taxa efetiva a juros simples (29,37%) é 58,76% superior à taxa nominal (18,5%).

Entretanto, se levarmos em conta que, na prática, a outra opção existente para o comerciante seria efetuar um empréstimo a juros compostos, à taxa efetiva mensal dessa operação a juros compostos (menos de taxas e impostos) seria calculada da seguinte forma:

< f > < REG > 3085,67 < CHS > < PV > 4897,89 < FV > 2 < n >
< i > → 25,99% am

ou seja, a taxa efetiva a juros compostos (25,99%) é 40,49% superior à taxa nominal (18,5%).

Vamos agora examinar os resultados derivados das resoluções dos exemplos anteriores (E 5.1 e E 5.2):

N = R$ 4.897,89; d = 18,5% am						
Desconto simples	**n = 10 d**		**n = 30 d**		**n = 60 d**	
	D	**A**	**D**	**A**	**D**	**A**
Racional	R$ 284,49	R$ 4.613,40	R$ 764,45	R$ 4.133,44	R$ 1.322,79	R$ 3.575,10
Comercial	R$ 302,04	R$ 4.595,85	R$ 906,11	R$ 3.991,78	R$ 1.812,22	R$ 3.085,67
Δ %	+ 6,17%	– 0,38%	+ 18,53%	– 3,43%	+ 37,00%	– 13,69%

Essa tabela nos mostra, sem sombra de dúvida, que o desconto comercial simples representa para o cliente de uma IF um custo maior do que o desconto racional simples. Entretanto, como já foi citado anteriormente, este último praticamente não é utilizado.

5.5.1 UM PARADOXO FINANCEIRO

Consideremos agora o seguinte exemplo:

E 5.3 Um título de crédito no valor nominal de R$ 6.750,00 sofreu um desconto comercial simples com taxa de 35% am. Supondo que o prazo de antecipação foi de 88 dias, determine o valor do resgate bruto.

Resolução:

$A_c = ?$

$N = 6.750,00$

$d = 35\%$ am

$n = 88\ d = \dfrac{88}{30}\ m$

$D_c = N \cdot d \cdot n$

$D_c = 6.750 \cdot 0,35 \cdot \dfrac{88}{30}$

$D_c = \textbf{R\$ 6.930,00}$

$A_c = N - D_c$

$A_c = 6.750,00 - 6.930,00$

$A_c = \textbf{– R\$ 180,00}$

Da resolução anterior, observamos que o valor do desconto (R$ 6.930,00) é maior do que o valor nominal do título de crédito (R$ 6.750,00) e, consequentemente, o valor do resgate bruto é negativo. Ou seja: o cliente, em vez de receber, ainda teria que pagar ao banco R$ 180,00? Esse paradoxo ocorre toda vez que o produto:

$$d \,.\, n > 1$$

e observe que, neste caso, temos:

$$d \,.\, n = 0{,}35 \,.\, \frac{88}{30} = 1{,}03 > 1$$

Para o leitor que estiver achando exorbitante a utilização de uma taxa de desconto de 35% am, devemos lembrar que o Brasil conviveu, durante muito tempo, com altas taxas de inflação (próximas de 50% am).

Por exemplo, em 1993, um ano antes da adoção do Plano Real, o Índice Geral de Preços no Mercado (IGPM), da Fundação Getulio Vargas, apontou uma inflação de 2.567,34% aa, equivalente a uma inflação média mensal de 31,47%.

Já nos primeiros sete meses de 1994 (o Plano Real entrou em vigor em agosto de 1994), a inflação acumulada foi de 1.065,17% ap, equivalente a uma inflação média mensal de 42,02% am.

A possível ocorrência desse paradoxo reforça a necessidade de efetuar a operação de desconto de títulos com muita cautela, levando em conta que essa operação deixa de ser vantajosa à medida que o prazo de antecipação aumenta.

Finalizando, devemos observar que esse paradoxo não ocorreria se fosse utilizado o desconto racional simples.

$A_r = ?$

$N = 6.750{,}00$

$d = 35\%$ am

$n = 88 \text{ d} = \frac{88}{30} \text{ m}$

$$D_r = \frac{N \,.\, d \,.\, n}{1 + d \,.\, n}$$

$$D_r = \frac{6.750 \,.\, 0{,}35 \,.\, \frac{88}{30}}{1 + 0{,}35 \,.\, \frac{88}{30}}$$

$$D_r = \textbf{R\$ 3.419,41}$$

$$A_r = N - D_r$$

$$A_r = 6.750 - 3.419{,}41$$

$$A_r = \textbf{R\$ 3.330,59}$$

O paradoxo em questão jamais ocorre no desconto racional simples, e o leitor interessado poderá ver esta demonstração no Capítulo 9 (item 9.10).

Na prática, caso o cliente insista em realizar a operação de desconto, ele deve utilizar o desconto racional composto, que não gera este tipo de problema.

Exemplo:

E 5.4 Foi oferecido a um empresário um empréstimo até o limite de R$ 50.000,00, com taxa de desconto comercial simples de 3,49% am, por seis meses. Como a taxa média dos empréstimos a juros compostos, na época, girava em torno de 4,5% am, o empresário, entendendo que se tratava de uma excelente oportunidade, solicitou um empréstimo no valor de R$ 35.000,00, insistindo, entretanto, num prazo de 18 meses. Fez ele um bom negócio?

Resolução:

Tomar um empréstimo de R$ 35.000,00 com taxa de desconto equivale a descontar um título de crédito que irá propiciar um resgate bruto de R$ 35.000,00.

- Prazo: 6 meses

$A_c = 35.000{,}00$	$A_c = N \cdot (1 - d \cdot n)$	< f > < REG >
$d = 3{,}49\%$ am	$35.000 = N \cdot (1 - 0{,}0349 \cdot 6)$	35000 < CHS > < PV >
$n = 6$ m	$N = \dfrac{35.000}{(1 - 0{,}0349 \cdot 6)} = \text{R\$ } 44.270{,}17$	44.270,17 < FV >
		6 < n >
		< i > → 3,99% am

Observe que, neste caso, a taxa efetiva oferecida pelo banco na operação de desconto (3,99%) é 11,4% menor do que a taxa média do mercado para operações de empréstimo, com taxa de juros (4,5%).

- Prazo: 18 meses

$A_c = 35.000{,}00$	$A_c = N \cdot (1 - d \cdot n)$	< f > < REG >
$d = 3{,}49\%$ am	$35.000 = N \cdot (1 - 0{,}0349 \cdot 18)$	35000 < CHS > < PV >
$n = 18$ m	$N = \dfrac{35.000}{(1 - 0{,}0349 \cdot 18)} = \text{R\$ } 94.136{,}63$	94.136,63 < FV >
		18 < n >
		< i > → 5,65% am

Resposta: neste caso, a operação financeira não é vantajosa, pois a taxa de desconto supera a taxa média de mercado para operações de empréstimo em 25,56%.

Observe que um aumento no prazo de antecipação do título aumentou a taxa efetiva da operação a ponto de torná-la inviável. Este fato não ocorre na capitalização composta (nem na simples), pois, enquanto no desconto comercial os juros são calculados sobre o valor de N, que aumenta à medida que aumenta o prazo de antecipação, na capitalização composta (ou simples) os juros são calculados sobre o valor do PV, que não é afetado pelo tempo de duração da operação financeira.

5.6 A TAXA EFETIVA NA OPERAÇÃO DE DESCONTO DE TÍTULOS

A operação de desconto de títulos de crédito, por caracterizar uma operação de empréstimo, está sujeita ao recolhimento do Imposto sobre Operações Financeiras (IOF), que deve ser pago no ato da liberação do crédito e é composto de duas parcelas, ambas incidentes sobre o resgate bruto:

- a primeira, que, dependendo da conjuntura econômica, pode ser de 0,0041% ad (limitada a 1,5% aa) ou de 0,0082% ad (limitada a 3,0% aa);
- a segunda, de 0,38%, independentemente do prazo de antecipação do título de crédito.

Além disso, os bancos costumam cobrar uma taxa de serviços, a ser paga no ato da liberação do crédito, resultante de duas tarifas:

- a primeira que varia de banco para banco e se destina a cobrir os custos da cobrança dos títulos no vencimento;
- a segunda corresponde à contratação da operação financeira, que também varia de banco para banco e se destina a cobrar os custos administrativos da operação financeira.

Os recursos para as operações de desconto são, em geral, captados pelos bancos por meio da venda de CDB. Assim, a taxa de desconto é formada pelo custo de captação acrescido dos custos operacionais, despesas administrativas e margem de lucro.

Exemplo:

E 5.5 Um cliente solicitou de um banco o desconto de um título de crédito, com antecipação de 21 dias e valor nominal de R$ 6.735,00. Supondo que, além da taxa de desconto comercial de 3,22% am e do IOF (de 0,0082% ad + 0,38%), o cliente teve que pagar uma taxa de serviços (TS) correspondente a 1,3% do valor nominal do título, determine a taxa efetiva mensal da operação financeira.

Resolução:

Dados do problema

N = R$ 6735,00

n = 21 d

d = 3,22% am

IOF = 0,0082% ad + 0,38% (sobre $N - D_c$)

TSB = 1,3% (sobre o valor de N)

Desconto (D_c):

$$D_c = N \,.\, d \,.\, n = 6.735 \,.\, 0{,}0322 \,.\, \frac{21}{30} = \text{R\$ } 151{,}81$$

Resgate bruto (RB):

$$A_c = N - D_c = 6.735{,}00 - 151{,}81 = \text{R\$ } 6.583{,}19$$

IOF (incide sobre o resgate bruto):

6583,19 < ENTER > 0,0082 < % > 21 < x > → R$ 11,34 < STO > 1

6.583,19 < ENTER > 0,38 < % > → R$ 25,02 < STO > < + > 1

< RCL > 1 → R$ 36,35

Taxa de serviços (TS):

6735 < ENTER > 1,3 < % > → R$ 87,56

Resgate líquido (ou efetivo):

6735 < ENTER >

151,81 < – > (D_c)

36,35 < – > (IOF)

87,56 < – > (TS) → R$ 6.459,28

Pagamento final efetivo:

$$N = R\$ \ 6.735,00$$

Taxa efetiva mensal (juros compostos):

6459,28 < CHS > < PV >

6735 < FV >

21 <ENTER > 30 < ÷ > < n >

< i > → 6,15% am

Resposta: 6,15% am.

5.7 DESCONTO DE UM CONJUNTO DE TÍTULOS (PRAZO MÉDIO)

Na prática, de forma geral, a operação de desconto envolve um conjunto de títulos (conhecido como borderô). O cliente, ao solicitar ao banco o desconto de um conjunto de títulos, deve proceder da seguinte forma:

- consciente dos descontos a serem efetuados, deve agregar ao borderô uma quantidade de títulos tal que a soma dos seus valores nominais seja suficiente para gerar o resgate líquido desejado;
- escolher títulos com os menores prazos de antecipação, que geram descontos menores;
- selecionar títulos de bons pagadores, lembrando que, no caso de inadimplência, a responsabilidade pelo pagamento desses títulos retorna ao cliente.

Exemplo:

E 5.6 Uma empresa apresentou a uma instituição financeira no dia 17 de março de 2014 o seguinte borderô de duplicatas para desconto:

Sacado	CNPJ	NF	Valor	Vencimento
Empresa A	11.111.111/111-11	123456	R$ 5.500,00	21/03/14
Empresa B	22.222.222/222-22	234567	R$ 6.380,00	26/03/14
Empresa C	33.333.333/333-33	345678	R$ 7.900,00	29/03/14
Empresa D	44.444.444/444-44	456789	R$ 8.740,00	05/04/14
Empresa E	55.555.555/555-55	567890	R$ 4.520,00	09/04/14
Empresa F	66.666.666/666.66	678901	R$ 3.150,00	12/04/14

Supondo que será utilizada uma taxa de desconto de 2,88% am, determine o valor líquido do resgate, bem como a taxa efetiva mensal (a juros compostos) envolvida na operação financeira, sabendo que, entre taxas e impostos, a empresa pagou a quantia de R$ 316,45 no ato da liberação do crédito.

Resolução:

Prazos de antecipação:

Empresa A
17.032014 < ENTER >
21.032014
< g > < Δ DYS > → 4 d

Empresa B
17.032014 < ENTER >
26.032014
< g > < Δ DYS > → 9 d

Empresa C
17.032014 < ENTER >
29.032014
< g > < Δ DYS > → 12 d

Empresa D
17.032014 < ENTER >
05.042014
< g > < Δ DYS > → 19 d

Empresa E
17.032014 < ENTER >
09.042014
< g >< Δ DYS > → 23 d

Empresa F
17.032014 < ENTER >
12.042014
< g > < Δ DYS > → 26 d

Resgates brutos:

Empresa A

$$A_A = N\,(1 - d\,.\,n)$$

$$A_A = 5.500{,}00\left(1 - 0{,}0288\,.\,\frac{4}{30}\right)$$

$$A_A = \text{R\$}\,5.478{,}88$$

Empresa B

$$A_B = N\,(1 - d\,.\,n)$$

$$A_B = 6.380{,}00\left(1 - 0{,}0288\,.\,\frac{9}{30}\right)$$

$$A_B = \text{R\$}\,6.324{,}48$$

Empresa C

$$A_C = N\,(1 - d\,.\,n)$$

$$A_C = 7.900{,}00\left(1 - 0{,}0288\,.\,\frac{12}{30}\right)$$

$$A_C = \text{R\$}\,7.808{,}99$$

Empresa D

$$A_D = N\,(1 - d\,.\,n)$$

$$A_D = 8.740{,}00\left(1 - 0{,}0288\,.\,\frac{19}{30}\right)$$

$$A_D = \text{R\$}\,8.580{,}58$$

Empresa E

$$A_E = N\,(1 - d\,.\,n)$$

$$A_E = 4.520{,}00\left(1 - 0{,}0288\,.\,\frac{23}{30}\right)$$

$$A_E = \text{R\$}\,4.420{,}20$$

Empresa F

$$A_F = N\,(1 - d\,.\,n)$$

$$A_F = 3.150{,}00\left(1 - 0{,}0288\,.\,\frac{26}{30}\right)$$

$$A_F = \text{R\$}\,3.071{,}38$$

Resgate bruto total:

$$A_A + A_B + A_C + A_D + A_E + A_F = \text{R\$ } 35.684{,}51$$

Resgate líquido total:

$$35.684{,}51 - 316{,}45 \text{ (Taxas e Impostos)} = \text{R\$ } 35.368{,}06$$

Fluxo de caixa sob o ponto de vista do cliente:

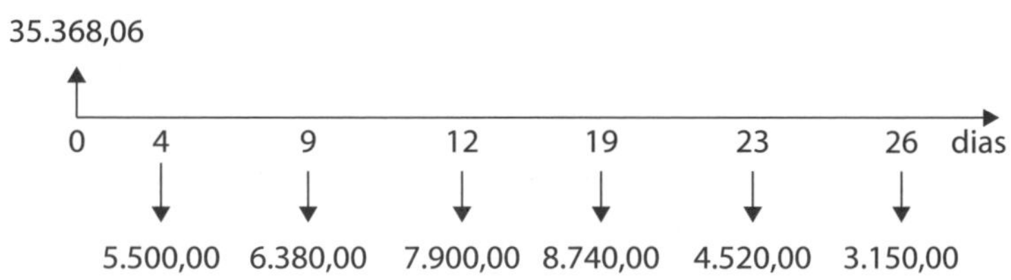

Taxa diária efetiva:

< f > < REG >	6380 < g > <CFj>	0 < g > < CFj >
35.368,06 <CHS> <g> <CFo>	0 < g > < CFj >	3 < g > < Nj >
0 < g > < CFj >	2 < g > < Nj >	4520 < g > < CFj >
3 < g > < Nj >	7900 < g > < CFj >	0 < g > < CFj >
5500 < g > < CFj >	0 < g > < CFj >	2 < g > < Nj >
0 < g > < CFj >	6 < g > < Nj >	3150 < g > < CFj >
4 < g > < Nj >	8740 < g > < CFj >	< f > < IRR > → 0,1586% ad
		< f > < NPV > → – 0,00000003

Taxa mensal efetiva:

0,1586 < i >

30 < ENTER > 1 < ÷ > < n >

< g > < GTO > (0)01

< R/s > → 4,87% am

Resposta: resgate líquido de R$ 35.368,06 e taxa efetiva mensal de 4,87% am.

Observação

O procedimento que acabamos de apresentar, embora correto, exige grande esforço computacional, que se acentua conforme aumenta o número de títulos de crédito que compõem o borderô. Não podemos também esquecer que, no cálculo da taxa interna de retorno (IRR), a HP-12C Gold aceita fluxos de caixa com até 21 movimentações distintas (desde que não haja programas armazenados na memória de programação).

Por esse motivo, vamos apresentar um procedimento mais conveniente (menor esforço computacional), utilizando o conceito de **prazo médio**.

5.7.1 PRAZO MÉDIO

Denomina-se prazo médio um conjunto de títulos, que vamos denotar por n_m, o prazo em que devemos descontar a soma dos valores nominais deste conjunto de títulos, a uma dada taxa de desconto, de modo a obter como resultado a soma dos resgates brutos de cada um destes títulos, a esta mesma taxa.

Assim, sendo $\mathbf{N_1}$, $\mathbf{N_2}$, ..., $\mathbf{N_k}$ os valores destes títulos, com prazos de antecipação respectivamente iguais a $\mathbf{n_1}$, $\mathbf{n_2}$, ..., $\mathbf{n_k}$, o prazo médio pode ser obtido a partir da fórmula:

$$\mathbf{n_m = \frac{N_1.n_1 + N_2.n_2 + \ldots N_k.n_k}{N_1 + N_2 + \ldots N_k}}$$

ou seja, o prazo médio nada mais é do que a média ponderada dos prazos de antecipação dos títulos do conjunto, na qual os pesos correspondem aos valores nominais de cada título.

O leitor interessado poderá encontrar a justificativa para a fórmula acima no Capítulo 9 (item 9.11).

5.7.7.1 Utilizando a HP-12C no cálculo de prazo médio

Para obter o prazo médio de um conjunto de títulos nas condições do enunciado, basta seguir os seguintes passos:

$$n_1 < \text{ENTER} > N_1 < \Sigma + >$$

$$n_2 < \text{ENTER} > N_2 < \Sigma + >$$

.

.

.

n_k < ENTER > N_k < Σ+ >

< g > < $\bar{x}_w$ >

Para ilustrar este procedimento, vamos resolver novamente o exemplo E 5.6.

E 5.7 Uma empresa apresentou a uma instituição financeira, no dia 17 de março de 2014, o seguinte borderô de duplicatas para desconto:

Sacado	CNPJ	NF	Valor	Vencimento
Empresa A	11.111.111/111-11	123456	R$ 5.500,00	21/03/14
Empresa B	22.222.222/222-22	234567	R$ 6.380,00	26/03/14
Empresa C	33.333.333/333-33	345678	R$ 7.900,00	29/03/14
Empresa D	44.444.444/444-44	456789	R$ 8.740,00	05/04/14
Empresa E	55.555.555/555-55	567890	R$ 4.520,00	09/04/14
Empresa F	66.666.666/666.66	678901	R$ 3.150,00	12/04/14

Supondo que será utilizada uma taxa de desconto de 2,88% am, determine o valor líquido do resgate, bem como a taxa efetiva mensal (a juros compostos) envolvida na operação financeira, sabendo que entre taxas e impostos a empresa pagou a quantia de R$ 316,45 no ato da liberação do crédito.

Resolução:

Prazos de antecipação

Empresa A: 4 dias

Empresa B: 9 dias

Empresa C: 12 dias

Empresa D: 19 dias

Empresa E: 23 dias

Empresa F: 26 dias

Prazo médio

4 < ENTER > 5500 < Σ+ >

9 < ENTER > 6380 < Σ+ >

12 < ENTER > 7900 < Σ+ >

19 < ENTER > 8740 < Σ+ >

23 < ENTER > 4520 < Σ+ >

26 < ENTER > 3150 < Σ+ >

< g > < $\bar{x}_w$ > → 14,54 d

Fluxo de caixa sob o ponto de vista do cliente: nessas condições, o fluxo de caixa do problema,

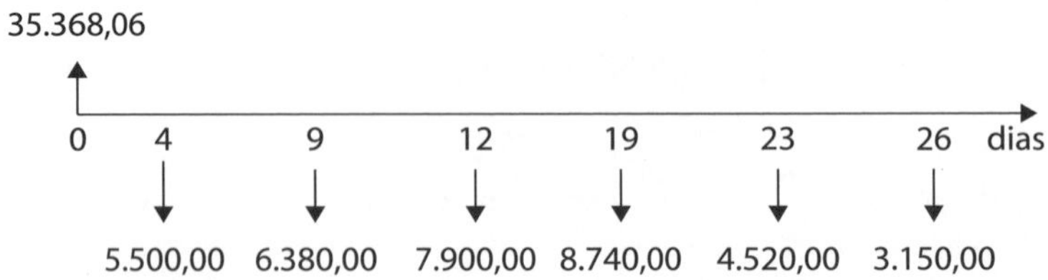

se transforma no seguinte fluxo de caixa:

Resgate bruto

$A = N\,(1 - d\,.\,n)$

$A_C = 36.190,00\left(1 - 0,0288\ .\ \dfrac{14,54}{30}\right)$

$A_C = \text{R\$}\,35.684,85$

Resgate líquido

35.684,85 < ENTER >

316,45 (Taxas e Impostos)

< – > → R$ 35.368,40

Taxa efetiva mensal

35368,40 < CHS > < PV >

36190 < FV >

14,54 < ENTER > 30 < ÷ >

< i > → 4,85% am

Resposta: resgate líquido de R$ 35.368,40 e taxa efetiva mensal de 4,85% am.

Considerações finais

1) A diferença encontrada entre a solução atual (4,85% am) e a solução obtida na resolução anterior (4,87% am) se deve a erros de arredondamento e tende a diminuir se utilizarmos o valor do prazo médio (14,54 d) com mais casas decimais.

2) Independentemente do número de títulos do borderô, o fluxo de caixa com a utilização do prazo médio se transforma em uma operação de desconto de um único título, o que torna a resolução bem mais leve sob o ponto de vista do esforço computacional.

5.8 EQUIVALÊNCIA DE CAPITAIS A JUROS SIMPLES

Dois ou mais capitais dizem-se equivalentes, em certa data, a uma certa taxa, se os seus valores calculados nessa data (resgates), com esta taxa, forem iguais.

A data em questão é denominada **data de equivalência**.

Exemplo:

E 5.8 Considere dois títulos de crédito: um de valor nominal R$ 5.700,00, com vencimento para 50 dias, e outro de valor nominal R$ 5.840,00, com vencimento para 85 dias. Verifique que a uma taxa de desconto comercial de 2% am eles não são equivalentes hoje, não são equivalentes daqui a 30 dias, não são equivalentes daqui a 45 dias, mas serão equivalentes daqui a 10 dias.

Resolução:

a) Hoje:

$$A = N(1 - d \cdot n)$$

$$A_1 = 5.700,00\left(1 - 0,02 \cdot \frac{50}{30}\right)$$

$$A_1 = \textbf{R\$ 5.510,00}$$

$$A = N(1 - d \cdot n)$$

$$A_2 = 5.840,00\left(1 - 0,02 \cdot \frac{85}{30}\right)$$

$$A_2 = \textbf{R\$ 5.509,07}$$

Observe que, de fato, os títulos não são equivalentes hoje (diferença de R$ 0,93) a uma taxa de desconto comercial simples de 2% am.

b) Em 30 dias:

$$A = N(1 - d \cdot n)$$

$$A_1 = 5.700,00\left(1 - 0,02 \cdot \frac{50-30}{30}\right)$$

$$A_1 = \textbf{R\$ 5.624,00}$$

$$A = N(1 - d \cdot n)$$

$$A_2 = 5.840,00\left(1 - 0,02 \cdot \frac{85-30}{30}\right)$$

$$A_2 = \textbf{R\$ 5.625,87}$$

Resposta: observe que, de fato, os títulos não serão equivalentes em 30 dias (diferença de R$ 1,87) a uma taxa de desconto comercial simples de 2% am.

c) Em 45 dias:

$A = N\,(1 - d\,.\,n)$	$A = N\,(1 - d\,.\,n)$
$A_1 = 5.700{,}00\left(1 - 0{,}02\,.\,\dfrac{50-45}{30}\right)$	$A_2 = 5.840{,}00\left(1 - 0{,}02\,.\,\dfrac{85-45}{30}\right)$
$A_1 = \textbf{R\\$ 5.681,00}$	$A_2 = \textbf{R\\$ 5.684,27}$

Resposta: observe que, de fato, os títulos não serão equivalentes em 45 dias (diferença de R$ 3,27) a uma taxa de desconto comercial simples de 2% am.

d) Em 10 dias:

$A = N\,(1 - d\,.\,n)$	$A = N\,(1 - d\,.\,n)$
$A_1 = 5.700{,}00\left(1 - 0{,}02\,.\,\dfrac{50-10}{30}\right)$	$A_2 = 5.840{,}00\left(1 - 0{,}02\,.\,\dfrac{85-10}{30}\right)$
$A_1 = \textbf{R\\$ 5.548,00}$	$A_2 = \textbf{R\\$ 5.548,00}$

Resposta: observe que, de fato, os títulos serão equivalentes em 10 dias a uma taxa de desconto comercial simples de 2% am.

Observação

Pode-se demonstrar que, na capitalização simples, apenas capitais iguais (ou disponíveis em datas iguais) mantêm a equivalência quando se muda a data de equivalência.

A justificativa para esse fato se baseia em uma particularidade do regime de capitalização simples, denominada **incindibilidade** do prazo.

O leitor interessado poderá encontrar a justificativa para esse fato no Capítulo 9 (item 9.12).

5.9 A EQUIVALÊNCIA DE CAPITAIS COM DESCONTO COMERCIAL SIMPLES

Uma vez que no regime de capitalização simples a equivalência de capitais não se mantém quando mudamos a data focal, a escolha dessa data é de fundamental importância neste modelo de resolução.

Particularmente no caso da equivalência com desconto comercial simples, a data de equivalência só pode ser a **data focal zero (data do resgate)**, tendo em vista que o desconto comercial representa os juros calculados sobre o valor nominal do título, com base no prazo de antecipação. Em outras palavras, somente na época do resgate é que a dívida terá o mesmo valor para as duas formas de pagamento.

Procedimento para a resolução de problemas:

- *1º passo:* descontar os capitais de cada conjunto de títulos para a data focal zero;
- *2º passo:* estabelecer a equação de equivalência na data focal zero, ou seja, estabelecer uma equação em que cada membro corresponde à soma dos capitais descontados para a data focal zero de cada conjunto.

Exemplo:

E 5.9 Uma pessoa deve pagar três títulos de crédito nas seguintes condições: o primeiro no valor de R$ 9.549,00 com vencimento em 13 dias, o segundo no valor de R$ 7.832,00 com vencimento em 17 dias, e o terceiro com valor de R$ 5.678,00 com vencimento em 23 dias. Tendo em vista uma série de imprevistos que a impedem de saldar os compromissos nas datas previstas, propõe ao gerente de seu banco substituir os três títulos por outros cinco, de mesmo valor nominal, com vencimento em 60, 75, 90, 105 e 120 dias, respectivamente. Supondo que o gerente aceite a proposta desde que seja utilizada uma taxa de desconto comercial de 3,75% am, determine o valor dos títulos.

Resolução:

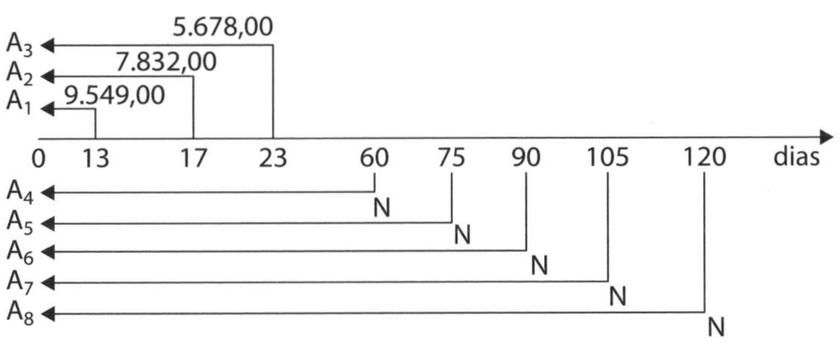

Valores brutos (resgates) dos títulos na data focal zero

$$A_1 = 9.549{,}00 \left(1 - 0{,}0375 \cdot \frac{13}{30}\right) = 9.393{,}83$$

$$A_2 = 7.832{,}00 \left(1 - 0{,}0375 \cdot \frac{17}{30}\right) = 7.665{,}57$$

$$A_3 = 5.678,00\left(1 - 0,0375 \cdot \frac{23}{30}\right) = 5.514,76$$

$$A_4 = N(1 - 0,0375 \cdot 2) = 0,93\ N$$

$$A_5 = N\left(1 - 0,0375 \cdot \frac{75}{30}\right) = 0,91\ N$$

$$A_6 = N\ (1 - 0,0375 \cdot 3) = 0,89\ N$$

$$A_7 = N\left(1 - 0,0375 \cdot \frac{105}{30}\right) = 0,87\ N$$

$$A_8 = N\ (1 - 0,0375 \cdot 4) = 0,85\ N$$

Equação de equivalência (na data focal zero)

$$A_4 + A_5 + A_6 + A_7 + A_8 = A_1 + A_2 + A_3$$

$$0,93\ N + 0,91\ N + 0,89\ N + 0,87\ N + 0,85\ N = 9.393,83 + 7.665,57 + 5.514,76$$

$$4,45\ N = 22.574,16 \Rightarrow N = R\$5.072,84$$

Resposta:

Observação

Utilizando os valores de A_4, A_5, A_6, A_7 e A_8 com todas as casas decimais significativas (respectivamente 0,925; 0,90625; 0,8875; 0,86875; e 0,85) na equação de equivalência, obtemos uma diferença significativa para o valor nominal dos títulos (R$ 5.072,84 × R$ 5.087,13).

Esse fato justifica a existência de instruções normativas que indicam a quantidade de casas decimais a serem utilizadas em procedimentos específicos, tanto no âmbito bancário como no governamental.

5.10 DESCONTO RACIONAL COMPOSTO

O desconto composto é utilizado em operações de longo prazo, tendo em vista que, nestes casos, a aplicação do desconto comercial simples pode levar a resultados sem sentido (paradoxos), conforme vimos anteriormente.

Existem dois tipos de desconto a juros compostos: o comercial e o racional.

O desconto comercial composto, ou "desconto por fora", é calculado sobre o valor nominal do título, e como não apresenta aplicação relevante nas operações comerciais ou bancárias, não vai ser estudado neste curso.

Assim, estudaremos apenas o desconto racional composto, ou "desconto por dentro". Seu cálculo é realizado de maneira semelhante à da capitalização composta, e, tendo em vista as seguintes notações:

- **N**, valor nominal (ou de face);
- $\mathbf{D_r}$, desconto;
- $\mathbf{A_r}$, resgate bruto (ou valor atual);
- **d**, taxa de desconto; e
- **n**, prazo de antecipação,

e o fato de o desconto ($\mathbf{D_r}$) ser calculado sobre o valor do resgate bruto ($\mathbf{A_r}$), podemos deduzir as seguintes fórmulas, específicas do desconto racional composto:

$$\mathbf{A_r = \frac{N}{(1+d)^n}} \text{ e } \mathbf{D_r = \frac{N((1+d)^n - 1)}{(1+d)^n}}$$

Além dessas, na resolução dos problemas envolvendo o desconto racional composto, é possível utilizar a fórmula:

$$\mathbf{A_r = N - D_r}$$

que independe do modelo de desconto de títulos utilizado.

Para o leitor interessado, a demonstração das fórmulas do desconto racional composto está disponível no Capítulo 9 (item 9.13).

Exemplos:

E 5.10 Uma duplicata com valor nominal de R\$ 7.530,00 foi descontada 85 dias antes do vencimento, com desconto racional composto e taxa de 2,47% am. Determine o valor do desconto, o valor do resgate bruto e a taxa efetiva mensal (juros compostos) envolvida na operação financeira.

Resolução:

Desconto (D_r):

$$D_r = \frac{N\,((1+d)^n - 1)}{(1+d)^n} = \frac{7.530\,((1+0{,}0247)^{85/30} - 1)}{(1+0{,}0247)^{85/30}} = 502{,}98$$

Resgate bruto (RB):

$$Ar = N - Dr = 7.530{,}00 - 502{,}98 = \text{R\$ } 7.027{,}02$$

O resgate bruto também poderia ser calculado a partir da fórmula:

$$A_r = \frac{N}{(1+d)^n} = \frac{7.530}{(1+0{,}0247)^{85/30}} = \textbf{R\$ 7.027,02}$$

Taxa efetiva mensal (juros compostos):

$$7027{,}02 < \text{CHS} > < \text{PV} > 7530 < \text{FV} > 85 < \text{ENTER} > 30 < \div > < \text{n} >$$

$$< \text{i} > \rightarrow 2{,}47\% \text{ am}$$

Resposta: desconto de R\$ 502,98, resgate bruto de R\$ 7.027,02 e taxa efetiva mensal de 2,47%.

Observação

Examinando a fórmula do desconto racional composto, podemos concluir que, ao utilizar esta modalidade de desconto, não corremos o risco de obter resultados do tipo:

$$D_R > N \text{ (paradoxo!)}$$

como ocorreu no desconto comercial simples. Por isso, é esta a modalidade utilizada nas operações de desconto de títulos de crédito, com prazos de antecipação mais dilatados.

O leitor interessado em comprovar essa informação deve ver o Capítulo 9 (9.14).

E 5.11 Um banco capta recursos por meio de CDB, a uma taxa de 0,85% am, para financiar suas operações de desconto de títulos de crédito. Sabe-se ainda que esse banco, em suas operações de desconto racional composto, aplica um *spread* de 265% sobre a taxa de captação e cobra uma taxa de serviços de 0,75% sobre o valor nominal dos títulos a serem descontados. Nessas condições, determine o valor do desconto, do resgate líquido e da taxa efetiva mensal (a juros compostos), resultantes de uma operação de desconto racional composto, envolvendo uma duplicata de valor nominal R$ 13.100,00, vencível em 37 dias. Considere a incidência do IOF (0,0082% ad + 0,38%).

Resolução:

Taxa de desconto racional composto:

0,85 < ENTER > 265 < % > < + > → d = 3,10% am

Desconto:

$$D_R = \frac{N\left((1+d)^n - 1\right)}{(1+d)^n} = \frac{13.100\left((1+0{,}0310)^{37/30} - 1\right)}{(1+0{,}0310)^{37/30}} = \textbf{R\$ 484,08}$$

Resgate bruto:

$$A = N - D_R = 13.100{,}00 - 484{,}08 = R\$\ 12.615{,}92$$

Taxa de serviços:

13100 < ENTER > 0,75 < % > → R$ 98,25

IOF (incide sobre o resgate bruto):

12615,92 < ENTER >

0,0082 < % >

37 < x > → R$ 38,28 < STO > 1

12615,92 < ENTER >

0,38 < % > → R$ 47,94 < STO > < + > 1

< RCL > 1 → R$ 86,22

Resgate líquido:

13100 < ENTER >

484,08 < – > (Desconto)

98,25 < – > (taxa de serviços)

86,22 < – > (IOF) → R$ 12.431,45

Taxa efetiva mensal:

12.431,45 < CHS > < PV >

13100 < FV >

37 < ENTER > 30 < ÷ > < n >

< i > → 4,34% am

Resposta: desconto de R$ 484,08, resgate líquido de R$ 12.431,45 e taxa efetiva mensal de 4,34%.

E 5.12 Uma empresa apresentou a uma instituição financeira no dia 17 de março de 2014 o seguinte borderô de duplicatas para desconto:

Sacado	CNPJ	NF	Valor	Vencimento
Empresa A	11.111.111/111-11	123456	R$ 5.500,00	21/03/14
Empresa B	22.222.222/222-22	234567	R$ 6.380,00	26/03/14
Empresa C	33.333.333/333-33	345678	R$ 7.900,00	29/03/14
Empresa D	44.444.444/444-44	456789	R$ 8.740,00	05/04/14
Empresa E	55.555.555/555-55	567890	R$ 4.520,00	09/04/14
Empresa F	66.666.666/666.66	678901	R$ 3.150,00	12/04/14

Supondo que será utilizada uma taxa de desconto racional composto de 2,88% am, determine o valor total líquido do resgate, bem como a taxa efetiva mensal envolvida na operação financeira, sabendo que entre taxas e impostos a empresa pagou no ato da liberação do crédito a quantia de R$ 316,45.

Resolução:

Prazos de antecipação:

Empresa A

17.032014 < ENTER >

21.032014

< g > < Δ DYS > → 4 d

Empresa C

17.032014 < ENTER >

29.032014

< g > < Δ DYS > → 12 d

Empresa E

17.032014 < ENTER >

09.042014

< g > < Δ DYS > → 23 d

Empresa B

17.032014 < ENTER >

26.032014

< g > < Δ DYS > → 9 d

Empresa D

17.032014 < ENTER >

05.042014

< g > < Δ DYS > → 19 d

Empresa F

17.032014 < ENTER >

12.042014

< g > < Δ DYS > → 26 d

Prazo médio:

4 < ENTER > 5500 < Σ+ >

9 < ENTER > 6380 < Σ+ >

12 < ENTER > 7900 < Σ+ >

19 < ENTER > 8740 < Σ+ >

23 < ENTER > 4520 < Σ+ >

26 < ENTER > 3150 < Σ+ >

< g > < $\bar{x}_w$ > → 14,54 d

Fluxo de caixa sob o ponto de vista do cliente:

Resgate bruto:

$$A_R = \frac{N}{(1 + d)^n} = \frac{36.190}{(1 + 0{,}0288)^{14{,}54/30}} = \text{R\$ } 35.695{,}39$$

Resgate líquido (total):

35.695,39 – 316,45 (taxas e impostos) = R$ 35.378,94

Taxa efetiva mensal:

35378,94 < CHS > < PV > 36190 < FV > 14,54 < ENTER > 30 < ÷ > < n >

< i > → 4,79% am

Resposta: valor total líquido do resgate de R$ 35.378,94 e taxa efetiva mensal de 4,79% am.

5.11 EQUIVALÊNCIA DE CAPITAIS A JUROS COMPOSTOS

No regime de capitalização composta, a uma determinada taxa, dois (ou mais) capitais são equivalentes se os seus valores (de resgate) calculados em qualquer data com esta taxa forem iguais. Segue da definição que, se dois (ou mais) capitais são equivalentes em uma certa data, eles o serão em qualquer outra data.

Exemplo:

E 5.13 Com taxa de desconto racional composto de 2,61% am, verifique que um título vencível em 50 dias no valor de R$ 12.886,67 e outro no valor de R$ 13.109,93 vencível em 70 dias são equivalentes hoje, daqui a 7 dias, daqui a 29 dias, daqui a 43 dias, assim como em qualquer outra data.

Resolução:

Hoje:

$$A_R = \frac{N}{(1+d)^n}$$
$$A_R = \frac{12.886,67}{(1+0,0261)^{50/30}}$$
$$A_R = \mathbf{R\$\,12.345,00}$$

$$A_R = \frac{N}{(1+d)^n}$$
$$A_R = \frac{13.109,93}{(1+0,0261)^{70/30}}$$
$$A_R = \mathbf{R\$\,12.345,00}$$

Em 7 dias:

$$A_R = \frac{N}{(1+d)^n}$$
$$A_R = \frac{12.886,67}{(1+0,0261)^{(50-7)/30}}$$
$$A_R = \mathbf{R\$\,12.419,44}$$

$$A_R = \frac{N}{(1+d)^n}$$
$$A_R = \frac{13.109,93}{(1+0,0261)^{(70-7)/30}}$$
$$A_R = \mathbf{R\$\,12.419,44}$$

Em 29 dias:

$$A_R = \frac{N}{(1+d)^n}$$
$$A_R = \frac{12.886,67}{(1+0,0261)^{(50-29)/30}}$$
$$A_R = \mathbf{R\$\,12.656,33}$$

$$A_R = \frac{N}{(1+d)^n}$$
$$A_R = \frac{13.109,93}{(1+0,0261)^{(70-29)/30}}$$
$$\mathbf{A_R} = \mathbf{R\$\,12.656,33}$$

Em 43 dias:

$$A_R = \frac{N}{(1+d)^n}$$

$$A_R = \frac{12.886,67}{(1+0,0261)^{(50-43)/30}}$$

$$A_R = \mathbf{R\$\,12.809,43}$$

$$A_R = \frac{N}{(1+d)^n}$$

$$A_R = \frac{13.109,93}{(1+0,0261)^{(70-43)/30}}$$

$$A_R = \mathbf{R\$\,12.809,43}$$

A justificativa para este fato decorre da seguinte propriedade: ao contrário do que ocorre na capitalização simples, a capitalização composta permite fracionar prazos. Esta propriedade recebe o nome de cindibilidade do prazo, e o leitor interessado na comprovação desta propriedade irá encontrá-la no Capítulo 9 (item 9.15).

5.12 EQUIVALÊNCIA DE CAPITAIS COM DESCONTO RACIONAL COMPOSTO

Uma vez que no regime de capitalização composta a equivalência de capitais se mantém quando mudamos a data focal, a escolha dessa data é irrelevante neste modelo de resolução.

Procedimento para a resolução de problemas:

- *1º passo:* descontar os capitais de cada conjunto de títulos para uma data focal qualquer;
- *2º passo:* estabelecer, nessa data focal, a equação de equivalência, em que cada membro corresponde à soma dos capitais descontados de cada conjunto de títulos.

Exemplo:

E 5.14 Uma empresa deve pagar dois títulos de R$ 18.500,00, em 35 e 55 dias, respectivamente. Na impossibilidade de pagá-los no vencimento, propõe ao credor substituí-los por outros quatro títulos, de valores nominais iguais, vencíveis em 60, 90, 120 e 150 dias, respectivamente. Determine o valor nominal desses títulos, supondo que será utilizada uma taxa de desconto racional composto de 3,25% am.

Resolução:

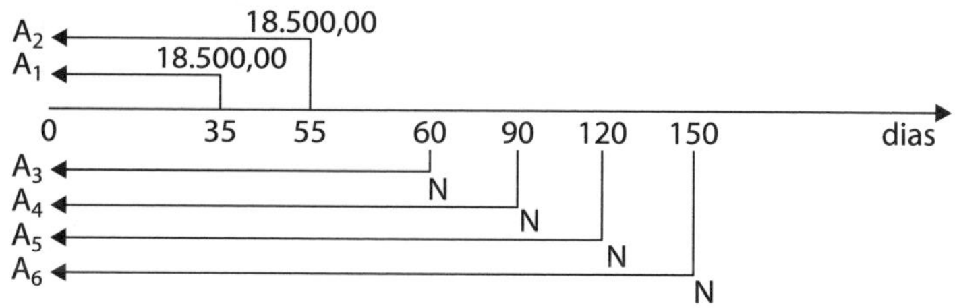

Valores brutos (resgates) dos títulos na data focal zero:

$$A_1 = \frac{N}{(1+d)^n} = \frac{18.500}{(1+0{,}0325)^{35/30}} = R\$\ 17.822{,}42$$

$$A_2 = \frac{N}{(1+d)^n} = \frac{18.500}{(1+0{,}0325)^{55/30}} = R\$\ 17.446{,}43$$

$$A_3 = \frac{N}{(1+d)^n} = \frac{N}{(1+0{,}0325)^2} = 0{,}94\ N$$

$$A_4 = \frac{N}{(1+d)^n} = \frac{N}{(1+0{,}0325)^3} = 0{,}91\ N$$

$$A_5 = \frac{N}{(1+d)^n} = \frac{N}{(1+0{,}0325)^4} = 0{,}88\ N$$

$$A_6 = \frac{N}{(1+d)^n} = \frac{N}{(1+0{,}0325)^5} = 0{,}85\ N$$

Equação de equivalência (DF0):

$$A_3 + A_4 + A_5 + A_6 = A_1 + A_2$$

$$0{,}94\ N + 0{,}91\ N + 0{,}88\ N + 0{,}85\ N = 17.822{,}42 + 17.446{,}43$$

$$3{,}58\ N = 35.268{,}85$$

$$N = R\$9.851{,}63$$

Resposta: R$ 9.851,63

Tendo em vista a propriedade da cindibilidade de prazos, vamos resolver novamente o exercício utilizando agora, por exemplo, a DF30 como data da equivalência.

Valores brutos (resgates) dos títulos na data focal zero:

$$A_1 = \frac{N}{(1+d)^n} = \frac{18.500}{(1+0{,}0325)^{(35-30)/30}} = R\$\ 18.401{,}65$$

$$A_2 = \frac{N}{(1+d)^n} = \frac{18.500}{(1+0{,}0325)^{(55-30)/30}} = R\$\ 18.013{,}44$$

$$A_3 = \frac{N}{(1+d)^n} = \frac{N}{(1+0{,}0325)^{2-1}} = 0{,}97\ N$$

$$A_4 = \frac{N}{(1+d)^n} = \frac{N}{(1+0{,}0325)^{3-1}} = 0{,}94\ N$$

$$A_5 = \frac{N}{(1+d)^n} = \frac{N}{(1+0{,}0325)^{4-1}} = 0{,}91\ N$$

$$A_6 = \frac{N}{(1+d)^n} = \frac{N}{(1+0{,}0325)^{5-1}} = 0{,}88\ N$$

Equação de equivalência (DF30):

$$A_3 + A_4 + A_5 + A_6 = A_1 + A_2$$

$$0{,}97\ N + 0{,}94\ N + 0{,}91\ N + 0{,}88\ N = 18.401{,}65 + 18.013{,}44$$

$$3{,}70\ N = 36.415{,}09$$

$$N = R\$9.841{,}92$$

Resposta: R$ 9.841,92

Observação

A diferença encontrada nas duas resoluções, utilizando a DF0 (R$ 9.851,63) e a DF30 (R$ 9.841,92), se deve apenas a erros de arredondamento, e diminui à medida que utilizamos um número maior de casas decimais, no cálculo de A_3, A_4, A_5 e A_6.

5.13 EXERCÍCIOS RESOLVIDOS (DESCONTO COMERCIAL SIMPLES)

R 5.1 Uma pessoa aplicou o capital de R$ 35.000,00 em um título de crédito, por 6 meses, com taxa de juros compostos de 12% aa. Entretanto, 40 dias após a aplicação, resolveu efetuar o desconto comercial do título com taxa de 1,75% am. Considerando uma taxa de serviços correspondente a 0,5% do valor nominal do título, bem como o IOF (0,0082% ad mais 0,38% incidente sobre o resgate bruto), pede-se determinar o valor do resgate líquido, além da taxa efetiva mensal de juros compostos envolvida na operação financeira.

Resolução:

Valor nominal do título:

< f > < REG > 35000 < CHS > < PV > 12 < i > 6 < ENTER > 12 < ÷ > < n >

< FV > → 37.040,52 (N)

Desconto:

$$D = N \, . \, d \, . \, n = 37.040{,}52 \, . \, 0{,}0175 \, . \, \frac{40}{30} = 864{,}28$$

Resgate bruto:

$$A = N - D = 37.040{,}52 - 864{,}28 = 36.176{,}24$$

IOF:

36176,24 < ENTER > 0,0082 < % > 40 < x > → 118,66 < STO > 1

36176,24 < ENTER > 0,38 < % > → 137,47 < STO > < + > 1

< RCL > 1 → 256,13

Taxa de serviços (TS):

$$37040{,}52 < \text{ENTER} > 0{,}5 < \% > \rightarrow 185{,}20$$

Resgate líquido:

$$37040{,}52 < \text{ENTER} > \underbrace{864{,}28}_{\text{D}} < - > \underbrace{256{,}13}_{\text{IOF}} < - > \underbrace{185{,}20}_{\text{TS}} < - > \rightarrow \textbf{R\$ 35.734,91}$$

Taxa efetiva mensal (juros compostos):

$$< \text{f} > < \text{REG} > 35734{,}91 < \text{CHS} > < \text{PV} > 37.040{,}52 < \text{FV} > 40 < \text{ENTER} >$$

$$30 < \div > < \text{n} > < \text{i} > \rightarrow 2{,}73\% \text{ am}$$

Resposta: valor do resgate líquido de R$ 35.734,91 e taxa efetiva mensal de 2,73% am.

R 5.2 Uma pessoa aplicou R$ 10.000,00 em um título de crédito, com resgate previsto para 75 dias, e taxa de juros compostos de 2,5% am. Entretanto, 35 dias antes do vencimento, resgatou o título com uma taxa de desconto comercial de 3,0% am e o aplicou em um CDB, pelos 35 dias restantes, a uma taxa de 5% am. Nessas condições, determine a taxa efetiva mensal de juros compostos considerando as duas operações financeiras. Considere ainda a incidência do IOF (0,0082% + 0,38%) do IR, bem como de uma taxa de serviços no valor de R$ 35,00, referente à operação de desconto.

Resolução:

Valor nominal do título:

$$< \text{f} > < \text{REG} > 10000 < \text{CHS} > < \text{PV} > 2{,}5 < \text{i} > 75 < \text{ENTER} > 30 < \div > < \text{n} >$$

$$< \text{FV} > \rightarrow 10.636{,}77 \text{ (N)}$$

Desconto:

$$\text{D} = \text{N} \,.\, \text{d} \,.\, \text{n} = 10.636{,}77 \,.\, 0{,}03 \,.\, \frac{35}{30} = 372{,}29$$

Resgate bruto:

A = N − D = 10.636,77 - 372,29 = 10.264,48

IOF:

10264,48 < ENTER > 0,0082 < % > 35 < x > → 29,46 < STO > 1

10264,48 < ENTER > 0,38 < % > → 39,01 < STO > < + > 1

< RCL > 1 → 68,46

Taxa de serviços = R$ 35,00.

Resgate líquido:

$$10636{,}77 < \text{ENTER} > \underbrace{372{,}29}_{\text{D}} < - > \underbrace{68{,}46}_{\text{IOF}} < - > \underbrace{35{,}00}_{\text{TS}} < - > \rightarrow \text{R\$}10.161{,}02$$

Juros da aplicação em CDB:

< f > < REG > 10161,02 < CHS > < PV > 5 < i > 35 < ENTER > 30 < ÷ > < n > < FV >
10161,02 < – > → 595,16

IR:

595,16 < ENTER > 22,5 < % > → 133,91

Saldo de juros após IR:

595,16 < ENTER > 133,91 < – > → 461,25

Resgate líquido do CDB:

10161,02 < ENTER > 461,25 < + > → 10.622,27

Taxa efetiva mensal (considerando as duas operações):

< f > < REG > 10000 < CHS > < PV > 10622,27 < FV > 75 < ENTER > 30 < ÷ >

< i > → 2,44% am

Resposta: 2,44% am.

R 5.3 O portador de um título de crédito de valor nominal igual a R$ 6.375,00, necessitando de dinheiro, resolveu descontá-lo 14 dias antes do vencimento, com taxa de desconto comercial de 4,15% am. Retirou R$ 1.500,00 e aplicou o restante em um CDB, por 14 dias, com taxa de 1,37% am. Considerando a incidência de todos os impostos cabíveis, mais uma taxa de serviços correspondente a 0,75% do valor nominal do título, determine o montante final (levando em conta todas as operações financeiras).

Resolução:

Desconto:

$$D = N \,.\, d \,.\, n = 6375 \,.\, 0{,}0415 \,.\, \frac{14}{30} = 123{,}46$$

Resgate bruto:

$$A = N - D = 6.375{,}00 - 123{,}46 = 6.251{,}54$$

IOF:

6251,54 < ENTER > 0,0082 < % > 14 < x > → 7,18 < STO > 1

6251,54 < ENTER > 0,38 < % > → 23,76 < STO > < + > 1

< RCL > 1 → 30,93

Taxa de serviços:

6375 < ENTER > 0,75 < % > → 47,81

Resgate líquido:

$$6375 < \text{ENTER} > \underbrace{123,46}_{\text{D}} < - > \underbrace{30,93}_{\text{IOF}} < - > \underbrace{47,81}_{\text{TS}} < - > \rightarrow 6.172,80$$

Saldo para aplicação:

6172,80 < ENTER > 1500 < – > → 4.672,80

Juros da aplicação em CDB:

< f > < REG > 4672,80 < CHS > < PV > 1,37 < i > 14 < ENTER > 30 < ÷ > < n > < FV >

4.672,80 < – > → 29,77

IOF:

29,77 < ENTER > 53 < % > → 15,78

Saldo de juros:

29,77 < ENTER > 15,78 < – > → 13,99

IR:

13,99 < ENTER > 22,5 < % > → 3,15

Saldo de juros:

13,99 < ENTER > 3,15 < – > → 10,84

Resgate líquido do CDB:

4.672,08 < ENTER > 10,84 < + > → R$ 4.682,92

Resposta: R$ 4.682,92.

R 5.4 O portador de um título de crédito de valor nominal R$ 57.000,00 resolveu descontá-lo 32 dias antes do vencimento, com desconto comercial de 4,75% am, e aplicou o valor resgatado em um CDB, com juros de 6,5% am, pelo mesmo período. Considerando a incidência de todos os impostos, mais uma taxa de serviços correspondente a 0,45% do valor nominal do título, verifique se foi um bom negócio ou se teria sido melhor esperar pelo vencimento do título.

Resolução:

Desconto:

$$D = N \, . \, d \, . \, n = 57.000 \, . \, 0{,}0475 \, . \, \frac{32}{30} = 2.888{,}00$$

Resgate bruto:

$$A = N - D = 57.000 - 2.888 = 54.112{,}00$$

IOF:

54112 < ENTER > 0,0082 < % > 32 < x > → 141,99 < STO > 1

54112 < ENTER > 0,38 < % > → 205,63 < STO > < + > 1

< RCL > 1 → 347,62

Taxa de serviços:

57000 < ENTER > 0,45 < % > → 256,50

Resgate líquido:

$$57000 < ENTER > \underbrace{2.888}_{D} < - > \underbrace{347{,}62}_{IOF} < - > \underbrace{256{,}50}_{TS} < - > \rightarrow 53.507{,}88$$

Juros da aplicação em CDB:

< f > < REG > 53507,88 < CHS > < PV > 6,5 < i > 32 < ENTER > 30 < ÷ > < n > < FV >

53507,88 < – > → 3.717,76

IR:

3717,76 < ENTER > 22,5 < % > → 836,50

Saldo de juros:

3717,76 < ENTER > 836,50 < – > → 2.881,26

Resgate líquido do CDB:

53507,88 < ENTER > 2.881,26 < + > → R$ 56.389,14

Resposta: concluímos, assim, que foi um mau negócio, pois ao esperar pelo vencimento do título o cliente receberia R$ 57.000,00 em vez de R$ 56.389,14.

R 5.5 Um cliente solicitou de uma instituição financeira o desconto comercial de um título de crédito, de valor nominal R$ 6.830,00, com antecipação de 17 dias. Sabendo que, além do IOF no valor de R$ 34,72, o cliente pagou uma taxa de serviços no valor de R$ 37,00, determine a taxa de desconto utilizada, sabendo que a conta-corrente do cliente apresentou um depósito de R$ 6,613,53 referente a esta operação financeira.

Resolução:

Desconto:

$$D = N \,.\, d \,.\, n = 6.830.\, i \,.\, \frac{17}{30} = 3.870{,}33 \,.\, i$$

Resgate líquido (RL):

$$\begin{aligned} RL &= N - D - IOF - TS \\ 6.613{,}53 &= \underbrace{6.830{,}00}_{N} - \underbrace{3.870{,}33 \,.\, \mathbf{i}}_{D} - \underbrace{34{,}72}_{IOF} - \underbrace{37{,}00}_{TS} \\ 6.613{,}53 &= 6.758{,}28 - 3.870{,}33 \,.\, \mathbf{i} \\ 3.870{,}33 \,.\, \mathbf{i} &= 144{,}75 \quad \Rightarrow \quad \mathbf{i = 3{,}74\%\ am} \end{aligned}$$

Resposta: 3,74% am.

R 5.6 Um cliente solicitou de um banco o desconto comercial de três títulos de crédito, a saber:

- 1º título: valor nominal de R$ 5.000,00 e antecipação de 8 dias;
- 2º título: valor nominal de R$ 10.000,00 e antecipação de 10 dias;
- 3º título: valor nominal de R$ 15.000,00.

Sabendo que, além do IOF no valor de R$ 143,93, o cliente pagou uma taxa de serviços de R$ 150,00, determine o prazo de antecipação do 3º título, sabendo que foi utilizada uma taxa de desconto comercial de 3% am e que a conta-corrente do cliente apresentou um depósito de R$ 29.341,07 referente a esta operação financeira.

Resolução:

Valor nominal total:

$$N = 5.000{,}00 + 10.000{,}00 + 15.000{,}00 = R\$\ 30.000{,}00$$

Descontos:

$$D_1 = N\,.\,d\,.\,n = 5.000.\ 0{,}03\ .\ \frac{8}{30} = R\$\ 40{,}00$$

$$D_2 = N\,.\,d\,.\,n = 10.000.\ 0{,}03\ .\ \frac{10}{30} = R\$\ 100{,}00$$

$$D_3 = N\,.\,d\,.\,n = 15.000\ .\ 0{,}03\ .\ n = 450{,}00\ .\ n$$

Desconto total:

$$D = 40{,}00 + 100{,}00 + 450\ .\ n = 140{,}00 + 450{,}00\ .\ n$$

Prazo de antecipação do 3º título:

$$RL = \sum N - \sum D - IOF - TS$$

$$29.341{,}07 = \underbrace{30.000{,}00}_{\sum N} - \underbrace{(140{,}00 + 450{,}00 \,.\, n)}_{\sum D} - \underbrace{143{,}93}_{IOF} - \underbrace{150{,}00}_{TS}$$

$$29.341{,}07 = 30.000{,}00 - 140{,}00 - 450{,}00 \,.\, n - 143{,}93 - 150{,}00$$

$$29.341{,}07 = 29.566{,}07 - 450{,}00 \,.\, n$$

$$450{,}00 \,.\, n = 225{,}00 \quad \Rightarrow \quad n = 0{,}50 \text{ m } \mathbf{(15\,d)}$$

Resposta: 15 dias.

R 5.7 Dois títulos vencíveis em 15 e 20 dias, respectivamente, foram descontados comercialmente a uma taxa de 3% am. Sabendo que a soma dos valores nominais dos títulos é igual R$ 61.000,00 e que foi depositada na conta do cliente referente a esta operação financeira a quantia de R$ 59.474,97, determine o valor nominal dos títulos. Considere que foi paga uma taxa de serviços no valor de R$ 125,00 e IOF no valor de R$ 315,03.

Resolução:

Resgate bruto do 1º título:

$$A_1 = N_1 \,.\, (1 - d \,.\, n_1) = N_1 \,.\, \left(1 - 0{,}03 \,.\, \frac{15}{30}\right) = 0{,}985 \,.\, N_1$$

Resgate bruto do 2º título:

$$A_2 = N_2 \,.\, (1 - d \,.\, n_2) = N_2 \,.\, \left(1 - 0{,}03 \,.\, \frac{20}{30}\right) = 0{,}980 \,.\, N_2$$

Como a soma dos valores nominais é de R$ 61.000,00, podemos escrever:

$$N_1 + N_2 = 61.000 \quad \Rightarrow \quad N_2 = 61.000 - N_1 \quad \mathbf{(A)}$$

Sabendo ainda que foi depositado na conta do cliente o valor de R$ 59.474,97 (resgate líquido) e que foi paga uma taxa de serviços de R$ 125,00, bem como IOF de R$ 315,03, podemos escrever:

$$A_1 + A_2 = RL + IOF + TS$$
$$0{,}985 \,.\, N_1 + 0{,}980 \,.\, N_2 = 59.474{,}97 + 315{,}03 + 125{,}00$$
$$0{,}985 \,.\, N_1 + 0{,}980 \,.\, N_2 = 59.915{,}00 \quad \textbf{(B)}$$

Substituindo **(A)** em **(B)** resulta:

$$0{,}985 \,.\, N_1 + 0{,}980 \,.\, (61.000{,}00 - N_1) = 59.915{,}00$$
$$0{,}985 \,.\, N_1 + 59.780{,}00 - 0{,}980 \,.\, N_1 = 59.915{,}00$$
$$0{,}005 \,.\, N_1 = 135{,}00 \quad \Rightarrow \quad N_1 = \textbf{R\$ 27.000,00}$$

Finalmente:

$$N_2 = 61.000 - N_1 \quad \Rightarrow \quad N_2 = 61.000{,}00 - 27.000{,}00 \quad \Rightarrow \quad N_2 = \textbf{R\$ 34.000,00}$$

Resposta: R$ 27.000,00 e R$ 34.000,00.

R 5.8 Um cliente, ao solicitar R$ 10.000,00 por 65 dias de uma instituição financeira, recebeu as seguintes propostas:

1) Efetuar um empréstimo de R$ 10.000,00 por 65 dias, com taxa de juros compostos de 3,5% am, pagando os juros no final da operação financeira.
2) Assinar uma nota promissória com vencimento em 65 dias, com taxa de desconto comercial de 3,5% am.

Considerando a incidência de todos os impostos cabíveis, bem como uma taxa de serviços de R$ 50,00 válida para as duas propostas, determine a melhor opção para o cliente.

Resolução:

1ª proposta:

IOF:

$$10000 < \text{ENTER} > 0{,}0082 < \% > 65 < \text{x} > \rightarrow 53{,}30 < \text{STO} > 1$$

$$10000 < \text{ENTER} > 0{,}38 < \% > \rightarrow 38{,}00 < \text{STO} > < + > 1$$

$$< \text{RCL} > 1 \rightarrow \text{R\$ } 91{,}30$$

Taxa de serviços = R$ 50,00.

Empréstimo efetivo:

$$10000 < \text{ENTER} > \underbrace{91{,}30}_{\text{IOF}} < - > \underbrace{50}_{\text{TS}} < - > \rightarrow \text{R\$ } 9.858{,}70$$

Juros:

$$10000 < \text{CHS} > < \text{PV} > 3{,}5 < \text{i} > 65 < \text{ENTER} > 30 < \div > < \text{n} > < \text{FV} >$$

$$< - > \rightarrow \text{R\$ } 773{,}85$$

Pagamento final efetivo:

$$10000 < \text{ENTER} > 773{,}85 < + > \rightarrow \text{R\$ } 10.773{,}85$$

Taxa efetiva mensal:

$$9858{,}70 < \text{CHS} > < \text{PV} > 10773{,}85 < \text{FV} > 65 < \text{ENTER} > 30 < \div > < \text{n} >$$

$$< \text{i} > \rightarrow \mathbf{4{,}18\%\ am}$$

2ª proposta:

Valor nominal do título:

$$A = N \,.\, (1 - d \,.\, n)$$

$$10.000 = N \,.\, \left(1 - 0{,}035 . \frac{65}{30}\right) \Rightarrow N = \frac{10.000}{\left(1 - 0{,}035 . \frac{65}{30}\right)} \Rightarrow N = \text{R\$ } 10.820{,}56$$

IOF:

Como o IOF incide sobre o resgate bruto (R$ 10.000,00), o seu valor é o mesmo da 1ª proposta, ou seja, R$ 91,30.

Taxa de serviços = R$ 50,00.

Resgate líquido:

$$10000 < \text{ENTER} > \underbrace{91,30}_{\text{IOF}} <-> \underbrace{50}_{\text{TS}} <-> \rightarrow \text{R\$ } 9.858,70$$

Taxa efetiva mensal:

$$9858,70 < \text{CHS} > < \text{PV} > 10820,56 < \text{FV} > 65 < \text{ENTER} > 30 < \div > < \text{n} >$$

$$< \text{i} > \rightarrow 4,39\% \text{ am}$$

Resposta: portanto, para o cliente é conveniente aceitar a 1ª proposta.

R 5.9 Considere novamente o exercício anterior supondo que os juros resultantes da primeira proposta devem ser pagos antecipadamente.

Resolução:

1ª proposta:

Empréstimo efetivo:

$$10000 < \text{ENTER} > \underbrace{773,85}_{\text{j}} <-> \underbrace{91,30}_{\text{IOF}} <-> \underbrace{50}_{\text{TS}} <-> \rightarrow \text{R\$ } 9.084,85$$

Pagamento final efetivo = R$ 10.000,00.

Taxa efetiva mensal:

$$9084,85 < \text{CHS} > < \text{PV} > 10000 < \text{FV} > 65 < \text{ENTER} > 30 < \div > < \text{n} >$$

$$< \text{i} > \rightarrow 4,53\% \text{ am}$$

Resposta: neste caso, o cliente deve optar pela 2ª proposta.

R 5.10 Um título de valor nominal igual a R$ 6.750,00 foi descontado comercialmente com taxa de 2,5% am. Sabendo que foram depositados na conta do cliente R$ 6.408,50 e que sobre a operação financeira incidiu o IOF no valor de R$ 49,64 e uma taxa de serviços no valor de R$ 27,50, determine o prazo de antecipação do título.

Resolução:

Resgate bruto:

$$6.408{,}50 \ \langle \text{ENTER} \rangle \ \underbrace{49{,}64}_{IOF} \ \langle + \rangle \ \underbrace{27{,}50}_{TS} \ \langle + \rangle \rightarrow R\$ 6.485{,}64$$

Prazo de antecipação:

$$A = N \,.\, (1 - d \,.\, n)$$

$$6.485{,}64 = 6.750 \,.\, (1 - 0{,}025 \,.\, n)$$

$$n = \frac{1 - \dfrac{6.485{,}64}{6.750}}{0{,}025} \quad \Rightarrow \quad n = 1{,}57 \text{ m } (47\,\mathbf{d})$$

Resposta: 47 dias.

R 5.11 Um banco efetua operações de desconto comercial com taxa de 3,45% am, porém exige um saldo médio de 20% do valor da operação a título de reciprocidade, saldo este que **é** aplicado em um CDB e remunerado à taxa de 1,73% am pelo período de duração da operação. Sabe-se ainda que o banco cobra uma taxa de serviços correspondente a 0,35% do valor da operação. Nessas condições, determine o valor líquido a ser resgatado por uma empresa que pretende descontar um título de crédito no valor de R$ 17.500,00, com antecipação de 27 dias, bem como a taxa efetiva mensal envolvida na operação financeira. Considere a incidência de todos os impostos cabíveis.

Resolução:

Desconto:

$$D = N \,.\, d \,.\, n = 17.500.\ 0{,}0345 \,.\, \frac{27}{30} = R\$\ 543{,}38$$

Resgate bruto (RB):

A = N – D = 17.500,00 – 543,38 = R$ 16.956,62

Taxa de serviços (TS):

17500 < ENTER > 0,35 < % > → R$ 61,25

IOF:

16956,62 < ENTER > 0,0082 < % > 27 < x > → 37,54 < STO > 1

16956,62 < ENTER > 0,38 < % > → 64,44 < STO > < + > 1

< RCL > 1 → R$ 101,98

Saldo médio:

17500 < ENTER > 20 < % > → R$ 3.500,00

Juros da aplicação:

3500 < CHS > < PV > 1,73 < i > 27 < ENTER > 30 < ÷ > < n > < FV >

3500 < – > → R$ 54,45

IOF (incidente sobre os juros da aplicação):

54,45 < ENTER > 10 < % > → R$ 5,45

Saldo de juros:

54,45 < ENTER > 5,45 < – > R$ 49,00

IR (incidente sobre o saldo de juros):

49,00 < ENTER > 22,5 < % > → R$ 11,03

Saldo de juros:

$$49 < \text{ENTER} > 11{,}03 < - > \text{R\$ } 37{,}97$$

Resgate líquido:

$$\underbrace{16.956{,}62}_{RB}\ \langle\text{ENTER}\rangle \underbrace{101{,}98}_{IOF}\langle-\rangle\ \underbrace{61{,}25}_{TS}\langle-\rangle\ \underbrace{3.500{,}00}_{SM}\langle-\rangle \ \rightarrow\ \text{R\$}13.293{,}39$$

Pagamento final: O leitor deve observar que, ao final da operação financeira, tudo se passa como se a empresa pagasse ao banco o valor do título (R$ 17.500,00) e, em contrapartida, recebesse a devolução do capital de giro (R$ 3.500,00) mais o saldo de juros resultantes da aplicação desse capital (R$ 37,97). Assim:

$$\underbrace{17.500{,}00}_{\mathbf{N}} < \text{ENTER} > \underbrace{3.500{,}00}_{\mathbf{CG}} < - > \underbrace{37{,}97} < - > \rightarrow \text{R\$ } 13.962{,}03$$

Taxa efetiva mensal:

$$13293{,}39 < \text{CHS} > < \text{PV} > 13.962{,}03 < \text{FV} > 27 < \text{ENTER} > 30 < \div >$$

$$< \text{i} > \rightarrow 5{,}60\% \text{ am}$$

Resposta: 5,60% am.

R 5.12 Um banco efetua operações de desconto comercial com taxa de 3,0% am. Um cliente necessitando de R$ 10.000,00 pretende assinar uma nota promissória com vencimento em 15 dias. Considerando a incidência de IOF e de uma taxa de serviços no valor de R$ 50,00, qual deve ser o valor da nota promissória de modo a proporcionar um resgate líquido de exatamente R$ 10.000,00?

Resolução:

Notemos inicialmente que, sendo:

$$\text{RL} = \text{RB} - \text{IOF} - \text{TS}$$

em que RL é o resgate líquido (R\$ 10.000,00), TS é a taxa de serviços (R\$ 50,00), RB é o resgate bruto e:

$$\text{IOF} = \left(\frac{0{,}0082}{100}.\ \text{RB}.\ 15\right) + \left(\frac{0{,}38}{100}.\ \text{RB}\right) = 0{,}0012\ \text{RB} + 0{,}0038.\ \text{RB} = 0{,}0050\ .\ \text{RB}$$

resulta:

$$10.000{,}00 = \text{RB} - 0{,}0050.\text{RB} - 50{,}00 \quad \Rightarrow \quad \text{RB} = 10.100{,}50$$

Assim, o valor nominal do título pode ser calculado como segue:

$$A = N\ .\ (1 - d\ .\ n)$$

$$10.100{,}50 = N\ .\left(1 - 0{,}03\ .\ \frac{15}{30}\right) \quad \Rightarrow \quad N = \mathbf{R\$\,10.254{,}31}$$

Resposta: R\$ 10.254,31.

R 5.13 Um empresário com dificuldades financeiras efetuou a substituição de uma nota promissória no valor de R\$ 10.000,00, com vencimento em 15 dias, por outras três notas promissórias no valor de R\$ 3.500,00 cada, vencíveis em 45, 75 e 105 dias, respectivamente. Determine a taxa de desconto comercial utilizada na operação financeira.

Resolução:

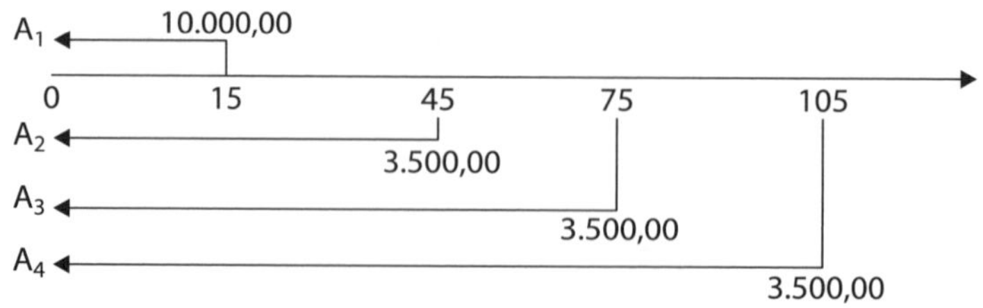

Valor dos resgates na DF0:

$$A_1 = N.(1 - d\ .\ n) \ \Rightarrow\ A_1 = 10.000{,}00.\left(1 - d.\frac{15}{30}\right) \ \Rightarrow\ A_1 = 10.000{,}00 - 5.000{,}00.d$$

$$A_2 = N.(1 - d\,.\,n) \Rightarrow A_2 = 3.500{,}00.\left(1 - d.\frac{45}{30}\right) \Rightarrow A_2 = 3.500{,}00 - 5.250{,}00.d$$

$$A_3 = N.(1 - d\,.\,n) \Rightarrow A_3 = 3.500{,}00.\left(1 - d.\frac{75}{30}\right) \Rightarrow A_3 = 3.500{,}00 - 8.750{,}00.d$$

$$A_4 = N.(1 - d\,.\,n) \Rightarrow A_4 = 3.500{,}00.\left(1 - d.\frac{105}{30}\right) \Rightarrow A_4 = 3.500{,}00 - 12.250{,}00.d$$

Equação de equivalência:

$$A_1 = A_2 + A_3 + A_4$$

$$10.000 - 5.000.d = (3.500 - 5.250.d) + (3.500 - 8.750.d) + (3.500 - 12.250.d)$$

$$10.000 - 5.000.d = 10.500 - 26.250.d \Rightarrow 21.250.d = 500 \Rightarrow \mathbf{d = 2{,}35\%\ am}$$

Resposta: 2,35% am.

R 5.14 Uma empresa negociou com um banco a substituição de quatro títulos de crédito, conforme a tabela ao lado, por um único título no valor de R$ 15.500,00. Determine o prazo de vencimento deste título, sabendo que foi utilizada uma taxa de desconto comercial simples de 4,70% am.

	VALOR	VENCIMENTO
1º TÍTULO	R$ 3.000,00	5 d
2º TÍTULO	R$ 3.500,00	10 d
3º TÍTULO	R$ 4.000,00	15 d
4º TÍTULO	R$ 4.500,00	20 d

Resolução:

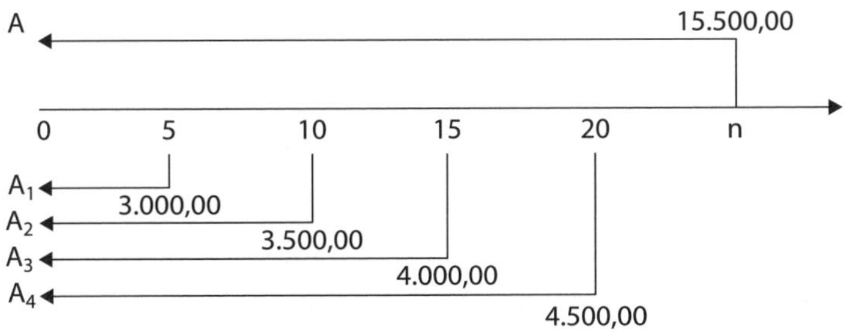

Valor dos resgates na DF0:

$$A = N.(1 - d\ .\ n) \Rightarrow A_1 = 15.500{,}00.(1 - 0{,}047\ .\ n) \Rightarrow$$
$$A_1 = 15.500{,}00 - 728{,}50\ .\ n$$

$$A_1 = N.(1 - d\ .\ n) \Rightarrow A_1 = 3.000{,}00.\left(1 - 0{,}047\ .\ \frac{5}{30}\right) \Rightarrow A_1 = 2.976{,}50$$

$$A_2 = N.(1 - d\ .\ n) \Rightarrow A_2 = 3.500{,}00.\left(1 - 0{,}047\ .\ \frac{10}{30}\right) \Rightarrow A_2 = 3.445{,}17$$

$$A_3 = N.(1 - d\ .\ n) \Rightarrow A_3 = 4.000{,}00.\left(1 - 0{,}047\ .\ \frac{15}{30}\right) \Rightarrow A_3 = 3.906{,}00$$

$$A_4 = N.(1 - d\ .\ n) \Rightarrow A_4 = 4.500{,}00.\left(1 - 0{,}047\ .\ \frac{20}{30}\right) \Rightarrow A_4 = 4.359{,}00$$

Equação de equivalência:

$$A = A_1 + A_2 + A_3 + A_4$$

$$15.500 - 728{,}50\ .\ n = 2.976{,}50 + 3.445{,}17 + 3.906{,}00 + 4.359{,}00$$

$$728{,}50\ .\ n = 813{,}33 \Rightarrow n = 1{,}12\ \text{m (34 dias)}$$

R 5.15 Uma empresa apresentou a uma instituição financeira, no dia 11 de novembro de 2011, o seguinte borderô de duplicatas para desconto:

Sacado	CNPJ	NF	Valor	Vencimento
Empresa A	11.111.111/111-11	123456	R$ 3.8500,00	19/11/11
Empresa B	22.222.222/222-22	234567	R$ 5.630,00	24/11/11
Empresa C	33.333.333/333-33	345678	R$ 8.800,00	02/12/11
Empresa D	44.444.444/444-44	456789	R$ 10.130,00	08/12/11

Supondo que será utilizada uma taxa de desconto de 3,27% am, verifique se o valor do resgate é suficiente para que a empresa liquide uma dívida de R$ 27.000,00, com vencimento nesse mesmo dia. Considere a incidência do IOF e de uma taxa de serviços correspondente a 0,5% do valor da operação financeira

Resolução:

Prazos de antecipação:

Empresa A

11.112011 < ENTER >

19.112011

< g > < Δ DYS > → 8 d

Empresa B

11.112011 < ENTER >

24.112011

< g > < Δ DYS > → 13 d

Empresa C

11.112011 < ENTER >

02.122011

< g > < Δ DYS > → 21 d

Empresa D

11.112011 < ENTER >

08.122011

< g > < Δ DYS > → 27 d

Prazo médio:

8 < ENTER > 3850 < Σ+ >

13 < ENTER > 5630 < Σ+ >

21 < ENTER > 8800 < Σ+ >

27 < ENTER > 10130 < Σ+ >

< g > < $\bar{x}_w$ > → 19,79 d

Fluxo de caixa sob o ponto de vista do cliente:

Resgate bruto:

$$A = N.(1 - d\,.\,n) \Rightarrow A_1 = 28.410{,}00.\left(1 - 0{,}0327.\frac{19{,}79}{30}\right) \Rightarrow A = \text{R\$ } 27.797{,}17$$

IOF:

$$27797{,}17 < \text{ENTER} > 0{,}0082 < \% > 19{,}79 < \text{x} > \rightarrow 45{,}11 < \text{STO} > 1$$

$$27797{,}17 < \text{ENTER} > 0{,}38 < \% > \rightarrow 105{,}63 < \text{STO} > < + > 1$$

$$< \text{RCL} > 1 \rightarrow \text{R\$ } 150{,}74$$

Taxa de serviços:

$$28410{,}00 < \text{ENTER} > 0{,}5 < \% > \rightarrow \text{R\$ } 142{,}05$$

Resgate líquido:

$$\underbrace{27.797{,}17}_{\text{RB}} < \text{ENTER} > \underbrace{150{,}74}_{\text{IOF}} < - > \underbrace{142{,}05}_{\text{TS}} < - > \rightarrow \textbf{R\$ 27.504,38}$$

Resposta: o valor do resgate é suficiente para quitar a dívida de R$ 27.0000,00.

R 5.16 Considere novamente os dados do exercício anterior (R 5.15) e suponha que a instituição financeira ofereceu à empresa a alternativa de liquidar a dívida no valor de R$ 27.000,00 mediante um empréstimo a juros compostos com taxa de 3,27% am, por 20 dias. Nessas condições, determine o valor mínimo do empréstimo a ser solicitado da instituição financeira de modo a quitar dívida, e, supondo que essa alternativa foi recusada, verifique se a empresa fez um bom negócio. Considere a incidência do IOF e de uma taxa de serviços no valor de 0,5% sobre o valor do empréstimo.

Resolução:

Inicialmente, devemos observar que do valor do empréstimo (E) deve ser deduzido o IOF, bem como uma taxa de serviços (TS) correspondente a 0,5% sobre o valor do empréstimo. Assim, podemos escrever:

$$27.000 = E - \underbrace{\left(\frac{0{,}0082}{100}.\,E\,.\,20 + \frac{0{,}38}{100}.\,E\right)}_{\text{IOF}} - \underbrace{\left(\frac{0{,}50}{100}.\,E\right)}_{\text{TS}} \Rightarrow$$

$$27.000 = E - (0{,}0016.\,E + 0{,}0038.\,E) - 0{,}0050\,.\,E \Rightarrow$$

$$27.000 = E - 0{,}0104\,E \Rightarrow 0{,}9896\,.\,E = 27000 \Rightarrow \mathbf{E = R\$\ 27.283{,}75}$$

Juros do empréstimo:

27283,75 <CHS > < PV > 20 <ENTER > 30 < ÷ > 3,27 < i > < FV >

27283,75 < – > → R$ 591,59

Empréstimo efetivo = R$ 27.000,00.

Pagamento final efetivo:

27.283,75 < ENTER > 591,59 < + > → 27.875,34

Taxa efetiva mensal do empréstimo:

27000 < CHS > < PV > 27875,34 < FV > 20 < ENTER > 30 < ÷ > < n >

< i > → 4,90% am

Taxa efetiva da operação de desconto (exercício R 5.15):

27504,38 < CHS > < PV > 28410 < FV > 20 < ENTER > 30 < ÷ > < n > → 4,98% am

Resposta: a empresa fez um mau negócio.

R 5.17 O portador de um título de crédito de valor nominal igual a R$ 23.500,00, necessitando de dinheiro, resolveu descontá-lo 17 dias antes do vencimento com taxa de desconto comercial de 5,5% am. Retirou do resgate os R$ 12.000,00 de que necessitava e aplicou o restante em um CDB que pagou uma taxa de juros compostos de 3,6% am. Determine durante quantos dias o dinheiro deve ficar aplicado para proporcionar um resgate bruto de R$ 11.000,00. Considere todos os impostos cabíveis, bem como uma taxa de serviços correspondente a 0,4% do valor nominal do título, incidente na operação de desconto.

Resolução:

Resgate bruto:

$$A = N.(1 - d \,.\, n) \Rightarrow A_1 = 23.500{,}00.\left(1 - 0{,}055.\frac{17}{30}\right) \Rightarrow A = R\$\ 22.767{,}58$$

IOF:

22767,58 < ENTER > 0,0082 < % > 17 < x > → 31,74 < STO > 1

22767,58 < ENTER > 0,38 < % > → 86,52 < STO > < + > 1

< RCL > 1 → R$ 118,25

Taxa de serviços:

23500 < ENTER > 0,4 < % > → R$ 94,00

Resgate líquido:

$$\underbrace{22.767,58}_{\text{RB}} < \text{ENTER} > \underbrace{118,25}_{\text{IOF}} < - > \underbrace{94,00}_{\text{TS}} < - > \; = \; \text{R\$ } 22.555,33$$

Saldo após a retirada de R$ 12.0000,00:

22.555,33 < ENTER > 12.000,00 < – > → 10.555,33

Taxa diária equivalente a 3,6% am:

Programa:

3,6 < i > 1 < ENTER > 30 < ÷ > < n > < g > < GTO > (0)01 < R/S > → 0,1180% ad

Número de dias da aplicação:

10555,33 < CHS > < PV > 11000 < FV > 0,1180 < i > < n > → 35 d

Resposta: 35 dias.

R 5.18 Necessitando de dinheiro em função de um imprevisto, uma pessoa descontou comercialmente, no dia 1º de julho de 2013, com taxa de 2,95% am, cinco títulos de crédito nas seguintes condições:

Sacado	CNPJ	NF	Valor	Vencimento
Empresa A	11.111.111/111-11	123456	R$ 2.350,00	09/07/13
Empresa B	22.222.222/222-22	234567	R$ 3.460,00	14 /07/13
Empresa C	33.333.333/333-33	345678	N	25/07/13
Empresa D	44.444.444/444-44	456789	R$ 5.680,00	03/08/13
Empresa E	55.555.555/555-55	567890	R$ 6.790,00	08/08/13

Sabendo que foi depositado na conta-corrente do cliente o valor de R$ 22.026,20, determine o valor nominal do título referente à empresa C, bem como a taxa efetiva envolvida na operação financeira, sabendo que entre taxas e impostos a empresa pagou R$ 215,19.

Resolução:

Prazos de antecipação:

Empresa A

01.072013 < ENTER >

09.072013

< g > < Δ DYS > → 8 d

Empresa B

01.072013 < ENTER >

14.072013

< g > < Δ DYS > → 13 d

Empresa C

01.072013 < ENTER >

25.072013

< g > < Δ DYS > → 24 d

Empresa D

01.072013 < ENTER >

03.082013

< g > < Δ DYS > → 33 d

Empresa E

01.072013 < ENTER >

08.082013

< g > < Δ DYS > → 38 d

Resgate bruto de cada título:

Empresa A

$$A_A = N.(1 - d.n) \Rightarrow A_A = 2.350,00.\left(1 - 0,0295.\frac{8}{30}\right) \Rightarrow A_A = R\$\ 2.331,51$$

Empresa B

$$A_{\ddot{u}} = N.(1 - d.n) \Rightarrow A = 3.460,00.\left(1 - 0,0295.\frac{13}{30}\right) \Rightarrow A = R\$\ 3.415,77$$

Empresa C

$$A_C = N.(1 - d.n) \Rightarrow A_C = N.\left(1 - 0,0295.\frac{24}{30}\right) \Rightarrow A_C = 0,9764\ .\ N$$

Empresa D

$$A_D = N.(1 - d.n) \Rightarrow A_D = 5.680,00.\left(1 - 0,0295.\frac{33}{30}\right) \Rightarrow A_D = R\$\ 5.495,68$$

Empresa E

$$A_E = N.(1 - d.n) \Rightarrow A_E = 6.790,00.\left(1 - 0,0295.\frac{38}{30}\right) \Rightarrow A_E = R\$\ 6.536,28$$

Resgate bruto total:

22026,20 < ENTER > 215,19 < + > → R$ 22.241,39

Valor nominal do título referente à empresa C:

$$2.331,51 + 3.415,77 + 0,9764\ .\ N + 5.495,68 + 6.536,28 = 22.241,39$$

$$0,9764\ .\ N = 4.462,15 \Rightarrow \mathbf{N = R\$\ 4.570,00}$$

Prazo médio:

8 < ENTER > 2350 < Σ+ >

13 < ENTER > 3460 < Σ+ >

24 < ENTER > 4570 < Σ+ >

33 < ENTER > 5680 < Σ+ >

38 < ENTER > 6790 < Σ+ >

< g > < $\bar{x}_w$ > → 27,09 d

Fluxo de caixa sob o ponto de vista do cliente:

22.241,39 < CHS > < PV > 22850 < FV > 27,09 < ENTER > 30 < ÷ > < n >

< i > → 3,03% am

Resposta: R$ 4.570,00 e 3,03% am.

5.14 EXERCÍCIOS RESOLVIDOS (DESCONTO SIMPLES COMERCIAL E RACIONAL)

Embora o desconto racional simples seja muito pouco utilizado no Brasil, optamos por apresentar exercícios envolvendo este tipo de desconto em virtude de sua presença em diversos concursos públicos.

R 5.19 Um título de crédito no valor de R$ 5.375,00 foi descontado 17 dias antes do vencimento com uma taxa de desconto de 3,22% am. Determine o valor do desconto, do resgate bruto e a taxa efetiva da operação financeira, considerando que foi utilizada uma taxa de serviços de R$ 42,00, supondo que tenha sido aplicado:

a) desconto racional simples;

b) desconto comercial simples.

Resolução:

a) Desconto racional

Desconto:

$$D_r = \frac{N.d.n}{1 + d.n}$$

$$D_r = \frac{5.375 \ . \ 0{,}0322 \ . \ \frac{17}{30}}{1 + 0{,}0322 \ . \ \frac{17}{30}}$$

$$D_r = \textbf{R\$ 96,32}$$

Resgate bruto:

$A_r = N - D_r$

$A_r = 5.375{,}00 - 96{,}32 =$ **R$ 5.278,68**

IOF:

5278,68 < ENTER > 0,0082 < % >

17 < x > < STO > 1

5278,68 < ENTER > 0,38 < % >

< STO > < + > 1

< RCL > 1 → R$ 27,42

Taxa de serviços:

R$ 42,00

Resgate líquido:

5278,68 < ENTER >

27,42 < – > 42,00 < – > → R$ 5.209,26

b) Desconto comercial

Desconto:

$D_c = N \ . \ d \ . \ n$

$D_c = 5.375{,}00 \ . \ 0{,}0322 \ . \ \frac{17}{30}$

$D_c =$ **R$ 98,08**

Resgate bruto:

$A_r = N - D_c$

$A_r = 5.375{,}00 - 98{,}08 =$ **R$ 5.276,92**

IOF:

5276,92 < ENTER > 0,0082 < % >

17 < x > < STO > < + > 1

5276,92 < ENTER > 0,38 < % >

< STO > < + > 1

< RCL > 1 → R$ 27,41

Taxa de serviços:

R$ 42,00

Resgate líquido:

5276,92 < ENTER >

27,41 < – > 42,00 < – > → R$ 5.207,51

Taxa efetiva mensal:
5209,26 < CHS > < PV >
5375 < FV >
17 < ENTER > 30 < ÷ > < n >
< i > → 5,68% am

Taxa efetiva mensal:
5207,51 < CHS > < PV >
5375 < FV >
17 < ENTER > 30 < ÷ > < n >
< i > → 5,75% am

Resposta: a) valor do desconto, R$ 96,32, valor do resgate bruto, R$ 5.278,68, e taxa efetiva, 5,68% am; b) valor do desconto, R$ 98,08, valor do resgate bruto, R$ 5.276,92, e taxa efetiva, 5,75% am.

R 5.20 Um título com vencimento para 25 dias deveria ser descontado por um banco, comercialmente, com uma taxa de 5,37% am. Entretanto, por descuido, foi descontado racionalmente, causando ao banco um prejuízo no valor de R$ 67,09. Determine o valor nominal do título. Desconsidere a incidência de taxas e impostos.

Resolução:

Desconto comercial:

$$D_c = N \,.\, d \,.\, n = N \,.\, 0{,}0537 \,.\, \frac{25}{30} = 0{,}044750 \,.\, N \quad (*)$$

Desconto racional:

$$D_r = \frac{N.d.n}{1 + d.n} = \frac{N \,.\, 0{,}0537 \,.\, \frac{25}{30}}{1 + 0{,}0537 \,.\, \frac{25}{30}} = 0{,}042833 \,.\, N \quad (*)$$

Ora, como:

$$D_c - D_r = 67{,}09$$

segue que:

$$0{,}044750 \,.\, N - 0{,}042833 \,.\, N = 67{,}09 \Rightarrow N = R\$\ 34.997{,}39$$

(*) Devido ao impacto causado na resposta, pelos erros de arredondamento, decidimos utilizar mais casas decimais (no caso 5).

Resposta: R$ 34.997,39.

R 5.21 Considere o seguinte conjunto de títulos de crédito:

Sacado	CNPJ	NF	Valor	Vencimento
Empresa A	11.111.111/111-11	123456	R$ 8.530,00	02/07/10
Empresa B	22.222.222/222-22	234567	R$ 6.350,00	11/07/10
Empresa C	33.333.333/333-33	345678	R$ 7.700,00	18/07/10
Empresa D	44.444.444/444-44	456789	R$ 13.100,00	26/07/10

Sabendo que esses títulos foram descontados racionalmente no dia 25 de junho de 2010, determine a taxa de desconto racional, bem como a taxa efetiva da operação financeira, sabendo que o resgate bruto foi de R$ 34.687,14 e que, entre taxas e impostos, a empresa pagou R$ 333,89.

Resolução:

Prazos de antecipação:

Empresa A

25.062010 < ENTER >

02.072010

< g > < Δ DYS > → 7 d

Empresa B

25.062010 < ENTER >

11.072010

< g > < Δ DYS > → 16 d

Empresa C

25.062010 < ENTER >

18.072010

< g > < Δ DYS > → 23 d

Empresa D

25.062010 < ENTER >

26.072010

< g > < Δ DYS > → 31 d

Prazo médio:

7 < ENTER > 8530 < Σ+ >

16 < ENTER > 6350 < Σ+ >

23 < ENTER > 7700 < Σ+ >

31 < ENTER > 13100 < Σ+ >

< g > < $\bar{x}_w$ > → 20,87 d

Somatório dos valores nominais:

$$8.530{,}00 + 6.350{,}00 + 7.700{,}00 + 13.100{,}00 = \text{R\$ } 35.680{,}00$$

Taxa de desconto racional:

$$A_r = \frac{\sum N}{1 + d \cdot n} \Rightarrow 34.687{,}14 = \frac{35.680{,}00}{1 + d \cdot \frac{20{,}87}{30}} \Rightarrow 1 + d \cdot \frac{20{,}87}{30} = \frac{35.680{,}00}{34.687{,}14} \Rightarrow$$

$$\Rightarrow \quad d = \frac{\frac{35.680{,}00}{34.687{,}14} - 1}{\frac{20{,}87}{30}} \quad \Rightarrow \quad \mathbf{d = 4{,}11\%\ am}$$

Resgate líquido:

34.687,14 < ENTER > 333,89 < – > → R$ 34.353,25

Fluxo de caixa sob o ponto de vista do cliente:

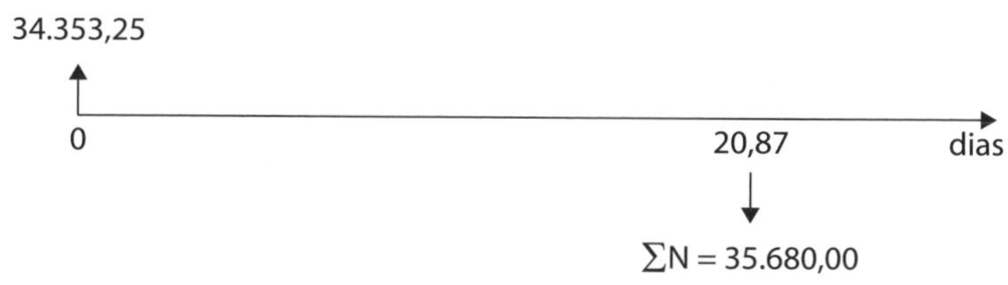

Taxa efetiva de desconto:

34353,25 < CHS > < PV > 35680 < FV > 20,87 < ENTER > 30 < ÷ > < n >

< i > → 5,60% am

Resposta: taxa de desconto racional, 4,11% am; taxa efetiva de desconto, 5,60% am.

R 5.22 Um título foi descontado racionalmente 23 dias antes do prazo, com taxa de 3,75% am, gerando um resgate bruto no valor de R$ 10.000,00. Determine o valor líquido a ser creditado na conta do cliente se este título fosse descontado comercialmente.

Considere a incidência do IOF e de uma taxa de serviços correspondente a 0,3% do valor nominal do título.

Resolução:

Valor nominal do título:

$$A_r = \frac{N}{1 + d.n} \Rightarrow 10.000 = \frac{N}{1 + 0{,}0375 \cdot \frac{23}{30}} \Rightarrow$$

$$N = 10.000 \cdot \left(1 + 0{,}0375 \cdot \frac{23}{30}\right) \Rightarrow N = \text{R\$ } 10.287{,}50$$

Resgate comercial bruto:

$$A_c = N\,(1 - d \cdot n) \Rightarrow A_c = 10.287{,}50 \left(1 - 0{,}0357 \cdot \frac{23}{30}\right) \Rightarrow$$

$$A_c = \text{R\$ } 10.005{,}93$$

Taxa de serviços:

10287,50 < ENTER > 0,3 < % > → R$ 30,86

IOF:

10.005,93 < ENTER > 0,0082 < % > 23 < x > < STO > 1

10.005,93 < ENTER > 0,38 < % > < STO > < + > 1

< RCL > 1 → R$ 56,89

Resgate comercial líquido:

RB – TS – IOF = 10.005,93 – 30,86 – 56,89 = R$ 9.918,18

Resposta: R$ 9.918,18.

R 5.23 Um cliente descontou dois títulos, a saber: um comercialmente, com taxa de 2% am e antecipação de 45 dias, e outro racionalmente, com taxa de 3% am, e antecipação de 35 dias. Sabendo que o valor nominal do segundo título excede o primeiro em R$ 500,00, determine o valor nominal dos títulos, sabendo que foram depositados na conta do cliente R$ 1.000,00. Considere que entre taxas e impostos o cliente pagou R$ 19,59.

Resolução:

1º título:

$$A_c = N(1 - d \cdot n) \Rightarrow A_c = N_1\left(1 - 0{,}02 \cdot \frac{45}{30}\right) \Rightarrow A_c = 0{,}9700 \cdot N_1 \quad \textbf{(A)}$$

2º título:

$$A_r = \frac{N}{1+d.n} \Rightarrow A_r = \frac{N_2}{1 + 0{,}03 \cdot \frac{35}{30}} \Rightarrow A_r = 0{,}9662.N_2 \quad \textbf{(B)}$$

Resgate bruto dos dois títulos:

$$\underbrace{1.000{,}00}_{\text{RL}} + \underbrace{19{,}59}_{\text{TS+IOF}} = \text{R\$ } 1.019{,}59$$

Assim, podemos escrever:

$$A_r + A_c = 1.019{,}59 \quad \textbf{(C)}$$

substituindo **(A)** e **(B)** em **(C)**, podemos escrever:

$$0{,}9700 \cdot N_1 + 0{,}9662 \cdot N_2 = 1.019{,}59 \quad \textbf{(D)}$$

Por outro lado, como:

$$N_2 = N_1 + 500 \quad \textbf{(E)}$$

segue que:

$$0{,}9700 \,.\, \mathrm{N}_1 + 0{,}9662 \,.\, \mathrm{N}_2 = 1.019{,}59$$

$$0{,}9700 \,.\, \mathrm{N}_1 + 0{,}9650 \,.\, \mathrm{N}_2 = 1.019{,}59 \quad \Rightarrow$$

$$\Rightarrow \; 0{,}9700 \,.\, \mathrm{N}_1 + 0{,}9662 \,.\, \left(N_1 + 500\right) = 1.019{,}59 \Rightarrow$$

$$\Rightarrow \; 0{,}9700 \,.\, \mathrm{N}_1 + 0{,}9662 \,.\, \mathrm{N}_1 = 1.019{,}59 - 483{,}10 \Rightarrow$$

$$\Rightarrow \; \mathrm{N}_1 = \frac{536{,}49}{1{,}9362} = \mathrm{R\$}\ 277{,}08$$

Finalmente:

$$\mathrm{N}_2 = \mathrm{N}_1 + 500 \quad \Rightarrow \quad \mathrm{N}_2 = 277{,}08 + 500{,}00 \Rightarrow$$

$$\Rightarrow \; \mathrm{N}_2 = \mathrm{R\$}\ 777{,}08$$

Resposta: R$ 277,08 e R$ 777,08.

R 5.24 Uma empresa realizou as seguintes operações financeiras:

- descontou comercialmente um título de crédito, no valor de R$ 5.000,00, com antecipação de 13 dias e taxa de 3,8% am;
- descontou racionalmente um título de crédito, no valor de R$ 6.500,00, com antecipação de 14 dias e taxa de 3,6% am;
- efetuou um empréstimo de R$ 8.000,00 por 16 dias, a juros compostos, com taxa de 3,4% am e cobrança antecipada de juros (no ato do empréstimo).

Considerando todos os impostos cabíveis e uma taxa de serviços de R$ 35,00 incidente em todas as operações financeiras, verifique se o valor resgatado, considerando as três operações financeiras, foi suficiente para quitar uma dívida no valor de R$ 19.000,00.

Resolução:

Desconto comercial

Resgate bruto:

$$A_c = N(1 - d.n)$$

$$A_c = 5.000{,}00\left(1 - 0{,}038.\frac{13}{30}\right)$$

$$A_c = R\$\ 4.917{,}67$$

IOF:

4917,67 < ENTER >

0,0082 < % >

13 < x > < STO > 1

4917,67 < ENTER >

0,38 < % > < STO > < + > 1

< RCL > 1 → R$ 23,93

Taxa de serviços:

R$ 35,00

Resgate líquido:

4917,67 < ENTER >

23,93 < – >

35 < – > → R$ 4.858,74

Desconto racional

Resgate bruto:

$$A_r = \frac{N}{1 + d.n}$$

$$A_r = \frac{6.500}{1 + 0{,}036 . \frac{14}{30}}$$

$$A_r = 6.392{,}60$$

IOF:

6392,60 < ENTER >

0,0082 < % >

14 < x > < STO > 1

6392,60 < ENTER >

0,38 < % > < STO > < + > 1

< RCL > 1 → R$ 31,63

Taxa de serviços:

R$ 35,00

Resgate líquido:

6392,60 < ENTER >

31,63 < – >

35 < – > → R$ 6.325,97

Empréstimo

Juros:

8000 < CHS > < PV >

3,4 < i >

16 < ENTER > 30 < ÷ >

< FV > → 8.143,93

8000 < – > → 143,93

IOF:

8000 < ENTER >

0,0082 < % >

16 < x > < STO > 1

8000 < ENTER >

0,38 < % >

< STO > < + > 1

< RCL > 1 → R$ 40,90

Taxa de serviços:

R$ 35,00

Resgate líquido:

8000 < ENTER >

143,93 < – >

40,90 < – >

35 < – > → R$ 7.780,17

Resposta: foi depositada na conta-corrente do cliente a quantia de:

$$4.858{,}74 + 6.325{,}97 + 7.780{,}17 = R\$\ 18.964{,}88$$

que não é suficiente para pagar a dívida de R$ 19.000,00.

R 5.25 Uma mercadoria cujo preço é R$ 4.350,00 para pagamento em 50 dias está sendo oferecida com 10% de desconto para pagamento à vista. Para aproveitar esse desconto, uma pessoa assina uma nota promissória para 50 dias, de modo a obter exatamente a quantia necessária para efetuar a compra à vista. Sabendo que foi utilizada uma taxa de desconto de 5% am e que, entre taxas e impostos, essa pessoa pagou a quantia de R$ 115,00, verifique se foi um bom negócio, considerando:

a) desconto comercial;

b) desconto racional.

Resolução:

Preço à vista:

4350 < ENTER > 10 < % > < – > → R$ 3.915,00

Resgate bruto: como o comprador necessita de um resgate líquido no valor exato do preço à vista e como foram pagos R$ 115,00 entre taxas e impostos, segue que o resgate bruto deve ser de:

$$3.915{,}00 + 115{,}00 = \text{R\$ } 4.030{,}00$$

a) Desconto comercial:

Valor nominal da nota promissória:

$$A_c = N(1 - d \cdot n) \quad \Rightarrow \quad 4.030{,}00 = N \cdot \left(1 - 0{,}05 \cdot \frac{50}{30}\right) \quad \Rightarrow$$

$$\Rightarrow \quad N = \frac{4.030{,}00}{\left(1 - 0{,}05 \cdot \frac{50}{30}\right)} \quad \Rightarrow \quad N = \textbf{R\$ 4.396,36}$$

Resposta: como o valor da nota promissória (R$ 4.396,36) excedeu o preço a prazo da mercadoria (R$ 4.350,00), foi um mau negócio.

b) Desconto racional:

Valor nominal da nota promissória:

$$A_r = \frac{N}{1 + d \cdot n} \quad \Rightarrow \quad 4.030{,}00 = \frac{N}{1 + 0{,}05 \cdot \frac{50}{30}} \quad \Rightarrow \quad N = \textbf{R\$ 4.365,83}$$

Resposta: como o valor da nota promissória (R$ 4.365,83) excedeu o preço a prazo da mercadoria (R$ 4.350,00) foi um mau negócio.

R 5.26 Um cliente consultou dois bancos com relação a uma operação de desconto de títulos. O banco A oferece ao cliente desconto comercial simples com taxa de 4,5% am, e o banco B oferece desconto racional simples com taxa de 4,75% am.

a) Qual banco pratica o menor desconto para um título que vence daqui a 20 dias?

b) Qual banco pratica o menor desconto para um título que vence daqui a 40 dias?

c) Para qual prazo de antecipação o desconto praticado pelo banco A é igual ao desconto praticado pelo banco B?

Resolução:

Sem perder a generalidade, vamos considerar um título de valor nominal igual a R$ 1.000,00.

a) Prazo de antecipação: 20 dias

Banco A

$$D_c = N \,.\, d \,.\, n$$

$$D_c = 1.000.\ 0{,}045 \,.\, \frac{20}{30}$$

$$D_c = R\$\ 30{,}00$$

Banco B

$$D_r = \frac{N.d.n}{1 + d.n}$$

$$D_r = \frac{1.000{,}00 \,.\, 0{,}0475 \,.\, \frac{20}{30}}{1 + 0{,}0475 \,.\, \frac{20}{30}}$$

$$D_r = R\$\ 30{,}69$$

Resposta: portanto, neste caso, o banco A pratica o menor desconto.

b) Prazo de antecipação: 40 dias

Desconto comercial

$$D_c = N \,.\, d \,.\, n$$

$$D_c = 1.000.\ 0{,}045 \,.\, \frac{40}{30}$$

$$D_c = R\$\ 60{,}00$$

Desconto racional

$$D_r = \frac{N.d.n}{1 + d.n}$$

$$D_r = \frac{1.000{,}00 \,.\, 0{,}0475 \,.\, \frac{40}{30}}{1 + 0{,}0475 \,.\, \frac{40}{30}}$$

$$D_r = R\$\ 59{,}56$$

Resposta: portanto, neste caso, o banco B pratica o menor desconto.

c) Desconto no banco A para um prazo de antecipação **n**:

$$D_c = N . d . n \Rightarrow D_c = 1.000. 0,045 . n \Rightarrow D_c = 45. n$$

Desconto no banco B para um prazo de antecipação **n**:

$$D_r = \frac{N.d.n}{1 + d.n} \Rightarrow D_r = \frac{1.000,00 . 0,0475 . n}{1 + 0,0475 . n} \Rightarrow D_r = \frac{47,50. n}{1 + 0,0475 . n}$$

Como desejamos determinar o prazo **n** de tal forma que D_c seja igual a $D_{r,}$ podemos escrever:

$$D_c = D_r \Rightarrow 45 n = \frac{47,50 n}{1 + 0,0475 n} \Rightarrow 45 n . (1 + 0,0475 n) = 47,50 n \Rightarrow$$

$$\Rightarrow 45 n + 2,1375 n^2 = 47,50 n \Rightarrow 2,1375 n^2 - 2,5 n = 0 \Rightarrow$$

$$\Rightarrow n . (2,1375 n - 2,5) = 0 \Rightarrow$$

$$\begin{cases} n = 0 \text{ (não interessa)} \\ 2,1375 n - 2,5 = 0 \Rightarrow n = 1,17 \text{ m } (35,09 \text{ dias}) \end{cases}$$

Resposta: portanto, para um prazo de antecipação de aproximadamente 35 dias, é indiferente efetuar o desconto no banco A ou no banco B.

5.15 EXERCÍCIOS PROPOSTOS (DESCONTO COMERCIAL SIMPLES)

P 5.1 Uma empresa vendeu uma mercadoria, cujo preço à vista era de R$ 37.500,00, nas seguintes condições: 20% de entrada e o saldo em 115 dias, com taxa de juros compostos de 1,65% am. Entretanto, tendo em vista problemas financeiros, resolveu negociar o título de crédito gerado com uma instituição financeira 15 dias antes do vencimento, nas seguintes condições: desconto comercial de 3,25% am, taxa de serviços de 0,5% sobre o valor do título e IOF (0,0082% ad mais 0,38%). Nessas condições, determine o valor do resgate líquido, bem como a taxa efetiva envolvida na operação.

P 5.2 Uma pessoa possui um título de crédito de valor nominal R$ 35.000,00, com resgate previsto para 80 dias. Entretanto, após 55 dias, resgatou o título com desconto comercial, taxa de 2,5% am, e o aplicou em um CDB (pelo tempo restante para o vencimento do título) com taxa de 3,5% am. Considerando a incidência de uma taxa de serviços de 0,75% sobre o valor nominal do título, determine o valor líquido de resgate do CDB.

P 5.3 Uma pessoa possui um título de crédito de valor nominal R$ 58.000,00, com resgate previsto para 120 dias. Entretanto, após 84 dias, resgatou o valor do título para a conta-corrente, com uma taxa de desconto comercial de 2,86% am. A seguir, aplicou o resgate líquido menos a CPMF correspondente em um CDB (pelo tempo restante para o vencimento do título), com taxa de 3,0% am. Nessas condições, sabendo que foi paga uma taxa de serviços correspondente a 0,35% do valor nominal do título, determine se foi um bom negócio ou teria sido melhor esperar pelo vencimento do título.

P 5.4 Considere novamente os dados do exercício anterior (P 5.3) e, supondo que o desconto tenha ocorrido 10 dias antes do vencimento do título, verifique se foi um bom negócio ou se teria sido melhor esperar pelo vencimento do título. Ignore a CPMF.

P 5.5 Um cliente solicitou de uma instituição financeira o desconto comercial de um título de crédito, com taxa de desconto comercial de 1,95% am e antecipação de 23 dias. Sabendo que o cliente pagou R$ 46,82 a título de IOF e que não houve cobrança da taxa de serviços, determine o valor nominal do título.

P 5.6 Um cliente solicitou de uma instituição financeira o desconto de um título de crédito de valor nominal R$ 10.000,00. Sabendo que foi utilizada uma taxa de desconto comercial de 1% am, que o cliente pagou R$ 46,05 a título de IOF, bem como uma taxa de serviços de 0,35% sobre o valor nominal do título, determine quantos dias antes do vencimento do título ocorreu o desconto, sabendo que foi depositado na conta do cliente o valor de R$ 9.885,62.

P 5.7 Um cliente solicitou de uma IF o desconto de um título de crédito de valor nominal R$ 1.500,00 e prazo de antecipação de 14 dias. Sabendo que, além do IOF, o cliente pagou uma taxa de serviços de 0,45% sobre o valor nominal do título, e que foi depositado na sua conta-corrente o valor de R$ 1.475,38, determine a taxa de desconto comercial envolvida na operação financeira.

P 5.8 Um cliente solicitou de um banco o desconto comercial de quatro títulos de crédito, a saber:

- 1º título: valor nominal de R$ 3.000,00 e antecipação de 7 dias;
- 2º título: valor nominal de R$ 6.000,00 e antecipação de 13 dias;
- 3º título: valor nominal de R$ 9.000,00 e antecipação de 22 dias;
- 4º título: antecipação de 18 dias.

Sabendo que, além do IOF no valor de R$ 130,34, o cliente pagou uma taxa de serviços de 0,5% sobre o valor nominal dos títulos, determine o valor nominal do 4º título, sabendo que foi utilizada uma taxa de desconto comercial de 2,65% am e que a conta-corrente do cliente apresentou um depósito de R$ 24.860,56, referente a esta operação financeira.

P 5.9 Dois títulos vencíveis em 12 e 19 dias, respectivamente, foram descontados comercialmente a uma taxa de 2,25% am. Sabendo que o valor nominal do segundo título é o dobro do primeiro e que foi depositada na conta do cliente, referente a esta operação financeira, a quantia de R$ 6.957,59, determine o valor nominal dos títulos. Considere que foi paga uma taxa de serviços no valor de R$ 27,02 e IOF no valor de R$ 36,28.

P 5.10 Um cliente, ao solicitar R$ 6.000 por 50 dias de uma instituição financeira, recebeu as seguintes propostas:

a) Efetuar um empréstimo de R$ 6.000,00 por 50 dias, com taxa de 2,45% am.

b) Assinar uma nota promissória por 50 dias, com desconto comercial de 2,45% am.

Considerando a incidência de todos os impostos cabíveis, bem como uma taxa de serviços de R$ 50,00 válida para as duas propostas, determine qual delas apresenta a menor taxa mensal efetiva de juros compostos, considerando:

a) que os juros do empréstimo serão pagos no final da operação;

b) que os juros do empréstimo serão pagos no início da operação.

P 5.11 Um banco efetua operações de desconto comercial com taxa de 2,57% am. Exige, entretanto, um saldo médio de 35% do valor da operação a título de reciprocidade, saldo este que será aplicado em um CDB e remunerado com taxa de 0,87% am pelo período de duração da operação. Sabe-se ainda que o banco cobra uma taxa de serviços correspondente a 0,35% do valor da operação. Nessas condições, determine o valor a ser resgatado por uma empresa que pretende descontar um título de crédito de valor nominal R$ 4.500,00, com antecipação de 13 dias, bem como a taxa efetiva mensal envolvida na operação financeira. Considere a incidência de todos os impostos cabíveis.

P 5.12 Um banco efetua operações de desconto comercial com taxa de 2,34% am. Um cliente, necessitando de dinheiro, assinou uma nota promissória com vencimento para 15 dias. Determine o valor nominal da nota promissória sabendo que:

- foi cobrada uma taxa de serviços correspondente a 0,80% do valor do resgate bruto;
- por ocasião do depósito, a conta-corrente do cliente apresentava um saldo devedor no valor de R$ 3.149,99;
- imediatamente após o depósito foram cobrados juros de R$ 196,87;
- após a cobrança dos juros e o acerto do saldo devedor, a conta-corrente do cliente apresentou um saldo positivo de R$ 1.875,00.

P 5.13 Um empresário com dificuldades financeiras efetuou a substituição de 3 notas promissórias com as seguintes características:

- 1ª NP: valor nominal de R$ 5.600,00 e vencimento em 10 dias;
- 2ª NP: valor nominal de R$ 6.300,00 e vencimento em 21 dias;
- 3ª NP: vencimento em 28 dias;

por outras duas NP, de valor nominal igual a R$ 10.504,00, vencíveis em 75 e 105 dias, respectivamente. Supondo que a OF envolveu uma taxa de desconto comercial de 2,45% am, determine o valor nominal da terceira NP.

P 5.14 Uma empresa negociou com um banco a substituição de três títulos de crédito conforme descrito a seguir:

	Valor	Vencimento
1º Título	R$ 890,00	20 d
2º Título	R$ 945,00	35 d
3º Título	R$ 1.027,00	50 d

por dois títulos no valor de R$ 1.502,00. Determine o prazo de vencimento desses títulos, sabendo que o prazo de vencimento do segundo excede o primeiro em 55 dias e que foi utilizada uma taxa de desconto comercial simples de 3,77% am.

P 5.15 Considere o seguinte borderô de duplicatas:

Sacado	CNPJ	NF	Valor	Vencimento
Empresa A	11.111.111/111-11	123456	R$ 5.830,00	14/05/12
Empresa B	22.222.222/222-22	234567	R$ 6.530,00	17/05/12
Empresa C	33.333.333/333-33	345678	R$ 8.195,00	19/05/12
Empresa D	44.444.444/444-44	456789	R$ 9.043,00	23/05/12
Empresa E	55.555.555/555-55	567890	R$ 10.274,00	25/05/12
Empresa F	66.666.666/666-66	678901	R$ 11.476,00	27/05/12

que foi apresentado por uma empresa a uma instituição financeira, no dia 9 de maio de 2012, para desconto. Supondo que será utilizada uma taxa de desconto de 2,33% am, verifique se o valor do resgate é suficiente para que a empresa liquide um compromisso no valor de R$ 50.500,00, com vencimento nesse mesmo dia. Considere a incidência de IOF e de uma taxa de serviços correspondente a 0,5% do valor da operação financeira.

P 5.16 Uma empresa necessita pagar uma dívida de R$ 12.900,00 no dia 20 de julho de 2013. Para isto, apresentou a uma instituição financeira, nesse mesmo dia, o seguinte borderô de duplicatas para desconto:

Sacado	CNPJ	NF	Valor	Vencimento
Empresa A	11.111.111/111-11	123456	R$ 3.850,00	25/07/13
Empresa B	22.222.222/222-22	234567	R$ 4.135,00	30/07/13
Empresa C	33.333.333/333-33	345678	R$ 5.270,00	03/08/13

Suponha que a instituição financeira tenha aceitado a operação financeira, desde que fosse utilizada uma taxa de desconto comercial no valor de 3,75% am. Além disso, ofereceu ao cliente a possibilidade de pagar a dívida mediante um empréstimo no valor de R$ 13.200,00, com taxa de 4,50% am, por 11 dias. Nessas condições, considerando para cada operação financeira uma taxa de serviços de 0,44% sobre o seu valor, determine o valor do resgate líquido das duas operações.

P 5.17 Considere novamente os dados do exercício anterior (P 5.16) e determine qual o valor mínimo do empréstimo a ser solicitado da instituição financeira (que permita saldar a dívida). Nessas condições, determine qual a opção mais vantajosa para a empresa.

P 5.18 O portador de um título de crédito de valor nominal igual a R$ 7.500,00, necessitando de dinheiro, resolveu descontá-lo 13 dias antes do vencimento, com taxa de desconto comercial de 2,85% am. Sabe-se que o valor do resgate foi depositado na conta-corrente do cliente. Este retirou da conta-corrente o valor do resgate, menos a CPMF correspondente, pagou uma dívida no valor de R$ 4.500,00 com vencimento nesse mesmo dia, e aplicou o restante em um CDB que pagou uma taxa de juros de 1,25% am, pelos 13 dias restantes. Determine o valor do resgate do CDB, considerando todos os impostos cabíveis, bem como uma taxa de serviços correspondente a 0,4% do valor nominal do título, incidente na operação de desconto.

P 5.19 Considere novamente os dados do exercício P 5.18 e verifique se teria sido melhor esperar pelo vencimento do título e pagar a dívida com atraso de 13 dias. Sabe-se que o atraso no pagamento da dívida gera uma multa de 1% sobre o valor da dívida mais juros de 2% am.

P 5.20 Considere o seguinte borderô de duplicatas:

Sacado	CNPJ	NF	Valor	Vencimento
Empresa A	11.111.111/111-11	123456	R$ 2.350,00	29/05/11
Empresa B	22.222.222/222-22	234567	R$ 3.460,00	14 /06/11
Empresa C	33.333.333/333-33	345678	N_C	25/06/11
Empresa D	44.444.444/444-44	456789	N_D	03/07/11
Empresa E	55.555.555/555-55	567890	N_E	08/07/11

Necessitando de dinheiro em função de um imprevisto, uma pessoa descontou comercialmente o borderô acima no dia 10 de maio de 2011, com taxa de 2,25% am. Sabendo que foi depositado na conta-corrente do cliente o valor de R$ 20.200,00, determine o valor nominal dos títulos referentes às empresas C, D e E, sabendo que N_D excede N_C em R$ 1.000,00 e é R$ 500,00 menor do que N_E. Sabe-se ainda que, entre taxas e impostos, a empresa pagou R$ 291,51.

P 5.21 Considere novamente os dados do exercício anterior (P 5.20) e, conhecidos os valores nominais dos títulos das empresas C, D e E, determine a taxa efetiva mensal da operação financeira.

P 5.22 Uma empresa necessitava pagar uma dívida de R$ 15.000,00 no dia 30 de abril de 2000. Para isso, apresentou a uma instituição financeira, nesse mesmo dia, o seguinte borderô de duplicatas para desconto:

Sacado	CNPJ	NF	Valor	Vencimento
Empresa A	11.111.111/111-11	123456	R$ 5.000,00	12/05/00
Empresa B	22.222.222/222-22	234567	R$ 5.100,00	16/05/00
Empresa C	33.333.333/333-33	345678	R$ 5.200,00	?

Sabendo que foi utilizada uma taxa de desconto comercial de 2,49% am, determine qual deve ser o prazo máximo de antecipação do título da empresa C, de modo que o resgate seja suficiente para liquidar a dívida. Considere que, entre taxas e impostos, a empresa pagou R$ 143,26.

P 5.23 Um equipamento é normalmente vendido em 12 parcelas mensais consecutivas de R$ 450,00, vencendo a primeira 60 dias após a compra. Entretanto, devido a uma promoção especial, válida por um mês, essa mercadoria está sendo oferecida à vista por R$ 4.000,00. Uma empresa, interessada em aproveitar esta oferta, deu entrada no banco no dia 10 de outubro de 2010 (último dia da promoção), com o seguinte borderô de duplicatas para desconto:

Sacado	CNPJ	NF	Valor	Vencimento
Empresa A	11.111.111/111-11	123456	R$ 1.900,00	22/10/10
Empresa B	22.222.222/222-22	234567	R$ 1.150,00	29/10/10
Empresa C	33.333.333/333-33	345678	R$ 1.200,00	13/11/10

Supondo que será utilizada uma taxa de juros 3,69% am e será cobrada uma taxa de serviços correspondente a 0,34% do valor da operação financeira, determine se o resgate foi suficiente para aproveitar a promoção e se foi um bom negócio.

P 5.24 Dois títulos de crédito foram descontados comercialmente, com antecipação de 30 dias, nas seguintes condições:

- o primeiro foi descontado com taxa de 2,5% am e pagou uma taxa de serviços de 0,3% sobre o seu valor;
- o segundo foi descontado com taxa de 5,0% am e pagou uma taxa de serviços de 0,6% sobre o seu valor;

Nessas condições, determine que relação deve haver entre os valores nominais dos dois títulos para que seus resgates líquidos sejam iguais.

5.16 EXERCÍCIOS PROPOSTOS (DESCONTO SIMPLES COMERCIAL E RACIONAL)

P 5.25 Um título de crédito no valor de R$ 10.500,00 foi descontado 23 dias antes do vencimento, com uma taxa de desconto de 2,95% am. Determine a taxa mensal efetiva da operação financeira, considerando que foi utilizada uma taxa de serviços correspondente a 0,47% do valor nominal do título, supondo que foi utilizado:

a) desconto racional simples;

b) desconto comercial simples.

P 5.26 Considerando os dados do exercício anterior (P 5.25), determine qual deve ser a taxa de desconto comercial para que as duas operações financeiras apresentem a mesma taxa mensal efetiva.

P 5.27 Um título de valor nominal R$ 10.500,00 deveria ser descontado racionalmente por um banco com uma taxa de 3,57% am. Entretanto, por descuido, foi descontado comercialmente, gerando um acréscimo de R$ 50,35 no valor do desconto. Determine o prazo de antecipação do título.

P 5.28 Uma empresa solicitou de um banco, no dia 13 de novembro de 2009, o desconto do seguinte borderô de títulos de crédito:

Sacado	CNPJ	NF	Valor	Vencimento
Empresa A	11.111.111/111-11	123456	R$ 9.300,00	25/12/09
Empresa B	22.222.222/222-22	234567	R$ 8.510,00	30/12/09
Empresa C	33.333.333/333-33	345678	R$ 7.100,00	07/01/10

Sabendo que foi utilizada uma taxa de desconto de 5,22% am e que a empresa pagou uma taxa de serviços correspondente a 0,75% sobre o valor da operação financeira, verifique se o resgate (líquido) foi suficiente para quitar uma dívida de R$ 22.550,00, com vencimento nesse mesmo dia, considerando:

a) desconto comercial simples;

b) desconto racional simples.

P 5.29 Um equipamento é normalmente comercializado mediante uma entrada no valor de R$ 2.500,00, mais 10 parcelas mensais consecutivas de R$ 999,00, vencendo a primeira 90 dias após a compra. Entretanto, devido a uma promoção especial válida por um mês, essa mercadoria está sendo oferecida à vista por R$ 9.000,00. Uma empresa interessada em aproveitar a oferta deu entrada no banco no dia 20 de maio de 2005 (último dia da promoção), com o seguinte borderô de duplicatas para desconto:

Sacado	CNPJ	NF	Valor	Vencimento
Empresa A	11.111.111/111-11	123456	R$ 3.650,00	29/05/05
Empresa B	22.222.222/222-22	234567	R$ 2.470,00	09/06/05
Empresa C	33.333.333/333-33	345678	R$ 1.956,00	14/06/05
Empresa D	44.444.444/444-44	4561123	R$ 1.444,00	26/06/05

Supondo que será utilizada uma taxa de desconto racional de 3,35% am e será cobrada uma taxa de serviços correspondente a 0,60% do valor da operação financeira, determine se o resgate foi suficiente para aproveitar a promoção e se foi um bom negócio.

P 5.30 Um título foi descontado comercialmente 19 dias antes do prazo, com taxa de 4,15% am, gerando um desconto no valor de R$ 2.700,00. Determine o valor líquido a ser creditado na conta do cliente se esse título fosse descontado racionalmente, nas mesmas condições. Considere a incidência do IOF e de uma taxa de serviços correspondente a 0,5% do valor nominal do título.

P 5.31 Uma empresa descontou 2 títulos de crédito nas seguintes condições:

- o primeiro foi descontado comercialmente com taxa de 2,5% am e antecipação de 27 dias;
- o segundo foi descontado racionalmente com taxa de 3,5% am e antecipação de 32 dias.

Sabendo que o valor nominal do primeiro título é R$ 570,00 menor do que o segundo e que foi depositado na conta-corrente da empresa o valor de R$ 2.234,00, determine o valor nominal dos títulos, sabendo também que entre taxas e impostos a empresa pagou o valor de R$ 257,00.

P 5.32 Uma empresa realizou hoje as seguintes operações financeiras:

a) descontou comercialmente um título de crédito no valor de R$ 3.300,00, com antecipação de 16 dias e taxa de 2,78% am;

b) descontou racionalmente um título de crédito no valor de R$ 3.300,00, com antecipação de 16 dias e taxa de 2,96% am;

c) efetuou um empréstimo de R$ 4.400,00 por 16 dias, a juros compostos, com taxa de 3,15% am;

d) efetuou um empréstimo de R$ 5.500,00 por 16 dias, a juros simples, com taxa de 3,24% am e cobrança antecipada de juros.

Considerando todos os impostos cabíveis e uma taxa de serviços de 0,50% incidente sobre o valor de cada operação financeira, verifique se o valor total resgatado (das quatro operações financeiras) foi suficiente para quitar uma dívida de R$ 16.500,00 com vencimento em 16 dias.

P 5.33 Considere novamente os dados do exercício anterior (P 5.32) e determine a taxa efetiva mensal da operação total (ou seja, formada pelas quatro operações financeiras).

P 5.34 Dois títulos de crédito foram descontados nas seguintes condições:

- o primeiro foi descontado comercialmente com taxa de 2,45% am e antecipação de 30 dias;
- o segundo foi descontado racionalmente com taxa de 2,55% am e antecipação de 60 dias.

Sabendo que o valor nominal do segundo título excede o valor do primeiro em R$ 13,89, determine o valor nominal dos dois títulos, de tal modo que seus respectivos resgates líquidos sejam iguais. Considere uma taxa de serviços de 0,5% incidente em cada operação financeira.

5.17 RESPOSTAS DOS EXERCÍCIOS PROPOSTOS

Exercícios	Respostas	Exercícios	Respostas
P 5.1	5,45% am	**P 5.19**	Sim Sobrariam R$ 97,50
P 5.2	R$ 34.447,93		
P 5.3	Mau negócio R$ 56.763,61 × R$ 58.000,00	**P 5.20**	Empresa C: R$ 4.308,74 Empresa D: R$ 5.308,74 Empresa E: R$ 5.808,74
P 5.4	Mau negócio R$ 57.127,32 × R$ 58.000,00		
		P 5.21	3,26% am
P 5.5	R$ 8.339,13	**P 5.22**	9 dias
P 5.6	10 Dias	**P 5.23**	Foi suficiente (R$ 4.107,83) Mau negócio (5,21% × 4,22%)
P 5.7	1,51% am		
P 5.8	R$ 7.500,00	**P 5.24**	$N_2 = 1,0297\ N_1$
P 5.9	R$ 2.370,00 e R$ 4.740,00	**P 5.25**	Racional: 4,39% am Comercial: 4,46% am
P 5.10	a) 3,46% am × 3,57% am b) 3,61% am × 3,57% am		
		P 5.26	2,88% am
P 5.11	7,09% am	**P 5.27**	60 dias
P 5.12	R$ 5.353,27	**P 5.28**	a) Não (R$ 22.492,56) b) Sim (R$ 22.647,95)
P 5.13	R$ 7.898,56		
P 5.14	45 dias e 100 dias	**P 5.29**	Sim (R$ 9.210,89) Bom negócio (5,24% × 6,10%)
P 5.15	Não. Faltaram R$ 168,82		
P 5.16	Desconto: R$ 12.968,06 Empréstimo: R$ 13.079,85	**P 5.30**	R$ 99.045,91
		P 5.31	R$ 1.000,00 e R$ 1.570,00
P 5.17	Desconto 6,69% am × 7,14% am	**P 5.32**	Não (R$ 16.138,40)
		P 5.33	5,11% am
P 5.18	R$ 2.818,72	**P 5.34**	R$ 530,15 e R$ 544,04

6 INFLAÇÃO

6.1 A ORIGEM DA MOEDA

O início das atividades comerciais se deu com a troca de mercadorias. Entretanto, quando uma das partes envolvidas não se interessava pela mercadoria oferecida pela outra parte, o que era frequente, a troca deixava de ser viável.

Com a evolução do comércio, ficou clara a necessidade de se utilizar para troca uma mercadoria que satisfizesse os seguintes requisitos: aceitação geral, facilidade de transporte e estabilidade de valor.

Naturalmente, a partir deste pensamento, concluiu-se que o metal seria a mercadoria ideal, pois, além de satisfazer a esses requisitos, podia ser fracionado, o que permitia realizar o pagamento de valores diversos. Assim, o metal se tornou a moeda de troca.

Os primeiros metais utilizados como moeda foram o ferro, o cobre e o bronze. Entretanto, o fato de existirem na época em grande quantidade inviabilizava um dos principais requisitos exigidos para a moeda, que era a estabilidade de valor. Esse fato impulsionou a substituição desses metais pelo ouro e pela prata, mais raros e de aceitação mundial.

Com o passar do tempo, para contornar alguns inconvenientes gerados pela moeda metálica, como a dificuldade de transporte em virtude do peso e o risco de roubo, surge a moeda-papel.

A moeda-papel era um certificado de depósito da moeda de metal precioso em casas de custódia. O fato de a moeda-papel ter lastro metálico total permitia sua conversão em metal precioso a qualquer momento.

O tempo, entretanto, mostrou que essa conversão de moeda-papel em metal precioso não ocorria com frequência, o que viabilizou a criação do papel-moeda sem lastro metálico total.

Esse modelo não resistiu, pois fatos extraordinários que geravam uma procura generalizada pela conversão do papel-moeda em metal precioso levavam à falência do sistema privado de emissões de papel-moeda.

Como consequência, o Estado passou a controlar o mecanismo dessas emissões.

Atualmente se utiliza a moeda fiduciária, cujas características são: a inexistência de lastro metálico, a inconversibilidade absoluta e o monopólio estatal das emissões.

6.2 INFLAÇÃO E DEFLAÇÃO

Um processo inflacionário se caracteriza quando ocorre uma elevação generalizada, contínua e persistente dos preços de bens e serviços.

Assim, um processo inflacionário tende a destruir um dos principais requisitos exigidos em uma moeda: a sua estabilidade, ou seja, o seu poder de compra.

Quando essa elevação de preços ocorre de forma quase imperceptível, fato muito comum em países de primeiro mundo, temos a chamada inflação rastejante. Já a inflação galopante, ou hiperinflação, se caracteriza por uma elevação violenta dos preços. Exemplificando:

- a maior hiperinflação do mundo, 207% ao dia, ocorreu na Hungria após a Primeira Guerra Mundial. Para se ter uma ideia mais exata dos impactos causados por essa inflação, podemos dizer que os preços duplicavam a cada 15 horas;
- na Alemanha, entre 1922 e 1923, a taxa mensal de inflação atingiu o pico de 29.500%;
- no Brasil, a inflação acumulada entre janeiro de 1993 e julho de 1994 (período que antecedeu a implantação do Plano Real) foi de aproximadamente 36.000%.

De forma semelhante, um processo deflacionário se caracteriza quando ocorre uma queda generalizada, contínua e persistente dos preços de bens e serviços.

Se para o leitor parecem claros os danos causados por altas taxas de inflação, devemos ressaltar que a deflação pode ser tanto ou mais danosa para uma economia, como veremos oportunamente.

6.3 TIPOS DE INFLAÇÃO

6.3.1 INFLAÇÃO DE DEMANDA

Esta inflação se caracteriza por um excesso de demanda em relação à produção de bens e serviços. Em outras palavras, temos "dinheiro demais à procura de poucos bens". Exemplificando, um aumento inesperado e significativo da temperatura, aumenta a demanda por itens como: aparelhos de ar-condicionado, ventiladores, refrigeradores e roupas leves, entre outros. Supondo que a indústria não se preparou adequadamente para esse aumento da demanda, ocorre naturalmente o aumento dos preços desses itens, no sentido de reequilibrar a economia.

Entretanto, para que o processo inflacionário se instale de fato, parece claro ser preciso que a economia esteja próxima do pleno emprego de recursos. Em outras palavras, se houver desemprego em uma escala razoável, é de se esperar que o aumento da demanda deva corresponder a um aumento da produção, pela utilização da mão de obra desempregada, sem que necessariamente ocorra um aumento generalizado, contínuo e persistente dos preços.

O mesmo ocorre na entressafra, quando determinados produtos, como as carnes, as verduras e as frutas, entre outros, podem sofrer aumentos de preço significativos, que cessam após o término do período em questão.

6.3.1.1 Formas de combater uma inflação de demanda

Inicialmente, devemos levar em consideração que, em curto prazo, a demanda é mais sensível a alterações da economia do que a oferta. Em outras palavras, um aumento do poder aquisitivo da população aumenta imediatamente a procura por bens e serviços. Por outro lado, o aumento da capacidade de produção das indústrias exige investimentos e um tempo significativo de resposta, e só deve ocorrer se houver confiança suficiente na equipe econômica do governo.

Durante esse período, o governo pode agir de duas formas:

- diretamente, reduzindo seus próprios gastos. Ora, sendo o governo o "maior comprador" de bens e serviços, essa decisão terá um efeito imediato e eficaz sobre a demanda;
- indiretamente, o governo pode utilizar políticas que desencorajam o consumo, restringindo o crédito e aumentando a tributação sobre bens de consumo.

6.3.2 INFLAÇÃO DE CUSTOS

Neste caso, embora a demanda permaneça a mesma, os custos de certos insumos significativos aumentam e são repassados aos preços dos produtos.

Apresentamos a seguir algumas situações favoráveis à instalação deste tipo de inflação:

- aumento dos salários sem um correspondente aumento de produtividade da mão de obra. Na prática, isso ocorre, quando sindicatos mais poderosos são capazes de forçar um aumento dos salários acima do nível de produtividade;
- empresas com elevado poder de monopólio ou grupos oligopolizados, que aumentam seus preços acima do aumento dos seus custos de produção;
- ao elevar as taxas de juros, o governo encarece os custos da produção, que são repassados aos preços.

Devemos também atentar para a seguinte situação: em uma inflação de demanda, mesmo que a economia não se encontre próxima do pleno emprego, alguns setores podem atingir esse estágio antes de outros. Assim, o aumento da demanda pode levar as indústrias que já estão operando a plena capacidade a aumentar os seus preços. Ora, supondo que essas indústrias sejam fornecedoras de bens intermediários para outras indústrias, esses aumentos nos preços provocarão um aumento nos custos de produção das empresas que utilizam esses bens. Teremos, assim, uma inflação de custos gerada por uma inflação de demanda.

6.3.2.1 Formas de combater uma inflação de custos

Normalmente, nestes casos, recomenda-se o controle direto dos preços, uma política salarial mais rígida e uma maior fiscalização sobre os lucros auferidos pelos grupos oligopolistas.

Teoricamente, outra estratégia seria expandir a oferta, o que permitiria simultaneamente aumentar o nível de emprego. Entretanto, como já vimos, a oferta reage mais lentamente a estímulos da política econômica.

6.3.3 INFLAÇÃO INERCIAL

Caracteriza-se por um aumento de preços gerado por conta da expectativa de uma inflação futura; é também denominada inflação psicológica.

6.4 ALTAS TAXAS DE INFLAÇÃO E SUAS CONSEQUÊNCIAS

6.4.1 EFEITOS SOBRE A DISTRIBUIÇÃO DE RENDA

A distorção mais séria provocada pela inflação é, sem dúvida, a redução do poder aquisitivo dos assalariados, que, com o passar do tempo, têm os seus orçamentos reduzidos, até a chegada de um novo reajuste.

Além disso, devemos observar que, em muitos casos, o resultado de acordos entre patrões e sindicatos converte-se em reajustes abaixo da inflação acumulada no período, a serem pagos de forma parcelada.

6.4.2 EFEITOS SOBRE O MERCADO DE CAPITAIS

Tendo em vista que em um processo inflacionário intenso o valor da moeda deteriora-se rapidamente, ocorre um desestímulo à aplicação de recursos no mercado financeiro e, em contrapartida, um estímulo à aplicação em bens de raiz, como terras e imóveis.

No Brasil, essa distorção foi bastante minimizada a partir de 1964, com a introdução do mecanismo da correção monetária, por meio do qual alguns papéis passaram a ser indexados por índices que refletiam aproximadamente o valor da inflação.

6.4.3 EFEITOS SOBRE O BALANÇO DE PAGAMENTOS

Elevadas taxas de inflação, em níveis superiores ao aumento dos preços internacionais, encarecem o produto nacional relativamente ao produzido no exterior. Consequentemente, inibem as exportações e provocam um estímulo às importações, diminuindo o saldo da balança comercial (exportações menos importações).

Se o país estiver enfrentando um déficit comercial (baixa reserva em dólares americanos), esse fato costuma provocar o seguinte círculo vicioso:

- *1ª etapa:* na tentativa de minimizar esse déficit, as autoridades são obrigadas a lançar mão de desvalorizações cambiais (aumentar a cotação do dólar), visando estimular exportação e desestimular as importações;
- *2ª etapa:* entretanto, as importações essenciais, das quais muitos países não podem prescindir, como petróleo, fertilizantes e equipamentos sem similares nacionais, tornar-se-ão inevitavelmente mais caras, pressionando os custos de produção dos setores que se utilizam mais largamente desses produtos;
- *3ª etapa:* o círculo se fecha com uma nova elevação de preços, provocada pelo repasse do aumento de custos aos preços dos produtos (inflação de custos).

6.4.4 EFEITOS SOBRE O PAGAMENTO DE EMPRÉSTIMOS E IMPOSTOS

Nas etapas iniciais do processo inflacionário, todos aqueles que contraíram dívidas ganham com a inflação, porque estas não incorporaram nenhuma expectativa inflacionária.

Neste caso o credor é quem perde, recebendo a quantia emprestada reduzida pela inflação. É o que se denomina transferência de renda.

Já no caso dos impostos, o atraso no pagamento desses débitos era uma prática comum no Brasil, pois os juros de mora eram irrisórios. Assim, esse atraso significava, em termos reais, uma redução no valor do imposto.

Após a Reforma Tributária de 1967, essa vantagem deixou de existir, uma vez que passaram a ser cobrados juros de mora, acrescidos de multa e correção monetária.

6.4.5 EFEITOS SOBRE A PRODUÇÃO E O EMPREGO

O setor empresarial é bastante sensível a uma conjuntura inflacionária. Em outras palavras, enquanto essa situação perdura, dificilmente o empresário toma medidas no sentido de aumentar os investimentos na expansão da capacidade de produção. Como consequência, o próprio nível de emprego pode ser afetado pelo processo inflacionário.

6.5 A DEFLAÇÃO E SUAS CONSEQUÊNCIAS

A deflação pode ser gerada pelo excesso da capacidade produtiva. Nesse caso, as empresas se veem obrigadas a abaixar os preços, pois sobram mercadorias nos estoques.

Outro fato que pode desencadear esse processo, sem que haja necessariamente excesso da capacidade produtiva, é a falta de dinheiro em circulação, gerada, por exemplo, pelo aumento dos juros, que torna o crédito proibitivo.

6.5.1 CONSEQUÊNCIAS

As consequências deste processo são as seguintes:

- quando as pessoas esperam uma queda nos preços, elas se tornam menos dispostas a gastar e solicitar empréstimos;
- os preços em queda aumentam o fardo real de dívidas, obrigando os endividados a cortar gastos;
- como, de forma geral, as economias não conseguem reduzir os salários, a necessidade de cortar custos gera demissões em massa, obrigando os trabalhadores a aceitar reduções de salário.

Observe que as consequências mencionadas realimentam o processo, gerando um círculo vicioso. Um exemplo de círculo vicioso seria:

- *1ª etapa:* mesmo reduzindo os preços, as montadoras de automóveis não conseguem vender seus produtos;
- *2ª etapa:* assim, se veem obrigadas a demitir seus funcionários;
- *3ª etapa:* esses funcionários permanecem desempregados ou são obrigados a se sujeitar a salários mais baixos. Como consequência, adiam seus gastos – por exemplo, uma viagem de lazer;
- *4ª etapa:* caem as vendas das empresas de turismo. Os preços são reduzidos, logo as comissões dos vendedores diminuem. Como consequência, estes também adiam seus gastos – por exemplo, um novo modelo de computador;
- *5ª etapa:* cai a venda de computadores. Os preços são reduzidos e as comissões dos vendedores diminuem. Como consequência, estes deixam de comer fora;
- *6ª etapa:* o dono do restaurante, apesar de reduzir os seus preços, não consegue atrair clientes. Consequentemente, adia a troca do carro.

6.6 NÚMEROS-ÍNDICES

A tabela apresentada a seguir fornece informações a respeito dos últimos dez cursos de matemática financeira oferecidos por uma determinada faculdade:

	Col1	Col2	Col3	Col4
Ano	**Matriculados**	**Desistentes**	**Aprovados**	**Reprovados**
2005	64	16	42	6
2006	68	9	54	5
2007	70	6	57	7
2008	73	12	53	8
2009	55	15	30	10
2010	65	8	49	8
2011	57	13	40	4
2012	62	11	45	6
2013	71	14	48	9
2014	56	7	38	11

Se desejarmos efetuar um estudo comparativo dos alunos desistentes, aprovados e reprovados, vamos verificar que essa tabela não é a mais indicada, pois está expressa em números absolutos.

Assim, vamos construir uma nova tabela com números relativos (mais precisamente com as porcentagens dos alunos desistentes, aprovados e reprovados em relação ao número de matriculados):

	(Col2/Col1) . 100	(Col3/Col1) . 100	(Col4/Col1) . 100
Ano	**Desistentes (%)**	**Aprovados (%)**	**Reprovados (%)**
2005	25,0	65,6	9,4
2006	13,2	79,4	7,4
2007	8,6	81,4	10,0
2008	16,4	72,6	11,0
2009	27,3	54,5	18,2
2010	12,3	75,4	12,3
2011	22,8	70,2	7,0
2012	17,7	72,6	9,7
2013	19,7	67,6	12,7
2014	12,5	67,9	19,6

Observando essa tabela, verificamos que ela nos fornece os dados comparativos desejados, por exemplo:

- a maior porcentagem de desistentes ocorreu em 2009 e a menor, em 2007;
- a maior porcentagem de aprovados ocorreu em 2007 e a menor, em 2009;
- a maior porcentagem de reprovados ocorreu em 2014 e a menor, em 2011.

Os números relativos também se mostram mais eficientes que os números absolutos quando estamos interessados em efetuar comparações de uma mesma variável em épocas distintas. Essas comparações, que são medidas estatísticas, recebem o nome de números-índices.

Os números-índices são utilizados amplamente em todos os ramos do conhecimento humano, particularmente na economia. A psicologia, por exemplo, emprega para medir a inteligência – um índice bastante conhecido, que é o quociente de inteligência (QI).

Número-índice, ou simplesmente índice, é a razão entre o valor de uma variável em determinada data e o valor desta mesma variável em outra data, denominada data base.

A fórmula para o cálculo de um índice é dada por:

$$\frac{\text{Valor da Variável na Data Considerada}}{\text{Valor da Variável na Data Base}} \cdot 100$$

Essa fórmula nos mostra que um índice é expresso na forma percentual; entretanto, por convenção, não se utiliza o sinal de porcentagem na representação de um índice.

Um índice fornece o valor de uma variável em termos de uma porcentagem de seu valor na data base. Assim, um índice de 118 significa 118% do valor da variável na data base, ou seja, um aumento de 18%. De forma semelhante, um índice de 76 significa 76% do valor da variável na data base, ou seja, um decréscimo de 24%.

6.6.1 ÍNDICE RELATIVO DE PREÇOS

Índice relativo de preços, ou simplesmente relativo de preços, é a razão entre o preço de um produto em determinada data e o preço deste mesmo produto em uma outra data, denominada data base.

A fórmula para o cálculo de um relativo de preços é dada por:

$$\frac{\text{Preço na Data Considerada}}{\text{Preço na Data Base}} \cdot 100$$

6.6.2 ELOS DE RELATIVOS DE PREÇOS

Vários relativos de preços formam elos, quando cada um deles é calculado tomando como data base aquela correspondente ao preço (disponível) imediatamente anterior. São os chamados relativos de preços de base móvel.

Exemplo:

E 6.1 Vamos supor que um produto acusou os seguintes preços em um determinado ano:

Meses	Preços	Meses	Preços
Jan.	23,45	Jul.	23,53
Fev.	23,62	Ago.	23,50
Mar.	23,65	Set.	23,57
Abr.	24,22	Out.	24,01
Maio	23,76	Nov.	23,73
Jun.	23,58	Dez.	23,88

A partir da tabela, vamos calcular os relativos de cada preço com base na data correspondente ao preço imediatamente anterior.

Assim, por exemplo, para o mês de fevereiro resulta:

$$\frac{\text{Preço na Data Considerada}}{\text{Preço na Data Base}} \,.\, 100 = \frac{23,62}{23,45} \,.\, 100 = 100{,}72\%$$

e para o mês de março resulta:

$$\frac{\text{Preço na Data Considerada}}{\text{Preço na Data Base}} \,.\, 100 = \frac{23,65}{23,62} \,.\, 100 = 100{,}13\%$$

Geramos, assim, a seguinte tabela:

Mês	Elos	Comentários
Jan.	–	–
Fev.	100,72	Aumento de 0,72% em relação a janeiro
Mar.	100,13	Aumento de 0,13% em relação a fevereiro
Abr.	102,41	Aumento de 2,41% em relação a março
Maio	98,10	Decréscimo de 1,90% em relação a abril
Jun.	99,24	Decréscimo de 0,76% em relação a maio
Jul.	99,79	Decréscimo de 0,21% em relação a junho
Ago.	99,87	Decréscimo de 0,13% em relação a julho
Set.	100,30	Aumento de 0,30% em relação a agosto
Out.	101,87	Aumento de 1,87% em relação a setembro
Nov.	98,83	Decréscimo de 1,17% em relação a outubro
Dez.	100,63	Aumento de 0,63% em relação a novembro

O gráfico a seguir mostra os elos relativos de preços referentes ao produto do nosso exemplo:

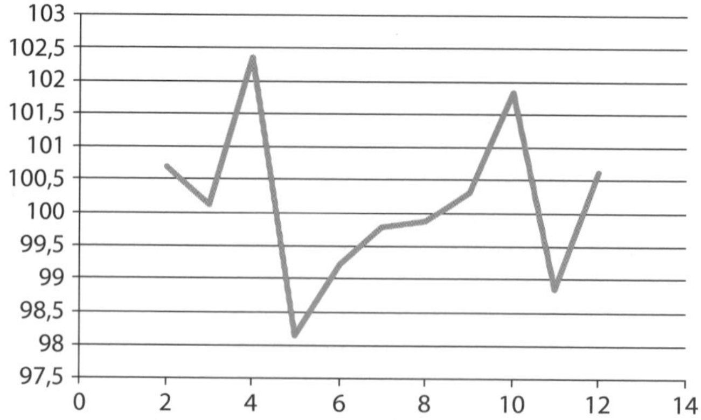

Gráfico 6.1

6.6.3 RELATIVOS DE PREÇOS EM CADEIA

Neste caso, todos os relativos de preços são calculados a partir de uma mesma data base.

Exemplo:

E 6.2 Consideremos novamente os dados do exemplo anterior, que apresenta a evolução do preço de um produto em determinado ano.

Meses	Preços	Meses	Preços
Jan.	23,45	Jul.	23,53
Fev.	23,62	Ago.	23,50
Mar.	23,65	Set.	23,57
Abr.	24,22	Out.	24,01
Maio	23,76	Nov.	23,73
Jun.	23,58	Dez.	23,88

A partir dessa tabela, vamos calcular os relativos de cada preço com base no mês de janeiro. Assim, por exemplo, para o mês de fevereiro, resulta:

$$\frac{\text{Preço na Data Considerada}}{\text{Preço na Data Base}} \;.\; 100 \;=\; \frac{23{,}62}{23{,}45} \;.\; 100 \;=\; 100{,}72\%$$

e para o mês de março resulta:

$$\frac{\text{Preço na Data Considerada}}{\text{Preço na Data Base}} \;.\; 100 \;=\; \frac{23{,}65}{23{,}45} \;.\; 100 \;=\; 100{,}85\%$$

Geramos, assim, a seguinte tabela:

Mês	Elos	Comentários
Jan.	–	–
Fev.	100,72	Aumento de 0,72% em relação a janeiro
Mar.	100,85	Aumento de 0,85% em relação a janeiro
Abr.	103,28	Aumento de 3,28% em relação a janeiro
Maio	101,32	Aumento de 1,32% em relação a janeiro
Jun.	100,55	Aumento de 0,55% em relação a janeiro
Jul.	100,34	Aumento de 0,34% em relação a janeiro
Ago.	100,21	Aumento de 0,21% em relação a janeiro
Set.	100,51	Aumento de 0,51% em relação a janeiro
Out.	102,39	Aumento de 2,39% em relação a janeiro
Nov.	101,19	Aumento de 1,19% em relação a janeiro
Dez.	101,83	Aumento de 1,83% em relação a janeiro

O gráfico a seguir mostra os elos relativos de preços em cadeia referentes ao produto do exemplo anterior:

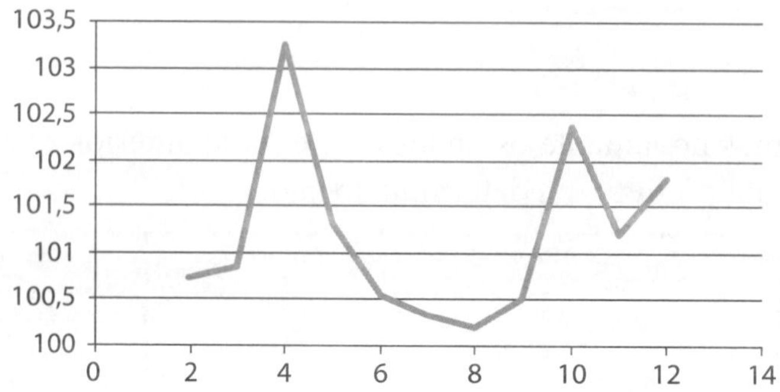

Os índices apresentados anteriormente serviram para mostrar a evolução dos preços de um único bem ou serviço.

Entretanto, para que se possa medir a inflação em determinado período, necessitamos de um índice que sintetize a variação dos preços de um conjunto de itens (produtos e serviços), denominado índice agregado de preços.

6.6.4 ÍNDICE DE CUSTO DE VIDA

O índice de custo de vida fornece o efeito das variações de preço em uma cesta de consumo, que é um conjunto de bens e serviços necessários à vida de uma família padrão.

Surgem, assim, naturalmente, as seguintes perguntas: quais são os itens (produtos e serviços) que compõem a cesta de consumo de uma família padrão, e qual a sua composição percentual?

As respostas a essas perguntas derivam, de forma geral, do seguinte procedimento:

- *1º passo:* obter uma amostra da população de famílias cujo custo de vida se quer analisar;
- *2º passo:* acompanhar cada família da amostra durante um determinado período;
- *3º passo:* registrar quanto cada família gasta com cada item da sua cesta de consumo;
- *4º passo:* calcular a média dos gastos das famílias com cada item;
- *5º passo:* dividir a média dos gastos de cada item pela renda familiar, obtendo sua participação percentual nessa renda.

Exemplo:

E 6.3 Determinar o índice de custo de vida da seguinte família: formada por quatro pessoas (casal com dois filhos), residente na Grande São Paulo, com rendimento mensal de R$ 2.364,00 (correspondente a três salários mínimos em 2015).

Resolução:

Vamos supor que foram selecionadas 10 famílias, que iremos chamar de: F1, F2, F3, ..., F9, F10, que geraram as seguintes informações:

	F1	F2	F3	F4	F5	F6	F7	F8	F9	F10
	Produtos									
Alimentação	648,90	625,28	616,88	637,50	641,88	629,28	638,90	609,88	625,88	621,88
Habitação	556,02	579,66	522,37	567,42	578,34	575,66	566,02	529,37	579,42	598,34
Vestuário	186,06	162,42	254,60	175,35	155,88	167,42	176,06	247,60	163,35	150,88
Equipamentos domésticos	144,90	168,55	153,90	155,61	162,33	163,55	154,90	160,90	167,61	167,33
Despesas pessoais	93,60	69,97	112,41	99,40	102,45	72,97	83,60	105,41	87,40	99,45
Recreação	55,80	84,62	34,30	47,18	66,65	81,62	65,80	41,30	59,18	69,75
	Serviços									
Transporte	321,99	298,34	333,62	311,62	321,57	291,34	301,99	319,62	304,62	306,57
Saúde	193,38	186,99	196,21	198,44	180,78	199,99	203,38	193,99	200,99	186,68
Educação	163,35	188,17	139,71	171,48	154,12	182,17	173,35	155,93	175,55	163,12
	2.364,00	**2.364,00**	**2.364,00**	**2.364,00**	**2.364,00**	**2.364,00**	**2.364,00**	**2.364,00**	**2.364,00**	**2.364,00**

A partir desses dados, vamos calcular a média dos gastos das 10 famílias com cada item da cesta de consumo:

Média dos produtos	
Alimentação	R$ 629,62
Habitação	R$ 565,26
Vestuário	R$ 183,96
Equip. domést.	R$ 159,96
Desp. pessoais	R$ 92,67
Recreação	R$ 60,62
Média dos serviços	
Transporte	R$ 311,13
Saúde	R$ 194,08
Educação	R$ 166,70
Total	
	2.364,00

Vamos agora dividir a média dos gastos de cada item pela renda familiar (que é de R$ 2.364,00), obtendo sua participação percentual nesta renda:

(Média ÷ 2.364,00) × 100 dos produtos	
Alimentação	26,64%
Habitação	23,91%
Vestuário	7,78%
Equip. domést.	6,77%
Desp. pessoais	3,92%
Recreação	2,56%
(Média ÷ 2.364,00) × 100 dos serviços	
Transporte	13,16%
Saúde	8,21%
Educação	7,05%
Total	
	100,00%

Essa composição percentual define a cesta de consumo dessas famílias (ou seja, famílias compostas por quatro pessoas, residentes na Grande São Paulo e com renda familiar de até R$ 2.364,00).

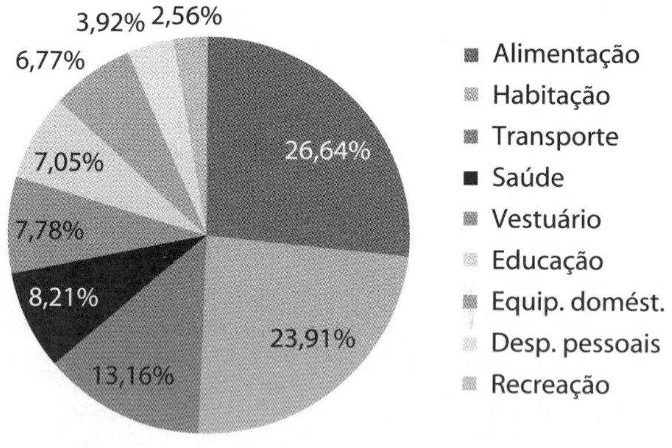

Gráfico 6.2

6.6.4.1 Considerações finais

É importante ressaltar que o gasto de cada família com cada item da cesta de consumo depende do local da residência, dos hábitos, do número de pessoas na família e, principalmente, do nível da renda. Assim, a cesta de consumo de uma família que ganha um salário mínimo é, evidentemente, diferente da cesta de consumo de uma família que ganha, por exemplo, 20 salários mínimos.

6.6.5 ESTRUTURAS ORÇAMENTÁRIAS DAS ÚLTIMAS DÉCADAS (SP)

Os institutos de pesquisa brasileiros, entre eles o Departamento Intersindical de Estatísticas e Estudos Socioeconômicos (Dieese), o Instituto Brasileiro de Geografia e Estatística (IBGE), a Fundação Getulio Vargas (FGV) e a Fundação Instituto de Pesquisas Econômicas da Universidade de São Paulo (Fipe), apuram periodicamente Pesquisas de Orçamento Familiar (POF), que têm por objetivo o acompanhamento mensal do custo de vida, a fim de compará-lo com a evolução dos salários, bem como permitir uma análise mais abrangente do ponto de vista das necessidades sociais, culturais e econômicas da população.

6.6.6 AS PESQUISAS REALIZADAS PELO IBGE

Entre 1974 e 1975 o Estudo Nacional de Despesa Familiar (ENDEF) foi a primeira pesquisa do IBGE a detalhar como os brasileiros gastavam o seu dinheiro. Já as POF de 2002/03 e 2008/09 adotaram um modelo amostral que permitia a captação de informações de todas as unidades da federação.

Os pesos dos principais grupos de consumo mudaram bastante desde 1970.

O grupo ALIMENTAÇÃO, por exemplo, teve queda acentuada entre o ENDEF 1974/75 (33,9%) e a POF 2008/09 (19,8%). Na área rural também houve redução de 53,2% para 27,6%.

A POF 2008/09 revelou outra mudança importante: com relação ao item alimentação fora de casa, as famílias estavam gastando bem mais do que em 2002/03, de 24,1% para 31,1%.

No mesmo período o item HABITAÇÃO cresceu de 30,4% para 35,9%. Na área rural esta evolução foi mais significativa, de 17,8% para 30,6%.

Outra constatação importante é que a escolaridade também altera o padrão de consumo das famílias. Na POF de 2008/09, nas famílias em que a pessoa de referência possuía menos de um ano de estudo a despesa média mensal era de R$ 1.403,42. Já nas famílias cuja pessoa de referência tinha 11 ou mais anos de estudo, esse valor triplicava: R$ 4.314,92.

Em 26 de junho de 2017, o IBGE iniciou a POF de 2017/2018.

Com duração de 12 meses, aproximadamente mil agentes visitaram mais de 75 mil domicílios (contra 66.000 na POF de 2008/2009) em cerca 1.900 municípios em todo o país. O objetivo principal era atualizar a lista de gêneros de consumo e, consequentemente, estruturar a ponderação do Índice de Preços ao Consumidor (IPCA), que é o índice oficial de inflação do país.

Esta POF passou a investigar o tema insegurança alimentar, e, em contrapartida, não seriam mais coletados dados antropométricos (peso e altura), os quais, nas edições anteriores, apontaram uma redução do déficit de peso e o aumento da obesidade da população brasileira.

Nesta POF foram feitos alguns ajustes nos questionários para ampliar a visibilidade de alguns itens de consumo que, presumivelmente, podem ter se tornado mais presentes nos lares brasileiros, tais como: canais de TV com programação sob demanda, aplicativos e acessórios para celulares, consumo relativo a animais de estimação, como tosa, ração, passeadores, etc.

Fornecemos abaixo alguns dos resultados coletados nesta POF:

Distribuição das Despesas de Consumo – Média Mensal (%)							
	Domicílio		**Grandes Regiões**				
Tipos de despesa	Urbana	Rural	Norte	Nordeste	Sudeste	Sul	Centro-Oeste
Alimentação	16,9	23,8	21,0	22,0	15,8	17,1	16,6
Habitação	37,1	30,9	36,4	32,4	39,0	35,7	33,4
Vestuário	4,2	4,7	5,3	5,1	3,7	4,5	4,5
Transporte	17,9	20,0	16,6	16,2	17,5	20,6	21,0
Higiene/Cuidados pessoais	3,6	4,5	5,7	5,0	3,0	3,3	3,6
Assistência à saúde	8,0	8,0	5,4	8,0	8,5	7,3	8,0
Educação	4,9	2,3	3,2	4,7	5,1	3,7	4,7
Recreação e cultura	2,6	1,8	2,5	2,5	2,5	2,6	2,7
Fumo	0,5	0,5	0,3	0,4	0,5	0,6	0,4
TOTAL	100,0	100,0	100,0	100,0	100,0	100,0	100,0

Distribuição das Despesas de Consumo – Média Mensal (%)		
	Classes Extremas de Rendimento Total Mensal Familiar	
Tipos de Despesa	Até R$ 1.908,00	Até R$ 23.850,00
Alimentação	22,0	7,6
Habitação	39,2	22,6
Transporte	9,4	15,3
Aquisição de veículos	2,3	7,5
Assistência à saúde	5,9	5,6
Remédios	4,2	1,4
Planos/Seguro-saúde	0,4	2,9
Educação	1,9	5,1
Aumento do ativo	1,4	9,6
Diminuição do passivo	2,0	3,5

	ENDEF	POF		
Tipos de Despesa	1974/75	2002/03	2008/09	2017/18
Alimentação	33,9	20,8	19,8	17,5
Habitação	30,4	35,5	35,9	36,6
Transporte	11,2	18,4	19,6	18,1
Assistência à saúde	4,2	6,5	7,2	8,0
Educação	2,3	4,1	3,0	4,7
Outros	18,0	14,7	14,4	15,2

6.7 TIPOS DE ÍNDICES

6.7.1 ÍNDICES DE LASPEYRES

A grande maioria dos índices de inflação utilizados no Brasil (e no mundo) são índices de Laspeyres e se baseiam no preço de uma cesta de produtos cuja quantidade é supostamente fixa.

Este tipo de índice, entretanto, apresenta um problema: não reflete as mudanças nos padrões de consumo ao longo do tempo.

Assim, se levantarmos a cesta básica de consumo de um trabalhador paulista nos dias de hoje, certamente iremos chegar a um resultado bem diferente daqueles coletados em anos anteriores.

Esse fato ocorre naturalmente, observando que os hábitos e valores gerados pelas camadas sociais dominantes são posteriormente disseminados para os demais setores da sociedade, resultando em uma democratização do consumo.

Entretanto, é importante frisar que não se está considerando aqui a marca do produto, variável esta que de fato determina o diferencial de consumo interclasses.

Apresentamos, a seguir, alguns exemplos de mudança nos padrões de consumo:

- a banha de porco e a manteiga foram em grande parte substituídas pelo óleo de soja e pela margarina;
- a maior inserção da mulher no mercado de trabalho gerou um maior consumo de leite tipo "longa vida", bem como de enlatados e produtos industrializados;
- a crescente dificuldade de locomoção na cidade aumentou a procura pela alimentação fora de casa, com o aparecimento dos restaurantes tipo "por quilo";
- o trabalho, que de forma geral tornou-se mais sedentário e menos exigente em termos de esforço físico, bem como o lazer desde o aparecimento da televisão fizeram com que médicos e nutricionistas reduzissem o número recomendado de calorias, preocupados com o excesso de peso e gordura;

- o tênis passou a representar 43% do gasto com calçados entre adultos e 50% no caso das crianças;
- mesmo nas classes de renda mais baixa, boa parte das despesas de consumo se refere hoje a produtos que, em décadas anteriores, eram considerados luxos burgueses ou nem existiam, como: automóveis, gasolina, geladeiras, TV, aparelhos de micro-ondas, TV a cabo etc.
- finalmente, não podemos esquecer o grande vilão na geração de novas despesas nas cestas básicas de consumo: a comunicação, com o aparecimento da telefonia celular com acesso à internet.

Assim, a pergunta que surge naturalmente é a seguinte: como lidar com essas mudanças?

A maioria das instituições que calcula índices de Laspeyres procura atualizar as cestas de consumo com levantamentos periódicos (POF). Entretanto, efetuar esses levantamentos é um processo demorado e dispendioso. No Reino Unido, a cesta de consumo é revisada anualmente, mas a maioria dos países só faz isso a cada cinco anos, conforme recomendação internacional. Nenhum dos institutos de pesquisa brasileiros conseguiu ainda seguir essa recomendação.

Por exemplo, o Índice Nacional de Preços ao Consumidor (INPC) e o Índice de Preços ao Consumidor Amplo (IPCA), ambos do IBGE, foram calculados com base em uma Pesquisa de Orçamentos Familiares (POF) de 1987/1988 até 1999, quando passaram a ser calculados com base em uma POF de 1995/1996.

Já o Índice de Preços ao Consumidor (IPC), da FGV, foi calculado com base em uma POF de 1992/1993 até 2001, quando passou a utilizar uma POF de 1999/2000.

Os institutos de pesquisa que utilizam os índices de Laspeyres passam, a partir de uma data arbitrária, com a realização de uma POF, a fazer levantamentos de preços com base nesta nova cesta de consumo. Entretanto, os consumidores não mudam sua cesta de consumo de um dia para o outro. Essa mudança ocorre de forma gradual.

Além disso, os consumidores tendem a consumir menos dos produtos e serviços que mais aumentaram de preço e tentam substituí-los por produtos ou serviços alternativos, cujos preços aumentaram menos ou diminuíram.

Por esse motivo, muitos economistas entendem que os índices de Laspeyres, ao não reconhecerem devidamente essas mudanças, tendem a introduzir um desvio no cálculo, geralmente superestimando a taxa real de inflação, ou seja, na realidade o custo de vida dos consumidores tende a aumentar menos do que os índices de Laspeyres teriam indicado.

Teoricamente, esses desvios poderiam ser evitados se fossem utilizados índices "superlativos", isto é, índices que preveem o efeito da substituição, supondo que a composição das cestas de consumo muda em função dos preços relativos.

6.7.2 ÍNDICE DE PAASCHE

O índice de Paasche, ao contrário de índices de Laspeyres, trabalha com uma cesta de consumo atual e calcula quanto ela teria custado em períodos anteriores.

Na prática, entretanto, esse procedimento é extremamente dispendioso e requer um trabalho exaustivo, pois exige a todo mês o levantamento de uma POF (lembre-se de que a recomendação mundial é que isso seja realizado a cada cinco anos).

Outro inconveniente apresentado por esse método é o fato de que não teríamos um histórico estável desses índices, pois eles estariam sujeitos a constantes mudanças, sem falar da possível existência de itens que não existiam ou que sequer foram pesquisados em períodos anteriores.

Finalmente, devemos salientar que se os índices de Laspeyres tendem a superestimar a inflação, o índice de Paasche tenderia a subestimá-la, pois tudo se passa como se o consumidor estivesse comprando desde há muitos anos a mesma cesta de consumo de hoje, ou seja, é como se ele adivinhasse qual ponderação resultaria no menor índice de inflação no futuro. Claramente, isso é muito menos realista do que a hipótese de Laspeyres.

6.7.3 ÍNDICE DE FISHER

Em 1922, o economista estadunidense Irving Fisher propôs que o ideal seria utilizar como índice do custo de vida a média geométrica dos índices de Laspeyres e Paasche:

$$\text{Índice de Fisher} = \sqrt{\text{Índices de Laspeyres x Índice de Paasche}}$$

que viria a ser conhecido como índice de Fisher.

Apesar de não satisfazer a certos testes matemáticos, o índice de Fisher tem sido recomendado pelos órgãos estatísticos da Organização das Nações Unidas (ONU), quando aplicável.

Na prática, como o índice de Fisher depende do levantamento de uma nova cesta de consumo para o cálculo do índice de Paasche, ele só é indicado quando há necessidade de uma revisão retroativa da inflação histórica.

6.7.4 ÍNDICES SUPERLATIVOS

Estes índices procuram, a partir de uma cesta de consumo levantada em época anterior, introduzir o fator substituição, ou seja, procuram adivinhar como o consumidor altera a sua cesta de consumo, considerando que ele tende a substituir os produtos que aumentaram mais por outros que aumentaram menos.

A vantagem que estes índices apresentam é a possibilidade de calculá-los a cada mês, sem a necessidade de se levantar uma nova cesta de consumo e revisar toda a série de medições.

De forma geral, o cálculo desses índices leva a resultados intermediários entre os índices de Laspeyres e Paasche e ligeiramente inferiores aos do índice de Fisher.

Existe uma fórmula geral capaz de gerar fórmulas específicas para toda essa família de índices, conforme a hipótese adotada de elasticidade (isto é, de facilidade de substituição de produtos), que é a fórmula de Divisia.

Os índices de Divisia utilizam, para o cálculo da inflação, a média geométrica ponderada dos aumentos de preços em vez da média aritmética. Dentre eles, o índice de Tornqvist, que apresenta uma fórmula mais simples, é o mais utilizado.

6.7.5 ÍNDICE DE LASPEYRES × ÍNDICES SUPERLATIVOS

Vamos inicialmente atentar para os seguintes fatos:

- A lealdade a determinada marca ou produto, ou seja, o preconceito em relação a outras marcas ou produtos menos conhecidos, também pode levar o consumidor a pagar preços maiores.
- Quando um determinado produto, por exemplo, uma peça de vestuário ou um alimento, é favorecido pela moda, sua demanda e seu preço relativo tendem a aumentar ao mesmo tempo.
- Substituir um alimento por outro, simplesmente pelo fato de ter aumentado menos, não é um comportamento racional, pois, ao variar as quantidades ingeridas de carnes, laticínios, frutas e verduras, podemos estar caminhando para um desequilíbrio fisiológico.
- O fator cultural também não pode ser esquecido. Por exemplo, a farinha de trigo e a farinha de mandioca apresentam valores nutritivos semelhantes e, consequentemente, a sua substituição pode ser realizada sem prejuízo para o consumidor. Entretanto, devido a fatores culturais, o consumidor urbano da região Sul utiliza muito mais a farinha de trigo, enquanto o consumidor da região Nordeste dá preferência à farinha de mandioca.

- Certas despesas não podem ser facilmente reduzidas, mesmo que seu custo unitário aumente muito. Por exemplo, o consumidor que já adquiriu um telefone celular dificilmente vai deixar de usá-lo porque as tarifas de telefonia aumentaram.
- Certos itens de consumo, como despesas médicas e medicamentos, não são substituíveis (salvo a existência de genéricos).
- Um produto pode ser substituído por um similar cujos preços estão aumentando mais rapidamente, o que não parece ser "economicamente racional", mas segue outros tipos de racionalidades: sanitárias, médicas, ecológicas, éticas, estéticas etc.
- Às vezes o consumidor é mais economicamente racional do que as fórmulas presumem. Em certos casos, quando o produto é realmente um bom substituto de outro, ele pode abandonar o mais caro inteiramente, e não parcialmente. Assim ocorreu durante a crise do petróleo, quando o governo introduziu o álcool hidratado como combustível para automóveis.

Analisando esses fatos, concluímos que o consumidor nem sempre quer ou pode realizar as substituições do modo que os índices superlativos pressupõem.

Assim, na opinião de muitos economistas, o índice de Laspeyres, por não fazer suposições arbitrárias sobre o comportamento do consumidor, informando simplesmente o comportamento da somatória de preços de uma cesta de consumo fixa, é mais objetivo e científico.

Finalizando, mesmo que o consumidor realizasse as substituições projetadas pelos índices superlativos, cabe a seguinte pergunta: essas substituições manteriam o custo de vida preservando o padrão de consumo, ou seriam apenas estratégias de sobrevivência que não evitariam a deterioração desse padrão, mascarando parcialmente os efeitos da inflação?

A resposta a essa pergunta não é evidente, assim como não é evidente que os sofisticados índices superlativos sejam mais corretos que os índices de Laspeyres.

6.8 PRINCIPAIS ÍNDICES AGREGADOS DE PREÇOS

6.8.1 ICV (DIEESE)

O Índice do Custo de Vida (ICV), levantado pelo Departamento Intersindical de Estatísticas e Estudos Socioeconômicos (Dieese), é um índice de Laspeyres e atende, desde 1959, a necessidade de diversos sindicatos em aferir o custo de vida no município de São Paulo.

A composição percentual da cesta de consumo está fundamentada em Pesquisas de Orçamentos Familiares (POF) realizada pelo próprio Dieese. O cálculo atual se baseia na última POF, de 1994/1995.

A amostra, composta por 1.536 domicílios, é estratificada em três faixas de renda, a saber:

- estrato I (1/3): famílias com renda de 1 a 3 salários mínimos;
- estrato II (1/3): famílias com renda de 1 a 5 salários mínimos;
- estrato III (1/3): famílias com renda de 1 a 30 salários mínimos.

São analisados 763 itens entre bens e serviços, que correspondem a 90% das despesas das famílias da amostra, com aproximadamente 50 mil cotações de preços.

Como a definição dos estabelecimentos comerciais a serem pesquisados é semanal, é possível efetuar o cálculo quadrissemanal dos índices. O ICV considera a média de preços do mês civil (do 1º ao 30º dia de cada mês), e a sua divulgação ocorre próximo ao dia 10 do mês seguinte ao mês de referência.

Tendo em vista as mudanças de consumo apontadas pela última POF levantada em 1994/1995 (após a introdução do Plano Real), alterações substanciais foram introduzidas no cálculo do ICV a partir de julho de 1996, como:

- foram considerados diferentes estratos de renda;
- houve alteração na agregação dos itens;
- alguns produtos e equipamentos tiveram seus pesos alterados;
- métodos diferentes de cálculo foram utilizados.

Em consequência dessas alterações, o encadeamento das antigas séries do ICV, apuradas até junho de 1996, com as novas, apuradas a partir de julho de 1996, exige uma análise especial. Além disso, para compatibilizar a nova estrutura de itens com os componentes da série antiga, foram necessárias algumas adequações, particularmente com os itens que não eram cotados na série antiga.

Finalmente, é preciso salientar que, como o ICV atual se baseia em uma pesquisa de 1996, certamente existem defasagens. Exemplificando, não são apurados itens hoje muito importantes, como a telefonia celular e a informática. Apesar disso, o Dieese afirma que, no momento, não tem condições de levantar outra POF.

Taxas mensais e anuais do ICV (em %) – A partir de 1985													
	Jan.	**Fev.**	**Mar.**	**Abr.**	**Maio**	**Jun.**	**Jul.**	**Ago.**	**Set.**	**Out.**	**Nov.**	**Dez.**	**Anual**
1985	13,10	11,30	12,20	7,40	10,20	8,50	12,70	13,00	7,90	10,90	15,00	14,70	264,57
1986	18,80	15,20	1,40	1,60	1,40	0,90	1,30	2,40	3,80	3,60	5,40	16,00	96,74
1987	13,09	13,11	12,42	24,35	24,93	23,28	14,04	6,89	5,84	11,24	11,99	12,57	398,28
1988	15,79	16,89	21,91	19,88	17,14	21,09	20,51	21,67	22,99	27,56	26,20	25,38	921,24
1989	33,78	18,41	10,22	9,96	16,22	26,50	28,60	36,32	37,07	39,30	46,99	47,34	1.946,20
1990	74,30	77,23	79,68	22,29	11,23	10,56	13,63	13,83	13,74	16,90	16,01	17,07	1.849,68
1991	24,43	19,40	9,99	7,93	8,93	11,30	13,29	13,59	16,20	20,76	25,76	23,64	500,39
1992	29,38	21,86	24,50	19,75	22,35	22,03	23,57	21,02	22,96	24,28	24,77	22,67	1.127,52
1993	30,33	25,91	27,41	27,61	29,05	28,53	30,21	34,73	35,65	34,79	36,27	38,51	2.579,33
1994	41,50	39,28	41,30	48,08	43,74	49,15	27,19						1.024,44
Entrada do Plano Real													
1994	–	–	–	–	–	–	–	2,21	0,66	2,98	2,74	0,53	9,43
1995	0,92	1,50	3,24	2,69	2,74	2,82	2,81	1,49	0,50	1,47	2,78	1,58	27,43
1996	2,53	0,31	1,11	0,56	1,76	0,09	2,34	–0,26	0,10	0,32	0,32	0,38	9,93
1997	2,12	0,46	0,50	1,08	–0,01	0,99	0,55	–0,28	0,11	0,06	0,21	0,18	6,11
1998	0,70	0,28	0,20	0,19	0,41	0,05	–0,37	–0,89	–0,11	0,21	–0,34	0,15	0,47
1999	1,38	1,15	0,98	0,11	0,22	0,34	1,19	0,38	0,37	0,93	1,34	0,80	9,57
2000	1,19	–0,20	0,77	0,29	–0,20	0,15	2,13	1,31	0,41	0,00	0,34	0,82	7,21
2001	0,83	0,23	0,48	0,39	0,22	1,53	2,12	0,65	0,60	1,20	0,98	0,16	9,42
2002	1,06	0,13	0,23	0,74	0,10	0,60	1,34	0,40	0,95	1,13	3,20	2,39	12,93
2003	2,92	1,35	1,06	1,39	0,24	–0,26	0,35	–0,15	1,26	0,47	0,26	0,32	9,55
2004	1,46	–0,18	0,47	0,06	0,43	1,12	1,21	0,69	0,29	0,53	0,83	0,54	7,70
2005	0,91	0,32	0,81	0,50	0,39	–0,17	–0,17	0,00	0,72	0,57	0,38	0,19	4,53
2006	0,72	0,12	0,52	–0,06	–0,37	–0,21	–0,14	0,32	0,39	0,27	0,33	0,65	2,56
2007	0,95	0,21	0,25	0,41	0,63	0,15	–0,30	0,40	0,30	0,33	0,28	1,09	4,79
2008	0,88	–0,03	0,45	0,42	0,87	0,97	0,87	0,32	0,14	0,43	0,53	0,10	6,11
2009	0,69	0,02	0,40	0,31	0,23	0,05	0,49	0,30	0,27	0,53	0,60	0,08	4,05
2010	1,72	0,59	0,47	0,22	0,15	0,02	0,14	0,25	0,53	0,93	1,04	0,65	6,91
2011	1,28	0,41	0,91	0,80	0,04	–0,03	0,44	0,39	0,69	0,31	0,52	0,50	6,10
2012	1,32	0,13	0,59	0,68	0,43	0,23	0,42	0.20	0,42	0,81	0,57	0,43	6,41
2013	1,77	0,12	0,78	0,31	0,61	0,34	0,09	0,09	0,24	0,64	0,45	0,44	6,03
2014	1,95	0,61	0,81	0,57	0,14	0,00	0,68	0,02	0,23	0,50	0,52	0,52	6,74
2015	2,25	1,40	1,26	0,55	0,57	0,81	0,95	0,06	0,48	0,78	1,02	0,77	11,44
2016	1,80	0,71	0,44	0,57	0,67	0,45	0,21	0,36	0,03	0,37	0,28	0,12	6,17
2017	1,04	– 0,14	0,01	– 0,18	0,37	–0,31	0,13	– 0,01	0,20	0,88	0,15	0,28	2,44
2018	0,95	0,05	0,03	0,04	0,07	1,38	0,14	– 0,19	0,55	0,58	0,32	– 0,21	3,86
2019	0,43	0,35	0,54	0,32	0,20	– 0,21	0,17	0,07	– 0,11	– 0,04			1,73

Fonte: http://portaldefinancas.com/icv_dieese.htm.

6.8.2 IPC (FIPE)

O Índice de Preços ao Consumidor do Município de São Paulo (IPC), levantado pela Fundação Instituto de Pesquisas Econômicas (Fipe) da Universidade de São Paulo (USP), é o mais tradicional indicador da evolução do custo de vida das famílias paulistanas e um dos mais antigos do Brasil.

Começou a ser calculado depois da Revolução de 1930, pela Divisão de Estatística e Documentação da Prefeitura do Município de São Paulo, com o objetivo de preservar os direitos trabalhistas recém-adquiridos, e era denominado "Índice Ponderado de Custo de Vida da Classe Operária na Cidade de São Paulo". Nessa época, eram levantados preços no atacado (na Bolsa de Cereais de São Paulo) e no varejo (feiras livres).

Em 1968, a responsabilidade do cálculo foi transferida para a USP. Em 1973, com a criação da Fipe, o IPC passou a ser calculado por essa instituição, vinculada à USP. A partir de 1972, o cálculo do IPC passou a adotar um índice de Divisia, que supõe que o consumidor gasta sempre a mesma parcela da sua renda com cada componente da cesta de consumo. Em outras palavras, se num primeiro momento o feijão pesava 10% na cesta básica, imagina-se que essa porcentagem continuará sempre a mesma. Assim, por exemplo, se o preço do feijão aumentar duas vezes mais do que a média dos preços, o consumidor cortará o seu consumo pela metade.

Devido ao uso desse método, que supõe um efeito substituição ainda mais intenso do que o do índice de Fisher (média geométrica), a inflação calculada pela Fipe tende a ser quase sempre menor do que a calculada pelas outras instituições financeiras.

A Fipe calcula, a cada semana, as variações quadrissemanais do IPC do município de São Paulo para a faixa de renda familiar entre 1 e 20 salários mínimos, e utiliza para isso sete grupos de análise.

Para efetuar o cálculo das variações quadrissemanais, levam-se em consideração aproximadamente 110 mil tomadas de preços, divididas em quatro amostras, cada uma delas pesquisada em um período de no mínimo sete e no máximo oito dias, que constituem a semana de coleta.

O sistema de cálculo sempre abrange um período total de oito semanas, e as variações são obtidas efetuando-se a divisão dos preços médios das quatro semanas de referência pelos preços das quatro semanas anteriores (base).

Dessa forma, para se obter uma série sequencial de índices quadrissemanais, consideram-se sempre oito semanas, incluindo-se no cálculo da nova taxa as informações sobre os preços coletados na última semana e eliminando-se os dados referentes à semana mais antiga.

Taxas mensais e anuais do IPC (em %) – A partir de 1985													
	Jan.	Fev.	Mar.	Abr.	Maio	Jun.	Jul.	Ago.	Set.	Out.	Nov.	Dez.	Anual
1985	11,20	9,70	10,80	8,30	8,90	8,20	11,40	11,70	7,60	12,10	12,80	12,50	228,51
1986	14,05	10,86	1,83	2,31	1,92	0,90	1,07	1,88	1,43	3,08	4,43	10,30	67,98
1987	13,75	11,28	11,97	16,50	26,50	26,70	9,24	4,45	6,73	10,17	13,40	15,92	366,74
1988	14,70	13,38	18,65	21,17	16,25	21,70	22,65	19,67	23,60	28,48	25,77	27,89	891,67
1989	31,11	14,01	6,46	10,02	16,59	25,29	28,06	30,95	35,89	37,29	42,96	51,82	1.636,61
1990	74,53	70,16	79,11	20,19	8,53	11,70	11,31	11,83	13,13	15,83	18,56	16,03	1.639,08
1991	21,02	20,54	7,48	7,19	5,76	9,78	11,30	14,42	16,21	25,17	25,39	23,25	458,61
1992	25,89	21,57	21,74	22,73	22,53	22,45	21,10	23,16	24,41	26,46	21,89	25,29	1.129,45
1993	27,42	25,10	25,16	28,74	29,14	30,53	30,89	33,97	34,12	35,23	35,84	38,52	2.490,99
1994	40,30	38,19	41,94	46,22	45,10	50,75	30,70	–	–	–	–	–	1.050,39
Entrada do Plano Real													
1994								1,95	0,82	3,17	3,02	1,25	10,61
1995	0,80	1,32	1,92	2,64	1,97	2,66	3,72	1,43	0,74	1,48	1,17	1,21	23,17
1996	1,82	0,40	0,23	1,62	1,34	1,41	1,31	0,34	0,07	0,58	0,34	0,17	10,04
1997	1,23	0,01	0,21	0,64	0,55	1,42	0,11	–0,76	0,01	0,22	0,53	0,57	4,83
1998	0,24	–0,16	–0,23	0,62	0,52	0,19	–0,77	–1,00	–0,66	0,02	–0,44	–0,12	– 1,79
1999	0,50	1,41	0,56	0,47	–0,37	–0,08	1,09	0,74	0,91	1,13	1,48	0,49	8,64
2000	0,57	–0,23	0,23	0,09	0,03	0,18	1,40	1,55	0,27	0,01	–0,05	0,26	4,38
2001	0,38	0,11	0,51	0,61	0,17	0,85	1,21	1,15	0,32	0,74	0,61	0,25	7,13
2002	0,57	0,26	0,07	0,06	0,06	0,31	0,67	1,01	0,76	1,28	2,65	1,83	9,92
2003	2,19	1,61	0,67	0,57	0,31	–0,16	–0,08	0,63	0,84	0,63	0,27	0,42	8,17
2004	0,65	0,19	0,12	0,29	0,57	0,92	0,59	0,99	0,21	0,62	0,56	0,67	6,57
2005	0,56	0,36	0,79	0,83	0,35	–0,20	0,30	–0,20	0,44	0,63	0,29	0,29	4,53
2006	0,50	–0,03	0,14	0,01	–0,22	–0,31	0,21	0,12	0,25	0,39	0,42	1,04	2,54
2007	0,66	0,33	0,11	0,33	0,36	0,55	0,27	0,07	0,24	0,08	0,47	0,82	4,37
2008	0,52	0,19	0,31	0,54	1,23	0,96	0,45	0,38	0,38	0,50	0,39	0,16	6,17
2009	0,46	0,27	0,40	0,31	0,33	0,13	0,33	0,48	0,16	0,25	0,29	0,18	3,65
2010	1,34	0,74	0,34	0,39	0,22	0,04	0,17	0,17	0,53	1,04	0,72	0,54	6,41
2011	1,15	0,60	0,35	0,70	0,31	0,01	0,30	0,39	0,25	0,39	0,60	0,61	5,80
2012	0,66	–0,07	0,15	0,47	0,35	0,23	0,13	0,27	0,55	0,80	0,68	0,78	5,11
2013	1,15	0,22	–0,17	0,28	0,10	0,32	–0,13	0,22	0,25	0,48	0,46	0,65	3,89
2014	0,94	0,52	0,74	0,53	0,25	0,04	0,16	0,34	0,21	0,37	0,69	0,30	5,21
2015	1,62	1,22	0,70	1,10	0,62	0,47	0,85	0,56	0,66	0,88	1,06	0,82	11,08
2016	1,37	0,89	0,97	0,46	0,57	0,65	0,35	0,11	–0,14	0,27	0,15	0,72	6,55
2017	0,32	– 0,08	0,14	0,61	– 0,05	0,05	– 0,01	0,10	0,02	0,32	0,29	0,55	2,28
2018	0,46	– 0,42	0,00	– 0,03	0,19	1,01	0,23	0,41	0,39	0,48	0,15	0,09	2,99
2019	0,58	0,54	0,51	0,29	– 0,02	0,15	0,14	0,33	0,00	0,16			2,71

Fonte: http://www.portaldefinancas.com/ipc_fipe.htm.

6.8.3 INPC (IBGE)

O Índice Nacional de Preços ao Consumidor (INPC), levantado pelo Instituto Brasileiro de Geografia e Estatística (IBGE), é um índice de Laspeyres.

Começou a ser calculado em 1948 pelo extinto Ministério do Trabalho, Indústria e Comércio do Brasil, com o objetivo de limitar os reajustes de salários. Foi utilizado como indexador oficial no período de novembro de 1986 a junho de 1987.

O universo de pesquisa era formado por famílias com rendimento entre 1 e 6 salários mínimos, cuja pessoa de referência era assalariado em sua ocupação principal e residente nas áreas urbanas das seguintes 11 regiões metropolitanas: São Paulo, Rio de Janeiro, Porto Alegre, Belo Horizonte, Recife, Belém, Fortaleza, Salvador, Curitiba, Distrito Federal e Goiânia, regiões estas que correspondem a 30% da população do país.

A partir de janeiro de 2012 o INPC passou a ser calculado com base na POF de 2008/2009, e passaram a ser consideradas as famílias com rendimento de 1 a 5 salários mínimos em função da elevação da renda do brasileiro.

A coleta, que envolve preços de 465 produtos, é realizada em estabelecimentos comerciais, prestadores de serviços, domicílios e concessionárias de serviços públicos. O período de apuração vai do primeiro ao último dia do mês de referência, e a divulgação do índice ocorre por volta do 15º dia do mês seguinte ao mês de referência.

Taxas mensais e anuais do INPC (em %) – A partir de 1985													
	Jan.	**Fev.**	**Mar.**	**Abr.**	**Maio**	**Jun.**	**Jul.**	**Ago.**	**Set.**	**Out.**	**Nov.**	**Dez.**	**Anual**
1985	11,84	10,95	9,94	8,58	7,20	8,33	10,08	11,61	10,09	10,25	14,18	15,75	239,02
1986	15,01	12,46	3,18	0,43	1,08	0,97	0,91	1,43	1,19	1,43	3,29	7,27	59,22
1987	16,82	13,94	14,40	20,96	23,14	21,30	9,93	5,09	7,15	10,88	14,93	13,97	394,62
1988	18,97	15,81	18,09	18,33	18,24	22,28	23,02	20,63	26,93	26,69	28,15	28,43	993,29
1989	35,48	16,35	5,90	8,06	16,67	29,40	27,40	33,18	36,35	38,76	48,47	51,28	1.863,56
1990	68,19	73,99	82,18	14,67	7,31	11,64	12,62	12,18	14,26	14,43	16,92	19,14	1.585,18
1991	20,95	20,20	11,79	5,01	6,68	10,83	12,14	15,62	33,67	21,08	26,48	24,15	564,89
1992	25,92	24,48	21,62	20,84	24,50	20,85	22,08	22,38	23,98	26,07	22,89	25,58	1.149,05
1993	28,77	24,79	27,58	28,37	26,78	30,37	31,01	33,34	35,63	34,12	36,00	37,73	2.489,11
1994	41,32	40,57	43,08	42,86	42,74	48,24	7,75	–	–	–	–	–	825,79
Entrada do Plano Real													
1994	–	–	–	–	–	–	–	1,85	1,40	2,82	2,96	1,70	11,19
1995	1,44	1,01	1,62	2,49	2,10	2,18	2,46	1,02	1,17	1,40	1,51	1,65	21,98
1996	1,46	0,71	0,29	0,93	1,28	1,33	1,20	0,50	0,02	0,38	0,34	0,33	9,12
1997	0,81	0,45	0,68	0,60	0,11	0,35	0,18	–0,03	0,10	0,29	0,15	0,57	4,34
1998	0,85	0,54	0,49	0,45	0,72	0,15	–0,28	–0,49	–0,31	0,11	–0,18	0,42	2,49

(continua)

(continuação)

	Jan.	Fev.	Mar.	Abr.	Maio	Jun.	Jul.	Ago.	Set.	Out.	Nov.	Dez.	Anual
1999	0,65	1,29	1,28	0,47	0,05	0,07	0,74	0,55	0,39	0,96	0,94	0,74	8,43
2000	0,61	0,05	0,13	0,09	–0,05	0,30	1,39	1,21	0,43	0,16	0,29	0,55	5,27
2001	0,77	0,49	0,48	0,84	0,57	0,60	1,11	0,79	0,44	0,94	1,29	0,74	9,44
2002	1,07	0,31	0,62	0,68	0,09	0,61	1,15	0,86	0,83	1,57	3,39	2,70	14,74
2003	2,47	1,46	1,37	1,38	0,99	–0,06	0,04	0,18	0,82	0,39	0,37	0,54	10,38
2004	0,83	0,39	0,57	0,41	0,40	0,50	0,73	0,50	0,17	0,17	0,44	0,86	6,13
2005	0,57	0,44	0,73	0,91	0,70	–0,11	0,03	0,00	0,15	0,58	0,54	0,40	5,05
2006	0,38	0,23	0,27	0,12	0,13	–0,07	0,11	–0,02	0,16	0,43	0,42	0,62	2,81
2007	0,49	0,42	0,44	0,26	0,26	0,31	0,32	0,59	0,25	0,30	0,43	0,97	5,16
2008	0,69	0,48	0,51	0,64	0,96	0,91	0,58	0,21	0,15	0,50	0,38	0,29	6,48
2009	0,64	0,31	0,20	0,55	0,60	0,42	0,23	0,08	0,16	0,24	0,37	0,24	4,11
2010	0,88	0,70	0,71	0,73	0,43	–0,11	–0,07	–0,07	0,54	0,92	1,03	0,60	6,47
2011	0,94	0,54	0,66	0,72	0,57	0,22	0,00	0,42	0,45	0,32	0,57	0,51	6,08
2012	0,51	0,39	0,18	0,64	0,55	0,26	0,43	0,45	0,63	0,71	0,54	0,74	6,20
2013	0,92	0,52	0,60	0,59	0,35	0,28	–0,13	0,16	0,27	0,61	0,54	0,72	5,56
2014	0,63	0,64	0,82	0,78	0,60	0,26	0,13	0,18	0,49	0,38	0,53	0,62	6,23
2015	1,48	1,16	1,51	0,71	0,99	0,77	0,58	0,25	0,51	0,77	1,11	0,90	11,28
2016	1,51	0,95	0,44	0,64	0,98	0,47	0,64	0,31	0,08	0,17	0,07	0,14	6,58
2017	0,42	0,24	0,32	0,08	0,36	– 0,30	0,17	– 0,03	– 0,02	0,37	0,18	0,26	2,07
2018	0,23	0,18	0,07	0,21	0,43	1,43	0,25	0,00	0,30	0,40	– 0,25	0,14	3,43
2019	0,36	0,54	0,77	0,60	0,15	0,01	0,10	0,12	– 0,05	0,04			2,67

Fonte: http://www.portaldefinancas.com/inpc_ibge.htm.

6.8.4 IPCA (IBGE)

O Índice de Preços ao Consumidor Amplo (IPCA), levantado pelo IBGE, é um índice de Laspeyres.

Começou a ser calculado em 1979, com o objetivo de corrigir os balanços e demonstrações financeiras trimestrais e semestrais das companhias de capital aberto.

A partir de junho de 1999, passou a ser utilizado pelo Banco Central do Brasil para o acompanhamento dos objetivos estabelecidos no sistema de metas de inflação, sendo considerado o índice oficial de inflação do país.

O universo de pesquisa é composto por famílias que ganham entre 1 e 40 salários mínimos, qualquer que seja a fonte de renda, e residentes nas mesmas áreas urbanas envolvidas no cálculo do INPC, ou seja: São Paulo, Rio de Janeiro, Porto Alegre, Belo Horizonte, Recife, Belém, Fortaleza, Salvador, Curitiba, Distrito Federal e Goiânia.

Até dezembro de 2011, a pesquisa do IPCA era realizada com base na POF de 2002/2003. A partir de janeiro de 2012, a pesquisa passou a ser calculada com base na POF de 2008/2009.

A coleta de preços envolve 200 mil cotações de 1.360 produtos. Os preços obtidos são os efetivamente cobrados ao consumidor para pagamento à vista.

A pesquisa é realizada em estabelecimentos comerciais, prestadores de serviços, domicílios e concessionárias de serviços públicos.

O período da coleta vai do primeiro ao último dia do mês de referência, e o índice é divulgado no 15º dia do mês seguinte ao mês de referência.

A partir do mês de maio de 2000, o IBGE passou a disponibilizar, pela internet, o IPCA-15, cujo período de coleta de preços situa-se aproximadamente do dia 15 do mês anterior ao dia 15 do mês de referência.

Taxas mensais e anuais do IPCA (em %) – A partir de 1985													
	Jan.	**Fev.**	**Mar.**	**Abr.**	**Maio**	**Jun.**	**Jul.**	**Ago.**	**Set.**	**Out.**	**Nov.**	**Dez.**	**Anual**
1985	11,76	10,87	10,16	8,20	7,20	8,49	10,31	12,05	11,12	10,62	13,97	15,07	242,25
1986	14,37	12,72	4,77	0,78	1,40	1,27	1,71	3,55	1,72	1,90	5,45	11,65	79,66
1987	13,21	12,64	16,37	19,10	21,45	19,71	9,21	4,87	7,78	11,22	15,08	14,15	363,41
1988	18,89	15,70	17,60	19,29	17,42	22,00	21,91	21,59	27,45	25,62	27,94	28,70	980,22
1989	37,49	16,78	6,82	8,33	17,92	28,65	27,74	33,71	37,56	39,77	47,82	51,50	1.972,91
1990	67,55	75,73	82,39	15,52	7,59	11,75	12,92	12,88	14,41	14,36	16,81	18,44	1.620,97
1991	20,75	20,72	11,92	4,99	7,43	11,19	12,41	15,63	15,63	20,23	25,21	23,71	472,69
1992	25,94	24,32	21,40	19,93	24,86	20,21	21,83	21,14	24,63	25,24	22,49	25,24	1.109,11
1993	30,35	24,98	27,26	27,75	27,69	30,07	30,72	32,96	35,69	33,92	35,56	36,84	2.477,15
1994	41,31	40,27	42,75	42,68	44,03	47,43	6,84						816,68
Entrada do Plano Real													
1994								1,86	1,53	2,62	2,81	1,71	10,98
1995	1,70	1,02	1,55	2,43	2,67	2,26	2,36	0,99	0,99	1,41	1,47	1,56	22,41
1996	1,34	1,03	0,35	1,26	1,22	1,19	1,11	0,44	0,15	0,30	0,32	0,47	9,56
1997	1,18	0,50	0,51	0,88	0,41	0,54	0,22	–0,22	0,06	0,23	0,17	0,43	5,01
1998	0,71	0,46	0,34	0,24	0,50	0,02	–0,12	–0,51	–0,22	0,02	–0,12	0,33	1,66
1999	0,70	1,05	1,10	0,56	0,30	0,19	1,09	0,56	0,31	1,19	0,95	0,60	8,94
2000	0,62	0,13	0,22	0,42	0,01	0,23	1,61	1,31	0,23	0,14	0,32	0,59	5,97
2001	0,57	0,46	0,38	0,58	0,41	0,52	1,33	0,70	0,28	0,83	0,71	0,65	7,67
2002	0,52	0,36	0,60	0,80	0,21	0,42	1,19	0,65	0,72	1,31	3,02	2,10	12,53
2003	2,25	1,57	1,23	0,97	0,61	–0,15	0,20	0,34	0,78	0,29	0,34	0,52	9,30
2004	0,76	0,61	0,47	0,37	0,51	0,71	0,91	0,69	0,33	0,44	0,69	0,86	7,60
2005	0,58	0,59	0,61	0,87	0,49	–0,02	0,25	0,17	0,35	0,75	0,55	0,36	5,69

(continua)

(continuação)

	Jan.	Fev.	Mar.	Abr.	Maio	Jun.	Jul.	Ago.	Set.	Out.	Nov.	Dez.	Anual
2006	0,59	0,41	0,43	0,21	0,10	–0,21	0,19	0,05	0,21	0,33	0,31	0,48	3,14
2007	0,44	0,44	0,37	0,25	0,28	0,28	0,24	0,47	0,18	0,30	0,38	0,74	4,46
2008	0,54	0,49	0,48	0,55	0,79	0,74	0,53	0,28	0,26	0,45	0,36	0,28	5,90
2009	0,48	0,55	0,20	0,48	0,47	0,36	0,24	0,15	0,24	0,28	0,41	0,37	4,31
2010	0,75	0,78	0,52	0,57	0,43	0,00	0,01	0,04	0,45	0,75	0,83	0,63	5,91
2011	0,83	0,80	0,79	0,77	0,47	0,15	0,16	0,37	0,53	0,43	0,52	0,50	6,50
2012	0,56	0,45	0,21	0,64	0,36	0,08	0,43	0,41	0,57	0,59	0,60	0,79	5,84
2013	0,86	0,60	0,47	0,55	0,37	0,26	0,03	0,24	0,35	0,57	0,54	0,92	5,91
2014	0,55	0,69	0,92	0,67	0,46	0,40	0,01	0,25	0,57	0,42	0,51	0,78	6,41
2015	1,24	1,22	1,32	0,71	0,74	0,79	0,62	0,22	0,54	0,82	1,01	0,96	10,67
2016	1,27	0,90	0,43	0,61	0,78	0,35	0,52	0,44	0,08	0,26	0,18	0,30	6,29
2017	0,38	0,33	0,25	0,14	0,31	– 0,23	0,24	0,19	0,16	0,42	0,28	0,44	2,95
2018	0,29	0,32	0,09	0,22	0,40	1,26	0,33	– 0,09	0,48	0,45	– 0,21	0,15	3,75
2019	0,32	0,43	0,75	0,57	0,13	0,01	0,19	0,11	– 0,04	0,10			2,60

Fonte: http://www.portaldefinancas.com/ipca_ibge.htm.

6.8.5 IPC (FGV)

O IPC-DI (Índice de Preços ao Consumidor – Disponibilidade Interna), levantado pela Fundação Getulio Vargas (FGV), começou a ser calculado em janeiro de 1936, sob a denominação de Índice de Custo de Vida.

Em junho de 1966, foi realizada uma pesquisa de orçamentos domésticos visando modernizar o cálculo deste índice. Participaram da pesquisa funcionários da FGV e operários do Arsenal da Marinha.

Essas famílias registravam em cadernetas, dia após dia, a natureza e o valor de consumo dos diferentes itens das suas despesas. Dessas cadernetas foram selecionadas, por amostragem, 36 referentes a famílias dos operários do Arsenal da Marinha e 27 da própria FGV. O índice resultante dessa pesquisa, ao ser publicado, já abrangia 83 itens.

Vários aperfeiçoamentos daí se seguiram.

A última alteração significativa foi a inclusão na fórmula do efeito substituição. Assim, hoje, a FGV utiliza a média geométrica para calcular a inflação nos alimentos e o índice de Laspeyres para os demais componentes da cesta de consumo. Em outras palavras, o IPC da FGV é um índice híbrido, parte Tornqvist parte Laspeyres.

A pesquisa abrange sete das principais capitais do país: São Paulo, Rio de Janeiro, Belo Horizonte, Salvador, Recife, Porto Alegre e Brasília, e mede a variação de preços e serviços das cestas de consumo de famílias que ganham de 1 a 33 salários mínimos.

O cálculo do IPC se baseia em POF calculadas pelo IBGE. Os bens e serviços que integram a amostra se dividem em oito grupos – Alimentação, Habitação, Vestuário, Saúde e Cuidados Pessoais, Educação, Leitura e Recreação, Transportes, Despesas Diversas e Comunicação –, 25 subgrupos, 85 itens e 338 subitens.

A coleta de preços é ininterrupta e quadrissemanal, com encerramento em quatro datas preestabelecidas (7, 15, 22 e 31). Apesar de a coleta ser semanal, a apuração das taxas de variação leva em conta a média dos preços coletados nas quatro últimas semanas até a data do fechamento. Assim, por exemplo, um índice com fechamento no dia 7 do mês atual é calculado com base nesta primeira semana e nas três últimas semanas do mês anterior.

6.8.5.1 Taxas percentuais mensais e anuais do IPC-DI a partir de 1985

	Jan.	Fev.	Mar.	Abr.	Maio	Jun.	Jul.	Ago.	Set.	Out.	Nov.	Dez.	Anual
1985	13,32	12,16	10,49	6,66	7,35	10,64	12,39	12,86	9,18	8,43	12,70	15,77	248,55
1986	15,70	12,65	7,77	1,10	0,80	0,61	0,59	0,88	0,94	1,01	2,12	7,46	63,52
1987	14,30	14,46	13,51	16,32	30,70	27,16	9,21	6,14	9,09	10,57	14,00	16,32	432,31
1988	21,16	17,89	18,88	19,69	18,58	20,33	20,87	21,74	25,16	26,53	27,70	28,23	1.006,42
1989	39,09	13,10	5,79	5,36	13,26	28,00	33,87	33,39	34,08	38,65	45,48	51,47	1.759,56
1990	72,84	67,52	80,75	17,24	9,63	12,75	14,71	12,86	13,12	14,04	16,74	18,87	1.657,70
1991	20,32	21,53	6,60	8,62	7,05	11,72	13,31	15,49	16,87	24,00	25,36	23,80	495,92
1992	25,70	23,89	20,86	23,10	23,12	23,11	20,45	24,48	26,13	26,61	22,74	24,75	1.187,52
1993	30,08	28,41	25,71	30,46	29,94	32,82	30,74	36,69	35,48	35,75	37,32	38,26	2.850,21
1994	42,67	41,98	43,47	45,57	43,77	49,10	8,10						880,31
Entrada do Plano Real													
1994								2,60	1,46	2,65	3,11	1,11	11,40
1995	1,63	1,97	2,74	2,90	2,21	4,39	2,63	0,74	0,67	0,63	1,25	1,57	25,91
1996	2,70	1,46	0,43	1,31	2,08	1,57	0,76	0,01	–0,35	0,18	0,25	0,44	11,34
1997	1,87	0,53	0,63	0,80	0,39	1,30	0,24	–0,27	0,17	0,29	0,53	0,56	7,23
1998	1,26	0,14	0,33	0,23	0,14	0,41	–0,25	–0,52	–0,17	0,20	–0,19	0,09	1,67
1999	0,64	1,41	0,95	0,52	0,008	0,65	1,20	0,48	0,19	0,92	1,12	0,60	9,11
2000	1,01	0,05	0,51	0,25	0,40	–0,01	1,91	0,86	0,04	0,02	0,40	0,62	6,21
2001	0,64	0,40	0,56	0,86	0,41	0,52	1,36	0,54	0,12	0,71	0,85	0,70	7,94
2002	0,79	0,14	0,42	0,71	0,28	0,55	1,03	0,76	0,66	1,14	3,14	1,94	12,15
2003	2,32	1,37	1,06	1,12	0,69	–0,16	0,34	0,13	0,76	0,21	0,33	0,43	8,92
2004	1,08	0,28	0,46	0,31	0,71	0,78	0,59	0,79	0,01	0,10	0,37	0,63	6,27
2005	0,85	0,43	0,70	0,88	0,79	–0,05	0,13	–0,44	0,09	0,42	0,57	0,46	4,93
2006	0,65	0,01	0,22	0,34	–0,19	–0,40	0,06	0,16	0,19	0,14	0,24	0,63	2,05
2007	0,69	0,34	0,48	0,31	0,25	0,42	0,28	0,42	0,23	0,13	0,27	0,70	4,60

(continua)

(continuação)

	Jan.	Fev.	Mar.	Abr.	Maio	Jun.	Jul.	Ago.	Set.	Out.	Nov.	Dez.	Anual
2008	0,97	0,00	0,45	0,72	0,87	0,77	0,53	0,14	–0,09	0,47	0,56	0,52	6,07
2009	0,83	0,21	0,61	0,47	0,39	0,12	0,34	0,20	0,18	0,01	0,26	0,24	3,95
2010	1,29	0,68	0,86	0,76	0,21	–0,21	–0,21	–0,08	0,46	0,59	1,00	0,72	6,24
2011	1,27	0,49	0,71	0,95	0,51	–0,18	–0,04	0,40	0,50	0,26	0,53	0,79	6,36
2012	0,81	0,24	0,60	0,52	0,52	0,11	0,22	0,44	0,54	0,48	0,45	0,66	5,74
2013	1,01	0,33	0,72	0,52	0,32	0,35	–0,17	0,20	0,30	0,55	0,68	0,69	5,63
2014	0,99	0,66	0,85	0,77	0,52	0,33	0,10	0,12	0,49	0,43	0,65	0,75	6,87
2015	1,73	0,97	1,41	0,61	0,72	0,82	0,53	0,22	0,42	0,76	1,00	0,88	10,54
2016	1,78	0,76	0,50	0,49	0,64	0,26	0,37	0,32	0,07	0,34	0,17	0,33	6,19
2017	0,69	0,31	0,47	0,12	0,52	– 0,32	0,38	0,13	– 0,02	0,33	0,36	0,21	3,22
2018	0,69	0,17	0,17	0,34	0,41	1,19	0,17	0,07	0,45	0,48	– 0,17	0,29	4,34
2019	0,57	0,35	0,65	0,63	0,22	– 0,02	0,31	0,17	0,00	– 0,09			2,82

Fonte: http://www.portaldefinancas.com/ipc_di_fgv.htm.

Além do IPC-DI, que é calculado do primeiro ao último dia do mês de referência, a FGV também calcula mais duas versões muito importantes do IPC, que têm em comum a amostra de produtos e o cálculo, diferindo apenas no período de coleta de preços:

- IPC-10: calculado entre o dia 11 do mês anterior e o dia 10 do mês de referência.
- IPC-20 (ou IPC-M): calculado entre o dia 21 do mês anterior e o dia 20 do mês de referência.

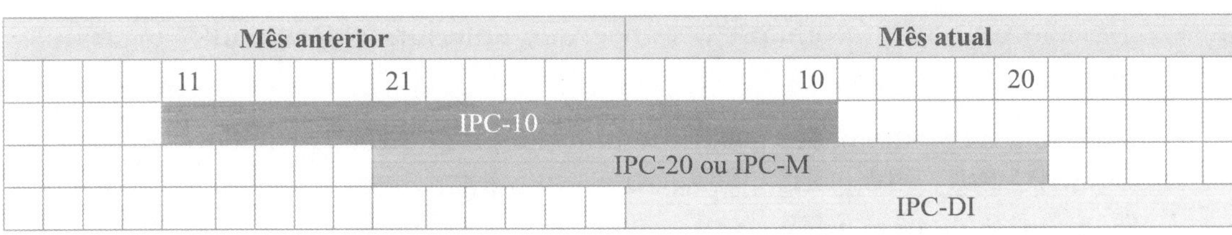

Além destes, a FGV também calcula:

- Índice de Preços ao Consumidor Classe 1 (IPC-C1): mensura a variação de preços de uma cesta de produtos e serviços de famílias com renda entre 1 e 2,5 salários mínimos mensais. É um índice mensal, com período de coleta que se estende do primeiro ao último dia de cada mês.
- Índice de Preços ao Consumidor da Terceira Idade (IPC-3i): mensura a variação de preços de uma cesta de produtos e serviços de famílias compostas majoritariamente por indivíduos com mais de 60 anos. É um índice mensal com divulgação trimestral.

- IPC-SP: começou a ser calculado em 1989 e calcula o custo de vida de famílias com renda entre 1 e 33 salários mínimos, residentes na cidade de São Paulo.

6.8.6 IPA (FGV)

O Índice de Preços no Atacado – Disponibilidade Interna (IPA-DI), levantado pela FGV, foi criado com o intuito de medir as variações de preços de produtos em transações feitas no atacado.

Foi criado em 1947 e divulgado pela primeira vez em novembro do mesmo ano, no número de estreia da revista *Conjuntura Econômica*.

O índice era, então, uma média ponderada dos 25 produtos mais importantes comercializados no país, com base no Censo de 1940.

No início de 1955, ampliou-se o número de produtos para 90, embora o cálculo ainda fosse baseado nos dados do Censo de 1940. Isso só mudou a partir de 1958, quando passaram a ser utilizados os dados do Censo de 1950.

Em 1964, quando foi introduzida a correção monetária no Brasil, o IPA foi escolhido como índice de referência para a correção das Obrigações Reajustáveis do Tesouro Nacional (ORTN). Posteriormente, passou também a ser utilizado como parâmetro no reajuste dos financiamentos imobiliários.

No segundo semestre de 1969, tanto a metodologia de cálculo quanto a sua ponderação sofreram modificações substanciais, com os seguintes objetivos:

- Selecionar novos produtos: o índice que anteriormente incluía 90 produtos passou a incluir 293.
- Adequar as ponderações à estrutura produtiva do país: particularmente no período de 1955 a 1965, o país passou por modificações substanciais decorrentes da política de industrialização e substituição de importações.
- Permitir que o sistema de ponderações acompanhasse as rápidas mudanças que ocorriam na economia do país: foi introduzido o sistema de médias móveis trianuais, ou seja, consideramos para o cálculo da média sempre três anos, e a cada novo período (no caso, mês), um novo conjunto de dados é considerado e o conjunto de dados resultantes do mês mais antigo é descartado.
- Aumentar a área de coleta de dados: a coleta foi estendida gradativamente até incluir os estados do Pará, Ceará, Pernambuco, Bahia, Minas Gerais, São Paulo, Paraná, Santa Catarina e Rio de Janeiro.
- Adaptar os índices às novas necessidades criadas pela institucionalização da correção monetária: os conceitos de "Total" e "Exclusive Café" evoluíram

para "Oferta Global" e "Disponibilidade Interna", conforme incluíssem ou não produtos destinados à exportação.

Resumindo, é um índice de abrangência geográfica nacional, com abrangência setorial, que inclui os setores agropecuário e industrial.

A pesquisa de preços em que se baseia o cálculo de IPA é realizada continuamente, sendo feitas apurações a cada dez dias.

Taxas mensais e anuais do IPA-DI (em %) – A partir de 1985													
	Jan.	**Fev.**	**Mar.**	**Abr.**	**Maio**	**Jun.**	**Jul.**	**Ago.**	**Set.**	**Out.**	**Nov.**	**Dez.**	**Anual**
1985	12,94	9,22	13,58	7,24	6,47	7,08	7,61	14,51	9,06	9,54	15,07	12,27	225,76
1986	18,98	16,11	4,16	–1,47	0,09	0,37	0,58	1,34	0,67	1,16	2,13	7,65	62,55
1987	10,50	10,35	14,05	20,98	30,72	26,26	9,89	3,72	7,55	11,68	14,98	16,05	407,25
1988	18,39	17,86	17,52	21,32	19,27	21,23	22,25	23,71	26,15	26,88	27,59	29,46	1.050,15
1989	36,12	10,74	3,11	4,88	11,22	25,42	39,44	36,73	41,41	40,34	44,32	48,89	1.748,73
1990	72,63	73,99	82,04	9,98	9,93	7,32	11,57	12,95	11,06	14,59	18,43	15,00	1.449,59
1991	20,32	21,57	7,48	9,04	5,45	8,77	12,45	15,60	15,17	27,34	25,52	21,50	471,67
1992	27,11	25,48	19,67	17,80	21,23	20,90	22,19	27,40	27,17	24,83	24,43	23,78	1.154,31
1993	26,69	26,23	28,08	28,32	32,06	30,30	32,29	33,34	37,25	35,03	36,52	35,72	2.639,47
1994	41,28	43,23	43,65	40,20	38,47	45,50	23,12						910,92
Entrada do Plano Real													
1994	–	–	–	–	–	–	–	4,40	1,79	2,71	2,18	0,17	11,72
1995	0,87	0,58	1,08	1,99	– 2,03	1,55	2,24	1,73	–2,42	–0,14	1,49	–0,61	6,38
1996	1,31	0,47	–0,07	0,41	1,34	0,94	1,38	–0,05	0,41	0,24	0,24	1,21	8,10
1997	1,67	0,34	1,59	0,53	0,14	0,24	–0,09	–0,15	0,92	0,42	1,08	0,87	7,08
1998	0,75	–0,15	0,13	–0,28	0,13	0,17	–0,61	–0,04	0,06	–0,19	–0,20	1,74	1,51
1999	1,58	6,99	2,84	–0,34	–0,82	1,35	2,03	2,15	2,30	2,57	3,60	1,60	28,90
2000	1,02	0,17	–0,05	–0,02	0,69	1,45	2,79	2,56	1,09	0,56	0,38	0,85	12,06
2001	0,40	0,31	1,01	1,39	0,18	1,96	1,93	1,13	0,48	1,88	0,73	–0,09	11,88
2002	–0,13	0,14	–0,11	0,75	1,27	2,50	2,82	3,32	3,82	6,02	7,45	3,14	35,41
2003	2,21	1,71	1,93	0,07	–1,68	–1,16	–0,59	0,70	1,29	0,50	0,46	0,74	6,26
2004	0,75	1,42	1,09	1,57	1,71	1,57	1,35	1,59	0,65	0,61	1,00	0,48	14,68
2005	0,08	0,39	1,14	0,33	–0,98	–0,78	–0,69	–1,04	–0,28	0,79	0,24	–0,14	– 0,96
2006	0,81	–0,12	–0,82	–0,15	0,46	1,06	0,17	0,53	0,28	1,16	0,75	0,11	4,31
2007	0,32	0,19	0,11	0,02	–0,04	0,09	0,42	1,96	1,64	1,02	1,45	1,90	9,43
2008	1,08	0,52	0,80	1,30	2,22	2,29	1,28	–0,80	0,44	1,36	–0,17	–0,88	9,80
2009	–0,33	–0,31	–1,46	–0,10	–0,10	–0,64	–1,16	0,07	0,29	–0,08	–0,04	–0,29	– 4,09
2010	0,96	1,38	0,52	0,68	2,06	0,43	0,34	1,70	1,47	1,32	1,98	0,21	13,83
2011	0,96	1,23	0,60	0,24	–0,63	–0,19	–0,13	0,77	0,94	0,48	0,34	–0,55	4,12
2012	0,01	–0,03	0,55	1,25	0,91	0,89	2,13	1,77	1,11	–0,68	0,16	0,74	9,14

(continua)

(continuação)

	Jan.	Fev.	Mar.	Abr.	Maio	Jun.	Jul.	Ago.	Set.	Out.	Nov.	Dez.	Anual
2013	0,00	0,09	0,12	–0,39	0,01	0,85	0,20	0,58	1,90	0,71	0,12	0,78	5,06
2014	0,12	1,00	1,91	0,27	–1,21	–1,21	–1,01	0,04	–0,18	0,73	1,44	0,30	2,17
2015	0,23	0,41	1,24	1,11	0,19	0,43	0,61	0,44	2,02	2,38	1,41	0,33	11,32
2016	1,63	0,84	0,37	0,29	1,49	2,10	–0,81	0,50	–0,03	0,04	–0,01	1,10	7,73
2017	0,34	– 0,12	– 0,78	– 1,96	– 1,10	– 1,53	– 0,67	0,26	0,97	– 0,03	1,06	1,07	– 2,52
2018	0,58	0,15	0,77	1,26	2,35	1,67	0,52	0,99	2,54	0,17	– 1,70	– 0,82	8,73
2019	– 0,19	1,79	1,35	1,09	0,52	0,83	– 0,22	– 0,90	0,69	0,84			5,92

Fonte: http://www.portaldefinancas.com/ipa_di_fgv.htm.

Além do IPA-DI, que é calculado do primeiro ao último dia do mês de referência, a FGV também calcula mais duas versões muito importantes do IPA, que têm em comum a amostra de produtos e o cálculo, diferindo apenas no período de coleta de preços:

- IPA-10: é calculado entre o dia 11 do mês anterior e o dia 10 do mês de referência.
- IPA-20 (ou IPA-M): é calculado entre o dia 21 do mês anterior e o dia 20 do mês de referência.

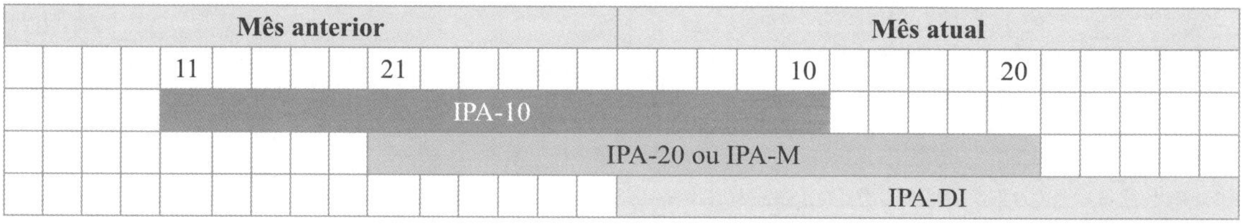

Com as mudanças na estrutura da economia e nas formas de comercialização, o IPA tornou-se, cada vez mais, um índice de preços de venda de produtos no nível dos produtores. Por esse motivo, a partir de abril de 2010, passou-se a utilizar uma nova nomenclatura, ou seja, Índice de Preços ao Produtor Amplo, preservando-se, entretanto, a sigla IPA.

6.8.7 INCC (FGV)

O Índice Nacional do Custo da Construção Civil – Disponibilidade Interna (INCC-DI), da FGV, reflete a variação dos preços dos materiais de construção e da mão de obra do setor, um dos termômetros do nível de atividade econômica.

Foi divulgado pela primeira vez em 1950 (sua série histórica, entretanto, retroage a 1944) com o nome de ICC, e cobria apenas a cidade do Rio de Janeiro, então capital federal. Referia-se, nessa ocasião, ao custo da construção de um edifício de três andares, sem elevador, que era o padrão da época.

Em 1972, devido a modificações nos padrões de construção, o sistema de ponderações passou a refletir uma média de padrões definidos pela Associação Brasileira de Normas Técnicas (ABNT), ponderada pela área de Licença de Habite-se de 1969/1970.

Posteriormente, em 1975, foram fornecidas à FGV, pela Câmara Brasileira da Indústria da Construção, estruturas de custos para diferentes padrões de construção, o que permitiu gerar um sistema de cinco índices, com 83 itens.

Em fevereiro de 1985, para efeito do cálculo do Índice Geral de Preços (IGP), o ICC deu lugar ao INCC, formado a partir de preços coletados em oito capitais estaduais, tendo em vista a descentralização da atividade econômica. Durante o processo de ampliação da sua cobertura, o INCC chegou a pesquisar preços em 20 capitais.

Atualmente a coleta de preços é feita em sete capitais, a saber: São Paulo, Rio de Janeiro, Belo Horizonte, Salvador, Recife, Porto Alegre e Brasília.

Taxas mensais e anuais do INCC-DI (em %) – A partir de 1985													
	Jan.	**Fev.**	**Mar.**	**Abr.**	**Maio**	**Jun.**	**Jul.**	**Ago.**	**Set.**	**Out.**	**Nov.**	**Dez.**	**Anual**
1985	7,53	13,05	11,59	8,80	22,42	6,37	9,80	13,13	9,62	6,75	20,98	13,51	283,63
1986	13,96	12,09	11,05	–0,33	0,23	1,19	1,08	2,69	3,97	3,76	5,16	7,34	81,25
1987	14,00	32,45	22,59	13,26	20,09	20,93	7,72	3,31	7,46	10,09	13,17	13,88	416,58
1988	17,39	15,78	19,46	17,02	23,64	20,20	19,71	21,88	25,36	34,58	30,72	27,72	1.060,42
1989	31,99	13,92	5,51	6,12	18,96	29,86	41,43	43,05	39,56	39,22	41,39	46,84	2.022,58
1990	64,68	70,25	78,41	1,67	0,99	7,42	16,67	13,11	10,87	11,48	13,05	17,51	1.095,42
1991	17,03	15,50	8,33	6,77	13,19	10,18	13,61	14,63	21,11	23,01	29,47	19,71	486,30
1992	29,87	23,63	27,77	17,42	28,22	18,03	23,53	17,28	34,30	18,91	29,16	18,84	1.194,59
1993	36,90	22,59	32,61	21,28	40,60	27,13	33,73	28,42	40,09	34,03	38,40	32,99	2.763,41
1994	45,93	39,14	55,71	45,60	45,60	44,74	10,30	–	–	–	–	–	970,04
Entrada do Plano Real													
1994	–	–	–	–	–	–	–	0,14	0,38	1,32	2,36	1,32	5,63
1995	3,50	2,09	3,30	2,30	8,77	3,12	1,09		0,72	0,86	0,73	0,86	31,48
1996	1,52	0,11	0,98	0,25	2,16	1,54	0,75	0,23	0,23	0,26	0,58	0,59	9,57
1997	0,32	0,48	0,73	0,23	0,86	1,11	0,51	1,18	0,27	0,15	0,54	0,23	6,81
1998	0,33	0,48	0,47	–0,50	0,98	0,39	0,34	0,22	0,01	0,01	–0,05	0,05	2,76
1999	0,55	0,98	0,55	0,52	0,86	0,41	0,46	0,69	0,86	1,01	0,91	1,04	9,20
2000	1,07	0,77	0,56	0,60	1,35	0,73	0,30	0,39	0,26	0,33	0,41	0,64	7,66
2001	0,58	0,34	0,27	0,36	2,11	1,16	0,52	0,62	0,55	0,93	0,74	0,34	8,85
2002	0,36	0,58	0,55	0,33	2,53	0,57	0,29	1,00	0,71	1,13	2,45	1,70	12,87
2003	1,51	1,39	1,38	0,90	2,84	1,05	0,99	1,44	0,22	0,65	1,04	0,16	14,42
2004	0,33	1,00	1,16	0,59	1,83	0,70	1,12	0,81	0,58	1,19	0,71	0,51	11,04
2005	0,75	0,44	0,67	0,72	2,09	0,76	0,11	0,02	0,24	0,19	0,28	0,37	6,83

(continua)

(continuação)

	Jan.	Fev.	Mar.	Abr.	Maio	Jun.	Jul.	Ago.	Set.	Out.	Nov.	Dez.	Anual
2006	0,34	0,19	0,20	0,36	1,32	0,90	0,47	0,24	0,11	0,21	0,23	0,36	5,04
2007	0,45	0,21	0,27	0,46	1,15	0,92	0,31	0,26	0,51	0,51	0,36	0,59	6,16
2008	0,38	0,40	0,66	0,87	2,02	1,92	1,46	1,18	0,95	0,77	0,50	0,17	11,86
2009	0,33	0,27	–0,25	–0,04	1,39	0,70	0,26	–0,05	0,15	0,06	0,29	0,10	3,25
2010	0,64	0,36	0,75	0,84	1,81	1,09	0,44	0,14	0,21	0,20	0,37	0,67	7,77
2011	0,41	0,28	0,43	1,06	2,94	0,37	0,45	0,13	0,14	0,23	0,72	0,11	7,48
2012	0,89	0,30	0,51	0,75	1,88	0,73	0,67	0,26	0,22	0,21	0,33	0,16	7,12
2013	0,65	0,60	0,50	0,74	2,25	1,15	0,48	0,31	0,43	0,26	0,35	0,10	8,09
2014	0,88	0,33	0,28	0,88	2,05	0,66	0,75	0,08	0,15	0,17	0,44	0,08	6,94
2015	0,92	0,31	0,62	0,46	0,95	1,84	0,55	0,59	0,22	0,36	0,34	0,10	7,49
2016	0,39	0,54	0,64	0,55	0,08	1,93	0,49	0,29	0,33	0,21	0,16	0,35	6,11
2017	0,41	0,65	0,16	– 0,02	0,63	0,93	0,30	0,36	0,06	0,31	0,31	0,07	4,25
2018	0,31	0,13	0,24	0,29	0,23	0,97	0,61	0,15	0,23	0,35	0,13	0,13	3,83
2019	0,49	0,09	0,31	0,38	0,03	0,88	0,58	0,42	0,46	0,18			3,88

Fonte: http://www.portaldefinancas.com/incc_di_fgv.htm.

Além do INCC-DI, que é calculado do primeiro ao último dia do mês de referência, a FGV também calcula mais duas versões muito importantes do INCC, que têm em comum a amostra de produtos e o cálculo, diferindo apenas no período de coleta de preços:

- INCC-10: é calculado entre o dia 11 do mês anterior e o dia 10 do mês de referência.
- INCC-20 (ou INCC-M): é calculado entre o dia 21 do mês anterior e o dia 20 do mês de referência.

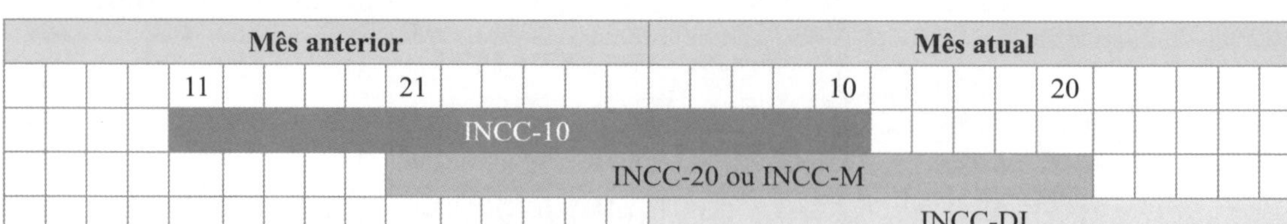

6.8.8 IGP-DI (FGV)

O Índice Geral de Preços – Disponibilidade Interna (IGP-DI), da FGV, é calculado mensalmente.

Os conceitos "Disponibilidade Interna" e "Oferta Global" dependem de como se considera uma de suas componentes, mais precisamente o IPA.

No conceito "Disponibilidade Interna" (IGP-DI), exclui-se das ponderações a parte do produto interno que é exportada, ou seja, utiliza-se o IPA-DI, o que não acontece no conceito "Oferta Global".

O IGP-DI foi criado em 1947 com um objetivo bem específico: aferir o índice mensal da evolução dos negócios, obtido a partir da arrecadação do imposto sobre vendas e consignações (atual ICM) e da compensação de cheques.

Quando em 1964 se introduziu no Brasil a correção monetária, esse índice passou a ser utilizado para a correção de um grande conjunto de operações, particularmente os valores dos contratos de obras públicas.

Sua abrangência geográfica é nacional, e sua abrangência setorial inclui a indústria, a construção civil, a agricultura, o comércio varejista e o setor de serviços.

Basicamente, o IGP desempenha duas funções:

- é um indicador macroeconômico que representa a evolução do nível de preços;
- é usado como referência para a correção dos preços dos serviços públicos, das dívidas dos estados com a União e dos planos e seguros de saúde (nos contratos mais antigos).

O IGP-DI é formado pelos seguintes índices da FGV: o IPA-DI (operações no atacado), o IPC-DI (vendas no varejo) e o INCC-DI (construção civil), tendo em vista que essas operações representam o conjunto de operações realizadas no país.

A ponderação é realizada da seguinte forma:

- valor adicionado pela produção, transporte e comercialização no atacado, de bens de consumo e produção, representados pelo IPA-DI: 60%;
- valor adicionado pelo setor varejista e serviços de consumo: 30%;
- valor adicionado pela indústria da construção civil: 10%.

O IGP-DI refere-se ao mês "cheio", ou seja, a coleta vai do primeiro ao último dia do mês de referência, e a divulgação ocorre por volta do 20º dia do mês seguinte.

Taxas mensais e anuais do IGP-DI (em %) – A partir de 1985													
	Jan.	**Fev.**	**Mar.**	**Abr.**	**Maio**	**Jun.**	**Jul.**	**Ago.**	**Set.**	**Out.**	**Nov.**	**Dez.**	**Anual**
1985	12,64	10,16	12,71	7,22	7,78	7,84	8,92	14,00	9,13	9,05	14,95	13,20	235,13
1986	17,79	14,98	5,52	–0,58	0,32	0,53	0,63	1,33	1,09	1,39	2,46	7,56	65,04
1987	12,04	14,11	15,00	20,08	27,58	25,88	9,33	4,50	8,02	11,15	14,47	15,89	415,95
1988	19,14	17,65	18,16	20,33	19,51	20,83	21,54	22,89	25,76	27,58	27,97	28,89	1.037,53

(continua)

(continuação)

	Jan.	Fev.	Mar.	Abr.	Maio	Jun.	Jul.	Ago.	Set.	Out.	Nov.	Dez.	Anual
1989	36,56	11,80	4,23	5,17	12,76	26,76	37,88	36,48	38,92	39,70	44,27	49,39	1.782,85
1990	71,90	71,68	81,32	11,33	9,07	9,02	12,98	12,93	11,72	14,16	17,45	16,46	1.476,71
1991	19,93	21,11	7,25	8,74	6,52	9,86	12,83	15,49	16,19	25,85	25,76	22,14	480,17
1992	26,84	24,79	20,70	18,54	22,45	21,42	21,69	25,54	27,37	24,94	24,22	23,70	1.157,84
1993	28,73	26,51	27,81	28,21	32,27	30,72	31,96	33,53	36,99	35,14	36,96	36,22	2.708,17
1994	42,19	42,41	44,80	42,35	40,95	46,58	24,71						975,42
Entrada do Plano Real													
1994	–	–	–	–	–	–	–	3,34	1,55	2,55	2,47	0,57	10,90
1995	1,36	1,15	1,81	2,30	0,40	2,62	2,24	1,29	–1,08	0,23	1,33	0,27	14,77
1996	1,79	0,76	0,22	0,70	1,68	1,22	1,09	0,00	0,13	0,22	0,28	0,88	9,33
1997	1,58	0,42	1,16	0,59	0,30	0,70	0,09	–0,04	0,59	0,34	0,83	0,69	7,48
1998	0,88	0,02	0,23	–0,13	0,23	0,28	–0,38	–0,17	–0,02	–0,03	–0,18	0,98	1,71
1999	1,15	4,44	1,98	0,03	–0,34	1,02	1,59	1,45	1,47	1,89	2,53	1,23	19,99
2000	1,02	0,19	0,18	0,13	0,67	0,93	2,26	1,82	0,69	0,37	0,39	0,76	9,80
2001	0,49	0,34	0,80	1,13	0,44	1,46	1,62	0,90	0,38	1,45	0,76	0,18	10,40
2002	0,19	0,18	0,11	0,70	1,11	1,74	2,05	2,36	2,64	4,21	5,84	2,70	26,41
2003	2,17	1,59	1,66	0,41	–0,67	–0,70	–0,20	0,62	1,05	0,44	0,48	0,60	7,66
2004	0,80	1,08	0,93	1,15	1,46	1,29	1,14	1,31	0,48	0,53	0,82	0,52	12,13
2005	0,33	0,40	0,99	0,51	–0,25	–0,45	–0,40	–0,79	–0,13	0,63	0,33	0,07	1,23
2006	0,72	–0,06	–0,45	0,02	0,38	0,67	0,17	0,41	0,24	0,81	0,57	0,26	3,80
2007	0,43	0,23	0,22	0,14	0,16	0,26	0,37	1,39	1,17	0,75	1,05	1,47	7,90
2008	0,99	0,38	0,70	1,12	1,88	1,89	1,12	–0,38	0,36	1,09	0,07	–0,44	9,11
2009	0,01	–0,13	–0,84	0,04	0,18	–0,32	–0,64	0,09	0,25	–0,04	0,07	–0,11	– 1,43
2010	1,01	1,09	0,63	0,72	1,57	0,34	0,22	1,10	1,10	1,03	1,58	0,38	11,31
2011	0,98	0,96	0,61	0,50	0,01	–0,13	–0,05	0,61	0,75	0,40	0,43	–0,16	5,01
2012	0,30	0,07	0,56	1,02	0,91	0,69	1,52	1,29	0,88	–0,31	0,25	0,66	8,11
2013	0,31	0,20	0,31	–0,06	0,32	0,76	0,14	0,46	1,36	0,63	0,28	0,69	5,53
2014	0,40	0,85	1,48	0,45	–0,45	–0,63	–0,55	0,06	0,02	0,59	1,14	0,38	3,78
2015	0,67	0,53	1,21	0,92	0,40	0,68	0,58	0,40	1,42	1,76	1,19	0,44	10,68
2016	1,53	0,79	0,43	0,36	1,13	1,63	–0,39	0,43	0,03	0,13	0,05	0,83	7,15
2017	0,43	0,06	– 0,38	– 1,24	– 0,51	– 0,96	– 0,30	0,24	0,62	0,10	0,80	0,74	– 0,42
2018	0,58	0,15	0,56	0,93	1,64	1,48	0,44	0,68	1,79	0,26	– 1,14	– 0,45	7,10
2019	0,07	1,25	1,07	0,90	0,40	0,63	– 0,01	– 0,51	0,50	0,55			4,94

Fonte: http://www.portaldefinancas.com/igp_di_fgv.htm.

Além do IGP-DI, que é calculado do primeiro ao último dia do mês de referência, a FGV também calcula mais duas versões muito importantes do IGP que têm em comum a amostra de produtos e o cálculo, diferindo apenas no período de coleta de preços:

- IGP-10: é calculado entre o dia 11 do mês anterior e o dia 10 do mês de referência.
- IGP-20 (ou IGP-M): é calculado entre o dia 21 do mês anterior e o dia 20 do mês de referência.

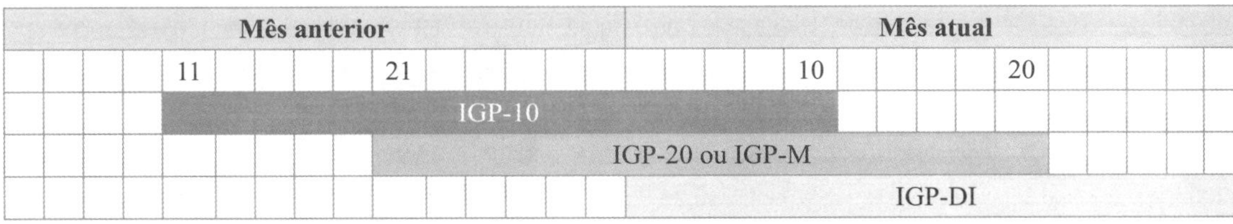

O IGP-M começou a ser divulgado em junho de 1989.

Atualmente é utilizado para os aumentos das tarifas de energia elétrica e dos contratos de aluguel.

Embora sua divulgação ocorra no final do mês de referência, o IGP-M, diferentemente das demais versões do IGP, conta com um sistema de apurações prévias divulgadas antes do fechamento mensal, designadas respectivamente por 1º, 2º e 3º decêndio.

O primeiro decêndio calcula as variações obtidas a partir das informações colhidas no período de 21 a 30 do mês anterior ao de referência. O segundo decêndio expande o período de coleta de 21 do mês anterior ao dia 10 do mês de referência. O terceiro decêndio é o próprio IGP-M.

Tendo em vista a sua importância no cenário econômico, optamos por fornecer seus valores a partir de 1989.

Taxas mensais e anuais do IGP–M (em %) – A partir de 1989													
	Jan.	**Fev.**	**Mar.**	**Abr.**	**Maio**	**Jun.**	**Jul.**	**Ago.**	**Set.**	**Out.**	**Nov.**	**Dez.**	**Anual**
1989	–	–	–	–	–	19,68	35,91	36,92	39,92	40,64	40,48	47,13	805,83
1990	61,46	81,29	83,95	28,35	5,93	9,94	12,01	13,62	12,80	12,97	16,86	18,00	1.699,87
1991	17,70	21,02	9,19	7,81	7,48	8,48	13,22	15,25	14,93	22,63	25,62	23,63	458,38
1992	23,56	27,86	21,39	19,94	20,43	23,61	21,84	24,63	25,27	26,76	23,43	25,08	1.174,67
1993	25,83	28,42	26,25	28,83	29,70	31,49	31,25	31,79	35,28	35,04	36,15	38,32	2.567,34
1994	39,07	40,78	45,71	40,91	42,58	45,21	40,00						1.065,17
Entrada do Plano Real													
1994								7,56	1,75	1,82	2,85	0,84	15,57
1995	0,92	1,39	1,12	2,10	0,58	2,46	1,82	2,20	–0,71	0,52	1,20	0,71	15,24
1996	1,73	0,97	0,40	0,32	1,55	1,02	1,35	0,28	0,10	0,19	0,20	0,73	9,19
1997	1,77	0,43	1,15	0,68	0,21	0,74	0,09	0,09	0,48	0,37	0,64	0,84	7,74
1998	0,96	0,18	0,19	0,13	0,14	0,38	–0,17	–0,16	–0,08	0,08	–0,32	0,45	1,79
1999	0,84	3,61	2,83	0,71	–0,29	0,36	1,55	1,56	1,45	1,70	2,39	1,81	20,10
2000	1,24	0,35	0,15	0,23	0,31	0,85	1,57	2,39	1,16	0,38	0,29	0,63	9,95

(continua)

(continuação)

	Jan.	Fev.	Mar.	Abr.	Maio	Jun.	Jul.	Ago.	Set.	Out.	Nov.	Dez.	Anual
2001	0,62	0,23	0,56	1,00	0,86	0,98	1,48	1,38	0,31	1,18	1,10	0,22	10,37
2002	0,36	0,06	0,09	0,56	0,83	1,54	1,95	2,32	2,40	3,87	5,19	3,75	25,31
2003	2,33	2,28	1,53	0,92	–0,26	–1,00	–0,42	0,38	1,18	0,38	0,49	0,61	8,69
2004	0,88	0,69	1,13	1,21	1,31	1,38	1,31	1,22	0,69	0,39	0,82	0,74	12,42
2005	0,39	0,30	0,85	0,86	–0,22	–0,44	–0,34	–0,65	–0,53	0,60	0,40	–0,01	1,20
2006	0,92	0,01	–0,23	–0,42	0,38	0,75	0,18	0,37	0,29	0,47	0,75	0,32	3,85
2007	0,50	0,27	0,34	0,04	0,04	0,26	0,28	0,98	1,29	1,05	0,69	1,76	7,75
2008	1,09	0,53	0,74	0,69	1,61	1,98	1,76	–0,32	0,11	0,98	0,38	–0,13	9,81
2009	–0,44	0,26	–0,74	–0,15	–0,07	–0,10	–0,43	–0,36	0,42	0,05	0,10	–0,26	– 1,71
2010	0,63	1,18	0,94	0,77	1,19	0,85	0,15	0,77	1,15	1,01	1,45	0,69	11,32
2011	0,79	1,00	0,62	0,45	0,43	–0,18	–0,12	0,44	0,65	0,53	0,50	–0,12	5,10
2012	0,25	–0,06	0,43	0,85	1,02	0,66	1,34	1,43	0,97	0,02	–0,03	0,68	7,81
2013	0,34	0,29	0,21	0,15	0,00	0,75	0,26	0,15	1,50	0,86	0,29	0,60	5,53
2014	0,48	0,38	1,67	0,78	–0,13	–0,74	–0,61	–0,27	0,20	0,28	0,98	0,62	3,67
2015	0,76	0,27	0,98	1,17	0,41	0,67	0,69	0,28	0,95	1,89	1,52	0,49	10,54
2016	1,14	1,29	0,51	0,33	0,82	1,69	0,18	0,15	0,20	0,16	–0,03	0,54	7,19
2017	0,64	0,08	0,01	– 1,10	– 0,93	– 0,67	– 0,72	0,10	0,47	0,20	0,52	0,89	– 0,53
2018	0,76	0,07	0,64	0,57	1,38	1,87	0,51	0,70	1,52	0,89	– 0,49	– 1,08	7,55
2019	0,01	0,88	1,26	0,92	0,45	0,80	0,40	– 0,67	– 0,01	0,68			4,81

Fonte: http://www.portaldefinancas.com/igp_m_fgv.htm.

6.8.9 CUB (SINDUSCON)

O Custo Unitário Básico (CUB), levantado pelos Sindicatos da Indústria da Construção Civil (Sinduscons), é o principal indicador do setor da construção. É calculado mensalmente e atende a diversas finalidades, a saber:

- é fundamental na avaliação dos custos da construção de edificações para arquivo no Registro Geral de Imóveis;
- representa a variação do valor do metro quadrado da construção para o projeto padrão considerado, e é calculado de acordo com norma da ABNT;
- é utilizado pelo INSS para o cálculo de débitos junto ao Instituto, quando da solicitação da Certidão Negativa de Débito (CND) da obra;
- atualmente, sua variação percentual mensal tem servido como mecanismo de reajuste de preços em contratos de compra de apartamentos em construção.

A Lei n. 4.591, de dezembro de 1964, prevê que os Sinduscons ficam obrigados a divulgar mensalmente, até o dia 5, os custos unitários de construção a serem adotados nas respectivas regiões, calculados com base nos diversos projetos padrões de construções residenciais, comerciais, galpões industriais e residências populares, levando-se em consideração os lotes de insumos (70 itens, entre material e mão de obra), despesas administrativas e equipamentos, e os seus pesos respectivos.

É importante ressaltar que a coleta de preços é obtida junto a uma amostra de 40 empresas da construção. Essa metodologia se justifica tendo em vista que o índice se refere a custo, e não a preço e, portanto, é mais correta a pesquisa junto ao comprador, que, nesse caso, são as construtoras, do que junto aos vendedores.

Finalizando, convém esclarecer que o CUB representa a variação mensal do custo parcial da obra, pois não considera, entre outros, os seguintes itens: fundações, elevadores, *playground*, urbanização, regulamentação do condomínio, impostos, taxas, remuneração do construtor e remuneração do incorporador.

Apresentamos a seguir os índices percentuais mensais e anuais do CUB-SP, a partir de 1985.

Taxas mensais e anuais do CUB-SP (em %) – A partir de 1985													
	Jan.	**Fev.**	**Mar.**	**Abr.**	**Maio**	**Jun.**	**Jul.**	**Ago.**	**Set.**	**Out.**	**Nov.**	**Dez.**	**Anual**
1985	8,88	8,70	14,27	4,08	26,64	9,51	3,18	13,29	7,73	8,56	27,67	10,27	275,70
1986	13,63	12,55	3,02	1,66	2,74	4,64	3,13	5,03	7,92	10,34	9,52	17,05	138,09
1987	18,24	13,50	20,23	10,50	18,26	17,44	1,50	1,92	8,58	9,74	16,70	12,81	301,83
1988	15,39	14,22	16,86	19,09	29,48	20,07	18,26	24,24	22,45	33,75	27,70	26,83	1.011,36
1989	41,38	4,66	4,11	4,98	38,23	17,83	38,98	48,94	43,12	37,06	41,66	47,22	2.130,56
1990	60,51	78,04	68,90	–3,62	3,95	7,21	21,65	10,83	11,47	11,06	20,56	14,52	1.094,72
1991	14,03	9,93	9,28	9,05	23,45	11,80	13,38	15,53	23,56	22,30	36,52	18,43	559,82
1992	32,20	13,78	27,05	9,57	45,63	8,36	24,50	12,66	42,29	11,53	32,23	10,62	975,85
1993	43,44	19,64	30,91	17,23	58,60	23,20	25,88	26,27	45,75	31,36	33,67	31,68	2.656,48
1994	49,64	48,16	55,58	39,72	39,95	41,41	0,15	–	–	–	–	–	855,20
Entrada do Plano Real													
1994	–	–	–	–	–	–	–	0,40	0,27	0,61	1,70	1,10	4,14
1995	2,77	2,03	3,87	2,01	17,31	1,28	0,84	0,07	0,36	0,17	–0,26	1,05	34,97
1996	0,05	–0,43	–0,37	0,08	4,65	2,81	–0,17	–0,78	–0,18	0,08	–0,12	0,52	6,17
1997	0,53	0,54	0,36	–0,29	0,11	3,02	0,03	0,97	0,27	0,43	0,47	0,22	6,83
1998	–0,21	0,40	0,14	0,09	2,35	0,68	0,02	0,26	0,01	0,05	–0,18	–0,18	3,46
1999	0,98	0,12	1,22	0,02	1,51	–0,40	0,21	0,39	0,34	0,69	0,52	0,44	6,19
2000	0,53	0,27	0,44	0,47	2,32	0,95	0,39	0,04	0,22	0,21	0,52	0,31	6,86
2001	0,33	0,71	0,25	0,01	3,06	0,31	0,98	0,49	0,28	1,11	0,29	0,38	8,48
2002	0,15	0,20	0,42	0,20	3,67	0,44	0,21	1,29	0,79	1,20	2,21	0,78	12,13
2003	1,51	0,81	0,90	0,96	4,48	1,38	0,78	1,51	0,34	0,15	0,20	0,09	13,84
2004	0,36	0,56	0,64	0,18	1,89	1,16	0,60	0,97	0,61	0,59	0,69	0,41	9,00

(continua)

(continuação)

	Jan.	Fev.	Mar.	Abr.	Maio	Jun.	Jul.	Ago.	Set.	Out.	Nov.	Dez.	Anual
2005	0,47	0,35	0,69	0,32	2,48	0,03	0,02	–0,15	0,14	0,10	0,36	0,10	4,99
2006	0,16	0,32	–0,18	0,05	2,77	0,25	0,17	0,05	0,07	0,00	0,06	0,51	4,28
2007	0,21	0,16	0,15	0,71	1,21	1,43	0,58	0,50	0,26	0,78	0,68	0,59	7,50
2008	0,07	0,38	0,20	0,41	2,72	2,14	0,60	1,36	0,74	1,69	0,21	–0,04	10,95
2009	0,21	0,42	–0,10	–0,12	1,54	1,04	0,37	–0,11	0,16	–0,02	0,11	0,00	3,54
2010	0,15	0,14	0,19	0,17	2,43	2,05	0,53	0,13	–0,15	–0,12	–0,13	0,00	5,48
2011	0,28	0,16	0,10	0,22	3,33	1,26	0,06	0,06	0,14	0,05	0,08	0,01	5,85
2012	0,10	0,35	0,40	0,14	3,28	1,73	0,48	0,14	0,07	0,20	0,18	0,04	7,29
2013	–0,01	–0,01	0,24	0,18	4,44	1,39	0,32	0,16	0,12	0,17	0,009	0,06	7,30
2014	0,05	0,23	0,08	0,15	1,71	2,77	0,59	0,47	0,01	0,12	0,02	0,03	6,37
2015	0,33	0,10	0,06	0,34	2,21	1,21	0,28	–0,04	0,19	–0,02	0,02	0,17	4,93
2016	0,40	0,05	0,01	0,12	0,02	3,40	1,21	0,01	0,22	0,04	0,00	–0,03	5,53
2017	0,05	0,03	0,06	– 0,12	1,03	0,62	0,03	0,13	0,26	0,19	0,04	0,27	2,62
2018	0,39	0,28	– 0,02	0,22	0,55	0,63	0,34	0,32	– 0,03	0,15	0,28	0,08	3,23
2019	0,54	0,28	0,16	0,22	0,06	1,81	0,87	0,07	0,11	0,10			4,29

Fonte: http://www.portaldefinancas.com/cub_gl_nbr_2006_ssp.htm.

6.9 UM RETROSPECTO DA INFLAÇÃO BRASILEIRA ATÉ O PLANO REAL

6.9.1 OBRIGAÇÕES REAJUSTÁVEIS DO TESOURO NACIONAL (ORTN)

No Brasil, a primeira vez que se fixou um índice oficial de inflação foi no ano de 1964, pela Lei n. 4.357, de 16 de julho de 1964, que criou a Obrigação Reajustável do Tesouro Nacional (ORTN).

A ORTN foi emitida em outubro de 1964, com valor inicial de Cr$ 10.000,00 (dez mil cruzeiros), moeda vigente na época, com a finalidade de atrair investimentos de longo prazo para financiar a dívida pública.

Em 1º de dezembro de 1964, a Lei n. 4.511 extinguiu a fração do Cruzeiro denominada centavo. A partir de agosto de 1965, a ORTN, que então valia Cr$ 15.200, passou a ter variação mensal.

Em 8 de fevereiro de 1967, o Decreto n. 60.190 instituiu o Cruzeiro Novo (NCr$) como unidade monetária, equivalente a Cr$ 1.000,00, restabelecendo o centavo.

O Conselho Monetário Nacional, pela Resolução n. 47, de 8 de fevereiro de 1967, estabeleceu a data de 13 de fevereiro de 1967 para início da vigência do novo padrão monetário.

A ORTN, que em fevereiro de 1967 valia Cr$ 23.780, teve seu valor dividido por 1.000, passando a valer NCr$ 23,78.

A Resolução n. 144, de 31 de março de 1970, do Conselho Monetário Nacional restabeleceu a denominação "cruzeiro" a partir de 15 de maio de 1970, mantendo o centavo. A ORTN, que então valia NCr$ 45,08, passou a valer Cr$ 45,08.

Em 15 de agosto de 1984, quando a Lei n. 7.214 extinguiu a fração do cruzeiro denominada centavo, a ORTN, que valia Cr$ 14.619,90, passou a valer Cr$ 14.619.

Em fevereiro de 1986 o valor da ORTN era de Cr$ 93.039.

6.9.1.1 Os índices da FGV

Após 1964, os índices da FGV passaram a ter um caráter oficial, sendo seu uso explicitamente definido em vários decretos e regulamentos. A própria ORTN, criada nesse ano, era definida com base nos índices da FGV.

Aconteceu, entretanto, a tão temida reversão das expectativas inflacionárias: a curva inflacionária deixou de ir baixando e começou a subir, conforme nos mostram a tabela e o gráfico a seguir:

Taxas percentuais mensais/anuais do IGP-DI (1964-1985)			
Ano	**IGP-DI**	**Ano**	**IGP-DI**
1964	72,63	1975	29,34
1965	34,31	1976	46,26
1966	39,13	1977	38,79
1967	25,00	1978	40,81
1968	25,43	1979	77,25
1969	19,34	1980	110,23
1970	19,26	1981	95,20
1971	19,49	1982	99,73
1972	15,71	1983	211,02
1973	15,58	1984	223,81
1974	34,54	1985	235,13

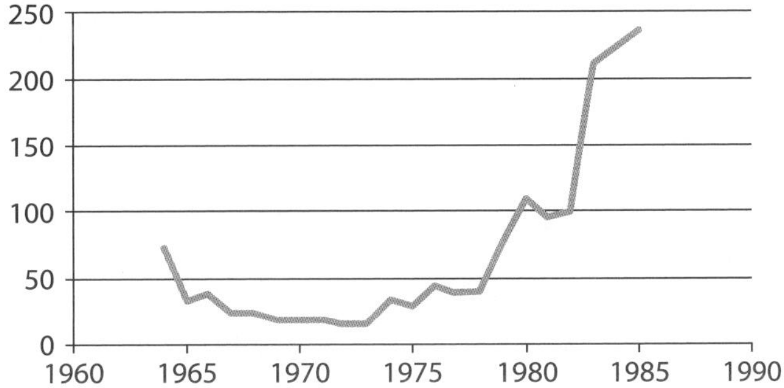

Gráfico 6.3 – Evolução do IGP-DI no período 1964-1985.

Na época, o grande receio era que se a inflação começasse a subir poderia não parar mais, ficando fora de controle, haja vista que, quando a aceleração da inflação se torna pública, o clima de incerteza gerado ajuda a empurrar a inflação para patamares ainda maiores.

6.9.2 OBRIGAÇÕES DO TESOURO NACIONAL (OTN)

Em 27 de fevereiro de 1986, o Decreto-Lei n. 2.283, posteriormente substituído pelo Decreto-Lei n. 2.284, de 10 de março de 1986, e disciplinado pela Resolução n. 1.100, de 28 de fevereiro de 1986, do Conselho Monetário Nacional, instituiu o cruzado (Cz$) como nova unidade monetária, equivalente a Cr$ 1.000,00, restabelecendo o centavo.

Essa mudança do padrão monetário fazia parte do Plano Cruzado I, lançado pelo ministro da Fazenda Dílson Funaro, durante o governo José Sarney.

O plano congelou os preços e salários por um ano. Os salários foram congelados pelo valor médio dos últimos seis meses, acrescido de um abono de 8%. Previu, ainda, o chamado "gatilho salarial", ou seja: toda vez que a inflação atingisse ou ultrapassasse a marca dos 20%, os assalariados teriam um reajuste automático do mesmo valor, acrescido de diferenças a serem negociadas nos dissídios das diferentes categorias.

O Plano Cruzado I extinguiu a correção monetária, motivo pelo qual a ORTN perdeu a palavra "reajustável", passando a ser denominada OTN (Obrigação do Tesouro Nacional).

Em março de 1986, a OTN teve seu valor dividido por 1.000 para acompanhar a mudança do padrão monetário e passou a valer Cz$ 106,40.

O Plano Cruzado I teve como efeito imediato a contenção da inflação e o aumento do poder aquisitivo da população. O país foi tomado por um clima de euforia. Milhares de pessoas passaram a vigiar os preços (eram os "fiscais do Sarney"). Cresceu o consumo em todos os estratos sociais.

Quatro meses depois, porém, o plano passou a fazer água. As mercadorias desapareceram das prateleiras dos supermercados, os fornecedores passaram a cobrar ágio e a inflação voltou a subir.

A economia, entretanto, ficou desorganizada e a inflação disparou.

Logo após as eleições, em 21 de novembro de 1986, foi implantado o Plano Cruzado II.

O Plano Cruzado II liberou os preços de produtos e serviços, autorizou que os preços dos aluguéis fossem negociados entre inquilinos e proprietários, aumentou os impostos sobre cigarros e bebidas e alterou o cálculo da inflação, que passou a ser medido com base nos gastos das famílias com renda de até cinco salários mínimos.

De novembro de 1986 a junho de 1987, o INPC do IBGE foi adotado como índice oficial para delimitar reajustes de salários.

Houve grande declínio das exportações e aumento considerável das importações, esgotando as reservas cambiais.

Em 20 de janeiro de 1987, foi decretada moratória (suspensão de pagamento dos serviços da dívida externa). O plano provocou um aumento generalizado dos preços: bebidas, por exemplo, tiveram um aumento de 100%; os automóveis, 80%; combustíveis, 60%.

A inflação disparou.

A OTN manteve o valor de Cz$ 106,40 até fevereiro de 1987. A partir de 1º de março de 1987, passou a ser reajustada mensalmente.

Cinco meses após a implantação do Plano Cruzado II, o ministro Dílson Funaro foi substituído por Luís Carlos Bresser Pereira. O novo ministro, que assumiu em 29 de abril de 1987, implantou o Plano Bresser.

A inflação em maio de 1987 chegou a 23,67%. Esse recorde foi alimentado pelo déficit público, já que o governo gastava mais do que arrecadava.

Em junho, o presidente Sarney decretou um congelamento de preços e salários por dois meses. Para deter o déficit público, eliminou o subsídio ao trigo, aumentou os impostos e adiou grandes obras já planejadas, como a ferrovia Norte-Sul, o polo petroquímico do Rio de Janeiro e o trem-bala entre Rio e São Paulo. Foi extinto o gatilho salarial e retomaram-se as negociações com o Fundo Monetário Internacional (FMI), suspendendo a moratória.

Entretanto, os resultados não foram satisfatórios, e, ao final do ano, a inflação chegou a 366%.

Em 6 de janeiro de 1988, o ministro Bresser saiu, e no seu lugar entrou Maílson da Nóbrega, que assumiu o Ministério da Fazenda propondo realizar uma política econômica "feijão com arroz", ou seja: conviver com a inflação sem adotar medidas drásticas, mas apenas ajustes localizados para evitar a hiperinflação. Resultado: a inflação saiu dos 366% em 1987 para atingir 933% ao longo de 1988.

6.9.3 BÔNUS DO TESOURO NACIONAL (BTN)

Em 15 de janeiro de 1989, Maílson da Nóbrega apresentou um novo plano econômico: o Plano Verão.

A Medida Provisória n. 32, de 15 de janeiro de 1989, convertida na Lei n. 7.730, de 31 de janeiro de 1989, disciplinada pela Resolução n. 1.565, de 16 de janeiro de 1989, instituiu o cruzado novo (NCz$) como unidade do sistema monetário, correspondente a CZ$ 1.000,00, mantendo o centavo.

A OTN, que em janeiro de 1989 valia CZ$ 6.170,19, foi extinta, e foi criado em seu lugar o Bônus do Tesouro Nacional (BTN), com valor de NCz$ 1,00.

O Plano Verão impôs outro congelamento de preços e acabou com a correção monetária. Propôs a privatização de diversas estatais e anunciou vários cortes nos gastos públicos, com a exoneração dos funcionários contratados nos últimos cinco anos.

Os cortes não foram feitos, o plano fracassou e a inflação disparou. Só em dezembro de 1989, os preços subiram 53,55%. De fevereiro de 1989 a fevereiro de 1990 a inflação chegou a 2.751%.

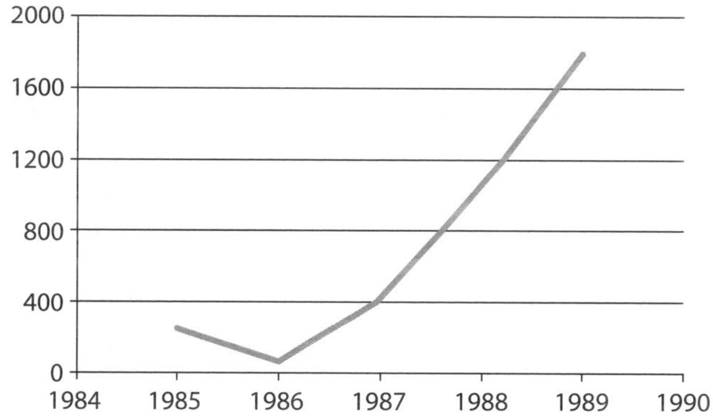

Gráfico 6.4 – Evolução do IGP-DI no período de 1985 a 1989.

Em 15 de março de 1990, Fernando Collor de Mello assumiu o primeiro governo civil brasileiro eleito por voto direto desde 1960. Foi também o primeiro presidente escolhido dentro das regras da Constituição de 1988, com plena liberdade partidária e eleição em dois turnos. O Ministério da Fazenda foi assumido por Zélia Cardoso de Mello.

Ao assumir, o presidente lançou seu programa de estabilização, denominado Plano Collor I. A Medida Provisória n. 168, de 15 de março de 1990, convertida na Lei n. 8.024, de 12 de abril de 1990, e regulamentada pela Resolução n. 1.689, de 18 de março de 1990, restabeleceu a denominação de **Cruzeiro (Cr$)**, correspondendo Cr$ 1,00 a NCz$ 1,00. Em março de 1990 a BTN valia Cr$ 29,5399.

O Plano Collor I foi baseado em um gigantesco e inédito confisco monetário, congelamento temporário de preços e salários e reformulação dos índices de correção monetária.

Em seguida foram tomadas medidas duras de enxugamento da máquina estatal, como a extinção das autarquias e a demissão em massa de funcionários públicos.

Ao mesmo tempo, foram anunciadas providências no sentido de abrir a economia nacional à competição externa, facilitando a entrada de mercadorias e capital estrangeiro no país.

Os planos de modernização econômica e reforma administrativa foram bem recebidos de forma geral. As elites políticas apoiaram a desregulamentação da economia e a redução da intervenção estatal no setor.

Resumindo, os resultados desses ajustes heterodoxos, particularmente os congelamentos, que feriam o princípio básico da economia – a "lei da oferta e procura" –, não conseguiram manter a inflação em patamares aceitáveis. Como consequência, no período de 1985 a 1990 tivemos seis ministros da Fazenda e dez presidentes do Banco de Central.

O custo social resultante desses planos ainda não foi totalmente estimado.

6.9.4 TAXA REFERENCIAL (TR)

O quadro de crescente descontrole macroeconômico que se desenhava desde os últimos meses de 1990, e fazia retornar o temor de uma crise hiperinflacionária (a inflação já ultrapassava o patamar de 20% am), bem como as suspeitas de envolvimento de ministros e altos funcionários do governo em uma grande rede de corrupção começaram a minar o governo Collor.

Assim, o Plano Collor II, implantado em fevereiro de 1991, que foi apresentado como uma continuação do Plano Collor I, representou uma intervenção de emergência, e contou desde o início com um grau de credibilidade muito reduzido.

O Plano Collor II centrou-se em um congelamento de preços e salários, visando derrubar rapidamente a inflação.

O congelamento dos salários pelo seu nível médio de 1990 e o fim dos indexadores visaram impedir a reposição das perdas salariais já acumuladas desde o início do governo Collor e evitar sua reindexação.

Ao mesmo tempo foi proposta uma nova política salarial, com a unificação das datas bases, e a instituição de apenas dois reajustes anuais baseados em negociações coletivas. Na prática, caso aprovada, a proposta congelaria os salários até julho e haveria novo reajuste só em novembro.

As medidas do Plano Collor II que tiveram efeitos mais relevantes e duradouros foram as modificações no mercado financeiro, entre as quais podemos citar: a extinção do "*overnight*" e dos fundos de curto prazo, a criação do Fundo de Aplicação Financeira (FAF), a criação da Taxa Referencial (TR), bem como da Taxa Referencial Diária (TRD), e a extinção do BTN, cujo valor na época era de Cr$ 126,86.

O FAF se tornou a única alternativa de aplicação com liquidez diária sem carência. Devido à composição de sua carteira, englobando, entre outros elementos, títulos da dívida pública, o FAF teria rendimento inferior ao extinto "*overnight*" e ao Certificado de Depósito Bancário (CDB). Além disso, sobre os saques de recursos aplicados por menos de um mês incidiria uma tributação complementar.

Esses fatores representavam, na verdade, a cobrança de um pedágio por uma maior liquidez, estimulando a separação dos recursos destinados a transações correntes (que em princípio seriam aplicados no FAF) da poupança financeira propriamente dita (que seria destinada a outros ativos financeiros). Criava-se, assim, um mercado cativo para os títulos públicos, reduzindo-se o custo da rolagem da dívida.

A TR foi criada como nova referência para operações financeiras (em substituição à indexação por índices de preços). A ideia era a de propiciar ao mercado financeiro uma taxa de juros básica semelhante à Libor do mercado londrino, ou a Prime Rate do mercado estadunidense.

A introdução da TR representava, na visão dos seus criadores, a substituição da inflação passada pela expectativa futura, pois sua fixação basear-se-ia nos juros praticados pelo mercado, mais especificamente na média dos CDB de 30 dias, descontando-se dois pontos percentuais.

Essa substituição deveria trazer diversos benefícios: em primeiro lugar, a nova forma de indexação seria capaz de acompanhar as mudanças nas expectativas mais de perto do que a indexação tradicional, o que deveria evitar a volatilidade das taxas prefixadas nos momentos de grande incerteza. Além disso, a TR deteria a instabilidade dos depósitos em caderneta de poupança, que costumavam cair rapidamente nos momentos de elevação dos juros.

Por fim, a introdução da TR, paralelamente ao congelamento de preços, permitiria eliminar a "memória inflacionária" na correção dos ativos, até então atrelados ao BTN (cadernetas de poupança, cruzados bloqueados e contratos do Sistema Financeiro da Habitação, SFH), conduzindo a uma desvalorização sensível desses ativos, uma vez que a TR em fevereiro fora fixada em 7%, enquanto o BTN apontava para uma inflação superior a 20%. Os contratos, que até janeiro de 1991 estavam atrelados à variação do BTN, passaram a ser corrigidos por BTN + TR.

Atualmente, a TR é utilizada para corrigir os depósitos em cadernetas de poupança e as prestações resultantes de empréstimos junto ao SFH. Embora seja utilizada como indexador de contratos, a TR é uma taxa de juros e não pode ser confundida como medida da inflação.

O plano não funcionou, e a inflação oscilou entre 5% e 10% entre março e maio de 1991. Em maio de 1991 caiu a equipe econômica da ministra Zélia Cardoso de Mello. Marcílio Marques foi o novo escolhido para o Ministério da Fazenda.

Entre junho de 1991 e setembro de 1991, a inflação subiu de 10% para 16%. Essa brusca aceleração esteve associada à rápida liberação dos preços, em um contexto com forte pressão de recuperação da margem de lucro das indústrias (que haviam sofrido redução sensível entre março de 1990 e maio de 1991), e a liberação dos cruzados bloqueados por meio de ações judiciais.

A partir de junho de 1991 o saldo da balança comercial sofreu forte queda, com grande expansão das importações, indicando que o nível de reservas tendia a se fragilizar. Em setembro de 1991, as autoridades reagiram ao crescente descontrole macroeconômico e à sua debilitação política, dando início a uma nova etapa na condução da política econômica, nitidamente ortodoxa.

O aumento da taxa de juros, das taxas de câmbio e das tarifas públicas contribuiu para que a inflação saltasse de 16% em setembro de 1991 para 27% em janeiro de 1992.

Medidas tomadas pela equipe econômica promoveram uma queda da inflação a partir de março até maio de 1992, quando então ela voltou a subir.

Em 26 de maio de 1992, o Congresso Nacional instalou uma CPI para apurar as denúncias de irregularidades envolvendo o presidente Collor. O processo de *impeachment* contra o presidente foi apreciado na Câmara dos Deputados em 29 de setembro de 1992.

Em 2 de outubro de 1992 ocorreu o afastamento temporário do presidente Collor. Em 29 de dezembro do mesmo ano, com seu *impeachment*, o mineiro Itamar Franco, que muitos eleitores sequer sabiam que tinham elegido como vice de Collor, assumiu a presidência do país.

De janeiro a agosto de 1993, o presidente Itamar Franco trocou quatro vezes o ministro da Fazenda, enquanto a inflação saltava de 26% para 33% ao mês. Em 1º de agosto de 1993, Fernando Henrique Cardoso assumiu o Ministério da Fazenda.

A Medida Provisória n. 336, de 28 de julho de 1993, convertida na Lei n. 8.697, de 27 de agosto de 1993, regulamentada pela Resolução n. 2.010, de 28 de julho de 1993, instituiu o Cruzeiro Real (CR$) a partir de 1º de agosto de 1993, em substituição ao cruzeiro, equivalendo CR$ 1,00 a Cr$ 1.000,00. Adotava-se, portanto, o já tradicional procedimento de cortar zeros.

Os primeiros sete meses de circulação da nova moeda apontaram uma inflação de 803% ao ano.

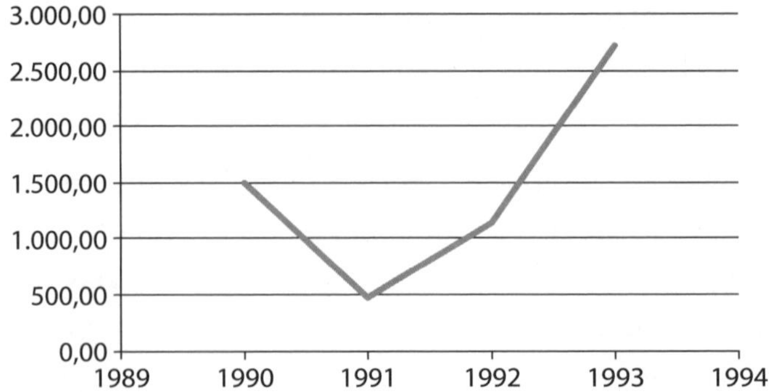

Gráfico 6.5 – Evolução do IGP-DI no período de 1990 a 1993.

6.9.5 A UNIDADE REAL DE VALOR (URV)

O governo Itamar decidiu adotar um indexador único da economia, a fim de estabelecer uma proporção entre preços e salários.

A Medida Provisória n. 434, de 28 de fevereiro de 1994, reeditada com os números 457 de 30 de março de 1994 e 482 de 29 de abril de 1994, convertida na Lei n. 8.880, de 27 de maio de 1994, criou a Unidade Real de Valor (URV) como medida preparatória para a implantação de uma nova moeda: o Real.

Patrões e empregados utilizavam o fator de conversão entre a URV e o cruzeiro real para determinar preços e salários. No caso dos salários a conversão não deveria ocorrer "pelo pico", o que traria de volta a espiral inflacionária, nem "pelo piso", o que resultaria em prejuízo aos trabalhadores. A alternativa encontrada foi a conversão pela média de quatro meses, levando em conta a periodicidade da atualização dos salários (duas vezes ao ano), conforme a política vigente quando da introdução da URV.

Dos salários e benefícios previdenciários, a introdução da URV se estendeu aos preços privados, às tarifas, aos preços públicos e, finalmente, aos contratos com cláusulas de reajuste.

Ao transformar negócios prefixados em pós-fixados, o novo padrão monetário levou os agentes econômicos a uma análise mais criteriosa dos seus custos, iniciando um processo de eliminação da memória inflacionária.

6.9.6 O REAL

Em 1º de julho de 1994, quando grande parte dos valores havia sido convertida para a URV, a Medida Provisória n. 542, de 30 de junho de 1994, instituiu o Real como unidade do sistema monetário, equivalendo a CR$ 2.750,00. Foi mantido o centavo. A nova moeda foi introduzida sem que houvesse um consenso da sociedade de que a transição já estava completada. O governo foi acusado de render-se a objetivos eleitorais.

Para manter o valor da nova moeda, o Congresso deveria estabelecer regulamentos e diretrizes na forma de limites quantitativos rígidos para emissão de moeda, que poderiam ser alterados pelo CMN (Conselho Monetário Nacional) somente em 20%, e em ocasiões extraordinárias.

Adicionalmente, um teto máximo na taxa de câmbio foi introduzido: um real equivalia a um dólar. Nessa época, o Banco Central detinha US$ 40 bilhões de reservas.

A brusca queda da inflação teve efeitos significativos sobre o poder de compra da população.

A popularidade do Plano Real deu a Fernando Henrique a vitória nas eleições presidenciais de 3 de outubro de 1994.

A fase pós-real (de julho de 1994 a outubro de 2019) incluiu:

- o governo do presidente Fernando Henrique Cardoso (de 1995 a 2002);
- o governo do presidente Luiz Inácio Lula da Silva (de 2003 a 2010);
- o governo da presidenta Dilma Rousseff (de 2011 a 12 de maio de 2016);
- o governo do presidente Michel Temer (de 12 de maio de 2016 a 2018);
- o governo do presidente Jair Bolsonaro (2019).

Apesar de todas as turbulências políticas que costumam afetar a inflação, elas não foram suficientes para tirá-la de patamares bastante satisfatórios, conforme nos mostram a tabela e o gráfico a seguir:

Inflação acumulada por período (em porcentagem)		
Índices	**Janeiro de 1993 a julho 1994**	**Plano Real (agosto de 1994 a outubro de 2019)**
ICV do Dieese	30.027,46	507,29
IPC da Fipe	29.706,49	384,44
INPC do IBGE	23.869,72	478,52
IPCA do IBGE	23.524,22	470,21
IPC da FGV	28.821,20	500,53
IPA da FGV	27.593,85	728,75
INCC da FGV	30.539,63	675,69
IGP-DI da FGV	30.099,62	656,29
IGPM da FGV	30.979,05	697,48
CUB do Sinduscon	26.229,61	538,85

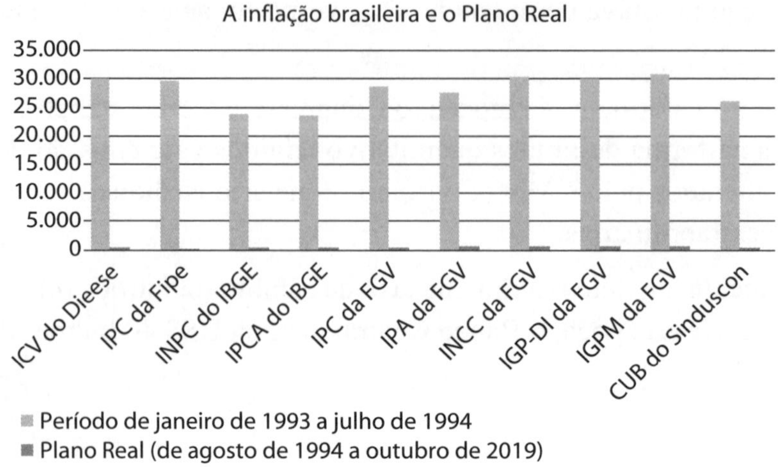

6.10 ATUALIZAÇÃO MONETÁRIA

Consideremos um índice indicador da inflação, **I**, cujos valores em k períodos consecutivos foram, respectivamente:

$$\mathbf{I_0, I_1, I_2, ..., I_{n-1}, I_n, I_{n+1}, ..., I_{n+k}}$$

sendo $\mathbf{I_0}$ o valor do índice no início do primeiro período, $\mathbf{I_1}$ o valor desse índice no final do primeiro período, $\mathbf{I_2}$ o valor desse índice no final do segundo período, e assim sucessivamente.

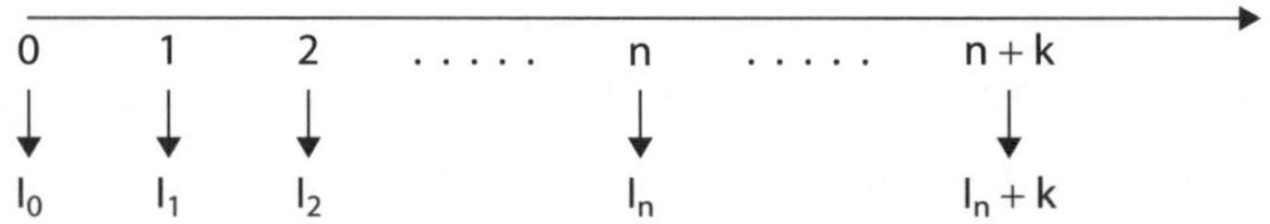

Nessas condições, tendo em vista o conceito de índice indicador da inflação, a taxa de correção monetária correspondente ao primeiro período é dada por:

$$I_1 = I_0 \cdot (1 + i_1) \Rightarrow i_1 = \frac{I_1}{I_0} - 1$$

De forma semelhante, obtemos a taxa de correção monetária para o segundo período, ou seja:

$$I_2 = I_1 \cdot (1 + i_2) \Rightarrow i_2 = \frac{I_2}{I_1} - 1$$

Assim, de forma geral, a taxa de correção monetária para um período qualquer é dada por:

$$i_n = \frac{I_n}{I_{n-1}} - 1 \quad (A)$$

Consequentemente, a taxa acumulada de inflação para **n** períodos consecutivos será dada por:

$$i_{ac} = \frac{I_n}{I_0} - 1 \quad (B)$$

Uma outra forma de obter a inflação acumulada para n períodos consecutivos é por meio da fórmula:

$$i_{ac} = (1+i_1).(1+i_2)\ldots(1+i_n) - 1 \quad (C)$$

O leitor interessado poderá verificar a demonstração da fórmula (C) no Capítulo 9 (item 9.16).

Exemplo:

E 6.4 A tabela a seguir fornece os valores do IGP-M de dezembro de 2002 a fevereiro de 2004:

IGP-M (Base: 08/1994 = 100)					
Dez./2002	**270,867**	**Maio/2003**	**289,747**	**Out./2003**	**291,229**
Jan./2003	277,173	Jun./2003	286,843	Nov./2003	292,657
Fev./2003	283,506	Jul./2003	285,649	Dez./2003	294,455
Mar./2003	287,855	Ago./2003	286,735	Jan/./2004	297,039
Abr./2003	290,512	Set./2003	290,127	Fev./2004	299,097

Supondo que a correção monetária de um empréstimo foi fixada com base no IGP-M, determine:

a) a taxa de correção monetária para janeiro de 2004;

b) a taxa de correção monetária para fevereiro de 2004;

c) a taxa acumulada de correção monetária para os primeiros dois meses de 2004;

d) a taxa acumulada de correção monetária para o ano de 2003;

e) a taxa acumulada de correção monetária referente ao período de setembro de 1994 a fevereiro de 2004.

Resolução:

a)

$$i_{JAN/04} = \frac{IGPM_{JAN/04}}{IGPM_{DEZ/03}} - 1 = \frac{297,039}{294,455} - 1 = 0,0088 \ \mathbf{(0,88\%\ am)}$$

Resposta: 0,88% am.

b)

$$i_{FEV/04} = \frac{IGPM_{FEV/04}}{IGPM_{JAN/04}} - 1 = \frac{299,097}{297,039} - 1 = 0,0069 \ \mathbf{(0,69\%\ am)}$$

Resposta: 0,69% am.

c)

$$i_{ac} = \frac{IGPM_{FEV/04}}{IGPM_{DEZ/03}} - 1 = \frac{299,097}{294,455} - 1 = 0,0158 \ \mathbf{(1,58\%\ ap)}$$

Resposta: 1,58% ap.

Solução alternativa (utilizando a fórmula C)

$$i_{ac} = (1 + i_{JAN/04}) \,.\, (1 + i_{FEV/04}) - 1 = (1 + 0,0088) \,.\, (1 + 0,0069) - 1$$

$$i_{ac} = 0,0158 \ \mathbf{(1,58\%\ ap)}$$

Resposta: 1,58% ap.

d)

$$i_{2003} = \frac{IGPM_{DEZ/03}}{IGPM_{DEZ/02}} - 1 = \frac{294,455}{270,867} - 1 = 0{,}0871 \ \mathbf{(8,71\%\,ap)}$$

Resposta: 8,71% ap. O leitor deve observar que, neste caso, se possível (ou seja, havendo acesso aos valores do índice), não seria conveniente utilizar a fórmula (C), já que esta seria muito extensa (neste caso, envolveria 12 parênteses).

c) Em agosto de 1994, com a entrada do Plano Real, a FGV descontinuou o cálculo do IGP-M, e este assumiu nessa data o valor 100.

$$i_{ac} = \frac{IGPM_{FEV/04}}{IGPM_{AGO/94}} - 1 = \frac{299,097}{100} - 1 = 1{,}9910 \ \mathbf{(199,10\%\,ap)}$$

Resposta: 199,10% ap.

6.11 TAXA DE DESVALORIZAÇÃO DA MOEDA

Se os salários de uma determinada categoria de trabalhadores não sofrer alteração durante um determinado período, a ocorrência de inflação nesse período gera, como já vimos, uma redução do poder de compra desses salários.

Exemplificando, consideremos um televisor cujo preço era de R$ 1.000,00. Após uma inflação de 30%, seu preço passou a ser R$ 1.300,00. Nessas condições, a quantidade de moeda capaz de comprar o televisor ao preço inicial é capaz, agora, de comprar somente:

$$\left(\frac{1.000,00}{1.300,00}\right) . \ 100 = 76{,}92\% \text{ do televisor.}$$

Em outras palavras, a quantidade de moeda capaz de comprar o televisor ao preço inicial deixa agora de comprar:

$$100 - 76{,}92 = 23{,}08\% \text{ do televisor.}$$

Essa porcentagem **(23,08%)** recebe o nome de taxa de desvalorização da moeda ($\mathbf{i_d}$). Assim, sendo $\mathbf{i}_i$ a taxa de inflação no período considerado, pode-se mostrar que:

$$i_d = \frac{i_i}{1+i_i}$$

O leitor interessado poderá verificar a demonstração da fórmula no Capítulo 9 (item 9.17).

Exemplo:

E 6.5 Os funcionários de uma empresa não tiveram reajuste de salário no período de 1º de maio de 2002 a 1º de fevereiro de 2003. Utilizando o INPC do IBGE como índice indicador da inflação, determine a taxa de inflação acumulada no período, bem como a taxa de desvalorização do salário destes funcionários.

Resolução:

INPC do IBGE:

INPC (IBGE) – 2002								2003
Maio	**Jun.**	**Jul.**	**Ago.**	**Set.**	**Out.**	**Nov.**	**Dez.**	**Jan.**
0,09	0,61	1,15	0,86	0,83	1,57	3,39	2,70	2,47

Taxa de inflação acumulada no período:

$$i_{ac} = (1+i_{MAIO/02}).(1+i_{JUN/02}).\;.\;.(1+i_{DEZ/02}).(1+i_{JAN/03}) - 1$$
$$i_{ac} = (1+0{,}0009).(1+0{,}0061)\;.\;.\;.\;(1+0{,}0270).(1+0{,}0247) - 1$$
$$i_{ac} = 0{,}1448 \quad \mathbf{(14{,}48\%\ ap)}$$

Taxa de desvalorização da moeda no período:

$$i_d = \frac{i_i}{1+i_i} = \frac{0{,}1448}{1+0{,}1448} = 0{,}1265 \quad \mathbf{(12{,}65\%\ ap)}$$

Resposta: inflação acumulada, 14,48% ap; desvalorização da moeda, 12,65% ap.

6.12 TAXA MÉDIA DE INFLAÇÃO

Examinando o valor das taxas mensais de inflação do IPCA do IBGE para o ano de 1994, conforme mostrado a seguir:

IPCA (IBGE) – 1994											
Jan.	**Fev.**	**Mar.**	**Abr.**	**Maio**	**Jun.**	**Jul.**	**Ago.**	**Set.**	**Out.**	**Nov.**	**Dez.**
41,28	43,23	43,65	40,20	38,47	45,50	23,12	4,40	1,79	2,71	2,18	0,17

observamos a ocorrência de altas taxas de inflação (dois dígitos) no período de janeiro de 1994 a julho de 1994 (antes da implantação do Plano Real) e taxas de inflação menores (apenas um dígito) a partir de agosto de 1994.

Em muitos casos, entretanto, é conveniente determinar, para o período considerado (no caso, o ano de 1994), uma taxa média mensal (ou seja, uma taxa idêntica em todos os meses) capaz de gerar a mesma taxa acumulada no período.

Apresentamos a seguir a fórmula a ser utilizada nesses casos:

$$\mathbf{i_m = \sqrt[n]{1 + i_{ac}} - 1}$$

O leitor interessado na demonstração dessa fórmula poderá encontrá-la no Capítulo 9 (item 9.18).

Exemplo:

E 6.6 Determine a taxa média mensal de inflação para o ano de 1994 utilizando o ICV do Dieese como índice indicador da inflação.

Resolução:

Examinando o ICV do Dieese no ano de 1994, observamos a ocorrência de altas taxas de inflação (dois dígitos) até o mês de julho, quando ocorreu a implantação do Plano Real, e de taxas bem mais baixas (um dígito) nos meses de agosto a dezembro.

ICV (Dieese) – 1994												
Jan.	**Fev.**	**Mar.**	**Abr.**	**Maio**	**Jun.**	**Jul.**	**Ago.**	**Set.**	**Out.**	**Nov.**	**Dez.**	**Total**
41,50	39,28	41,30	48,08	43,74	49,15	27,19	–	–	–	–	–	–
Entrada do Plano Real												
–	–	–	–	–	–	–	2,21	0,66	2,98	2,74	0,53	1.130,44

Nessas condições, a taxa média de inflação medida pelo ICV do Dieese para o ano de 1994 é de:

$$i_m = \sqrt[n]{1 + i_{ac}} - 1 = \sqrt[12]{1 + 11{,}3044} - 1 = (12{,}3044)^{1/12} - 1 = 23{,}26\% \text{ ap}$$

Resposta: 23,26% ap.

6.13 TAXA REAL E TAXA APARENTE

Em períodos de inflação (particularmente em períodos com altas taxas de inflação), as taxas de juros em operações financeiras (aplicações e empréstimos), operações comerciais (crescimento e lucro nas vendas) e as variações de preços e salários precisam ser analisadas com muito cuidado, pois taxas aparentemente altas e positivas podem se tornar baixas e até mesmo negativas quando se leva em conta a inflação nesses períodos.

Tendo isso em vista, vamos denominar por taxa aparente (ou taxa nominal) aquela que se obtém sem que seja levada em conta a inflação do período considerado, e por taxa real aquela que se obtém quando se expurga a inflação do período considerado.

Chamamos a atenção do leitor para um erro que se comete comumente: confundir o termo expurgar com subtrair.

Na verdade, a taxa real e a taxa aparente se relacionam por meio da seguinte fórmula:

$$\mathbf{i_r = \frac{1 + i_a}{1 + i_i} - 1}$$

em que $\mathbf{i_i}$ representa a taxa de inflação e $\mathbf{i_a}$, a taxa aparente no período considerado.

O leitor interessado na demonstração da fórmula acima poderá encontrá-la no Capítulo 9 (item 9.19).

Exemplo:

E 6.7 Um funcionário que recebia um salário de R$ 1.300,00 desde 1º de janeiro de 2003 o teve majorado para R$ 1.410,00 em 1º de fevereiro de 2004. Utilizando o IPC da FGV como índice indicador da inflação no período, determine a taxa real e a taxa aparente (nominal) de aumento do salário desse funcionário.

Resolução:

Inicialmente, vamos determinar a taxa aparente (nominal) de aumento do salário desse funcionário, no período considerado:

$$FV = PV(1 + i_a) \Rightarrow 1.410{,}00 = 1.300{,}00\,(1 + i_a) \Rightarrow i_a = \frac{1.410{,}00}{1.300{,}00} - 1$$

$$\mathbf{i_a = 0{,}0846\,(8{,}46\%\ ap)}$$

Depois, tendo em vista a tabela a seguir:

IPC (FGV)													
	Jan.	**Fev.**	**Mar.**	**Abr.**	**Maio**	**Jun.**	**Jul.**	**Ago.**	**Set.**	**Out.**	**Nov.**	**Dez.**	**Anual**
2003	2,32	1,37	1,06	1,12	0,69	-0,16	0,34	0,13	0,76	0,21	0,33	0,43	8,92
2004	1,08	0,28	0,46	0,31	0,71	0,78	0,59	0,79	0,01	0,10	0,37	0,63	6,27

vamos calcular a inflação acumulada no período medida pelo IPC da FGV:

$$i_{ac} = (1+i_{JAN/03}).(1+i_{FEV/03}).(1+i_{MAR/03}) \quad . \quad . \quad . \quad (1+i_{DEZ/03}).(1+i_{JAN/04}) - 1$$

$$i_{ac} = (1+i_{2003}).(1+i_{JAN/04}) - 1$$

$$i_{ac} = (1+0{,}0892).(1+0{,}0108) - 1$$

$$i_{ac} = 0{,}1010 \quad \mathbf{(10{,}10\%\ ap)}$$

Finalmente, vamos calcular a taxa real de aumento de salário desse funcionário no período considerado:

$$i_r = \frac{1+i_a}{1+i_i} - 1 \quad \Rightarrow \quad i_r = \frac{1+0{,}0846}{1+0{,}1010} - 1 \quad \Rightarrow \quad -0{,}0149 \quad \mathbf{(-1{,}49\%\ ap)}$$

O sinal negativo nos informa que o aumento real não foi capaz de repor o poder aquisitivo que esse salário tinha em 1º de janeiro de 2003. Para isso, basta observar que a taxa aparente (nominal) de aumento do salário (8,46% ap) foi menor do que a taxa de inflação no período medida pelo IPC da FGV (10,10% ap).

6.14 APLICAÇÕES COM JUROS E CORREÇÃO MONETÁRIA

Estão disponíveis no mercado aplicações financeiras em que o investidor, além de receber juros, recebe também uma correção monetária que pode ser prefixada ou pós-fixada.

As aplicações com juros e correção monetária prefixada permitem que o investidor conheça antecipadamente o valor dos juros resultantes da operação financeira. Nesse caso, a correção monetária é fixada antecipadamente, com base em uma estimativa.

As principais aplicações desse tipo disponíveis no mercado são o CDB, que pode ser negociado antes do vencimento, o Recibo de Depósito Bancário (RDB), que não pode ser negociado antes do vencimento, e as Letras de Câmbio (LC), que são títulos de crédito que podem ser negociados antes do vencimento.

Já nas aplicações com juros e correção monetária pós-fixada, o investidor só conhece o valor dos juros ao final da operação financeira. As principais aplicações desse tipo disponíveis no mercado são o CDB, o RDB e a caderneta de poupança.

6.14.1 CÁLCULO DO MONTANTE

Teoricamente, é possível calcular o montante das operações financeiras com juros e correção monetária de diversas formas, utilizando juros simples e compostos, calculando os juros e a correção monetária de forma sucessiva ou simultânea, incidentes sobre o capital ou sobre o montante atualizado do período anterior.

Na prática, entretanto, o modelo de cálculo do montante utilizado na maioria das operações financeiras desse tipo, e particularmente na caderneta de poupança, é o seguinte: **atualização monetária e juros compostos calculados sucessivamente sobre o montante atualizado no período anterior.**

Devemos frisar que apenas o modelo mencionado preserva o capital bem como os juros dos efeitos da inflação e, portanto, apenas nesse modelo as taxas de correção monetária e os juros podem ser considerados reais.

Por esse motivo, apenas esse modelo será alvo do nosso estudo.

6.15 TAXA BÁSICA FINANCEIRA (TBF)

A TBF começou a ser divulgada em julho de 1995 pelo Banco Central.

A sua divulgação é diária, e sua metodologia de cálculo segue a Resolução n. 2.809, de 21 de dezembro de 2000, conforme descrito a seguir:

- semestralmente, o Banco Central seleciona uma amostra com as 20 maiores instituições financeiras do país segundo informações prestadas por estas instituições, com relação ao volume de captação em CDB e RDB prefixados, com prazos entre 30 e 35 dias corridos, e as suas respectivas taxas;
- da amostra selecionada, o Banco Central desconsidera as instituições com as duas menores e as duas maiores taxas;
- o cálculo da TBF, além de depender das taxas dos CDB/RDB, também é influenciado pelo número de dias úteis do período de referência;
- para cada dia do mês, o Banco Central divulga a TBF sempre para o período de um mês (por exemplo: de 11 de junho de 2015 a 11 de julho de 2015). Essa divulgação ocorre no primeiro dia útil posterior ao dia de referência (assim,

em 12 de outubro de 2019 o investidor sabe o valor atualizado da sua aplicação para o dia 11 de novembro de 2019);

- as operações contratadas no mercado financeiro com base na TBF estão sujeitas a um prazo mínimo de 60 dias.

Apresentamos a seguir a TBF mensal em porcentagem para os meses de agosto, setembro e outubro 2019.

TBF mensal (em %, por dia) – Ago./2019					
Período		**TBF**	**Período**		**TBF**
01/08	01/09	0,4705	16/08	16/09	0,4394
02/08	02/09	0,4412	17/08	17/09	0,4394
03/08	03/09	0,4409	18/08	18/09	0,4604
04/08	04/09	0,4620	19/08	19/09	0,4814
05/08	05/09	0,4830	20/08	20/09	0,4801
06/08	06/09	0,4833	21/08	21/09	0,4794
07/08	07/09	0,4830	22/08	22/09	0,4585
08/08	08/09	0,4617	23/08	23/09	0,4376
09/08	09/09	0,4397	24/08	24/09	0,4374
10/08	10/09	0,4398	25/08	25/09	0,4583
11/08	11/09	0,4608	26/08	26/09	0,4791
12/08	12/09	0,4817	27/08	27/09	0,4793
13/08	13/09	0,4818	28/08	28/09	0,4794
14/08	14/09	0,4817	29/08	29/09	0,4588
15/08	15/09	0,4608	30/08	30/09	0,4377
			31/08	01/10	0,4360

Fonte: Banco Central do Brasil.

TBF mensal (em %, por dia) – Set./2019					
Período		**TBF**	**Período**		**TBF**
01/09	01/10	0,4360	16/09	16/10	0,4256
02/09	02/10	0,4552	17/09	17/10	0,4223
03/09	03/10	0,4526	18/09	18/10	0,4191
04/09	04/10	0,4499	19/09	19/10	0,4153
05/09	05/10	0,4475	20/09	20/10	0,3917
06/09	06/10	0,4261	21/09	21/10	0,3717
07/09	07/10	0,4048	22/09	22/10	0,3898
08/09	08/10	0,4237	23/09	23/10	0,4079
09/09	09/10	0,4425	24/09	24/10	0,4069

(continua)

(continuação)

Período		TBF	Período		TBF
10/09	10/10	0,4381	25/09	25/10	0,4073
11/09	11/10	0,4357	26/09	26/10	0,4909
12/09	12/10	0,4326	27/09	27/10	0,3844
13/09	13/10	0,4109	28/09	28/10	0,3651
14/09	14/10	0,3886	29/09	29/10	0,3833
15/09	15/10	0,4071	30/09	30/10	0,4015

Fonte: Banco Central do Brasil.

TBF mensal (em %, por dia) – Out./2019					
Período		**TBF**	**Período**		**TBF**
01/10	31/10	0,4007	16/10	16/11	0,3913
01/10	01/11	0,4189	17/10	17/11	0,3717
02/10	02/11	0,4182	18/10	18/11	0,3531
03/10	03/11	0,4003	19/10	19/11	0,3518
04/10	04/11	0,3797	20/10	20/11	0,3693
05/10	05/11	0,3819	21/10	21/11	0,3868
06/10	06/11	0,4001	22/10	22/11	0,3861
0710	07/11	0,4182	23/10	23/11	0,3867
08/10	08/11	0,4152	24/10	24/11	0,3683
09/10	09/11	0,4135	25/10	25/11	0,3494
10/10	10/11	0,3936	26/10	26/11	0,3488
11/10	11/11	0,3750	27/10	27/11	0,3662
12/10	12/11	0,3741	28/10	28/11	0,3835
13/10	13/11	0,3919	29/10	29/11	0,3740
14/10	14/11	0,4097	30/10	30/11	0,3808
15/10	15/11	0,4101	31/10	01/12	0,3624

Fonte: Banco Central do Brasil.

TBF mensal (em %, por dia) – Nov./2019					
Período		**TBF**	**Período**		**TBF**
01/11	01/12	0,3452	02/11	02/12	0,3277

Fonte: Banco Central do Brasil.

Fonte: http://www.portaldefinancas.com/tbfp16.htm.

Observação

O Banco Central estabelece regras específicas para os seguintes casos particulares:

- Quando inexiste o dia correspondente ao dia de referência, no mês seguinte, será considerado como término do período o dia primeiro do mês seguinte.
- Assim, examinando a tabela da TBF correspondente ao mês de outubro, verificamos que, como novembro tem apenas 30 dias, o período correspondente ao dia 31 de outubro (dia de referência) termina em 1º de dezembro.
- Já o período correspondente ao dia 1º de novembro (dia de referência) termina normalmente em 1º de dezembro, como nos mostra a tabela da TBF correspondente ao mês de novembro.

Quando a data de referência for o dia primeiro de um mês, com número de dias maior que o número de dias do mês anterior, devem ser calculadas TBF adicionais, tantas quantas a diferença entre o número de dias deste mês e os dias do próprio mês que não tenham correspondência com o mês anterior.

Assim, examinando a tabela da TBF correspondente ao mês de outubro, verificamos que, como setembro (mês anterior) tem apenas 30 dias (um a menos), foi gerada uma TBF adicional no período de 1º de outubro a 31 de outubro, sem prejuízo do período normal de 1º de outubro a 1º de novembro.

Apresentamos a seguir as taxas percentuais mensais e anuais da TBF a partir do ano de 1995. Lembrando que a TBF é calculada diariamente, os valores a seguir referem-se às taxas percentuais mensais da TBF com vencimento no 1º dia do mês considerado, ou seja, períodos de 1º a 1º do mês subsequente:

Taxas mensais e anuais da TBF (em %) – A partir de 1995													
	Jan.	Fev.	Mar.	Abr.	Maio	Jun.	Jul.	Ago.	Set.	Out.	Nov.	Dez.	Anual
1995	–	–	–	–	–	–	3,9754	3,8358	3,1626	2,9755	2,7574	2,6574	
1996	2,5716	2,2750	2,1245	1,9683	1,9278	1,8223	1,8424	1,8350	1,8183	1,7997	1,7723	1,7291	26,18
1997	1,7212	1,6280	1,5876	1,5770	1,5914	1,5879	1,6143	1,5830	1,6036	1,6115	2,7010	2,7977	23,86
1998	2,5923	2,0834	2,2616	1,6274	1,5995	1,6369	1,6463	1,4188	1,4959	2,5337	2,4146	2,2042	26,21
1999	1,9738	2,6447	3,0127	2,9188	2,0445	1,5747	1,5369	1,5281	1,4848	1,3992	1,3521	1,5535	24,71
2000	1,3874	1,4155	1,3968	1,2115	1,4422	1,3765	1,2664	1,3648	1,1649	1,2230	1,1910	1,1602	16,76
2001	1,2284	0,9671	1,2042	1,1662	1,3248	1,2374	1,4370	1,6280	1,2745	1,5349	1,3450	1,3406	16,86

(continua)

(continuação)

Taxas mensais e anuais da TBF (em %) – A partir de 1995												
	Jan.	**Fev.**	**Mar.**	**Abr.**	**Maio**	**Jun.**	**Jul.**	**Ago.**	**Set.**	**Out.**	**Nov.**	**Dez.**	**Anual**
2002	1,4622	1,1984	1,2978	1,4285	1,3626	1,2700	1,4788	1,4511	1,3377	1,5002	1,4776	1,6556	18,30
2003	1,9047	1,7571	1,6932	1,7740	1,8615	1,7823	2,0346	1,7492	1,6207	1,5853	1,3096	1,3321	22,42
2004	1,2094	1,0463	1,3098	1,1283	1,1762	1,2179	1,2472	1,2626	1,2046	1,1720	1,1858	1,4329	15,61
2005	1,3301	1,1572	1,4767	1,3526	1,4457	1,5430	1,4706	1,6310	1,4669	1,3624	1,3351	1,4096	18,37
2006	1,4053	1,0932	1,3597	1,0463	1,2408	1,1556	1,1268	1,2460	1,0134	1,0692	0,9893	0,9634	14,60
2007	1,0607	0,8427	1,0091	0,9182	0,9903	0,8761	0,9481	0,9578	0,7855	0,9051	0,8194	0,8245	11,50
2008	0,8818	0,7645	0,8012	0,8762	0,8442	0,9055	1,0230	0,9687	1,0286	1,1128	0,9731	1,0567	11,83
2009	1,0055	0,8054	0,9550	0,8057	0,7352	0,7661	0,7858	0,6798	0,6481	0,6332	0,6328	0,7137	9,56
2010	0,6485	0,5749	0,7497	0,6289	0,7113	0,7293	0,8259	0,8616	0,8407	0,7875	0,7738	0,8716	9,38
2011	0,8320	0,8128	0,9222	0,7872	0,9683	0,9023	0,9139	1,0493	0,8911	0,8325	0,8250	0,8544	11,12
2012	0,8571	0,7287	0,7875	0,6828	0,7071	0,6087	0,6745	0,6624	0,5089	0,6153	0,5268	0,5088	8,16
2013	0,5707	0,4727	0,4984	0,5598	0,5716	0,5739	0,6810	0,6480	0,6580	0,7726	0,6808	0,7197	7,66
2014	0,7934	0,7441	0,7068	0,7362	0,8109	0,7968	0,8762	0,8107	0,8480	0,8746	0,7887	0,8961	10,12
2015	0,8685	0,7669	0,9206	0,8982	0,9062	1,0028	1,0825	1,0183	1,0236	1,0606	0,9808	1,0669	12,23
2016	0,9831	0,9265	1,0586	0,9815	1,0246	1,0360	1,0435	1,1067	1,0289	0,9714	0,9439	1,0164	12,82
2017	0,9914	0,7804	0,9631	0,7210	0,8370	0,7240	0,7627	0,7212	0,5528	0,5918	0,5016	0,4744	8,97
2018	0,5527	0,4302	0,4989	0,4650	0,4672	0,4859	0,5070	0,5279	0,4418	0,5132	0,4609	0,4614	5,94
2019	0,3595	0,3452	0,4189	0,4360	0,4705	0,5160	0,4375	0,5062	0,4728	0,4380	0,4572	0,3595	5,49

Fonte: Banco Central do Brasil.

6.16 TAXA REFERENCIAL (TR)

A TR, que foi instituída inicialmente pela Medida Provisória n. 294, de 31 de janeiro de 1991, e posteriormente pela Lei n. 8.177, de 1º de março de 1991, fazia parte de um conjunto de medidas de política econômica, o chamado Plano Collor II.

Essa taxa, que deveria servir como referência para os juros vigentes no Brasil, teria divulgação diária para evitar que a taxa de juros do mês vigente refletisse a inflação do mês anterior, gerando a desindexação da economia por meio da perda da memória inflacionária.

Ela é gerada por meio da aplicação de um redutor sobre a TBF. O cálculo desse redutor varia de acordo com os critérios de política econômica do Banco Central. A fórmula do redutor é:

$$R = a + b \,.\, TBF$$

em que:

- **a** é um valor fixo igual a 1,005 (definido na criação da TR);
- **b** depende do valor da TBF (definido pelo Banco Central).

Uma vez calculado R, basta substituir os valores na fórmula

$$TR = 100 \,.\, [(1 + TBF) / R - 1]$$

Convém ainda ressaltar que quando o cálculo da TR fornece um valor negativo, ele passa a ser considerado como zero.

Apresentamos a seguir quadros comparativos da TR e da TBF para os meses de junho, julho e agosto de 2017.

TR × TBF (em %, por dia) – Junho/2017							
Período	**D. úteis**	**TR**	**TBF**	**Período**	**D. úteis**	**TR**	**TBF**
01/06 a 01/07	21	0,0536	0,7240	16/06 a 16/07	21	0,0367	0,6969
02/06 a 02/07	20	0,0168	0,6669	17/06 a 17/07	20	0,0171	0,6772
03/06 a 03/07	19	0,0032	0,6532	18/06 a 18/07	21	0,0508	0,7111
04/06 a 04/07	20	0,0275	0,6877	19/06 a 19/07	22	0,0895	0,7601
05/06 a 05/07	21	0,0736	0,7441	20/06 a 20/07	22	0,0600	0,7304
06/06 a 06/07	21	0,0799	0,7504	21/06 a 21/07	22	0,0701	0,7406
07/06 a 07/07	21	0,0361	0,6963	22/06 a 22/07	22	0,0903	0,7709
08/06 a 08/07	21	0,0834	0,7540	23/06 a 23/07	21	0,0516	0,7219
09/06 a 09/07	20	0,0204	0,6705	24/06 a 24/07	20	0,0273	0,6875
10/06 a 10/07	19	0,0000	0,6361	25/06 a 25/07	21	0,0517	0,7220
11/06 a 11/07	20	0,0196	0,6697	26/06 a 26/07	22	0,0861	0,7567
12/06 a 12/07	21	0,0422	0,7025	27/06 a 27/07	22	0,0581	0,7285
13/06 a 13/07	21	0,0655	0,7359	28/06 a 28/07	22	0,0853	0,7959
14/06 a 14/07	21	0,0699	0,7404	29/06 a 29/07	22	0,0653	0,7357
15/06 a 15/07	21	0,0483	0,7186	30/06 a 30/07	21	0,0806	0,7511

Fonte: Banco Central do Brasil.

TR × TBF (em %, por dia) – Julho/2017							
Período	**D. úteis**	**TR**	**TBF**	**Período**	**D. úteis**	**TR**	**TBF**
01/07 a 31/07	20	0,0360	0,7262	16/07 a 16/08	22	0,0497	0,7200
01/07 a 01/08	21	0,0623	0,7627	17/07 a 17/08	23	0,0647	0,7351
02/07 a 02/08	22	0,0885	0,7991	18/07 a 18/08	23	0,0880	0,7586
03/07 a 03/08	23	0,1274	0,8483	19/07 a 19/08	23	0,0713	0,7418
04/07 a 04/08	23	0,1054	0,7861	20/07 a 20/08	22	0,0501	0,7204
05/07 a 05/08	23	0,0892	0,7598	21/07 a 21/08	21	0,0194	0,6795
06/07 a 06/08	22	0,0499	0,7202	22/07 a 22/08	21	0,0119	0,6620
07/07 a 07/08	21	0,0591	0,7295	23/07 a 23/08	22	0,0335	0,6937
08/07 a 08/08	21	0,0415	0,7018	24/07 a 24/08	23	0,0459	0,7062
09/07 a 09/08	22	0,0650	0,7354	25/07 a 25/08	23	0,0704	0,7409

(continua)

(continuação)

TR × TBF (em %, por dia) – Julho/2017							
Período	**D. úteis**	**TR**	**TBF**	**Período**	**D. úteis**	**TR**	**TBF**
10/07 a 10/08	23	0,0681	0,7386	26/07 a 26/08	23	0,0804	0,7609
11/07 a 11/08	23	0,0517	0,7220	27/07 a 27/08	22	0,0209	0,6710
12/07 a 12/08	23	0,0813	0,7518	28/07 a 28/08	21	0,0314	0,6916
13/07 a 13/08	22	0,0556	0,7160	29/07 a 29/08	21	0,0107	0,6608
14/07 a 14/08	21	0,0431	0,7034	30/07 a 30/08	22	0,0322	0,6924
15/07 a 15/08	21	0,0270	0,6872	31/07 a 31/08	23	0,0301	0,6903

Fonte: Banco Central do Brasil.

TR × TBF (em %, por dia) – Agosto/2017							
Período	**D. úteis**	**TR**	**TBF**	**Período**	**D. úteis**	**TR**	**TBF**
01/08 a 01/09	23	0,0509	0,7212	17/08 a 17/09	21	0,0000	0,6301
02/08 a 02/09	23	0,0319	0,6921	18/08 a 18/09	20	0,0000	0,5839
03/08 a 03/09	22	0,0424	0,7027	19/08 a 19/09	20	0,0000	0,5929
04/08 a 04/09	21	0,0180	0,6781	20/08 a 20/09	21	0,0000	0,6226
05/08 a 05/09	21	0,0000	0,6484	21/08 a 21/09	22	0,0122	0,6623
06/08 a 06/09	22	0,0193	0,6794	22/08 a 22/09	22	0,0191	0,6692
07/08 a 07/09	23	0,0177	0,6778	23/08 a 23/09	22	0,0000	0,6217
08/08 a 08/09	22	0,0084	0,6585	24/08 a 24/09	21	0,0000	0,6215
09/08 a 09/09	22	0,0089	0,6590	25/08 a 25/09	20	0,0000	0,5693
10/08 a 10/09	21	0,0000	0,6217	26/08 a 26/09	20	0,0000	0,5818
11/08 a 11/09	20	0,0000	0,5961	27/08 a 27/09	21	0,0000	0,6110
12/08 a 12/09	20	0,0000	0,6009	28/08 a 28/09	22	0,0040	0,6540
13/08 a 13/09	21	0,0000	0,6311	29/08 a 29/09	22	0,0098	0,6599
14/08 a 14/09	22	0,0165	0,6666	30/08 a 30/09	22	0,0000	0,6044
15/08 a 15/09	22	0,0185	0,6786	31/08 a 31/09	21	0,0000	0,6133
16/08 a 16/09	22	0,0125	0,6626				

Fonte: Banco Central do Brasil.

Para calcular o valor percentual da TBF e da TR por um dia útil ou anualizada (252 dias úteis), por exemplo, para o período de 15 de agosto a 15 de setembro de 2019 (22 dias úteis), devemos proceder como segue:

- TBF:

0,6786 < i >

1 < ENTER > 22 < ÷ > < n >

< g > < GTO > (0)01

< R/S > → 0,0307% (TBF para um dia útil)

< i >

252 < ENTER > 1 < ÷ > < n >

< g > < GTO > (0)01

< R/S > → 8,0548% (TBF anualizada para 252 dias úteis)

- TR:

0,0185 < i >

1 < ENTER > 22 < ÷ > < n >

< g > < GTO > (0)01

< R/S > → 0,0008% (TR para um dia útil)

< i >

252 < ENTER > 1 < ÷ > < n >

< g > < GTO > (0)01

< R/S > → 0,2121% (TBF anualizada para 252 dias úteis)

Taxas mensais e anuais da TR (em %) – A partir de 1991													
	Jan.	**Fev.**	**Mar.**	**Abr.**	**Maio**	**Jun.**	**Jul.**	**Ago.**	**Set.**	**Out.**	**Nov.**	**Dez.**	**Anual**
1991	–	7,00	8,50	8,93	8,99	9,40	10,05	11,95	16,78	19,77	30,52	28,42	335,51
1992	25,48	25,61	24,27	21,08	19,81	21,05	23,69	23,22	25,38	25,07	23,29	23,95	1.156,22
1993	26,76	26,40	25,81	28,22	28,68	30,08	30,37	33,34	34,62	36,53	36,16	36,80	2.474,73
1994	41,44	39,68	41,85	45,97	46,44	46,88	5,03	–	–	–	–	–	–
Entrada do Plano Real													
1994	–	–	–	–	–	–	–	2,13	2,44	2,56	2,92	2,87	951,19
1995	2,10	1,85	2,30	3,47	3,25	2,89	2,99	2,60	1,94	1,65	1,44	1,34	31,6207
1996	1,25	0,96	0,81	0,65	0,58	0,6099	0,5851	0,6275	0,6620	0,7419	0,8146	0,8717	9,551
1997	0,7440	0,6616	0,6316	0,6211	0,6354	0,6535	0,6580	0,6270	0,6474	0,6553	1,5334	1,3085	9,7849
1998	1,1459	0,4461	0,8995	0,4720	0,4543	0,4913	0,5503	0,3749	0,4512	0,8892	0,6136	0,7434	7,7938
1999	0,5163	0,8289	1,1614	0,6092	0,5761	0,3108	0,2933	0,2945	0,2715	0,2265	0,1998	0,2998	5,7295
2000	0,2149	0,2328	0,2242	0,1301	0,2492	0,2140	0,1547	0,2025	0,1038	0,1316	0,1197	0,0991	2,0962
2001	0,1369	0,0368	0,1724	0,1546	0,1827	0,1458	0,2441	0,3436	0,1627	0,2913	0,1928	0,1983	2,2852

(continua)

(continuação)

Taxas mensais e anuais da TR (em %) – A partir de 1991													
	Jan.	**Fev.**	**Mar.**	**Abr.**	**Maio**	**Jun.**	**Jul.**	**Ago.**	**Set.**	**Out.**	**Nov.**	**Dez.**	**Anual**
2002	0,2591	0,1171	0,1758	0,2357	0,2102	0,1582	0,2656	0,2481	0,1955	0,2768	0,2644	0,3609	2,8023
2003	0,4878	0,4116	0,3782	0,4184	0,4650	0,4166	0,5465	0,4038	0,3364	0,3213	0,1776	0,1899	4,6485
2004	0,1280	0,0458	0,1778	0,0874	0,1546	0,1761	0,1952	0,2005	0,1728	0,1108	0,1146	0,2400	1,8184
2005	0,1880	0,0962	0,2635	0,2003	0,2527	0,2993	0,2575	0,3466	0,2637	0,2100	0,1929	0,2269	2,8335
2006	0,2326	0,0725	0,2073	0,0855	0,1888	0,1937	0,1751	0,2436	0,1521	0,1875	0,1282	0,1522	2,0377
2007	0,2189	0,0721	0,1876	0,1272	0,1689	0,0954	0,1469	0,1466	0,0352	0,1142	0,0590	0,0640	1,4452
2008	0,1010	0,0243	0,0409	0,0955	0,0736	0,1146	0,1914	0,1574	0,1970	0,2506	0,1618	0,2149	1,6348
2009	0,1840	0,0451	0,1438	0,0454	0,0449	0,0656	0,1051	0,0197	0,0000	0,0000	0,0000	0,0533	0,7090
2010	0,0000	0,0000	0,0792	0,0000	0,0510	0,0589	0,1151	0,0909	0,0702	0,0472	0,0336	0,1406	0,6887
2011	0,0715	0,0524	0,1212	0,0369	0,1570	0,1114	0,1229	0,2076	0,1003	0,0620	0,0645	0,0937	1,2079
2012	0,0864	0,0000	0,1068	0,0227	0,0468	0,0000	0,0144	0,0123	0,0000	0,0000	0,0000	0,0000	0,2897
2013	0,0000	0,0000	0,0000	0,0000	0,0000	0,0000	0,0209	0,0000	0,0079	0,0920	0,0207	0,0494	0,1910
2014	0,1126	0,0537	0,0266	0,0459	0,0604	0,0465	0,1054	0,0602	0,0873	0,1038	0,0483	0,1053	0,8592
2015	0,0878	0,0168	0,1296	0,1074	0,1153	0,1813	0,2305	0,1867	0,1920	0,1790	0,1297	0,2250	1,7954
2016	0,1320	0,0957	0,2168	0,1304	0,1533	0,2043	0,1621	0,2545	0,1575	0,1601	0,1428	0,1849	2,0126
2017	0,1700	0,0302	0,1519	0,0000	0,0764	0,0536	0,0623	0,0509	0,0000	0,0000	0,0000	0,0000	0,5967
2018	0,0000	0,0000	0,0000	0,0000	0,0000	0,0000	0,0000	0,0000	0,0000	0,0000	0,0000	0,0000	0,0000
2019	0,0000	0,0000	0,0000	0,0000	0,0000	0,0000	0,0000	0,0000	0,0000	0,0000	0,0000	0,0000	0,0000

Fonte: http://www.portaldefinancas.com/tr1920.htm

Lembrando que a TR é calculada diariamente, os valores da tabela acima referem-se às taxas percentuais mensais da TR, com vencimento no 1º dia do mês considerado, ou seja, períodos de 1º a 1º do mês subsequente, considerando apenas os dias úteis do mês e o ano com 252 dias úteis.

É importante ressaltar o impacto da TR na poupança e no FGTS.

POUPANÇA: a partir de 2012, o governo alterou a forma de calcular a rentabilidade da poupança. Com a taxa Selic acima de 8,5% aa o rendimento é de 0,5% am. mais TR. Com a taxa Selic abaixo de 8,5% a poupança rende 70% da Selic mais TR.

6.17 O FUNDO GARANTIDOR DE CRÉDITO (FGC)

O FGC é uma entidade privada, sem fins lucrativos, que administra um mecanismo de proteção aos correntistas, poupadores e investidores, o qual permite recuperar os créditos mantidos em instituições financeiras dele participantes no caso de decretação de intervenção, liquidação ou falência dessas instituições, até um determinado valor.

Participam desse fundo todas as instituições financeiras em funcionamento no país que:

- recebam depósitos à vista, em contas de poupança ou depósitos a prazo;
- realizem aceite em letras de câmbio;
- captem recursos mediante a emissão e a colocação de letras imobiliárias, de letras hipotecárias, de letras de crédito imobiliário ou de letras de crédito do agronegócio.

Essas instituições contribuem mensalmente para a manutenção do FGC mediante uma porcentagem de 0,0125% sobre os saldos das contas e aplicações garantidas.

O FGC garante os seguintes tipos de créditos:

- depósitos à vista;
- depósitos de poupança;
- depósitos a prazo com ou sem emissão de certificado (CDB/RDB);
- depósitos destinados ao pagamento de salários, aposentadorias, pensões e similares;
- letras (de câmbio, hipotecárias, do crédito imobiliário, do crédito do agronegócio e similares).

O dinheiro aplicado em fundos de investimento não tem garantia do FGC, porque o patrimônio dos bancos não se confunde com o patrimônio dos fundos de investimentos, dos quais eles são apenas administradores. Assim, quando um banco enfrenta problemas, os cotistas do fundo podem, mediante assembleia, mudar a administração para outro banco. Esses fundos são, entretanto, fiscalizados pela Comissão de Valores Mobiliários (CVM).

O FGC garante um total de créditos de cada pessoa física ou jurídica contra a mesma instituição financeira, ou contra todas as instituições do mesmo conglomerado, no valor de R$ 250.000,00.

Na prática, são somados os créditos de cada credor identificado pelo seu CPF/CNPJ contra todas as instituições do mesmo conglomerado. Consequentemente, cônjuges são considerados pessoas distintas, seja qual for o regime de bens do casamento.

No caso de contas conjuntas, o valor da garantia é limitado a R$ 250.000,00 (ou ao saldo da conta quando inferior a esse limite), dividido pelo número de titulares, sendo o crédito do valor garantido feito de forma individual.

Ainda há um limite global de garantia de R$ 1.000.000,00 por CPF/CNPJ para aplicações realizadas a partir de 22/12/2017.

Exemplificando:

- Consideremos uma pessoa que possui em uma instituição financeira os seguintes créditos: R$ 35.000,00 em conta-corrente, R$ 125.000,00 em CDB e R$ 50.000,00 em fundos de investimento. Neste caso, embora o total de créditos seja inferior ao valor de R$ 250.000,00, o FGC garantirá apenas o valor de R$ 160.000,00 (lembre-se de que os créditos do fundo de investimento não são garantidos pelo FGC).
- Consideremos uma pessoa que possui em uma instituição financeira os seguintes créditos: R$ 78.000,00 em conta-corrente, R$ 134.000,00 em caderneta de poupança e R$ 97.000,00 em CDB. Neste caso, embora o total de créditos seja de R$ 309.000,00, o FGC garantirá apenas R$ 250.000,00, e o excedente, no valor de R$ 59.000,00, será utilizado na liquidação da instituição financeira, tornando ínfimas as chances de reavê-lo.

6.18 TAXA DE JUROS DE LONGO PRAZO (TJLP)

A TJLP é a menor taxa da economia brasileira e foi regulamentada inicialmente em 30 de dezembro de 1994.

Seu cálculo se baseia na meta de inflação fixada pelo Conselho Monetário Nacional (CMN) com base no Índice de Preços ao Consumidor Amplo (IPCA) mais um prêmio de risco que incorpora uma taxa de juros internacional e um componente do risco Brasil para médio e longo prazos.

A vigência da TJLP é de três meses. Até dezembro de 1998, o início da vigência trimestral ocorria em 1º de dezembro, 1º de março, 1º de junho e 1º de setembro, e sua divulgação ocorria no último dia do trimestre anterior ao da sua vigência. A partir de 1999, o início da vigência trimestral passou a ocorrer em 1º de janeiro, 1º de abril, 1º de julho e 1º de outubro, e sua divulgação ocorria no último dia do trimestre anterior ao da sua vigência.

Histórico da tabela da TJLP em %				
	Jan. a Mar.	**Abr. a Jun.**	**Jul. a Set.**	**Out. a Dez.**
2006	9,00	8,15	7,50	6,85
2007	6,50	6,50	6,25	6,25
2008	6,25	6,25	6,25	6,25
2009	6,25	6,25	6,00	6,00
2010	6,00	6,00	6,00	6,00

(continua)

(continuação)

HISTÓRICO DA TABELA DA TJLP EM %				
	JAN a MAR	**ABR a JUN**	**JUL a SET**	**OUT a DEZ**
2011	6,00	6,00	6,00	6,00
2012	6,00	6,00	5,50	5,50
2013	5,00	5,00	5,00	5,00
2014	5,00	5,00	5,00	5,00
2015	5,50	6,00	6,50	7,00
2016	7,50	7,50	7,50	7,50
2017	7,50	7,00	7,00	7,00
2018	6,75	6,60	6,56	6,98
2019	7,03	6,26	5,95	5,57
2020	5,09			

Fonte: BNDES.

A TJLP e a TLP

TJLP era a taxa cobrada pelo governo nos empréstimos do BNDES.

Na data da substituição pela TLP, a TJLP se encontrava em torno de 7%, menor do que a Selic, que na época era de 9,25%. Era na verdade uma taxa subsidiada pelo governo, em outras palavras, quando o BNDES empresta dinheiro a 7% mas paga 9,25% ao ano na captação desse mesmo dinheiro, o Tesouro sai no prejuízo.

A TLP foi proposta pela ex-presidente do BNDES Maria Silva Bastos e buscou resolver os principais problemas da TJLP. As taxas da TLP são definidas pelas notas da NTN-B (títulos públicos do tipo tesouro inflação), igualando assim os custos de captação e os juros dos empréstimos, além de retirar do governo o poder do estabelecimento da taxa.

A TJLP foi substituída pela TLP (Taxa de Longo Prazo) em contratos de financiamento firmados a partir de 1º de janeiro de 2018. A TJLP será mantida até o fim da vigência dos contratos referentes às operações aprovadas pela Diretoria do BNDES antes de 1º de janeiro de 2018. Para isso, ela continuará sendo calculada e divulgada trimestralmente pelo Conselho Monetário Nacional (CMN), obedecendo aos parâmetros estabelecidos pela Lei 10.183, de 2001.

Histórico da tabela da TLP em %			
Jan./2018	**2,70**	**Fev./2019**	**2,98**
Fev./2018	2,74	Mar./2019	2,84
Mar./2018	2,71	Abr./2019	2,70
Abr./2018	2,62	Maio/2019	2,67

(continua)

(continuação)

Histórico da tabela da TLP em %			
Jan./2018	**2,70**	**Fev/2019**	**2,98**
Maio/2018	2,55	Jun./2019	2,64
Jun./2018	2,58	Jul./2019	2,53
Jul./2019	2,78	Ago./2019	2,25
Ago./2018	3,00	Set./2019	2,03
Set./2018	3,13	Out./2019	1,91
Out./2018	3,17	Nov./2019	1,80
Nov./2018	3,10	Dez./2019	1,68
Dez./2018	2,98	Jan./2020	1,78
Jan./2019	3,19	Fev./2020	1,79

Fonte: BNDES.

Para contratos assinados em fevereiro de 2020, a TLP era de IPCA +.

6.19 CADERNETA DE POUPANÇA E DISTRIBUIÇÃO DE RENDA

Os dados a seguir, correspondentes ao segundo semestre de 2014, apontam para alguns fatos bastante curiosos:

Faixa (em R$)	Clientes (em milhões)	%	Valor (em R$ milhões)	%
0 I— 100	74,2	57,2	996	0,2
100 I— 500	15,2	11,7	3.721	0,6
500 I— 1.000	7,3	5,6	5.222	0,8
1.000 I— 10.000	21,4	16,6	79.800	12,8
Acima de 10.000	11,6	8,9	536.429	85,6
Total	129,7	100	626.168	100,0

Observe que, enquanto 96,7 milhões de clientes da caderneta de poupança, com salários até R$ 1.000,00 (um salário mínimo aproximadamente), apresentaram um volume total de depósitos de R$ 9.939 milhões (correspondentes a 1,6% do total depositado), 11,6 milhões de clientes da caderneta de poupança, com salários acima de R$ 10.000,00, apresentaram um volume total de depósitos de R$ 536.429 milhões (correspondentes a 85,6% do total depositado). Isso mostra, sem sombra de dúvida, que:

- apesar de uma sensível melhora na distribuição da renda ocorrida nos últimos anos, ainda estamos muito aquém do ideal;
- a caderneta de poupança não é um investimento exclusivo das classes de baixa renda. A justificativa para esse fato é a isenção de impostos e taxas

(particularmente as taxas de administração) existentes nos outros modelos de investimento, além da garantia do FGC.

6.19.1 CARACTERÍSTICAS GERAIS

É o investimento mais tradicional do Brasil, apresenta baixo risco e é regida por regras específicas. Ao contrário do que muitos pensam, a caderneta de poupança pode ser aberta tanto por pessoas físicas quanto jurídicas.

6.19.1.1 Caderneta de poupança física

Sua popularidade se deve ao fato de se tratar de uma aplicação bastante simples, pois está isenta de IR, IOF e taxas de administração, que permite a aplicação de valores muito baixos. É garantida pelo FGC até o limite de R$ 250.000,00.

Um valor correspondente a 65% dos depósitos em caderneta de poupança deve ser destinado pelos bancos aos empréstimos para aquisição de imóveis.

Apresenta liquidez diária, isto é, o investidor pode sacar o dinheiro a qualquer momento.

Denominamos "aniversário da caderneta de poupança" o dia em que a sua aplicação completa um mês, data esta em que são pagos os juros correspondentes. Assim, por exemplo, se no dia 3 de um determinado mês é efetuado um depósito, os juros só serão depositados no dia 3 do mês subsequente. Caso o dia 3 não seja um dia útil, o crédito será efetuado no próximo dia útil. Os depósitos efetuados nos dias 29, 30 e 31 terão como aniversário oficial o dia 1º do mês subsequente (o mês de fevereiro pode ter só 28 dias). Saques ocorridos antes do aniversário não geram rendimento.

Entretanto, nas poupanças múltiplas (ou poupanças inteligentes), os bancos abrem uma nova poupança a cada dia que um depósito é efetuado, gerando, assim, várias datas de aniversário. Cabe, portanto, ao poupador, se possível, efetuar o saque em uma dessas datas.

6.19.1.1.1 Remuneração das cadernetas de poupança físicas

A remuneração das cadernetas de poupança físicas é realizada da seguinte maneira:

- inicialmente, o menor saldo do período é atualizado monetariamente pela TR;
- a seguir, sobre o saldo atualizado pela TR incide um rendimento de 0,5% am (que corresponde a uma taxa anual de 6,17%);
- os saldos mantidos na conta poupança serão reaplicados automaticamente.

6.19.1.1.2 Rentabilidade da caderneta de poupança

Exemplo:

E 6.8 Suponhamos que uma pessoa abriu uma caderneta de poupança múltipla no dia 2 de outubro de 2016 com um depósito de R$ 750,00. Depois, efetuou os seguintes depósitos: no dia 28 de outubro de 2016 depositou R$ 930,00; no dia 13 de novembro de 2016 depositou R$ 358,00; no dia 19 de novembro de 2016 depositou R$ 1.680,00; no dia 5 de dezembro de 2016 depositou R$ 450,00; e no dia 23 de dezembro de 2016 depositou R$ 882,00. Determine o saldo da caderneta de poupança em 1º de fevereiro de 2017.

Resolução:

	Caderneta de Poupança Múltipla			
Data	**Nº CP**	**Depósito**	**Juros**	**Saldo**
01/10/16	–	–	–	0,00
02/10/16	CP1	750,00		750,00
28/10/16	CP2	930,00		1.680,00
02/11/16			5,17 (CP1)	1.685,17
13/11/16	CP3	358,00		2.043,17
19/11/16	CP4	1.680,00		3.723,17
28/11/16			5,65 (CP2)	3.728,79
02/12/16			4,96 (CP1)	3.733,75
05/12/16	CP5	450,00		4183,75
13/12/16			2,31 (CP3)	4.186,06
19/12/16			10,81 (CP4)	4.196,87
23/12/16	CP6	882,00		5.078,87
28/12/16			6,45 (CP2)	5.085,32
02/01/17			5,27 (CP1)	5.090,59
05/01/17			3,27 (CP5)	5.093,86
13/01/17			2,58 (CP3)	5.096,41
19/01/17			12,29 (CP4)	5.108,70
23/01/17			5,74 (CP6)	5.114,44
28/01/17			6,62 (CP2)	5.121,06
01/02/17				5.121,06

No dia 2 de novembro de 2016, data de aniversário da caderneta de poupança 1 (CP1), o menor saldo no período (2 de outubro a 2 de novembro), no caso R$ 750,00, será remunerado da seguinte forma:

$$FV = 750,00\left(1 + \underbrace{0,001886}_{TR}\right)\left(1 + \underbrace{0,005}_{JUROS}\right) = 735,03 \quad (J = R\$ 5,17)$$

No dia 28 de novembro de 2016, data de aniversário da CP2, o menor saldo no período (28 de outubro a 28 de novembro), no caso R$ 930,00, será remunerado da seguinte forma:

$$FV = 930,00\left(1 + \underbrace{0,001066}_{TR}\right)\left(1 + \underbrace{0,005}_{JUROS}\right) = 935,65 \quad (J = R\$ 5,65)$$

No dia 2 de dezembro de 2016, data de aniversário da CP1, o menor saldo no período (2 de novembro a 2 de dezembro), no caso R$ 755,17, será remunerado da seguinte forma:

$$FV = 755,17\left(1 + \underbrace{0,001561}_{TR}\right)\left(1 + \underbrace{0,005}_{JUROS}\right) = 739,86 \quad (J = R\$ 4,96)$$

No dia 13 de dezembro de 2016, data de aniversário da CP3, o menor saldo no período (13 de novembro a 13 de dezembro), no caso R$ 358,00, será remunerado da seguinte forma:

$$FV = 358,00\left(1 + \underbrace{0,001444}_{TR}\right)\left(1 + \underbrace{0,005}_{JUROS}\right) = 360,31 \quad (J = R\$ 2,31)$$

No dia 19 de dezembro de 2016, data de aniversário da CP4, o menor saldo no período (19 de novembro a 19 de dezembro), no caso R$ 1.680,00, será remunerado da seguinte forma:

$$FV = 1.680,00\left(1 + \underbrace{0,001430}_{TR}\right)\left(1 + \underbrace{0,005}_{JUROS}\right) = 1.690,81 \quad (J = R\$ 10,81)$$

No dia 28 de dezembro de 2016, data de aniversário da CP2, o menor saldo no período (19 de novembro a 19 de dezembro), no caso R$ 935,65, será remunerado da seguinte forma:

$$FV = 935,65\left(1 + \underbrace{0,001881}_{TR}\right)\left(1 + \underbrace{0,005}_{JUROS}\right) = 942,10 \quad (J = R\$ 6,45)$$

No dia 2 de janeiro de 2017, data de aniversário da CP1, o menor saldo no período (2 de dezembro a 2 de janeiro), no caso R$ 760,13, será remunerado da seguinte forma:

$$FV = 760{,}13\left(1+\underbrace{0{,}001912}_{TR}\right)\left(1+\underbrace{0{,}005}_{JUROS}\right) = 765{,}40 \ (J = R\$\ 5{,}27)$$

No dia 5 de janeiro de 2017, data de aniversário da CP5, o menor saldo no período (5 de dezembro de 2016 a 5 de janeiro de 2017), no caso R$ 450,00, será remunerado da seguinte forma:

$$FV = 450{,}00\left(1+\underbrace{0{,}002260}_{TR}\right)\underbrace{(1+0{,}005)}_{JUROS} = 453{,}27 \ (J = R\$\ 3{,}27)$$

No dia 13 de janeiro de 2017, data de aniversário da CP3, o menor saldo no período (13 de dezembro a 13 de janeiro), no caso R$ 360,31, será remunerado da seguinte forma:

$$FV = 360{,}31\left(1+\underbrace{0{,}002139}_{TR}\right)\left(1+\underbrace{0{,}005}_{JUROS}\right) = 362{,}89 \ (J = R\$\ 2{,}58)$$

No dia 19 de janeiro de 2017, data de aniversário da CP4, o menor saldo no período (19 de dezembro de 2016 a 19 de janeiro de 2017), no caso R$ 1.690,81, será remunerado da seguinte forma:

$$FV = 1.690{,}81\left(1+\underbrace{0{,}002258}_{TR}\right)\left(1+\underbrace{0{,}005}_{JUROS}\right) = 1.703{,}10 \ (J = R\$\ 12{,}29)$$

No dia 23 de janeiro de 2017, data de aniversário da CP6, o menor saldo no período (23 de dezembro de 2016 a 23 de janeiro de 2017), no caso R$ 882,00, será remunerado da seguinte forma:

$$FV = 882{,}00\left(1+\underbrace{0{,}001501}_{TR}\right)\left(1+\underbrace{0{,}005}_{JUROS}\right) = 887{,}74 \ (J = R\$\ 5{,}74)$$

No dia 28 de janeiro de 2017, data de aniversário da CP2, o menor saldo no período (19 de novembro a 19 de dezembro), no caso R$ 942,10, será remunerado da seguinte forma:

$$FV = 942{,}10\left(1+\underbrace{0{,}002020}_{TR}\right)\left(1+\underbrace{0{,}005}_{JUROS}\right) = 948{,}72\,(J = R\$\ 6{,}62)$$

Vale lembrar que, como os saques ocorridos antes do aniversário não geram rendimento, de forma geral, as datas ideais para os saques seriam precisamente as datas de aniversário.

Caso o portador de uma caderneta de poupança múltipla (inteligente), em uma determinada data, necessite efetuar um saque de valor maior do que o disponível na caderneta com aniversário naquela data, o valor excedente será subtraído da(s) caderneta(s) com data(s) de aniversário anteriores mais próximas, preservando o valor daquelas que não fizeram aniversário.

A tabela a seguir, que fornece os principais índices inflacionários e a TR, a partir de 1991, em porcentagem, nos mostra sem sombra de dúvida que a TR não reflete a taxa de inflação do período considerado, embora seja utilizada como indexador para atualização monetária dos valores depositados na caderneta de poupança.

Ano	TR	ICV	IPC (Fipe)	INPC (IBGE)	IPCA (IBGE)	IGP-M (FGV)	INCC (FGV)
1991	335,51	500,39	458,61	564,89	472,69	458,38	486,30
1992	1.156,22	1.127,52	1.129,45	1.149,05	1.109,11	1.174,67	1.194,59
1993	2.474,73	2.579,33	2.490,99	2.489,11	2.477,15	2.567,34	2.76341
1994	951,19	1.130,44	1.172,48	929,32	916,43	1.246,62	1.029,93
1995	31,6207	27,43	23,17	21,98	22,41	15,24	31,48
1996	9,5551	9,93	10,04	9,12	9,56	9,19	9,57
1997	9,7849	6,11	4,83	4,34	5,01	7,74	6,81
1998	7,7938	0,47	– 1,79	2,49	1,66	1,79	2,76
1999	5,7295	9,57	8,64	8,43	8,94	20,10	9,20
2000	2,0962	7,21	4,38	5,27	5,97	9,95	7,66
2001	2,2852	9,42	7,13	9,44	7,67	10,37	8,85
2002	2,8023	12,93	9,92	14,74	12,53	25,31	12,87
2003	4,6485	9,55	8,17	10,38	9,30	8,69	14,42
2004	1,8184	7,70	6,57	6,13	7,60	12,42	11,04
2005	2,8335	4,53	4,53	5,05	5,69	1,20	6,83
2006	2,0377	2,56	2,54	2,81	3,14	3,85	5,04

(continua)

(continuação)

Ano	TR	ICV	IPC (Fipe)	INPC (IBGE)	IPCA (IBGE)	IGP–M (FGV)	INCC (FGV)
2007	1,4452	4,79	4,37	5,16	4,46	7,75	6,16
2008	1,6348	6,11	6,17	6,48	5,90	9,81	11,86
2009	0,7090	4,05	3,65	4,11	4,31	–1,71	3,25
2010	0,6887	6,91	6,41	6,47	5,91	11,32	7,77
2011	1,2079	6,10	5,80	6,08	6,50	5,10	7,48
2012	0,2897	6,41	5,11	6,20	5,84	7,81	7,12
2013	0,1910	6,03	3,89	5,56	5,91	5,53	8,09
2014	0,8592	6,74	5,21	6,23	6,41	3,67	6,94
2015	1,7954	11,44	11,08	11,28	10,67	10,54	7,49
2016	2,0126	6,17	6,55	6,58	6,29	7,19	6,11
2017	0,6000	2,44	2,28	2,07	2,95	–0,53	4,03
2018	0,0000	3,86	2,99	3,43	3,75	7,55	3,97
2019	0,0000	3,09	4,38	4,48	4,31	7,32	4,13

A partir de julho de 1999, os rendimentos da caderneta de poupança foram fixados em um patamar mínimo de 65% da TBF líquida (TBF com desconto de 20% correspondente ao IR).

Exemplificando, tomemos como base o mês de março de 2002:

- TR de 3 de fevereiro: 0,1758%
- TBF de 3 de fevereiro: 1,2978%
- TBF líquida (desconto de 20% de IR):

1,2978 < ENTER > 80 < % > → 1,0382%

Rendimento da poupança: TR + 0,5% am:

$$i = ((1 + 0{,}001758)\ (1 + 0{,}005) - 1)\ .\ 100 = 0{,}6767\%$$

Percentual do rendimento da poupança em relação à TBF líquida:

1,0382 < ENTER > 0,6767 < %T > → 65,18%

A partir de 2012, a legislação brasileira atrelou a remuneração da poupança à taxa Selic, determinando que:

- os depósitos realizados até 3 de maio de 2012 (conhecidos como "poupança antiga") continuariam a ser atualizados monetariamente pela TR, acrescidos da remuneração mensal fixa de 0,5% am;
- já os depósitos realizados a partir de 4 de maio de 2012 (conhecidos como "nova poupança") seriam atrelados à taxa Selic (taxa básica de juros) da seguinte forma:
    - se a Selic atingir 8,5% aa ou menos, a poupança renderá 70% da Selic mais TR;
    - se a Selic for superior a 8,5% am, a poupança renderá 0,5% am (6,17% aa) mais TR.

Para entender o porquê das mudanças ocorridas na rentabilidade das cadernetas de poupança, devemos atentar para o seguinte fato: na reunião do Copom realizada em 19 de abril de 2012, a meta estabelecida para a taxa Selic foi de 9,00%. Em simulações e projeções, com a taxa Selic nesse patamar, a rentabilidade das cadernetas de poupança só perderia para os fundos de investimento, independentemente do prazo de resgate, quando a taxa de administração cobrada por esses fundos fosse menor ou igual a 0,50% aa.

Como a expectativa nessa data (19 de abril de 2012), sinalizada pelo próprio Banco Central, era de que a taxa Selic recuasse para patamares mais baixos (compatíveis com os dos países desenvolvidos), como de fato ocorreu (ver tabela a seguir), sem alterações nas regras da poupança, que asseguravam ao poupador um rendimento de:

0,5% am + TR

sem tributação de taxas e impostos (que nos fundos de investimento varia de 15% a 22,5%, dependendo do tempo de aplicação), o rendimento da poupança poderia se tornar mais atrativo do que o dos fundos de renda fixa e, como consequência, a população de forma geral e até os grandes investidores poderiam migrar para a caderneta de poupança.

Taxa Selic (em %)			
2012		**2013**	
19/01	10,50	**17/01**	7,25
08/03	9,75	**07/03**	7,25
19/04	9,00	**18/04**	7,50
31/05	8,50	**30/05**	8,00
12/07	8,00	**11/07**	8,50
30/08	7,50	**29/08**	9,00
11/10	7,25	**10/10**	9,50
29/11	7,25	**28/11**	10,00

Se isso ocorresse:

- O governo teria menos compradores para os títulos públicos. Isso poderia comprometer a "rolagem da dívida pública", que é a emissão de títulos públicos pelo Tesouro Nacional, para pagar os papéis que estão vencendo.
- A fuga dos depósitos a prazo fixo (CDB, RDB e LC) comprometeria a captação de recursos (*funding*), utilizados pelos bancos em operações de empréstimo e financiamento.

6.19.2.2 Caderneta de poupança jurídica

Nesse caso, a periodicidade do crédito dos rendimentos é:

- mensal, quando se tratar de edifícios em condomínios ou pessoa jurídica sem fins lucrativos;
- trimestral, quando se tratar de pessoa jurídica com fins lucrativos.

6.20 EXERCÍCIOS RESOLVIDOS

R 6.1 Uma pessoa aplicou R$ 1.530,00 em uma caderneta de poupança no dia 1º de fevereiro de 2011 e retirou no dia 1º de setembro de 2011. Conhecidos os valores mensais da TR no período:

TR							
	Fev.	**Mar.**	**Abr.**	**Maio**	**Jun.**	**Jul.**	**Ago.**
2011	0,0524	0,1212	0,0369	0,1570	0,1114	0,1229	0,2076

e as taxas percentuais mensais medidas pelo IGP-M da FGV:

IGP-M (FGV)							
	Fev.	**Mar.**	**Abr.**	**Maio**	**Jun.**	**Jul.**	**Ago.**
2011	1,00	0,62	0,45	0,43	–0,18	–0,12	0,44

bem como as taxas percentuais mensais medidas pelo IPCA do IBGE:

IPCA (IBGE)							
	Fev.	**Mar.**	**Abr.**	**Maio**	**Jun.**	**Jul.**	**Ago.**
2011	0,80	0,79	0,77	0,47	0,15	0,16	0,37

pede-se determinar:

a) o montante desta caderneta de poupança em 1º de setembro de 2011 (após o depósito dos rendimentos referentes ao mês de agosto de 2011);

b) a taxa aparente de rendimento da caderneta de poupança no período (1º de fevereiro de 2011 a 1º de setembro de 2011);

c) a inflação acumulada no período medida pelo IGP-M da FGV;

d) o rendimento real da caderneta de poupança no período tomando por base o IGP-M;

e) o rendimento real mensal da caderneta de poupança no período com relação ao IGP-M;

f) a inflação acumulada no período medida pelo IPCA do IBGE;

g) o rendimento real da caderneta de poupança no período tomando por basc o IPCA do IBGE;

h) o rendimento real mensal da caderneta de poupança no período com relação ao IPCA.

Resolução:

Sabemos que a sistemática de remuneração da caderneta de poupança consiste na atualização monetária (pela TR) mais juros compostos (de 0,5% am), calculados sucessivamente sobre o montante atualizado do período anterior. Assim, neste caso, o montante em 1º de setembro de 2011 pode ser obtido da seguinte forma:

a)

$$\mathbf{FV} = PV\,(1+TR_{FEV/11})(1+0,005)(1+TR_{MAR/11})(1+0,005)(1+TR_{ABR/11})(1+0,005)(1+TR_{MAIO/11})(1+0,005)(1+TR_{JUN/11})(1+0,005)(1+TR_{JUL/11})(1+0,005)(1+TR_{AGO/11})(1+0,005)$$

$$\mathbf{FV} = PV\,(1+TR_{FEV/11})(1+TR_{MAR/11})(1+TR_{ABR/11})(1+TR_{MAIO/11})(1+TR_{JUN/11})(1+TR_{JUL/11})(1+TR_{AGO/11})(1+0,005)^7$$

$$\mathbf{FV} = 1.530\,(1+0,000524)(1+0,001212)(1+0,000369)(1+0,001570)(1+0,001114)(1+0,001229)(1+0,002076)(1+0,005)^7$$

$$\mathbf{FV = 1.597,23}$$

Resposta: R$ 1.597,23.

b)

$$FV = PV(1 + i_a) \Rightarrow 1.597{,}23 = 1530{,}00(1 + i_a) \Rightarrow$$

$$\Rightarrow i_a = \frac{1.597{,}23}{1.530{,}00} - 1 \Rightarrow i_a = 0{,}0439\ (\mathbf{4{,}39\%ap})$$

Resposta: 4,39% ap.

c)

$$i_{ac} = (1+IGPM_{FEV/11})(1+IGPM_{MAR/11})(1+IGPM_{ABR/11})(1+IGPM_{MAIO/11})$$
$$(1+IGPM_{JUN/11})(1+IGPM_{JUL/11})(1+IGPM_{AGO/11}) - 1$$
$$i_{ac} = (1+0{,}0100)(1+0{,}0062)(1+0{,}0045)(1+0{,}0043)(1+(-0{,}0018))$$
$$(1+(-0{,}0012))(1+0{,}0044) - 1$$

$$\mathbf{i_{ac} = 2{,}66\%\ am}$$

Resposta: 2,66% am.

d)

$$i_{ü} = \frac{1 + i_a}{1 + i_i} - 1 \Rightarrow i = \frac{1 + 0{,}0439}{1 + 0{,}0266} - 1 \Rightarrow i = 0{,}0169\ (\mathbf{1{,}69\%ap})$$

Resposta: 1,69% ap.

e)

Programa 01

1,69 < i > 1 < ENTER > 7 < ÷ > < n > < g >

< GTO > (0)01 < R/S > → 0,24% am

Resposta: 0,24% am.

f)

$$i_{ac} = (1+IPCA_{FEV/11})(1+IPCA_{MAR/11})(1+IPCA_{ABR/11})(1+IPCA_{MAIO/11})$$

$$(1+IPCA_{JUN/11})(1+IPCA_{JUL/11})(1+IPCA_{AGO/11})-1$$

$$i_{ac} = (1+0{,}0080)(1+0{,}0079)(1+0{,}0077)(1+0{,}0047)(1+0{,}0015)$$

$$(1+0{,}0016)(1+0{,}0037)-1$$

$$\mathbf{i_{ac} = 3{,}56\%\ am}$$

Resposta: 3,56% am.

g)

$$i_R = \frac{1+i_a}{1+i_i} - 1 \Rightarrow i_R = \frac{1+0{,}0439}{1+0{,}0356} - 1 \Rightarrow i_R = 0{,}0080\ (\mathbf{0{,}80\%ap})$$

Resposta: 0,80% ap.

h)

Programa 01

$$0{,}80 < i > 1 < ENTER > 7 < \div > < n > < g >$$

$$< GTO > (0)01 < R/S > \rightarrow \mathbf{0{,}11\%\ am}$$

Resposta: 0,11% am.

R 6.2 Uma pessoa contraiu um empréstimo no dia 1º de março de 2009 por 15 meses. Sabendo que sobre esse empréstimo incidiu uma taxa aparente de juros de 34,49% aa, determine a taxa real mensal dessa operação, sabendo que foi utilizado o IPA-DI da FGV como índice indicador da inflação.

Resolução:

Taxa aparente mensal equivalente:

Programa 01

$$34{,}49 < i > 1 < ENTER > 12 < \div > < n > < g > < GTO > (0)01 < R/S > \rightarrow 2{,}50\%\ am$$

Inflação acumulada no período (medida pelo IPA-DI):

IPA-DI												
	Jan.	Fev.	Mar.	Abr.	Maio	Jun.	Jul.	Ago.	Set.	Out.	Nov.	Dez.
2009			–1,46	–0,10	–0,10	–0,64	–1,16	0,07	0,29	–0,08	–0,04	–0,29
2010	0,96	1,38	0,52	0,68	2,06							

$$i_{ac} = \left(1+IPA_{MAR/09}\right)\left(1+IPA_{ABR/09}\right)\left(1+IPA_{MAIO/09}\right)\left(1+IPA_{JUN/09}\right)\left(1+IPA_{JUL/09}\right)\left(1+IPA_{AGO/09}\right)$$

$$\left(1+IPA_{SET/09}\right)\left(1+IPA_{OUT/09}\right)\left(1+IPA_{NOV/09}\right)\left(1+IPA_{DEZ/09}\right)\left(1+IPA_{JAN/10}\right)\left(1+IPA_{FEV/10}\right)$$

$$\left(1+IPA_{MAR/10}\right)\left(1+IPA_{ABR/10}\right)\left(1+IPA_{MAIO/10}\right)-1$$

$$i_{ac} = (1+(-\ 0{,}0146))(1+(-\ 0{,}0010))(1+(-\ 0{,}0010))(1+(-\ 0{,}0064))(1+(-\ 0{,}0116))\left(1+0{,}0007\right)$$

$$(1+0{,}0029(1+(-0{,}0008))(1+(-\ 0{,}0004))(1+(-\ 0{,}0029))\left(1+0{,}0096\right)(1+\ 0{,}0138)(1+\ 0{,}0052)$$

$$(1+\ 0{,}0068)(1+0{,}0206)-1$$

$$i_{ac} = 2{,}05\%am$$

Inflação média mensal no período (medida pelo IPA):

$$i_m = \sqrt[15]{1+0{,}0205}-1 \Rightarrow i_m=(1{,}0205)^{1/15}-1 \Rightarrow i_m = 0{,}0014\left(0{,}14\%\ \text{am}\right)$$

Taxa real mensal no período:

$$i_R = \frac{1+i_a}{1+i_i}-1 \Rightarrow i_R = \frac{1+0{,}0250}{1+0{,}0014}-1 \Rightarrow i_R = 0{,}0236\ (\mathbf{2{,}36\%\%ap})$$

Resposta: 2,36% ap.

R 6.3 Um investidor aplicou R$ 247.900,00 em uma caderneta de poupança no dia 16 de julho de 2012. Sabendo que o resgate ocorreu em 16 de agosto de 2012 determine:

a) a taxa de juros mensal aparente da caderneta de poupança no período supondo as novas regras (nova poupança);

b) a taxa de juros mensal aparente da caderneta de poupança no período supondo as regras antigas;

c) supondo que foi oferecido ao investidor aplicar seu capital em um CDB com taxa nominal de 0,63% ap, verifique se foi um bom negócio.

Resolução:

Sabendo que a TR no período (16 de julho de 2012 a 16 de agosto de 2012) foi de:

0,0176%

e levando em conta a tabela a seguir:

Taxa Selic		
31/05/12	**12/07/12**	**30/08/12**
8,50	8,00	7,50

segue que:

a) Como a taxa Selic no período (16 de julho de 2012 a 16 de agosto de 2012) foi de 8,00% aa (menor do que 8,5% aa) pelas novas regras, a remuneração da poupança seria feita com base em 70% da Selic:

70% de 8,00% = 5,60% aa

mais TR. Para obter a taxa mensal equivalente, vamos utilizar o Programa 01:

5,60 < i > 1 < ENTER > 12 < ÷ > < n > < g > < GTO > (0)01 < R/S > → 0,46% am

Montante da aplicação

FV = PV . (1+0,7.SELIC) . (1+TR)

FV = 247.900 . (1+0,0046) . (1+0,000176)

FV = R$ 249.084,17

Taxa mensal de juros no período

247900 < CHS > < PV >

249084,17 < FV >

1 < n >

< i > → 0,4777% am

Resposta: 0,4777% am.

b) Pela regra antiga, a remuneração da poupança seria de 0,5% am (6,17% aa) mais TR.

Montante da aplicação

FV = PV . (1 + 0,005) . (1 + TR)

FV = 247900 . (1 + 0,005) . (1 + 0,000176)

FV = R$ 249.183,35

Taxa mensal de juros no período

247900 < CHS > < PV >

249183,35 < FV >

1 < n >

< i > → **0,5177% am**

Resposta: 0,5177% am.

c) CDB

Juros da aplicação

247900 < CHS > < PV >

1 < n >

0,63 < i >

< FV > → 249.461,17

247900 < – > → 1.561,77

IR

1561,77 < ENTER >

22,5 < % > → 351,40

< – > → 1.210,37

Entrada efetiva de caixa

247900 < ENTER >

1210,37 < + > → 249.110,37

Taxa efetiva mensal

247900 < CHS > < PV >

249110,37 < FV >

1 < n >

< i > → 0,4882% am

Resposta: o leitor deve observar que a rentabilidade do CDB, embora tenha superado a rentabilidade da poupança pela regra nova, seria inferior à rentabilidade da poupança pela regra antiga.

R 6.4 Um atacadista vendeu 875 televisões de determinado modelo e marca no ano de 2010 ao preço unitário de R$ 2.875,00. No ano seguinte, vendeu 937 unidades do mesmo produto ao preço unitário de R$ 3.075,00. Tomando o IPCA do IBGE como índice indicador da inflação, determine a taxa real de crescimento das vendas desse produto considerando:

a) as quantidades vendidas;

b) o valor total da venda desse produto.

c) Finalmente, compare e explique os resultados obtidos nos itens a e b.

Resolução:

a) Neste caso, como estamos considerando as quantidades vendidas, o crescimento não é influenciado pela inflação do período. Assim:

$$FV = PV.(1 + i_R) \Rightarrow 937 = 875.(1 + i_R) \Rightarrow$$

$$\Rightarrow i_R = \frac{937}{875} - 1 \Rightarrow \mathbf{i_R = 7{,}09\%\ ap}$$

Resposta: 7,09% ap.

b) Já neste caso, como estamos considerando o valor total das vendas (dinheiro), o resultado obtido é aparente, ou seja, é influenciado pela inflação, que deve ser expurgada. Assim:

Valor total das vendas em 2010: 875 × R$ 2.875,00 = R$ 2.515.625,00

Valor total das vendas em 2011: 937 × R$ 3.075,00 = R$ 2.881.275,00

$$FV = PV.(1 + i_a) \Rightarrow 2.881.275{,}00 = 2.515.625{,}00\ .(1 + i_a) \Rightarrow$$

$$\Rightarrow i_a = \frac{2.881.275{,}00}{2.515.625{,}00} - 1 \Rightarrow i_a = 14{,}54\%\ ap$$

Taxa anual de inflação em 2010 (medida pelo IPCA do IBGE): 5,91% ap

Taxa real de crescimento das vendas:

$$i_R = \frac{1 + i_a}{1 + i_i} - 1 \Rightarrow i_R = \frac{1 + 0{,}1454}{1 + 0{,}0591} - 1 \Rightarrow i_R = 0{,}0815\ \mathbf{(8{,}15\%\ ap)}$$

Resposta: 8,15% ap.

c) O leitor deve observar que o televisor sofreu um aumento da ordem de:

875 < ENTER > 937 < Δ% > → 7,09%

ou seja, maior do que a inflação no período apontada pelo IPCA do IBGE, que foi de 5,91%.

Por esse motivo, o crescimento nas vendas, levando em consideração o valor total das vendas, é superior àquele obtido quando se leva em consideração apenas as quantidades vendidas.

Caso o reajuste no preço do televisor tivesse sido inferior ao valor da inflação apontada pelo IPCA, teríamos uma situação inversa (a taxa de crescimento levando em conta o valor das vendas seria menor do que a taxa de crescimento levando em conta as quantidades vendidas). Finalmente, se o reajuste do televisor fosse precisamente o valor da inflação apontado pelo IPCA, os dois resultados obtidos seriam iguais.

R 6.5 Uma empresa contratou junto a uma instituição financeira, no dia 1º de abril de 2015, um empréstimo a uma taxa efetiva anual de 13,13% mais variação cambial pelo prazo de cinco meses. Levando em conta a tabela a seguir:

Correção cambial no período 04/2015 a 08/2015				
04/2015	**05/2015**	**06/2015**	**07/2015**	**08/2015**
0,6570%	1,5339%	3,6323%	9,0261	10,8393

determine o custo mensal do empréstimo.

Resolução:

Vamos inicialmente determinar a taxa efetiva equivalente para o período do empréstimo (5 meses), utilizando o Programa 01:

$$13{,}13 < i > 5 < \text{ENTER} > 12 < \div > < n > < g > < \text{GTO} > (0)01$$

$$< \text{R/S} > \rightarrow 5{,}2747\% \text{ ap}$$

A seguir, vamos determinar a variação cambial acumulada no período:

$$i_{ac} = (1+VC_{04/15})(1+VCA_{05/15})(1+VC_{06/15})(1+VC_{07/15})(1+VC_{08/15})-1$$

$$i_{ac} = (1+0{,}006570)(1+0{,}015339)(1+0{,}036323)(1+0{,}090261)(1+0{,}108393)-1$$

$$i_{ac} = 27{,}9895\% \text{ ap}$$

Vamos agora à variação cambial média no período:

$$i_m = \sqrt[5]{1+0{,}279895} - 1 \quad \Rightarrow \quad i_m = (1{,}279895)^{1/5} - 1 \quad \Rightarrow \quad i_m = 0{,}0506 \; (5{,}0594\% \text{ ap})$$

Finalmente, podemos obter o custo mensal da operação financeira:

$$i = (1 + i_R).(1 + i_{VC}) - 1 = (1 + 0{,}052747).(1 + 0{,}050594) - 1 =$$

$$= 0{,}1060 \ \mathbf{(10{,}6010\%\ am)}$$

Resposta: 10,6010% am.

R 6.6 Um investidor aplicou seu capital em uma operação financeira por 6 meses, a qual pagou juros reais de 1% am mais correção monetária baseada em um determinado índice inflacionário, que apontou para os 5 primeiros meses em que o capital esteve aplicado às seguintes taxas: 0,70%; 0,88%; 0,79%; -0,05%; e 0,13%. Determine a taxa de correção monetária a ser paga no sexto mês para que a operação financeira apresente um rendimento aparente de 10,0% no período.

Resolução:

Vamos inicialmente determinar a rentabilidade total da aplicação nos cinco primeiros meses:

$$i_{ac} = \underbrace{(1+i_R).(1+i_i)}_{\text{MÊS 1}}.\underbrace{(1+i_R).(1+i_i)}_{\text{MÊS 2}}.\underbrace{(1+i_R).(1+i_i)}_{\text{MÊS 3}}.\underbrace{(1+i_R).(1+i_i)}_{\text{MÊS 4}}.\underbrace{(1+i_R).(1+i_i)}_{\text{MÊS 5}} - 1$$

$$i_{ac} = \underbrace{(1+0{,}0070).(1+0{,}01)}_{\text{MÊS 1}}.\underbrace{(1+0{,}0088).(1+0{,}01)}_{\text{MÊS 2}}.\underbrace{(1+0{,}0079).(1+0{,}01)}_{\text{MÊS 3}}$$

$$\underbrace{(1+(-0{,}0005)).(1+0{,}01)}_{\text{MÊS 4}}.\underbrace{(1+0{,}0013).(1+0{,}01)}_{\text{MÊS 5}} - 1$$

$$i_{ac} = (1+0{,}0070).(1+0{,}0088).(1+0{,}0079)(1+(-0{,}0005)).(1+0{,}0013).(1+0{,}01)^5 - 1$$

$$i_{ac} = 7{,}70\%\ \text{am}$$

Ora, como queremos uma rentabilidade total de 10,0% no período, devemos impor que:

$$i_a = \underbrace{(1+i)}_{\text{MÊS 1 A 5}}.\underbrace{(1+i_R).(1+i_i)}_{\text{MÊS 6}} - 1 \Rightarrow 0{,}10 = \underbrace{(1+0{,}0770)}_{\text{MÊS 1 A 5}}.\underbrace{(1+0{,}01).(1+i_i)}_{\text{MÊS 6}} - 1 \Rightarrow$$

$$\Rightarrow \quad 1{,}10 = 1{,}0770 \,.\, 1{,}01 \,.\, (1 + i_i) \quad \Rightarrow \quad 1 + i_i = \frac{1{,}10}{1{,}0770 \,.\, 1{,}01} \quad \Rightarrow$$

$$\Rightarrow \quad i_i = \frac{1{,}10}{1{,}0770 \,.\, 1{,}01} - 1 \quad \Rightarrow \quad \mathbf{i_i = 1{,}12\%\ am}$$

Resposta: 1,12% am.

R 6.7 Um empresário vendeu um equipamento no valor de R$ 137.000,00 para o seu cliente nas seguintes condições: 30% de entrada e o restante em 10 parcelas mensais e consecutivas de R$ 12.000,00, vencendo a primeira 30 dias após a entrada. Sabendo que o empresário pretendia obter na operação financeira uma taxa real de juros de 2,37% am, determine a taxa de inflação mensal projetada no período.

Resolução:

Vamos inicialmente determinar a taxa aparente da operação financeira:

137000 < ENTER > 30 < % > < – > < CHS > < PV >

12000 < PMT >

10 < n >

< g > < END >

< i > → 4,30% am ($\mathbf{i_a}$)

Agora, tendo em vista que o empresário pretende obter uma taxa real de juros de 2,37% na operação financeira, devemos impor que:

$$i_R = \frac{1 + i_a}{1 + i_i} - 1 \quad \Rightarrow \quad 0{,}0237 = \frac{1 + 0{,}0430}{1 + i_i} - 1 \quad \Rightarrow \quad 1{,}0237 = \frac{1{,}0430}{1 + i_i} \quad \Rightarrow$$

$$\Rightarrow \quad 1 + i_i = \frac{1{,}0430}{1{,}0237} \quad \Rightarrow \quad i_i = \frac{1{,}0430}{1{,}0237} - 1 \quad \Rightarrow \quad i_i = 0{,}0189 \ (\mathbf{1{,}89\%\ ap})$$

Resposta: 1,89% ap.

R 6.8 Sabendo que os índices do IPCA para o ano de 2015 foram os seguintes:

IPCA (Base: 12/1992 = 1,00)					
Mês	**Índice**	**Mês**	**Índice**	**Mês**	**Índice**
01/15	1.059,2496	05/15	1.102,1339	09/15	1.126,2360
02/15	1.072,1724	06/15	1.110,8408	10/15	1.135,4711
03/15	1.086,3251	07/15	1.117,7280	11/15	1.146,9394
04/15	1.094,0380	08/15	1.120,1870	12/15	1.157,9500

pede-se determinar:

a) a inflação dos meses de julho, agosto, setembro, outubro, novembro e dezembro de 2015;

b) a inflação do segundo semestre de 2015;

c) a taxa média de inflação do segundo semestre de 2015;

d) o valor do índice para o mês de janeiro de 2016 sabendo que a inflação para esse mês foi 1,27%.

Resolução:

a)

$$i_{\text{JUL/15}} = \frac{\text{IPCA}_{\text{JUL/15}}}{\text{IPCA}_{\text{JUN/15}}} - 1 = \frac{1.117{,}7280}{1.110{,}8408} - 1 = 0{,}0062 \ \mathbf{(0{,}62\%\ am)}$$

$$i_{\text{AGO/15}} = \frac{\text{IPCA}_{\text{AGO/15}}}{\text{IPCA}_{\text{JUL/15}}} - 1 = \frac{1.120{,}1870}{1.117{,}7280} - 1 = 0{,}0022 \ \mathbf{(0{,}22\%\ am)}$$

$$i_{\text{SET/15}} = \frac{\text{IPCA}_{\text{SET/15}}}{\text{IPCA}_{\text{AGO/15}}} - 1 = \frac{1.126{,}2360}{1.120{,}1870} - 1 = 0{,}0054 \ \mathbf{(0{,}54\%\ am)}$$

$$i_{\text{OUT/15}} = \frac{\text{IPCA}_{\text{OUT/15}}}{\text{IPCA}_{\text{SET/15}}} - 1 = \frac{1.135{,}4711}{1.126{,}2360} - 1 = 0{,}0082 \ \mathbf{(0{,}82\%\ am)}$$

$$i_{\text{NOV/15}} = \frac{\text{IPCA}_{\text{NOV/15}}}{\text{IPCA}_{\text{OUT/15}}} - 1 = \frac{1.146{,}9394}{1.135{,}4711} - 1 = 0{,}0101 \ \mathbf{(1{,}01\%\ am)}$$

$$i_{DEZ/15} = \frac{IPCA_{DEZ/15}}{IPCA_{NOV/15}} - 1 = \frac{1.157{,}9500}{1.146{,}9394} - 1 = 0{,}0096\ \mathbf{(0{,}96\%\ am)}$$

Resposta: jul. 2015, 0,62% am; ago. 2015, 0,22% am; set. 2015, 0,54% am; out. 2015, 0,82% am; nov. 2015, 1,01% am; dez. 2015, 0,96% am.

b)

1ª solução

$$i_{ac} = (1+IPCA_{JUL/151})(1+IPCA_{AGO/15})...(1+IPCA_{DEZ/15})-1$$

$$i_{ac} = (1+0{,}0062)(1+0{,}0022)...(1+0{,}0096)-1$$

$$\mathbf{i_{ac} = 4{,}24\%\ am}$$

2ª solução

$$i_{DEZ/15} = \frac{IPCA_{DEZ/15}}{IPCA_{JUN/15}} - 1$$

$$i_{JUN/15} = \frac{1.157{,}9500}{1.110{,}8408} - 1$$

$$\mathbf{i_{ac} = 4{,}24\%\ am}$$

Resposta: 4,24% am.

c)

$$i_m = \sqrt[6]{1+0{,}0424} - 1 \Rightarrow i_m = (1{,}0424)^{1/6} - 1 \Rightarrow i_m = 0{,}0069\ (\mathbf{0{,}69\%\ ap})$$

Resposta: 0,69% ap.

d)

$$i_{JAN/16} = \frac{IPCA_{JAN/16}}{IPCA_{DEZ/15}} - 1 \Rightarrow 0{,}0127 = \frac{IPCA_{JAN/16}}{1.157{,}9500} - 1 \Rightarrow$$

$$\Rightarrow 1{,}0127 = \frac{IPCA_{JAN/16}}{1.157{,}9500} \Rightarrow IPCA_{JAN/16} = 1{,}0127 \,.\, 1.157{,}9500 = \mathbf{1.172{,}6560}$$

Resposta: 1.172,6560.

R 6.9 Um investidor do setor imobiliário aplicou R$ 137.000,00 em ações no dia 1º de fevereiro de 2014. Dez meses depois o valor das suas ações era de R$ 41.100,00. Tendo em vista as taxas de inflação no período medidas pelo CUB do Sinduscon:

CUB (Sinduscon)													
	Jan.	**Fev.**	**Mar.**	**Abr.**	**Mai.**	**Jun.**	**Jul.**	**Ago.**	**Set.**	**Out.**	**Nov.**	**Dez.**	**Total**
2014	0,05	0,23	0,08	0,15	1,71	2,77	0,59	0,47	0,01	0,12	0,02	0,03	6,37

determine a taxa real de perda deste investidor no período.

Resolução:

Taxa aparente no período:

$$FV = PV(1 + i_a) \Rightarrow 41.100{,}00 = 137.000{,}00(1 + i_a) \Rightarrow i_a = \frac{41.100{,}00}{137.000{,}00} - 1 \Rightarrow$$

$$\Rightarrow i_a = -0{,}7000 \; (-70{,}00\% \text{ ap})$$

Taxa acumulada de inflação no período medida pelo CUB do Sinduscon:

$$i_{ac} = (1 + CUB_{FEV/14}).(1 + CUB_{MAR/14}) \ldots (1 + CUB_{NOV/14}) - 1$$

$$i_{ac} = (1 + 0{,}0023)\,(1 + 0{,}0008) \ldots (1 + 0{,}0002) - 1$$

$$\mathbf{i_{ac} = 6{,}28\% \text{ am}}$$

Taxa real de perda:

$$i_R = \frac{1 + i_a}{1 + i_i} - 1 \Rightarrow i_R = \frac{1 + (-0{,}7000)}{1 + 0{,}0628} - 1 \Rightarrow i_R = \frac{0{,}3000}{1{,}0628} - 1 \Rightarrow$$

$$\Rightarrow i_R = 0{,}7177 \; (\mathbf{71{,}77\% \text{ ap}})$$

Resposta: 71,77% ap.

R 6.10 Uma pessoa foi contratada no dia 1º de março de 2010 com um salário de R$ 3.500,00. No dia 1º de julho de 2011 passou a receber um salário de R$ 3.770,00. Considerando o IPC da Fipe e o IPCA do IBGE como índices indicadores da inflação no período, determine:

a) a taxa mensal aparente de aumento;

b) a taxa real de aumento tomando como base o IPC da FIPE;

c) a taxa real de aumento tomando como base o IPCA do IBGE;

d) suponha que em 1º de março de 2011 esta pessoa pretendia comprar um televisor no valor de R$ 2.900,00 (na época) e não comprou. Sabendo que ela pretende efetuar a compra agora que o televisor custa R$ 3.233,00, verifique se será um bom negócio.

Resolução:

a)

$$FV = PV(1 + i_a) \Rightarrow 3.770{,}00 = 3.500{,}00(1 + i_a) \Rightarrow i_a = \frac{3.770{,}00}{3.500{,}00} - 1 \Rightarrow$$

$$\Rightarrow \mathbf{i_a = 0{,}08\,(7{,}71\%\ ap)}$$

Resposta: 7,71% ap.

b)

IPC (Fipe)												
	Jan.	**Fev.**	**Mar.**	**Abr.**	**Maio**	**Jun.**	**Jul.**	**Ago.**	**Set.**	**Out.**	**Nov.**	**Dez.**
2010	1,34	0,74	0,34	0,39	0,22	0,04	0,17	0,17	0,53	1,04	0,72	0,54
2011	1,15	0,60	0,35	0,70	0,31	0,01	0,30	0,39	0,25	0,39	0,60	0,61

$$i_{ac} = (1 + IPC_{MAR/10})(1 + IPC_{ABR/10}) \ldots (1 + IPC_{JUN/11}) - 1$$

$$i_{ac} = (1 + 0{,}0034)(1 + 0{,}0039) \ldots (1 + 0{,}0001) - 1$$

$$i_{ac} = 7{,}53\%\ ap$$

$$i_R = \frac{1 + i_a}{1 + i_i} - 1 \Rightarrow i_R = \frac{1 + 0{,}0771}{1 + 0{,}0753} - 1 \Rightarrow i_R = \frac{1{,}0771}{1{,}0753} - 1$$

$$\Rightarrow \mathbf{i_R} = 0{,}17\%\ \boldsymbol{ap}$$

Resposta: 0,17% ap.

c)

IPCA (IBGE)												
	Jan.	**Fev.**	**Mar.**	**Abr.**	**Maio**	**Jun.**	**Jul.**	**Ago.**	**Set.**	**Out.**	**Nov.**	**Dez.**
2010	0,75	0,78	0,52	0,57	0,43	0,00	0,01	0,04	0,45	0,75	0,83	0,63
2011	0,83	0,80	0,79	0,77	0,47	0,15	0,16	0,37	0,53	0,43	0,52	0,50

$$i_{ac} = (1 + IPCA_{MAR/10})(1 + IPCA_{ABR/10}) \ldots (1 + IPCA_{JUN/11}) - 1$$

$$i_{=} = (1 + 0{,}0052)(1 + 0{,}0057) \ldots (1 + 0{,}0015) - 1$$

$$i_{ac} = 8{,}34\%\ ap$$

$$i_R = \frac{1 + i_a}{1 + i_i} - 1 \Rightarrow i_R = \frac{1 + 0{,}0771}{1 + 0{,}0834} - 1 \Rightarrow$$

$$\Rightarrow i_R = \frac{1{,}0771}{1{,}0834} - 1 \Rightarrow i_R = \mathbf{-0{,}58\%\ ap}$$

Resposta: -0,58% ap.

d)

$$FV = PV(1 + i_a) \Rightarrow 3.233{,}00 = 2.900{,}00(1 + i_a) \Rightarrow$$

$$\Rightarrow i_a = \frac{3.233{,}00}{2.900{,}00} - 1 \Rightarrow \mathbf{i_a = 11{,}48\%\ ap}$$

Resposta: não será um bom negócio, pois enquanto o salário dessa pessoa aumentou 7,71% ap, a televisão aumentou 11,48% ap.

R 6.11 Considere a seguinte cesta de consumo válida para a família do sr. José, no período de 1º de janeiro de 2007 a 1º de janeiro de 2008:

Itens	Composição	Preço em 01/01/07	Preço em 01/01/08
Alimentação	25,47%	475,00	501,00
Habitação	22,53%	437,00	454,00
Transporte	16,23%	304,00	319,00
Saúde	8,77%	171,00	183,00
Educação	7,35%	133,00	137,00
Vestuário	6,22%	114,00	119,00
Diversos	13,43%	247,00	257,00

a) determine o índice de custo de vida para essa família em 2008;

b) considerando que o sr. José teve um aumento em 1º de janeiro de 2008 de 5,21% ap e que o aumento real foi de 1,12% ap, determine se o índice de correção monetária utilizado pelo seu empregador foi suficiente para acompanhar o aumento da sua cesta de consumo.

Resolução:

a) Índices relativos:

- Alimentação: 501 ÷ 475 = 1,0547
- Habitação: 454 ÷ 437 = 1,0389
- Transporte: 319 ÷ 304 = 1,0493
- Saúde: 183 ÷ 171 = 1,0702
- Educação: 137 ÷ 133 = 1,0301
- Vestuário: 119 ÷ 114 = 1,0439
- Diversos: 257 ÷ 247 = 1,0405

ICV:

(1,0547 × 0,2547 + 1,0389 × 0,2253 + 1,0493 × 0,1623 + 1,0702 × 0,0877 + 1,0301 × 0,0735 + 1,0439 × 0,0622 + 1,0405 × 0,1343).100 = 104,72 (ou seja, um aumento de 4,72%)

Resposta: 4,72%.

b)

$$i_R = \frac{1 + i_a}{1 + i_i} - 1 \;\Rightarrow\; 0{,}0112 = \frac{1 + 0{,}0521}{1 + i_i} - 1 \;\Rightarrow$$

$$\Rightarrow\; i_i = \frac{1{,}0521}{1{,}0112} - 1 \;\Rightarrow\; i_R = \mathbf{4{,}04\%\,ap}$$

Resposta: embora o aumento total (5,21%) tenha superado o aumento ocorrido na cesta de consumo (4,72%), a parcela de aumento correspondente à correção monetária (4,04%) não foi suficiente para cobrir esse aumento. Assim, na verdade, o aumento real do salário do sr. José foi de apenas:

$$\mathbf{i_R = \frac{1 + i_a}{1 + i_i} - 1 \;\Rightarrow\; i_R = \frac{1 + 0{,}0521}{1 + 0{,}472} - 1 \;\Rightarrow\; i_i = \frac{1{,}0521}{1{,}0472} - 1 \;\Rightarrow\; i_R = 0{,}47\%\,ap}$$

R 6.12 Sabe-se que, após um período de 12 meses, o salário de uma pessoa desvalorizou 3,92%. Nessas condições, determine:

a) a inflação acumulada no período;

b) a taxa média mensal de inflação neste período.

c) Supondo que o salário desta pessoa seja de R$ 4.570,00, qual deve ser seu novo salário, para que o aumento real seja da ordem de 1%?

Resolução:

a)

$$i_d = \frac{i_{ac}}{1 + i_{ac}} \Rightarrow 0{,}0392 = \frac{i_{ac}}{1 + i_{ac}} \Rightarrow 0{,}0392 + 0{,}0392\, i_{ac} = i_{ac} \Rightarrow$$

$$\Rightarrow 0{,}9608\, i_{ac} = 0{,}0392 \Rightarrow \mathbf{i_{ac} = 4{,}08\%\ ap}$$

Resposta: 4,08% ap.

b)

$$i_m = \sqrt[12]{1 + 0{,}0408} - 1 \Rightarrow i_m = (1{,}0408)^{1/12} - 1 \Rightarrow \mathbf{i_m = 0{,}33\%\ am}$$

Resposta: 0,33% am.

c)

$$i_R = \frac{1 + i_a}{1 + i_i} - 1 \Rightarrow 0{,}01 = \frac{1 + i_a}{1 + 0{,}0408} - 1 \Rightarrow$$

$$\Rightarrow i_a = (1 + 0{,}01).(1 + 0{,}04080) - 1 \Rightarrow \mathbf{i_a = 5{,}12\%\ ap}$$

Assim:

$$\mathbf{FV = PV(1 + i_a) \Rightarrow FV = 4.570{,}00(1 + 0{,}0512) \Rightarrow FV = R\$4.803{,}98}$$

Resposta: R$ 4.803,98.

R 6.13 Uma pessoa efetuou uma aplicação de R$ 7.400,00 no dia 1º de agosto de 2007, a ser remunerada da seguinte forma:

- correção monetária mediante o IGPM da FGV;
- taxa real de juros de 14% aa.

Sabendo que o resgate ocorreu em 1º de novembro de 2007, determine o valor do resgate líquido, bem como a taxa efetiva mensal da operação.

Resolução:

IGP-M (FGV)		
08/2007	**09/2007**	**10/2007**
0,98%	1,29%	1,05%

Taxa mensal equivalente:

14 < i > 1 < ENTER > 12 < ÷ > < g > < GTO > (0)01 < R/S > → 1,10% am

Montante da aplicação:

$$FV = 7.400{,}00\,(1 + 0{,}0098)\,(1 + 0{,}0110)\,(1 + 0{,}0129)$$
$$(1 + 0{,}0110)\,(1 + 0{,}0105)\,(1 + 0{,}0110)$$

$$FV = 7.400{,}00\,(1 + 0{,}0098)\,(1 + 0{,}0129)\,(1 + 0{,}0105)\,(1 + 0{,}0110)^{3}$$

$$FV = 7.903{,}57$$

Juros da aplicação:

7903,57 < ENTER > 7400 < – > → R$ 503,57

IR:

503,57 < ENTER > 22,5 < % > → R$ 113,30

Saldo de juros:

503,57 < ENTER > 113,30 < – > → R$ 390,27

Resgate líquido:

7400 < ENTER > 390,27 < + > → R$ 7.790,27

Taxa efetiva mensal:

7400 < CHS > < PV > 7790,27 < FV > 3 < n > < i > → 1,73% am

Resposta: resgate líquido de R$ 7.790,27, taxa efetiva mensal de 1,73% am.

R 6.14 Uma pessoa pretendia aplicar um capital de R$ 9.500,00, por 30 dias, e estava em dúvida entre as seguintes alternativas: caderneta de poupança (regra antiga) ou CDB. Verifique qual teria sido a melhor alternativa, supondo que:

a) o dinheiro ficaria aplicado por 30 dias. A TR do período foi de 0,1546%, e a taxa do CDB, de 9,5% am;

b) o dinheiro ficaria aplicado por 90 dias. A TR para os 3 meses foi de 0,1546%, 0,0712% e 0,0223%, e a taxa do CDB, de 9,5% aa.

Resolução:

a) Resgate após 30 dias

Caderneta de poupança:

- Montante após 30 dias:

$$FV = 9500\ (1 + 0{,}001546)\ (1 + 0{,}0050) = R\$\ 9.562{,}26$$

CDB

- Taxa mensal equivalente:

9,5 < i > 1 < ENTER > 12 < ÷ > < n > < g >

< GTO > (0)01 < R/S > → 0,7592% am

- Juros da aplicação:

9500 < CHS > < PV > 1 < n > 0,7592 < i > < FV > 9500 < – > → R$ 72,12

- IR:

72,12 < ENTER > 22,5 < % > → R$ 16,23

- Saldo de juros:

72,12 < ENTER > 16,23 < – > → R$ 55,89

- Montante após 30 dias:

9500 < ENTER > 55,89 < + > → R$ 9.555,89

Resposta: a melhor aplicação teria sido a caderneta de poupança.

b) Resgate após 90 dias

Caderneta de poupança:

- Montante após 90 dias:

$$FV = 9500\,(1+0{,}001546)\,(1+0{,}0050)\,(1+0{,}000712)\,(1+0{,}0050)\,(1+0{,}000223)\,(1+0{,}0050)$$

$$FV = 9500\,(1+0{,}001546)\,(1+0{,}000712)\,(1+0{,}000223)\,(1+0{,}0050)^{3}$$

$$FV = R\$\ 9.667{,}15$$

CDB:

- Juros da aplicação:

9500 < CHS > < PV > 3 < n > 0,7592 < i > < FV > 9500 < – > → R$ 218,02

- IR:

218,02 < ENTER > 22,5 < % > → R$ 49,05

- Saldo de juros:

218,02 < ENTER > 49,05 < – > → R$ 168,97

- Montante após 90 dias:

9500 < ENTER > 168,97 < + > → R$ 9.668,97

Resposta: a melhor aplicação teria sido o CDB.

R 6.15 Considere novamente os dados do exercício anterior (R 6.14), supondo que, devido a um imprevisto, as aplicações tivessem sido retiradas após 5 dias.

Resolução:

Caderneta de poupança:

- Montantc após 5 dias:

FV =R$ 9.500,00 (Juros = R$ 0,00)

CDB

- Juros da aplicação:

9500 < CHS > < PV > 5 < ENTER > 30 < ÷ > < n > 0,7592 < i > < FV >

9500 < – > → R$ 11,98

- IOF:

11,98 < ENTER > 83 < % > → R$ 9,95

- Saldo de juros:

11,98 < ENTER > 9,95 < – > → R$ 2,03

- IR:

2,03 < ENTER > 22,5 < % > → R$ 0,46

Saldo de juros:

2,03 < ENTER > 0,46 < – > → R$ 1,57

- Montante após 5 dias:

$$9500 < \text{ENTER} > 1{,}57 < + > \rightarrow \text{R\$ } 9.501{,}57$$

Resposta: a melhor aplicação teria sido o CDB.

R 6.16 Uma pessoa investiu R$ 5.500,00, por 3 meses, em uma aplicação que pagou juros mais correção monetária pelo IGPM, que nesses meses apontou, respectivamente, as seguintes taxas: 1,53%, 0,92% e -0,26%. Sabendo que foi depositado na conta dessa pessoa o valor de R$ 5.716,52, determine a taxa de juros utilizada na operação.

Resolução:

Montante após 3 meses

$$FV = 5500\,(1 + 0{,}0153)\,(1 + i)\,(1 + 0{,}0092)\,(1 + i)\,(1 + (-\,0{,}0026))\,(1 + i)$$

$$FV = 5.620{,}87\,(1 + i)^{3}$$

Vamos, por facilidade, denominar:

$$t = (1 + i)^{3}$$

assim:

$$FV = 5.620{,}87\,.\,t$$

Juros (J):

$$J = FV - PV = 5.620{,}87\,t - 5.500{,}00$$

IR:

$$IR = 0{,}225\,J$$

Saldo de juros (SJ):

$$SJ = J - 0{,}225\,J = 0{,}775\,J = 0{,}775\,(5.620{,}87.\,t - 5.500{,}00) = 4.356{,}17\,t - 4262{,}50$$

Resgate líquido (RL):

$$RL = \text{R\$ } 5.716{,}52$$

Ora, como:

$$RL = PV + SJ$$

segue que:

$$5.716{,}52 = 5.500{,}00 + (4.356{,}17\ t - 4.262{,}50)$$

$$4.356{,}17\ t = 4.479{,}02$$

$$t = 1{,}0282$$

Finalmente:

$$(1 + i)^3 = 1{,}0282 \Rightarrow i = \sqrt[3]{1{,}0282} - 1 \Rightarrow \mathbf{i} = 0{,}93\%\ \boldsymbol{am}$$

Resposta: 0,93% am.

R 6.17 Uma mercadoria cujo preço à vista é de 9.875,00 está sendo vendida mediante uma entrada de 10% mais 6 parcelas mensais consecutivas de R$ 1.600,00, vencendo a primeira 45 dias após a compra. Sabendo que o vendedor utilizou uma taxa de juros real de 1% am, qual foi a taxa de inflação mensal projetada no período?

Resolução:

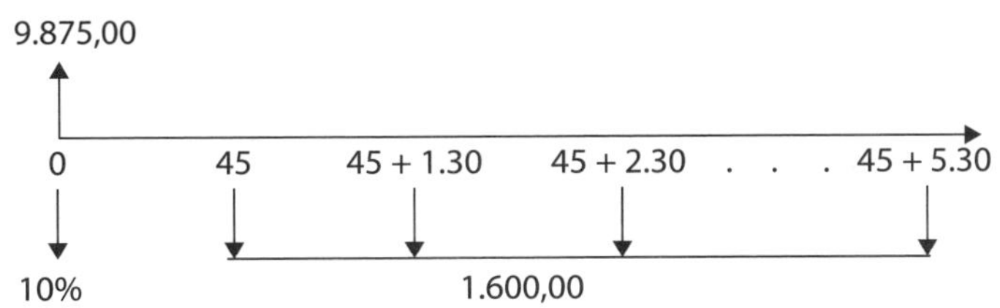

Taxa diária de juros do fluxo de caixa:

< f > < REG >

9875 < ENTER > 10 < % > < – > < CHS > < g > < CFo >

0 < g > < CFj >

44 < g > < Nj >

1600 < g > < CFj >

1600 < g > < CFj >

0 < g > < CFj >

29 < g > < Nj >

1600 < g > < CFj >

0 < g > < CFj >

0 < g > < CFj >

29 < g > < Nj >

1600 < g > < CFj >

0 < g > < CFj >

29 < g > < Nj >

29 < g > < Nj >

1600 < g > < CFj >

0 < g > < CFj >

29 < g > < Nj >

1600 < g > < CFj >

< f >< IRR > → 0,0647% ad

Taxa mensal equivalente:

0,0647 < i > 30 < ENTER > 1 < ÷ > < g > < GTO > (0)01 < R/S > → 1,9593% am

Taxa mensal de inflação:

$$i_R = \frac{1 + i_a}{1 + i_i} - 1 \Rightarrow 0{,}01 = \frac{1 + 0{,}0196}{1 + i_i} - 1 \Rightarrow i_i = \frac{1{,}0196}{1{,}01} - 1$$

$$i_i = \mathbf{0{,}95\%\ am}$$

Resposta: 0,95% am.

R 6.18 A tabela a seguir apresenta a composição e a variação de preços de itens necessários à fabricação mensal de um produto:

Itens	Composição	Preço em 01/01/2015	Preço em 01/01/2016
Matéria-prima	24%	15.900,00	18.250,00
Mão de obra	32%	23.100,00	25.300,00
Aluguel	8%	5.600,00	6.050,00
Impostos	29%	10.800,00	11.550,00
Transporte	7%	2.750,00	2.920,00

Sabendo que o fabricante aumentou o preço do produto em 10% e que ele pretendia obter um aumento real da ordem de 1%, verifique se o aumento dado foi adequado; caso contrário, determine de quanto deveria ter sido esse aumento.

Resolução:

Índices relativos:

- Matéria-prima: 18.250 ÷ 15.900 = 1,1478
- Mão de obra: 25.300 ÷ 23.100 = 1,0952

- Aluguel: 6.050 ÷ 5.600 = 1,0804
- Impostos: 11.550 ÷ 11.800 = 1,0694
- Transportes: 2920 ÷ 2.750 = 1,0618

IC:

$$(1{,}1478 \times 0{,}24 + 1{,}0952 \times 0{,}32 + 1{,}0804 \times 0{,}08 + 1{,}0694 \times 0{,}29 + 1{,}0618 \times 0{,}07).100$$

$$\text{ICV} = 109{,}68 \text{ (aumento de } 9{,}68\%)$$

$$i_R = \frac{1 + i_a}{1 + i_i} - 1 \Rightarrow 0{,}01 = \frac{1 + 0{,}10}{1 + i_i} - 1 \Rightarrow i_i = \frac{1{,}10}{1{,}01} - 1 \Rightarrow i_i = 8{,}91\% \; ap$$

Logo, o aumento não foi suficiente para obter um aumento real de 1%.

Para conseguir um aumento real da ordem de 1%, o fabricante deveria ter aumentado o seu produto:

$$\mathbf{i_R = \frac{1 + i_a}{1 + i_i} - 1 \Rightarrow 0{,}01 = \frac{1 + i_a}{1 + 0{,}0968} - 1 \Rightarrow i_a = (1{,}01).(1{,}00968) - 1}$$

$$\mathbf{i_a = 10{,}78\% \; ap}$$

Resposta: não foi suficiente. O aumento deveria ter sido de 10,78% ap.

R 6.19 Uma pessoa aplicou R$ 9.000,00 em uma caderneta de poupança no dia 23 de março de 2015. No dia 23 de junho de 2015 retirou o montante assim obtido e o aplicou em um CDB com taxa de 0,99% am por mais 30 dias (até 23 de julho de 2015). Verifique se foi um bom negócio, desconsiderando a incidência da CPMF, ou se teria sido melhor esperar mais 30 dias com o dinheiro na poupança, considerando os seguintes valores da TR:

TR – 2105							
23/03 a 23/04	0,1480	23/04 a 23/05 5	0,1363	23/05 a23/06	0,1871	23/06 a 23/07	0,2193

Resolução:

Aplicação na poupança até 23 de julho:

- Montante da poupança em 23 de julho:

$$FV = 9.000\,(1 + 0{,}001480)\,(1 + 0{,}001363)\,(1 + 0{,}001871)\,(1 + 0{,}002193)\,(1 + 0{,}005)^{4}$$

$$FV = R\$\ 9.244{,}93$$

Aplicação na poupança (até 23 de junho) e no CDB (de 23 de junho a 23 de julho):

- Montante da poupança em 23 de junho:

$$FV = 9.000\,(1 + 0{,}001480)\,(1 + 0{,}001363)\,(1 + 0{,}001871)\,(1 + 0{,}005)^{3}$$

$$FV = R\$\ 9.178{,}81$$

- Juros do CDB:

9178,81 < CHS > < PV > 1 < ENTER > < n > 0,99 < i > < FV >

9178,81 < – > → R$ 90,87

- IR:

90,87 < ENTER > 22,5 < % > → R$ 20,45

- Saldo de juros:

90,87 < ENTER > 20,45 < – > → R$ 70,42

- Resgate líquido em 23 de julho:

9178,81 < ENTER > 70,42 < + > → R$ 9.249,23 (bom negócio)

Resposta: foi um bom negócio (R$ 9.244,93 × R$ 9.249,23).

R 6.20 Considerando novamente os dados do exercício anterior (R 6.19), verifique se foi um bom negócio, supondo que o resgate da poupança foi realizado diretamente para a conta-corrente e que foi aplicado no CDB o valor deste resgate menos a CPMF correspondente.

Resolução:

Aplicação na poupança até 23 de julho:

$$FV = 9.000\,(1 + 0{,}001480)\,(1 + 0{,}001363)\,(1 + 0{,}001871)\,(1 + 0{,}002193)\,(1 + 0{,}005)^{4}$$

$$FV = R\$\ 9.244{,}93$$

Aplicação na poupança (até 23 de junho) e no CDB (de 23 de junho a 23 de julho):

- Montante da poupança em 23 de junho:

$$FV = 9.000\,(1 + 0{,}001480)\,(1 + 0{,}001363)\,(1 + 0{,}001871)\,(1 + 0{,}005)^{3}$$

$$FV = R\$\ 9.178{,}81$$

- Valor aplicado no CDB:

$$PV - 0{,}38\%\text{ de }PV = 99{,}62\%\text{ de }PV = 99{,}62\%\text{ de R\$ }9.178{,}81 = R\$\ 9.143{,}93$$

- Juros do CDB:

9143,93 < CHS > < PV > 1 < n > 0,99 < i > < FV >

9143,93 < – > → R$ 90,52

- IR:

90,52 < ENTER > 22,5 < % > → R$ 20,37

- Saldo de juros:

90,52 < ENTER > 20,37 < – > → R$ 70,15

- Resgate líquido em 23 de julho:

9143,93 < ENTER > 70,15 < + > → R$ 9.214,08 (mau negócio)

Resposta: foi um mau negócio (R$ 9.244,93 × R$ 9.214,08).

R 6.21 Considerando os dados do exercício R 6.20, verifique se foi um bom negócio, supondo que o resgate final ocorreu em 15 de julho de 2015.

Resolução:

Aplicação na poupança até 15 de julho:

Como o resgate da poupança ocorreu antes de completar o quarto mês, nesse mês não houve remuneração. Assim, tudo se passa como se o capital tivesse ficado aplicado até 23 de junho, gerando o montante de

R$ 9.178,81

Aplicação na poupança (até 23 de junho) e no CDB (de 23 de junho a 15 de julho):

- Montante da poupança em 23 de junho:

$$FV = 9.000\,(1 + 0{,}001480)\,(1 + 0{,}001363)\,(1 + 0{,}001871)\,(1 + 0{,}005)^{3}$$

$$FV = R\$\ 9.178{,}81$$

- Valor aplicado no CDB:

PV – 0,38% de PV = 99,62% de PV = 99,62% de R$ 9.178,81 = R$ 9.143,93

- Contagem do tempo:

23.062015 < ENTER > 15.072015 < g > < Δ DYS > → 22 dias

- Juros do CDB:

9143,93 < CHS > < PV > 22 < ENTER > 30 < ÷ > < n > 0,99 < i > < FV >

9143,93 < – > → R$ 66,30

- IOF:

66,30 < ENTER > 26 < % > → R$ 17,24

Saldo de juros:

66,30 < ENTER > 17,24 < – > → R$ 49,06

- IR:

49,06 < ENTER > 22,5 < % > → R$ 11,04

- Saldo de juros:

49,06 < ENTER > 11,04 < – > → R$ 38,02

- Resgate líquido em 15 de julho:

9143,93 < ENTER > 38,02 < + > → R$ 9.181,95 (bom negócio)

Resposta: foi um bom negócio (R$ 9.178,81 × R$ 9.181,95).

R 6.22 Uma empresa está negociando com seu cliente a venda de um equipamento no valor de R$ 35.000,00, que propõe pagar 30% de entrada e prestações mensais, iguais e consecutivas de no máximo R$ 3.000,00, vencendo a primeira 30 dias após a entrada. Sabendo que a projeção da inflação para os próximos 12 meses é de 8,90% aa, e que a empresa pretende receber uma taxa de juros real de 11% aa, determine o número mínimo de prestações necessárias para quitar a dívida e o valor delas.

Resolução:

Taxa mensal equivalente da inflação:

8,90 < i > 1 < ENTER > 12 < ÷ > < n > < g > < GTO > (0)01 < R/S > → 0,71% am

Taxa de juros real mensal equivalente:

11 < i > 1 < ENTER > 12 < ÷ > < n > < g > < GTO > (0)01 < R/S > → 0,87% am

Taxa aparente mensal:

$$i_R = \frac{1 + i_a}{1 + i_i} - 1 \Rightarrow 0{,}0087 = \frac{1 + i_a}{1 + 0{,}0071} - 1 \Rightarrow i_a = (1{,}0087).(1{,}0071) - 1$$

$$i_a = 1{,}59\% \text{ am}$$

Número mínimo de prestações:

35000 < ENTER > 30 < % > < – > < CHS > < PV > 3000 < PMT > 1,59 < i >

< g > < END > < n > → 9

Valor exato das prestações:

35000 < ENTER > 30 < % > <–> < CHS > < PV > 1,59 < i > 9 < n >

< PMT > → R$ 2.943,19

Resposta: 9 prestações de R$ 2.943,19.

R 6.23 Suponhamos que uma pessoa tenha aberto uma caderneta de poupança múltipla no dia 6 de outubro de 2016 e efetuado os seguintes depósitos: R$ 735,00 em 6 de outubro de 2016; R$ 456,00 em 15 de outubro de 2016; e R$ 934,00 em 23 de outubro de 2016. No dia 20 de novembro de 2016, resolveu retirar R$ 1.050,00 dessa caderneta e aplicar em um CDB, que prometeu pagar juros de 11,35% aa, até o dia 22 de dezembro de 2016. Verifique se foi um bom negócio ou se teria sido melhor deixar o dinheiro na caderneta de poupança, analisando o saldo das aplicações em 22 de dezembro de 2016.

Resolução:

- *1ª hipótese:* deixar o dinheiro na caderneta de poupança até 22 de dezembro de 2016.

Caderneta de Poupança Múltipla								
Data	**Nº CP**	**Depósito**	**Juros**	**Obs.**	**Saldos**			
					CP1	**CP2**	**CP3**	**Total**
06/10/16	CP1	735,00			735,00			735,00
15/10/16	CP2	456,00				456,00		1.191,00
23/10/16	CP3	934,00					934,00	2.125,00
06/11/16			4,73 (CP1)	1ª	739,73			2.129,73
15/11/16			2,86 (CP2)	2ª		458,86		2.132,59
23/11/16			6,15 (CP3)	3ª			940,15	2.138,74
06/12/16			4,76 (CP1)	4ª	744,49			2.143,50
15/12/16			3,08 (CP2)	5ª		461,94		2.146,58
22/12/16				6ª				2.146,58

Observações

1ª) No dia 6 de novembro de 2016, data de aniversário da CP1 (caderneta de poupança 1), o valor da TR no período (6 de outubro de 2016 a 6 de novembro de 2016) foi de 0,1430. Como o menor saldo da CP1 nesse período foi de R$ 735,00, os juros correspondentes foram de:

$$FV = 735{,}00\,(1 + \underbrace{0{,}001430}_{\text{TR}})\,(1 + \underbrace{0{,}005}_{\text{JUROS}}) = 739{,}73 \quad (J = R\$\,4{,}73)$$

2ª) No dia 15 de novembro de 2016, data de aniversário da CP2, o valor da TR no período (15 de outubro de 2016 a 15 de novembro de 2016) foi de 0,1269. Como o menor saldo da CP2 nesse período foi de R$ 456,00, os juros correspondentes foram de:

$$FV = 456{,}00\,(1 + \underbrace{0{,}001269}_{\text{TR}})\,(1 + \underbrace{0{,}005}_{\text{JUROS}}) = 458{,}86 \quad (J = R\$\,2{,}86)$$

3ª) No dia 23 de novembro de 2016, data de aniversário da CP3, o valor da TR no período (23 de outubro de 2016 a 23 de novembro de 2016) foi de 0,1574. Como o menor saldo da CP3 nesse período foi de R$ 934,00, os juros correspondentes foram de:

$$FV = 934{,}00\,(1 + \underbrace{0{,}001574}_{\text{TR}})\,(1 + \underbrace{0{,}005}_{\text{JUROS}}) = 940{,}15 \quad (J = R\$\,6{,}15)$$

4ª) No dia 6 de dezembro de 2016, data de aniversário da CP1, o valor da TR no período (6 de novembro de 2016 a 6 de dezembro de 2016) foi de 0,1423. Como o menor saldo da CP1 nesse período foi de R$ 739,73, os juros correspondentes foram de:

$$FV = 739{,}73\,(1 + \underbrace{0{,}001423}_{\text{TR}})\,(1 + \underbrace{0{,}005}_{\text{JUROS}}) = 744{,}49 \quad (J = R\$\,4{,}76)$$

5ª) No dia 15 de dezembro de 2016, data de aniversário da CP2, o valor da TR no período (15 de novembro de 2016 a 15 de dezembro de 2016) foi de 0,1708. Como o menor saldo da CP2 nesse período foi de R$ 458,86, os juros correspondentes foram de:

$$FV = 458{,}86\,(1 + \underbrace{0{,}001708}_{\text{TR}})\,(1 + \underbrace{0{,}005}_{\text{JUROS}}) = 461{,}94 \quad (J = R\$\,3{,}08)$$

6ª) Como o saldo da caderneta foi retirado no dia 22 de dezembro de 2016, a CP3 não gerou juros, pois o seu aniversário seria em 23 de dezembro de 2016.

- *2ª hipótese:* retirar R$ 1.050,00 da caderneta de poupança em 20 de novembro de 2016 e aplicar no CDB até 22 de dezembro de 2016.

Caderneta de Poupança Múltipla								
Data	**Nº CP**	**Saque/Depósito**	**Juros**	**Obs.**	**Saldos**			
					CP1	**CP2**	**CP3**	**Total**
06/10/16	CP1	+ 735,00			735,00			735,00
15/10/16	CP2	+ 456,00				456,00		1.191,00
23/10/16	CP3	+ 934,00					934,00	2.125,00
06/11/16			4,73 (CP1)		739,73			2.129,73
15/11/16			2,86 (CP2)			458,86		2.132,59
20/11/16		–1.050,00		1ª	148,59	0,00		1.082,59
23/11/16			6,15 (CP3)	2ª			940,15	1.088,74
06/12/16			0,96 (CP1)	3ª	149,55			1.089,70
22/12/16				4ª				1.089,70

Até o dia 15 de novembro de 2016, o comportamento da caderneta de poupança múltipla não se altera.

1ª) A retirada de R$ 1.050,00 no dia 20 de novembro de 2016 ocorre da seguinte maneira:

- R$ 458,86 são retirados da CP2 (caderneta com data de aniversário anterior mais próxima), encerrando essa caderneta;
- R$ 591,14 são retirados da CP1 (caderneta com data de aniversário anterior mais próxima após a CP2), restando um saldo de R$ 148,59. Observe que as duas retiradas totalizaram R$ 1.050,00 (R$ 458,86 + R$ 591,14).

2ª) No dia 23 de novembro de 2016, data de aniversário da CP3, o valor da TR no período (23 de outubro de 2016 a 23 de novembro de 2016) foi de 0,1574. Como o menor saldo da CP3 nesse período foi de R$ 934,00, os juros correspondentes foram de:

$$FV = 934{,}00\,(1 + \underbrace{0{,}001574}_{\text{TR}})\,(1 + \underbrace{0{,}005}_{\text{JUROS}}) = 940{,}15 \quad (J = R\$\ 6{,}15)$$

3ª) No dia 6 de dezembro de 2016, data de aniversário da CP1, o valor da TR no período (6 de novembro de 2016 a 6 de dezembro de 2016) foi de 0,1423. Como o menor saldo da CP3 nesse período foi de R\$ 148,59, os juros correspondentes foram de:

$$FV = 148{,}59\,(1 + \underbrace{0{,}001423}_{\text{TR}})\,(1 + \underbrace{0{,}005}_{\text{JUROS}}) = 149{,}55 \quad (J = R\$\ 0{,}96)$$

4ª) Como o saldo da caderneta foi retirado no dia 22 de dezembro de 2016, a CP3 não gerou juros, pois seu aniversário seria em 23 de dezembro de 2016.

Aplicação do valor retirado da poupança (R\$ 1.050,00 em 20 de novembro de 2016) até 22 de dezembro de 2016:

- Contagem do tempo:

20.112016 < ENTER > 22.122016 < g > < Δ DYS > → 32 dias

- Taxa mensal equivalente

11,35 < i > 1 < ENTER > 12 < ÷ > < g > < GTO > (0)01 < R/S > → 0,90% am

- Juros do CDB:

1050 < CHS > < PV > 32 < ENTER > 30 < ÷ > < n > 0,90 < i > < FV >

1050 < – > → R\$ 10,08

- IR:

10,08 < ENTER > 22,5 < % > → R\$ 2,27

- Saldo de juros:

10,08 < ENTER > 2,27 < – > → R\$ 7,81

- Resgate líquido em 22 de dezembro de 2016:

1050 < ENTER > 7,81 < + > → R\$ 1.057,81

Assim, o montante das duas aplicações (caderneta de poupança e CDB) em 22 de dezembro de 2016 é de:

$$1.089{,}70 + 1.057{,}81 = \text{R\$ } 2.147{,}51 \text{ (bom negócio)}$$

Resposta: como na primeira hipótese o saldo da caderneta de poupança resultou no valor de R$ 2.146,58, foi um bom negócio (apesar da pequena diferença, de R$ 0,93).

R 6.24 Considere novamente os dados do exercício R 6.23 e verifique se foi um bom negócio ou se teria sido melhor deixar o dinheiro na caderneta de poupança, analisando o saldo das aplicações em 24 de dezembro de 2016.

Resolução:

- *1ª hipótese:* deixar o dinheiro na caderneta de poupança até 24 de dezembro de 2016:

Caderneta de Poupança Múltipla								
Data	**Nº CP**	**Depósito**	**Juros**	**Obs.**	**Saldos**			
					CP1	**CP2**	**CP3**	**Total**
06/10/16	CP1	735,00			735,00			735,00
15/10/16	CP2	456,00				456,00		1.191,00
23/10/16	CP3	934,00					934,00	2.125,00
06/11/16			4,73 (CP1)		739,73			2.129,73
15/11/16			2,86 (CP2)			458,86		2.132,59
23/11/16			6,15 (CP3)				940,15	2.138,74
06/12/16			4,76 (CP1)		744,49			2.143,50
15/12/16			3,08 (CP2)			461,94		2.146,58
23/12/16			6,56 (CP3)	1ª			946,71	2.153,14
24/12/16								2.153,14

Até o dia 15 de dezembro, o comportamento da caderneta de poupança múltipla não se altera.

Observação

1ª) No dia 23 de dezembro de 2016, data de aniversário da CP3, o valor da TR no período (23 de novembro de 2016 a 23 de dezembro de 2016) foi de 0,1970. Como o menor saldo da CP1 nesse período foi de R$ 940,15, os juros correspondentes foram de:

$$FV = 940{,}15\,(1 + \underbrace{0{,}001970}_{TR})\,(1 + \underbrace{0{,}005}_{JUROS}) = 946{,}71 \quad (J = R\$\,6{,}56)$$

- *2ª hipótese:* retirar R$ 1.050,00 da caderneta de poupança em 20 de novembro de 2016 e aplicar no CDB até 24 de dezembro de 2016.

Caderneta de Poupança Múltipla								
Data	**Nº CP**	**Saque/Depósito**	**Juros**	**Obs.**	**Saldos**			
					CP1	**CP2**	**CP3**	**Total**
06/10/16	CP1	+ 735,00			735,00			735,00
15/10/16	CP2	+ 456,00				456,00		1.191,00
23/10/16	CP3	+ 934,00					934,00	2.125,00
06/11/16			4,73 (CP1)		739,73			2.129,73
15/11/16			2,86 (CP2)			458,86		2.132,59
20/11/16		–1.050,00			148,59	0,00		1.082,59
23/11/16			6,15 (CP3)				940,15	1.088,74
06/12/16			0,96 (CP1)		149,57			1.089,70
23/12/16			6,56 (CP3)	1ª			946,71	1.096,26
24/12/16								1.096,26

Até o dia 6 de dezembro de 2016, o comportamento da caderneta de poupança múltipla não se altera.

No dia 23 de dezembro de 2016, data de aniversário da CP3, o valor da TR no período (23 de novembro de 2016 a 23 de dezembro de 2016) foi de 0,1970. Como o menor saldo da CP1 nesse período foi de R$ 940,15, os juros correspondentes foram de:

$$FV = 940{,}15\,(1 + \underbrace{0{,}001970}_{TR})\,(1 + \underbrace{0{,}005}_{JUROS}) = 946{,}71 \quad (J = R\$\,6{,}56)$$

Aplicação do valor retirado da poupança (R$ 1.050,00) até 24 de dezembro de 2016:

- Contagem do tempo:

20.112016 < ENTER > 24.122016 < g > < Δ DYS > → 34 dias

- Taxa mensal equivalente:

11,35 < i > 1 < ENTER > 12 < ÷ > < g > < GTO > (0)01 < R/S > → 0,90% am

- Juros do CDB:

1050 < CHS > < PV > 34 < ENTER > 30 < ÷ > < n > 0,90 < i > < FV >

1050 < – > → R$ 10,72

- IR:

10,72 < ENTER > 22,5 < % > → R$ 2,41

- Saldo de juros:

10,72 < ENTER > 2,41 < – > → R$ 8,31

- Resgate líquido em 24 de dezembro de 2016:

1050 < ENTER > 8,31 < + > → R$ 1.058,31

Assim, o montante das duas aplicações (caderneta de poupança e CDB) em 24 de dezembro de 2016 é de:

1.096,26 + 1.058,31 = R$ 2.154,57 (bom negócio)

Resposta: como na primeira hipótese o saldo da caderneta de poupança resultou no valor de R$ 2.153,14, foi um bom negócio (apesar da pequena diferença, de R$ 1,43).

R 6.25 Considere novamente os dados do exercício anterior (R 6.24), supondo agora que o valor de R$ 1.050,00 seria retirado da caderneta de poupança em 30 de novembro de 2016 e aplicado no CDB até 23 de dezembro de 2016. Nessas condições, verifique se foi um bom negócio ou se teria sido melhor deixar o dinheiro na caderneta de poupança, analisando o saldo das aplicações em 23 de dezembro de 2016.

Resolução:

- *1ª hipótese:* deixar o dinheiro na caderneta de poupança até 23 de dezembro de 2016.

Caderneta de Poupança Múltipla								
Data	Nº CP	Depósito	Juros	Obs.	Saldos			
					CP1	CP2	CP3	Total
06/10/16	CP1	735,00			735,00			735,00
15/10/16	CP2	456,00				456,00		1.191,00
23/10/16	CP3	934,00					934,00	2.125,00
06/11/16			4,73 (CP1)		739,73			2.129,73
15/11/16			2,86 (CP2)			458,86		2.132,59
23/11/16			6,15 (CP3)				940,15	2.138,74
06/12/16			4,76 (CP1)		744,49		0,00	2.143,50
15/12/16			3,08 (CP2)			461,94		2.146,58
23/12/16			6,56 (CP3)	1ª			946,71	2.153,14

Observação

O saldo da caderneta de poupança não se altera se ela for encerrada no dia 23 de dezembro de 2016.

- *2ª hipótese:* retirar R$ 1.050,00 da caderneta de poupança em 30 de novembro de 2016 e aplicar no CDB até 23 de dezembro de 2016.

Caderneta de Poupança Múltipla								
Data	Nº CP	Saque/Depósito	Juros	Obs.	Saldos			
					CP1	CP2	CP3	Total
06/10/16	CP1	+ 735,00			735,00			735,00
15/10/16	CP2	+ 456,00				456,00		1.191,00
23/10/16	CP3	+ 934,00					934,00	2.125,00
06/11/16			4,73 (CP1)		739,73			2.129,73
15/11/16			2,86 (CP2)			458,86		2.132,59
23/11/16			6,15 (CP3)				940,15	2.138,74
30/11/16		–1.050,00		1ª	739,73	349,01	0,00	1.088,74
06/12/16			4,76 (CP1)	2ª	744,49			1.093,50
15/12/16			2,34 (CP2)	3ª		351,35		1.095,84
23/12/16				4ª				1.095,84

Observações

1ª) A retirada de R$ 1.050,00 no dia 30 de novembro de 2016 ocorre da seguinte maneira:

- R$ 940,15 são retirados da CP3 (caderneta com data de aniversário anterior mais próxima), encerrando essa caderneta;
- R$ 109,85 são retirados da CP2 (caderneta com data de aniversário anterior mais próxima após a CP3), restando um saldo de R$ 349,01. Observe que as duas retiradas totalizaram R$ 1.050,00 (R$ 458,86 + R$ 591,14).

2ª) No dia 6 de dezembro de 2016, data de aniversário da CP1, o valor da TR no período (6 de novembro de 2016 a 6 de dezembro de 2016) foi de 0,1423. Como o menor saldo da CP1 nesse período foi de R$ 739,73, os juros correspondentes foram de:

$$FV = 739{,}73\,(1 + \underbrace{0{,}001423}_{\text{TR}})\,(1 + \underbrace{0{,}005}_{\text{JUROS}}) = 744{,}49 \quad (J = R\$\ 4{,}76)$$

3ª) No dia 15 de dezembro de 2016, data de aniversário da CP2, o valor da TR no período (15 de novembro de 2016 a 15 de dezembro de 2016) foi de 0,1708. Como o menor saldo da CP2 nesse período foi de R$ 349,01, os juros correspondentes foram de:

$$FV = 349{,}01\,(1 + \underbrace{0{,}001708}_{\text{TR}})\,(1 + \underbrace{0{,}005}_{\text{JUROS}}) = 351{,}35 \quad (J = R\$\ 2{,}34)$$

4ª) No dia 23 de dezembro a CP3 faria aniversário, entretanto, ela já tinha sido encerrada no dia 30 de novembro de 2016 com a retirada de R$ 1.050,00.

Aplicação do valor retirado da poupança (R$ 1.050,00) até 23 de dezembro de 2016:

- Contagem do tempo:

30.112016 < ENTER > 23.122016 < g > < Δ DYS > → 23 dias

- Taxa mensal equivalente:

11,35 < i > 1 < ENTER > 12 < ÷ > < g > < GTO > (0)01 < R/S > → 0,90% am

- Juros do CDB:

1050 < CHS > < PV > 23 < ENTER > 30 < ÷ > < n > 0,90 < i > < FV >

1050 < – > → R$ 7,24

- IOF:

7,24 < ENTER > 23 < % > → R$ 1,67

- Saldo de juros:

7,24 < ENTER > 1,67 < – > → R$ 5,57

- IR:

5,57 < ENTER > 22,5 < % > → R$ 1,25

- Saldo de juros:

5,57 < ENTER > 1,25 < – > → R$ 4,32

- Resgate líquido em 23 de dezembro de 2016:

1050 < ENTER > 4,32 < + > → R$ 1.054,32

Assim, o montante das duas aplicações (caderneta de poupança e CDB) em 24 de dezembro de 2016 é de:

1.095,84 + 1.054,32 = R$ 2.150,16

Resposta: como na primeira hipótese o saldo da caderneta de poupança resultou no valor de R$ 2.153,14, foi um mau negócio (apesar da pequena diferença, de R$ 2,98).

R 6.26 Um empresário está negociando com seu cliente a venda de um equipamento no valor de R$ 30.000,00 nas seguintes condições:

- projeção da taxa de inflação: 4,5% aa;
- taxa real de juros: 12% aa;
- uma entrada de 15% sobre o preço do equipamento;
- uma parcela de 10% sobre o valor da dívida devidamente atualizada, 45 dias após a entrada;
- uma parcela de 5% sobre o valor da dívida devidamente atualizada, 70 dias após a entrada;
- prestações mensais e consecutivas de aproximadamente R$ 1.000,00, vencendo a primeira 15 dias após a parcela de 5% do valor do equipamento.

Nessas condições, determine o número mínimo de parcelas necessárias para quitar a compra do equipamento e o valor dessas parcelas.

Resolução:

Taxa de inflação mensal equivalente:

4,5 < i > 1 < ENTER > 12 < ÷ > < n > < g > < GTO > (0) 01 < R/S > → 0,37% am

Taxa real de juros mensal equivalente:

12 < i > 1 < ENTER > 12 < ÷ > < n > < g > < GTO > (0) 01 < R/S > → 0,95 % am

Cálculo da taxa aparente:

$$i_R = \frac{1+i_a}{1+i_i} - 1 \Rightarrow 0,0095 = \frac{1+i_a}{1+0,0037} - 1 \Rightarrow i_a = (1,0095).(1,0037) - 1 \Rightarrow$$
$$\Rightarrow i_a = 1,32\%\,\text{am}$$

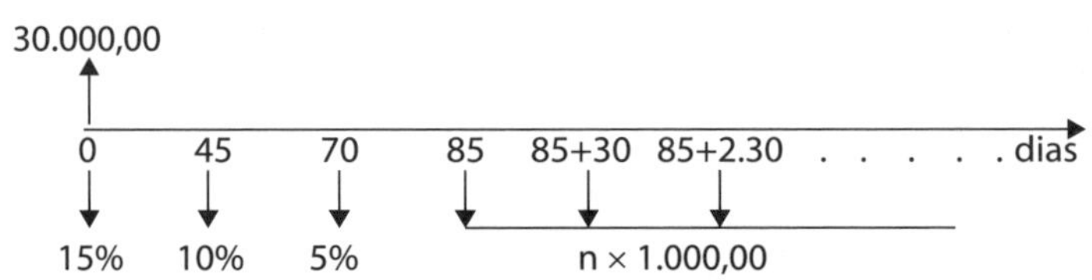

Saldo da dívida na DF0 após a entrada de 15%:

30000 < ENTER > 15 < % > < – > → 25.500,00

Capitalizar R$ 25.500,00 da DF0 para a DF45:

25500 < CHS > < PV > 45 < ENTER > 30 < ÷ > < n > 1,32 < i >

< FV > → 26.006,56

Saldo da dívida na DF45 após o pagamento de 10% do valor capitalizado:

26006,56 < ENTER > 10 < % > < – > → 23.405,90

Capitalizar R$ 23.405,90 da DF45 para a DF70:

23405,90 < CHS > < PV > 25 < ENTER > 30 < ÷ > < n > 1,32 < i >

< FV > → 23.663,08

Saldo da dívida na DF70 após o pagamento de 5% do valor capitalizado:

23663,08 < ENTER > 5 < % > < – > → 22.479,93

Capitalizar R$ 23.405,90 da DF70 para a DF85:

22.479,93 < CHS > < PV > 15 < ENTER > 30 < ÷ > < n > 1,32 < i >

< FV > → 22.627,81

Nosso problema agora se resume ao seguinte fluxo de caixa:

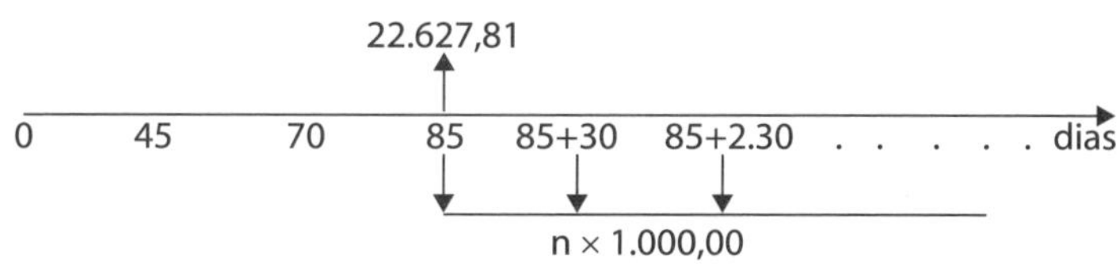

Número de parcelas necessárias para quitar a dívida

22627,81 < CHS > < PV > 1000 < PMT > 1,32 < i > < g > < BEG > < n > → 27

Valor das prestações:

22627,81 < CHS > < PV > 1,32 < i > 27 < n > < PMT > → R$ 988,67

Resposta: 27 parcelas de R$ 988,67.

R 6.27 Uma dívida devia ser quitada em três parcelas de R$ 2.550,00 com vencimentos em 25 de dezembro de 2016, 7 de janeiro de 2017 e 28 de janeiro de 2017. A fim de poder honrar esses compromissos, uma pessoa efetuou os seguintes depósitos em uma caderneta de poupança múltipla:

- R$ 2.000,00 em 5 de outubro de 2016;
- R$ 2.500,00 em 16 de novembro de 2016;
- R$ 3.000,00 em 27 de dezembro de 2016.

Verifique se esses depósitos foram suficientes para quitar a dívida nas datas previstas.

Resolução:

Caderneta de Poupança Múltipla								
Data	**CP**	**Saque/Depósito**	**Juros**	**Obs.**	**Saldos**			
					CP1	**CP2**	**CP3**	**Total**
05/10/16	CP1	+ 2.000,00						2.000,00
05/11/16			13,76 (CP1)	1ª	2.013,76			2.013,76
16/11/16	CP2	+ 2.500,00				2.500,00		4.513,76
05/12/16			12,39 (CP1)	2ª	2.026,16			4.526,15
16/12/16			17,51 (CP2)	3ª		2.517,51		4.543,66
25/12/16		–2.550,00		4ª	1.993,67	0,00		1.993,67
27/12/16	CP3	+ 3.000,00					3.000,00	4.993,67
05/01/16			14,50 (CP1)	5ª	2.008,17			5.008,17
07/01/16		–2.550,00		6ª	0,00		2.458,17	2.458,17
27/01/17			17,69 (CP3)	7ª			2.475,86	2.475,86
28/01/17		–2.550,00		8ª			0,00	–74,14

No dia 5 de novembro de 2016, data de aniversário da CP1, o valor da TR no período (5 de outubro de 2016 a 5 de novembro de 2016) foi de 0,1869. Como o menor saldo da CP1 nesse período foi de R$ 2.000,00, os juros correspondentes foram de:

$$FV = 2.000{,}00\,(1 + \underbrace{0{,}001869}_{\text{TR}})\,(1 + \underbrace{0{,}005}_{\text{JUROS}}) = 2.013{,}76 \quad (J = \text{R\$ } 13{,}76)$$

No dia 5 de dezembro de 2016, data de aniversário da CP1, o valor da TR no período (5 de novembro de 2016 a 5 de dezembro de 2016) foi de 0,1147. Como o menor saldo da CP1 nesse período foi de R$ 2.013,76, os juros correspondentes foram de:

$$FV = 2.013{,}76\,(1 + \underbrace{0{,}001147}_{\text{TR}})\,(1 + \underbrace{0{,}005}_{\text{JUROS}}) = 2.026{,}15 \quad (J = \text{R\$ } 12{,}39)$$

No dia 16 de dezembro de 2016, data de aniversário da CP2, o valor da TR no período (16 de novembro de 2016 a 16 de dezembro de 2016) foi de 0,1993. Como o menor saldo da CP1 nesse período foi de R$ 2.500,00, os juros correspondentes foram de:

$$FV = 2.500,00\,(1 + \underbrace{0,001993}_{TR})\,(1 + \underbrace{0,005}_{JUROS}) = 2517,51 \quad (J = R\$\ 17,51)$$

A primeira retirada de R$ 2.550,00, no dia 25 de dezembro de 2016, ocorre da seguinte maneira:

- R$ 2.517,51 são retirados da CP2 (caderneta com data de aniversário anterior mais próxima), encerrando essa caderneta;
- R$ 32,49 são retirados da CP1 (caderneta com data de aniversário anterior mais próxima após a CP2), restando um saldo de R$ 1.993,67. Observe que as duas retiradas totalizaram R$ 2.550,00 (R$ 2.517,51 + R$ 32,49).

No dia 5 de janeiro de 2017, data de aniversário da CP1, o valor da TR no período (5 de dezembro de 2016 a 5 de janeiro de 2017) foi de 0,2260. Como o menor saldo da CP1 nesse período foi de R$ 1.993,67, os juros correspondentes foram de:

$$FV = 1.993,67\,(1 + \underbrace{0,002260}_{TR})\,(1 + \underbrace{0,005}_{JUROS}) = 2.008,17 \quad (J = R\$\ 14,50)$$

A segunda retirada de R$ 2.550,00, no dia 7 de janeiro de 2017, ocorre da seguinte maneira:

- R$ 2.008,17 são retirados da CP1 (caderneta com data de aniversário anterior mais próxima), encerrando essa caderneta;
- R$ 541,83 são retirados da CP3 (caderneta com data de aniversário anterior mais próxima após a CP1), restando um saldo de R$ 2.508,17. Observe que as duas retiradas totalizaram R$ 2.550,00 (R$ 2.008,17 + R$ 541,83).

No dia 27 de janeiro de 2017, data de aniversário da CP3, o valor da TR no período (27 de dezembro de 2016 a 27 de janeiro de 2017) foi de 0,2186. Como o menor saldo da CP1 nesse período foi de R$ 2.458,17, os juros correspondentes foram de:

$$FV = 2.458,17\,(1 + \underbrace{0,002186}_{TR})\,(1 + \underbrace{0,005}_{JUROS}) = 2.475,86 \quad (J = R\$\ 17,69)$$

Resposta: a terceira retirada de R$ 2.550,00, no dia 28 de janeiro de 2017, zera a CP3 (na verdade, zera toda a caderneta de poupança múltipla) e não é suficiente para quitar a última parcela da dívida (saldo negativo de R$ 74,14).

R 6.28 Uma pessoa efetuou três depósitos, em uma aplicação nas seguintes condições:

- R$ 2.000,00 em 1º de outubro de 2016;
- R$ 2.500,00 em 17 de novembro de 2016;
- R$ 3.000,00 em 9 de dezembro de 2016.

Sabendo que essa aplicação prometeu pagar juros de 0,75% am mais correção monetária pelo IGP-M da FGV, determine o valor do resgate total líquido em 1º de janeiro de 2017.

Resolução:

IGP-M (FGV) – 2016		
Out.	**Nov.**	**Dez.**
0,16	–0,03	0,54

Montante em 1º de novembro de 2016:

$$FV = 2.000{,}00\,(1 + \underbrace{0{,}0016}_{\text{IGP-M}})\,(1 + \underbrace{0{,}0075}_{\text{JUROS}}) = \text{R\$ } 2.018{,}22 \text{ (Juros = R\$ 18,22)}$$

Montante em 1º de dezembro de 2016:

- Montante gerado pela parcela de R$ 2.018,22:

$$FV = 2.018{,}22\,(1 + (\underbrace{-0{,}0003}_{\text{IGP-M}}))\,(1 + \underbrace{0{,}0075}_{\text{JUROS}}) = \text{R\$ } 2.032{,}75 \text{ (Juros = R\$ 14,53)}$$

- Contagem de tempo referente à parcela de R$ 2.500,00:

17.112016 < ENTER > 01.122016 < Δ DYS > → 14 dias

- Taxa de juros equivalente para 14 dias:

0,75 < i > 14 < ENTER > 30 < ÷ > < n > < g > < GTO > (0)01 < R/S > → 0,35%

- IGP-M equivalente para 14 dias

- 0,03 < i > 13 < ENTER > 30 < ÷ > < n > < g > < GTO > (0)01 < R/S > → -0,01

- Montante gerado pela parcela de R$ 2.500,00:

$$FV = 2.500{,}00\,(1 + (\underbrace{-0{,}0001}_{\text{IGPM}}))\,(1 + \underbrace{0{,}0035}_{\text{JUROS}}) = \text{R\$ } 2.508{,}50 \text{ (Juros = R\$ 8,50)}$$

- Montante total:

2.032,75 + 2.508,50 = R$ 4.541,25

Montante em 1º de janeiro de 2017:

- Montante gerado pela parcela de R$ 4.541,25:

$$FV = 4.541{,}25\,(1 + \underbrace{0{,}0054}_{\text{IGPM}}))\,(1 + \underbrace{0{,}0075}_{\text{JUROS}}) = \text{R\$ } 4.600{,}02 \text{ (Juros = R\$ 58,77)}$$

- Contagem de tempo referente à parcela de R$ 3.000,00:

09.122016 < ENTER > 01.012016 < Δ DYS > → 23 dias

- Taxa de juros equivalente para 23 dias:

0,75 < i > 23 < ENTER > 30 < ÷ > < n > < g > < GTO > (0)01 < R/S > → 0,57%

- IGP-M equivalente para 23 dias:

0,54 < i > 23 < ENTER > 30 < ÷ > < n > < g > < GTO > (0)01 < R/S > → 0,41

- Montante gerado pela parcela de R$ 3.000,00:

$$FV = 3.000{,}00\,(1 + \underbrace{0{,}0041}_{\text{IGP-M}}))\,(1 + \underbrace{0{,}0057}_{\text{JUROS}}) = \text{R\$ } 3.029{,}47 \text{ (Juros = R\$ 29,47)}$$

- Montante total:

4.599,26 + 3.029,47 = R$ 7.628,73

Resgate líquido:

Em 1º de janeiro de 2017, os juros gerados pelas parcelas de R$ 2.000,00 e R$ 2.500,00 totalizaram:

18,22 (01/11/16) + 23,03 (01/12/16) + 58,77 (01/01/17) = R$ 100,02

IR:

100,02 < ENTER > 22,5 < % > → R$ 22,51

Saldo de juros:

100,02 – 22,51 = R$ 77,51

Por outro lado, os juros gerados pela parcela de R$ 3.000,00 (R$ 29,47) estão sujeitos também ao IOF (ficaram aplicados apenas 23 dias):

IOF:

29,47 < ENTER > 23 < % > → R$ 6,78

Saldo de juros:

29,47 – 6,57 = R$ 22,69

IR:

22,69 < ENTER > 22,5 < % > → R$ 5,11

Saldo de juros:

22,69 – 4,95 = R$ 17,58

Assim, em 1º de janeiro de 2017, o resgate líquido será de:

2.000,00 + 2.500,00 + 3.000,00 + 77,51 + 17,58 = R$ 7.595,09

Resposta: R$ 7.595,09.

Observação

O leitor deve observar que como se trata de aplicações pós-fixadas, o resgate só irá ocorrer após a divulgação do IGP-M correspondente.

6.21 EXERCÍCIOS PROPOSTOS

P 6.1 Um contrato de financiamento prevê reajustes semestrais, com base em um dos seguintes índices: IPCA do IBGE, IGP-M da FGV ou IPC da Fipe. Sabendo que em 1º de janeiro de 2016 o valor da prestação desse financiamento era de R$ 1.975,00 e que será utilizado o índice que apresentar a maior variação no período, tendo em vista os valores percentuais desses índices para o primeiro semestre de 2016:

	2016					
	Jan.	**Fev.**	**Mar.**	**Abr.**	**Maio**	**Jun.**
IPCA (IBGE)	1,27	0,90	0,43	0,61	0,78	0,35
IGP-M (FGV)	1,14	1,29	0,51	0,33	0,82	1,69
IPC (Fipe)	1,37	0,89	0,97	0,46	0,57	0,65

pede-se determinar:

a) o valor da nova prestação em 1º de julho de 2016;

b) a taxa de desvalorização do salário de uma pessoa que não obteve nenhum tipo de reajuste no período, tomando como base o índice com a maior variação.

P 6.2 Uma pessoa efetuou os seguintes depósitos em uma caderneta de poupança:

- R$ 1.000,00 em 1º de julho de 2016;
- R$ 1.250,00 em 1º de agosto de 2016;
- R$ 1.500,00 em 1º de setembro de 2016.

Conhecidos os valores da TR no período:

TR (2016)			
Jul.	**Ago.**	**Set.**	**Out.**
0,1621	0,2545	0,1575	0,1601

pede-se determinar:

a) o montante da caderneta disponível para retirada em 1º de outubro de 2016;

b) o montante da caderneta disponível para retirada em 25 de outubro de 2016;

c) o montante da caderneta disponível para retirada em 1º de novembro de 2016;

d) a taxa média mensal da TR no período (1º de julho de 2016 a 1º de novembro de 2016).

P 6.3 Uma pessoa solicitou um empréstimo no valor de R$ 17.500,00, no dia 1º de março de 2013, a ser liquidado em 1º de agosto de 2013. Apresentaram-se as seguintes opções:

- O Banco A prometeu pagar juros de 19,56% aa mais correção monetária pelo CUB-SP do Sinduscon.
- O Banco B prometeu pagar juros de 31,37% aa mais correção monetária pelo ICV do Dieese.

Nessas condições, qual dos bancos está praticando a menor taxa de juros?

P 6.4 Uma pessoa aplicou R$ 34.500,00 em uma caderneta de poupança no dia 8 de março de 2013. Sabendo que o resgate ocorreu em 8 de abril de 2013, determine o valor da perda, em reais, que essa pessoa teve ao aplicar seu capital segundo as novas regras da poupança. Sabe-se que no período o valor da TR foi de 0,0000% e o valor da taxa Selic foi de 7,25% aa.

Lembrando:

A partir de 2012, a legislação brasileira atrelou a remuneração da poupança à taxa Selic, determinando que:

- os depósitos realizados até 3 de maio de 2012 (conhecidos como poupança antiga) continuariam a ser atualizados monetariamente pela TR, acrescidos da remuneração mensal fixa de 0,5% am;
- já os depósitos realizados a partir de 4 de maio de 2012 (conhecidos como nova poupança) seriam atrelados à taxa Selic (taxa básica de juros) da seguinte forma:
  - se a Selic atingir 8,5% aa ou menos, a poupança renderá 70% da Selic mais TR;
  - se a Selic for superior a 8,5% am, a poupança renderá 0,5% am mais TR.

P 6.5 Um atacadista vendeu no ano de 2012 9.750 frascos de azeite importado de determinada marca.

a) Sabendo que a taxa real de crescimento das vendas de 2012 para 2013, levando em conta apenas a quantidade de frascos vendidos, foi de 16,00%, determine a quantidade de frascos vendidos em 2013.

b) Sabendo que a taxa real de crescimento das vendas de 2012 para 2013, levando em conta o valor total das vendas, foi de 17,00%, e sabendo que o preço do frasco de azeite em 2012 era de R$ 22,50, utilize o IGP-M da FGV como índice indicador da inflação para determinar o preço do frasco de azeite em 2013. Sabe-se que em 2012 o IGP-M apontou uma inflação de 7,81%.

P 6.6 Uma empresa contratou junto a uma instituição financeira, no dia 1º de maio de 2016, um empréstimo no valor de R$ 8.500,00, a uma taxa de 15,0% aa mais correção monetária pelo IPA da FGV. Sabendo que o empréstimo será liquidado mediante um único pagamento, em 1º de outubro de 2016, determine a taxa efetiva mensal da operação financeira, considerando o IOF (0,0082% ad mais 0,38%) e uma taxa de serviços correspondente a 0,75% do valor do empréstimo, a ser paga no ato da liberação deste.

IPA (FGV) – 2016				
Maio	**Jun.**	**Jul.**	**Ago.**	**Set.**
1,49	2,10	–0,81	0,50	–0,03

P 6.7 Um investidor aplicou R$ 15.000,00 em uma operação financeira no dia 1º de abril de 2014, por 7 meses, que pagou juros mais atualização monetária baseada no IGP-M da FGV. Este apontou, para tais meses, as seguintes taxas:

IGP-M (FGV) – 2014						
Abr.	**Maio**	**Jun.**	**Jul.**	**Ago.**	**Set.**	**Out.**
0,78	–0,13	–0,74	–0,61	–0,27	0,20	0,28

Nessas condições, pede-se determinar:

a) a taxa real mensal de juros da operação financeira, sabendo que a taxa aparente do período foi de 13,0%;

b) a taxa efetiva mensal da operação financeira considerando a incidência do IOF.

P 6.8 Um empresário vendeu um equipamento no valor de R$ 37.500,00 nas seguintes condições: 15% de entrada e o restante em 8 parcelas mensais, iguais e consecutivas, vencendo a primeira 45 dias após a entrada. Sabendo que o empresário pretendia obter na operação financeira uma taxa real de juros de 14,0% aa e projetou uma inflação de 7,5% aa, determine o valor das prestações.

P 6.9 A partir da seguinte tabela:

Mês	IPC (FGV)	IPA (FGV)	IGP (FGV)	IPCA (IBGE)	IPC (Fipe)
Fev./2017	1.567,5253	1.749,0199	1.736,1616	1.239,5164	1.094,5826
Jan./2017	1.562,6810	1.751,1212	1.735,1205	1.235,4394	1.095,4590
Dez./2016	1.551,9724	1.745,1876	1.727,6914	1.230,7625	1.091,9647
Nov./2016	1.546,8677	1.726,1994	1.713,4696	1.227,0813	1.084,1588
Out./2016	1.544,2425	1.726,3721	1.712,6133	1.224,8765	1.082,5350
Set./2016	1.539,0099	1.725,6818	1.710,3898	1.221,7001	1.079,6200
Ago./2016	1.537,9333	1.726,1997	1.709,8768	1.220,7235	1.081,1335
Jul./2016	1.533,0276	1.717,6116	1.702,5558	1.215,3758	1.079,9456
Jun./2016	1.527,3764	1.731,6379	1.709,2218	1.209,0886	1.076,1791
Maio/2016	1.523,4155	1.696,0214	1.681,8083	1.204,8715	1.069,2291
Abr./2016	1.513,7276	1.671,1217	1.663,0162	1.195,5462	1.063,1690
Mar./2016	1.506,3465	1.666,2894	1.657,0508	1.188,2976	1.058,3008
Fev./2016	1.498,8522	1.660,1469	1.649,9560	1.183,2098	1.048,1339
Jan./2016	1.487,5469	1.646,3178	1.637,0235	1.172,6559	1.038,8878
Dez./2015	1.461,5316	1.619,9132	1.612,3545	1.157,9500	1.024,8473

pede-se determinar:

a) a inflação em porcentagem de janeiro de 2017 medida pelo IPC da FGV;

b) a inflação em porcentagem de fevereiro de 2017 medida pelo IPA da FGV;

c) a inflação em porcentagem do primeiro trimestre de 2016 medida pelo IGP da FGV;

d) a inflação em porcentagem do primeiro semestre de 2016 medida pelo IPCA do IBGE;

e) a inflação em porcentagem do segundo semestre de 2016 medida pelo IPC da Fipe.

P 6.10 Considere novamente a tabela do exercício anterior (P 6.9). Sabendo que a mensalidade de um plano de saúde em 1º de janeiro de 2016 era de R$ 1.934,00 e que em 1º de janeiro de 2017 ela será reajustada por um desses índices (o que apresentar maior variação), determine o valor da nova mensalidade.

P 6.11 A partir da seguinte tabela:

Mês	IPC (FGV)	IPA (FGV)	IGP (FGV)	IPCA (IBGE)	IPC (Fipe)
Fev./2017	0,31	–0,12	0,06	0,33	–0,88
Jan./2017	0,69	0,34	0,43	0,38	0,32
Dez./2016	0,33	1,10	0,83	0,30	0,72
Nov./2016	0,17	–0,01	0,05	0,18	0,15
Out./2016	0,34	0,04	0,13	0,26	0,27
Set./2016	0,07	–0,03	0,03	0,08	–0,14
Ago./2016	0,32	0,50	0,43	0,44	0,11
Jul./2016	0,37	–0,81	–0,39	0,52	0,35
Jun./2016	0,26	2,10	1,63	0,35	0,65
Maio/2016	0,64	1,49	1,13	0,78	0,57
Abr./2016	0,49	0,29	0,36	0,61	0,46
Mar./2016	0,50	0,37	0,43	0,43	0,97
Fev./2016	0,76	0,84	0,79	0,90	0,89
Jan./2016	1,78	1,63	1,53	1,27	1,37
Dez./2015	0,88	0,33	0,44	0,96	0,82

pede-se determinar:

a) o número-índice do IPC da FGV em fevereiro de 2017, sabendo que em janeiro de 2017 seu valor era de 1.562,6810;

b) o número-índice do IPA da FGV em janeiro de 2017, sabendo que em dezembro de 2016 seu valor era de 1.745,1876;

c) o número-índice do IGP da FGV em dezembro de 2016, sabendo que em setembro de 2016 seu valor era de 1.710,3898;

d) o número-índice do IPCA do IBGE em dezembro de 2016, sabendo que em junho de 2016 seu valor era de 1.209,0886;

e) o número-índice do IPC da Fipe em dezembro de 2016, sabendo que em dezembro de 2015 seu valor era de 1.024,8473.

P 6.12 Um investidor do setor da construção civil, no dia 1º de fevereiro de 2016, adquiriu R$ 15.000,00 em ações, cujo valor unitário era de R$ 1,75. No dia 1º de julho de 2016, com o valor da ação avaliado em R$ 2,15, efetuou o resgate delas. Determine a taxa real da operação financeira antes e depois do IR, tomando como base o CUB-SP do Sinduscon.

CUB-SP (Sinduscon) – 2016											
Jan.	**Fev.**	**Mar.**	**Abr.**	**Maio**	**Jun.**	**Jul.**	**Ago.**	**Set.**	**Out.**	**Nov.**	**Dez.**
0,40	0,05	0,01	0,12	0,02	3,40	1,21	0,01	0,22	0,04	0,00	–0,03

P 6.13 Considere a seguinte cesta de consumo, válida para a família do sr. João, no período de 1º de janeiro de 2010 a 1º de abril de 2011:

Itens	Composição	Preço em 01/01/2010	Preço em 01/04/2011
Alimentação	22,18%	443,00	476,00
Habitação	21,87%	431,00	459,00
Transporte	18,76%	311,00	333,00
Saúde	8,61%	147,00	158,00
Educação	6,12%	124,00	132,00
Vestuário	7,63%	111,00	119,00
Diversos	14,83%	235,00	251,00

Nessas condições:

a) determine o índice de custo de vida para esta família no período considerado;

b) sabendo que o salário do sr. João era de R$ 2.725,00 e que o sindicato ao qual ele está filiado conseguiu, a partir de 1º de abril de 2011, um reajuste salarial composto de correção monetária pelo INPC do IBGE mais 1% a título de produtividade (a ser aplicado sobre o salário corrigido), determine o aumento real do salário do sr. João.

INPC (IBGE) – 2011													
	Jan.	Fev.	Mar.	Abr.	Maio	Jun.	Jul.	Ago.	Set.	Out.	Nov.	Dez.	Ano
2010	0,88%	0,70%	0,71%	0,73%	0,43%	-0,11%	-0,07%	-0,07%	0,54%	0,92%	1,03%	0,60%	6,47%
2011	0,94%	0,54%	0,66%	0,72%	0,57%	0,22%	0,00%	0,42%	0,45%	0,32%	0,57%	0,51%	6,08%

P 6.14 Sabe-se que, após um período de 14 meses (1º de abril de 2012 a 1º de junho de 2013), o salário do sr. Fernando desvalorizou 7,92%. Em 1º de junho de 2013, o sindicato ao qual o sr. Fernando está filiado conseguiu um reajuste salarial composto de correção monetária mais 1,3% a título de produtividade (a ser aplicado sobre o salário corrigido). Sabendo que, com esse aumento, o salário do sr. Fernando passou a ser de R$ 3.150,00, determine o valor desse salário em 1º de abril de 2012.

P 6.15 Durante um determinado período, um índice indicador da inflação apresentou os seguintes valores:

Inflação – 2015						
Mar.	Abr.	Maio	Jun.	Jul.	Ago.	Set.
2,34%	2,57%	2,89%	3,13%	–	3,57%	3,84%

Sabendo que a taxa de desvalorização do salário de uma pessoa, que não recebeu qualquer tipo de reajuste neste período, foi de 19,50%, pede-se determinar a inflação de julho de 2015.

P 6.16 Um investidor efetuou uma aplicação de R$ 35.400,00, no dia 1º de julho de 2014, a ser remunerada da seguinte forma: juros de 15% aa mais correção monetária conforme a tabela a seguir:

Correção monetária – 2014				
Julho	**Agosto**	**Setembro**	**Outubro**	**Novembro**
5,27%	–	4,25%	3,14%	2,41%

Sabendo que o resgate ocorreu em 1º de dezembro de 2014 e que, após o IR, proporcionou ao investidor um resgate no valor de R$ 42.850,00, pede-se determinar:

a) a taxa de inflação correspondente a agosto de 2014;

b) a taxa média de inflação no período.

P 6.17 Uma pessoa aplicou R$ 4.660,00 em uma Caderneta de Poupança no dia 13 de outubro de 2016. No dia 8 de novembro de 2016, recebeu do gerente do seu banco, uma oferta para aplicar seu capital em um CDB com taxa de 16% aa. Sabendo que o montante desta aplicação destinava-se ao pagamento de uma dívida de R$ 4.735,00, com vencimento em 10 de dezembro de 2016, determine qual das três opções abaixo permite liquidar a dívida na data prevista, sabendo que o valor da TR no período (13 de outubro de 2016 a 13 de novembro de 2016) foi de 0,1924%:

1ª) efetuar a aplicação no CDB no dia 8 de novembro de 2016;

2ª) esperar até 13 de novembro de 2016 para efetuar a aplicação no CDB;

3ª) deixar o dinheiro na poupança até 10 de dezembro de 2016.

P 6.18 Considere novamente os dados do exercício anterior supondo que a dívida deveria ser paga no dia 13 de dezembro de 2016. Sabe-se que o valor da TR no período (13 de novembro de 2016 a 13 de dezembro de 2016) foi de 0,1444%.

P 6.19 Uma pessoa investiu R$ 17.500,00, no dia 1º de março de 2006, em uma aplicação que pagou juros (reais) mais correção monetária pelo IPCA do IBGE, que apontou no período as seguintes taxas:

IPCA (IBGE) – 2006				
Mar.	**Abr.**	**Maio**	**Jun.**	**Jul.**
0,43%	0,21%	0,10%	–0,21%	0,19%

Determine a taxa anual de juros (reais) envolvida na operação financeira, sabendo que:

- o resgate ocorreu em 1º de agosto de 2006;
- nesse dia a conta-corrente do cliente apresentava um saldo negativo de R$ 5.371,00 e o saldo da conta-corrente após o resgate era de R$ 13.129,00.

P 6.20 Uma mercadoria cujo preço à vista é de R$ 7.535,00 está sendo vendida nas seguintes condições:

- uma entrada de 30% sobre o preço à vista;
- uma parcela de R$ 1.500,00, 50 dias após a entrada;
- uma parcela de R$ 2.000,00, 78 dias após a entrada;
- uma parcela de R$ 2.500,00, 97 dias após a entrada.

Sabendo que o vendedor utilizou uma taxa de juros real de 0,99% am, qual foi a taxa de inflação mensal projetada no período.

P 6.21 Uma mercadoria cujo preço à vista é de R$ 14.750,00 está sendo vendida nas seguintes condições:

- uma entrada de 25% sobre o preço à vista;
- uma parcela de R$ 5.000,00, 35 dias após a entrada;
- uma parcela de R$ 4.000,00 após 55 dias;
- uma parcela final de R$ 2.375,00 em data a combinar.

Sabendo que o vendedor utilizou uma taxa de juros reais de 12% aa e projetou uma inflação de 9,38% aa, determine após quantos dias da entrada deve ocorrer o pagamento da parcela final.

P 6.22 Uma indústria fabrica determinado produto cujo preço unitário em 1º de janeiro de 2015 era de R$ 2.400,00. Em 1º de janeiro de 2016, ao aumentar o preço de venda desse produto, a indústria aplicou uma taxa de correção monetária de 20% aa mais juros reais de 11% aa. Posteriormente, ao verificar que o novo preço estava acima da média praticada por seus concorrentes, decidiu efetuar uma promoção oferecendo um desconto sobre o preço à vista do produto. Tendo em vista as seguintes informações:

Itens	Composição	Preço em 01/01/2015	Preço em 01/01/2016
Matéria-prima	23%	19.500,00	21.850,00
Mão de obra	38%	25.600,00	27.400,00
Aluguel	7%	6.100,00	6.600,00
Impostos	27%	12.750,00	13.920,00
Energia elétrica	5%	3.920,00	4.275,00

determine o valor deste desconto (em valor e em porcentagem), de modo a não alterar a taxa de juros reais desejada pela indústria.

P 6.23 Uma pessoa abriu uma caderneta de poupança múltipla e efetuou as seguintes movimentações:

- no dia 1º de outubro de 2016 efetuou um depósito inicial de R$ 14.000,00;
- no dia 14 de outubro de 2016 efetuou um depósito de R$ 7.000,00;
- no dia 20 de novembro de 2016 efetuou uma retirada de R$ 5.000,00.

No dia 1º de dezembro de 2016, retirou o montante desta caderneta e realizou uma aplicação que prometeu pagar correção monetária pelo INPC do IBGE mais juros reais de 17% aa, com resgate previsto para 1º de janeiro de 2017. Tendo em vista as seguintes informações:

TR (em %) – 2016			
01/10 a 01/11	0,1601	**14/10 a 14/11**	0,1272
01/11 a 01/12	0,1428	**14/11 a 14/12**	0,1791
01/12 a 01/01	0,1849		

e sabendo que o INPC apontou para dezembro de 2016 uma inflação de 0,14%, verifique se foi um bom negócio ou teria sido melhor manter o dinheiro na poupança até 1º de janeiro de 2017.

P 6.24 Uma empresa está negociando a venda de um equipamento cujo preço à vista é de R$ 27.500,00. O comprador propõe a seguinte forma de pagamento: 10% de entrada, 10% após 10 dias, 10% após 20 dias e o saldo em prestações mensais, iguais e consecutivas, no valor máximo de R$ 1.500,00, vencendo a primeira 30 dias após a entrada. Sabendo que a projeção da inflação para os próximos 12 meses é de 6,50% e que a empresa pretende aplicar uma taxa de juros real de 10% aa, determine o número mínimo de prestações necessárias para quitar a dívida e o valor dessas prestações.

P 6.25 Uma pessoa abriu uma caderneta de poupança múltipla e efetuou as seguintes movimentações:

- depósito inicial de R$ 570,00 em 11 de outubro de 2016;
- depósito de R$ 350,00 em 23 de outubro de 2016;
- retirada de R$ 150,00 em 5 de novembro de 2016;
- depósito de R$ 430,00 em 16 de novembro de 2016;
- retirada de R$ 280,00 em 8 de dezembro de 2016.

Tendo em vista as seguintes informações:

TR					
11/10/16 a 11/11/16	0,1749%	**23/10/16 a 23/11/16**	0,1574%	**16/11/16 a 16/12/16**	0,1993%
11/11/16 a 11/12/16	0,1373%	**23/11/16 a 23/12/16**	0,1970%	**16/12/16 a 16/01/17**	0,1672%
11/12/16 a 11/01/17	0,2130%	**23/12/16 a 23/01/17**	0,1501%	–	–

verifique se o saldo dessa caderneta em 31 de janeiro de 2017 foi suficiente para pagar uma dívida de R$ 940,00, com vencimento nesse dia.

P 6.26 Considere novamente o exercício anterior (P 6.26) supondo que as retiradas tenham sido efetuadas nas datas de aniversário mais próximas, ou seja:

- a retirada de R$ 150,00 tenha sido efetuada em 11 de novembro de 2016;
- a retirada de R$ 280,00 tenha sido efetuada em 11 de dezembro de 2016.

P 6.27 Uma pessoa abriu uma caderneta de poupança múltipla e efetuou as seguintes movimentações:

- depósito (inicial) de R$ 1.500,00 em 16 de julho de 2012;
- depósito de R$ 2.000,00 em 18 de julho de 2012;

- depósito de R$ 2.500,00 em 23 de julho de 2012;
- depósito de R$ 3.000,00 em 25 de julho de 2012.

Tendo em vista os seguintes valores da TR e da Selic, determine o montante desta caderneta em 10 de setembro de 2012:

TR			
16/007/12 a 16/08/12	18/07/12 a 18/08/12	23/07/12 a 23/08/12	25/07/12 a 25/08/12
0,0176%	0,0009%	0,0215%	0,0232%

Taxa Selic			
Reunião do Copom		Período de Vigência	Taxa
168ª	11/07/2012	12/07/2012 a 29/08/2012	7,89% aa

P 6.28 Considere novamente o exercício anterior (P 6.27) com as regras antigas da caderneta de poupança.

P 6.29 Uma pessoa abriu uma caderneta de poupança múltipla e efetuou as seguintes movimentações:

- depósito (inicial) de R$ 3.400,00 em 15 de outubro de 2016;
- depósito de R$ 4.900,00 em 5 de novembro de 2016.

Tendo em vista os seguintes valores da TR:

TR (em %)			
15/10/16 a 15/11/16	0,1269	**05/11/16 a 05/12/16**	0,1147
15/11/16 a 15/12/16	0,1708	**05/12/16 a 05/01/17**	0,2260
15/12/16 a 15/01/17	0,1775		

verifique se o montante em 25 de janeiro é suficiente para pagar uma dívida no valor de R$ 8.450,00, com vencimento nesse mesmo dia.

P 6.30 Considere novamente o exercício anterior (P 6.29) e suponha que:

- o montante da primeira aplicação (R$ 3.400,00) tenha sido retirado no dia 15 de janeiro de 2016;

- o montante da segunda aplicação (R$ 4.900,00) tenha sido retirado no dia 5 de janeiro de 2016.

Sabendo que esses montantes foram aplicados em um CDB, que prometeu pagar juros de 11% aa, do dia da sua retirada até o dia 25 de janeiro de 2016, verifique se, nessas condições, o montante total obtido foi suficiente para pagar a dívida de R$ 8.450,00 com vencimento nesse mesmo dia.

P 6.31 Considere novamente o exercício anterior (P 6.30) e suponha que os montantes da caderneta de poupança tenham sido resgatados para a conta-corrente dessa pessoa e ficaram sujeitos à CPMF quando da aplicação no CDB. Considere ainda que os valores aplicados no CDB foram iguais ao valor dos resgates menos a CPMF correspondente.

P 6.32 Uma pessoa efetuou quatro depósitos em uma aplicação conforme descrito a seguir:

- R$ 10.000,00 em 8 de junho de 2015;
- R$ 20.000,00 em 17 de junho de 2015;
- R$ 30.000,00 em 3 de julho de 2015;
- R$ 40.000,00 em 13 de julho de 2015.

Sabendo que esta aplicação pagou juros reais de 13% aa mais correção monetária de 6,5% aa, determine o valor do resgate líquido em 28 de julho de 2015.

6.22 RESPOSTAS DOS EXERCÍCIOS PROPOSTOS

Exercícios	Respostas
P 6.1	a) R$ 2.091,72 b) 5,58% ap
P 6.2	a) R$ 3.798,52 b) R$ 3.798,52 c) R$ 3.823,62 d) 0,1835% am
P 6.3	Banco B (2,74% × 2,82%)
P 6.4	R$ 31,05
P 6.5	a) R$ 11.310,00 b) R$ 24,47
P 6.6	2,32% am
P 6.7	a) 1,83% am b) 1,42% am
P 6.8	R$ 4.333,62
P 6.9	a) 0,69% ap b) -0,12% ap c) 2,77% ap a) 4,42% ap a) 1,47% ap
P 6.10	R$ 2.083,50
P 6.11	a) 1.567,5253 b) 1.751,1212 c) 1.727,6921 d) 1.230,7627 e) 1.091,9646
P 6.12	a) 18,58% ap b) 13,61% ap
P 6.13	a) 7,00% ap b) 2,66% ap
P 6.14	R$ 2.863,30
P 6.15	3,70% ap
P 6.16	a) 3,50% ap b) 3,71% ap
P 6.17	1ª) Não (R$ 4.707,96) 2ª) Não (R$ 4.728,94) 3ª) Não (R$ 4.692,31)
P 6.18	1ª) Não (R$ 4.712,49) 2ª) Sim (R$ 4.737,57) 3ª) Não (R$ 4.722,58)
P 6.19	16,63% aa
P 6.20	4,01% am
P 6.21	71 dias
P 6.22	R$ 294,37 (9,21%)
P 6.23	Bom negócio (R$ 16.411,02 × R$ 16.338,34)
P 6.24	15 parcelas (no mínimo) de R$ 1.426,76
P 6.25	Não (R$ 937,77 × R$ 940,00)
P 6.26	Sim (R$ 940,57 × R$ 940,00)
P 6.27	R$ 9.042,03
P 6.28	R$ 9.046,53
P 6.29	Não (R$ 8.433,69 × R$ 8.450,00)
P 6.30	Sim (R$ 8.451,26 × R$ 8.450,00)
P 6.31	Sim (R$ 8.419,15 × R$ 8.450,00)
P 6.32	R$ 100.904,29

7 SISTEMAS DE AMORTIZAÇÃO

7.1 EMPRÉSTIMOS × FINANCIAMENTOS

Financiamento é um recurso financeiro que tem a necessidade de ser justificado quanto à sua finalidade. A liberação dos recursos fica atrelada à aquisição de um bem ou serviço, que é a finalidade do recurso tomado. No caso da aquisição de um bem (na maioria dos casos, no Brasil, um veículo ou um imóvel), este se torna garantia da dívida, gerando taxas de juros mais baixas.

Já **empréstimo** é um recurso financeiro que não exige justificativa com relação ao seu destino. Como exemplo, podemos citar o cheque especial, o cartão de crédito e o crédito direto ao consumidor (CDC), entre outros. À exceção dos empréstimos consignados, em que o pagamento é descontado diretamente da folha de pagamento do devedor (diminuindo o risco de inadimplência), a falta de uma garantia específica sujeita esta modalidade a taxas de juros mais altas.

7.2 AMORTIZAÇÃO DE EMPRÉSTIMOS

A amortização é uma operação financeira mediante a qual um empréstimo ou financiamento é pago por meio de prestações, de modo que, ao término de um prazo estabelecido *a priori*, a dívida esteja liquidada.

Vamos estudar neste capítulo os seguintes sistemas de amortização: o Sistema de Prestações Constantes (PRICE), o Sistema de Amortização Constante (SAC) e o Sistema de Amortização Crescente (SACRE).

7.2.1 CONCEITOS BÁSICOS

- *Saldo devedor:* é o valor da dívida em determinado período, imediatamente após o pagamento de uma prestação. Na data zero, o saldo devedor corresponde ao valor do empréstimo ou financiamento.
- *Amortização:* é a parcela que é deduzida do saldo devedor a cada pagamento.
- *Juro:* é o serviço da dívida calculado sobre o saldo do empréstimo ainda não amortizado.
- *Parcela, prestação, pagamento:* é a adição da amortização com os juros.
- *Planilha:* é conveniente para o credor e para o devedor que se elaborem demonstrativos periódicos (planilhas) por meio dos quais se pode avaliar o estado da dívida. Não existe um modelo único de planilha, e cada instituição financeira adota o modelo de sua conveniência, de acordo com as exigências legais.

7.3 O SISTEMA PRICE

7.3.1 CONCEITO

Por este sistema, o devedor paga o empréstimo em prestações iguais, periódicas e sucessivas, que incluem uma amortização parcial do empréstimo e juros sobre o saldo devedor.

O valor das prestações é calculado como se fosse os termos de uma renda imediata (PMT), cujo valor presente (PV) é o valor nominal do empréstimo.

Exemplo:

E 7.1 Um financiamento de R$ 3.500,00 deve ser pago pelo Sistema Price, em 6 prestações mensais, vencendo a primeira 30 dias após a efetivação do empréstimo. Elabore uma planilha de amortização, supondo juros de 24% aa com capitalização mensal.

Resolução:

A planilha em questão, embora não seja padronizada, deve conter em cada linha, no mínimo, as seguintes informações: o período, o valor do pagamento no período, o valor dos juros no período, o valor da amortização no período e o saldo devedor após o pagamento da prestação deste período.

1ª linha da planilha (n = 0)

n	Pagamentos	Juros	Amortização	Saldo devedor
0	–	–	–	3.500,00

Como se trata de uma *renda imediata*, no primeiro mês (n = 0) não ocorrem pagamentos, e, consequentemente, não há incidência de juros nem de amortização. Já o saldo devedor é precisamente o valor do financiamento.

2ª linha da planilha (n = 1)

n	Pagamentos	Juros	Amortização	Saldo devedor
0	–	–	–	3.500,00
1	624,84	70,00	554,84	2.945,16

Para obter a taxa efetiva do financiamento, tomamos a taxa proporcional mensal, ou seja:

$$24 \div 12 = 2\% \text{ am}$$

Para obter o valor das prestações, devemos considerar que se trata de uma renda imediata, com os seguintes parâmetros: PV = R$ 3.500,00, n = 6 e i = 2% am.

3500 < CHS > < PV > 6 < n > 2 < i > < g > < END > < PMT > → R$ 624,84

Para obter o valor dos juros embutidos no primeiro pagamento, calculamos 2% sobre o valor do saldo devedor localizado na linha imediatamente anterior (n = 0):

3500 < ENTER > 2 < % > → R$ 70,00

Para obter o valor da amortização correspondente ao primeiro pagamento, subtraímos o valor do pagamento do valor dos juros:

624,84 < ENTER > 70 < – > → R$ 554,84

Finalmente, para obter o valor do saldo devedor após o pagamento da primeira prestação, subtraímos o saldo devedor da linha imediatamente anterior (n = 0) do valor da amortização:

3500 < ENTER > 554,84 < – > → R$ 2.945,16

3ª linha da planilha (n = 2)

n	Pagamentos	Juros	Amortização	Saldo devedor
0	–	–	–	3.500,00
1	624,84	70,00	554,84	2.945,16
2	624,84	58,90	565,94	2.379,22

Para obter o valor dos juros embutidos no segundo pagamento, calculamos 2% sobre o valor do saldo devedor localizado na linha imediatamente anterior (n = 1):

2945,16 < ENTER > 2 < % > → R$ 58,90

Para obter o valor da amortização correspondente ao segundo pagamento, subtraímos o valor do pagamento do valor dos juros:

624,84 < ENTER > 58,90 < – > → R$ 565,94

Finalmente, para obter o valor do saldo devedor após o pagamento da segunda prestação, subtraímos o saldo devedor da linha imediatamente anterior (n = 1) do valor da amortização:

2945,16 < ENTER > 565,94 < – > → R$ 2.379,22

Procedendo assim sucessivamente, obtemos a planilha:

n	Prestações	Juros	Amortização	Saldo devedor
0	–	–	–	3.500,00
1	624,84	70,00	554,84	2.945,16
2	624,84	58,90	565,94	2.379,22
3	624,84	47,58	577,26	1.801,96
4	624,84	36,04	588,80	1.213,16
5	624,84	24,26	600,58	612,58
6	624,84	12,25	612,59	0,01

Observações

1) O valor dos juros decresce a cada período, pois é calculado sobre o saldo devedor, que diminui após cada amortização.

2) O valor da amortização aumenta a cada período, pois resulta da subtração de um valor decrescente (juros) de um valor constante (prestação).

3) O valor localizado na última célula da tabela (R$ 0,01), que deveria ser igual a zero, é resultante de erros de arredondamento e pode ser positivo ou negativo.

7.3.2 UTILIZANDO A HP-12C PARA GERAR A PLANILHA DO SISTEMA PRICE

Podemos utilizar a função **AMORT** da HP-12C para gerar a planilha do sistema Price. O procedimento, passo a passo, é descrito a seguir:

Teclas da HP-12C	Observações
< f > < REG >	Limpeza da calculadora
3500 < CHS > < PV > 6 < n > 24 < ENTER > 12 < ÷ > < i > < g > < END > < PMT > → 624,84	Entrada e geração de dados Somente após estes passos a calculadora estará apta a gerar os dados da planilha do sistema **Price**.
0 < n >	Zera o conteúdo do registro < n > (**Optativo**)
1 < f > < AMORT > → 70,00 < x ↔ y > → 554,84 < RCL > < PV > → - 2.945,16	Calcula os dados relativos à 1ª prestação e apresenta os juros. Apresenta a amortização (armazenada no registro Y). Apresenta o saldo devedor após o pagamento da 1ª prestação.
1 < f > < AMORT > → 58,90 < x ↔ y > → 565,94 < RCL > < PV > → -2.379,22	Calcula os dados relativos à 2ª prestação e apresenta os juros. Apresenta a amortização. Apresenta o saldo devedor após o pagamento da 2ª prestação.
< RCL > < n > → 2	Apresenta o número de prestações já amortizadas (**Optativo**)
. . .	. . .
1 < f > < AMORT > → 12,25 < x ↔ y > → 612,59 < RCL > < PV > → 0,01	Calcula os dados relativos à 6ª prestação e apresenta os juros. Apresenta a amortização. Apresenta o saldo devedor após o pagamento da 6ª prestação.

Observações

1) Como o valor de PV foi armazenado com sinal negativo (o que permitiu obter o valor de PMT com sinal positivo), esse procedimento forneceu os juros e a amortização com sinal positivo e o saldo devedor com sinal negativo. Caso o valor de PV fosse armazenado com sinal positivo, os valores citados na tabela seriam obtidos, respectivamente, com sinais opostos.

2) A cada prestação amortizada, o registro **n** é incrementado de uma unidade. Assim, se este for zerado antes do início do processo, podemos, a partir da sequência de teclas < RCL > < n >, obter, a qualquer momento, o número total de prestações já amortizadas.

7.3.3 O SISTEMA PRICE COM PRAZO DE CARÊNCIA

Como já vimos, no sistema Price a primeira prestação só é exigível 30 dias após a liberação dos recursos (de forma geral, no final do primeiro período). Entretanto, em alguns casos, o interessado pode solicitar da instituição financeira um prazo adicional (prazo de carência) para começar a amortizar a dívida. Esse pedido, que pode ou não ser atendido, vai depender do relacionamento do cliente com a instituição financeira.

Entretanto, não podemos esquecer que, durante o prazo de carência, embora não ocorra o pagamento das prestações, há incidência de juros sobre o valor dos recursos solicitados, que poderão ou não ser pagos durante o período em questão.

7.3.3.1 Caso 1 – Prazo de carência com pagamento de juros

Exemplo:

E 7.2 Um empréstimo de R$ 8.000,00 deve ser pago pelo sistema Price em 5 prestações mensais, com carência de 3 meses, em que serão pagos unicamente os juros relativos ao empréstimo. Elabore uma planilha da amortização, supondo juros de 21,60% aa com capitalização mensal.

Resolução:

Para obter a taxa efetiva do financiamento, calculamos a taxa proporcional mensal, ou seja: 21,60 ÷ 12 = 1,80% am.

1ª linha da planilha (n = 0)

n	Pagamentos	Juros	Amortização	Saldo devedor
0	–	–	–	8.000,00

Como se trata de uma renda imediata, no primeiro mês (**n = 0**) **não ocorrem pagamentos**, e, consequentemente, não há incidência de juros nem de amortização. Já o saldo devedor é precisamente o valor do financiamento.

2ª linha da planilha (n = 1)

n	Pagamentos	Juros	Amortização	Saldo devedor
0	–	–	–	8.000,00
1	144,00	144,00	–	8.000,00

Tendo em vista o prazo de carência solicitado (três meses), no segundo mês ocorre apenas o pagamento dos juros (1,80% de R$ 8.000,00).

3ª linha da planilha (n = 2)

n	Pagamentos	Juros	Amortização	Saldo devedor
0	–	–	–	8.000,00
1	144,00	144,00	–	8.000,00
2	144,00	144,00	–	8.000,00

Novamente, tendo em vista o prazo de carência solicitado (três meses), no terceiro mês ocorre apenas o pagamento dos juros (1,8% de R$ 8.000,00).

4ª linha da planilha (n = 3)

n	Pagamentos	Juros	Amortização	Saldo devedor
0	–	–	–	8.000,00
1	144,00	144,00	–	8.000,00
2	144,00	144,00	–	8.000,00
3	1.687,43	144,00	1.543,43	6.456,57

Para gerar as informações dessa linha (n = 3), podemos utilizar os recursos da HP-12C:

8000 < CHS > < PV > 5 < n > 1,8 < i > < PMT > → 1.687,43

1 < f > < AMORT > → 144,00 (Juros)

< x ↔ y > → 1.543,43 (Amortização)

< RCL > < PV > → 6.456,57 (Saldo devedor)

Procedendo de forma semelhante, podemos gerar as demais linhas da tabela:

n	Pagamentos	Juros	Amortização	Saldo devedor
0	–	–	–	8.000,00
1	144,00	144,00	–	8.000,00
2	144,00	144,00	–	8.000,00
3	1.687,43	144,00	1.543,43	6.456,57
4	1.687,43	116,22	1.571,21	4.885,36
5	1.687,43	87,94	1.599,49	3.285,87
6	1.687,43	59,15	1.628,28	1.657,59
7	1.687,43	29,84	1.657,59	0,00

Observação

O leitor deve estar atento ao fato de que três meses de carência correspondem ao primeiro mês (que é praxe do sistema Price) mais dois meses (cuidado!).

7.3.3.2 Caso 2 – Prazo de carência sem pagamento de juros

Exemplo:

E 7.3 Um empréstimo de R$ 6.300,00 deve ser pago pelo sistema Price em 4 prestações mensais, com carência de 4 meses, sem pagamento de juros. Elabore uma planilha de amortização, supondo juros de 44,40% aa com capitalização mensal.

Resolução:

Para obter a taxa efetiva do financiamento, calculamos a taxa proporcional mensal, ou seja:

$$44{,}40 \div 12 = 3{,}70\% \text{ am}$$

1ª linha da planilha (n = 0)

n	Pagamentos	Juros	Amortização	Saldo devedor
0	–	–	–	6.300,00

Como se trata de uma renda imediata, no primeiro mês **(n = 0) não ocorrem pagamentos**, e, consequentemente, não há incidência de juros nem de amortização. Já o saldo devedor é precisamente o valor do financiamento.

2ª linha da planilha (n = 1)

n	Pagamentos	Juros	Amortização	Saldo devedor
0	–	–	–	6.300,00
1	–	–	–	6.533,10

Tendo em vista o prazo de carência solicitado (quatro meses), no segundo mês não ocorre nenhum tipo de pagamento. Entretanto, os juros correspondentes são calculados e acrescidos ao saldo devedor:

6300 < ENTER > 3,7 < % > < + > → 6.533,10

3ª linha da planilha (n = 2)

n	Pagamentos	Juros	Amortização	Saldo devedor
0	–	–	–	6.300,00
1	–	–	–	6.533,10
2	–	–	–	6.774,82

Novamente, tendo em vista o prazo de carência solicitado (quatro meses), no terceiro mês não ocorre nenhum tipo de pagamento. Entretanto, os juros correspondentes são calculados e acrescidos ao saldo devedor:

6533,10 < ENTER > 3,7 < % > < + > → 6.774,82

4ª linha da planilha (n = 3)

n	Pagamentos	Juros	Amortização	Saldo devedor
0	–	–	–	6.300,00
1	–	–	–	6.533,10
2	–	–	–	6.774,82
3	–	–	–	7.025,49

Novamente, tendo em vista o prazo de carência solicitado (quatro meses), no quarto mês não ocorre nenhum tipo de pagamento. Entretanto, os juros correspondentes são calculados e acrescidos ao saldo devedor:

6774,82 < ENTER > 3,7 < % > < + > → 7.025,49

5ª linha da planilha (n = 4)

n	Pagamentos	Juros	Amortização	Saldo devedor
0	–	–	–	6.300,00
1	–	–	–	6.533,10
2	–	–	–	6.774,82
3	–	–	–	7.025,49
4	1.021,79	259,94	1.661,85	5.363,64

Para gerar as informações dessa linha (n = 4), podemos utilizar os recursos da HP-12C, partindo de um PV = 7.025,49:

7025,49 < CHS > < PV > 4 < n > 3,7 < i > < PMT > → 1.921,79

1 < f > < AMORT > → 259,94 (Juros)

< x ↔ y > → 1.661,85 (Amortização)

< RCL > < PV > → 5.363,64 (Saldo devedor)

Procedendo de forma semelhante, podemos gerar as demais linhas da tabela:

n	Pagamentos	Juros	Amortização	Saldo devedor
0	–	–	–	6.300,00
1	–	–	–	6.533,10
2	–	–	–	6.774,82
3	–	–	–	7.025,49
4	1.921,79	259,94	1.661,85	5.363,64
5	1.921,79	198,45	1.723,34	3.640,30
6	1.921,79	134,69	1.787,10	1.853,20
7	1.921,79	68,57	1.853,22	0,02

7.3.4 CÁLCULO DAS VARIÁVEIS DO SISTEMA PRICE EM UM PERÍODO QUALQUER

É muito comum, na prática, o interesse em conhecer os valores de uma planilha em um período qualquer. Para tanto, vamos apresentar a seguir fórmulas que nos permitem obter esses valores sem a necessidade de elaborar a planilha completa (passo a passo).

Cálculo do saldo devedor em um período n = k qualquer:

$$SD_k = PV \cdot \frac{1 - (1 + i)^{k - n}}{1 - (1 + i)^{-n}}$$

O leitor interessado poderá encontrar a demonstração da fórmula acima no Capítulo 9 (item 9.20).

- Cálculo da amortização em um período n = k qualquer:

$$A_k = PV \cdot i \cdot \frac{(1 + i)^{k - 1 - n}}{1 - (1 + i)^{-n}}$$

O leitor interessado poderá encontrar a demonstração da fórmula acima no Capítulo 9 (item 9.21).

- Cálculo dos juros em um período n = k qualquer:

$$J_k = PV \cdot i \cdot \frac{1 - (1 + i)^{k - 1 - n}}{1 - (1 + i)^{-n}}$$

O leitor interessado poderá encontrar a demonstração da fórmula acima no Capítulo 9 (item 9.22).

Exemplo:

E 7.4 Um financiamento no valor de R$ 27.000,00 deve ser pago em 8 anos pelo sistema Price, com prestações mensais e juros de 15,60% aa com capitalização mensal. Determine os juros embutidos na 35ª prestação, a amortização relativa ao pagamento da 85ª prestação e o saldo devedor após o pagamento da 48ª prestação.

Resolução 1:

Número de prestações:

8 < ENTER > 12 < x > → 96

Taxa proporcional mensal:

15,60 < ENTER > 12 < ÷ > → 1,30% am

Juros embutidos na 35ª prestação:

$$J_k = PV \,.\, i \,.\, \frac{1-(1+i)^{k-1-n}}{1-(1+i)^{-n}} = \mathbf{27.000 \,.\, 0{,}013}\frac{\mathbf{1-(1+0{,}013)^{35-1-96}}}{\mathbf{1-(1+0{,}013)^{-96}}}$$

J_{35} = R$ 272,18

Amortização relativa ao pagamento da 85ª prestação:

$$A_k = PV \,.\, i \,.\, \frac{(1+i)^{k-1-n}}{1-(1+i)^{-n}} = 27.000 \,.\, 0{,}013 \,.\, \frac{(1+0{,}013)^{85-1-96}}{1-(1+0{,}013)^{-96}}$$

$$\mathbf{A_{85} = R\$\,423{,}03}$$

Saldo devedor após o pagamento da 48ª prestação:

$$\mathbf{SD_k = PV \,.\, \frac{1-(1+i)^{k-n}}{1-(1+i)^{-n}} = 27.000 \,.\, \frac{1-(1+0{,}013)^{48-96}}{1-(1+0{,}013)^{-96}}}$$

$$\mathbf{SD_k} = \boldsymbol{R\$}17.555{,}77$$

Resposta: juros embutidos na 35ª prestação, R$ 272,18; amortização relativa ao pagamento da 85ª prestação, R$ 423,03; saldo devedor após o pagamento da 48ª prestação, R$ 17.555,77.

Observação

Muito embora o procedimento apresentado no exemplo E 7.4, que nos permite calcular informações específicas de uma linha qualquer da planilha sem que seja necessário gerá-la até a linha especificada, seja bastante útil, seu inconveniente reside no fato de utilizar fórmulas razoavelmente extensas. Entretanto, no caso de financiamentos pelo sistema Price, a HP-12C disponibiliza o acesso a estas informações de uma forma mais conveniente, conforme veremos a seguir.

Resolução 2:

Juros embutidos na 35ª prestação:

Teclas da HP-12C	Observações
< f > < REG >	Limpeza da calculadora
27000 < CHS > < PV > 96 < n > 15,60 < g > < 12÷> < g > < END > < PMT > → 493,95	Entrada e geração de dados Somente após estes passos a calculadora estará apta a gerar os dados da planilha do sistema Price
0 < n > (OPTATIVO)	Zera o conteúdo do registro < n >
34 < f > < AMORT > → 10.731,11 < RCL > < n > → 34 (OPTATIVO) 1 < f > < AMORT > → 272,18	Calcula os juros acumulados até a 34ª prestação Mostra que a calculadora está parada na 34ª linha da planilha Calcula os juros correspondentes ao 35º mês

Amortização relativa à 85ª prestação:

Teclas da HP-12C	Observações
27000 < CHS > < PV >	Recupera no registro PV o valor do financiamento, destruído no procedimento anterior
0 < n > (OPTATIVO)	Zera o conteúdo do registro < n >
84 < f > < AMORT > → 19.946,64 < RCL > < n > → 84 (OPTATIVO) 1 < f > < AMORT > < x ↔ y > → 423,04 (*)	Calcula a amortização acumulada até a 84ª prestação Mostra que a calculadora está parada na 84ª linha da planilha Calcula a amortização relativa à 85ª prestação

Saldo devedor após o pagamento da 48ª prestação:

Teclas da HP-12C	Observações
27000 < CHS > < PV >	Recupera no registro PV o valor do financiamento, destruído no procedimento anterior
0 < n > (OPTATIVO)	Zera o conteúdo do registro < n >
48 < f > < AMORT > < RCL > < n > → 48 (OPTATIVO) < RCL > < PV > → 17.555,52*	Mostra que a calculadora está parada na 48ª linha da planilha Saldo devedor após o pagamento da 48ª prestação

Resposta: juros embutidos na 35ª prestação, R$ 272,18; amortização relativa ao pagamento da 85ª prestação, R$ 423,04; saldo devedor após o pagamento da 48ª prestação, R$ 17.555,52.

Observações

1) As diferenças encontradas com relação à resolução anterior (*) devem-se única e exclusivamente a erros de arredondamento.

2) O leitor deve notar que o saldo devedor (R$ 17.555,52) após o pagamento da 48ª prestação (ou seja, após o pagamento de metade das prestações do financiamento) é superior a metade do valor do financiamento (R$ 13.500,00). Esse fato ocorre porque, no início do financiamento os juros, por serem maiores, geram amortizações menores.

7.3.5 CUSTO EFETIVO DE UM FINANCIAMENTO PELO SISTEMA PRICE

Normalmente, sobre os financiamentos incide uma série de custos adicionais, como IOF, seguros, taxas e eventuais comissões. Devido a esses encargos, a serem pagos pelo tomador do financiamento, a taxa efetiva do financiamento se torna maior do que a taxa contratada (taxa nominal).

Com relação ao seguro, este representa de 3% a 7% do valor financiado e inclui as modalidades desemprego, danos materiais e pessoais.

Já o IOF, em operações de financiamento com parcelas iguais, se baseia no Decreto 6.306 de 14 de dezembro de 2007 e na instrução normativa RFB, número 907, de 9 de janeiro de 2009, que em seu artigo 2º estabelece que:

> Art. 2º – No caso de operações de empréstimo pagas em prestações, a base de cálculo de que trata a alínea "b" do inciso I do artigo 7º do Decreto 6.360 de 14 de dezembro de 2007

> será apurada de acordo com o Sistema de Amortização pactuado entre as partes, desde que mencionado expressamente no contrato.
>
> Parágrafo único – Quando o contrato de empréstimo for omisso com relação ao Sistema de Amortização, a base de cálculo do IOF devido nas operações de que trata o caput será apurada pelo regime de amortização progressiva (Sistema Price).

A base de cálculo do IOF incide sobre o principal de cada parcela.

No caso do sistema Price, o principal de cada parcela é a amortização, que é a diferença entre o saldo devedor anterior e o saldo devedor atual, ou, ainda, o valor da prestação menos os juros nela embutidos.

O valor do IOF, calculado sobre o valor do principal de cada parcela, se compõe de duas alíquotas:

- a primeira, de 0,0041% ad (ou 0,0082% ad), com capitalização linear sobre o número de dias corridos (tempo exato) entre a data da liberação do empréstimo e a data de vencimento da parcela em questão, limitado a 365 dias;
- a segunda, de 0,38%, independe do número de dias corridos entre a data da liberação do empréstimo e a data do vencimento da parcela em questão.

Com isso em vista, temos vários casos a considerar:

- *1ª possibilidade:* o IOF, o seguro, bem como todas as taxas são pagos integralmente no ato da liberação do financiamento (com capital próprio).

Exemplos:

E 7.5 Uma pessoa tomou um financiamento no valor de R$ 35.000,00 pelo sistema Price no dia 17 de março de 2010. Elabore a planilha do financiamento e determine a taxa mensal efetiva de juros envolvida na operação financeira, supondo as seguintes condições:

- Número de parcelas: 7.
- Taxa de juros: 20,40% aa com capitalização mensal.
- Taxa de serviços (TS): 0,45% sobre o valor do financiamento, a ser paga no ato da liberação do dinheiro.
- Seguro (incluindo as modalidades Desemprego, Danos Materiais e Pessoais): 4,75% do valor do financiamento, a ser pago no ato da liberação do dinheiro.
- IOF: 0,0041% ad com capitalização linear, mais 0,38% sobre o valor do principal (amortização) de cada parcela.

Resolução:

Planilha do financiamento:

35000 < CHS > < PV > 7 < n > 20,40 < ENTER > < 12 > < ÷ > < i >

< g > < END > < PMT > → R$ 5.345,73

A partir deste ponto, a planilha do sistema Price pode ser gerada por meio da utilização da função < AMORT > da HP-12C.

n	Data	Pagamentos	Juros	Amortização	Saldo devedor
0	17/03/10	–	–	–	35.000,00
1	17/04/10	5.345,73	595,00	4.750,73	30.249,27
2	17/05/10	5.345,73	514,24	4.831,49	25.417,78
3	17/06/10	5.345,73	432,10	4.913,63	20.504,15
4	17/07/10	5.345,73	348,57	4.997,16	15.506,99
5	17/08/10	5.345,73	263,62	5.082,11	10.424,88
6	17/09/10	5.345,73	177,22	5.168,51	5.256,37
7	17/10/10	5.345,73	89,36	5.256,37	0,00

Taxa mensal efetiva:

- Taxa de serviços:

35000 < ENTER > 0,45 < % > → R$ 157,50

- Seguro:

35000 < ENTER > 4,75 < % > → R$ 1.662,50

- IOF:

n	Data	Dias corridos (tempo exato)	Principal (amortização)	IOF1 (0,0041% ad)	IOF2 (0,38%)	IOF1 + IOF2
0	17/03/10	–	–	–	–	–
1	17/04/10	31	4.750,53	6,04	18,05	24,09
2	17/05/10	61	4.831,49	12,08	18,36	30,44
3	17/06/10	92	4.913,63	18,53	18,67	37,20
4	17/07/10	122	4.997,16	25,00	18,99	43,99
5	17/08/10	153	5.082,11	31,88	19,31	51,19
6	17/09/10	184	5.168,51	38,99	19,64	58,63
7	17/10/10	214	5.256,37	46,12	19,97	66,09
IOF Total						**311,63**

Para obter o IOF1, procedemos da seguinte forma:

17/04/2005: IOF1 = 4750,53 < ENTER > 0,0041 < % > 31 < x > → R$ 6,04

17/05/2005: IOF1 = 4831,49 < ENTER > 0,0041 < % > 61 < x > → R$ 12,08

e assim sucessivamente.

Já o IOF2 é obtido da seguinte forma:

17/04/2005: IOF1 = 4750,53 < ENTER > 0,38 < % > → R$ 18,05

17/05/2005: IOF1 = 4831,49 < ENTER > 0,38 < % > → R$ 18,36

e assim sucessivamente.

Entrada efetiva de caixa:

$$35000 < ENTER > \underbrace{157,50}_{SERVIÇOS} < - > \underbrace{1.662,50}_{SEGURO} < - > \underbrace{311,63}_{IOF} < - > \rightarrow R\$\ 32.868,37$$

Fluxo de caixa sob o ponto de vista do cliente:

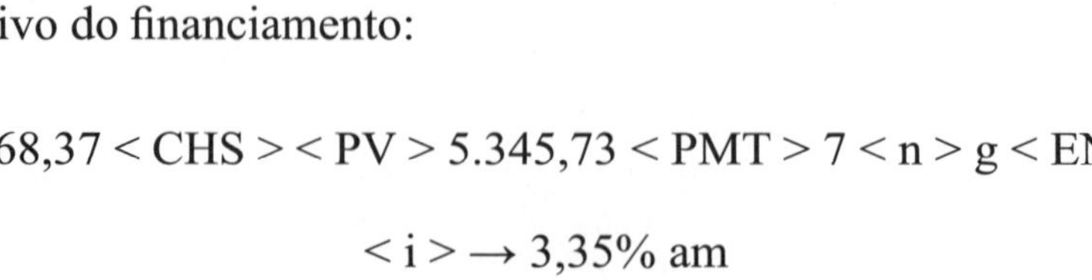

Custo efetivo do financiamento:

32.868,37 < CHS > < PV > 5.345,73 < PMT > 7 < n > g < END >

< i > → 3,35% am

Resposta: 3,35% am.

E 7.6 Uma pessoa tomou um financiamento no valor de R$ 48.000,00, pelo sistema Price, no dia 11 de setembro de 2010. Elabore a planilha do financiamento e determine a taxa mensal efetiva de juros envolvida na operação financeira, supondo as seguintes condições:

- Número de parcelas: 15.
- Taxa de juros: 25,20% aa com capitalização mensal.
- Taxa de serviços (TS): 0,30% sobre o valor do financiamento, a ser paga no ato da liberação do dinheiro.
- Seguro (incluindo as modalidades Desemprego, Danos Materiais e Pessoais): 5,35% do valor do financiamento, a ser pago no ato da liberação do dinheiro.
- IOF: 0,0041% ad com capitalização linear, mais 0,38% sobre o valor do principal (amortização) de cada parcela.

Resolução:

Planilha do financiamento:

48000 < CHS > < PV > 15 < n > 25,20 < ENTER > < 12 > < ÷ > < i >

< g > < END > < PMT > → R$ 3.763,63

A partir deste ponto, a planilha do sistema Price pode ser gerada por meio da utilização da função < AMORT > da HP-12C.

n	Data	Pagamentos	Juros	Amortização	Saldo devedor
0	11/09/10	–	–	–	48.000,00
1	11/10/10	3.763,63	1.008,00	2.755,63	45.244,37
2	11/11/10	3.763,63	950,13	2.813,50	42.430,87
3	11/12/10	3.763,63	891,05	2.872,58	39.558,29
4	11/01/11	3.763,63	830,72	2.932,91	36.625,38
5	11/02/11	3.763,63	769,13	2.994,50	33.630,88
6	11/03/11	3.763,63	706,25	3.057,38	30.573,50
7	11/04/11	3.763,63	642,04	3.121,59	27.451,91
8	11/05/11	3.763,63	576,49	3.187,14	24.264,77
9	11/06/11	3.763,63	509,56	3.254,07	21.010,70
10	11/07/11	3.763,63	441,22	3.322,41	17.688,29
11	11/08/11	3.763,63	371,45	3.392,18	14.296,11
12	11/09/11	3.763,63	300,22	3.463,41	10.832,70
13	11/10/11	3.763,63	227,49	3.536,14	7.296,56
14	11/11/11	3.763,63	153,23	3.610,40	3.686,16
15	11/12/11	3.763,63	77,41	3.686,22	0,06

Taxa mensal efetiva:

- Taxa de serviços:

48000 < ENTER > 0,30 < % > → R$ 144,00

- Seguro:

48000 < ENTER > 5,35 < % > → R$ 2.568,00

- IOF:

n	Data	Dias corridos	Principal	IOF1	IOF2	IOF1 + IOF2
0	11/09/10	–	–	–	–	–
1	11/10/10	30	2.755,63	3,39	10,47	13,86
2	11/11/10	61	2.813,50	7,04	10,69	17,73
3	11/12/10	91	2.872,58	10,72	10,92	21,64
4	11/01/11	122	2.932,91	14,67	11,15	25,82
5	11/02/11	153	2.994,50	18,78	11,38	30,16
6	11/03/11	181	3.057,38	22,69	11,62	34,31
7	11/04/11	212	3.121,59	27,13	11,86	38,99
8	11/05/11	242	3.187,14	31,62	12,11	43,73
9	11/06/11	273	3.254,07	36,42	12,37	48,79
10	11/07/11	303	3.322,41	41,27	12,63	53,90
11	11/08/11	334	3.392,18	46,45	12,89	59,34
12	11/09/11	365	3.463,41	51,83	13,16	64,99
13	11/10/11	395 → 365	3.536,14	52,92	13,44	66,36
14	11/11/11	426 → 365	3.610,40	54,03	13,72	67,75
15	11/12/11	456 → 365	3.686,22	55,16	14,01	69,17
IOF Total						R$ 656,54

Tendo em vista que a primeira parcela do IOF está limitada a 365 dias, mantendo-se fixa após esse prazo, observe na tabela acima que:

- Em 11 de setembro de 2011, a primeira parcela do IOF foi calculada da seguinte forma:

3.463,41 < ENTER > 0,0041 < % > 365 < x > → R$ 51,83

- Em 11 de outubro de 2011, embora a contagem de tempo aponte 395 dias a partir da liberação do dinheiro, fica mantido o prazo limite de 365 dias:

3.536,14 < ENTER > 0,0041 < % > 365 < x > → R$ 52,92

e assim sucessivamente.

Entrada efetiva de caixa:

$$48000 < \text{ENTER} > \underbrace{144,00}_{SERVIÇOS} < - > \underbrace{2.568,00}_{SEGURO} < - > \underbrace{656,54}_{IOF} < - >$$
$$\rightarrow \text{R\$}\,44.631,46$$

Fluxo de caixa sob o ponto de vista do cliente:

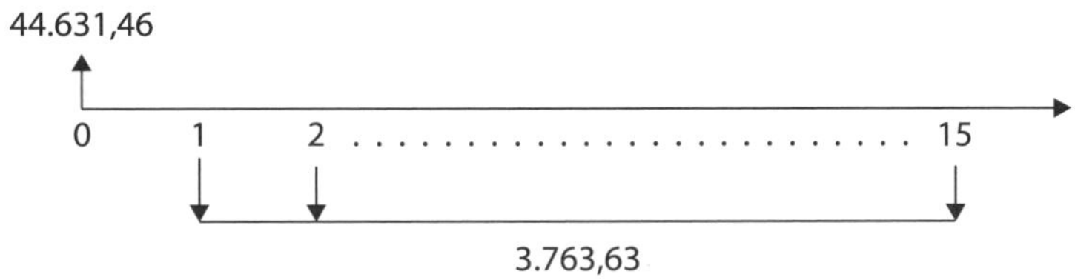

Custo efetivo do financiamento:

$$44.631,46 < \text{CHS} > < \text{PV} > 3.763,63 < \text{PMT} > 15 < \text{n} > \text{g} < \text{END} >$$
$$< \text{i} > \rightarrow 3,09\% \text{ am}$$

Resposta: 3,09% am.

- *2ª possibilidade:* o seguro, bem como todas as taxas, é pago integralmente no ato da liberação do financiamento (com capital próprio), e o IOF é financiado.

Se o tomador do empréstimo não possui disponibilidade financeira para quitar o IOF à vista, não lhe resta outra opção a não ser financiar o valor desse imposto. Esse procedimento encarece o valor do IOF, valor este que pode ser determinado a partir da seguinte relação:

$$\mathbf{x} = \frac{\mathbf{y} \cdot \mathbf{z}}{\mathbf{y} - \mathbf{z}}$$

em que:

x = valor do IOF com financiamento;

y = valor do financiamento sem IOF;

z = valor do IOF sem financiamento.

O leitor interessado poderá encontrar a demonstração da fórmula apresentada no Capítulo 9 (item 9.23).

Exemplo:

E 7.7 Uma pessoa tomou um empréstimo no valor de R$ 48.000,00, pelo sistema Price, no dia 11 de setembro de 2010. Elabore a planilha do financiamento e determine a taxa mensal efetiva de juros envolvida na operação financeira, supondo as seguintes condições:

- Número de parcelas: 15.
- Taxa de juros: 25,20% aa com capitalização mensal.
- IOF: 0,0041% ad com capitalização linear, mais 0,38% sobre o valor do principal (amortização) de cada parcela, a ser financiado junto com o valor do empréstimo.
- Taxa de serviços (TS): 0,30% sobre o valor do financiamento (sem o IOF), a ser paga no ato da liberação do dinheiro.
- Seguro (incluindo as modalidades Desemprego e Danos Materiais e Pessoais): 5,35% do valor do financiamento (sem o IOF), a ser pago no ato da liberação do dinheiro.

Resolução:

Considere:

x = valor do IOF com financiamento;

y = valor do financiamento sem IOF (R$ 48.000,00);

z = valor do IOF sem Financiamento (R$ 656,54).

O leitor deve observar que, como os dados deste exemplo são idênticos aos do exemplo anterior (E 7.6), o valor do IOF sem financiamento é conhecido. Assim, resulta:

$$\mathbf{x} = \frac{\mathbf{y} \,.\, \mathbf{z}}{\mathbf{y} - \mathbf{z}} = \frac{48.000 \,.\, 656{,}54}{48.000 - 656{,}54} = \text{R\$ } 665{,}64 \text{ (valor do IOF com financiamento)}$$

Parcela do financiamento:

48000 < ENTER > 665,64 < + > < CHS > < PV > 25,20 < ENTER > < 12 > < ÷ > < i >

15 < n > < g > < END > < PMT > → R$ 3.815,82

Com o financiamento do IOF, as parcelas passam de R$ 3.763,63 (E 7.6) para o valor de R$ 3.815,82, o que faz com que o tomador do financiamento pague a mais:

$$(3.815{,}82 - 3.763{,}63)\ .\ 15 = \text{R\$ } 782{,}85$$

sendo R$ 665,64 do IOF propriamente dito e R$ 117,21 de juros devido ao financiamento do IOF.

n	Data	Pagamentos	Juros	Amortização	Saldo devedor
0	11/09/10	–	–	–	48.665,64
1	11/10/10	3.815,82	1.021,98	2.793,84	45.871,80
2	11/11/10	3.815,82	963,31	2.852,51	43.019,29
3	11/12/10	3.815,82	903,41	2.912,41	40.106,88
4	11/01/11	3.815,82	842,24	2.973,58	37.133,30
5	11/02/11	3.815,82	779,80	3.036,02	34.097,28
6	11/03/11	3.815,82	716,04	3.099,78	30.997,50
7	11/04/11	3.815,82	650,95	3.164,87	27.832,63
8	11/05/11	3.815,82	584,49	3.231,33	24.601,30
9	11/06/11	3.815,82	516,63	3.299,19	21.302,11
10	11/07/11	3.815,82	447,34	3.368,48	17.933,63
11	11/08/11	3.815,82	376,61	3.439,21	14.494,42
12	11/09/11	3.815,82	304,38	3.511,44	10.982,98
13	11/10/11	3.815,82	230,64	3.585,18	7.397,80
14	11/11/11	3.815,82	155,35	3.660,47	3.737,33
15	11/12/11	3.815,82	78,48	3.737,34	0,01

Taxa mensal efetiva:

- Taxa de serviços:

48000 < ENTER > 0,30 < % > → R$ 144,00

- Seguro:

48000 < ENTER > 5,35 < % > → R$ 2.568,00

- IOF:

R$ 665,64

- Entrada efetiva de caixa:

$$48000 < \text{ENTER} > \underbrace{144,00}_{SERVIÇOS} < - > \underbrace{2.568,00}_{SEGURO} < - > \rightarrow \text{R\$}45.288,00$$

- Fluxo de caixa sob o ponto de vista do cliente:

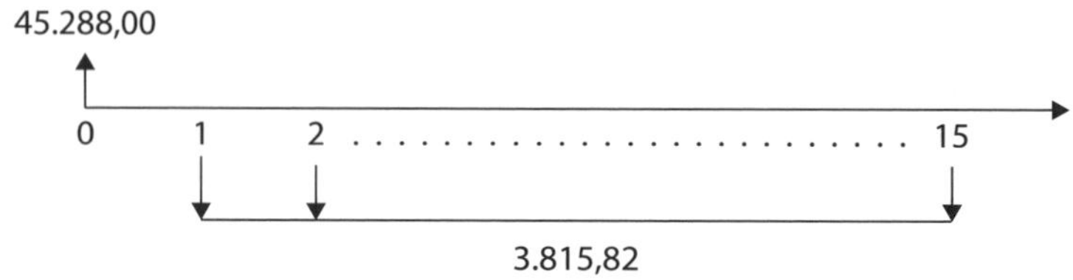

- Custo efetivo do financiamento:

$$45288 < \text{CHS} > < \text{PV} > 3.815,82 < \text{PMT} > 15 < \text{n} > \text{g} < \text{END} >$$

$$< \text{i} > \rightarrow 3,08\% \text{ am}$$

Resposta: 3,08% am.

- *3ª possibilidade:* o seguro, todas as taxas e o IOF são financiados.

Se o tomador do financiamento não possui disponibilidade financeira para quitar o seguro, as taxas e o IOF à vista, não lhe resta outra opção a não ser financiar esses valores.

Exemplo:

E 7.8 Uma pessoa tomou um empréstimo no valor de R$ 48.000,00, pelo sistema Price, no dia 11 de setembro de 2010. Elabore a planilha do financiamento e determine a taxa mensal efetiva de juros envolvida na operação financeira, supondo as seguintes condições:

- Número de parcelas: 15.
- Taxa de juros: 25,20% aa com capitalização mensal.
- IOF: 0,0041% ad com capitalização linear, mais 0,38% sobre o valor do principal (amortização) de cada parcela, a ser financiado junto com o valor do empréstimo.
- Taxa de serviços (TS): 0,45% sobre o valor do financiamento (sem o IOF), a ser financiado junto com o valor do empréstimo.

- Seguro (incluindo as modalidades Desemprego e Danos Materiais e Pessoais): 5,75% do valor do financiamento (sem o IOF), a ser financiado junto com o valor do empréstimo.

Resolução:

- Seguro:

48000 < ENTER > 5,75 < % > → R$ 2.760,00

- Taxa de serviços:

48000 < ENTER > 0,45 < % > → R$ 216,00

- Valor do financiamento sem IOF:

48000 < ENTER > 2760 < + > 216 < + > → R$ 50.976,00

- Planilha do financiamento sem o IOF:

50976 < CHS >< PV > 15 < n > 25,20 < ENTER >< 12 >< ÷ >< i >< g >< END >

< PMT > → R$ 3.996,97

n	Data	Pagamentos	Juros	Amortização	Saldo devedor
0	11/09/10	–	–	–	50.976,00
1	11/10/10	3.996,97	1.070,50	2.926,47	48.049,53
2	11/11/10	3.996,97	1.009,04	2.987,93	45.061,60
3	11/12/10	3.996,97	946,29	3.050,68	42.010,92
4	11/01/11	3.996,97	882,23	3.114,74	38.896,18
5	11/02/11	3.996,97	816,82	3.180,15	35.716,03
6	11/03/11	3.996,97	750,04	3.246,93	32.469,10
7	11/04/11	3.996,97	681,85	3.315,12	29.153,98
8	11/05/11	3.996,97	612,23	3.384,74	25.769,24
9	11/06/11	3.996,97	541,15	3.455,82	22.313,42
10	11/07/11	3.996,97	468,58	3.528,39	18.785,03
11	11/08/11	3.996,97	394,49	3.602,48	15.182,55
12	11/09/11	3.996,97	318,83	3.678,14	11.504,41
13	11/10/11	3.996,97	241,59	3.755,38	7.749,03
14	11/11/11	3.996,97	162,73	3.834,24	3.914,79
15	11/12/11	3.996,97	82,21	3.914,76	– 0,03

- Valor do IOF sem financiamento:

n	Data	Dias corridos (tempo exato)	Principal (amortização)	IOF1 (0,0041% ad)	IOF2 (0,38%)	IOF1 + IOF2
0	11/09/10	–	–	–	–	–
1	11/10/10	30	2.926,47	3,60	11,12	14,72
2	11/11/10	61	2.987,93	7,47	11,35	18,82
3	11/12/10	91	3.050,68	11,38	11,59	22,97
4	11/01/11	122	3.114,74	15,58	11,84	27,42
5	11/02/11	153	3.180,15	19,95	12,08	32,03
6	11/03/11	181	3.246,93	24,10	12,34	36,44
7	11/04/11	212	3.315,12	28,82	12,60	41,42
8	11/05/11	242	3.384,74	33,58	12,86	46,44
9	11/06/11	273	3.455,82	38,68	13,13	51,81
10	11/07/11	303	3.528,39	43,83	13,41	57,24
11	11/08/11	334	3.602,48	49,33	13,69	63,02
12	11/09/11	365	3.678,14	55,04	13,98	69,02
13	11/10/11	395 → 365	3.755,38	56,20	14,27	70,47
14	11/11/11	426 → 365	3.834,24	57,38	14,57	71,95
15	11/12/11	456 → 365	3.914,76	58,58	14,88	73,46
IOF Total						R$ 697,23

Como os dados deste exemplo diferem dos dados do exemplo anterior (E 7.7) com relação às taxas de seguro e serviços, alterando o valor do financiamento, tivemos que recalcular o valor do IOF sem financiamento. Para isso, inicialmente, tivemos que elaborar a planilha do financiamento sem o IOF.

Valor do IOF com financiamento:

Sendo:

x = valor do IOF com financiamento;

y = valor do financiamento sem IOF (R$ 50.976,00);

z = valor do IOF sem financiamento (R$ 697,23),

resulta:

$$\mathbf{x} = \frac{\mathbf{y} \cdot \mathbf{z}}{\mathbf{y} - \mathbf{z}} = \frac{50.976{,}00 \cdot 697{,}23}{50.976{,}00 - 697{,}23} = \textbf{R\\$ 706,90}$$ (valor do IOF com financiamento)

Valor da parcela do financiamento com taxas, seguro e IOF financiado:

48000 < ENTER > 2760 < + > 216 < + > 706,90 < + > < CHS > < PV > 15 < n >

25,20 < ENTER > 12 < ÷ > < i > < g > < END > < PMT > → **R$ 4.052,40**

n	Data	Pagamentos	Juros	Amortização	Saldo devedor
0	11/09/10	–	–	–	51.682,90
1	11/10/10	4.052,40	1.085,34	2.967,06	48.715,84
2	11/11/10	4.052,40	1.023,03	3.029,37	45.686,47
3	11/12/10	4.052,40	959,42	3.092,98	42.593,49
4	11/01/11	4.052,40	894,46	3.157,94	39.435,55
5	11/02/11	4.052,40	828,15	3.224,25	36.211,30
6	11/03/11	4.052,40	760,44	3.291,96	32.919,34
7	11/04/11	4.052,40	691,31	3361,09	29.558,25
8	11/05/11	4.052,40	620,72	3.431,68	26.126,57
9	11/06/11	4.052,40	548,66	3.503,74	22.622,83
10	11/07/11	4.052,40	475,08	3.577,32	19.045,51
11	11/08/11	4.052,40	399,96	3.652,44	15.393,07
12	11/09/11	4.052,40	323,25	3.729,15	11.663,92
13	11/10/11	4.052,40	244,94	3.807,46	7.856,46
14	11/11/11	4.052,40	164,99	3.887,41	3.969,05
15	11/12/11	4.052,40	83,35	3.969,05	0,00

Se calcularmos o valor das parcelas sem considerar o financiamento do seguro, da taxa de serviços e do IOF:

48000 < CHS > < PV > 15 < n > 25,20 < ENTER > 12 < ÷ > < i > < g > < END >

< PMT > → R$ 3.763,63

concluímos que, com o financiamento do seguro, da taxa de serviços e do IOF, as parcelas passam de R$ 3.763,63 para o valor de R$ 4.052,40, o que faz com que o tomador do financiamento pague a mais:

(4.052,40 – 3.763,63) . 15 = R$ 4.331,55

sendo R$ 706,90 do IOF, R$ 216,00 da taxa de serviços, R$ 2.760,00 do seguro e R$ 648,65 devido ao financiamento desses itens.

Fluxo de caixa sob o ponto de vista do cliente:

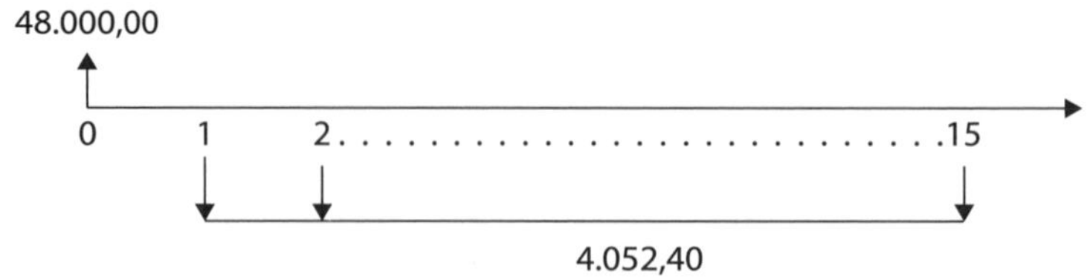

Custo efetivo do financiamento:

48000,00 < CHS > < PV > 4052,40< PMT > 15 < n > g < END >

< i > → 3,11% am

Resposta: 3,11% am.

7.3.6 O SISTEMA PRICE COM ATUALIZAÇÃO MONETÁRIA

No caso dos financiamentos imobiliários, que envolvem prazos de até 35 anos, **é praticamente impossível para a instituição financeira liberar um pedido de financiamento sem a devida atualização monetária.**

Essa atualização pode ser mensal, bimestral ou trimestral, como ocorreu, por exemplo, nos anos que antecederam o Plano Real. Após a implantação deste, de forma geral, a atualização monetária passou a ter periodicidade anual.

O **Índice Nacional da Construção Civil** (INCC) e o Custo Unitário Básico (CUB) são utilizados para corrigir as parcelas de imóveis na planta ou em construção. Após a conclusão da construção, o índice utilizado é o Índice Geral de Preços do Mercado (IGP-M). Esses **índices são utilizados apenas para os financiamentos diretos com a construtora.**

Já o Sistema Financeiro de Habitação (SFH), que é o sistema de financiamento de imóveis mais competitivo do mercado, utiliza os recursos do Fundo de Garantia do Tempo de Serviço (FGTS) e da poupança, cobra juros de no máximo 12% aa e correção monetária anual pela Taxa Referencial (TR), atualmente substituída pelo IPCA, pois TR = 0%. Qualquer instituição financeira, pública ou privada, desde que autorizada pela Caixa Econômica Federal, pode utilizar esse sistema.

Observação

Muito embora os financiamentos imobiliários envolvam prazos muito grandes, por razões óbvias utilizaremos, nos exemplos a seguir, prazos reduzidos.

Exemplo:

E 7.9 Um financiamento pelo sistema Price foi tomado no dia 1º de setembro de 1993, nas seguintes condições:

- Valor do financiamento: R$ 10.000,00.
- Número de prestações: 10.
- Taxa de juros: 33% aa com capitalização mensal.
- Correção monetária mensal pelo IGP-M da FGV, que nesses meses apontou as seguintes taxas:

IGP-M (FGV)									
09/93	**10/93**	**11/93**	**12/93**	**01/94**	**02/94**	**03/94**	**04/94**	**05/94**	**06/94**
35,28%	35,04%	36,15%	38,32%	39,07%	40,78%	45,71%	40,91%	42,58%	45,21%

Resolução:

Taxa efetiva mensal:

33 < ENTER > 12 < ÷ > → 2,75% am

Valor da prestação em 1º de setembro de 1993:

10000 < CHS > < PV > 10 < n > 2,75 < i > < g > < END > < PMT > → R$ 1.157,40

Tendo em vista a existência da correção monetária, entendemos que, didaticamente, não é conveniente utilizar a função < AMORT > para gerar essa planilha.

As planilhas com atualização monetária costumam apresentar uma coluna a mais, denominada saldo devedor atualizado.

1ª linha da planilha (n = 0)

n	Data	Saldo devedor atualizado	Pagamentos	Juros	Amortização	Saldo devedor
0	01/09/93	–	–	–	–	10.000,00

2ª linha da planilha (n = 1)

n	Data	Saldo devedor atualizado	Pagamentos	Juros	Amortização	Saldo devedor
0	01/09/93	–	–	–	–	10.000,00
1	01/10/93	13.528,00 (1)	1.565,73 (2)	372,02 (3)	1.193,71 (4)	12.344,29 (5)

Observações

1) Para obter o valor do saldo devedor atualizado em 1º de outubro de 1993, devemos observar que, no mês de setembro de 1993, o IGP-M apontou uma inflação de 35,28%, que deve corrigir o saldo devedor de R$ 10.000,00, contraído em 1º de setembro de 1993, já que a atualização monetária tem periodicidade mensal:

10000 < ENTER > 35,28 < % > < + > → R$ 13.528,00

2) Para obter o valor do pagamento em 1º de outubro de 1993, devemos atualizar a prestação básica de R$ 1.157,40 (calculada em 1º de setembro de 1993) pela inflação de 35,28%, apontada pelo IGP-M para o mês de setembro de 1993:

1157,40 < ENTER > 35,28 < % > < + > → R$ 1.565,73

3) O valor dos juros a serem pagos em 1º de outubro de 1993 corresponde a 2,75% do saldo devedor atualizado nessa data:

13528 < ENTER > 2,75 < % > → R$ 372,02

4) Para obter o valor da amortização em 1º de outubro de 1993, subtraímos o valor dos juros do valor do pagamento nessa mesma data:

1565,73 < ENTER > 372,02 < – > → R$ 1.193,71

5) Finalmente, para obter o valor do saldo devedor em 1º de outubro de 1993, subtraímos o valor do saldo devedor atualizado do valor da amortização nessa mesma data:

13528 < ENTER > 1193,71 < – > → R$ 12.344,29

3ª linha da planilha (n = 2)

n	Data	Saldo devedor atualizado	Pagamentos	Juros	Amortização	Saldo devedor
0	01/09/93	–	–	–	–	10.000,00
1	01/10/93	13.528,00	1.565,73	372,02	1.193,71	12.334,29
2	01/11/93	16.656,23 (1)	2.114,36 (2)	458,05 (3)	1.656,31 (4)	14.999,92 (5)

Observações

1) Para obter o valor do saldo devedor atualizado em 1º de novembro de 1993, devemos observar que no mês de outubro de 1993 o IGP-M apontou uma inflação de 35,04%, que deve corrigir o saldo devedor de R$ 12.344,29 em 1º de outubro de 1993, já que a atualização monetária tem periodicidade mensal:

12.334,29 < ENTER > 35,04 < % > < + > → R$ 16.656,23

2) Para obter o valor do pagamento em 1º de novembro de 1993, devemos corrigir a prestação paga em 1º de outubro de 1993 (R$ 1.565,73) pela inflação de 35,04%, apontada pelo IGP-M para o mês de outubro de 1993.

1565,73 < ENTER > 35,04 < % > < + > → R$ 2.114,36

3) O valor dos juros a serem pagos em 1º de novembro de 1993 corresponde a 2,75% do saldo devedor atualizado nessa data:

16656,23 < ENTER > 2,75 < % > → R$ 458,05

4) Para obter o valor da amortização em 1º de novembro de 1993, subtraímos o valor dos juros do valor do pagamento nessa mesma data:

2114,36 < ENTER > 458,05 < – > → R$ 1.656,31

5) Finalmente, para obter o valor do saldo devedor em 1º de novembro de 1993, subtraímos o valor do saldo devedor atualizado do valor da amortização nessa mesma data:

16656,23 < ENTER > 1656,31 < – > → R$ 14.999,92

Procedendo de forma semelhante, obtemos a planilha do financiamento:

n	Data	Saldo devedor atualizado	Pagamentos	Juros	Amortização	Saldo devedor
0	01/09/93	–	–	–	–	10.000,00
1	01/10/93	13.528,00	1.565,73	372,02	1.193,71	12.334,29
2	01/11/93	16.656,23	2.114,36	458,05	1.656,31	14.999,92
3	01/12/93	20.422,39	2.878,70	561,62	2.317,08	18.105,31
4	01/01/94	25.043,26	3.981,82	688,69	3.293,13	21.750,13
5	01/02/94	30.247,91	5.537,52	831,82	4.705,70	25.542,21
6	01/03/94	35.958,32	7.795,72	988,85	6.806,87	29.151,45
7	01/04/94	42.476,58	11.359,14	1.168,11	10.191,03	32.285,55
8	01/05/94	45.493,57	16.006,16	1.251,07	14.755,09	30.738,48
9	01/06/94	43.826,92	22.821,58	1.205,24	21.616,34	22.210,58
10	01/07/94	32.251,98	33.139,22	886,93	32.252,29	–0,31

Observações

Examinando atentamente a planilha, observamos as distorções geradas por taxas de inflação muito altas:

- o saldo devedor, em vez de decrescer, cresce até o mês de abril de 1993, quando apresenta uma queda repentina, zerando em julho de 1994;
- o valor da prestação contratada (R$ 1.154,70) chega a R$ 33.139,22 após 10 meses, ou seja, 2.769,94% maior.

Essas distorções deixam de ocorrer quando as taxas de inflação são menores. Além disso, nesses casos, a atualização monetária não precisa ocorrer, necessariamente, todo mês. Convém ainda ressaltar que o cálculo da taxa efetiva do financiamento será afetado pela inflação, conforme veremos a seguir.

7.3.6.1 Custo efetivo do sistema Price com atualização monetária

Vamos considerar novamente o exemplo anterior e determinar o custo efetivo do financiamento, supondo que, entre taxas, impostos e seguro, o cliente pagou R$ 970,00 no ato da liberação do dinheiro.

Entrada efetiva de caixa:

10000 < ENTER > 970 < – > → R$ 9.030,00

Fluxo de caixa sob o ponto de vista do cliente:

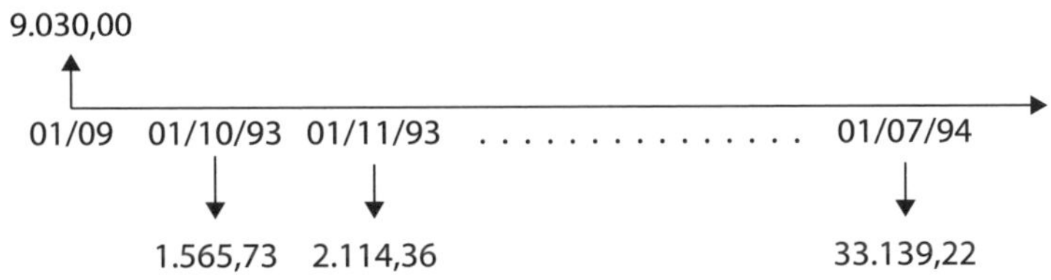

Taxa aparente do financiamento:

9030 < CHS > < g > < CFo >

1565,73 < g > < CFj >

2114,36 < g > < CFj >

2878,70 < g > < CFj >

3981,82 < g > < CFj >

5537,52 < g > < CFj >

7795,72 < g > < CFj >

11359,14 < g > < CFj >

16006,16 < g > < CFj >

22821,58 < g > < CFj >

33129,22 < g > < CFj >

< f > < IRR > → 44,62% am

Taxa de inflação acumulada no período:

$$i_{ac} = \left(1+i_{09/93}\right).\left(1+i_{10/93}\right).\left(1+i_{11/93}\right).\left(1+i_{12/93}\right).\left(1+i_{01/94}\right).\left(1+i_{02/94}\right).\left(1+i_{03/94}\right).\left(1+i_{04/94}\right).$$

$$\left(1+i_{05/94}\right).\left(1+i_{06/94}\right)-1$$

$$i_{ac} = (1+0{,}3528).(1+0{,}3504).(1+0{,}3615).(1+0{,}3832).(1+0{,}3907).(1+0{,}4078)$$

$$(1+0{,}4571).(1+0{,}4091).(1+0{,}4258).(1+0{,}4521)-1$$

$$i_{ac} = 2.763{,}25\% \text{ ap}$$

Taxa média de inflação no período:

$$i_m = \sqrt[10]{1 + 27{,}6325} - 1 \Rightarrow i_m = (28{,}6325)^{1/10} - 1 \Rightarrow i_m = 0{,}3986 \ (39{,}86\% \text{ am})$$

Taxa real mensal no período:

$$i_R = \frac{1 + i_a}{1 + i_i} - 1 \Rightarrow i_R = \frac{1 + 0{,}4462}{1 + 0{,}3986} - 1 \Rightarrow i_R = 0{,}0340 \ (\mathbf{3{,}40\% \text{ am}})$$

7.3.6.2 Sistema Price com atualização monetária bimestral

Exemplo:

E 7.10 Um financiamento pelo sistema Price foi tomado no dia 1º de outubro de 2002, nas seguintes condições:

- Valor do financiamento: R$ 15.000,00.
- Número de prestações: 10.
- Taxa de juros: 30% aa com capitalização mensal.
- Correção monetária bimestral pelo INCC da FGV, que nesses meses apontou as seguintes taxas:

INCC (FGV)									
10/02	**11/02**	**12/02**	**01/03**	**02/03**	**03/03**	**04/03**	**05/03**	**06/03**	**07/03**
1,13	2,45	1,70	1,51	1,39	1,38	0,90	2,84	1,05	0,99

Resolução:

Taxa efetiva mensal:

30 < ENTER > 12 < ÷ > → 2,50% am

Valor da prestação em 1º de outubro de 2003:

15000 < CHS > < PV > 10 < n > 2,50 < i > < g > < END > < PMT > → R$ 1.713,88

1ª linha da planilha (n = 0)

n	Data	Saldo devedor atualizado	Pagamentos	Juros	Amortização	Saldo devedor
0	01/10/02	–	–	–	–	15.000,00

2ª linha da planilha (n = 1)

n	Data	Saldo devedor atualizado	Pagamentos	Juros	Amortização	Saldo devedor
0	01/10/02	–	–	–	–	15.000,00
1	01/11/02	15.000,00 **(1)**	1.713,88 **(2)**	375,00 **(3)**	1.338,88 **(4)**	13.661,12 **(5)**

Observações

1) Como a atualização monetária tem periodicidade bimestral, o valor do saldo devedor atualizado em 1º de novembro de 2002 permanece o mesmo.
2) Como a atualização monetária tem periodicidade bimestral, o valor do pagamento em 1º de novembro de 2002 permanece o mesmo.
3) O valor dos juros a serem pagos em 1º de novembro de 2002 corresponde a 2,5% do saldo devedor atualizado nessa data:

15000 < ENTER > 2,5 < % > → R$ 375,00

4) Para obter o valor da amortização em 1º de novembro de 2002, subtraímos o valor dos juros do valor do pagamento nessa mesma data:

1713,88 < ENTER > 375 < – > → R$ 1.338,88

5) Finalmente, para obter o valor do saldo devedor em 1º de novembro de 2002, subtraímos o valor do saldo devedor atualizado do valor da amortização nessa mesma data:

15000 < ENTER > 1338,88 < – > → R$ 13.661,12

3ª linha da planilha (n = 2)

n	Data	Saldo devedor atualizado	Pagamentos	Juros	Amortização	Saldo devedor
	01/10/02	–	–	–	–	15.000,00
1	01/11/02	15.000,00	1.713,88	375,00	1.338,88	13.661,12
2	01/12/02	14.154,29 (1)	1.775,75 (2)	353,86 (3)	1.421,89 (4)	12.732,40 (5)

Observações

Inicialmente, devemos calcular a inflação acumulada correspondente a outubro de 2002 e novembro de 2002:

$$i_{ac} = (1 + i_{10/02}) \,.\, (1 + i_{11/02}) - 1 = (1 + 0{,}0113) \,.\, (1 + 0{,}0245) - 1 = 3{,}61\% \text{ ap}$$

1) Para obter o valor do saldo devedor atualizado em 1º de dezembro de 2002 (ou seja, após um bimestre), devemos corrigir o saldo devedor em 1º de novembro de 2002 pela taxa da inflação obtida anteriormente:

   13.661,12 < ENTER > 3,61 < % > < + > → R$ 14.154,29

2) Para obter o valor do pagamento em 1º de dezembro de 2002, devemos corrigir a prestação em 1º de novembro de 2002 pela mesma taxa de inflação utilizada para corrigir o saldo devedor:

   1713,88 < ENTER > 3,61% < % > < + > → R$ 1.775,75

3) O valor dos juros a serem pagos em 1º de dezembro de 2002 corresponde a 2,5% do saldo devedor atualizado nessa data:

   14.154,29 < ENTER > 2,5 < % > → R$ 353,86

4) Para obter o valor da amortização em 1º de dezembro de 2002, subtraímos o valor dos juros do valor do pagamento nessa mesma data:

   1775,75 < ENTER > 353,86 < – > → R$ 1.421,89

5) Finalmente, para obter o valor do saldo devedor em 1º de dezembro de 2002, subtraímos o valor do saldo devedor atualizado do valor da amortização nessa mesma data:

   14154,29 < ENTER > 1.421,89 < – > → R$ 12.732,40

4ª linha da planilha (n = 3)

n	Data	Saldo devedor atualizado	Pagamentos	Juros	Amortização	Saldo devedor
0	01/10/02	–	–	–	–	15.000,00
1	01/11/02	15.000,00	1.713,88	375,00	1.338,88	13.661,12
2	01/12/02	14.154,29	1.775,75	353,86	1.421,89	12.732,40
3	01/01/03	12.732,40 (1)	1.775,75 (2)	318,31 (3)	1.457,44 (4)	11.274,96 (5)

Observações

1) Como a atualização monetária tem periodicidade bimestral, o valor do saldo devedor atualizado em 1º de janeiro de 2003 é o mesmo do saldo devedor em 1º de dezembro de 2002 (ou seja, não sofre correção).

2) Como a atualização monetária tem periodicidade bimestral, o valor do pagamento em 1º de janeiro de 2003 é o mesmo do pagamento em 1º de dezembro de 2002 (ou seja, não sofre correção).

3) O valor dos juros a serem pagos em 1º de janeiro de 2003 corresponde a 2,5% do saldo devedor atualizado nessa data:

12732,40 < ENTER > 2,5 < % > → R$ 318,31

4) Para obter o valor da amortização em 1º de janeiro de 2003, subtraímos o valor dos juros do valor do pagamento nessa mesma data:

1775,75 < ENTER > 318,31 < – > → R$ 1.457,44

5) Finalmente, para obter o valor do saldo devedor em 1º de janeiro de 2003, subtraímos o valor do saldo devedor atualizado do valor da amortização nessa mesma data:

12732,40 < ENTER > 1457,44 < – > → R$ 11.274,96

5ª linha da planilha (n = 4)

n	Data	Saldo devedor atualizado	Pagamentos	Juros	Amortização	Saldo devedor
0	01/10/02	–	–	–	–	15.000,00
1	01/11/02	15.000,00	1.713,88	375,00	1.338,88	13.661,12
2	01/12/02	14.154,29	1.775,75	353,86	1.421,89	12.732,40
3	01/01/03	12.732,40	1.775,75	318,31	1.457,44	11.274,96
4	01/02/03	11.640,27 (1)	1.833,28 (2)	291,01 (3)	1.542,27 (4)	10.098,00 (5)

Observações

Inicialmente devemos calcular a inflação acumulada correspondente a dezembro de 2002 e janeiro de 2003:

$$i_{ac} = (1 + i_{12/02}) . (1 + i_{01/03}) - 1 = (1 + 0{,}0170) . (1 + 0{,}0151) - 1 = 3{,}24\% \text{ ap}$$

1) Para obter o valor do saldo devedor atualizado em 1º de fevereiro de 2003 (ou seja, após um bimestre), devemos corrigir o saldo devedor em 1º de janeiro de 2003 pela taxa da inflação obtida anteriormente:

11274,96 < ENTER > 3,24 < % > < + > → R$ 11.640,27

2) Para obter o valor do pagamento em 1º de fevereiro de 2003, devemos corrigir a prestação em 1º de janeiro de 2003 pela mesma taxa de inflação utilizada para corrigir o saldo devedor:

1775,75 < ENTER > 3,24 < % > < + > → R$ 1.833,28

3) O valor dos juros a serem pagos em 1º de fevereiro de 2003 corresponde a 2,5% do saldo devedor atualizado nessa data:

11640,27 < ENTER > 2,5 < % > → R$ 291,01

4) Para obter o valor da amortização em 1º de fevereiro de 2003, subtraímos o valor dos juros do valor do pagamento nessa mesma data:

1.833,28 < ENTER > 291,01 < – > → R$ 1.542,27

5) Finalmente, para obter o valor do saldo devedor em 1º de fevereiro de 2003, subtraímos o valor do saldo devedor atualizado do valor da amortização nessa mesma data:

11640,27 < ENTER > 1.542,27 < – > → R$ 10.098,00

Procedendo de forma semelhante, geramos as demais linhas da planilha:

n	Data	Saldo devedor atualizado	Pagamentos	Juros	Amortização	Saldo devedor
0	01/10/02	–	–	–	–	15.000,00
1	01/11/02	15.000,00	1.713,88	375,00	1.338,88	13.661,12
2	01/12/02	14.154,29	1.775,75	353,86	1.421,89	12.732,40
3	01/01/03	12.732,40	1.775,75	318,31	1.457,44	11.274,96
4	01/02/03	11.640,27	1.833,28	291,01	1.542,27	10.098,00
5	01/03/03	10.098,00	1.833,28	252,45	1.580,83	8.517,17
6	01/04/03	8.754,80	1.884,43	218,87	1.665,56	7.089,24
7	01/05/03	7.089,24	1.884,43	177,23	1.707,20	5.382,04
8	01/06/03	5.584,94	1.955,47	139,62	1.815,85	3.769,09
9	01/07/03	3.769,09	1.955,47	94,23	1.861,24	1.907,85
10	01/08/03	1.946,96	1.995,56	48,67	1.946,89	0,07

Taxa de inflação acumulada correspondente a fevereiro de 2003 e março de 2003:

$$i_{ac} = (1 + i_{02/03}) \,.\, (1 + i_{03/34}) - 1 = (1 + 0{,}0139) \,.\, (1 + 0{,}0138) - 1 = 2{,}79\% \text{ ap}$$

Taxa de inflação acumulada correspondente a abril de 2003 e maio de 2003:

$$i_{ac} = (1 + i_{04/03}) \,.\, (1 + i_{05/03}) - 1 = (1 + 0{,}0090) \,.\, (1 + 0{,}0284) - 1 = 3{,}77\% \text{ ap}$$

Taxa de inflação acumulada correspondente a junho de 2003 e julho de 2003 para o 10º mês:

$$i_{ac} = (1 + i_{06/03}) \,.\, (1 + i_{07/03}) - 1 = (1 + 0{,}0105) \,.\, (1 + 0{,}0099) - 1 = 2{,}05\% \text{ ap}$$

7.3.7 A OCORRÊNCIA DE RESÍDUOS

Os financiamentos imobiliários na década de 1980 (e no início da década de 1990, antes da implantação do Plano Real), tendo em vista as altas taxas de inflação, adotaram, para proteger o tomador do financiamento, uma forma de correção que gerava a ocorrência de resíduos.

Essa forma de correção basicamente era a seguinte: a correção das parcelas era baseada no Plano de Equivalência Salarial, enquanto o saldo devedor era corrigido pela taxa de inflação estipulada no contrato.

Como, constantemente, as taxas de inflação adotadas pela instituição financeiras eram maiores do que as taxas de aumento dos salários, gerava-se uma defasagem entre o valor das parcelas efetivamente pagas e aquelas que de fato teriam a capacidade de amortizar o saldo devedor.

Essa defasagem, que se acentuava com a passar do tempo, gerava ao final da operação financeira um valor residual bastante significativo.

De forma geral, deve ficar claro que qualquer tentativa de corrigir o valor da prestação de forma diferente da correção aplicada ao saldo devedor (diferença esta que pode ocorrer no valor ou na periodicidade da correção) vai gerar um valor residual cuja grandeza vai depender da defasagem entre as correções

Exemplo:

E 7.11 Um financiamento pelo sistema Price foi tomado no dia 1º de janeiro de 1993 nas seguintes condições:

- Valor do financiamento: R$ 33.750,00.
- Número de prestações: 7.
- Taxa de juros: 24% aa com capitalização mensal.
- Correção mensal das parcelas pelo ICV do Dieese, que nesses meses apontou as seguintes taxas:

ICV do Dieese						
01/93	**02/93**	**03/93**	**04/93**	**05/93**	**06/93**	**07/93**
30,33	25,91	27,41	27,61	29,05	28,53	30,21

- Correção mensal do saldo devedor pelo CUB do Sinduscon, que nesses meses apontou as seguintes taxas:

CUB (Sinduscon)						
01/93	**02/93**	**03/93**	**04/93**	**05/93**	**06/93**	**07/93**
43,44	19,64	30,91	17,23	58,60	23,20	25,88

Resolução:

Embora em alguns meses do período (fevereiro de 1993, abril de 1993, junho de 1993 e julho de 1993) o ICV tenha apontado taxas de inflação maiores do que as apontadas pelo CUB, no acumulado do período (janeiro de 1993 a julho de 1993) o ICV registrou uma taxa de inflação de 476,24% ap, inferior à do CUB, que foi de 547,78% ap.

Taxa efetiva mensal:

24 < ENTER > 12 < ÷ > → 2,0% am

Valor da prestação em 1º de janeiro de 1993:

33750 < CHS > < PV > 7 < n > 24 < ENTER > 12 < ÷ > < i > < g > < END >

< PMT > → R$ 5.214,78

1ª linha da planilha (n = 0)

n	Data	Saldo devedor atualizado	Pagamentos	Juros	Amortização	Saldo devedor
0	01/10/02	–	–	–	–	33.750,00

2ª linha da planilha (n = 1)

n	Data	Saldo devedor atualizado	Pagamentos	Juros	Amortização	Saldo devedor
0	01/01/93	–	–	–	–	33.750,00
1	01/02/93	48.411,00 **(1)**	6.796,42 **(2)**	968,22 **(3)**	5.8282,20 **(4)**	42.582,80 **(5)**

Observações

1) Para obter o valor do saldo devedor atualizado em 1º de fevereiro de 1993, devemos utilizar o índice correspondente apontado pelo CUB, do Sinduscon:

33750 < ENTER > 43,44 < % > < + > → R$ 48.411,00

2) Para obter o valor do pagamento em 1º de fevereiro de 1993, devemos utilizar o índice correspondente apontado pelo ICV, do Dieese:

5214,78 < ENTER > 30,33 < % > < + > → R$ 6.796,42

3) O valor dos juros a serem pagos em 1º de fevereiro de 1993 corresponde a 2,0% do saldo devedor atualizado nessa data:

48411 < ENTER > 2,0 < % > → R$ 968,22

4) Para obter o valor da amortização em 1º de fevereiro de 1993, subtraímos o valor dos juros do valor do pagamento nessa mesma data:

6796,42 < ENTER > 968,22 < – > → R$ 5.828,20

5) Finalmente, para obter o valor do saldo devedor em 1º de fevereiro de 1993, subtraímos o valor da amortização do valor do saldo devedor atualizado nessa mesma data:

48411 < ENTER > 5828,20 < – > → R$ 42.582,80

Procedendo de forma semelhante, geramos as demais linhas da planilha:

n	Data	Saldo devedor atualizado	Pagamentos	Juros	Amortização	Saldo devedor
0	01/01/93	–	–	–	–	33.750,00
1	01/02/93	48.411,00	6.796,42	968,22	5.8282,20	42.582,80
2	01/03/93	50.946,06	8.557,37	1.018,92	7.538,45	43.407,61
3	01/04/93	56.824,90	10.902,95	1.136,50	9.766,45	47.058,45
4	01/05/93	55.166,62	13.913,25	1.103,33	12.809,92	42.356,70
5	01/06/93	67.177,73	17.955,05	1.343,55	16.611,50	50.566,23
6	01/07/93	62.297,60	23.077,63	1.245,95	21.831,68	40.465,92
7	01/08/93	50.938,50	30.049,38	1.018,77	29.030,61	21.907,89
						Resíduo

Observe a geração de um resíduo no valor de R$ 21.907,89. À primeira vista, esse valor é assustador, pois representa aproximadamente 65% do valor do financiamento, que é de R$ 33.750,00.

Entretanto, altas taxas de inflação costumam nos pregar peças, e devem ser analisadas com muito cuidado. Assim, comparando o valor do resíduo em 1º de agosto de 1993 (R$ 21.907,89) com o valor do pagamento efetuado nessa mesma data (R$ 30,049,50), observamos que o resíduo corresponde a aproximadamente 73% do valor desse pagamento (ou seja, inferior a uma prestação).

Finalizando, deve ficar claro que, dependendo da defasagem entre as correções aplicadas ao saldo devedor e à prestação correspondente e do prazo do financiamento, o valor do resíduo pode chegar a valores bastante significativos, o que não descarta a necessidade de um novo financiamento para liquidá-lo.

7.4 O SISTEMA SAC

7.4.1 CONCEITO

Por esse sistema, o pagamento da dívida ocorre mediante amortizações constantes. Assim, como **n** amortizações devem quitar a dívida, para calcular o valor das amortizações basta dividir o valor do empréstimo **PV** pelo número de prestações **n**.

Observações

1) A HP-12C não possui funções específicas para a geração da planilha do SAC, ao contrário do que ocorre no sistema Price.
2) Para facilitar a compreensão do leitor com relação às diferenças existentes entre os sistemas Price e SAC, vamos utilizar os mesmos exemplos apresentados para o sistema Price.

Exemplo:

E 7.12 (Corresponde ao exemplo E 7.1 do sistema Price) Um empréstimo de R$ 3.500,00 deve ser pago pelo sistema SAC em 6 prestações mensais, vencendo a primeira 30 dias após a efetivação do empréstimo. Elabore uma planilha da amortização supondo juros de 24% aa com capitalização mensal.

Resolução:

1ª linha da planilha (n = 0)

n	Pagamentos	Juros	Amortização	Saldo devedor
0	–	–	–	3.500,00

Como se trata de uma renda imediata, no primeiro mês (**n = 0**) **não ocorrem pagamentos**, e, consequentemente, não há incidência de juros nem de amortização. Já o saldo devedor é precisamente o valor do financiamento.

2ª linha da planilha (n = 1)

n	Pagamentos	Juros	Amortização	Saldo devedor
0	–	–	–	3.500,00
1	653,33	70,00	583,33	2.916,67

Para obter a taxa efetiva do financiamento, tomamos a taxa proporcional mensal, ou seja:

$$24 \div 12 = 2\% \text{ am}$$

Para obter o valor da amortização (constante) devemos dividir o valor do financiamento pelo número de prestações:

3500 < ENTER > 6 < ÷ > → R$ 583,33

Para obter o valor dos juros embutidos no primeiro pagamento, calculamos 2% sobre o valor do saldo devedor localizado na linha imediatamente anterior (n = 0):

3500 < ENTER > 2 < % > → R$ 70,00

Para obter o valor do primeiro pagamento, somamos o valor dos juros ao valor da amortização:

70 < ENTER > 583,33 < + > → R$ 653,33

Finalmente, para obter o valor do saldo devedor após o pagamento da primeira prestação, subtraímos do saldo devedor da linha imediatamente anterior (n = 0) o valor da amortização:

3500 < ENTER > 583,33 < – > → R$ 2.916,67

3ª linha da planilha (n = 2)

n	Pagamentos	Juros	Amortização	Saldo devedor
0	–	–	–	3.500,00
1	653,33	70,00	583,33	2.916,67
2	641,66	58,33	583,33	2.333,34

Para obter o valor dos juros embutidos no segundo pagamento, calculamos 2% sobre o valor do saldo devedor localizado na linha imediatamente anterior (n = 1):

2916,67 < ENTER > 2 < % > → R$ 58,33

Para obter o valor do segundo pagamento, somamos o valor dos juros ao valor da amortização:

58,33 < ENTER > 583,33 < + > → R$ 641,66

Finalmente, para obter o valor do saldo devedor após o pagamento da segunda prestação, subtraímos do saldo devedor da linha imediatamente anterior (n = 1) o valor da amortização:

$$2916{,}67 < \text{ENTER} > 583{,}33 < - > \rightarrow \text{R\$ } 2.333{,}34$$

Procedendo de forma semelhante, obtemos a planilha do SAC:

n	Prestações	Juros	Amortização	Saldo devedor
0	–	–	–	3.500,00
1	653,33	70,00	583,33	2.916,67
2	641,66	58,33	583,33	2.333,34
3	630,00	46,67	583,33	1.750,01
4	618,33	35,00	583,33	1.166,68
5	606,66	23,33	583,33	583,35
6	595,00	11,67	583,33	0,02

Observações

1) O valor dos juros decresce a cada período, pois é calculado sobre o saldo devedor, que diminui após cada amortização.
2) O valor do pagamento diminui a cada período, pois resulta da adição de um valor decrescente (juros) a um valor constante (amortização).
3) O valor localizado na última célula da tabela (R$ 0,02), que em princípio deveria ser igual a zero, nada mais é do que um erro de arredondamento e resulta do fato de a divisão do empréstimo (R$ 3.500,00) pelo número de prestações (6) não ser exata (até a segunda casa decimal).
4) Analisando o valor dos pagamentos no sistema SAC e no sistema Price, observamos que:
   - as prestações iniciais do SAC são maiores do que as do Price;
   - enquanto as prestações do SAC diminuem, as prestações do Price se mantêm constantes.

	Prestações	
n	SAC	Price
0	–	–
1	653,33	624,84
2	641,66	624,84
3	630,00	624,84
4	618,33	624,84
5	606,66	624,84
6	595,00	624,84

Concluímos, assim, que, para o tomador do empréstimo que pode arcar com uma prestação inicial mais alta, o SAC traz uma certa tranquilidade, tendo em vista que o valor da prestação, a cada mês, representa uma fatia menor do orçamento doméstico.

7.4.2 O SISTEMA SAC COM PRAZO DE CARÊNCIA

Como já vimos, no sistema Price a primeira prestação só é exigível 30 dias após a liberação dos recursos (de forma geral, no final do primeiro período). Entretanto, em alguns casos, o interessado pode solicitar da instituição financeira um prazo adicional (prazo de carência) para começar a amortizar a dívida. Esse pedido, que pode ou não ser atendido, vai depender do relacionamento do cliente com a instituição financeira.

Entretanto, não podemos esquecer que durante o prazo de carência, embora não ocorra o pagamento das prestações, há incidência de juros sobre o valor dos recursos solicitados, que poderão ou não ser pagos durante o período em questão.

7.4.2.1 Caso 1 – Prazo de carência com pagamento de juros

Exemplo:

E 7.13 (Corresponde ao exemplo E 7.2 do sistema Price) Um empréstimo de R$ 8.000,00 deve ser pago pelo sistema SAC em 5 prestações mensais, com carência de 3 meses, em que serão pagos unicamente os juros relativos ao empréstimo. Elabore uma planilha da amortização, supondo juros de 21,60% aa com capitalização mensal.

Resolução:

Para obter a taxa do financiamento, calculamos a taxa proporcional mensal:

$$21,60 \div 12 = 1,80\% \text{ am}$$

1ª linha da planilha (n = 0)

n	Pagamentos	Juros	Amortização	Saldo devedor
0	–	–	–	8.000,00

Como se trata de uma renda imediata, no primeiro mês (n = 0) não ocorrem pagamentos, e, consequentemente, não há incidência de juros nem de amortização. Já o saldo devedor é precisamente o valor do financiamento.

2ª linha da planilha (n = 1)

n	Pagamentos	Juros	Amortização	Saldo devedor
0	–	–	–	8.000,00
1	144,00	144,00	–	8.000,00

Tendo em vista o prazo de carência solicitado (três meses), no segundo mês ocorre apenas o pagamento dos juros no valor de R$ 144,00 (1,80% de R$ 8.000,00).

3ª linha da planilha (n = 2)

n	Pagamentos	Juros	Amortização	Saldo devedor
0	–	–	–	8.000,00
1	144,00	144,00	–	8.000,00
2	144,00	144,00	–	8.000,00

Novamente, tendo em vista o prazo de carência solicitado (três meses), no terceiro mês ocorre apenas o pagamento dos juros no valor de R$ 144,00 (ou seja, 1,8% de R$ 8.000,00).

4ª linha da planilha (n = 3)

n	Pagamentos	Juros	Amortização	Saldo devedor
0	–	–	–	8.000,00
1	144,00	144,00	–	8.000,00
2	144,00	144,00	–	8.000,00
3	1.744,00	144,00	1.600,00	6.400,00

Para obter o valor da amortização (constante), devemos dividir o valor do saldo devedor da linha 3 (n = 2) pelo número de prestações:

8000 < ENTER > 5 < ÷ > → R$ 1.600,00

Para obter o valor dos juros embutidos no primeiro pagamento localizado na linha 3 (n = 2), calculamos 1,8% sobre o valor do saldo devedor localizado na linha imediatamente anterior (n = 2):

8000 < ENTER > 1,8 < % > → R$ 144,00

Para obter o valor do primeiro pagamento localizado na linha 4 (n = 3), somamos o valor dos juros ao valor da amortização:

144 < ENTER > 1600 < + > → R$ 1.744,00

Finalmente, para obter o valor do saldo devedor após o pagamento da primeira prestação, localizada na linha 4 (n = 3), subtraímos do saldo devedor da linha imediatamente anterior (n = 2) o valor da amortização:

8000 < ENTER > 1600 < – > → R$ 6.400,00

Procedendo de forma semelhante, obtemos a planilha do SAC:

Demais linhas da planilha (n = 4 a n = 7)

n	Pagamentos	Juros	Amortização	Saldo devedor
0	–	–	–	8.000,00
1	144,00	144,00	–	8.000,00
2	144,00	144,00	—	8.000,00
3	1.744,00	144,00	1.600,00	6.400,00
4	1715,20	115,20	1.600,00	4.800,00
5	1.686,40	86,40	1.600,00	3.200,00
6	1.657,60	57,60	1.600,00	1.600,00
7	1.628,80	28,80	1.600,00	0,00

Observação

Como a divisão para obter o valor da amortização resultou exata:

8000 < ENTER > 5 < ÷ > → R$ 1.600,00

não há geração de erro de arredondamento no saldo devedor final na linha 8 (n = 7).

7.4.2.1 Caso 2 – Prazo de carência sem pagamento de juros

Exemplo:

E 7.14 (Corresponde ao exemplo E 7.3 do Price) Um empréstimo de R$ 6.300,00 deve ser pago pelo sistema SAC, em 4 prestações mensais, com carência de 4 meses sem pagamento de juros. Elabore uma planilha de amortização, supondo juros de 44,40% aa com capitalização mensal.

Resolução:

Para obter a taxa do financiamento, calculamos a taxa proporcional mensal:

44,40 ÷ 12 = 3,70% am

1ª linha da planilha (n = 0)

n	Pagamentos	Juros	Amortização	Saldo devedor
0	–	–	–	6.300,00

Como se trata de uma renda imediata, no primeiro mês (**n = 0**) **não ocorrem pagamentos**, e, consequentemente, não há incidência de juros nem de amortização. Já o saldo devedor é precisamente o valor do financiamento.

2ª linha da planilha (n = 1)

n	Pagamentos	Juros	Amortização	Saldo devedor
0	–	–	–	6.300,00
1	–	–	–	6.533,10

Tendo em vista o prazo de carência, no segundo mês não ocorre nenhum tipo de pagamento. Entretanto, os juros devidos são calculados e acrescidos ao saldo devedor:

6300 < ENTER > 3,70 < % > < + > → R$ 6.533,10

3ª linha da planilha (n = 2)

n	Pagamentos	Juros	Amortização	Saldo devedor
0	–	–	–	6.300,00
1	–	–	–	6.533,10
2	–	–	–	6.774,82

Novamente, tendo em vista o prazo de carência solicitado (quatro meses), no terceiro mês não ocorre nenhum tipo de pagamento. Entretanto, os juros correspondentes ao saldo devedor anterior (R$ 6.533,10) são calculados e a ele acrescidos:

6533,10 < ENTER > 3,7 < % > < + > → 6.774,82

4ª linha da planilha (n = 3)

n	Pagamentos	Juros	Amortização	Saldo devedor
0	–	–	–	6.300,00
1	–	–	–	6.533,10
2	–	–	–	6.774,82
3	–	–	–	7.025,49

Novamente, tendo em vista o prazo de carência solicitado (quatro meses), no quarto mês não ocorre nenhum tipo de pagamento. Entretanto, os juros correspondentes ao saldo devedor anterior (R$ 6.774,82) são calculados e a ele acrescidos:

6774,82 < ENTER > 3,7 < % > < + > → 7.025,49

A partir da quinta linha (n = 4) se inicia o pagamento do financiamento com uma amortização constante de:

7025,49 < ENTER > 4 < ÷ > → R$ 1.756,37

5ª linha da planilha (n = 4)

n	Pagamentos	Juros	Amortização	Saldo devedor
0	–	–	–	6.300,00
1	–	–	–	6.533,10
2	–	–	–	6.774,82
3	–	–	–	7.025,49
4	2.016,31	259,94	1.756,37	5.269,12

Para obter o valor dos juros (R$ 259,94), calculamos 3,7% sobre o saldo devedor da linha 4 (n = 3).

Para obter o valor do pagamento, somamos o valor da amortização ao valor dos juros da linha 5 (n = 4).

Para obter o valor do saldo devedor, subtraímos o valor da amortização da linha 5 (n = 4) do valor do saldo devedor da linha 4 (n = 3).

Procedendo de forma semelhante, geramos as demais linhas da planilha SAC:

n	Pagamentos	Juros	Amortização	Saldo devedor
0	–	–	–	6.300,00
1	–	–	–	6.533,10
2	–	–	–	6.774,82
3	–	–	–	7.025,49
4	2.016,31	259,94	1.756,37	5.269,12
5	1.951,33	194,96	1.756,37	3.512,75
6	1.886,34	129,97	1.756,37	1.756,38
7	1.821,36	64,99	1.756,37	0,01

7.4.3 CÁLCULO DAS VARIÁVEIS DO SAC EM UM PERÍODO QUALQUER

Como já vimos, é muito comum, na prática, o interesse em conhecer os valores de uma planilha em um período qualquer. Para isso, vamos apresentar a seguir as fórmulas que nos permitem obter esses valores sem que seja necessário gerar a planilha completa.

Cálculo do saldo devedor em um período n = k qualquer:

$$SD_k = PV \cdot \left(1 - \frac{k}{n}\right)$$

O leitor interessado poderá encontrar a demonstração dessa fórmula no Capítulo 9 (item 9.24).

- Cálculo dos juros em um período n = k qualquer:

$$J_k = PV \cdot i \cdot \left(1 - \frac{k-1}{n}\right)$$

O leitor interessado poderá encontrar a demonstração dessa fórmula no Capítulo 9 (item 9.25).

- Cálculo do pagamento em um período n = k qualquer:

$$PMT_k = PV \cdot \left(\frac{1 + i \cdot (n - k + 1)}{n}\right)$$

O leitor interessado poderá encontrar a demonstração desta fórmula no Capítulo 9 (item 9.26).

Exemplo:

E 7.15 (Corresponde ao exemplo E 7.4 do sistema Price) Um financiamento no valor de R$ 27.000,00 deve ser pago em 8 anos pelo sistema SAC, com prestações mensais e juros de 15,60% aa com capitalização mensal. Determine os juros embutidos na 35ª prestação, o valor da 85ª prestação e o saldo devedor após o pagamento da 48ª prestação.

Resolução:

Número de prestações:

8 < ENTER > 12 < x > → 96

Taxa proporcional mensal:

15,60 < ENTER > 12 < ÷ > → 1,30% am

Juros embutidos na 35ª prestação:

$$J_{35} = PV \cdot i \cdot \left(1 - \frac{k-1}{n}\right) = 27.000 \cdot 0{,}013 \cdot \left(1 - \frac{35-1}{96}\right) = \mathbf{R\$\,226{,}69}$$

Valor da 85ª prestação:

$$PMT_{85} = PV \cdot \left(\frac{1 + i \cdot (n-k+1)}{n}\right) = 27.000 \cdot \left(\frac{1 + 0{,}013 \cdot (96-85+1}{96}\right) = \mathbf{R\$\,325{,}13}$$

Saldo devedor após o pagamento da 48ª prestação:

$$SD_{48} = PV \cdot \left(1 - \frac{k}{n}\right) = 27.000 \cdot \left(1 - \frac{48}{96}\right) = \mathbf{R\$\,13.500{,}00}$$

Observação

Como já vimos, a HP-12C **não possui um programa específico para gerar as variáveis do** SAC em um período qualquer.

7.4.4 CUSTO EFETIVO DE UM FINANCIAMENTO PELO SISTEMA SAC

Normalmente, sobre os financiamentos incide uma série de custos adicionais, como IOF, seguros, taxas e eventuais comissões. Devido a esses encargos, a serem pagos pelo tomador do financiamento, a taxa efetiva do financiamento se torna maior do que a taxa contratada (taxa nominal).

Com relação ao seguro, este representa de 3% a 7% do valor financiado e inclui as modalidades: desemprego, danos materiais e pessoais.

Já o IOF, em operações de financiamento, se baseia no Decreto 6.306, de 14 de dezembro de 2007, e na instrução normativa RFB n. 907, de 9 de janeiro de 2009, que em seu artigo 2º estabelece que:

> Art. 2º – No caso de operações de empréstimo pagas em prestações, a base de cálculo de que trata a alínea "b" do inciso I do artigo 7º do Decreto 6.360 de 14 de dezembro de 2007 será apurada de acordo com o Sistema de Amortização pactuado entre as partes, desde que mencionado expressamente no contrato.
>
> Parágrafo único – Quando o contrato de empréstimo for omisso com relação ao Sistema de Amortização, a base de cálculo do IOF devido nas operações de que trata o caput será apurada pelo regime de amortização progressiva (Sistema Price).

A base de cálculo do IOF incide sobre o principal de cada parcela.

No caso do sistema SAC (assim como acontece no sistema Price), o principal de cada parcela é a amortização, que é a diferença entre o saldo devedor anterior e o saldo devedor atual, ou, ainda, o valor da prestação menos os juros nela embutidos.

O valor do IOF, calculado sobre o valor da principal de cada parcela, se compõe de duas alíquotas:

- a primeira, de 0,0041% ad (ou 0,0082% ad), com capitalização linear sobre o número de dias corridos (tempo exato) entre a data da liberação do empréstimo e a data de vencimento da parcela em questão, limitado a 365 dias;
- a segunda, de 0,38%, independe do número de dias corridos entre a data da liberação do empréstimo e a data do vencimento da parcela em questão.

Com isso em vista, temos vários casos a considerar:

- *1ª possibilidade:* o IOF, o seguro, bem como todas as taxas, são pagos integralmente no ato da liberação do financiamento (com capital próprio).

Exemplos:

E 7.16 (Corresponde ao exemplo E 7.5 do sistema Price) Uma pessoa tomou um financiamento no valor de R$ 35.000,00 pelo sistema SAC no dia 17 de março de 2005. Elabore a planilha do financiamento e determine a taxa mensal efetiva de juros envolvida na operação financeira, supondo as seguintes condições:

- Número de parcelas: 7.
- Taxa de juros: 20,40% aa com capitalização mensal.
- Taxa de serviços (TS): 0,45% sobre o valor do financiamento, a ser paga no ato da liberação do dinheiro.
- Seguro (incluindo as modalidades Desemprego e Danos Materiais e Pessoais): 4,75% do valor do financiamento, a ser pago no ato da liberação do dinheiro.

- IOF: 0,0041% ad com capitalização linear, mais 0,38% sobre o valor do principal (amortização) de cada parcela.

Resolução:

Planilha do financiamento:

- Taxa de juros:

20,40 < ENTER > 12 < ÷ > → 1,70% am

- Valor da amortização:

35000 < ENTER > 7 < ÷ > → R$ 5.000,00

- Planilha do financiamento:

n	Data	Pagamentos	Juros	Amortização	Saldo devedor
0	17/03/05	–	–	–	35.000,00
1	17/04/05	5.595,00	595,00	5.000,00	30.000,00
2	17/05/05	5.510,00	510,00	5.000,00	25.000,00
3	17/06/05	5.425,00	425,00	5.000,00	20.000,00
4	17/07/05	5.340,00	340,00	5.000,00	15.000,00
5	17/08/05	5.255,00	255,00	5.000,00	10.000,00
6	17/09/05	5.170,00	170,00	5.000,00	5.000,00
7	17/10/05	5.085,00	85,00	5.000,00	0,00

Taxa mensal efetiva:

- Taxa de serviços:

35000 < ENTER > 0,45 < % > → R$ 157,50

- Seguro:

35000 < ENTER > 4,75 < % > → R$ 1.662,50

- IOF:

n	Data	Dias corridos (tempo exato)	Principal (amortização)	IOF1 (0,0041% ad)	IOF2 (0,38%)	IOF1 + IOF2
0	17/03/05	–	–	–	–	–
1	17/04/05	31	5.000,00	6,36	19,00	25,36
2	17/05/05	61	5.000,00	12,51	19,00	31,51
3	17/06/05	92	5.000,00	18,86	19,00	37,86
4	17/07/05	122	5.000,00	25,01	19,00	44,01
5	17/08/05	153	5.000,00	31,37	19,00	50,37
6	17/09/05	184	5.000,00	37,72	19,00	56,72
7	17/10/05	214	5.000,00	43,87	19,00	62,87
IOF Total						**308,70**

Para obter o IOF1, procedemos da seguinte forma:

17/04/05: IOF1 = 5000 < ENTER > 0,0041 < % > 31 < x > → R$ 6,36

17/05/05: IOF1 = 5000 < ENTER > 0,0041 < % > 61 < x > → R$ 12,51

e assim sucessivamente.

Para obter o IOF2, procedemos da seguinte forma:

17/04/05: 5000 < ENTER > 0,38 < % > → R$ 19,00

17/04/05: 5000 < ENTER > 0,38 < % > → R$ 19,00

e assim sucessivamente.

Entrada efetiva de caixa:

$$35000 < \text{ENTER} > \underbrace{157,50}_{\text{SERVIÇOS}} < - > \underbrace{1662,50}_{\text{SEGURO}} < - > \underbrace{308,70}_{\text{IOF}} < - > \quad \rightarrow \quad \text{R\$ } 32.871,30$$

Fluxo de caixa sob o ponto de vista do cliente:

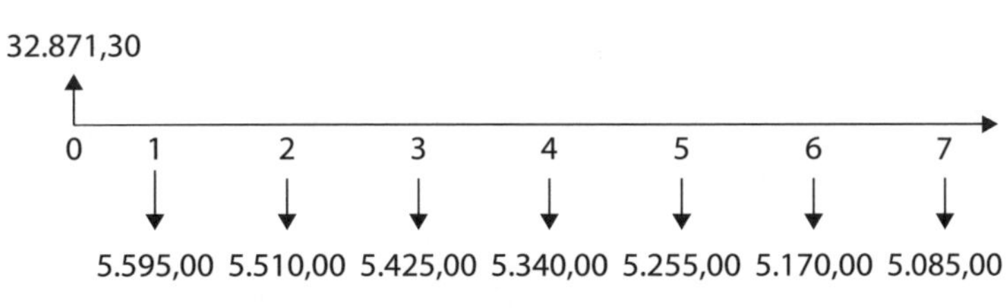

Custo efetivo do financiamento:

< f > < REG >

32871,30 < CHS > < g > < CFo >

5595,00 < g > < CFj >

5510,00 < g > < CFj >

5425,00 < g > < CFj >

5340,00 < g > < CFj >

5255,00 < g > < CFj >

5170,00 < g > < CFj >

5085,00 < g > < CFj >

< f > < IRR > → 3,38% am

Resposta: 3,38% am.

E 7.17 (Corresponde ao exemplo E 7.6 do Price) Uma pessoa tomou um financiamento no valor de R$ 48.000,00 pelo sistema SAC no dia 11 de setembro de 2006. Elabore a planilha do financiamento e determine a taxa mensal efetiva de juros envolvida na operação financeira, supondo as seguintes condições:

- Número de parcelas: 15.
- Taxa de juros: 25,20% aa com capitalização mensal.
- Taxa de serviços (TS): 0,30% sobre o valor do financiamento, a ser paga no ato da liberação do dinheiro.
- Seguro (incluindo as modalidades Desemprego e Danos Materiais e Pessoais): 5,35% do valor do financiamento, a ser pago no ato da liberação do dinheiro.
- IOF: 0,0041% ad com capitalização linear, mais 0,38% sobre o valor do principal (amortização) de cada parcela.

Resolução:

Planilha do financiamento:

- Taxa de juros:

25,20 < ENTER > 12 < ÷ > → 2,10% am

- Valor da amortização:

48000 < ENTER > 15 < ÷ > → R$ 3.200,00

- Planilha do financiamento:

n	Data	Pagamentos	Juros	Amortização	Saldo devedor
0	11/09/06	–	–	–	48.000,00
1	11/10/06	4.208,00	1.008,00	3.200,00	44.800,00
2	11/11/06	4.140,80	940,80	3.200,00	41.600,00
3	11/12/06	4.073,60	873,60	3.200,00	38.400,00
4	11/01/07	4.006,40	806,40	3.200,00	35.200,00
5	11/01/07	3.939,20	739,20	3.200,00	32.000,00
6	11/02/07	3.872,00	672,00	3.200,00	28.800,00
7	11/03/07	3.804,80	604,80	3.200,00	25.600,00
8	11/04/07	3.737,60	537,60	3.200,00	22.400,00
9	11/05/07	3.670,40	470,40	3.200,00	19.200,00
10	11/06/07	3.603,20	403,20	3.200,00	16.000,00
11	11/07/07	3.536,00	336,00	3.200,00	12.800,00
12	11/08/07	3.468,80	268,80	3.200,00	9.600,00
13	11/09/07	3.401,60	201,60	3.200,00	6.400,00
14	11/10/07	3.334,40	134,40	3.200,00	3.200,00
15	11/11/07	3.267,20	67,20	3.200,00	0,00

Taxa mensal efetiva:

- Taxa de serviços:

48000 < ENTER > 0,30 < % > → R$ 144,00

- Seguro:

48000 < ENTER > 5,35 < % > → R$ 2.568,00

- IOF:

N	Data	Dias corridos (tempo exato)	Principal (amortização)	IOF1 (0,0041% ad)	IOF2 (0,38%)	IOF1 + IOF2
0	11/09/06	–	–	–	–	–
1	11/10/06	30	3.200,00	3,94	12,16	16,10
2	11/11/06	61	3.200,00	8,00	12,16	20,16
3	11/12/06	91	3.200,00	11,94	12,16	24,10
4	11/01/07	122	3.200,00	16,01	12,16	28,17
5	11/02/07	153	3.200,00	20,07	12,16	32,23
6	11/03/07	181	3.200,00	23,75	12,16	35,91
7	11/04/07	212	3.200,00	27,81	12,16	39,97
8	11/05/07	242	3.200,00	31,75	12,16	43,91
9	11/06/07	273	3.200,00	35,82	12,16	47,98
10	11/07/07	303	3.200,00	39,75	12,16	51,91
11	11/08/07	334	3.200,00	43,82	12,16	55,98
12	11/09/07	365	3.200,00	47,89	12,16	60,05
13	11/10/07	395 → 365	3.200,00	47,89	12,16	60,05
14	11/11/07	426 → 365	3.200,00	47,89	12,16	60,05
15	11/12/07	456 → 365	3.200,00	47,89	12,16	60,05
IOF Total						**R$ 636,62**

Para obter o IOF1, procedemos da seguinte forma:

11/10/06: IOF1 = 3200 < ENTER > 0,0041 < % > 30 < x > → R$ 3,94

11/11/06: IOF1 = 3200 < ENTER > 0,0041 < % > 61 < x > → R$ 8,00

e assim sucessivamente.

Para obter o IOF2, procedemos da seguinte forma:

11/10/06: 3200 < ENTER > 0,38 < % > → R$ 12,16

11/11/06: 3200 < ENTER > 0,38 < % > → R$ 12,16

e assim sucessivamente.

O leitor deve observar que a primeira parcela do IOF está limitada a 365 dias, mantendo-se fixa após esse prazo. Assim:

- em 11 de setembro de 2007, a primeira parcela do IOF foi calculada da seguinte maneira:

3200 < ENTER > 0,0041 < % > 365 < x > → R$ 47,89

- em 11 de outubro de 2007, embora a contagem de tempo aponte 395 dias, a partir da liberação do dinheiro, fica mantido o prazo limite de 365 dias, ou seja:

  3200 < ENTER > 0,0041 < % > 365 < x > → R$ 47,89

  e assim sucessivamente.

Entrada efetiva de caixa:

$$48000 < \text{ENTER} > \underbrace{144}_{\text{SERVIÇOS}} < - > \underbrace{2568}_{\text{SEGURO}} < - > \underbrace{636{,}62}_{\text{IOF}} < - > \rightarrow \text{R\$ } 44.651{,}38$$

Fluxo de caixa sob o ponto de vista do cliente:

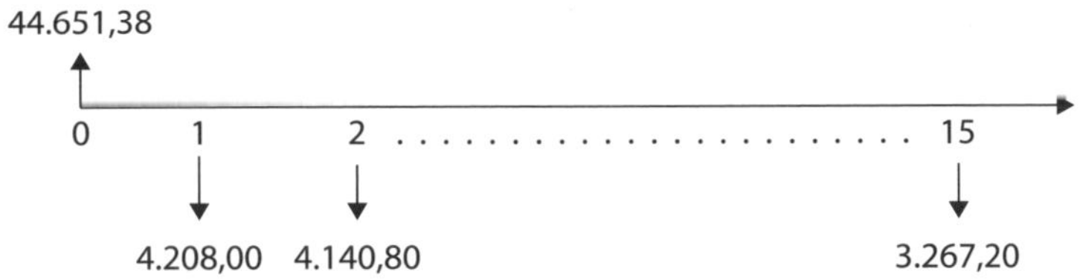

Custo efetivo do financiamento:

< f > < REG >
44651,38 < CHS > < g > < CFo >
4208 < g > < CFj >
4140,80 < g > < CFj >
4073,60 < g > < CFj >
4006,40 < g > < CFj >
3939,20 < g > < CFj >
3872 < g > < CFj >
3804,80 < g > < CFj >
3737,60 < g > < CFj >
3670,40 < g > < CFj >
3603,20 < g > < CFj >
3536 < g > < CFj >
3468,80 < g > < CFj >
3401,60 < g > < CFj >
3334,40 < g > < CFj >
3267,20 < g > < CFj >
< f > < IRR > → 3,13% am

Observação

Para a realização do cálculo do IRR, o leitor deve atentar para o fato de que serão utilizados 16 registros da HP-12C. Assim, dependendo do modelo da calculadora, se existirem programas armazenados na memória de programação, é possível que a calculadora não tenha registros disponíveis para efetuar o cálculo solicitado. Nesse caso, recomendamos a limpeza temporária da memória de programação.

Resposta: 3,13% am.

- *2ª possibilidade:* o seguro, bem como todas as taxas, é pago integralmente no ato da liberação do financiamento (com capital próprio), e o IOF é financiado.

Se o tomador do empréstimo não possui disponibilidade financeira para quitar o IOF à vista, não lhe resta outra opção a não ser financiar o valor desse imposto. Esse procedimento encarece o valor do IOF, valor este que pode ser determinado a partir da seguinte relação:

$$\mathbf{x} = \frac{\mathbf{y} \cdot \mathbf{z}}{\mathbf{y} - \mathbf{z}}$$

em que:

x = valor do IOF com financiamento;

y = valor do financiamento sem IOF;

z = valor do IOF sem financiamento.

O leitor interessado poderá encontrar a demonstração da fórmula acima no Capítulo 9 (item 9.23).

Exemplo:

E 7.18 (Corresponde ao exemplo E 7.7 do sistema Price) Uma pessoa tomou um financiamento no valor de R$ 48.000,00 pelo sistema SAC no dia 11 de setembro de 2006. Elabore a planilha do financiamento e determine a taxa mensal efetiva de juros envolvida na operação financeira, supondo as seguintes condições:

- Número de parcelas: 15.
- Taxa de juros: 25,20% aa com capitalização mensal.
- Taxa de serviços (TS): 0,30% sobre o valor do financiamento, a ser paga no ato da liberação do dinheiro.
- Seguro (incluindo as modalidades Desemprego e Danos Materiais e Pessoais): 5,35% do valor do financiamento, a ser pago no ato da liberação do dinheiro.
- IOF: 0,0041% ad com capitalização linear, mais 0,38% sobre o valor do principal (amortização) de cada parcela.

Resolução:

Planilha do financiamento:

Considere:

x = valor do IOF com financiamento;

y = valor do financiamento sem IOF (R$ 48.000,00);

z = valor do IOF sem financiamento (R$ 636,62).

O leitor deve observar que, como os dados deste exemplo são idênticos aos do exemplo anterior (E 7.17), o valor do IOF sem financiamento é conhecido. Assim, resulta:

$$x = \frac{y \cdot z}{y - z} = \frac{48.000 \cdot 636{,}62}{48.000 - 636{,}62} = \text{R\$ } 645{,}18 \text{ (valor do IOF com financiamento)}$$

Valor da amortização com o IOF financiado:

48000 < ENTER > 645,18 < + > 15 < ÷ > → R$ 3.243,01

n	Data	Pagamentos	Juros	Amortização	Saldo devedor
0	11/09/06	–	–	–	48.645,18
1	11/10/06	4.264,56	1.021,55	3.243,01	45.402,17
2	11/11/06	4.196,46	953,45	3.243,01	42.159,16
3	11/12/06	4.128,35	885,34	3.243,01	38.916,15
4	11/01/07	4.060,25	817,24	3.243,01	35.673,14
5	11/01/07	3.992,15	749,14	3.243,01	32.430,13
6	11/02/07	3.924,04	681,03	3.243,01	29.187,12
7	11/03/07	3.855,94	612,93	3.243,01	25.944,11
8	11/04/07	3.787,84	544,83	3.243,01	22.701,10
9	11/05/07	3.719,73	476,72	3.243,01	19.458,09
10	11/06/07	3.651,63	408,62	3.243,01	16.215,08
11	11/07/07	3.583,53	340,52	3.243,01	12.972,07
12	11/08/07	3.515,42	272,41	3.243,01	9.729,06
13	11/09/07	3.447,32	204,31	3.243,01	6.486,05
14	11/10/07	3.379,22	136,21	3.243,01	3.243,04
15	11/11/07	3.311,11	68,10	3.243,01	0,03

Taxa mensal efetiva:

- Entrada efetiva de caixa:

48000 < ENTER > 144 (SERVIÇOS) < – > 2568 (SEGURO) < – > → R$ 45.288,00

- Fluxo de caixa sob o ponto de vista do cliente:

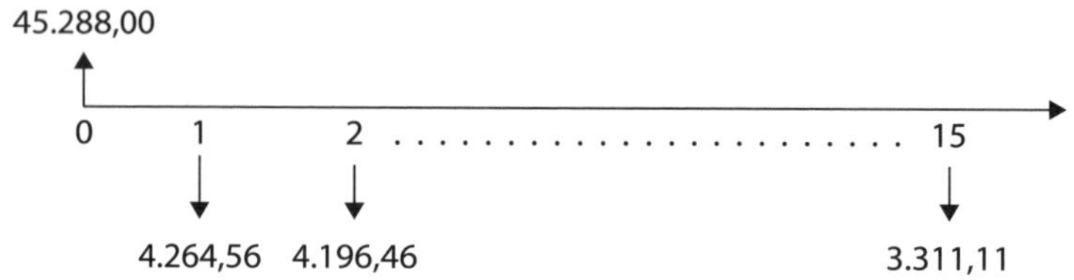

Custo efetivo do financiamento:

< f > < REG >
45288 < CHS > < g > < CFo >
4264,15 < g > < CFj >
4196,46 < g > < CFj >
4128,35 < g > < CFj >
4060,25 < g > < CFj >
3992,15 < g > < CFj >
3924,04 < g > < CFj >
3855,94 < g > < CFj >
3787,84 < g > < CFj >
3719,73 < g > < CFj >
3651,63 < g > < CFj >
3583,53 < g > < CFj >
3515,42 < g > < CFj >
3447,32 < g > < CFj >
3379,22 < g > < CFj >
3311,11 < g > < CFj >
< f > < IRR > → 3,12% am

Observação

Para a realização do cálculo do IRR, o leitor deve atentar para o fato de que serão utilizados 16 registros da HP-12C. Assim, dependendo do modelo da calculadora, se existirem programas armazenados na memória de programação, é possível que a calculadora não tenha registros disponíveis para efetuar o cálculo solicitado. Nesse caso, recomendamos a limpeza temporária da memória de programação.

Resposta: 3,12% am.

- *3ª possibilidade:* o seguro, todas as taxas e o IOF são financiados.

Se o tomador do financiamento não possui disponibilidade financeira para quitar o seguro, as taxas e o IOF à vista, não lhe resta outra opção a não ser financiar esses valores.

Exemplo:

E 7.19 (Corresponde ao exemplo E 7.8 do Price) Uma pessoa tomou um financiamento no valor de R$ 48.000,00 pelo sistema SAC no dia 11 de setembro de 2006. Elabore a planilha do financiamento e determine a taxa mensal efetiva de juros envolvida na operação financeira, supondo as seguintes condições:

- Número de parcelas: 15.
- Taxa de juros: 25,20% aa com capitalização mensal.
- Taxa de serviços (TS): 0,45% sobre o valor do financiamento.
- Seguro (incluindo as modalidades Desemprego e Danos Materiais e Pessoais): 5,75% sobre o valor do financiamento.
- IOF: 0,0041% ad com capitalização linear, mais 0,38% sobre o valor do principal (amortização) de cada parcela.

Resolução:

Seguro:

48000 < ENTER > 5,75 < % > → R$ 2.760,00

Taxa de serviços:

48000 < ENTER > 0,45 < % > → R$ 216,00

Valor do financiamento sem IOF:

48000 < ENTER > 2760 < + > 216 < + > → R$ 50.976,00

Valor da amortização:

50976 < ENTER > 15 < ÷ > → R$ 3.398,40

n	Data	Pagamentos	Juros	Amortização	Saldo devedor
0	11/09/06	–	–	–	50.976,00
1	11/10/06	4.468,90	1.070,50	3.398,40	47.577,60
2	11/11/06	4.397,53	999,13	3.398,40	44.179,20
3	11/12/06	4.326,16	927,76	3.398,40	40.780,80
4	11/01/07	4.254,80	856,40	3.398,40	37.382,40
5	11/01/07	4.183,43	785,03	3.398,40	33.984,00
6	11/02/07	4.112,06	713,66	3.398,40	30.585,60
7	11/03/07	4.040,70	642,30	3.398,40	27.187,20
8	11/04/07	3.969,33	570,93	3.398,40	23.788,80
9	11/05/07	3.897,96	499,56	3.398,40	20.390,40
10	11/06/07	3.826,60	428,20	3.398,40	16.992,00
11	11/07/07	3.755,23	356,83	3.398,40	13.593,60
12	11/08/07	3.683,87	285,47	3.398,40	10.195,20
13	11/09/07	3.612,50	214,10	3.398,40	6.796,80
14	11/10/07	3.541,13	142,73	3.398,40	3.398,40
15	11/11/07	3.469,77	71,37	3.398,40	0,00

Como os dados deste exemplo diferem dos dados do exemplo anterior (E 7.18) com relação às taxas de seguro e serviços, alterando o valor total do financiamento, temos que recalcular o IOF sem financiamento. Por esse motivo, tivemos que elaborar a planilha do financiamento sem o IOF.

Valor do IOF sem financiamento:

N	Data	Dias corridos (tempo exato)	Principal (amortização)	IOF1 (0,0041% ad)	IOF2 (0,38%)	IOF1 + IOF2
0	11/09/06	–	–	–	–	–
1	11/10/06	30	3.398,40	4,18	12,91	17,09
2	11/11/06	61	3.398,40	8,50	12,91	21,41
3	11/12/06	91	3.398,40	12,68	12,91	25,59
4	11/01/07	122	3.398,40	17,00	12,91	29,91
5	11/02/07	153	3.398,40	21,32	12,91	34,23
6	11/03/07	181	3.398,40	25,22	12,91	38,13
7	11/04/07	212	3.398,40	29,54	12,91	42,45
8	11/05/07	242	3.398,40	33,72	12,91	46,63
9	11/06/07	273	3.398,40	38,04	12,91	50,95
10	11/07/07	303	3.398,40	42,22	12,91	55,13
11	11/08/07	334	3.398,40	46,54	12,91	59,45
12	11/09/07	365	3.398,40	50,86	12,91	63,77
13	11/10/07	395 → 365	3.398,40	50,86	12,91	63,77
14	11/11/07	426 → 365	3.398,40	50,86	12,91	63,77
15	11/12/07	456 → 365	3.398,40	50,86	12,91	63,77
IOF Total						**R$ 676,05**

Valor do IOF com financiamento:

Sendo:

x = valor do IOF com financiamento;

y = valor do financiamento sem IOF (R$ 50.976,00);

z = valor do IOF sem financiamento (R$ 676,05),

resulta:

$$x = \frac{y \cdot z}{y - z} = \frac{50.976{,}00 \cdot 676{,}05}{50.976{,}00 - 676{,}05} = \text{R\$ } 685{,}14 \text{ (valor do IOF financiado)}$$

Valor do financiamento com taxas, seguro e IOF financiado:

48000 < ENTER > 2760 < + > 216 < + > 685,14 < + > → R$ 51.661,14

Valor da amortização com taxas, seguro e IOF financiado:

51661,14 < ENTER > 15 < ÷ > → R$ 3.444,08

Finalmente, podemos gerar a planilha do financiamento:

n	Data	Pagamentos	Juros	Amortização	Saldo devedor
0	11/09/06	–	–	–	51.661,14
1	11/10/06	4.528,96	1.084,88	3.444,08	48.217,06
2	11/11/06	4.456,64	1.012,56	3.444,08	44.772,98
3	11/12/06	4.384,31	940,23	3.444,08	41.328,90
4	11/01/07	4.311,99	867,91	3.444,08	37.884,82
5	11/01/07	4.239,66	795,58	3.444,08	34.440,74
6	11/02/07	4.167,34	723,26	3.444,08	30.996,66
7	11/03/07	4.095,01	650,93	3.444,08	27.552,58
8	11/04/07	4.022,68	578,60	3.444,08	24.108,50
9	11/05/07	3.950,36	506,28	3.444,08	20.664,42
10	11/06/07	3.878,03	433,95	3.444,08	17.220,34
11	11/07/07	3.805,71	361,63	3.444,08	13.776,26
12	11/08/07	3.733,38	289,30	3.444,08	10.332,18
13	11/09/07	3.661,06	216,98	3.444,08	6.888,10
14	11/10/07	3.588,73	144,65	3.444,08	3.444,02
15	11/11/07	3.516,40	72,32	3.444,08	–0,06

Fluxo de caixa sob o ponto de vista do cliente:

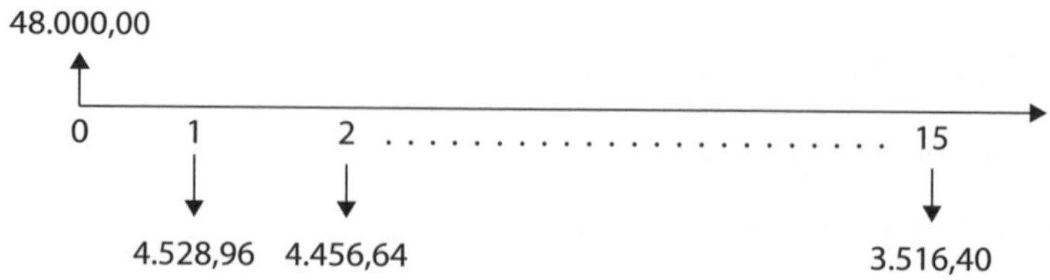

Custo efetivo do financiamento

< f > < REG >
48000 < CHS > < g > < CFo >
4528,96 < g > < CFj >
4456,64 < g > < CFj >
4384,31 < g > < CFj >
4311,99 < g > < CFj >
4239,66 < g > < CFj >
4167,34 < g > < CFj >
4095,01 < g > < CFj >
4022,68 < g > < CFj >
3950,36 < g > < CFj >
3878,03 < g > < CFj >
3805,71 < g > < CFj >
3733,38 < g > < CFj >
3661,06 < g > < CFj >
3588,73 < g > < CFj >
3516,40 < g > < CFj >
< f > < IRR > → **3,15% am**

Resposta: 3,15% am.

7.4.5 O SISTEMA SAC COM ATUALIZAÇÃO MONETÁRIA

Neste caso, para que não ocorra a geração de resíduo, a amortização e o saldo devedor devem ser corrigidos pela mesma taxa de inflação, com a mesma periodicidade.

Exemplo:

E 7.20 (Corresponde ao exemplo E 7.9 do sistema Price) Um financiamento pelo sistema SAC foi tomado no dia 1º de setembro de 1993 nas seguintes condições:

- Valor do financiamento: R$ 10.000,00.
- Número de prestações: 10.
- Taxa de juros: 33% aa com capitalização mensal.
- Correção monetária mensal pelo IGP-M da FGV, que nesses meses apontou as seguintes taxas:

IGP-M (FGV)									
09/93	**10/93**	**11/93**	**12/93**	**01/94**	**02/94**	**03/94**	**04/94**	**05/94**	**06/94**
35,28%	35,04%	36,15%	38,32%	39,07%	40,78%	45,71%	40,91%	42,58%	45,21%

Resolução:

Taxa efetiva mensal:

33 < ENTER > 12 < ÷ > → 2,75% am

Valor básico da amortização:

10000 < ENTER > 10 < ÷ > → R$ 1.000,00

1ª linha da planilha (n = 0)

n	Data	Saldo devedor atualizado	Pagamentos	Juros	Amortização	Saldo devedor
0	01/09/93	–	–	–	–	10.000,00

2ª linha da planilha (n = 1)

n	Data	Saldo devedor atualizado	Pagamentos	Juros	Amortização	Saldo devedor
0	01/09/93	–	–	–	–	10.000,00
1	01/10/93	13.528,00 (1)	1.724,82 (4)	372,02 (3)	1.352,80 (2)	12.175,20 (5)

1) Para obter o valor do saldo devedor atualizado em 1º de outubro de 1993, devemos observar que, no mês de setembro de 1993, o IGP-M apontou uma inflação de 35,28%, que deve corrigir o saldo devedor de R$ 10.000,00, contraído em 1º de setembro de 1993, já que a atualização monetária tem periodicidade mensal:

   10000 < ENTER > 35,28 < % > < + > → R$ 13.528,00

2) Para obter o valor da amortização em 1º de outubro de 1993, devemos atualizar o valor da amortização de R$ 1.000,00, calculada em 1º de setembro de 1993, pela inflação de 35,28% correspondente ao mês de setembro de 1993:

   1000 < ENTER > 35,28 < % > < + > → R$ 1.352,80

3) O valor dos juros a serem pagos em 1º de outubro de 1993 corresponde a 2,75% (33% ÷ 12) do saldo devedor atualizado nessa data:

13528 < ENTER > 2,75 < % > → R$ 372,02

4) Para obter o valor do pagamento em 1º de outubro de 1993, somamos o valor dos juros ao valor da amortização nessa mesma data:

1352,80 < ENTER > 372,02 < – > → R$ 1.724,82

5) Finalmente, para obter o valor do saldo devedor em 1º de outubro de 1993, subtraímos do valor do saldo devedor atualizado o valor da amortização nessa mesma data:

13528 < ENTER > 1352,80 < – > → R$ 12.175,20

3ª linha da planilha (n = 2)

n	Data	Saldo devedor atualizado	Pagamentos	Juros	Amortização	Saldo devedor
0	01/09/93	–	–	–	–	10.000,00
1	01/10/93	13.528,00	1.724,82	372,02	1.352,80	12.175,20
2	01/11/93	16.441,39 (1)	2.278,96 (4)	452,14 (3)	1.826,82 (2)	14.614,57 (5)

1) Para obter o valor do saldo devedor atualizado em 1º de novembro de 1993, devemos observar que, no mês de outubro de 1993, o IGP-M apontou uma inflação de 35,04%, que deve corrigir o saldo devedor de R$ 12.175,20 contraído em 1º de outubro de 1993, já que a atualização monetária tem periodicidade mensal:

12175,20 < ENTER > 35,04 < % > < + > → R$ 16.441,39

2) Para obter o valor da amortização em 1º de novembro de 1993, devemos atualizar o valor da amortização de R$ 1.352,80, calculada em 1º de setembro de 1993, pela inflação de 35,04% correspondente ao mês de outubro de 1993:

1352,80 < ENTER > 35,04 < % > < + > → R$ 1.826,82

3) O valor dos juros a serem pagos em 1º de novembro de 1993 corresponde a 2,75% (33% ÷ 12) do saldo devedor atualizado nessa data:

16441,39 < ENTER > 2,75 < % > → R$ 452,14

4) Para obter o valor do pagamento em 1º de novembro de 1993, somamos o valor dos juros ao valor da amortização nessa mesma data:

1826,82 < ENTER > 452,14 < – > → R$ 2.278,96

5) Finalmente, para obter o valor do saldo devedor em 1º de novembro de 1993, subtraímos do valor do saldo devedor atualizado o valor da amortização nessa mesma data:

16441,39 < ENTER > 1826,82 < – > → R$ 14.614,57

Procedendo de forma semelhante, obtemos a planilha do financiamento:

n	Data	Saldo devedor atualizado	Pagamentos	Juros	Amortização	Saldo devedor
0	01/09/93	–	–	–	–	10.000,00
1	01/10/93	13.528,00	1.724,82	372,02	1.352,80	12.175,20
2	01/11/93	16.441,39	2.278,96	452,14	1.826,82	14.614,57
3	01/12/93	19.897,74	3.034,41	547,19	2.487,22	17.410,52
4	01/01/94	24.082,23	4.102,58	662,26	3.440,32	20.641,91
5	01/02/94	28.706,70	5.573,88	789,43	4.784,45	23.922,25
6	01/03/94	33.677,74	7.661,69	926,14	6.735,55	26.942,19
7	01/04/94	39.257,47	10.893,95	1.079,58	9.814,37	29.443,10
8	01/05/94	41.488,27	14.970,36	1.140,93	13.829,43	27.658,84
9	01/06/94	39.435,97	20.802,49	1.084,49	19.718,00	19.717,97
10	01/07/94	28.632,46	29.419,90	787,39	28.632,51	–0,05

Observações

Examinando atentamente a planilha, observamos as distorções geradas por taxas de inflação muito altas:

- O saldo devedor, em vez de decrescer, cresce até o mês de abril de 1994, quando apresenta uma queda repentina, zerando em julho de 1994.

- O valor da prestação inicial (R$ 1.724,82) chega a R$ 29.419,90 após 10 meses, ou seja, um aumento de 2.769,94%.

Como já vimos, essas distorções deixam de ocorrer quando as taxas de inflação são menores. Além disso, nesses casos, a atualização monetária não precisa, necessariamente, ocorrer todo mês.

Convém ainda ressaltar que o cálculo da taxa efetiva do financiamento será afetado pela inflação, conforme veremos a seguir.

7.4.5.1 Custo efetivo do sistema SAC com atualização monetária

Vamos considerar novamente o exemplo anterior e determinar o custo efetivo do financiamento, supondo que, entre taxas, impostos e seguro, o cliente pagou R$ 970,00 no ato da liberação do dinheiro.

Entrada efetiva de caixa:

10000 < ENTER > 970 < – > → R$ 9.030,00

Fluxo de caixa sob o ponto de vista do cliente:

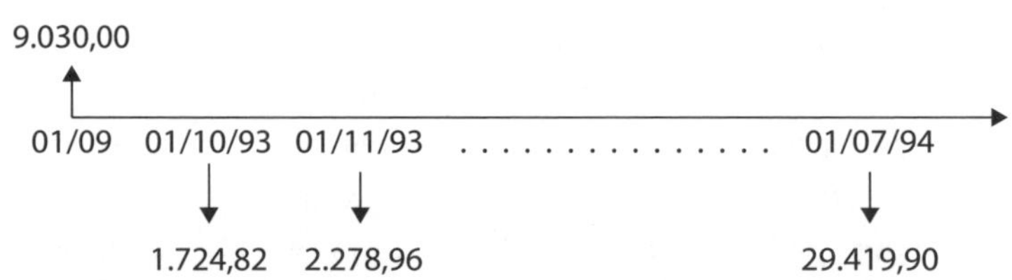

Taxa aparente do financiamento:

9030 < CHS > < g > < CFo >

1724,82 < g > < CFj >

2278,96 < g > < CFj >

3034,41 < g > < CFj >

4102,58 < g > < CFj >

5573,88 < g > < CFj >

7661,69 < g > < CFj >

10893,95 < g > < CFj >

14970,36 < g > < CFj >

20802,49 < g > < CFj >

29419,90 < g > < CFj >

< f > < IRR > → 44,63% am

Taxa de inflação acumulada no período:

$$i_{ac} = (1+i_{10/93}).(1+i_{11/93}).(1+i_{12/93}).(1+i_{12/93}).(1+i_{01/94}).(1+i_{02/94}).(1+i_{03/94})(1+i_{04/94}).(1+i_{05/94}).(1+i_{06/94})-1$$

$$i_{ac} = (1+0,3528).(1+0,3504).(1+0,3615).(1+0,3832).(1+0,3907).(1+0,4078)(1+0,4571).(1+0,4091).(1+0,4258).(1+0,4521)-1$$

$$i_{ac} = 2.763,25\%\ ap$$

Taxa média de inflação no período:

$$i_m = \sqrt[10]{1+27,6325} - 1 \Rightarrow i_m = (28,6325)^{1/10} - 1 \Rightarrow i_m = 0,3986\ (39,86\%\ am)$$

Taxa real mensal no período:

$$i_R = \frac{1+i_a}{1+i_i} - 1 \Rightarrow i_R = \frac{1+0,4463}{1+0,3986} - 1 \Rightarrow i_R = 0,0341\ (\mathbf{3,41\%\ am})$$

7.4.5.2 Sistema SAC com correção monetária bimestral

Exemplo:

E 7.21 (Corresponde ao exemplo E 7.10 do sistema Price) Um financiamento pelo sistema SAC foi tomado no dia 1º de outubro de 2002 nas seguintes condições:

- Valor do financiamento: R$ 15.000,00.
- Número de prestações: 10.

- Taxa de juros: 30% aa com capitalização mensal.
- Correção monetária bimestral pelo INCC da FGV, que nesses meses apontou as seguintes taxas:

INCC (FGV)									
10/02	**11/02**	**12/02**	**01/03**	**02/03**	**03/03**	**04/03**	**05/03**	**06/03**	**07/03**
1,13	2,45	1,70	1,51	1,39	1,38	0,90	2,84	1,05	0,99

Resolução:

Taxa de juros:

30 < ENTER > 12 < ÷ > → 2,50% am

Valor básico da amortização:

15000 < ENTER > 10 < ÷ > → R$ 1.500,00

1ª linha da planilha (n = 0)

n	Data	Saldo devedor atualizado	Pagamentos	Juros	Amortização	Saldo devedor
0	01/10/02	–	–	–	–	15.000,00

2ª linha da planilha (n = 1)

n	Data	Saldo devedor atualizado	Pagamentos	Juros	Amortização	Saldo devedor
0	01/10/02	–	–	–	–	15.000,00
1	01/11/02	15.000,00 (1)	1.875,00 (4)	375,00 (3)	1.500,00 (2)	13.500,00 (5)

Observações

1) Como a atualização monetária tem periodicidade bimestral, o saldo devedor atualizado em 1º de novembro de 2002 permanece o mesmo.
2) Como a atualização monetária tem periodicidade bimestral, a amortização atualizada em 1º de novembro de 2002 permanece a mesma.
3) O valor dos juros a serem pagos em 1º de novembro de 2002 corresponde a 2,5% do saldo devedor atualizado nessa data:

15000 < ENTER > 2,5 < % > → R$ 375,00

4) Para obter o valor do pagamento em 1º de novembro de 2002, somamos o valor dos juros ao valor da amortização em 1º de novembro de 2002:

1500 < ENTER > 375 < + > → R$ 1.875,00

5) Para obter o valor do saldo devedor em 1º de novembro de 2002, subtraímos o valor da amortização do valor do saldo devedor atualizado nessa data:

15000 < ENTER > 1500 < – > → R$ 13.500,00

3ª linha da planilha (n = 2)

n	Data	Saldo devedor atualizado	Pagamentos	Juros	Amortização	Saldo devedor
0	01/10/02	–	–	–	–	15.000,00
1	01/11/02	15.000,00	1.875,00	375,00	1.500,00	13.500,00
2	01/12/02	13.987,35 (1)	1.903,83 (4)	349,68 (3)	1.554,15 (2)	12.433,20 (5)

Observações

Inicialmente devemos calcular a inflação acumulada correspondente a outubro de 2002 e novembro de 2002:

$$i_{ac} = (1 + i_{10/02}) \,.\, (1 + i_{11/02}) - 1 = (1 + 0{,}0113) \,.\, (1 + 0{,}0245) - 1 = 3{,}61\% \text{ ap}$$

1) Para obter o valor do saldo devedor atualizado em 1º de dezembro de 2002, devemos corrigir o saldo devedor em 1º de novembro de 2002 pela taxa da inflação obtida acima:

13500 < ENTER > 3,61 < % > < + > → R$ 13.987,35

2) Para obter o valor da amortização em 1º de dezembro de 2002, devemos corrigir o valor da amortização em 1º de novembro de 2002 pela mesma taxa de inflação utilizada para corrigir o saldo devedor:

1500 < ENTER > 3,61% < % > < + > → R$ 1.554,15

3) O valor dos juros a serem pagos em 1º de dezembro de 2002 corresponde a 2,5% (30% ÷ 12) do saldo devedor atualizado nessa data:

13987,35 < ENTER > 2,5 < % > → R$ 349,68

4) Para obter o valor da pagamento em 1º de dezembro de 2002, somamos o valor dos juros ao valor da amortização nessa mesma data:

1.554,15 < ENTER > 349,68 < + > → R$ 1.903,83

5) Finalmente, para obter o valor do saldo devedor em 1º de dezembro de 2002, subtraímos o valor da amortização do valor do saldo devedor atualizado nessa mesma data:

13987,35 < ENTER > 1.554,15 < – > → R$ 12.433,20

4ª linha da planilha (n = 3)

n	Data	Saldo devedor atualizado	Pagamentos	Juros	Amortização	Saldo devedor
0	01/10/02	–	–	–	–	15.000,00
1	01/11/02	15.000,00	1.875,00	375,00	1.500,00	13.500,00
2	01/12/02	13.987,35	1.903,83	349,68	1.554,15	12.433,20
3	01/01/03	12.433,20 (1)	1.864,98 (4)	310,83 (3)	1.554,15 (2)	10.879,05 (5)

Observações

1) Como a atualização monetária tem periodicidade bimestral, o saldo devedor atualizado em 1º de janeiro de 2003 permanece o mesmo.

2) Como a atualização monetária tem periodicidade bimestral, a amortização atualizada em 1º de janeiro de 2003 permanece a mesma.

3) O valor dos juros a serem pagos em 1º de janeiro de 2003 corresponde a 2,5% do saldo devedor atualizado nessa data:

12433,20 < ENTER > 2,5 < % > → R$ 310,83

4) Para obter o valor do pagamento em 1º de janeiro de 2003, somamos o valor dos juros ao valor da amortização em 1º de janeiro de 2003:

1554,15 < ENTER > 310,83 < + > → R$ 1.864,98

5) Para obter o valor do saldo devedor em 1º de janeiro de 2003, subtraímos o valor da amortização do valor do saldo devedor atualizado nessa data:

12433,20 < ENTER > 1554,15 < – > → R$ 10.879,05

5ª linha da planilha (n = 4)

n	Data	Saldo devedor atualizado	Pagamentos	Juros	Amortização	Saldo devedor
0	01/10/02	–	–	–	–	15.000,00
1	01/11/02	15.000,00	1.875,00	375,00	1.500,00	13.500,00
2	01/12/02	13.987,35	1.903,83	349,68	1.554,15	12.433,20
3	01/01/03	12.433,20	1.864,98	310,83	1.554,15	10.879,05
4	01/02/03	11.231,53 (1)	1.885,29 (4)	280,79 (3)	1.604,50 (2)	9.627,03 (5)

Observações

Inicialmente, calculamos a inflação acumulada correspondente a dezembro de 2002 e janeiro de 2003:

$$i_{ac} = (1 + i_{12/02}) \cdot (1 + i_{01/03}) - 1 = (1 + 0{,}0170) \cdot (1 + 0{,}0151) - 1 = 3{,}24\% \text{ ap}$$

1) Para obter o valor do saldo devedor atualizado em 1º de fevereiro de 2003, devemos corrigir o saldo devedor em 1º de janeiro de 2003 pela taxa da inflação obtida acima:

10879,05 < ENTER > 3,24 < % > < + > → R$ 11.231,53

2) Para obter o valor da amortização em 1º de fevereiro de 2003, devemos corrigir o valor da amortização em 1º de janeiro de 2003 pela mesma taxa de inflação utilizada para corrigir o saldo devedor:

1554,15 < ENTER > 3,24% < % > < + > → R$ 1.604,50

3) O valor dos juros a serem pagos em 1º de fevereiro de 2003 corresponde a 2,5% (30% ÷ 12) do saldo devedor atualizado nessa data:

11231,53 < ENTER > 2,5 < % > → R$ 280,79

4) Para obter o valor do pagamento em 1º de fevereiro de 2003, somamos o valor dos juros ao valor da amortização nessa mesma data:

1604,50 < ENTER > 280,79 < + > → R$ 1.885,29

5) Finalmente, para obter o valor do saldo devedor em 1º de fevereiro de 2003, subtraímos o valor da amortização do valor do saldo devedor atualizado nessa mesma data:

11231,53 < ENTER > 1.604,50 < – > → R$ 9.627,03

Procedendo de forma semelhante, geramos as demais linhas da planilha:

n	Data	Saldo devedor atualizado	Pagamentos	Juros	Amortização	Saldo devedor
0	01/10/02	–	–	–	–	15.000,00
1	01/11/02	15.000,00	1.875,00	375,00	1.500,00	13.500,00
2	01/12/02	13.987,35	1.903,83	349,68	1.554,15	12.433,20
3	01/01/03	12.433,20	1.864,98	310,83	1.554,15	10.879,05
4	01/02/03	11.231,53	1.885,29	280,79	1.604,50	9.627,03
5	01/03/03	9.627,03	1.845,18	240,68	1.604,50	8.022,53
6	01/04/03	8.246,36	1.855,43	206,16	1.649,27	6.597,09
7	01/05/03	6.597,09	1.814,20	164,93	1.649,27	4.947,82
8	01/06/03	5.134,35	1.839,81	128,36	1.711,45	3.422,90
9	01/07/03	3.422,90	1.797,02	85,57	1.711,45	1711,45
10	01/08/03	1.746,53	1.790,19	43,66	1.746,53	0,00

Taxa de inflação para o 6º mês:

$$i_{ac} = (1 + i_{\mathbf{02/03}}) \,.\, (1 + i_{\mathbf{03/03}}) - 1 = (1 + 0{,}0139) \,.\, (1 + 0{,}0138) - 1 = 2{,}79\%\ \text{ap}$$

Taxa de inflação para o 8º mês:

$$i_{ac} = (1 + i_{\mathbf{04/03}}) \,.\, (1 + i_{\mathbf{05/03}}) - 1 = (1 + 0{,}0090) \,.\, (1 + 0{,}0284) - 1 = 3{,}77\%\ \text{ap}$$

Taxa de inflação para o 10º mês:

$$i_{ac} = (1 + i_{06/03}) \,.\, (1 + i_{07/03}) - 1 = (1 + 0{,}0105) \,.\, (1 + 0{,}0099) - 1 = 2{,}05\%\ \text{ap}$$

7.4.6 A OCORRÊNCIA DE RESÍDUOS

De forma geral, deve ficar claro, neste caso, que qualquer tentativa de corrigir a amortização de forma diferente da correção aplicada ao saldo devedor (diferença esta que pode ocorrer no valor ou na periodicidade da correção) vai gerar um valor residual, cuja grandeza vai depender da defasagem entre as correções.

E 7.22 (Corresponde ao exemplo E 7.11 do sistema Price) Um financiamento pelo sistema SAC foi tomado no dia 1º de janeiro de 1993 nas seguintes condições:

- Valor do financiamento: R$ 33.750,00.
- Número de prestações: 7.
- Taxa de juros: 24% aa com capitalização mensal.
- Correção mensal da amortização pelo ICV do Dieese, que nesses meses apontou as seguintes taxas:

ICV (Dieese)						
01/93	**02/93**	**03/93**	**04/93**	**05/93**	**06/93**	**07/93**
30,33	25,91	27,41	27,61	29,05	28,53	30,21

- Correção mensal do saldo devedor pelo CUB do Sinduscon, que nesses meses apontou as seguintes taxas:

CUB (Sinduscon)						
01/93	**02/93**	**03/93**	**04/93**	**05/93**	**06/93**	**07/93**
43,44	19,64	30,91	17,23	58,60	23,20	25,88

Resolução:

Taxa de juros:

24 < ENTER > 12 < ÷ > → 2% am

Amortização básica:

33.750,00 < ENTER > 7 < ÷ > → R$ 4.821,43

1ª linha da planilha (n = 0)

n	Data	Saldo devedor atualizado	Pagamentos	Juros	Amortização	Saldo devedor
0	01/01/93	–	–	–	–	33.750,00

2ª linha da planilha (n = 1)

n	Data	Saldo devedor atualizado	Pagamentos	Juros	Amortização	Saldo devedor
0	01/01/93	–	–	–	–	33.750,00
1	01/02/93	48.411,00 (1)	7.251,99 (4)	968,22 (3)	6.283,77 (2)	42.127,23 (5)

Observações

1) Para obter o valor do saldo devedor atualizado em 1º de fevereiro de 1993, devemos utilizar o índice correspondente apontado pelo CUB do Sinduscon:

33750 < ENTER > 43,44 < % > < + > → R$ 48.411,00

2) Para obter o valor da amortização em 1º de fevereiro de 1993, devemos utilizar o índice correspondente apontado pelo ICV do Dieese:

4821,43 < ENTER > 30,33 < % > < + > → R$ 6.283,77

3) O valor dos juros a serem pagos em 1º de fevereiro de 1993 corresponde a 2,0% (24% ÷ 12) do saldo devedor atualizado nessa data:

48411 < ENTER > 2,0 < % > → R$ 968,22

4) Para obter o valor do pagamento em 1º de fevereiro de 1993, somamos o valor dos juros ao valor do pagamento nessa mesma data:

6283,77 < ENTER > 968,22 < + > → R$ 7.251,99

5) Finalmente, para obter o valor do saldo devedor em 1º de fevereiro de 1993, subtraímos o valor da amortização do valor do saldo devedor atualizado nessa mesma data:

48411 < ENTER > 6.283,77 < – > → R$ 42.127,23

Procedendo de forma semelhante, geramos as demais linhas da planilha:

n	Data	Saldo devedor atualizado	Pagamentos	Juros	Amortização	Saldo devedor
0	01/01/93	–	–	–	–	33.750,00
1	01/02/93	48.411,00	7.251,99	968,22	6.283,77	42.127,23
2	01/03/93	50.401,02	8.919,91	1.008,02	7.911,89	42.489,13
3	01/04/93	55.622,52	11.192,99	1.112,45	10.080,54	45.541,98
4	01/05/93	53.388,86	13.931,56	1.067,78	12.863,78	40.525,08
5	01/06/93	64.272,78	17.886,17	1.285,46	16.600,71	47.672,07
6	01/07/93	58.731,99	22.511,53	1.174,64	21.336,89	37.395,10
7	01/08/93	47.072,95	28.724,22	941,46	27.782,76	19.290,19
						Resíduo

Observe a geração de um resíduo no valor de R$ 19.290,19.

À primeira vista este valor é assustador, pois representa aproximadamente 57% do valor do financiamento, que é de R$ 33.750,00.

Entretanto, altas taxas de inflação costumam nos pregar peças e devem ser analisadas com muito cuidado.

Assim, comparando o valor do resíduo em 1º de agosto de 1993 (R$ 19.290,19) com o valor do pagamento efetuado nessa mesma data (R$ 28.724,22), observamos que o resíduo corresponde a aproximadamente 67% do valor desse pagamento (ou seja, inferior a uma prestação).

Finalizando, deve ficar claro que, dependendo da defasagem entre as correções aplicadas ao saldo devedor e a amortização correspondente e do prazo do financiamento, o valor do resíduo pode chegar a valores bastante significativos, o que não descarta a necessidade de um novo financiamento para liquidá-lo.

7.5 O FINANCIAMENTO IMOBILIÁRIO

O Sistema Financeiro de Habitação (SFH), criado pela Lei n. 4.380 de 1964, deixou de ser interessante tanto para os compradores como para as instituições financeiras a partir da década de 1980, tendo em vista os problemas gerados pelas altas taxas de inflação. Com a estabilidade da moeda, porém, após a implantação do Plano Real em 1994, compradores e bancos voltaram a se interessar por esse produto. No caso dos compradores, esse interesse foi motivado:

- pelo crescimento real da renda;
- pelo aumento dos prazos de financiamento;

- pelo aumento do percentual da parte financiada;
- pela redução das taxas de juros praticadas nos financiamentos imobiliários;
- pela possibilidade de adquirir um imóvel com prestações praticamente equivalentes ao valor de um aluguel.

Por outro lado, no caso dos bancos, esse interesse foi alavancado:

- pela maior capacidade de pagamento dos compradores, diminuindo a inadimplência;
- pela maior segurança jurídica, propiciada pela garantia da alienação fiduciária do imóvel. Em outras palavras, durante o período que durar o financiamento, o adquirente do bem transfere a sua propriedade ao agente financeiro como garantia pelo financiamento. Somente após a liquidação da dívida o termo de quitação pode ser levado diretamente ao Registro Imobiliário, a fim de cancelar a alienação fiduciária e consolidar, de forma plena, a propriedade do bem na pessoa do adquirente;
- a Lei do Incontroverso, ou seja, o fato de haver discordância em relação a um percentual da taxa de juros não exime o comprador de continuar pagando a parte sobre a qual essa discordância não existe, como o principal, juros não questionados, seguros e taxas.

7.5.1 LINHAS DO FINANCIAMENTO IMOBILIÁRIO

7.5.1.1 Sistema Financeiro de Habitação (SFH)

A partir de 30 de setembro de 2013, o Banco Central definiu novas regras para o SFH:

- Aumento do limite máximo do valor de avaliação para R$ 750.000,00 nos estados de SP, MG, DF e RJ. Nos demais estados, o limite passou a ser de R$ 650.000,00. Esses limites só são válidos para contratos firmados a partir dessa data.
- O limite de financiamento não poderá ser superior a 80% do valor de avaliação do imóvel se for utilizada a tabela Price. Já para financiamentos pelo SAC esse limite atinge os 90%.
- O imóvel deve estar localizado no município da residência ou do trabalho da pessoa interessada em adquiri-lo e apresentar condições de habitabilidade.
- Para utilizar o saldo do FGTS na aquisição da casa própria é necessário:
    - ter mais de 3 anos de contribuição junto ao FGTS;

- não possuir outro imóvel residencial quitado no município em que reside ou trabalhar no município em que está comprando;
- não possuir financiamento pelo SFH em nenhum município do país.

- É permitido ao comprador que satisfizer as condições apresentadas utilizar o saldo do FGTS para:
  - comprar o imóvel;
  - amortizar o saldo devedor, reduzindo as parcelas ou diminuindo o prazo do financiamento, respeitado o prazo de 2 anos entre cada utilização.
  - Não é permitido utilizar o FGTS para:
  - comprar imóvel comercial;
  - reformar ou aumentar seu imóvel;
  - comprar terrenos sem construção;
  - comprar material de construção;
  - comprar imóveis residenciais para familiares, dependentes ou outras pessoas.
- No SFH as taxas de juros não podem ultrapassar os 12% aa (ou 0,95% am).
- A correção monetária no SFH é feita pela TR, atualmente IPCA.
- Nessa modalidade há total isenção do IOF.

7.5.1.2 Sistema Financeiro Imobiliário (SFI)

O SFI, criado e regulamentado pela Lei n. 9.514, de 20 de novembro de 1997, rege os financiamentos imobiliários que ocorrem fora das regras do SFH no país.

A principal fonte de recursos do SFI são os grandes investidores institucionais, que possuem expressivos ativos não só no Brasil como em outros países: fundos de pensão, fundos de renda fixa, companhias seguradoras e bancos de investimento.

As operações do SFI são efetuadas segundo as "condições de mercado", isto é, as condições livremente praticadas no mercado de financiamento imobiliário. O mercado define, inclusive, a taxa de juros.

A partir de 25 de julho de 2016, a Caixa Econômica Federal passou a financiar imóveis de até R$ 3 milhões (o dobro do valor anterior). Além disso, o financiamento para imóveis usados subiu de 60% para 70%. Para a compra de imóvel novo, construção em terreno próprio, aquisição de terrenos e reforma ou ampliação, a cota passou de 70% para 80%.

7.5.1.3 Vantagens e desvantagens do SFH e do SFI

Uma vantagem do SFH em relação ao SFI é o fato de o custo efetivo máximo da operação ser regulado, enquanto no SFI o custo efetivo máximo é livre.

Outro grande diferencial positivo para o SFH é a possibilidade de utilização de recursos do FGTS para contratação do financiamento. Mais um diferencial negativo do SFI é que esse tipo de financiamento está sujeito à cobrança do IOF, ao contrário do SFH.

O comprador pode optar por um ou outro quando a sua operação se enquadrar nas características do SFH. A grande desvantagem do SFH em relação ao SFI é a existência de um limite de valor para o imóvel a ser adquirido. Relembrando, o SFH é destinado para a aquisição de imóveis cujo valor é de até R$ 750 mil nos estados de Minas Gerais, Rio de Janeiro, São Paulo e no Distrito Federal; nos demais estados, o valor para a aquisição de imóveis é de até R$ 650 mil.

Em 20 de agosto de 2019, a Caixa Econômica Federal anunciou as novas regras para o financiamento imobiliário válidas para os dois tipos de crédito: SFH e SFI. No caso do SFH, as regras são válidas para imóveis até 1,5 milhão de reais e que permitem a utilização do FGTS, e no caso do SFI, para imóveis acima de 1,5 milhão de reais sem a possibilidade de utilizar o FGTS.

Pelas novas regras o mutuário pode escolher o índice de correção monetária:

- pelo Índice de Preços ao Consumidor Amplo (IPCA) e juros que variam entre 2,95% e 4,95% aa;
- pela Taxa Referencial (TR – atualmente zerada) e juros que variam de 8,5% a 9,5% aa.

7.6 O SISTEMA SACRE

Este sistema foi desenvolvido pela Caixa Econômica Federal, para financiamentos junto ao SFH, com o objetivo de permitir, nos financiamentos de longo prazo, utilizados na aquisição da casa própria, uma amortização mais rápida que a do sistema Price.

Na realidade, este sistema é uma adaptação do Sistema de Amortização Constante (SAC), utilizando a metodologia deste último para o cálculo das prestações.

Os financiamentos da Caixa Econômica Federal que seguem este sistema apresentam as seguintes características e metodologia de cálculo:

- O dia da assinatura da minuta contratual (aniversário do contrato) é o dia em que passa a vencer a prestação mensal.

- Ao valor da prestação serão acrescidos encargos, como seguro para indenização por morte e invalidez (MIP), danos físicos ao imóvel (DFI) e eventuais taxas de administração. Os financiamentos para aquisição da casa própria no SFH estão isentos da cobrança de IOF.
- O cálculo da *primeira prestação* é feito segundo a metodologia do SAC. Assim, considerando um empréstimo **PV** a ser pago em **n** prestações mensais imediatas, com taxa de juros **i** , temos:

$$PMT = AMORT + JUROS = \frac{PV}{n} + i \cdot PV$$

- O valor das 12 primeiras prestações é fixo.
- O saldo devedor é corrigido mensalmente pela TR, atualmente IPCA.
- O valor dos juros, a cada período, é calculado sobre o saldo devedor atualizado.
- Subtraindo os juros da prestação correspondente, encontramos a parcela de amortização.
- Imediatamente após o pagamento da 12ª parcela, apuramos o saldo devedor SD_{12}, que servirá de base para o cálculo da prestação que irá vigorar nos próximos 12 meses, seguindo a mesma metodologia de cálculo. Assim, lembrando que o número total de parcelas foi reduzido de 12 unidades, resulta:

$$PMT = \frac{SD_{12}}{n-12} + i \cdot SD_{12}$$

- A partir do terceiro ano, mantida a mesma metodologia de cálculo, podem ocorrer reajustes trimestrais da prestação, caso haja um aumento significativo nos índices de atualização monetária.
- Normalmente, o comprometimento da renda familiar no sistema Sacre costuma ser maior que pelo sistema Price, tendo em vista que a parcela inicial do Sacre é maior do que a do Price.

O exemplo a seguir permitirá que o leitor observe as vantagens e desvantagens do sistema Sacre em relação ao Price.

Exemplo:

E 7.23 Uma pessoa com renda mensal de R$ 2.500,00 pretende financiar um imóvel junto ao SFH, com recursos do FGTS, nas seguintes condições:

- Valor do financiamento: 80% do valor do imóvel avaliado em R$ 62.500,00.
- Prazo de pagamento: 15 anos.
- Taxa de juros: 11,02% aa.
- Taxa de avaliação: 0,2% sobre o valor do imóvel, a ser cobrado no ato da liberação do dinheiro.

Ao valor das prestações serão acrescidos:

- 8,7% correspondentes à indenização por morte e invalidez (MIP).
- 0,75% correspondente a danos físicos ao imóvel (DFI).
- 0,5% de taxa de serviços (TS).

Nessas condições, elabore planilhas de simulação nos sistemas Price e Sacre, supondo:

- uma projeção da TR no valor de 0,60% am;
- que os limites de comprometimento da renda familiar, para a prestação inicial, sejam de 30% para o Sacre e de 25% para o Price.

Lembre-se de que neste caso há isenção total do IOF.

Resolução:

Valor financiado:

62500 < ENTER > 80 < % > → R$ 50.000,00

Taxa efetiva mensal:

11,02 < i > 1 < ENTER > 12 < ÷ > < g > < GTO > (0)01 < R/S > → 0,875% am

Prazo (em meses):

15 < ENTER > 12 < x > → 180 meses

Podemos agora elaborar as planilhas do primeiro ano do financiamento:

Sistema Price

Prestação inicial:

50.000 < CHS > < PV > 180 < n >
0,875 < i >
< g > < END > < PMT > → R$ 552,70

Observações

1) O valor acima é fixo para os primeiros 12 meses.
2) Como o valor acima (R$ 552,70) corresponde a aproximadamente 22% da renda (R$ 2.500,00), é possível efetuar o financiamento pelo sistema Price.

Planilha do 1º ano					
n	**S.D.A.**	**Pgtos.**	**Juros**	**Amort.**	**S.D.**
0	–	–	–	–	50.000,00
1	50.300,00	552,70	440,13	112,57	50.187,43
2	50.488,55	552,70	441,77	110,93	50.377,62
3	50.679,89	552,70	443,45	109,25	50.570,64
4	50.874,06	552,70	445,15	107,55	50.766,51
5	51.071,11	552,70	446,87	105,83	50.965,28
6	51.271,07	552,70	448,62	104,08	51.166,99
7	51.473,99	552,70	450,40	102,30	51.371,69
8	51.679,92	552,70	452,20	100,50	51.579,42
9	51.888,90	552,70	454,03	98,67	51.790,23
10	52.100,97	552,70	455,88	96,82	52.004,15
11	52.316,17	552,70	457,77	94,93	52.221,24
12	52.534,57	552,70	459,68	93,02	52.441,55
		6.632,40	**5.395,95**	**1.236,45**	

em que:

S.D. = Saldo devedor

S.D.A. = Saldo devedor atualizado

Sistema Sacre

Prestação inicial:

50000,00 < ENTER > 180 < ÷ >
< STO > 1

50000 < ENTER > 0,875 < % >

< RCL > 1 < + > → R$ 715,28

Observações

1) O valor acima é fixo para os primeiros 12 meses.
2) Como o valor acima (R$ 715,28) corresponde a aproximadamente 29% da renda (R$ 2.500,00), é possível efetuar o financiamento pelo sistema Sacre.

Planilha do 1º ano					
n	**S.D.A.**	**Pgtos.**	**Juros**	**Amort.**	**S.D.**
0	–	–	–	–	50.000,00
1	50.300,00	715,28	440,13	275,15	50.024,85
2	50.325,00	715,28	440,34	274,94	50.050,06
3	50.350,36	715,28	440,57	274,71	50.075,65
4	50.376,10	715,28	440,79	274,49	50.101,61
5	50.402,22	715,28	441,02	274,26	50.127,96
6	50.428,73	715,28	441,25	274,03	50.154,70
7	50.455,63	715,28	441,49	273,79	50.181,84
8	50.482,93	715,28	441,73	273,55	50.209,38
9	50.510,64	715,28	441,97	273,31	50.237,33
10	50.538,75	715,28	442,21	273,07	50.265,68
11	50.567,27	715,28	442,46	272,82	50.294,45
12	50.596,22	715,28	442,72	272,56	50.323,66
		8.583,36	**5.296,68**	**3.286,68**	

Observando as planilhas do 1º ano do financiamento, o leitor já pode perceber algumas tendências:

- No primeiro ano, o sistema Price exigiu um desembolso correspondente a:

  8583,36 < ENTER > 6.632,40 < %T > → 77,27%

  do sistema Sacre.

- Já a amortização acumulada no primeiro ano pelo sistema Price corresponde a:

  3286,68 < ENTER > 1236,45 < %T > → 37,62%

  do sistema Sacre.

- O total de juros pagos no sistema Price (R$ 5.395,95) foi superior (aproximadamente 2%) ao pago no sistema Sacre (R$ 5.296,68).

Vamos agora elaborar as planilhas correspondentes ao segundo ano do financiamento:

Sistema Price

Prestação:

O saldo devedor após o pagamento da 12ª prestação, ou seja, R$ 52.441,55, é utilizado para o cálculo da nova prestação, que deve prevalecer por mais 12 meses.

Não devemos esquecer que o número de parcelas deve ser reduzido em 12 unidades:

52.441,55 < CHS > < PV >

180 < ENTER > 12 < - > < n >

0,875 < i >

< g > < END > < PMT > → R$ 597,01

Sistema Sacre

Prestação:

O saldo devedor após o pagamento da 12ª prestação, ou seja, R$ 50.323,66, é utilizado para o cálculo da nova prestação, que deve prevalecer por mais 12 meses.

Não devemos esquecer que o número de parcelas deve ser reduzido em 12 unidades:

50323,66 < ENTER >

180 < ENTER > 12 < - > < ÷ > < STO > 1

50323,66 < ENTER > 0,875 < % >

< RCL > 1 < + > → R$ 739,88

Planilha do 2º ano					
n	**S.D.A.**	**Pgtos.**	**Juros**	**Amort.**	**S.D.**
13	52.756,20	597,01	461,62	135,39	52.620,81
14	52.936,53	597,01	463,19	133,82	52.802,71
15	53.119,53	597,01	464,80	132,21	52.987,32
16	53.305,24	597,01	466,42	130,59	53.174,65
17	53.493,70	597,01	468,07	128,94	53.364,76
18	53.684,95	597,01	469,74	127,27	53.557,68
19	53.879,03	597,01	471,44	125,57	53.753,46
20	54.075,98	597,01	473,16	123,85	53.952,13
21	54.275,84	597,01	474,91	122,10	54.153,74
22	54.478,66	597,01	476,69	120,32	54..358,34
23	54.684,49	597,01	478,49	118,52	54.565,97
24	54.893,37	597,01	480,32	116,69	54.776,68
		7.164,12	**5.648,85**	**1.515,27**	

Planilha do 2º ano					
n	**S.D.A.**	**Pgtos.**	**Juros**	**Amort.**	**S.D.**
13	50.625,60	739,88	442,97	296,91	50.328,69
14	50.630,66	739,88	443,02	296,86	50.333,80
15	50.635,80	739,88	443,06	296,82	50.338,98
16	50.641,01	739,88	443,11	296,77	50.344,24
17	50.646,31	739,88	443,16	296,72	50.349,59
18	50.651,69	739,88	443,20	296,68	50.355,01
19	50.657,14	739,88	443,25	296,63	50.360,51
20	50.662,67	739,88	443,30	296,58	50.366,09
21	50.668,29	739,88	443,35	296,53	50.371,76
22	50.673,99	739,88	443,40	296,48	50.377,51
23	50.679,78	739,88	443,45	296,43	50.383,35
24	50.685,65	739,88	443,50	296,38	50.389,27
		8.878,56	**5.318,77**	**3.559,79**	

Observando as planilhas do 2º ano do financiamento, o leitor pode observar que:

- o sistema Price exigiu um desembolso correspondente a:

  $$8878,56 < \text{ENTER} > 7164,12 < \%\text{T} > \rightarrow 80,69\%$$

  do sistema Sacre.

- Já a amortização acumulada pelo sistema Price corresponde a:

  $$3559,79 < \text{ENTER} > 1515,27 < \%\text{T} > \rightarrow 42,57\%$$

  do sistema Sacre.

- O total de juros pagos no sistema Price (R$ 5.648,85) foi superior (aproximadamente 6%) àquele pago no sistema Sacre (R$ 5.318,77).

Vamos elaborar as planilhas correspondentes ao terceiro ano do financiamento:

Sistema Price

Prestação:

O saldo devedor após o pagamento da 24ª prestação, ou seja, R$ 54.776,68, é utilizado para o cálculo da nova prestação.

Novamente, não devemos esquecer que o número de parcelas deve ser reduzido em 12 unidades.

54.776,68 < CHS > < PV >

168 < ENTER > 12 < - > < n >

0,875 < i >

< g > < END > < PMT > → R$ 645,00

Esta parcela deveria ser mantida por no mínimo três meses. Entretanto, tendo em vista que a projeção da TR é de apenas 0,60% am, esta parcela deve permanecer durante todo o terceiro ano do financiamento.

Planilha do 3º ano					
n	**S.D.A.**	**Pgtos.**	**Juros**	**Amort.**	**S.D.**
25	55.105,34	645,00	482,17	162,83	54.942,51
26	55.272,17	645,00	483,63	161,37	55.110,80
27	55.441,46	645,00	485,11	159,89	55.281,57
28	55.613,26	645,00	486,62	158,38	55.454,88
29	55.787,61	645,00	488,14	156,86	55.630,75
30	55.964,53	645,00	489,69	155,31	55.809,22
31	56.144,08	645,00	491,26	153,74	55.990,34
32	56.326,28	645,00	492,85	152,15	56.174,13
33	56.511,17	645,00	494,47	150,53	56.360,64
34	56.698,80	645,00	496,11	148,89	56.549,91
35	56.889,21	645,00	497,78	147,22	56.741,99
36	57.082,44	645,00	499,47	145,53	56.936,91
		7.740,00	**5.887,30**	**1.852,70**	

Sistema Sacre

Prestação:

O saldo devedor após o pagamento da 24ª prestação, ou seja, R$ 50.389,27, é utilizado para o cálculo da nova prestação.

Novamente, não devemos esquecer que o número de parcelas deve ser reduzido em 12 unidades.

50.389,27 < ENTER >

168 < ENTER > 12 < - > < ÷ > < STO > 1

50389,27 < ENTER > 0,875 < % >

< RCL > 1 < + > → R$ 763,91

Esta parcela deveria ser mantida por no mínimo três meses. Entretanto, tendo em vista que a projeção da TR é de apenas 0,60% am, esta parcela deve permanecer durante todo o terceiro ano do financiamento.

Planilha do 3º ano					
n	**S.D.A.**	**Pgtos.**	**Juros**	**Amort.**	**S.D.**
25	50.691,61	763,91	443,55	320,36	50.371,25
26	50.673,48	763,91	443,39	320,52	50.352,96
27	50.655,08	763,91	443,23	320,68	50.334,40
28	50.636,41	763,91	443,07	320,84	50.315,57
29	50.617,46	763,91	442,90	321,01	50.296,45
30	50.598,23	763,91	442,73	321,18	50.277,05
31	50.578,71	763,91	442,56	321,35	50.257,36
32	50.558,90	763,91	442,39	321,52	50.237,38
33	50.538,80	763,91	442,21	321,70	50.217,10
34	50.518,40	763,91	442,04	321,87	50.196,53
35	50.497,71	763,91	441,85	322,06	50.175,65
36	50.476,70	763,91	441,67	322,24	50.154,46
		9.166,92	**5.311,59**	**3.855,33**	

Observando as planilhas do 3º ano do financiamento, o leitor pode observar que:

- o sistema Price exigiu um desembolso correspondente a:

9166,92 < ENTER > 7740 < %T > → 84,43%

do sistema Sacre.

- Já a amortização acumulada pelo sistema Price corresponde a:

3855,33 < ENTER > 1852,70 < %T > → 48,06%

do sistema Sacre.

- O total de juros pagos no sistema Price (R$ 5.887,30) foi superior (aproximadamente 11%) àquele pago no sistema Sacre (R$ 5.311,59).

Procedendo de forma semelhante obtemos as planilhas dos anos seguintes. Apresentamos a seguir a planilha do 15º ano (último) do financiamento.

Sistema Price

Planilha do 15º ano					
n	**S.D.A.**	**Pgtos.**	**Juros**	**Amort.**	**S.D.**
169					18.607,33
170	18.718,97	1.770,04	163,79	1.606,25	17.112,72
171	17.215,40	1.770,04	150,63	1.619,41	15.595,99
172	15.689,57	1.770,04	137,28	1.632,76	14.056,81
173	14.141,15	1.770,04	123,74	1.646,30	12.494,85
174	12.569,82	1.770,04	109,99	1.660,05	10.909,77
175	10.975,23	1.770,04	96,03	1.674,01	9.301,22
176	9.357,03	1.770,04	81,87	1.688,17	7.668,86
177	7.714,87	1.770,04	67,51	1.702,53	6.012,34
178	6.048,41	1.770,04	52,92	1.717,12	4.331,29
179	4.357,28	1.770,04	38,13	1.731,91	2.625,37
180	2.641,12	1.770,04	23,11	1.746,93	894,19
		21.240,48			

Sistema Sacre

Planilha do 15º ano					
n	**S.D.A.**	**Pgtos.**	**Juros**	**Amort.**	**S.D.**
169					8.720,88
170	8.773,21	870,31	76,77	793,54	7.979,67
171	8.027,55	870,31	70,24	800,07	7.227,48
172	7.270,84	870,31	63,62	806,69	6.464,15
173	6.502,93	870,31	56,90	813,41	5.689,52
174	5.723,66	870,31	50,08	820,23	4.903,43
175	4.932,85	870,31	43,16	827,15	4.105,70
176	4.130,33	870,31	36,14	834,17	3.296,16
177	3.315,94	870,31	29,01	841,30	2.474,64
178	2.489,49	870,31	21,78	848,53	1,640,96
179	1.650,81	870,31	14,44	855,87	794,94
180	799,71	870,31	7,00	863,31	- 63,60
		10.443,72			

A existência de resíduos: no caso da planilha Price ocorre um resíduo no valor de R$ 849,19, resultante do fato de a correção monetária pela TR ter sido aplicada com periodicidade diferente (anual para os pagamentos e mensal para o saldo devedor).

A rigor, o fato de o cálculo do pagamento para o ano seguinte levar em conta apenas a quantidade de meses restantes anula o resíduo gerado no ano anterior. Consequentemente, o resíduo encontrado ao final do financiamento (R$ 849,19) corresponde apenas à defasagem gerada no último ano.

Já no caso da planilha Sacre, o resíduo existe, porém, a favor do tomador do financiamento. Essa diferença decorre do fato de que a prestação gerada por esse sistema é maior do que a necessária para zerar a planilha.

Essa diferença, entretanto, vai sendo corroída em virtude de a TR estar sendo aplicada com periodicidade diferente (como já vimos: anual para os pagamentos e mensal para o saldo devedor). Estamos agora em condições de comparar os dois sistemas.

Evolução da prestação e do comprometimento da renda:

Sistema Price

Planilha geral (por ano)			
n	**Prestação**	**Evolução**	**Comprom. Renda**
1	552,70	–	22,11%
13	597,01	8,02%	23,88%
25	645,00	8,04%	25,80%
37	696,99	8,06%	27,88%
49	753,37	8,09%	30,13%
61	814,57	8,12%	32,58%
73	881,10	8,17%	35,24%
85	953,53	8,22%	38,14%
97	1.032,64	8,30%	41,31%
109	1.119,29	8,39%	44,77%
121	1.214,75	8,53%	48,59%
133	1.320,87	8,74%	52,83%
145	1.440,87	9,08%	57,63%
157	1.581,86	9,79%	63,27%
169	1.770,04	11,90%	70,80%

Sistema Sacre

Planilha geral (por ano)			
n	**Prestação**	**Evolução**	**Comprom. Renda**
1	715,28	–	28,61%
13	739,88	3,44%	29,60%
25	763,91	3,25%	30,56%
37	787,15	3,04%	31,49%
49	809,30	2,81%	32,73%
61	830,05	2,56%	33,20%
73	849,04	2,29%	33,96%
85	865,85	1,98%	34,63%
97	880,03	1,64%	35,20%
109	891,03	1,25%	35,64%
121	898,24	0,81%	35,93%
133	900,94	0,30%	36,04%
145	898,23	- 0,30%	35,93%
157	888,90	- 1,04%	35,56%
169	870,31	- 2,09%	34,81%

Análise da evolução da prestação: a coluna "prestação" das tabelas mostra a variação percentual da prestação em relação ao ano anterior. No sistema Price, a variação percentual entre o valor da primeira e da última prestação é de:

$$552{,}70 < \text{ENTER} > 1770{,}04 < \Delta\% > \rightarrow 220{,}25\%$$

enquanto no Sacre essa diferença é de apenas:

715,28 < ENTER > 870,31 < Δ% > → 21,67%

No sistema Price, a variação percentual entre a primeira prestação (R$ 552,70) e a maior prestação (R$ 1.770,04), que ocorre no último ano, é de:

552,70 < ENTER > 1770,04 < Δ% > → 220,25%

enquanto no sistema Sacre a variação percentual entre a primeira prestação (R$ 552,70) e a maior prestação (R$ 900,94), que ocorre no 12º ano, é de

715,28 < ENTER > 900,94 < Δ% > → 25,96%

Levando em conta que a TR no período foi projetada em 0,60% am (7,44% aa), fica claro que, no sistema Price, o mutuário pode vir a ter sérios problemas para pagar as prestações.

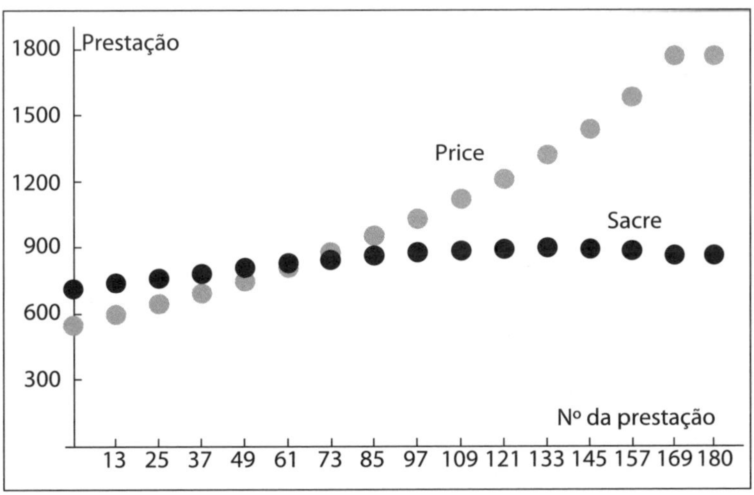

Gráfico 7.1

Análise do comprometimento da renda: esta coluna da tabela representa o percentual da prestação em relação à renda, supondo que não tenha ocorrido qualquer tipo de reajuste salarial durante o prazo do financiamento.

É claro que essa possibilidade é praticamente impossível, tendo em vista que se trata de um período de 15 anos. Entretanto, a ideia dessa análise é reforçar as possíveis dificuldades encontradas pelo mutuário para quitar as prestações caso o salário não seja reajustado adequadamente.

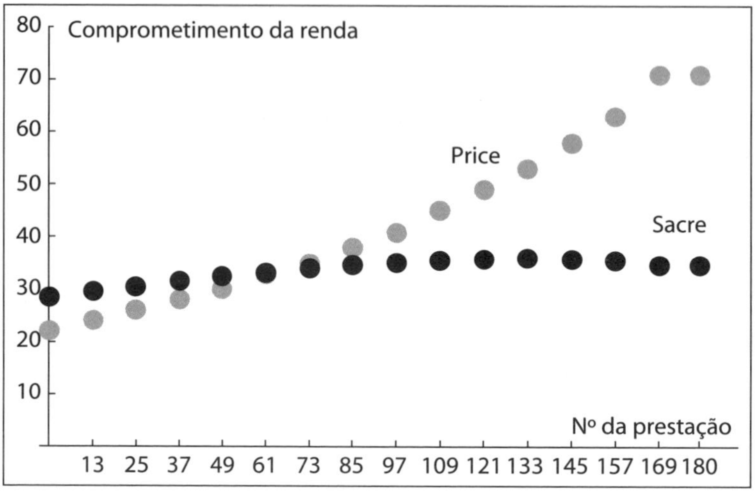

Gráfico 7.2

Evolução do saldo devedor:

Sistema Price

Planilha geral		
n	**Saldo devedor**	**Evolução**
0	50.000,00	–
1	50.187,43	+0,37%
13	52.620,81	+4,85%
25	54.942,51	+4,41%
37	57.082,79	+3,90%
49	58.954,11	+3,28%
61	60.446,97	+2,53%
73	61.425,08	+1,62%
85	61.719,21	+0,48%
97	61.119,63	–0,97%
109	59.366,59	–2,87%
121	56.137,92	–5,44%
133	51.032,50	–9,09%
145	43.546,33	–14,67%
157	33.032,47	–24,14%
169	18.607,33	–43,67
180	894,19	–95,19%

Sistema Sacre

Planilha geral		
n	**Saldo devedor**	**Evolução**
0	50.000,00	–
1	50.024,85	+0,05%
13	50.328,69	+0,61%
25	50.371,25	+0,08%
37	50.109,74	–0,52%
49	49.496,21	–1,22%
61	48.477,24	–2,06%
73	46.993,23	–3,06%
85	44.977,86	–4,29%
97	42.357,41	–5,83%
109	39.050,15	–7,81%
121	34.965,61	–10,46%
133	30.004,07	–14,19%
145	24.056,10	–19,82%
157	17.003,08	–29,32%
169	8.720,88	–48,71%
180	–63,60	–100,73%

A coluna "evolução" apresenta a variação percentual do saldo devedor em relação ao ano anterior.

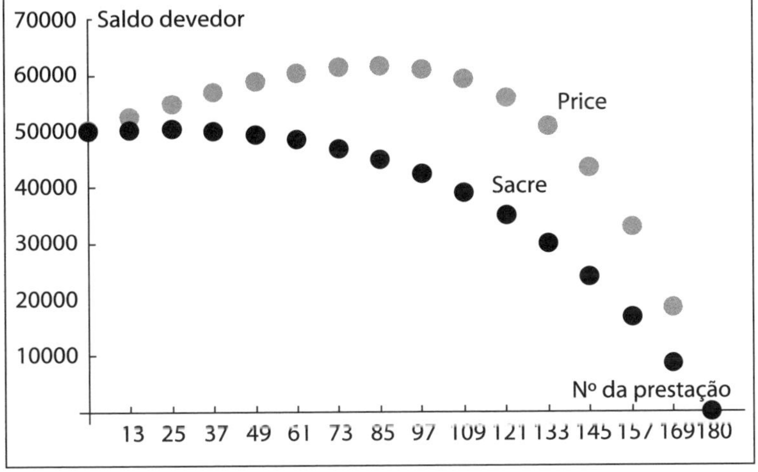

Gráfico 7.3

O fato de o saldo devedor ter uma queda mais acentuada no sistema Sacre do que no sistema Price (em virtude de amortizações maiores) faz com que sejam menores as chances de ocorrer *resíduo* ao final do financiamento, como de fato ocorreu neste exemplo.

Fluxo de caixa do financiamento:

- Taxa de avaliação (TA): 0,2% sobre o valor do imóvel.

62500 < ENTER > 0,2 < % > → R$ 125,00

- Indenização por morte e invalidez (MIP): 8,7% sobre o valor das prestações.
- Danos físicos ao imóvel (DFI): 0,75% sobre o valor das prestações.
- Taxa de serviços (TS): 0,5% sobre o valor das prestações.

Sistema Price

Entrada de caixa 50.000,00 – 125,00 (TA) = 49.875,00					
Saída de caixa					
n	**Pgtos.**	**MPI**	**DFI**	**TS**	**Totais**
1	552,70	48,08	4,15	2,76	607,69
13	597,01	51,94	4,48	2,99	656,42
25	645,00	56,12	4,84	3,23	709,19
37	696,99	60,64	5,23	3,48	766,34
49	753,37	65,54	5,65	3,77	828,33
61	814,57	70,87	6,11	4,07	895,62
73	881,10	76,66	6,61	4,41	968,78
85	953,55	82,96	7,15	4,77	1.048,43
97	1.032,64	89,84	7,74	5,16	1.135,38
109	1.119,29	97,38	8,39	5,60	1.230,66
121	1.214,75	105,68	9,11	6,07	1.335,61
133	1.320,87	114,92	9,91	6,60	1.452,30
145	1.440,87	125,36	10,81	7,20	1.584,24
157	1.581,86	137,62	11,86	7,91	1.739,25
169	1.770,04	153,99	13,28	8,85	1.946,16

Sistema Sacre

Entrada de caixa 50.000,00 – 125,00 (TA) = 49.875,00					
Saída de caixa					
n	**Pgtos.**	**MPI**	**DFI**	**TS**	**Totais**
1	715,28	62,23	5,36	3,58	786,45
13	739,88	64,37	5,55	3,70	813,50
25	763,91	66,46	5,73	3,82	839,92
37	787,15	68,48	5,90	3,94	865,47
49	809,30	70,41	6,07	4,05	889,83
61	830,05	72,21	6,23	4,15	912,64
73	849,04	73,87	6,37	4,25	933,53
85	865,85	75,33	6,49	4,33	952,00
97	880,03	76,56	6,60	4,40	967,59
109	891,03	77,52	6,68	4,46	979,69
121	898,24	78,15	6,74	4,49	987,62
133	900,94	78,38	6,76	4,50	990,58
145	898,23	78,15	6,74	4,49	987,61
157	888,90	77,33	6,67	4,44	977,34
169	870,31	75,72	6,53	4,35	956,91

Sistema Price

< f > < REG >

49.875,00 < CHS > < g > < CFo >

607,69 < g > < CFj > 12 < g > < Nj >

656,42 < g > < CFj > 12 < g > < Nj >

709,19 < g > < CFj > 12 < g > < Nj >

766,34 < g > < CFj > 12 < g > < Nj >

828,33 < g > < CFj > 12 < g > < Nj >

895,62 < g > < CFj > 12 < g > < Nj >

968,78 < g > < CFj > 12 < g > < Nj >

1048,43 < g > < CFj > 12 < g > < Nj >

1135,38 < g > < CFj > 12 < g > < Nj >

1230,66 < g > < CFj > 12 < g > < Nj >

1335,61 < g > < CFj > 12 < g > < Nj >

Sistema Sacre

< f > < REG >

49.875,00 < CHS > < g > < CFo >

786,45 < g > < CFj > 12 < g > < Nj >

813,50 < g > < CFj > 12 < g > < Nj >

839,92 < g > < CFj > 12 < g > < Nj >

865,47 < g > < CFj > 12 < g > < Nj >

889,83 < g > < CFj > 12 < g > < Nj >

912,64 < g > < CFj > 12 < g > < Nj >

933,53 < g > < CFj > 12 < g > < Nj >

952,00 < g > < CFj > 12 < g > < Nj >

967,59 < g > < CFj > 12 < g > < Nj >

979,69 < g > < CFj > 12 < g > < Nj >

987,62 < g > < CFj > 12 < g > < Nj >

1452,30 < g > < CFj > 12 < g > < Nj >

1584,24 < g > < CFj > 12 < g > < Nj >

1739,25 < g > < CFj > 12 < g > < Nj >

1946,16 < g > < CFj > 12 < g > < Nj >

< f > < IRR > → 1,6241% am

990,58 < g > < CFj > 12 < g > < Nj >

987,61 < g > < CFj > 12 < g > < Nj >

977,34 < g > < CFj > 12 < g > < Nj >

956,91 < g > < CFj > 12 < g > < Nj >

< f > < IRR > → 1,6558% am

Como as taxas obtidas acima envolvem a correção monetária apontada pela TR, elas são taxas aparentes.

Para calcular a taxa real do financiamento, lembrando que a TR foi projetada em 0,60% am, devemos proceder como segue:

Sistema Price

$$i_r = \frac{1 + i_a}{1 + i_i} - 1$$

$$i_r = \frac{1 + 0{,}016241}{1 + 0{,}0060} - 1 = \mathbf{1{,}0180\%\ am}$$

Sistema Sacre

$$i_r = \frac{1 + i_a}{1 + i_i} - 1$$

$$i_r = \frac{1 + 0{,}016558}{1 + 0{,}0060} - 1 = \mathbf{1{,}0495\%\ am}$$

Notamos, assim, que o sistema Sacre apresentou um custo efetivo ligeiramente superior ao do sistema Price (da ordem de 3,09%):

1,0180 < ENTER > 1,0495 < Δ% > → 3,09%

Considerações com relação aos sistemas SAC e Sacre:

Sistema SAC

Taxa efetiva: 10,5 ÷ 12 = 0,875% am

Amortização:

50000 <ENTER> 180 <÷> → R$ 277,78

Observações

1) O valor da amortização é fixo para os primeiros 12 meses.
2) Como a maior prestação a ser paga no primeiro ano (R$ 720,12) corresponde a aproximadamente 29% da renda (R$ 2.500,00), é possível efetuar o financiamento pelo sistema SAC, que costuma ter o mesmo limite que o Sacre.

Planilha do 1º ano					
n	**S.D.A.**	**Pgtos.**	**Juros**	**Amort.**	**S.D.**
0	–	–	–	–	50.000,00
1	50.300,00	717,91	440,13	277,78	50.022,22
2	50.322,35	718,10	440,32	277,78	50.044,57
3	50.344,84	718,30	440,52	277,78	50.067,06
4	50.367,46	718,50	440,72	277,78	50.089,68
5	50.390,22	718,69	440,91	277,78	50.112,44
6	50.413,11	718,89	441,11	277,78	50.135,33
7	50.436,14	719,10	441,32	277,78	50.158,36
8	50.459,31	719,30	441,52	277,78	50.181,53
9	50.482,62	719,50	441,72	277,78	50.204,84
10	50.506,07	719,71	441,93	277,78	50.228,29
11	50.529,66	719,91	442,13	277,78	50.251,88
12	50.553,39	720,12	442,34	277,78	50.275,61
		8.628,03	5.294,67	3.333,36	

Sistema Sacre

Taxa efetiva: 10,5 ÷ 12 = 0,875% am

Prestação inicial:

50000,00 <ENTER> 180 <÷> <STO> 1

50000 <ENTER> 0,875 <%>

<RCL> 1 <+> → R$ 715,28

Observações

1) O valor acima é fixo para os primeiros 12 meses.
2) Como o valor acima (R$ 715,28) corresponde a aproximadamente 29% da renda (R$ 2.500,00), é possível efetuar o financiamento pelo sistema Sacre.

Planilha do 1º ano					
n	**S.D.A.**	**Pgtos.**	**Juros**	**Amort.**	**S.D.**
0				–	50.000,00
1	50.300,00	715,28	440,13	275,15	50.024,85
2	50.325,00	715,28	440,34	274,94	50.050,06
3	50.350,36	715,28	440,57	274,71	50.075,65
4	50.376,10	715,28	440,79	274,49	50.101,61
5	50.402,22	715,28	441,02	274,26	50.127,96
6	50.428,73	715,28	441,25	274,03	50.154,70
7	50.455,63	715,28	441,49	273,79	50.181,84
8	50.482,93	715,28	441,73	273,55	50.209,38
9	50.510,64	715,28	441,97	273,31	50.237,33
10	50.538,75	715,28	442,21	273,07	50.265,68
11	50.567,27	715,28	442,46	272,82	50.294,45
12	50.596,22	715,28	442,72	272,56	50.323,66
		8.583,36	5.296,68	3.286,38	

Observando as planilhas do primeiro ano de financiamento, notamos que:

- as prestações do sistema SAC são variáveis, enquanto as do sistema Sacre são constantes;
- a diferença entre o maior pagamento (R$ 720,12) e o menor pagamento (R$ 717,91) exigidos pelo SAC foi de apenas R$ 2,21;
- a diferença entre o maior pagamento exigido pelo sistema SAC (R$ 720,12) e o pagamento fixo exigido pelo sistema Sacre (R$ 715,28) foi de apenas R$ 4,84;
- o sistema SAC exigiu um pagamento total praticamente idêntico ao exigido pelo sistema Sacre (apenas 0,52% a mais):

8583,36 < ENTER > 8628,03 < Δ% > → 0,52%

- os juros totais pagos no sistema SAC também foram praticamente idênticos aos exigidos pelo sistema Sacre (apenas 0,04% a menos):

5294,67 < ENTER > 5296,68 < Δ% > → 0,04%

- a amortização total gerada pelo sistema SAC também foi praticamente idêntica àquela gerada pelo sistema Sacre (apenas 1,43% a mais):

3286,38 < ENTER > 3333,36 < Δ% > → 1,43%

Vamos agora comparar os dados do segundo ano do financiamento:

Sistema SAC

Amortização:

O saldo devedor após o pagamento da 12ª prestação, ou seja, R$ 50.275,61, é utilizado para o cálculo do novo valor da amortização.

Não devemos esquecer que o número de parcelas deve ser reduzido em 12 unidades.

Sistema Sacre

Prestação:

O saldo devedor após o pagamento da 12ª prestação, ou seja, R$ 50.323,66, é utilizado para o cálculo da nova prestação, que deve prevalecer por mais 12 meses. Não devemos esquecer que o número de parcelas deve ser reduzido em 12 unidades.

50.275,61 < ENTER >

180 < ENTER >

12 < – >

< ÷ > → R$ 299,26

Planilha do 2º ano					
n	**S.D.A.**	**Pgtos.**	**Juros**	**Amort**	**S.D.**
13	50.577,26	741,81	442,55	299,26	50.278,00
14	50.579,67	741,83	442,57	299,26	50.280,41
15	50.582,09	741,85	442,59	299,26	50.282,83
16	50.584,53	741,87	442,61	299,26	50.285,27
17	50.586,98	741,90	442,64	299,26	50.287,72
18	50.589,45	741,92	442,66	299,26	50.290,19
19	50.591,93	741,94	442,68	299,26	50.292,67
20	50.594,43	741,96	442,70	299,26	50.295,17
21	50.596,94	741,98	442,72	299,26	50.297,68
22	50.599,47	742,01	442,75	299,26	50.300,21
23	50.602,01	742,03	442,77	299,26	50.302,75
24	50.604,57	742,05	442,79	299,26	50.305,31
		8.903,15	5.312,03	3.591,12	

50323,66 < ENTER >

180 < ENTER > 12 < - > < ÷ > < STO > 1

50323,66 < ENTER > 0,875 < % >

< RCL > 1 < + > → R$ 739,88

Planilha do 2º ano					
n	**S.D.A.**	**Pgtos.**	**Juros**	**Amort.**	**S.D.**
13	50.625,60	739,88	442,97	296,91	50.328,69
14	50.630,66	739,88	443,02	296,86	50.333,80
15	50.635,80	739,88	443,06	296,82	50.338,98
16	50.641,01	739,88	443,11	296,77	50.344,24
17	50.646,31	739,88	443,16	296,72	50.349,59
18	50.651,69	739,88	443,20	296,68	50.355,01
19	50.657,14	739,88	443,25	296,63	50.360,51
20	50.662,67	739,88	443,30	296,58	50.366,09
21	50.668,29	739,88	443,35	296,53	50.371,76
22	50.673,99	739,88	443,40	296,48	50.377,51
23	50.679,78	739,88	443,45	296,43	50.383,35
24	50.685,65	739,88	443,50	296,38	50.389,27
		8.878,56	5.318,77	3.559,79	

Observando as planilhas do segundo ano do financiamento, notamos que:

- as prestações do sistema SAC são variáveis, enquanto as do sistema Sacre são constantes;
- a diferença entre o maior pagamento (R$ 742,05) e o menor pagamento (R$ 741,81) exigidos pelo SAC foi de apenas R$ 0,24;
- a diferença entre o maior pagamento exigido pelo sistema SAC (R$ 742,05) e o pagamento fixo exigido pelo sistema Sacre (R$ 739,88) foi de apenas R$ 2,17:
- o sistema SAC exigiu um pagamento total praticamente idêntico ao exigido pelo sistema Sacre (apenas 0,28% a mais):

8878,56 < ENTER > 8903,15 < Δ% > → 0,28%

- os juros totais pagos no sistema SAC também foram praticamente idênticos aos exigidos pelo sistema Sacre (apenas 0,13% a menos):

5312,03 < ENTER > 5318,77 < Δ% > → 0,13%

- a amortização total gerada pelo sistema SAC também foi praticamente idêntica àquela gerada pelo sistema Sacre (apenas 0,88% a mais):

$$3559{,}79 < \text{ENTER} > 3591{,}12 < \Delta\% > \rightarrow 0{,}88\%$$

7.6.1 CONSIDERAÇÕES FINAIS

A análise global dos sistemas Sacre e Price parece indicar que o sistema Sacre é o mais conveniente para esse tipo de financiamento, desde que o mutuário possa pagar prestações iniciais mais elevadas.

A semelhança de comportamento entre os sistemas SAC e Sacre, conforme nos mostram as planilhas analisadas, também nos levaria a optar pelo sistema SAC em relação ao Price.

7.7 EXERCÍCIOS RESOLVIDOS

R 7.1 Um refrigerador no valor de R$ 3.750,00 foi vendido nas seguintes condições: 15% de entrada e o saldo em 24 prestações mensais e iguais, vencendo a primeira 30 dias após a entrada, com juros de 94,50% aa pelo sistema Price. Nessas condições, pede-se determinar:

a) o valor das prestações;

b) o total de juros pagos no financiamento;

c) o valor da amortização correspondente ao pagamento da 24ª prestação;

d) o saldo devedor após o pagamento da 12ª prestação;

e) os juros correspondentes ao pagamento da 18ª prestação.

Resolução:

Como se trata do sistema Price, para resolver este exercício podemos utilizar as teclas específicas da HP-12C.

Valor financiado:

$$3750 < \text{ENTER} > 15 < \% > < - > \rightarrow \text{R\$ } 3.187{,}50$$

Taxa mensal equivalente:

$$94{,}50 < i > 1 < \text{ENTER} > 12 < \div > < n >$$

$$< g > < \text{GTO} > (0)01 < \text{R/S} > \rightarrow 5{,}70\% \text{ am}$$

a) Valor das prestações:

3187,50 < CHS > < PV > < 24 > < n > 5,70 < i > < g > < END >

< PMT > → R$ 246,98

Resposta: R$ 246,98.

b) Total de juros pagos no financiamento:

24 < f > < AMORT > → R$ 2.740,01

Resposta: R$ 2.740,01.

c) Valor da amortização correspondente ao pagamento da 24ª prestação:

3187,50 < CHS > < PV >

23 < f > < AMORT >

1 < f > < AMORT >

< x ↔ y > → R$ 233,66

Resposta: R$ 233,66.

d) Saldo devedor após o pagamento da 12ª prestação:

3187,50 < CHS > < PV >

12 < f > < AMORT >

< RCL > < PV > → -R$ 2.105,12

Resposta: -R$ 2.105,12.

e) Juros correspondentes ao pagamento da 18ª prestação:

3187,50 < CHS > < PV >

17 < f > < AMORT >

1 < f > < AMORT > → R$ 79,43

Resposta: R$ 79,43.

R 7.2 Considere novamente os dados do exercício anterior (R 7.1) e resolva-o supondo que o cliente conseguiu um prazo de carência total de 45 dias (contados a partir do pagamento da entrada) para iniciar o pagamento das prestações e que os juros correspondentes a esse período devem ser pagos junto com a primeira prestação.

Resolução:

Neste caso, quando do pagamento da primeira prestação (45 dias após a entrada), o cliente deve pagar também os juros correspondentes a um período de 15 dias (45 dias de carência total menos os 30 dias de praxe), sobre o valor financiado (R$ 3.187,50), ou seja:

3187,50 < CHS > < PV > 15 < ENTER > 30 < ÷ > < n > 5,70 < i > < FV >

3187,50 < – > → R$ 89,58

Por outro lado, como o valor financiado permanece o mesmo (uma vez que ocorreu o pagamento dos juros relativos ao período extra de 15 dias), a resolução não se altera, à exceção do item **b**, que deve ser acrescido destes juros, ou seja:

$$2.740,01 + 89,58 = R\$\ 2.829,59$$

R 7.3 Considere novamente os dados do exercício anterior (R 7.1) e resolva-o supondo que o cliente conseguiu um prazo de carência total de 45 dias (contados a partir do pagamento da entrada) para iniciar o pagamento das prestações, sem o pagamento dos juros correspondentes.

Resolução:

Neste caso, após o pagamento da entrada, o valor a ser financiado (R$ 3.187,50) deve ser acrescido de juros correspondentes a um período de 15 dias (45 dias de carência total menos os 30 dias de praxe).

Valor financiado com juros:

3187,50 < CHS > < PV > 15 < ENTER > 30 < ÷ > < n > 5,70 < i >

< FV > → R$ 3.277,08

a) Valor das prestações:

3277,08 < CHS > < PV > < 24 > < n > 5,70 < i > < g > < END >

< PMT > → R$ 253,92

Resposta: R$ 253,92.

b) Total de juros pagos no financiamento:

24 < f > < AMORT > → R$ 2.817,07

Resposta: R$ 2.817,07.

c) Valor da amortização correspondente ao pagamento da 24ª prestação:

3277,08 < CHS > < PV >

23 < f > < AMORT >

1 < f > < AMORT >

< x ↔ y > → R$ 240,22

Resposta: R$ 240,22.

d) Saldo devedor após o pagamento da 12ª prestação:

3277,08 < CHS > < PV >

12 < f > < AMORT >

< RCL > < PV > → R$ 2.164,31

Resposta: R$ 2.164,31.

e) Juros correspondentes ao pagamento da 18ª prestação:

3277,08 < CHS > < PV >

17 < f > < AMORT >

1 < f > < AMORT > → R$ 81,67

Resposta: R$ 81,67.

R 7.4 Um televisor no valor de R$ 2.900,00 foi vendido nas seguintes condições: 20% de entrada e o saldo em 36 prestações mensais e iguais, vencendo a primeira 30 dias após a entrada, com juros de 74,52% aa pelo sistema SAC. Nessas condições, pede-se determinar:

a) o valor das amortizações;

b) o total de juros pagos no financiamento;

c) o valor do pagamento correspondente à 36ª prestação;

d) o saldo devedor após o pagamento da 18ª prestação;

e) os juros correspondentes ao pagamento da 12ª prestação.

Resolução:

Valor financiado:

2900 < CHS > < PV > 20 < % > < – > → R$ 2.320,00

Taxa mensal equivalente:

74,52 < i > 1 < ENTER > 12 < ÷ > < n > < g > < GTO > (0)01 < R/S > → 4,75% am

a) Valor das amortizações:

2320 < ENTER > 36 < ÷ > → R$ 64,44

Resposta: R$ 64,44.

b) Total de juros pagos no financiamento:

$$\sum_{t=1}^{k} J_t = PV \, . \, i \, . \left(k - \frac{k \, . \, (k-1)}{2.n} \right) \quad (*)$$

$$\sum_{t=1}^{36} J_t = 2.320,00 \, . \, 0,0475 \, . \left(36 - \frac{36 \, . \, (36-1)}{2 \, . \, 36} \right) = \mathbf{R\$ \, 2.038,70}$$

* O leitor interessado na demonstração dessa fórmula poderá encontrá-la no Capítulo 9 (item 9.27).

Resposta: R$ 2.038,70.

c) Valor do pagamento correspondente à 36ª prestação:

$$PMT_k = PV \, . \left(\frac{1 + i \, . \, (n - k + 1)}{n} \right)$$

$$PMT_{36} = 2.320,00 \, . \left(\frac{1 + 0,0475 \, . \, (36 - 36 + 1)}{36} \right) = \mathbf{R\$ \, 67,51}$$

Resposta: R$ 67,51.

d) Saldo devedor após o pagamento da 18ª prestação:

$$SD_k = PV \, . \left(1 - \frac{k}{n} \right)$$

$$SD_{18} = 2.320,00 \, . \left(1 - \frac{18}{36} \right) = \mathbf{R\$ \, 1.160,00}$$

Resposta: R$ 1.160,00.

e) Juros correspondentes ao pagamento da 12ª prestação:

$$J_k = PV \, . \, i \, . \left(1 - \frac{k-1}{n} \right)$$

$$J_{12} = \mathbf{2.320,00 \;.\; 0,0475 \;.} \left(\mathbf{1 - \frac{12 - 1}{36}}\right) = \mathbf{R\$ 76,53}$$

Resposta: R$ 76,53.

R 7.5 Considere novamente os dados do exercício anterior (R 7.4) e resolva-o supondo que o cliente conseguiu um prazo de carência total de 100 dias (contados a partir do pagamento da entrada) para iniciar o pagamento das prestações e que os juros correspondentes a esse período devem ser pagos junto com a primeira prestação.

Resolução:

Neste caso, quando do pagamento da primeira prestação (100 dias após a entrada), o cliente deve pagar também os juros de 5,70% am sobre R$ 2.320,00 (valor financiado), correspondentes a um período de 70 dias (100 dias de carência total menos 30 dias de praxe), ou seja:

2320 < CHS > < PV > 70 < ENTER > 30 < ÷ > < n > 4,75 < i > < FV >

2320 < – > → R$ 265,32

Por outro lado, como o valor financiado permanece o mesmo, a resolução não se altera, à exceção do item **b**, que deve ser acrescido dos juros correspondentes aos 70 dias decorrentes da carência:

2.038,70 + 265,32 = R$ 2.304,02

R 7.6 Considere novamente os dados do exercício anterior (R 7.4) e resolva-o supondo que o cliente conseguiu um prazo de carência total de 100 dias (contados a partir do pagamento da entrada) para iniciar o pagamento das prestações, sem pagamento dos juros correspondentes.

Resolução:

Neste caso, após o pagamento da entrada, o valor a ser financiado (R$ 2.320,00) deve ser acrescido de juros correspondentes a um período de 70 dias (100 dias de carência total menos 30 dias).

Valor financiado com juros:

2320 < CHS > < PV > 70 < ENTER > 30 < ÷ > < n > 4,75 < i >

< FV > → R$ 2.585,32

a) Valor das amortizações:

2.585,32 < ENTER > 36 < ÷ > → R$ 71,81

Resposta: R$ 71,81.

b) Total de juros pagos no financiamento:

$$\sum_{t=1}^{k} J_t = PV \,.\, i \,.\, \left(k - \frac{k\,.\,(k-1)}{\text{ü}}\right)$$

$$\sum_{t=1}^{36} J_t = 2.585{,}32 \,.\, 0{,}0475 \,.\, \left(36 - \frac{36\,.\,(36-1)}{2\,.\,36}\right) = \mathbf{R\$\,2.271{,}85}$$

Resposta: R$ 2.271,85.

c) Valor do pagamento correspondente **à** 36ª prestação:

$$PMT_k = PV \,.\, \left(\frac{1 + i\,.\,(n - k + 1)}{n}\right)$$

$$PMT_{36} = 2.585{,}32 \,.\left(\frac{1 + 0{,}0475\,.\,(36 - 36 + 1)}{36}\right) = \mathbf{R\$\,75{,}23}$$

Resposta: R$ 75,23.

d) Saldo devedor após o pagamento da 18ª prestação:

$$SD_k = PV \,.\, \left(1 - \frac{k}{n}\right)$$

$$SD_{18} = 2.585{,}32 \,.\, \left(1 - \frac{18}{36}\right) = \mathbf{R\$\,1.292{,}66}$$

Resposta: R$ 1.292,66.

e) Juros correspondentes ao pagamento da 12ª prestação:

$$J_k = PV \cdot i \cdot \left(1 - \frac{k-1}{n}\right)$$

$$J_{12} = 2.585{,}32 \cdot 0{,}0475 \cdot \left(1 - \frac{12-1}{36}\right) = \mathbf{R\$\,85{,}28}$$

Resposta: R$ 85,28.

R 7.7 A sra. Grace fez um financiamento pelo sistema Price junto a uma instituição financeira para a compra de um imóvel nas seguintes condições:

- valor do financiamento: R$ 95.000,00;
- prestações mensais;
- duração do financiamento: 10 anos;
- carência de três meses sem pagamento de juros;
- taxa de 27,60% aa com capitalização mensal.

Após saldar a 47ª prestação, a sra. Grace vendeu o imóvel ao sr. Basílio, que propôs à instituição financeira as seguintes condições:

- quitar 50% do saldo devedor no ato da assinatura do contrato;
- pagar o restante em 4 anos;
- prestações mensais de R$ 1.400,00;
- pagar a primeira prestação 30 dias após a formalização do contrato.

Supondo que a instituição financeira tenha aceitado a proposta, pergunta-se:

a) Qual o valor das prestações pagas pela sra. Grace?
b) Qual o saldo devedor assumido pelo sr. Basílio?
c) Qual a taxa de juros utilizada pela instituição financeira no financiamento do sr. Basílio?
d) Qual o total de juros pagos pelo sr. Basílio no primeiro ano de financiamento?
e) Qual o total amortizado pelo sr. Basílio nos dois primeiros anos do financiamento?
f) Qual o saldo devedor após o sr. Basílio pagar a 40ª prestação?

Resolução:

Valor efetivamente financiado pela sra. Grace:

95000 < CHS > < PV >

2 < n >

27,60 < ENTER > 12 < ÷ > < i > → 2,30% am

< FV > → R$ 99.420,26

a) Valor das prestações pagas pela sra. Grace:

< f > < FIN >

99420,26 < CHS > < PV >

10 < ENTER > 12 < x > < n >

2,30 < i >

< PMT > → R$ 2.446,42

Resposta: R$ 2.446,42.

b) Saldo devedor assumido pelo sr. Basílio:

47 < f > < AMORT >

< RCL > < PV > → R$ 86.141,55

Resposta: R$ 86.141,55.

c) Taxa de juros paga pelo sr. Basílio:

86141,55 < ENTER > 50 < % > < CHS > < PV > → R$ 43.070,78

4 < ENTER > 12 < x > < n >

1400 < PMT >

< i > → 1,99% am

Resposta: 1,99% am.

d) Total de juros pagos pelo sr. Basílio no primeiro ano do financiamento:

12 < f > < AMORT > → R$ 9.497,78

Resposta: R$ 9.497,78.

e) Total amortizado pelo sr. Basílio nos dois primeiros anos do financiamento:

43070,78 < CHS > < PV >

24 < f > < AMORT >

< x ↔ y > → R$ 16.547,24

Resposta: R$ 16.547,24.

f) Saldo devedor do sr. Basílio após o pagamento da 40ª prestação:

43070,78 < CHS > < PV >

40 < f > < AMORT >

< RCL > < PV > → R$ 10.262,18

Resposta: R$ 10.262,18.

R 7.8 A sra. Pamela fez um financiamento pelo sistema SAC junto a uma instituição financeira para a compra de um imóvel nas seguintes condições:

- valor do financiamento: R$ 70.000,00;
- prestações mensais;
- duração do financiamento: 15 anos;
- carência de 4 meses sem pagamento dos juros;
- taxa de 31,37% aa.

Após saldar a 60ª prestação, a sra. Pamela vendeu o imóvel ao sr. Bernardo, que propôs à instituição financeira as seguintes condições:

- quitar 30% do saldo devedor no ato da assinatura do contrato;
- pagar o restante em 5 anos;

- prestações mensais;
- carência de 60 dias sem pagamento de juros.

Supondo que a instituição financeira aceitou a proposta, mas alterou a taxa de juros para 29,40% aa com capitalização mensal, pergunta-se:

a) Qual o valor da última prestação paga pela sra. Pamela?

b) Qual o saldo devedor assumido pelo sr. Bernardo?

c) Qual o valor da primeira prestação paga pelo sr. Bernardo?

d) Qual o saldo devedor após o sr. Bernardo pagar a 20ª prestação?

e) Qual o valor dos juros embutidos na 40ª prestação paga pelo sr. Bernardo?

f) Qual o valor da última prestação paga pelo sr. Bernardo?

g) Qual o valor dos juros pagos pelo sr. Bernardo no 2º ano?

h) Quanto o sr. Bernardo amortizou da dívida no 3º ano?

i) Quanto o sr. Bernardo pagou no 4º ano?

Resolução:

Taxa mensal equivalente do financiamento da sra. Pamela:

31,37 < i > 1 < ENTER > 12 < ÷ > < n > < g > < GTO > (0)01 < R/S > → 2,30% am

Valor efetivamente financiado pela sra. Pamela:

700000 < CHS > < PV >

3 < n >

2,30 < i >

< FV > → R$ 74.941,94

a) Valor da última prestação paga pela sra. Pamela:

$$PMT_k = PV \cdot \left(\frac{1 + i \cdot (n - k + 1)}{n} \right)$$

$$PMT_{60} = 74.941{,}44 \cdot \left(\frac{1 + 0{,}023 \cdot (180 - 60 + 1)}{\text{ü}} \right) = \mathbf{R\$\,1.575{,}02}$$

Resposta: R$ 1.575,02.

b) Saldo devedor assumido pelo sr. Bernardo:

$$SD_k = PV \cdot \left(1 - \frac{k}{n}\right)$$

$$SD_{60} = 74.941{,}94 \cdot \left(1 - \frac{60}{\ddot{u}}\right) = \mathbf{R\$\,49.961{,}29}$$

Saldo devedor após o sr. Bernardo quitar 30% do valor devido:

49961,29 < ENTER > 30 < % > < – > → R$ 34.972,90

Valor efetivamente financiado pelo sr. Bernardo:

34.972,90 < PV >

1 < n >

29,40 < ENTER > 12 < ÷ > < i > → 2,45% am

< FV > → R$ 35.829,74

Resposta: R$ 35.829,74.

c) Valor da primeira prestação paga pelo sr. Bernardo:

$$PMT_k = PV \cdot \left(\frac{1 + i \cdot (n - k + 1)}{n}\right)$$

$$PMT_1 = 35.829{,}74 \cdot \left(\frac{1 + 0{,}0245 \cdot (60 - 1 + 1)}{60}\right) = \mathbf{R\$\,1.474{,}99}$$

Resposta: R$ 1.474,99.

d) Saldo devedor após o sr. Bernardo pagar a 20ª prestação:

$$SD_k = PV \cdot \left(1 - \frac{k}{n}\right)$$

$$SD_{20} = 35.829{,}74 \cdot \left(1 - \frac{20}{60}\right) = \mathbf{R\$\,23.886{,}49}$$

Resposta: R$ 23.886,49.

e) Valor dos juros embutidos na 40ª prestação paga pelo sr. Bernardo:

$$J_k = PV \cdot i \cdot \left(1 - \frac{k-1}{n}\right)$$

$$J_{40} = 35.829{,}74 \cdot 0{,}0245 \cdot \left(1 - \frac{40-1}{60}\right) = \mathbf{R\$\ 307{,}24}$$

Resposta: R$ 307,24.

f) Valor da última prestação paga pelo sr. Bernardo:

$$PMT_k = PV \cdot \left(\frac{1 + i \cdot (n - k + 1)}{n}\right)$$

$$PMT_{60} = 35.829{,}74 \cdot \left(\frac{1 + 0{,}0245 \cdot (60 - 60 + 1)}{60}\right) = \mathbf{R\$\ 611{,}79}$$

Resposta: R$ 611,79.

g) Valor dos juros pagos pelo sr. Bernardo no 2º ano:

$$\sum_{t=1}^{24} J_t = 35.829{,}74 \cdot 0{,}0245 \cdot \left(24 - \frac{24 \cdot (24-1)}{2.60}\right) = R\$\ 17.029{,}88$$

$$\sum_{t=1}^{12} J_t = 35.829{,}74 \cdot 0{,}0245 \cdot \left(12 - \frac{12 \cdot (12-1)}{2.60}\right) = R\$\ 9.568{,}33$$

$$\sum_{t=1}^{24} J_t - \sum_{t=1}^{12} J_t = 17.029{,}88 - 9.568{,}33 = \mathbf{R\$\ 7.461{,}55}$$

Resposta: R$ 7.461,55.

h) Valor total da amortização do sr. Bernardo no 3º ano:

$$\sum_{t=24}^{36} A_{ü} = \sum_{t=1}^{36} A - \sum_{t=1}^{24} A = 36 \cdot \frac{35.829{,}74}{60} - 24 \cdot \frac{35.829{,}74}{60} = \mathbf{R\$\ 7.165{,}95}$$

Resposta: R$ 7.165,95.

i) Valor total dos pagamentos do sr. Bernardo no 4º ano:

$$\sum_{t=1}^{48} PMT_t = 48 \; . \; \frac{35.829,74}{60} + 35.829,74 \; . \; 0,0245 \; . \left(48 - \frac{48 \; . \; (48 - 1)}{2.60}\right) = \text{R\$ } 54.296,39$$

$$\sum_{t=1}^{36} PMT_t = 36 \; . \; \frac{35.829,74}{60} + 35.829,74 \; . \; 0,0245 \; . \left(36 - \frac{36 \; . \; (36 - 1)}{2.60}\right) = \text{R\$ } 43.882,47$$

$$\sum_{t=36}^{48} PMT_{ü} = \sum_{t=1}^{48} MT - \sum_{t=1}^{36} PMT = 54.296,39 - 43.882,47 = \textbf{R\$ 10.413,92}$$

Resposta: R$ 10.413,92.

R 7.9 Uma pessoa efetuou um financiamento no valor de R$ 15.000,00 pelo sistema Price, a ser pago em 5 parcelas mensais com taxa de 12% aa. Construa a planilha do financiamento.

Resolução:

Taxa mensal equivalente:

12 < i > 1 < ENTER > 12 < ÷ > < n > < g > < GTO > (0)01 < R/S > → 0,95% am

Valor da prestação:

15000 < CHS > < PV > 5 < n > 0,95 < i > < PMT > → R$ 3.086,04

Planilha do financiamento pelo sistema Price:

n	Prestações	Juros	Amortização	Saldo devedor
0	–	–	–	15.000,00
1	3.086,04	142,50	2.943,54	12.056,46
2	3.086,04	114,54	2.971,50	9.084,96
3	3.086,04	86,31	2.999,73	6.085,23
4	3.086,04	57,81	3.028,23	3.057,00
5	3.086,04	29,04	3.057,00	0,00

R 7.10 Uma pessoa efetuou um financiamento no valor de R$ 34.200,00 pelo sistema SAC, a ser pago em 6 parcelas mensais com taxa de 6% at. Construa a planilha do financiamento.

Resolução:

Taxa mensal equivalente:

6 < i > 1 < ENTER > 3 < ÷ > < n > < g > < GTO > (0)01 < R/S > → 1,96% am

Valor da amortização:

34200 < ENTER > 6 < ÷ > → R$ 5.700,00

Planilha do financiamento pelo sistema SAC:

n	Prestações	Juros	Amortização	Saldo devedor
0	–	–	–	34.200,00
1	6.370,32	670,32	5.700,00	28.500,00
2	6.258,60	558,60	5.700,00	22.800,00
3	6.146,88	446,88	5.700,00	17.100,00
4	6.035,16	335,16	5.700,00	11.400,00
5	5.923,44	223,44	5.700,00	5.700,00
6	5.811,72	111,72	5.700,00	0,00

R 7.11 Uma pessoa efetuou um financiamento no valor de R$ 23.700,00 pelo sistema Price, com carência (total) de 3 meses sem pagamento de juros, a ser pago em 5 parcelas mensais com taxa de 33% aa com capitalização mensal. Construa a planilha do financiamento.

Resolução:

Taxa mensal:

33 < ENTER > 12 < ÷ > → 2,75% am

Planilha do período de carência:

n	Prestações	Juros	Amortização	Saldo devedor
0	–	–	–	23.700,00
1	–	–	–	24.351,75
2	–	–	–	25.021,42

Valor das parcelas:

25021,42 < CHS > < PV > 5 < n > 2,75 < i > < PMT > → R$ 5.424,60

Planilha total do financiamento pelo sistema Price:

n	Prestações	Juros	Amortização	Saldo devedor
0	–	–	–	23.700,00
1	–	–	–	24.351,75
2	–	–	–	25.021,42
3	5.424,60	688,09	4.736,51	20.284,91
4	5.424,60	557,84	4.866,76	15.418,15
5	5.424,60	424,00	5.000,60	10.417,55
6	5.424,60	286,48	5.138,12	5.279,43
7	5.424,60	145,18	5.279,42	– 0,01

R 7.12 Uma pessoa efetuou um financiamento no valor de R$ 50.000,00 pelo sistema SAC, com carência (total) de 6 meses com pagamento de juros, a ser pago em 4 parcelas mensais com taxa de 15% aa. Construa a planilha do financiamento.

Resolução:

Taxa mensal equivalente:

15 < i > 1 < ENTER > 12 < ÷ > < n > < g > < GTO > (0)01 < R/S > → 1,17% am

Valor da amortização:

50000 < ENTER > 4 < ÷ > → R$ 12.500,00

Planilha do financiamento pelo sistema SAC:

n	Prestações	Juros	Amortização	Saldo devedor
0	–	–	–	50.000,00
1	585,00	585,00	–	50.000,00
2	585,00	585,00	–	50.000,00
3	585,00	585,00	–	50.000,00
4	585,00	585,00	–	50.000,00
5	585,00	585,00	–	50.000,00
6	13.085,00	585,00	12.500,00	37.500,00
7	12.938,75	438,75	12.500,00	25.000,00
8	12.792,50	292,50	12.500,00	12.500,00
9	12.646,25	146,25	12.500,00	0,00

R 7.13 Uma pessoa efetuou um financiamento no valor de R$ 14.200,00 pelo sistema Price, com carência (total) de 4 meses com pagamento de juros, a ser pago em 6 parcelas mensais com taxa de 27% aa com capitalização mensal. Construa a planilha do financiamento.

Resolução:

Taxa mensal:

27 < ENTER > 12 < ÷ > → 2,25% am

Valor das parcelas:

14200 < CHS > < PV > 6 < n > 2,25 < i > < PMT > → R$ 2.556,50

Planilha do financiamento pelo sistema Price:

n	Prestações	Juros	Amortização	Saldo devedor
0	–	–	–	14.200,00
1	319,50	319,50	–	14.200,00
2	319,50	319,50	–	14.200,00
3	319,50	319,50	–	14.200,00
4	2.556,60	319,50	2.237,00	11.963,00
5	2.556,60	269,17	2.287,33	9.675,67
6	2.556,60	217,70	2.338,80	7.336,87
7	2.556,60	165,08	2.391,42	4.945,45
8	2.556,60	111,27	2.445,23	2.500,22
9	2.556,60	56,25	2.500,25	0,03

R 7.14 Uma pessoa efetuou um financiamento no valor de R$ 44.000,00 pelo sistema SAC, com carência (total) de 5 meses sem pagamento de juros, a ser pago em 3 parcelas mensais com taxa de 25,80% aa com capitalização mensal. Construa a planilha do financiamento.

Resolução:

Taxa mensal:

25,80 < ENTER > 12 < ÷ > → 2,15% am

Planilha do período de carência:

n	Prestações	Juros	Amortização	Saldo devedor
0	–	–	–	44.000,00
1	–	–	–	44.946,00
2	–	–	–	45.912,34
3	–	–	–	46.899,46
4	–	–	–	47.907,80

Valor da amortização:

47.907,80 < ENTER > 3 < ÷ > → R$ 15.969,27

Planilha total do financiamento pelo sistema SAC:

n	Prestações	Juros	Amortização	Saldo devedor
0	–	–	–	44.000,00
1	–	–	–	44.946,00
2	–	–	–	45.912,34
3	–	–	–	46.899,46
4	–	–		47.907,80
5	16.999,29	1.030,02	15.969,27	31.938,53
6	16.655,95	686,68	15.969,27	15.969,26
7	16.312,61	343,34	15.969,27	– 0,01

R 7.15 Uma pessoa necessita solicitar um financiamento no valor de R$ 173.500,00. Apresentam-se duas possibilidades:

- O Banco A oferece um financiamento pelo sistema Price, com taxa de 20,0% aa, carência total de 5 meses sem pagamento de juros, a ser liquidado em 240 parcelas mensais.
- O Banco B oferece um financiamento pelo sistema SAC, com taxa de 28,80% aa com capitalização mensal, carência total de 6 meses com pagamento de juros, a ser liquidado em 239 parcelas mensais.

Nessas condições, verifique qual das duas instituições está cobrando menos juros.

Resolução:

Banco A:

- Taxa mensal equivalente:

20 < i > 1 < ENTER > 12 < ÷ > < n > < g > < GTO > (0)01 < R/S > → 1,53% am

Valor financiado:

173500 < ENTER > 4 < n > 1,53 < i > < FV > → R$ 184.364,38

Valor das parcelas:

184364,38 < CHS > < PV > 240 < n > 1,53 < i > < PMT > → R$ 2.896,50

Total de juros pagos:

240 < f > < AMORT > → R$ 510.787,54

Banco B:

Taxa mensal equivalente:

28,80 < ENTER > 12 < ÷ > → R$ 2,40% am

Juros pagos durante o período de carência:

173500 < ENTER > 5 < n > 2,40 < i > < FV >

173500 < – > → R$ 21.843,63

Juros pagos durante o financiamento:

$$\sum_{t=1}^{k} J_t = PV \,.\, i \,.\, \left(k - \frac{k \,.\, (k-1)}{ü} \right)$$

$$\sum_{t=1}^{ü} J_t = 173.500{,}00 \,.\, 0{,}0240 \,.\, \left(239 - \frac{239 \,.\, (239-1)}{2 \,.\, 239} \right) = \text{R\$ } 499.680{,}00$$

- Total de juros pagos:

499.680,00 + 21.843,63 = R$ 521.523,63

Resposta: o Banco A está cobrando menos juros (R$ 510.787,54 pelo Banco A × R$ 521.523,63 pelo Banco B).

R 7.16 Uma pessoa tomou um financiamento no valor de R$ 9.500,00 pelo sistema Price no dia 13 de junho de 2012. Elabore a planilha do financiamento e determine a taxa mensal efetiva envolvida na operação financeira, supondo as seguintes condições:

- Número de parcelas: 6.
- Taxa de juros: 40,92% aa.
- Carência: total de 90 dias (30 dias de praxe mais 60 dias) sem pagamento de juros.
- Taxa de serviços: 0,47% sobre o valor do financiamento, a ser paga no ato da liberação do dinheiro.
- Seguros: 8,3% sobre o valor do financiamento, correspondentes à indenização por morte e invalidez (MIP), a serem pagos no ato da liberação do dinheiro.
- IOF: 0,0082% ad com capitalização linear, mais 0,38% sobre o valor do principal (amortização) de cada parcela, a ser paga no ato da liberação do dinheiro.

Resolução:

Planilha do financiamento:

- Taxa mensal equivalente:

40,92 < i > 1 < ENTER > 12 < ÷ > < g > < GTO > (0)01 → 2,90% am

- Valor da prestação:

9500 < ENTER > 2,90 < % > < + > → R$ 9.775,50

9775,50 < ENTER > 2,90 < % > < + > → R$ 10.058,99

10058,99 < CHS > < PV > 2,90 < i > 6 < n > < PMT > → R$ 1.850,71

Planilha do financiamento: como não ocorre correção monetária, a planilha pode ser gerada por meio da função < AMORT > da HP-12C.

n	Data	Pagamentos	Juros	Amortização	Saldo devedor
0	13/06/12	–	–	–	9.500,00
1	13/07/12	–	–	–	9.775,50
2	13/08/12	–	–	–	10.058,99
3	13/09/12	1.850,71	291,71	1.559,00	8.499,99
4	13/10/12	1.850,71	246,50	1.604,21	6.895,78
5	13/11/12	1.850,71	199,98	1.650,73	5.245,05
6	13/12/12	1.850,71	152,11	1.698,60	3.546,45
7	13/01/13	1.850,71	102,85	1.747,86	1.798,59
8	13/02/13	1.850,71	52,16	1.798,55	– 0,04

Taxa mensal efetiva:

Taxa de serviços (TS):

$$9500 < \text{ENTER} > 0{,}47 < \% > \rightarrow \text{R\$ } 44{,}65$$

Seguro (MIP):

$$9500 < \text{ENTER} > 8{,}3 < \% > \rightarrow \text{R\$ } 788{,}50$$

IOF:

n	Data	Dias corridos (tempo exato)	Principal (amortização)	IOF1 (0,0082% ad)	IOF2 (0,38%)	IOF1 + IOF2
0	13/06/12	–	–	–	–	–
1	13/07/12	–	–	–	–	–
2	13/08/12	–	–	–	–	–
3	13/09/12	92	1.559,00	11,76	5,92	17,68
4	13/10/12	122	1.604,21	16,05	6,10	22,15
5	13/11/12	153	1.650,73	20,71	6,27	26,98
6	13/12/12	183	1.698,60	25,49	6,45	31,94
7	13/01/13	214	1.747,86	30,67	6,64	37,31
8	13/02/13	245	1.798,55	36,13	6,83	42,96
IOF Total						**179,02**

- Entrada efetiva de caixa:

$$9500 < \text{ENTER} > \underbrace{44{,}65}_{\text{TS}} < - > \underbrace{788{,}50}_{\text{MIP}} < - > \underbrace{179{,}02}_{\text{IOF}} < - > \quad \rightarrow \quad \text{R\$ } 8.487{,}83$$

Fluxo de caixa sob o ponto de vista do cliente:

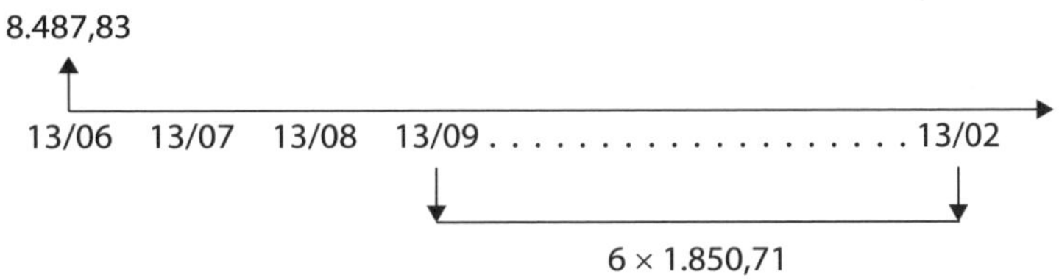

- Custo efetivo do financiamento:

8487,83 < CHS > < g > < CFo >

0 < g > < CFj >

2 < g > < Nj >

1850,71 < g > < CFj >

6 < g > < Nj >

< f > < IRR > → 5,07% am

Resposta: 5,07% am.

R 7.17 Uma pessoa tomou um financiamento no valor de R$ 14.300,00 pelo sistema SAC no dia 22 de abril de 2013. Elabore a planilha do financiamento e determine a taxa mensal efetiva envolvida na operação financeira, supondo as seguintes condições:

- Número de parcelas: 5.
- Taxa de juros: 26,40% aa com capitalização mensal.
- Carência: total de 120 dias (30 dias de praxe mais 90 dias) sem pagamento de juros.
- Taxa de serviços: 0,55% sobre o valor do financiamento, a ser paga no ato da liberação do dinheiro.
- Seguros: 7,9% sobre o valor do financiamento, correspondentes à indenização por morte e invalidez (MIP), a serem pagos no ato da liberação do dinheiro.
- IOF: 0,0041% ad com capitalização linear, mais 0,38% sobre o valor do principal (amortização) de cada parcela, a ser pago no ato da liberação do dinheiro.

Resolução:

Planilha do financiamento:

- Taxa mensal:

26,40 < ENTER > 12 < ÷ > → 2,2% am

- Valor da amortização:

14300 < ENTER > 2,20 < % > < + > → R$ 14.614,60

14614,60 < ENTER > 2,20 < % > < + > → R$ 14.936,12

14936,12 < ENTER > 2,20 < % > < + > → R$ 15.264,71

15264,71 < ENTER > 5 < ÷ > → R$ 3.052,94

n	Data	Pagamentos	Juros	Amortização	Saldo devedor
0	22/04/2013	–	–	–	14.300,00
1	22/05/2013	–	–	–	14.614,60
2	22/06/2013	–	–	–	14.936,12
3	22/07/2013	–	–	–	15.264,71
4	22/08/2013	3.388,76	335,82	3.052,94	12.211,77
5	22/09/2013	3.321,60	268,66	3.052,94	9.158,83
6	22/10/2013	3.254,43	201,49	3.052,94	6.105,89
7	22/11/2013	3.187,27	134,33	3.052,94	3.052,95
8	22/12/2013	3.120,10	67,16	3.052,94	0,01

Taxa mensal efetiva:

- Taxa de serviços (TS):

14300 < ENTER > 0,55 < % > → R$ 78,65

- Seguro (MIP):

14300 < ENTER > 7,9 < % > → R$ 1.129,70

- IOF:

n	Data	Dias corridos (tempo exato)	Principal (amortização)	IOF1 (0,0041% ad)	IOF2 (0,38%)	IOF1 + IOF2
0	22/04/2013	–	–	–	–	–
1	22/05/2013	–	–	–	–	–
2	22/06/2013	–	–	–	–	–
3	22/07/2013	–	–	–	–	–
4	22/08/2013	122	3.052,94	15,27	11,60	26,87
5	22/09/2013	153	3.052,94	19,15	11,60	30,75
6	22/10/2013	183	3.052,94	22,91	11,60	34,51
7	22/11/2013	214	3.052,94	26,79	11,60	38,39
8	22/12/2013	244	3.052,94	30,54	11,60	42,14
IOF Total						**172,66**

Entrada efetiva de caixa:

$$14300 < ENTER > \underbrace{78,65}_{TS} < - > \underbrace{1.129,70}_{MIP} < - > \underbrace{172,66}_{IOF} < - > \quad \rightarrow \quad R\$ \ 12.918,99$$

- Fluxo de caixa sob o ponto de vista do cliente:

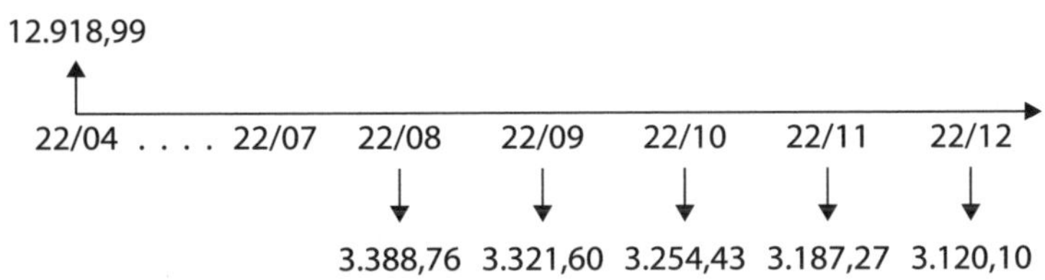

- Custo efetivo do financiamento:

12918,99 < CHS > < g > < CFo >

0 < g > < CFj >

4 < g > < Nj >

3388,76 < g > < CFj >

3321,60 < g > < CFj >

3254,43 < g > < CFj >

3187,27 < g > < CFj >

3120,10 < g > < CFj >

< f > < IRR > → 3,39% am

Resposta: 3,39% am.

R 7.18 Uma pessoa tomou um financiamento no valor de R$ 15.300,00, pelo sistema Price, no dia 13 de outubro de 2014. Elabore a planilha do financiamento e determine a taxa mensal efetiva envolvida na operação financeira, supondo as seguintes condições:

- Número de parcelas: 7.
- Taxa de juros: 23,40% aa com capitalização mensal.
- Carência: total de 60 dias (30 dias de praxe mais 30 dias) sem pagamento de juros.
- Taxa de serviços: 0,45% sobre o valor do financiamento, a ser paga no ato da liberação do dinheiro.
- Seguros: 8,5% sobre o valor do financiamento, correspondentes à indenização por morte e invalidez (MIP), a serem pagos no ato da liberação do dinheiro.
- IOF: 0,0041% ad com capitalização linear, mais 0,38% sobre o valor do principal (amortização) de cada parcela, a ser financiado junto com o valor solicitado.

Resolução:

Planilha do financiamento:

- IOF: para calcular o valor do IOF financiado devemos utilizar a seguinte relação:

$$\mathbf{x} = \frac{\mathbf{y} \cdot \mathbf{z}}{\mathbf{y} - \mathbf{z}}$$

em que:

x = valor do IOF com financiamento;

y = valor do financiamento sem IOF;

z = valor do IOF sem financiamento.

Assim, inicialmente, devemos calcular o valor do IOF sem financiamento. Para isso, necessitamos do valor das amortizações referentes ao financiamento sem o IOF, que podem ser obtidas por meio da tecla < AMORT > da HP-12C.

- Taxa mensal equivalente:

23,40 < ENTER > 12 < ÷ > → 1,95% am

- Valor da prestação:

15300 < ENTER > 1,95 < % > < + > → R$ 15.598,35

15598,35 < CHS > < PV > 1,95 < i > 7 < n > < PMT > → R$ 2.405,50

- Amortizações:

1 < f > < AMORT > < x ↔ y > → R$ 2.101,33 (13/12/14)

1 < f > < AMORT > < x ↔ y > → R$ 2.142,31 (13/01/15)

1 < f > < AMORT > < x ↔ y > → R$ 2.184,08 (13/02/15)

1 < f > < AMORT > < x ↔ y > → R$ 2.226,67 (13/03/15)

1 < f > < AMORT > < x ↔ y > → R$ 2.270,09 (13/04/15)

1 < f > < AMORT > < x ↔ y > → R$ 2.314,36 (13/05/15)

1 < f > < AMORT > < x ↔ y > → R$ 2.359,49 (13/06/15)

n	Data	Dias corridos (tempo exato)	Principal (amortização)	IOF1 (0,0041% ad)	IOF2 (0,38%)	IOF1 + IOF2
0	13/10/14	–	–	–	–	–
1	13/11/14	–	–	–	–	–
2	13/12/14	61	2.101,33	5,26	7,99	13,25
3	13/01/15	92	2.142,31	8,08	8,14	16,22
4	13/02/15	123	2.184,08	11,01	8,30	19,31
5	13/03/15	151	2.226,67	13,79	8,46	22,25
6	13/04/15	182	2.270,09	16,94	8,63	25,57
7	13/05/15	212	2.314,36	20,12	8,79	28,91
8	13/06/15	243	2.359,49	23,51	8,97	32,48
IOF Total						**157,99**

Assim:

$$x = \frac{y \ . \ z}{y \ - \ z} = \frac{15300{,}00 \ . \ 157{,}99}{15300{,}00 \ - \ 157{,}99} = \text{R\$ } 159{,}64$$

- Valor do financiamento com IOF:

15300 < ENTER > 159,64 < + > → R$ 15.459,64

- Valor da prestação:

15459,64 < ENTER > 1,95 < % > < + > → 15.761,10

15761,10 < CHS > < PV > 1,95 < i > 7 < n > < PMT > → R$ 2.430,60

Estamos agora em condições de elaborar a planilha do financiamento com o seu respectivo IOF:

n	Data	Pagamentos	Juros	Amortização	Saldo devedor
0	13/10/14	–	–	–	15.459,64
1	13/11/14	–	–	–	15.761,10
2	13/12/14	2.430,60	307,34	2.123,26	13.637,84
3	13/01/15	2.430,60	265,94	2.164,66	11.473,18
4	13/02/15	2.430,60	223,73	2.206,87	9.266,31
5	13/03/15	2.430,60	180,69	2.249,91	7.016,40
6	13/04/15	2.430,60	136,82	2.293,78	4.722,62
7	13/05/15	2.430,60	92,09	2.338,51	2.384,11
8	13/06/15	2.430,60	46,49	2.384,11	0,00

Taxa mensal efetiva:

- Taxa de serviços (TS):

15459,64 < ENTER > 0,45 < % > → R$ 69,57

- Seguro (MIP):

15459,64 < ENTER > 8,5 < % > → R$ 1.314,07

Entrada efetiva de caixa:

15.459,64 < ENTER > $\underbrace{69,57}_{\text{TS}}$ < – > $\underbrace{1.314,07}_{\text{MIP}}$ < – > → R$ 14.076,00

Fluxo de caixa sob o ponto de vista do cliente:

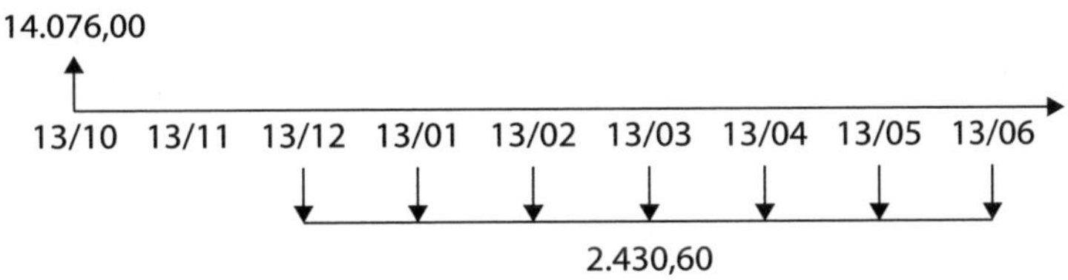

Custo efetivo do financiamento:

14.076,00 < CHS > < g > < CFo >

0 < g > < CFj >

2.430,60 < g > < CFj >

7 < g > < Nj >

< f > < IRR > → 3,93% am

Resposta: 3,93% am.

R 7.19 Uma pessoa tomou um financiamento no valor de R$ 6.850,00 pelo sistema SAC no dia 9 de novembro de 2015. Elabore a planilha do financiamento e determine a taxa mensal efetiva envolvida na operação financeira, supondo as seguintes condições:

- Número de parcelas: 5.
- Taxa de juros: 28,32% aa.
- Carência: total de 150 dias (30 dias de praxe mais 120 dias) com pagamento de juros.
- Taxa de serviços: 0,64% sobre o valor do financiamento, a ser paga no ato da liberação do dinheiro.
- Seguros: 7,8% sobre o valor do financiamento, correspondentes à indenização por morte e invalidez (MIP), a serem pagos no ato da liberação do dinheiro.
- IOF: 0,0041% ad com capitalização linear, mais 0,38% sobre o valor do principal (amortização) de cada parcela, a ser financiado junto com o valor solicitado.

Resolução:

Planilha do financiamento:

- Para calcular o valor do IOF financiado, devemos utilizar a seguinte relação:

$$x = \frac{y \cdot z}{y - z}$$

em que:

x = valor do IOF com financiamento;

y = valor do financiamento sem IOF;

z = valor do IOF sem financiamento.

Assim, inicialmente devemos calcular o valor do IOF sem financiamento. Para isso necessitamos do valor da amortização (constante) referente ao financiamento, ou seja:

6850 < ENTER > 5 < ÷ > → R$ 1.370,00

n	Data	Dias corridos (tempo exato)	Principal (amortização)	IOF1 (0,0041% ad)	IOF2 (0,38%)	IOF1 + IOF2
0	09/11/2015	–	–	–	–	–
1	09/12/2015	–	–	–	–	–
2	09/01/2016	–	–	–	–	–
3	09/02/2016	–	–	–	–	–
4	09/03/2016	–	–	–	–	–
5	09/04/2016	152	1.370,00	8,54	5,21	13,75
6	09/05/2016	182	1.370,00	10,22	5,21	15,43
7	09/06/2016	213	1.370,00	11,96	5,21	17,17
8	09/07/2016	243	1.370,00	13,65	5,21	18,86
9	09/08/2016	274	1.370,00	15,39	5,21	20,60
IOF Total						**85,81**

Assim:

$$x = \frac{y \cdot z}{y - z} = \frac{6.850{,}00 \cdot 85{,}81}{6.850{,}00 - 85{,}81} = R\$\ 86{,}90$$

- Valor do financiamento com IOF:

6850 < ENTER > 86,90 < + > → R$ 6.936,90

Assim, a amortização constante referente ao financiamento com IOF será de:

6936,90 < ENTER > 5 < ÷ > → R$ 1.387,38

Taxa mensal de juros:

28,32 < i > 1 < ENTER > 12 < ÷ > < n > < g > < GTO > (0)01 < R/S > → 2,10% am

Estamos agora em condições de elaborar a planilha do financiamento com o seu respectivo IOF:

n	Data	Pagamentos	Juros	Amortização	Saldo devedor
0	09/11/2015	–	–	–	6.936,90
1	09/12/2015	145,67	145,67	–	6.936,90
2	09/01/2016	145,67	145,67	–	6.936,90
3	09/02/2016	145,67	145,67	–	6.936,90
4	09/03/2016	145,67	145,67	–	6.936,90
5	09/04/2016	1.533,05	145,67	1.387,38	5.549,52
6	09/05/2016	1.503,92	116,54	1.387,38	4.162,14
7	09/06/2016	1.474,78	87,40	1.387,38	2.774,76
8	09/07/2016	1.445,65	58,27	1.387,38	1.387,38
9	09/08/2016	1.416,51	29,13	1.387,38	0,00

Taxa mensal efetiva:

- Taxa de serviços (TS):

6936,90 < ENTER > 0,64 < % > → R$ 44,40

- Seguro (MIP):

6936,90 < ENTER > 7,8 < % > → R$ 541,08

- Entrada efetiva de caixa:

$$6936{,}90 < ENTER > \underbrace{44,40}_{TS} < - > \underbrace{541,08}_{MIP} \rightarrow R\$\ 6.351{,}42$$

- Fluxo de caixa sob o ponto de vista do cliente:

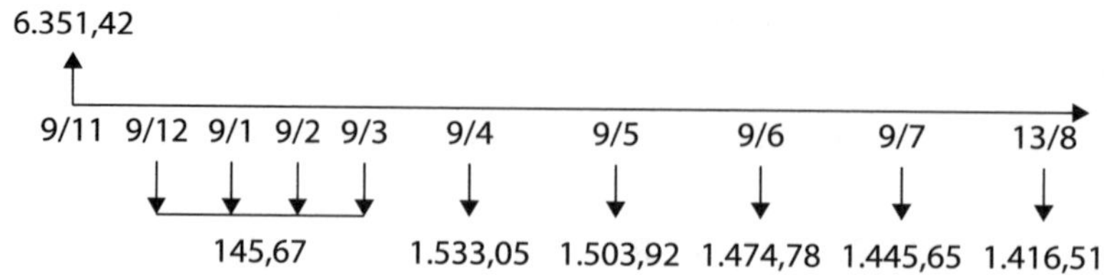

- Custo efetivo do financiamento:

6351,42 < CHS > < g > < CFo >

145,67 < g > < CFj >

4 < g > < Nj >

1533,05 < g > < CFj >

1503,92 < g > < CFj >

1474,78 < g > < CFj >

1445,65 < g > < CFj >

1416,51 < g > < CFj >

< f > < IRR > → 3,49% am

Resposta: 3,70% am.

R 7.20 Uma pessoa tomou um financiamento no valor de R$ 3.480,00 pelo sistema Price no dia 1º de fevereiro de 2015. Elabore a planilha do financiamento e determine a taxa mensal efetiva envolvida na operação financeira, supondo as seguintes condições:

- Número de parcelas: 4.
- Taxa de juros: 21,36% aa com capitalização mensal.
- Carência: total de 90 dias (30 dias de praxe mais 60 dias) sem pagamento de juros.
- Taxa de serviços: 0,52% sobre o valor do financiamento, a ser financiada junto com o valor solicitado.
- Seguros: 7,5% sobre o valor do financiamento, correspondentes à indenização por morte e invalidez (MIP), a serem financiados junto com o valor solicitado.

- IOF: 0,0082% ad com capitalização linear, mais 0,38% sobre o valor do principal (amortização) de cada parcela, a ser pago no ato da liberação do dinheiro.
- Correção monetária mensal pelo IGP-M da FGV, que nesse período apresentou os seguintes índices:

IGP-M (FGV)					
02/15	03/15	04/15	05/15	06/15	07/15
0,27	0,98	1,17	0,41	0,67	0,69

Resolução:

Taxa de serviços:

3480 < ENTER > 0,52 < % > → R$ 18,10

Seguro:

3480 < ENTER > 7,5 < % > → R$ 261,00

Taxa de juros:

21,36 < ENTER > 12 < ÷ > → 1,78% am

Valor do financiamento:

3480 < ENTER > 18,10 < + > 261 < + > → R$ 3.759,10

Planilha referente ao período de carência:

n	Data	S.D.A.	Pagamentos	Juros	Amortização	S.D.
0	01/02/15	–	–	–	–	3.759,10
1	01/03/15	3.769,25	–	–	–	3.836,34
2	01/04/15	3.873,94	–	–	–	3.942,90

Valor da prestação em 1º de abril de 2015:

3942,90 < ENTER > 4 < n > 1,78 < i > < g > < END > < PMT > → 1.029,98

Planilha total:

n	Data	S.D.A	Pagamentos	Juros	Amortização	S.D.
0	01/02/15	–	–	–	–	3.759,10
1	01/03/15	3.769,25	–	–	–	3.836,34
2	01/04/15	3.873,94	–	–	–	3.942,90
3	01/05/15	3.989,03	1.042,03	71,00	971,03	3.018,00
4	01/06/15	3.030,37	1.046,30	53,94	992,36	2.038,01
5	01/07/15	2.051,66	1.053,31	36,52	1.016,79	1.034,87
6	01/08/15	1.042,01	1.060,58	18,55	1.042,03	–0,02

IOF:

n	Data	Dias corridos (tempo exato)	Principal (amortização)	IOF1 (0,0082% ad)	IOF2 (0,38%)	IOF1 + IOF2
0	01/02/15	–	–	–	–	–
1	01/03/15	–	–	–	–	–
2	01/04/15	–	–	–	–	–
3	01/05/15	89	971,03	7,09	3,69	10,78
4	01/06/15	120	992,36	9,76	3,77	13,53
5	01/07/15	150	1.016,79	12,51	3,86	16,37
6	01/08/15	181	1.042,03	15,47	3,96	19,43
IOF Total						**60,11**

Entrada efetiva de caixa:

$$3.759{,}10 < \text{ENTER} > \underbrace{60{,}11}_{\text{IOF}} < - > \quad \rightarrow \quad R\$\ 3.698{,}99$$

Fluxo de caixa sob o ponto de vista do cliente:

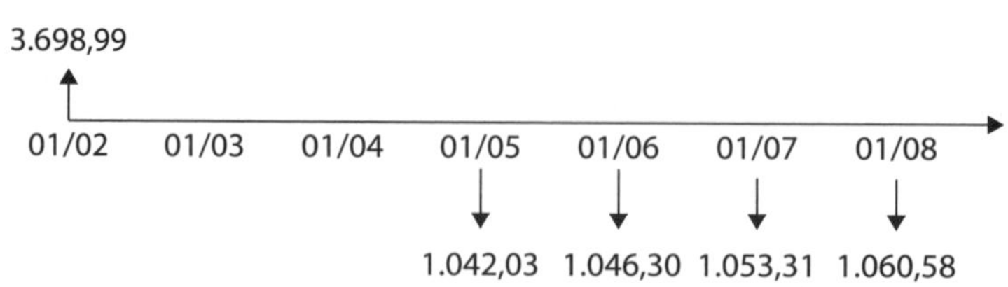

Taxa aparente do financiamento:

$$3698{,}99 < \text{CHS} > < g > < \text{CFo} >$$

$$0 < g > < \text{CFj} >$$

2 < g > < Nj >

1042,03 < g > < CFj >

1046,30 < g > < CFj >

1053,31 < g > < CFj >

1060,58 < g > < CFj >

< f > < IRR > → 2,88% am

Taxa de inflação acumulada no período:

$$i_{ac} = (1+i_{02/15}).(1+i_{03/15}).(1+i_{04/15}).(1+i_{05/15}).(1+i_{06/15}).(1+i_{07/15}) - 1$$
$$i_{ac} = (1+0{,}0027).(1+0{,}0098).(1+0{,}0117).(1+0{,}0041).(1+0{,}0067).(1+0{,}0069) - 1$$
$$\mathbf{i_{ac} = 4{,}26\%\ ap}$$

Taxa média de inflação no período:

$$i_m = \sqrt[6]{1 + 0{,}0426} - 1 \Rightarrow i_m = (1{,}0426)^{1/6} - 1 \Rightarrow i_m = 0{,}0070\ (0{,}70\%\ \text{am})$$

Taxa real mensal no período:

$$i_R = \frac{1 + i_a}{1 + i_i} - 1 \Rightarrow i_R = \frac{1 + 0{,}0288}{1 + 0{,}0070} - 1 \Rightarrow i_R = 0{,}0216\ (\mathbf{2{,}16\%\ am})$$

Resposta: 2,16% am.

R 7.21 Uma pessoa tomou um financiamento no valor de R$ 5.000,00 pelo sistema Price no dia 1º de março de 2016. Elabore a planilha do financiamento e determine a taxa mensal efetiva envolvida na operação financeira, supondo as seguintes condições:

- Número de parcelas: 6.
- Taxa de juros: 26,82% aa.
- Taxa de serviços: 0,45% sobre o valor das prestações, a ser paga junto com as prestações.
- Seguros: 7,7% sobre o valor do financiamento, correspondentes à indenização por morte e invalidez (MIP), a serem financiados junto com o valor solicitado.

- IOF: 0,0082% ad com capitalização linear, mais 0,38% sobre o valor do principal (amortização) de cada parcela, a ser pago no ato da liberação do dinheiro.
- Correção monetária trimestral pelo IPA-DI da FGV, que nesse período apresentou os seguintes índices:

IPA-DI (FGV)					
03/16	04/16	05/16	06/16	07/16	08/16
0,37	0,29	1,49	2,10	–0,81	0,50

Resolução:

Seguro:

5000 < ENTER > 7,7 < % > → R$ 385,00

Valor financiado:

5000 < ENTER > 385,00 < + > → R$ 5.385,00

Taxa de juros:

26,82 < i > 1 < ENTER > 12 < ÷ > < g > < GTO > (0)01 < R/S > → 2,00% am

Planilha do financiamento:

5385 < CHS > < PV > 2 < i > 6 < n > < g > < END > < PMT > → 961,36

n	Data	S.D.A.	Pagamentos	Juros	Amortização	S.D.
0	01/03/16	–	–	–	–	5.385,00
1	01/04/16	5.385,00	961,36	107,70	853,66	4.531,34
2	01/05/16	4.531,34	961,36	90,63	870,73	3.660,61
3	01/06/16	3.739,68	982,13	74,79	907,34	2.832,34
4	01/07/16	2.832,34	982,13	56,65	925,48	1.906,86
5	01/08/16	1.906,86	982,13	38,14	943,99	962,87
6	01/09/16	980,01	999,61	19,60	980,01	-0,00

Observações

1) Em 1º de junho de 2016, o saldo devedor, bem como o valor da prestação, foi corrigido pela inflação acumulada no período:

$$i_{ac} = (1+i_{03/16}).(1+i_{04/16}).(1+i_{05/16})-1 =$$
$$(1+0{,}0037).(1+0{,}0029).(1+0{,}0149)-1 = \mathbf{2{,}16\%\ ap}$$

2) Em 1º de setembro de 2016, o saldo devedor, bem como o valor da prestação, foi corrigido pela inflação acumulada no período:

$$i_{ac} = (1+i_{06/16}).(1+i_{07/16}).(1+i_{08/16}\text{ü}-$$
$$i_{ac} = (1+0{,}0210).(1+(-0{,}0081)).(1+0{,}0050)-1 = \mathbf{1{,}78\%\ ap}$$

Prestações efetivas (acrescidas da taxa de serviços):

961,36 < ENTER > 0,45 < % > < + > → R$ 965,69

982,13 < ENTER > 0,45 < % > < + > → R$ 986,55

999,61 < ENTER > 0,45 < % > < + > → R$ 1.004,11

IOF:

n	Data	Dias corridos (tempo exato)	Principal (amortização)	IOF1 (0,0082% ad)	IOF2 (0,38%)	IOF1 + IOF2
0	01/03/16	–	–	–	–	–
1	01/04/16	31	853,66	2,17	3,24	5,41
2	01/05/16	61	870,73	4,36	3,31	7,67
3	01/06/16	92	907,34	6,84	3,45	10,29
4	01/07/16	122	925,48	9,26	3,52	12,78
5	01/08/16	153	943,99	11,84	3,59	15,43
6	01/09/16	184	980,01	14,79	3,72	18,51
IOF Total						**70,09**

Entrada efetiva de caixa:

5385 < ENTER > 70,09 < – > → R$ 5.314,91

Fluxo de caixa sob o ponto de vista do cliente:

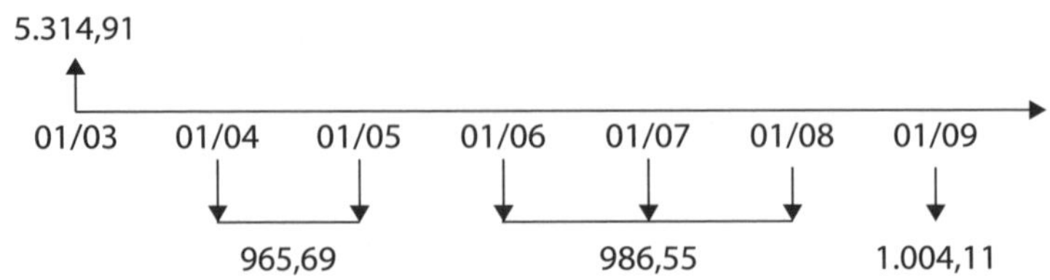

Taxa aparente:

< f > < REG >

5314,91 < CHS > < g > < CFo >

965,69 < g > < CFj >

2 < g > < Nj >

986,55< g > < CFj >

3 < g > < Nj >

1004,11 < g > < CFj >

< f > < IRR > →3,02% am

Taxa de inflação acumulada no período:

$$i_{ac} = (1+i_{02/15}).(1+i_{03/15}).(1+i_{04/15}).(1+i_{05/15}).(1+i_{06/15}).(1+i_{07/15})-1$$
$$i_{ac} = (1+0{,}0037).(1+0{,}0029).(1+0{,}0149).(1+0{,}0210).(1+(-0{,}0081)).(1+0{,}0050)-1$$
$$i_{ac} = 3{,}98\%\ \text{ap}$$

Taxa média de inflação no período:

$$i_m = \sqrt[6]{1+0{,}0398} - 1 \Rightarrow i_m = (1{,}0398)^{1/6} - 1 \Rightarrow i_m = 0{,}0065\ (0{,}65\%\ \text{am})$$

Taxa real mensal no período:

$$i_R = \frac{1+i_a}{1+i_i} - 1 \Rightarrow i_R = \frac{1+0{,}0302}{1+0{,}0065} - 1 \Rightarrow \mathbf{i_R = 0{,}0235\ (2{,}35\%\ am)}$$

Resposta: 2,35% am.

R 7.22 Uma pessoa tomou um financiamento no valor de R$ 10.000,00 pelo sistema Price no dia 1º de abril de 2000. Elabore a planilha do financiamento e determine a taxa mensal efetiva envolvida na operação financeira, supondo as seguintes condições:

- Número de parcelas: 4.
- Carência: 150 dias (120 dias mais 30 dias de praxe), sem pagamento de juros.
- Taxa de juros: 13,45% aa com capitalização mensal.
- Taxa de serviços: 0,65% sobre o valor das prestações, a ser paga junto com as prestações.
- Seguros: 8,2% sobre o valor do financiamento, correspondentes à indenização por morte e invalidez (MIP), a serem pagos no ato da liberação do dinheiro.
- IOF: 0,0082% ad com capitalização linear, mais 0,38% sobre o valor do principal (amortização) de cada parcela, a ser pago no ato da liberação do dinheiro.
- Correção monetária mensal, baseada em um determinado índice que nesse período apresentou os seguintes valores:

Índice para correção monetária							
04/00	05/00	06/00	07/00	08/00	09/00	10/00	11/00
0,53%	0,62%	0,66%	0,75%	0,71%	0,67%	0,53%	0,48%

Resolução:

Taxa de juros:

$$13{,}45 < \text{ENTER} > 12 < \div > \rightarrow 1{,}12\% \text{ am}$$

Planilha do financiamento:

n	Data	S.D.A.	Pagamentos	Juros	Amortização	S.D.
0	01/04	–	–	–	–	10.000,00
1	01/05	10.053,00	–	–	–	10.165,59
2	01/06	10.228,62	–	–	–	10.343,18
3	01/07	10.411,44	–	–	–	10.528,05
4	01/08	10.607,01	–	–	–	10.725,81
5	01/09	10.801,96	2.776,52	120,98	2.655,54	8.146,42
6	01/10	8.201,00	2.795,12	91,85	2.703,27	5.497,73
7	01/11	5.526,87	2.809,93	61,90	2.748,03	2.778,84
8	01/12	2.792,18	2.823,42	31,27	2.792,15	0,03

Observação

Valor da prestação na linha 5 (n = 4):

10725,81 < ENTER > 4 < n > 1,12 < i > < g > < END > < PMT > → 2.756,95

Seguro:

10000 < ENTER > 8,2 < % > → R$ 820,00

IOF:

n	Data	Dias corridos (tempo exato)	Principal (amortização)	IOF1 (0,0082% ad)	IOF2 (0,38%)	IOF1 + IOF2
0	01/04/00	–	–	–	–	–
1	01/05/00	30	–	–		
2	01/06/00	61	–	–		
3	01/07/00	91	–	–		
4	01/08/00	122	–	–		
5	01/09/00	153	2.655,54	33,32	10,09	43,41
6	01/10/00	183	2.703,27	40,57	10,27	50,84
7	01/11/00	214	2.748,03	48,22	10,44	58,66
8	01/12/00	244	2.792,15	55,87	10,61	66,48
IOF Total						**219,39**

Prestações efetivas:

2776,52 < ENTER > 0,65 < % > < + > → R$ 2.794,57

2795,12 < ENTER > 0,65 < % > < + > → R$ 2.813,29

2809,93 < ENTER > 0,65 < % > < + > → R$ 2.828,19

2823,42 < ENTER > 0,65 < % > < + > → R$ 2.841,77

Entrada efetiva de caixa:

$$100000 < ENTER > \underbrace{219,39}_{IOF} < - > \underbrace{820,00}_{MIP} < - > \quad \rightarrow \quad R\$\ 8.960,61$$

Fluxo de caixa sob o ponto de vista do cliente:

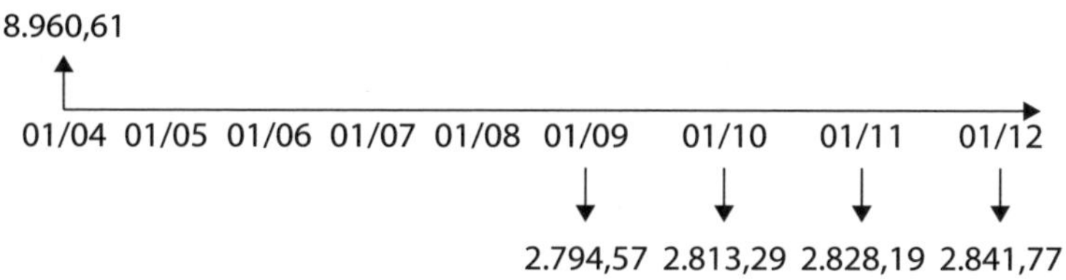

Taxa aparente:

< f > < REG >

8960,61 < CHS > < g > < CFo >

0 < g > < CFj >

4 < g > < Nj >

2.794,57 < g > < CFj >

2.813,29 < g > < CFj >

2.828,19 < g > < CFj >

2.841,77 < g > < CFj >

< f > < IRR > → 3,61% am

Taxa de inflação acumulada no período:

$$i_{ac} = (1+i_{04/00}).(1+i_{05/00}).(1+i_{06/00}).(1+i_{07/00}).(1+i_{08/00}).(1+i_{09/00}).(1+i_{10/00}).(1+i_{11/00})-1$$

$$i_{ac} = (1+0,0053).(1+0,0062).(1+0,0066).(1+0,0075).(1+0,0071).$$
$$.(1+0,0067).(1+0,0053).(1+0,0048)-1$$
$$i_{ac} = 5,06\%\ ap$$

Taxa média de inflação no período:

$$i_m = \sqrt[8]{1+0,0506} - 1 \Rightarrow i_m = (1,0506)^{1/8} - 1 \Rightarrow i_m = 0,0062\ (0,62\%\ am)$$

Taxa real mensal no período:

$$i_R = \frac{1 + i_a}{1 + i_i} - 1 \Rightarrow i_R = \frac{1 + 0{,}0361}{1 + 0{,}0062} - 1 \Rightarrow i_R = 0{,}0297\ (2{,}97\%\ \text{am})$$

Resposta: 2,97% am.

R 7.23 Uma pessoa tomou um financiamento no valor de R$ 13.500,00 pelo sistema SAC no dia 1º de novembro de 2000. Elabore a planilha do financiamento e determine a taxa mensal efetiva envolvida na operação financeira, supondo as seguintes condições:

- Número de parcelas: 6.
- Taxa de juros: 24,90% aa.
- Taxa de serviços: 0,51% sobre o valor do financiamento, a ser financiada junto com o valor solicitado.
- Seguros: 7,3% sobre o valor do financiamento, correspondentes à indenização por morte e invalidez (MIP), a serem financiados junto com o valor solicitado.
- IOF: 0,0041% ad com capitalização linear, mais 0,38% sobre o valor do principal (amortização) de cada parcela, a ser financiado junto com o valor solicitado.
- Correção monetária bimestral pelo INCC-DI da FGV, cujos valores se apresentam descritos a seguir:

INCC-DI (FGV)					
11/00	12/00	01/01	02/01	03/01	04/01
0,41	0,64	0,58	0,34	0,27	0,36

Resolução:

Taxa de juros:

24,90 < i > 1 < ENTER > 12 < ÷ > < g > < GTO > (0)01 < R/S > → 1,87% am

Taxa de serviços:

13500 < ENTER > 0,51 < % > → R$ 68,85

Seguro:

13500 < ENTER > 7,3 < % > → R$ 985,50

IOF: para calcular o valor do IOF financiado, devemos utilizar a seguinte relação:

$$\mathbf{x} = \frac{\mathbf{y} \cdot \mathbf{z}}{\mathbf{y} - \mathbf{z}}$$

em que:

x = valor do IOF com financiamento;

y = valor do financiamento sem IOF;

z = valor do IOF sem financiamento.

Assim, inicialmente, devemos calcular o valor do IOF sem financiamento. Para isto, necessitamos do valor das amortizações referentes ao financiamento:

Valor do financiamento sem IOF:

$$13500 < \text{ENTER} > \underbrace{68{,}85}_{\text{TS}} < + > \underbrace{985{,}50}_{\text{MIP}} < + > \quad \rightarrow \quad \text{R\$ } 14.554{,}35$$

Amortização básica:

$$14554{,}35 < \text{ENTER} > 6 < \div > \rightarrow \text{R\$ } 2.425{,}73$$

Planilha do financiamento sem o IOF:

n	Data	S.D.A.	Pagamentos	Juros	Amortização	S.D.
0	01/11/00	–	–	–	–	14.554,35
1	01/12/00	14.554,35	2.697,90	272,17	2.425,73	12.128,62
2	01/01/01	12.255,97	2.680,39	229,19	2.451,20	9.804,77
3	01/02/01	9.804,77	2.634,55	183,35	2.451,20	7.353,57
4	01/03/01	7.421,22	2.612,53	138,78	2.473,75	4.947,47
5	01/04/01	4.947,47	2.566,27	92,52	2.473,75	2.473,72
6	01/05/01	2.489,30	2.535,88	46,55	2.489,33	-0,03

Observação

Para a geração da planilha mostrada anteriormente foram utilizadas as seguintes taxas de inflação acumulada:

Correção monetária acumulada referente a novembro de 2000 e dezembro de 2000:

$$i_{ac} = (1+i_{11/00}).(1+i_{12/00})-1 = (1+0{,}0041).(1+0{,}0064)-1 = 1{,}05\%\ ap$$

Correção monetária acumulada referente a janeiro de 2001 e fevereiro de 2001:

$$i_{ac} = \left(1+i_{01/01}\right).\left(1+i_{02/01}\right)-1 = \left(1+0{,}0058\right).\left(1+0{,}0034\right)-1 = 0{,}92\%\ ap$$

Correção monetária acumulada referente a março e abril de 2001:

$$i_{ac} = \left(1+i_{03/01}\right).\left(1+i_{04/01}\right)-1 = \left(1+0{,}0027\right).\left(1+0{,}0036\right)-1 = 0{,}63\%\ ap$$

IOF (sem financiamento):

n	Data	Dias corridos (tempo exato)	Principal (amortização)	IOF1 (0,0041% ad)	IOF2 (0,38%)	IOF1 + IOF2
0	01/11/00	–	–	–	–	–
1	01/12/00	30	2.425,73	2,98	9,22	12,20
2	01/01/01	61	2.451,20	6,13	9,31	15,44
3	01/02/01	92	2.451,20	9,25	9,31	18,56
4	01/03/01	120	2.473,75	12,17	9,40	21,57
5	01/04/01	151	2.473,75	15,31	9,40	24,71
6	01/05/01	181	2.489,33	18,47	9,46	27,93
IOF Total						**120,41**

IOF (com financiamento):

$$x = \frac{y\ .\ z}{y\ -\ z} = \frac{14.554{,}35\ .\ 120{,}41}{14.554{,}35\ -\ 120{,}41} = R\$\ 121{,}45$$

Valor do financiamento com IOF:

$$13500 < \text{ENTER} > \underbrace{68{,}85}_{TS} < + > \underbrace{985{,}50}_{MIP} < + > \underbrace{121{,}45}_{IOF} < + > \rightarrow \text{R\\$ } 14.675{,}80$$

Amortização básica:

$$14675{,}80 < \text{ENTER} > 6 < \div > \rightarrow \text{R\\$ } 2.445{,}97$$

Planilha final:

n	Data	S.D.A.	Pagamentos	Juros	Amortização	S.D.
0	11/00	–	–	–	–	14.675,80
1	12/00	14.675,80	2.718,14	272,17	2,445,97	12.229,83
2	01/01	12.358,24	2.702,75	231,10	2.471,65	9.886,59
3	01/02	9.886,59	2.656,53	184,88	2.471,65	7.414,94
4	01/03	7.483,16	2.634,33	139,94	2.494,39	4.988,77
5	01/04	4.988,77	2.587,68	93,29	2.494,39	2.494,38
6	01/05	2.510,09	2.557,04	46,94	2.510,10	–0,01

Entrada efetiva de caixa: R$ 13.500,00.

Fluxo de caixa sob o ponto de vista do cliente:

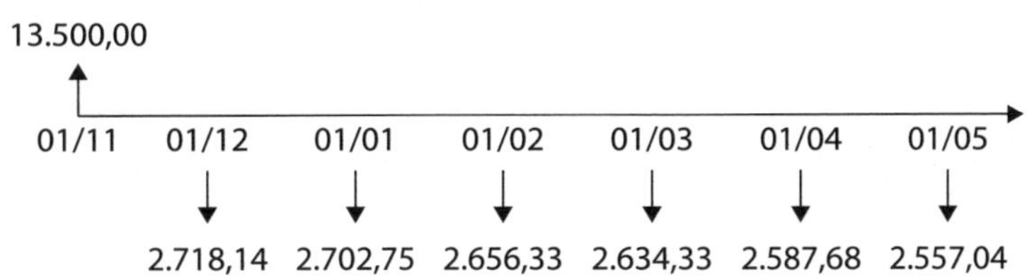

Taxa aparente:

$< f > < \text{REG} >$

$13.500 < \text{CHS} > < g > < \text{CFo} >$

$2718{,}14 < g > < \text{CFj} >$

$2702{,}75 < g > < \text{CFj} >$

$2656{,}33 < g > < \text{CFj} >$

$2634{,}33 < g > < \text{CFj} >$

$2587{,}68 < g > < \text{CFj} >$

$2.557{,}04 < g > < \text{CFj} >$

$< f > < \text{IRR} > \rightarrow$ 4,85% am

Taxa de inflação acumulada no período:

$$i_{ac} = (1+i_{11/00}).(1+i_{12/00}).(1+i_{01/01}).(1+i_{02/01}).(1+i_{03/01}).(1+i_{04/01})-1$$
$$i_{ac} = (1+0{,}0041).(1+0{,}0064).(1+0{,}0058).(1+0{,}0034).(1+0{,}0027).(1+0{,}0036)-1$$
$$i_{ac} = 2{,}63\%\ \text{ap}$$

Taxa média de inflação no período:

$$i_m = \sqrt[6]{1+0{,}0263} - 1 \Rightarrow i_m = (1{,}0263)^{1/6} - 1 \Rightarrow i_m = 0{,}0043\ (0{,}43\%\ \text{am})$$

Taxa real mensal no período:

$$i_R = \frac{1+i_a}{1+i_i} - 1 \Rightarrow i_R = \frac{1+0{,}0485}{1+0{,}0043} - 1 \Rightarrow i_R = 0{,}0440\ (4{,}40\%\ \text{am})$$

Resposta: 4,40% am.

R 7.24 Uma pessoa tomou um financiamento no valor de R$ 17.000,00 pelo sistema SAC no dia 1º de julho de 2007. Elabore a planilha do financiamento e determine a taxa mensal efetiva envolvida na operação financeira, supondo as seguintes condições:

- Número de parcelas: 4.
- Carência: 150 dias (120 dias mais 30 dias de praxe) sem pagamento de juros.
- Taxa de juros: 27,0% aa com capitalização mensal.
- Taxa de serviços: 0,42% sobre o valor do financiamento, a ser paga no ato da liberação do dinheiro.
- Seguros: 7,7% sobre o valor do financiamento, correspondentes à indenização por morte e invalidez (MIP), a serem pagos no ato da liberação do dinheiro.
- IOF: 0,0082% ad com capitalização linear, mais 0,38% sobre o valor do principal (amortização) de cada parcela, a ser pago no ato da liberação do dinheiro.
- Correção monetária bimestral pelo IPC da Fipe, cujos valores se apresentam descritos a seguir:

IPC (Fipe)							
07/07	08/07	09/07	10/07	11/07	12/07	01/08	02/08
0,27	0,07	0,24	0,08	0,47	0,82	0,52	0,19

Resolução:

Taxa de juros:

$$27 < \text{ENTER} > 12 < \div > \rightarrow 2{,}25\% \text{ am}$$

Taxa de serviços:

$$17000 < \text{ENTER} > 0{,}42 < \% > \rightarrow \text{R\$ } 71{,}40$$

Seguro:

$$17000 < \text{ENTER} > 7{,}7 < \% > \rightarrow \text{R\$ } 1.309{,}00$$

Correção monetária acumulada referente a julho de 2007 e agosto de 2007:

$$i_{ac} = (1+i_{07/07}).(1+i_{08/07})-1 = (1+0{,}0027).(1+0{,}0007)-1 = 0{,}34\% \text{ ap}$$

Correção monetária acumulada referente a setembro de 2007 e outubro de 2007:

$$i_{ac} = (1+i_{09/07}).(1+i_{10/07})-1 = (1+0{,}0024).(1+0{,}0008)-1 = 0{,}32\% \text{ ap}$$

Correção monetária acumulada referente a novembro de 2007 e dezembro de 2007:

$$i_{ac} = (1+i_{11/00}).(1+i_{12/00})-1 = (1+0{,}0047).(1+0{,}0082)-1 = 1{,}29\% \text{ ap}$$

Correção monetária acumulada referente a janeiro de 2008 e fevereiro de 2008:

$$i_{ac} = (1+i_{11/00}).(1+i_{12/00})-1 = (1+0{,}0052).(1+0{,}0019)-1 = 0{,}71\% \text{ ap}$$

Planilha do financiamento:

n	Data	S.D.A.	Pagamentos	Juros	Amortização	S.D.
0	01/07/07	-				17.000,00
1	01/08/07	17.000,00	–	–	–	17.382,50
2	01/09/07	17.441,60	–	–	–	17.834,04
3	01/10/07	17.834,04	–	–	–	18.235,31
4	01/11/07	18.293,66	–	–	–	18,705,27
5	01/12/07	18.705,27	5.097,19	420,87	4.676,32	14.028,95
6	01/01/08	14.209,92	5.056,36	319,72	4.736,64	9.473,28
7	01/02/08	9.473,28	4.949,79	213,15	4.736,64	4.736,64
8	01/03/08	4.770,27	4.877,60	107,33	4.770,27	0,00

Observação

Valor básico da amortização em 1º de dezembro de 2007:

18705,27 < ENTER > 4 < ÷ > → R$ 4.676,32

IOF:

n	Data	Dias corridos (tempo exato)	Principal (amortização)	IOF1 (0,0082% ad)	IOF2 (0,38%)	IOF1 + IOF2
0	01/07/07	–	–	–	–	–
1	01/08/07	31	–	–	–	–
2	01/09/07	62	–	–	–	–
3	01/10/07	92	–	–	–	–
4	01/11/07	123	–	–	–	–
5	01/12/07	153	4.676,32	58,67	17,77	76,44
6	01/01/08	184	4.736,64	71,47	18,00	89,47
7	01/02/08	215	4.736,64	83,51	18,00	101,51
8	01/03/08	244	4.770,27	95,44	18,13	113,57
IOF Total						**380,99**

Entrada efetiva de caixa:

$$17000 < \text{ENTER} > \underbrace{71{,}40}_{\text{TS}} < - > \underbrace{1.309{,}00}_{\text{MIP}} < - > \underbrace{380{,}99}_{\text{IOF}} < - > \quad \rightarrow \quad \text{R\$ } 15.238{,}61$$

Fluxo de caixa sob o ponto de vista do cliente:

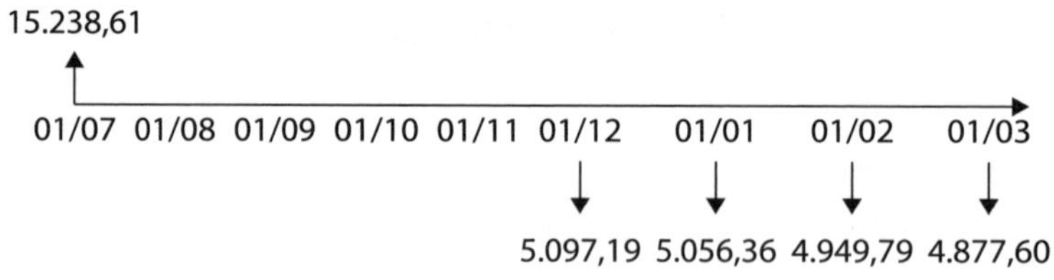

Taxa aparente:

< f > < REG >

15238,61 < CHS > < g > < CFo >

0< g > < CFj >

4 < g > < Nj >

5097,19 < g > < CFj >

5056,36 < g > < CFj >

4949,79 < g > < CFj >

4877,60 < g > < CFj >

< f > < IRR > → 4,29% am

Taxa de inflação acumulada no período:

$$i_{ac} = (1+i_{07/07}).(1+i_{08/07}).(1+i_{09/07}).(1+i_{10/07}).(1+i_{11/07}).(1+i_{12/07}).(1+i_{01/08}).(1+i_{02/08})-1$$
$$i_{ac} = (1+0{,}0027).(1+0{,}0007).(1+0{,}0024).(1+0{,}0008).(1+0{,}0047).(1+0{,}0082).$$
$$.(1+0{,}0052).(1+0{,}0019)-1$$
$$i_{ac} = 2{,}69\%\ \text{ap}$$

Taxa média de inflação no período:

$$i_m = \sqrt[8]{1+0{,}0269} - 1 \Rightarrow i_m = (1{,}0269)^{1/8} - 1 \Rightarrow i_m = 0{,}0033\ (0{,}33\%\ \text{am})$$

Taxa real mensal no período:

$$i_R = \frac{1+i_a}{1+i_i} - 1 \Rightarrow i_R = \frac{1+0{,}0429}{1+0{,}0033} - 1 \Rightarrow i_R = 0{,}0395\ (\mathbf{3{,}95\%\ am})$$

Resposta: 3,95% am.

R 7.25 Uma pessoa tomou um financiamento no valor de R$ 23.000,00 pelo sistema SAC no dia 1º de agosto de 2003. Elabore a planilha do financiamento e determine a taxa mensal efetiva envolvida na operação financeira, supondo as seguintes condições:

- Número de parcelas: 5.
- Taxa de juros: 31,37% aa.
- Taxa de serviços: 0,49% sobre o valor das prestações, a ser paga, junto com as prestações.
- Seguros: 6,5% sobre o valor das prestações, correspondentes à indenização por morte e invalidez (MIP), a serem pagos junto com as prestações.
- IOF: 0,0082% ad com capitalização linear, mais 0,38% sobre o valor do principal (amortização) de cada parcela, a ser pago no ato da liberação do dinheiro.
- Correção monetária mensal, a ser paga da seguinte forma: o saldo devedor será corrigido pelo IGP-M da FGV, que nesse período apontou as seguintes taxas:

IGP-M (FGV)				
08/03	09/03	10/03	11/03	12/03
0,38	1,18	0,38	0,49	0,61

e a amortização será corrigida por valores diferenciados:

08/03	09/03	10/03	11/03	12/03
-0,15	1,26	0,47	0,26	0,32

que apresentam no período um acumulado menor (2,17% contra 3,07%).

Observação

Como estão sendo utilizados valores distintos de atualização monetária para a correção do saldo devedor e da amortização, haverá geração de resíduo, que deverá ser pago integralmente junto com a última prestação.

Resolução:

Taxa de juros:

31,37 < i > 1 < ENTER > 12 < ÷ > < n > < g > < GTO > (0)01 < R/S > → 2,30% am

Amortização básica:

23000 < ENTER > 5 < ÷ > → R$ 4.600,00

Planilha do financiamento:

n	Data	S.D.A	Pagamentos	Juros	Amortização	S.D.
0	01/08/03	–	–	–	–	23..000,00
1	01/09/03	23.087,40	5.124,11	531,01	4.593,10	18.494,30
2	01/10/03	18.712,53	5.081,36	430,39	4.650,97	14.061,56
3	01/11/03	14.114,99	4.997,47	324,64	4.672,83	9.442,16
4	01/12/03	9.488,43	4.903,21	218,23	4.684,98	4.803,45
5	01/01/04	4.832,75	4.811,12	111,15	4.699,97	132,78
						Resíduo

IOF:

n	Data	Dias corridos (tempo exato)	Principal (amortização)	IOF1 (0,0082% ad)	IOF2 (0,38%)	IOF1 + IOF2
0	01/08/03	–	–	–	–	–
1	01/09/03	31	4.593,10	11,68	17,45	29,13
2	01/10/03	61	4.650,97	23,26	17,67	40,93
3	01/11/03	92	4.672,83	35,25	17,76	53,01
4	01/12/03	122	4.684,98	46,87	17,80	64,67
5	01/01/04	153	4.699,97 + 132,78	60,63	18,36	78,99
IOF Total						**266,73**

Prestações efetivas:

Data	Prestação básica	TS (0,49%)	Seguro (6,5%)	Prestação efetiva
01/09/03	5.124,11	25,11	333,07	5.482,29
01/10/03	5.081,36	24,90	330,29	5.436,55
01/11/03	4.997,47	24,49	324,84	5.346,80
01/12/03	4.903,21	24,03	318,71	5.245,95
01/01/04	4.811,12	23,57	312,72	5.147,41

Entrada efetiva de caixa:

23000 < ENTER > $\underbrace{266,73}_{\text{IOF}}$ < – > → R$ 22.733,27

Fluxo de caixa sob o ponto de vista do cliente:

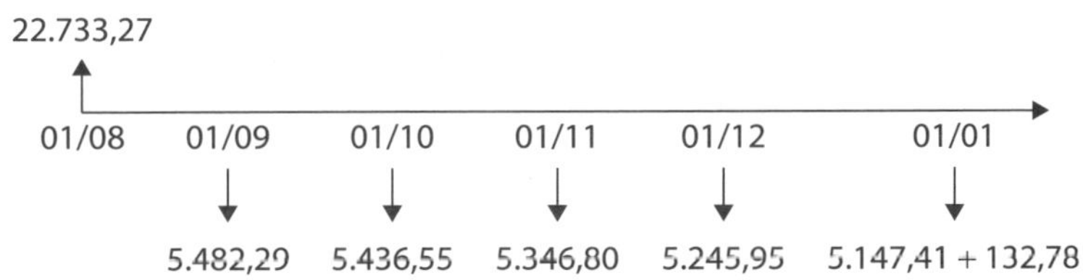

Taxa aparente:

< f > < REG >
22733,27 < CHS > < g > < CFo >
5482,29 < g > < CFj >
5436,55 < g > < CFj >
5346,80 < g > < CFj >
5245,95 < g > < CFj >
5147,41 < ENTER > 132,78 < + > < g > < CFj >
< f > < IRR > → 5,78% am

Taxa de inflação (IGP-M) acumulada no período:

$$i_{ac} = (1+i_{08/03}).(1+i_{09/03}).(1+i_{10/03}).(1+i_{11/03}).(1+i_{12/03})-1$$
$$i_{ac} = (1+0{,}0038).(1+0{,}0118).(1+0{,}0038).(1+0{,}0049).(1+0{,}0061)-1$$
$$i_{ac} = 3{,}07\%\ \text{ap}$$

Taxa média de inflação no período:

$$i_m = \sqrt[5]{1+0{,}0307} - 1 \Rightarrow i_m = (1{,}0307)^{1/5} - 1 \Rightarrow i_m = 0{,}0061\ (0{,}61\%\ \text{am})$$

Taxa real mensal no período:

$$i_R = \frac{1 + i_a}{1 + i_i} - 1 \Rightarrow i_R = \frac{1 + 0{,}0578}{1 + 0{,}0061} - 1 \Rightarrow i_R = 0{,}0514\ (\mathbf{5{,}14\%\ am})$$

Resposta: 5,14% am.

R 7.26 Uma pessoa tomou um financiamento no valor de R$ 35.000,00 pelo sistema Price no dia 1º de março de 2008. Elabore a planilha do financiamento e determine a taxa mensal efetiva envolvida na operação financeira, supondo as seguintes condições:

- Número de parcelas: 6.
- Taxa de juros: 22,56% aa com capitalização mensal.
- Taxa de serviços: 0,51% sobre o valor do financiamento, a ser paga no ato da liberação do dinheiro.
- Seguros: 7,5% sobre o valor do financiamento, correspondentes à indenização por morte e invalidez (MIP), a serem pagos no ato da liberação do dinheiro.
- IOF: 0,0041% ad com capitalização linear mais 0,38% sobre o valor do principal (amortização) de cada parcela, a ser pago no ato da liberação do dinheiro.
- Correção monetária pelo IPCA, do IBGE, que no período apresentou os seguintes valores:

IPCA (IBGE)					
03/08	04/08	05/08	06/08	07/08	08/08
0,48	0,55	0,79	0,74	0,53	0,28

a ser paga da seguinte forma: o saldo devedor será corrigido mensalmente, e as prestações, a cada dois meses.

Observação

Como o saldo devedor e as prestações estão sendo atualizados de forma distinta, haverá geração de resíduo, que deverá ser pago integralmente junto com a última prestação.

Resolução:

Taxa mensal:

$$22{,}56 < \text{ENTER} > 12 < \div > \rightarrow 1{,}88\%\ \text{am}$$

Taxa de serviços:

35000 < ENTER > 0,51 < % > → R$ 178,50

Seguro:

35000 < ENTER > 7,5 < % > → R$ 2.625,00

Taxas de atualização monetária para as prestações:

- Correção monetária acumulada referente a março de 2008 e abril de 2008:

$$i_{ac} = (1+i_{03/08}).(1+i_{04/08})-1 = (1+0,0048).(1+0,0055)-1 = 1,03\%\ ap$$

Correção monetária acumulada referente a maio de 2008 e junho de 2008:

$$i_{ac} = (1+i_{05/08}).(1+i_{06/08})-1 = (1+0,0079).(1+0,0074)-1 = 1,54\%\ ap$$

Correção monetária acumulada referente a julho de 2008 e agosto de 2008:

$$i_{ac} = (1+i_{07/08}).(1+i_{08/08})-1 = (1+0,0053).(1+0,0028)-1 = 0,81\%\ ap$$

Prestação básica:

35000 < CHS > < PV > 1,88 < i > 6 < n > < g > < END > < PMT > → R$ 6.223,12

Planilha do financiamento:

n	Data	S.D.A.	Pagamentos	Juros	Amortização	S.D.
0	01/03/08	–	–	–	–	35.000,00
1	01/04/08	35.168,00	6.223,12	661,16	5.561,96	29.606,04
2	01/05/08	29.768,87	6.287,22	559,65	5.727,57	24.041,30
3	01/06/08	24.231,23	6.287,22	455,55	5.831,67	18.399,56
4	01/07/08	18.535,72	6.384,04	348,47	6.035,57	12.500,15
5	01/08/08	12.566,40	6.384,04	236,25	6.147,79	6.418,61
6	01/09/08	6.436,58	6.435,75	121,01	6.314,74	121,84
						Resíduo

IOF:

n	Data	Dias corridos (tempo exato)	Principal (amortização)	IOF1 (0,0041% ad)	IOF2 (0,38%)	IOF1 + IOF2
0	01/03/08	–	–	–	–	–
1	01/04/08	31	5.561,96	7,07	21,14	28,21
2	01/05/08	61	5.727,57	14,32	21,76	36,08
3	01/06/08	92	5.831,67	22,00	22,16	44,16
4	01/07/08	122	6.035,57	30,19	22,94	53,13
5	01/08/08	153	6.147,79	38,57	23,36	61,93
6	01/09/08	184	6.314,74 + 121,84	48,56	24,46	73,02
IOF Total						296,56

Entrada efetiva de caixa:

$$35000 < \text{ENTER} > \underbrace{296,53}_{\text{IOF}} < - > \underbrace{178,50}_{\text{TS}} < - > \underbrace{2.625,00}_{\text{MIP}} < - > \rightarrow \quad \text{R\$ } 31.899,97$$

Fluxo de caixa sob o ponto de vista do cliente:

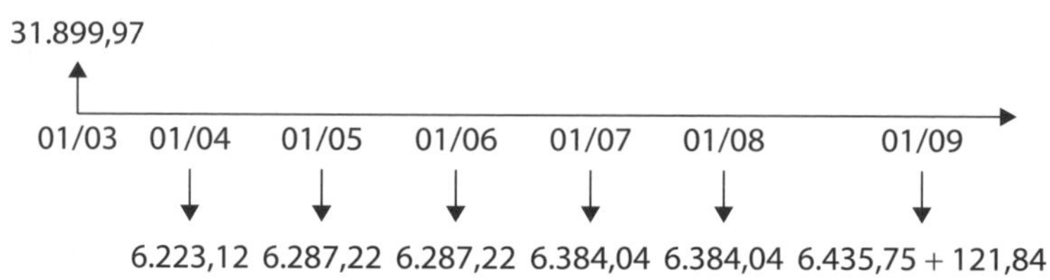

Taxa aparente:

< f > < REG >

31899,97 < CHS > < g > < CFo >

6223,12 < g > < CFj >

6287,22 < g > < CFj >

2 < g > < Nj >

6384,04 < g > < CFj >

2 < g > < Nj >

6435,75 < ENTER > 121,84 < + > < g > < CFj >

< f > < IRR > → 5,30% am

Taxa de inflação (IGP-M) acumulada no período:

$$i_{ac} = (1+i_{03/08}).(1+i_{04/08}).(1+i_{05/08}).(1+i_{06/08}).(1+i_{07/08}).(1+i_{08/08})-1$$
$$i_{ac} = (1+0{,}0048).(1+0{,}0055).(1+0{,}0079).(1+0{,}0074).(1+0{,}0053).(1+0{,}0028)-1$$
$$i_{ac} = 3{,}42\% \text{ ap}$$

Taxa média de inflação no período:

$$i_m = \sqrt[6]{1 + 0,0342} - 1 \Rightarrow i_m = (1,0342)^{1/6} - 1 \Rightarrow i_m = 0,0056 \ (0,56\% \text{ am})$$

Taxa real mensal no período:

$$\boldsymbol{i_R = \frac{1 + i_a}{1 + i_i} - 1 \Rightarrow i_R = \frac{1 + 0,0530}{1 + 0,0056} - 1 \Rightarrow i_R = 0,0471 \left(4,71\% \, \text{am}\right)}$$

Resposta: 4,71% am.

R 7.27 Uma pessoa tomou um financiamento no valor de R$ 10.700,00 pelo sistema Price no dia 1º de fevereiro de 1993. Elabore a planilha do financiamento e determine a taxa mensal efetiva envolvida na operação financeira, supondo as seguintes condições:

- Número de parcelas: 4.
- Taxa de juros: 26,82% aa.
- Taxa de serviços: 0,58% sobre o valor do financiamento, a ser financiada junto com o valor solicitado.
- Seguros: 8,1% sobre o valor do financiamento, correspondentes à indenização por morte e invalidez (MIP), a serem financiados junto com o valor solicitado.
- IOF: 0,0082% ad com capitalização linear, mais 0,38% sobre o valor do principal (amortização) de cada parcela, a ser pago no ato da liberação do dinheiro.
- Correção monetária mensal pelo IGP-M da FGV, que no período apresentou os seguintes valores:

IGP-M (FGV)			
02/93	03/93	04/93	05/93
28,42	26,25	28,83	29,70

a ser paga da seguinte forma: o saldo devedor será corrigido integralmente pelo IGP-M e as prestações serão corrigidas por 90% do valor do IGP-M correspondente, ou seja:

90% do IGP-M (FGV)			
02/93	03/93	04/93	05/93
25,58	23,63	25,95	26,73

Observação

Como o saldo devedor e as prestações estão sendo corrigidos de forma distinta, haverá geração de resíduo, que deverá ser pago integralmente 30 dias após o pagamento da última prestação (1º de julho de 1993), acrescido de juros e correção monetária pelo IGP-M da FGV, que no mês de junho de 1993 apontou o valor de 31,49%.

Resolução:

Taxa de juros:

26,82 < i > 1 < ENTER > 12 < ÷ > < n > < g > < GTO > (0)01 < R/S > → 2,0% am

Taxa de serviços:

10700 < ENTER > 0,58 < % > → R$ 62,06

Seguro:

10700 < ENTER > 8,1 < % > → R$ 866,70

Valor do financiamento:

10700 < ENTER > $\underbrace{62,06}_{TS}$ < + > $\underbrace{866,70}_{ü}$ < + > → R$ 11.628,76

Prestação básica:

11628,76 < CHS > < PV > 2 < i > 4 < n > < g > < END > < PMT > → R$ 3.053,99

Planilha do financiamento:

n	Data	S.D.A.	Pagamentos	Juros	Amortização	S.D.
0	01/02/93	–	–	–	–	11.628,76
1	01/03/93	14.933,65.	3.835,20	298,67	3.536,53	11.397,12
2	01/04/93	14.388,86	4.741,46	287,78	4.453,68	9.935,18
3	01/05/93	12.799,49	5.971,87	255,99	5.715,88	7.083,61
4	01/06/93	9.187,44	7.568,15	183,75	7.384,40	1.803,04
						Resíduo

Valor do resíduo com correção monetária:

1803,04 < ENTER > 31,49 < % > < + > → R$ 2.370,82

Valor do resíduo com correção monetária e juros:

2370,82 < ENTER > 2 < % > < + > → R$ 2.418,24

IOF:

n	Data	Dias corridos (tempo exato)	Principal (amortização)	IOF1 (0,0082% ad)	IOF2 (0,38%)	IOF1 + IOF2
0	01/02/93	–	–	–	–	–
1	01/03/93	28	3.536,53	8,12	13,44	21,56
2	01/04/93	59	4.453,68	21,55	16,92	38,47
3	01/05/93	89	5.715,88	41,71	21,72	63,43
4	01/06/93	120	7.384,40	72,66	28,06	100,72
5	01/07/93	150	2.370,82*	29,16	9,01	38,17
IOF Total						**262,35**

* Como o IOF incide apenas sobre o valor do principal, utilizamos o valor do resíduo apenas corrigido monetariamente (sem juros).

Entrada efetiva de caixa:

10700 < ENTER > $\underbrace{262,35}_{\text{IOF}}$ < – > → R$ 10.437,65

Fluxo de caixa (ponto de vista do cliente):

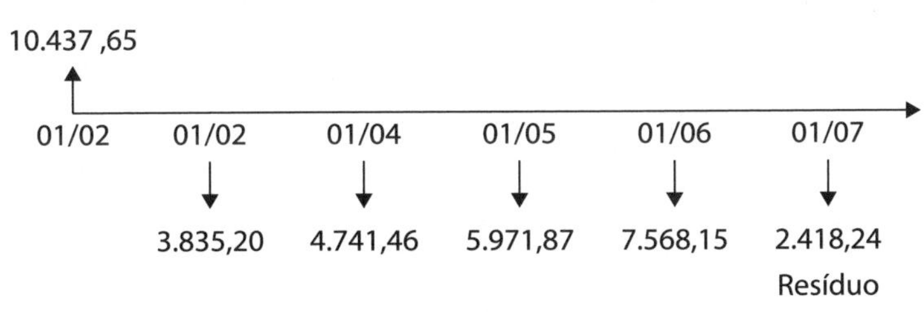

Taxa aparente:

< f > < REG >

10437,65 < CHS > < g > < CFo >

3835,20 < g > < CFj >

4741,46 < g > < CFj >

5971,87 < g > < CFj >

7568,15 < g > < CFj >

2418,24 < g > < CFj >

< f > < IRR > → 36,27% am

Taxa de inflação (IGP-M) acumulada no período:

$$i_{ac} = (1+i_{02/93}).(1+i_{03/93}).(1+i_{04/93}).(1+i_{05/93}).(1+i_{06/93})-1$$
$$i_{ac} = (1+0{,}2842).(1+0{,}2625).(1+0{,}2883).(1+0{,}2970).(1+0{,}3149)-1$$
$$i_{ac} = 256{,}22\%\ ap$$

Taxa média de inflação no período:

$$i_m = \sqrt[5]{1+2{,}5622} - 1 \Rightarrow i_m = (3{,}5622)^{1/5} - 1 \Rightarrow i_m = 0{,}2893\ (28{,}93\%\ am)$$

Taxa real mensal no período:

$$i_R = \frac{1+i_a}{1+i_i} - 1 \Rightarrow i_R = \frac{1+0{,}3627}{1+0{,}2893} - 1 \Rightarrow i_R = 0{,}0569\ (\mathbf{5{,}69\%\ am})$$

Resposta: 5,69% am.

7.8 EXERCÍCIOS PROPOSTOS

P 7.1 Um terreno no valor de R$ 57.350,00 foi vendido nas seguintes condições: 25% de entrada e o saldo em 100 prestações mensais e iguais, vencendo a primeira 30 dias após a entrada, com juros de 31,80% aa com capitalização mensal, pelo sistema Price. Nessas condições, pede-se determinar:

a) o valor das prestações;
b) os juros correspondentes ao pagamento da 30ª prestação;
c) o total de juros pagos entre a 20ª prestação e a 30ª prestação;
d) o total de juros pagos no financiamento;
e) o total amortizado até a 50ª prestação;
f) a amortização correspondente ao pagamento 40ª prestação;
g) o saldo devedor após o pagamento da 50ª prestação.

P 7.2 Resolva novamente o exercício P 7.1 supondo que o cliente conseguiu um prazo de carência de 70 dias (contados a partir do pagamento da entrada) para iniciar o pagamento das prestações e que os juros correspondentes a esse período devem ser pagos junto com a primeira prestação.

P 7.3 Resolva novamente o exercício P 7.1 supondo que o cliente conseguiu um prazo de 85 dias (contados a partir do pagamento da entrada) para iniciar o pagamento das prestações, sem o pagamento dos juros correspondentes.

P 7.4 Um imóvel no valor de R$ 97.000,00 foi vendido nas seguintes condições: 30% de entrada e o saldo em 10 anos por meio de prestações mensais consecutivas, vencendo a primeira 30 dias após a entrada com juros de 26,68% aa, pelo sistema SAC. Nessas condições, pede-se determinar:

a) o valor das amortizações;

b) os juros correspondentes ao pagamento da 48ª prestação;

c) o total de juros pagos no financiamento;

d) o valor do pagamento correspondente à 78ª prestação;

e) o total pago até a 100ª prestação;

f) o saldo devedor após o pagamento da 100ª prestação.

P 7.5 Resolva novamente o exercício P 7.4 supondo que o cliente conseguiu um prazo de carência de 100 dias (contados a partir do pagamento da entrada) para iniciar o pagamento das prestações e que os juros correspondentes a esse período devem ser pagos junto com a primeira prestação.

P 7.6 Resolva novamente o P 7.4 supondo que o cliente conseguiu um prazo de 180 dias (contados a partir do pagamento da entrada) para iniciar o pagamento das prestações, sem o pagamento dos juros correspondentes.

P 7.7 Uma pessoa fez um financiamento pelo sistema Price, em 30 anos, no valor de R$ 440.000,00, com taxa de 25,80% aa com capitalização mensal. Nessas condições, pede-se determinar:

a) o total de juros pagos nos 5 primeiros anos;

b) o total amortizado nos 5 primeiros anos;

c) o total pago nos 5 primeiros anos;

d) o total de juros pagos nos últimos 5 anos;

e) o total amortizado nos 5 últimos anos;

f) o total pago nos últimos 5 anos.

P 7.8 Resolva novamente o exercício P 7.7 supondo que o financiamento foi efetuado pelo sistema SAC.

P 7.9 A sra. Raquel efetuou um financiamento pelo sistema Price junto a uma instituição financeira para a compra de um imóvel nas seguintes condições:

- Valor do financiamento: R$ 375.000,00.
- Prestações mensais.
- Duração do financiamento: 25 anos.
- Carência: 180 dias com pagamento de juros.
- Taxa de juros: 23,14% aa.

Após pagar o financiamento durante 5 anos, a sra. Raquel vendeu o imóvel ao sr. Rogério, que propôs à instituição financeira as seguintes condições:

- Quitar 30% do saldo devedor no ato da assinatura do contrato.
- Utilizar o Sistema SAC.
- Pagar o restante em 12 anos.
- Prestações mensais (vencendo a primeira 30 dias após a assinatura do contrato).

Supondo que a instituição financeira tenha aceitado as condições, desde que utilizada uma taxa de juros de 22,20% aa com capitalização mensal, determine:

a) o valor das prestações pagas pela sra. Raquel;

b) o total de juros pagos pela sra. Raquel nos cinco primeiros anos do financiamento;

c) o total amortizado pela sra. Raquel durante o quinto ano do financiamento;

d) o saldo devedor assumido pelo sr. Rogério;

e) o valor das amortizações mensais efetuadas pelo sr. Rogério;

f) o total pago pelo sr. Rogério no primeiro ano do financiamento;

g) o saldo devedor após o pagamento da 100ª prestação pelo sr. Rogério;

h) o total de juros pagos pelo sr. Rogério.

P 7.10 A sra. Ana Maria realizou um financiamento pelo sistema SAC, junto a uma instituição financeira, para a compra de um imóvel nas seguintes condições:

- Valor do financiamento: R$ 295.000,00.

- Prestações mensais.
- Duração do financiamento: 20 anos.
- Carência: 120 dias sem pagamento de juros.
- Taxa de juros: 26,40% aa com capitalização mensal.

Após pagar o financiamento por 10 anos, a sra. Ana Maria vendeu o imóvel ao sr. Ayrton, que propôs à instituição financeira as seguintes condições:

- Realizar o financiamento pelo sistema Price em 7 anos.
- Quitar 50% do saldo devedor no ato da assinatura do contrato.
- Carência de 90 dias sem pagamento de juros.
- Prestações mensais.

Supondo que a instituição financeira tenha aceitado todas as condições, desde que praticada uma taxa de juros de 32,15% aa, determine:

a) o valor da última prestação paga pela sra. Ana Maria;
b) o total amortizado pela sra. Ana Maria no 1º ano do financiamento;
c) o total de juros pagos pela sra. Ana Maria durante os 10 anos de financiamento;
d) o saldo devedor após a sra. Ana Maria pagar a 120ª prestação;
e) o valor das prestações a serem pagas pelo sr. Ayrton;
f) o valor dos juros correspondentes à primeira prestação paga pelo sr. Ayrton;
g) o valor da amortização correspondente à primeira prestação paga pelo sr. Ayrton;
h) o valor dos juros correspondentes à última prestação paga pelo sr. Ayrton;
i) o valor da amortização correspondente à última prestação paga pelo sr. Ayrton;
j) o saldo devedor após o sr. Ayrton pagar a 42ª prestação;
k) o total de juros pagos pelo sr. Ayrton.

P 7.11 Uma pessoa efetuou um financiamento no valor de R$ 17.500,00 pelo sistema Price a ser pago em 7 parcelas mensais com taxa de 13% aa com capitalização mensal. Construa a planilha do financiamento.

P 7.12 Uma pessoa efetuou um financiamento no valor de R$ 13.000,00 pelo sistema SAC a ser pago em 6 parcelas mensais, com taxa de 19,28% aa. Construa a planilha do financiamento.

P 7.13 Uma pessoa efetuou um financiamento no valor de R$ 10.500,00, pelo sistema Price, com carência (total) de 3 meses sem pagamento de juros, a ser pago em 4 parcelas mensais, com taxa de 37,67% aa. Construa a planilha do financiamento.

P 7.14 Uma pessoa efetuou um financiamento no valor de R$ 14.700,00, pelo sistema SAC, com carência (total) de 3 meses sem pagamento de juros, a ser pago em 3 parcelas mensais, com taxa de 27% aa com capitalização mensal. Construa a planilha do financiamento.

P 7.15 Uma pessoa efetuou um financiamento no valor de R$ 7.800,00, pelo sistema Price, com carência (total) de 2 meses com pagamento de juros, a ser pago em 5 parcelas mensais, com taxa de 28,80% aa com capitalização mensal. Construa a planilha do financiamento.

P 7.16 Uma pessoa efetuou um financiamento no valor de R$ 9.900,00, pelo Sistema SAC, com carência (total) de 4 meses com pagamento de juros, a ser pago em 4 parcelas mensais, com taxa de 26,68% aa. Construa a planilha do financiamento.

P 7.17 Uma pessoa necessita solicitar um financiamento no valor de R$ 250.000,00, para o qual se apresentam duas alternativas:

- O Banco A oferece um financiamento pelo sistema Price, com taxa de juros de 25,20% aa com capitalização mensal, carência total de 4 meses com pagamento de juros, a ser liquidado em 300 parcelas mensais.
- O Banco B oferece um financiamento pelo sistema SAC, com taxa de juros de 39,29% aa, carência total de 3 meses sem pagamento de juros, a ser liquidado em 360 prestações mensais.

Nessas condições, determine qual dos bancos está cobrando menos juros.

P 7.18 Uma pessoa tomou um financiamento no valor de R$ 15.400,00 pelo sistema Price no dia 20 de outubro de 2005. Elabore uma planilha do financiamento e determine a taxa efetiva envolvida na operação financeira, supondo as seguintes condições:

- Número de parcelas: 5.
- Taxa de juros: 30% aa com capitalização mensal.

- Carência: 120 dias (total) com pagamento de juros.
- Taxa de serviços: 0,55% sobre o valor do financiamento, a ser paga no ato da liberação do dinheiro.
- Seguros: 8,5% sobre o valor do financiamento, correspondentes à indenização por morte e invalidez (MIP), a serem pagos no ato da liberação do dinheiro.
- IOF: 0,0041% ad com capitalização linear, mais 0,38% sobre o valor do principal (amortização) de cada parcela, a ser pago no ato da liberação do dinheiro.

P 7.19 Uma pessoa solicitou um financiamento no valor de R$ 17.800,00 pelo sistema SAC no dia 15 de fevereiro de 2006. Elabore uma planilha do financiamento e determine a taxa efetiva envolvida na operação financeira, considerando as seguintes informações:

- Número de parcelas: 4.
- Carência total: 90 dias (total) com pagamento de juros.
- Taxa de juros: 37,67% aa.
- Taxa de serviços: 0,62% sobre o valor do financiamento, a ser paga no ato da liberação do dinheiro.
- Seguros: 7,9% sobre o valor do financiamento, correspondentes à indenização por morte e invalidez (MIP), a serem pagos no ato da liberação do dinheiro.
- IOF: 0,0082% ad com capitalização linear, mais 0,38% sobre o valor do principal (amortização) de cada parcela, a ser pago no ato da liberação do dinheiro.

P 7.20 Uma pessoa tomou um financiamento no valor de R$ 11.851,85 pelo sistema Price no dia 14 de março de 2007. Elabore a planilha do financiamento e determine a taxa mensal efetiva envolvida na operação financeira, supondo as seguintes condições:

- Número de parcelas: 6.
- Taxa de juros: 24,60% aa.
- Carência: 60 dias (total) com pagamento de juros.
- Taxa de serviços: 0,53% sobre o valor do financiamento, a ser paga no ato da liberação do dinheiro.
- Seguros: 8,0% sobre o valor do financiamento, correspondentes à indenização por morte e invalidez (MIP), a serem financiados junto com o valor solicitado.
- IOF: 0,0082% ad com capitalização linear, mais 0,38% sobre o valor do principal (amortização) de cada parcela, a ser financiado junto com o valor solicitado.

P 7.21 Uma pessoa tomou um financiamento no valor de R$ 14.450,00 pelo sistema SAC no dia 20 de abril de 2008. Elabore uma planilha do financiamento e determine a taxa mensal efetiva envolvida na operação financeira, supondo as seguintes condições:

- Número de parcelas: 6.
- Carência: 120 dias (total) sem pagamento de juros.
- Taxa de juros: 31,20% aa com capitalização mensal.
- Taxa de serviços: 0,75% sobre o valor do financiamento, a ser financiada junto com o valor solicitado.
- Seguros: 7,4% sobre o valor do financiamento, correspondentes à indenização por morte e invalidez (MIP), a serem financiados junto com o valor solicitado.
- IOF: 0,0041% ad com capitalização linear, mais 0,38% sobre o valor do principal (amortização) de cada parcela, a ser financiado junto com o valor solicitado.

P 7.22 Uma pessoa tomou um financiamento no valor de R$ 33.000,00 pelo sistema Price no dia 1º de maio de 2009. Elabore a planilha do financiamento e determine a taxa mensal efetiva envolvida na operação financeira, tendo em vista as seguintes condições:

- Número de parcelas: 4.
- Taxa de juros: 32,92% aa.
- Carência: 150 dias (total) com pagamento de juros.
- Taxa de serviços: 0,55% sobre o valor financiado, a ser paga no ato da liberação do dinheiro.
- Seguros: 7,9% sobre o valor financiado, correspondentes à indenização por morte e invalidez (MIP), a serem pagos no ato da liberação do dinheiro.
- IOF: 0,0041% ad com capitalização linear mais 0,38% sobre o valor do principal (amortização) de cada parcela, a ser pago no ato da liberação do dinheiro.
- Correção monetária: mensal pelo ICV do Dieese, que nesse período apresentou os seguintes valores:

ICV (Dieese)							
05/09	06/09	07/09	08/09	09/09	10/09	11/09	12/09
0,23%	0,05%	0,49%	0,30%	0,27%	0,53%	0,60%	0,08%

P 7.23 Uma pessoa tomou um financiamento no valor de R$ 15.800,00 pelo sistema Price no dia 1º de junho de 2010. Elabore a planilha do financiamento e determine a taxa mensal efetiva envolvida no financiamento, considerando as seguintes condições:

- Número de parcelas: 6.
- Taxa de juros: 22,44% aa com capitalização mensal.
- Taxa de serviços: 0,63% sobre o valor das prestações, a ser paga junto com as prestações.
- Seguros: 7,3% sobre o valor das prestações, correspondentes à indenização por morte e invalidez (MIP), a serem pagos junto com as prestações.
- IOF: 0,0082% ad com capitalização linear, mais 0,38% sobre o valor do principal (amortização) de cada parcela, a ser pago no ato da liberação do dinheiro.
- Correção monetária: bimestral pelo IPC da Fipe, que nesse período apresentou os seguintes valores:

IPC (Fipe)					
06/10	07/10	08/10	09/10	10/10	11/10
0,04%	0,17%	0,17%	0,53%	1,04%	0,72%

P 7.24 Uma pessoa tomou um financiamento no valor de R$ 9.500,00 pelo sistema Price no dia 1º de julho de 2011. Elabore uma planilha do financiamento e determine a taxa mensal efetiva envolvida na operação financeira, levando em consideração as seguintes informações:

- Número de parcelas: 6.
- Carência: 120 dias (total) com pagamento de juros.
- Taxa de juros: 35,12% aa.
- Taxa de serviços: 0,58% sobre o valor do financiamento, a ser financiada junto com o valor solicitado.
- Seguros: 8,1% sobre o valor do financiamento, correspondentes à indenização por morte e invalidez (MIP), a serem financiados junto com o valor solicitado.
- IOF: 0,0041% ad com capitalização linear, mais 0,38% sobre o valor do principal (amortização) de cada parcela, a ser pago no ato da liberação do dinheiro.
- Correção monetária: trimestral pelo INPC do IBGE, que nesse período apresentou os seguintes valores:

INPC (IBGE)								
07/11	08/11	09/11	10/11	11/11	12/11	01/12	02/12	03/12
0,00%	0,42%	0,45%	0,32%	0,57%	0,51%	0,51%	0,39%	0,18%

P 7.25 Uma pessoa tomou um financiamento no valor de R$ 14.700,00 pelo sistema SAC no dia 1º de agosto de 2012. Elabore uma planilha do financiamento e determine a taxa mensal efetiva envolvida na operação financeira, levando em consideração as seguintes informações:

- Número de parcelas: 4.
- Carência: 90 dias (total) sem pagamento de juros.
- Taxa de juros: 26,40% aa com capitalização mensal.
- Taxa de serviços: 0,66% sobre o valor do financiamento, a ser financiada junto com o valor solicitado.
- Seguros: 7,7% sobre o valor do financiamento, correspondentes à indenização por morte e invalidez (MIP), a serem financiados junto com o valor solicitado.
- IOF: 0,0082% ad com capitalização linear, mais 0,38% sobre o valor do principal (amortização) de cada parcela, a ser financiado junto com o valor solicitado.
- Correção monetária: bimestral pelo IPCA do IBGE, que nesse período apresentou os seguintes valores:

IPCA (IBGE)					
08/12	09/12	10/12	11/12	12/12	01/13
0,41%	0,57%	0,59%	0,60%	0,79%	0,86%

P 7.26 Uma pessoa tomou um financiamento no valor de R$ 21.000,00 pelo sistema SAC no dia 1º de setembro de 2013. Elabore uma planilha do financiamento e determine a taxa mensal efetiva envolvida na operação financeira, levando em consideração as seguintes informações:

- Número de parcelas: 5.
- Carência: 60 dias (total) com pagamento de juros.
- Taxa de juros: 23,87% aa.
- Taxa de serviços: 0,61% sobre o valor do financiamento, a ser financiada junto com o valor solicitado.
- Seguros: 8,1% sobre o valor do financiamento correspondente à indenização por morte e invalidez (MIP), a serem pagos no ato da liberação do dinheiro.
- IOF: 0,0041% ad com capitalização linear, mais 0,38% sobre o valor do principal (amortização) de cada parcela, a ser pago no ato da liberação do dinheiro.
- Correção monetária: mensal pelo IPA da FGV, que nesse período apresentou os seguintes valores:

IPA (FGV)					
09/13	10/13	11/13	12/13	01/14	02/14
1,90%	0,71%	0,12%	0,78%	0,12%	1,00%

P 7.27 Uma pessoa tomou um financiamento no valor de R$ 26.300,00 pelo sistema SAC no dia 1º de janeiro de 1994. Elabore uma planilha do financiamento e determine a taxa mensal efetiva envolvida na operação financeira, considerando as seguintes condições:

- Número de parcelas: 4.
- Taxa de juros: 11,88% aa com capitalização mensal.
- Taxa de serviços: 0,72% sobre o valor das prestações, a ser paga junto com as prestações.
- Seguros: 7,4% sobre o valor do financiamento, correspondentes à indenização por morte e invalidez (MIP), a serem financiados junto com o valor solicitado.
- IOF: 0,0082% ad com capitalização linear, mais 0,38% sobre o valor do principal (amortização) de cada parcela, a ser pago no ato da liberação do dinheiro.
- Correção monetária mensal, a ser paga da seguinte forma: o saldo devedor será corrigido pelo IGP-M da FGV:

IGP-M (FGV)			
01/94	02/94	03/94	04/94
39,07	40,78	45,71	40,91

enquanto as amortizações serão corrigidas por 80% do ICV do Dieese:

ICV (Dieese)			
01/94	02/94	03/94	04/94
41,50	39,28	41,30	48,08

Observação

Como estão sendo utilizados valores distintos para a atualização monetária, haverá geração de resíduo, que será pago integralmente 60 dias após o pagamento da última prestação (1º de julho de 2014), acrescido da taxa de serviços, dos juros e da correção monetária pelo IGP-M da FGV, que apontou os seguintes valores: 42,58% (maio de 1994) e 45,21% (junho de 1994).

P 7.28 Uma pessoa tomou um financiamento no valor de R$ 24.800,00 pelo sistema Price no dia 1º de novembro de 2014. Elabore a planilha do financiamento e determine a taxa mensal efetiva envolvida na operação financeira, supondo as seguintes condições:

- Número de parcelas: 6.
- Taxa de juros: 29,08% aa.
- Taxa de serviços: 0,58% sobre o valor do financiamento, a ser financiada junto com o valor solicitado.
- Seguros: 7,8% sobre o valor do financiamento correspondentes à indenização por morte e invalidez (MIP), a serem financiados junto com o valor solicitado.
- IOF: 0,0082% ad com capitalização linear, mais 0,38% sobre o valor do principal (amortização) de cada parcela, a ser pago no ato da liberação do dinheiro.
- Correção monetária pelo CUB-SP do Sinduscon, que no período apresentou os seguintes valores:

CUB (Sinduscon)					
11/14	12/14	01/15	02/15	03/15	04/15
0,02	0,03	0,33	0,10	0,06	0,34

a ser paga da seguinte forma: o saldo devedor será corrigido mensalmente, e as prestações, a cada três meses.

Observação

Como o saldo devedor e as prestações estão sendo atualizados de forma distinta, haverá geração de resíduo, que deverá ser pago integralmente junto com a última prestação.

7.9 RESPOSTAS DOS EXERCÍCIOS PROPOSTOS

P 7.1	P 7.3	P 7.5	P 7.7	P 7.9
a) R$ 1.229,77	**a)** R$ 1.290,17	**a)** R$ 565,83	**a)** R$ 567.331,08	**a)** R$ 6.598,74
b) R$ 1.037,74	**b)** R$ 1.088,73	**b)** R$ 810,73	**b)** R$ 537,12	**b)** R$ 424.943,47
c) R$ 11.667,77	**c)** R$ 13.528,38	**c)** R$ 84.942,95	**c)** R$ 567.868,20	**c)** R$ 1.102,16
d) R$ 79.962,37	**d)** R$ 83.892,52	**d)** R$ 1.050,02	**d)** R$ 250.485,33	**d)** R$ 371.206,57
e) R$ 9.156,27	**e)** R$ 9.605,36	**e)** R$ 135.966,59	**e)** R$ 317.383,00	**e)** R$ 1.804,48
f) R$ 249,43	**f)** R$ 261,66	**f)** R$ 11.316,67	**f)** R$ 567.868,33	**f)** R$ 77.136,00
g) R$ 33.856,23	**g)** R$ 35.519,87			**g)** R$ 79.396,96
				h) 348.516,57

P 7.2	P 7.4	P 7.6	P 7.8	P 7.10
a) R$ 1.229,77	**a)** R$ 565,83	**a)** R$ 624,42	**a)** R$ 521.088,33	**a)** R$ 4.776,01
b) R$ 1.037,74	**b)** R$ 810,73	**b)** R$ 894,67	**b)** R$ 73.333,20	**b)** R$ 13.120,90
c) R$ 23.789,37	**c)** R$ 81.748,21	**c)** R$ 90.212,39	**c)** R$ 594.421,53	**c)** R$ 625.236,89
d) R$ 81.488,82	**d)** R$ 1.050,02	**d)** R$ 1.158,74	**d)** R$ 48.088,33	**d)** R$ 157.450,74
e) R$ 9.156,27	**e)** R$ 135.966,59	**e)** R$ 150.044,91	**e)** R$ 73.333.20	**e)** R$ 2.259,05
f) R$ 249,43	**f)** R$ 11.316,67	**f)** R$ 12.488,39	**f)** R$ 121.421,53	**f)** R$ 1.938,02
g) R$ 33.856,23				**g)** R$ 321,03
				h) R$ 51,88
				i) R$ 2.207,17
				j) R$ 59.891,56
				k) R$ 107.291,64

P 7.11

n	Prestações	Juros	Amortização	Saldo devedor
0	–	–	–	17.500,00
1	2.609,16	189,00	2.420,16	15.079,84
2	2.609,16	162,86	2.446,30	12.633,54
3	2.609,16	136,44	2.472,72	10.160,82
4	2.609,16	109,74	2.499,42	7.661,40
5	2.609,16	82,74	2.526,42	5.134,98
6	2.609,16	55,46	2.533,70	2.581,28
7	2.609,16	27,88	2.581,28	0,00

P 7.12

n	Prestações	Juros	Amortização	Saldo devedor
0	–	–	–	13.000,00
1	2.359,07	192,40	2.166,67	10.833,33
2	2.327,00	160,33	2.166,67	8.666,66
3	2.294,94	128,27	2.166,67	6.499,99
4	2.262,87	96,20	2.166,67	4.333,32
5	2.230,80	64,13	2.166,67	2.166,65
6	2.198,74	32,07	2.166,67	– 0,02

P 7.13

n	Prestações	Juros	Amortização	Saldo devedor
0	–	–	–	10.500,00
1	–	–	–	10.783,50
2	–	–	–	11.074,65
3	2.958,04	299,02	2.659,02	8.415,63
4	2.958,04	227,22	2.730,82	5.684,81
5	2.958,04	153,49	2.804,55	2.880,26
6	2.958,04	77,77	2.880,27	0,01

P 7.14

n	Prestações	Juros	Amortização	Saldo devedor
0	–	–	–	14.700,00
1	–	–	–	15.030,75
2	–	–	–	15.368,94
3	5.468,78	345,80	5.122,98	10.245,96
4	5.353,51	230,53	5.122,98	5.122,98
5	5.238,25	115,27	5.122,98	0,00

P 7.15

n	Prestações	Juros	Amortização	Saldo devedor
0	–	–	–	7.800,00
1	187,20	187,20	–	7.800,00
2	1.674,10	187,20	1.486,90	6.313,10
3	1.674,10	151,51	1.522,59	4.790,51
4	1.674,10	114,97	1.559,13	3.231,38
5	1.674,10	77,55	1.596,55	1.634,83
6	1.674,10	39,24	1.634,86	0,03

P 7.16

n	Prestações	Juros	Amortização	Saldo devedor
0	–	–	–	9.900,00
1	197,01	197,01	–	9.900,00
2	197,01	197,01	–	9.900,00
3	197,01	197,01	–	9.900,00
4	2.672,01	197,01	2.475,00	7.425,00
5	2.622,76	147,76	2.475,00	4.950,00
6	2.573,51	98,51	2.475,00	2.475,00
7	2.524,25	49,25	2.475,00	0,00

P 7.17 Banco B: R$ 1.335.246,58 (contra R$ 1.344.190,57 do Banco A).

P 7.18

n	Data	Prestações	Juros	Amortização	Saldo devedor
0	20/10/05	–	–	–	15.400,00
1	20/11/05	385,00	385,00	–	15.400,00
2	20/12/05	385,00	385,00	–	15.400,00
3	20/01/06	385,00	385,00	–	15.400,00
4	20/02/06	3.314,80	385,00	2.929,80	12.470,20
5	20/03/06	3.314,80	311,76	3.003,04	9.467,16
6	20/04/06	3.314,80	236,68	3.078,12	6.389,04
7	20/05/06	3.314,80	159,73	3.155,07	3.233,97
8	20/06/06	3.314,80	80,85	3.233,95	– 0,02

Taxa efetiva: 4,47% am.

P 7.19

n	Data	Prestações	Juros	Amortização	Saldo devedor
0	15/02/06	–	–	–	17.800,00
1	15/03/06	480,60	480,60	–	17.800,00
2	15/04/06	480,60	480,60	–	17.800,00
3	15/05/06	4.930,60	480,60	4.450,00	13.350,00
4	15/06/06	4.810,45	360,45	4.450,00	8.900,00
5	15/07/06	4.690,30	240,30	4.450,00	4.450,00
6	15/08/06	4.570,15	120,15	4.450,00	0,00

Taxa efetiva: 5,27% am.

P 7.20

n	Data	Prestações	Juros	Amortização	Saldo devedor
0	14/03/07	–	–	–	12.997,88
1	14/04/07	240,46	240,46	–	12.997,88
2	14/05/07	2.308,72	240,46	2.068,26	10.929,62
3	14/06/07	2.308,72	202,20	2.106,52	8.823,10
4	14/07/07	2.308,72	163,23	2.145,49	6.677,61
5	14/08/07	2.308,72	123,54	2.185,18	4.492,43
6	14/09/07	2.308,72	83,11	2.225,61	2.266,82
7	14/10/07	2.308,72	41,94	2.266,78	– 0,04

Taxa efetiva: 4,16% am.

P 7.21

n	Data	Prestações	Juros	Amortização	Saldo devedor
0	20/04/08	–	–	–	16.987,14
1	20/05/08	–	–	–	17.428,81
2	20/06/08	–	–	–	17.881,96
3	20/07/08	–	–	–	18.346,89
4	20/08/08	3.534,84	477,02	3.057,82	15.289,07
5	20/09/08	3.455,34	397,52	3.057,82	12.231,25
6	20/10/08	3.375,85	318,01	3.057,82	9.173,43
7	20/11/08	3.296,33	238,51	3.057,82	6.115,61
8	20/12/08	3.216,83	159,01	3.057,82	3.057,79
9	20/01/09	3.137,32	79,50	3.057,82	– 0,03

Taxa efetiva: 5,26% am.

P 7.22

n	Data	Saldo devedor atualizado	Pagamentos	Juros	Amort.	Saldo devedor
0	01/05/09	–	–	–	–	33.000,00
1	01/06/09	33.075,90	793,82	793,82	–	33.075,90
2	01/07/09	33.092,44	794,22	794,22	–	33.092,44
3	01/08/09	33.254,59	798,11	798,11	–	33.254,59
4	01/09/09	33.354,35	800,50	800,50	–	33.354,35
5	01/10/09	33.444,41	8.868,71	802,67	8.066,04	25.378,37
6	01/11/09	25.512,88	8.915,71	612,31	8.303,40	17.209,48
7	01/12/09	17.312,74	8.969,20	415,51	8.553,69	8.759,05
8	01/01/10	8.766,06	8.976,38	210,39	8.765,99	0,07

Taxa efetiva: 4,12% am.

P 7.23

n	Data	Saldo devedor atualizado	Pagamentos	Juros	Amort.	Saldo devedor
0	01/06/10	–	–	–	–	15.800,00
1	01/07/10	15.800,00	2.808,35	295,46	2.512,89	13.287,11
2	01/08/10	13.315,01	2.814,25	248,99	2.565,26	10.749,75
3	01/09/10	10.749,75	2.814,25	201,02	2.613,23	8.136,52
4	01/10/10	8.193,48	2.833,95	153,22	2.680,73	5.512,75
5	01/11/10	5.512,75	2.833,95	103,09	2.730,86	2.781,89
6	01/12/10	2.831,13	2.884,11	52,94	2.831,17	– 0,04

Taxa real: 4,34% am.

P 7.24

n	Data	Saldo devedor atualizado	Pagamentos	Juros	Amort.	Saldo devedor
0	01/07/11	–	–	–	–	10.324,60
1	01/08/11	10.324,60	262,24	262,24	–	10.324,60
2	01/09/11	10.324,60	262,24	262,24	–	10.324,60
3	01/10/11	10.414,42	264,53	264,53	–	10.414,42
4	01/11/11	10.414,42	1.893,27	264,53	1.628,74	8.785,68
5	01/12/11	8.785,68	1.893,27	223,16	1.670,11	7.115,57
6	01/01/12	7.215,90	1.919,97	183,28	1.736,69	5.479,21
7	01/02/12	5.479,21	1.919,97	139,17	1.780,80	3.698,41
8	01/03/12	3.698,41	1.919,97	93,94	1.826,03	1.872,38
9	01/04/12	1.892,60	1.940,71	48,07	1.892,64	– 0,04

Taxa real: 4,11% am.

P 7.25

n	Data	Saldo devedor atualizado	Pagamentos	Juros	Amort.	Saldo devedor
0	01/08/12	–	–	–	–	16.190,55
1	01/09/12	16.190,55	–	–	–	16.546,74
2	01/10/12	16.708,90	–	–	–	17.076,50
3	01/11/12	17.076,50	4.644,81	375,68	4.269,13	12.807,37
4	01/12/12	12.959,78	4.605,05	285,12	4.319,93	8.639,85
5	01/01/13	8.639,85	4.510,01	190,08	4.319,93	4.319,92
6	01/02/13	4.391,63	4.488,26	96,62	4.391,64	– 0,01

Taxa real: 4,30% am.

P 7.26

n	Data	Saldo devedor atualizado	Pagamentos	Juros	Amort.	Saldo devedor
0	01/09/13	–	–	–	–	21.128,10
1	01/10/13	21.529,53	387,53	387,53	–	21.529,53
2	01/11/13	21.682,39	4.726,76	390,28	4.336,48	17.345,91
3	01/12/13	17.366,73	4.654,28	312,60	4.341,68	13.025,05
4	01/01/14	13.126,65	4.611,83	236,28	4.375,55	8.751,10
5	01/02/14	8.761,60	4.538,51	157,71	4.380,80	4.380,80
6	01/03/14	4.424,61	4.504,25	79,64	4.424,61	0,00

Taxa real: 4,59% am.

P 7.27

n	Data	Saldo devedor atualizado	Pagamentos	Juros	Amort.	Saldo devedor
0	01/01/94	–	–	–	–	28.246,20
1	01/02/94	39.281,99	9.794,87	388,89	9.405,98	29.876,01
2	01/03/94	42.059,45	12.777,73	416,39	12.361,34	29.698,11
3	01/04/94	43.273,12	16.873,93	428,40	16.445,53	26.827,59
4	01/05/94	37.802,76	23.144,73	374,25	22.770,48	15.032,28
						Resíduo

Taxa real: 4,90% am.

P 7.28

n	Data	Saldo devedor atualizado	Pagamentos	Juros	Amort.	Saldo devedor
0	01/11/14	–	–	–	–	26.878,24
1	01/12/14	26.883,62	4.822,78	578,00	4.244,78	22.638,84
2	01/01/15	22.645,63	4.822,78	486,88	4.335,90	18.309,73
3	01/02/15	18.370,15	4.841,11	394,96	4.446,15	13.924,00
4	01/03/15	13.937,92	4.841,11	299,67	4.541,44	9.396,48
5	01/04/15	9.402,12	4.841,11	202,15	4.638,96	4.763,16
6	01/05/15	4.779,35	4.865,32	102,76	4.762,56	16,79
						Resíduo

Taxa real: 4,98% am.

8 PROGRAMAÇÃO BÁSICA NA HP-12C

8.1 A MEMÓRIA DE PROGRAMAÇÃO DA HP-12C

A memória básica de programação da HP-12C (modelos Gold, Platinum e Prestige) possui oito linhas.

8.1.1 EXPANSÃO DA MEMÓRIA DE PROGRAMAÇÃO

A HP-12C (modelos Gold, Platinum e Prestige) disponibiliza ao usuário 20 registros de armazenamento, a saber:

0 – 1 – 2 – 3 – 4 – 5 – 6 – 7 – 8 – 9

.0 – .1 – .2 – .3 – .4 – .5 – .6 – .7 – .8 – .9

No modelo Gold, se for necessário utilizar mais do que as oito linhas disponíveis na memória de programação, ocorre automaticamente uma conversão gradativa dos registros de armazenamento, de tal forma que cada registro, ao ser convertido, gera sete linhas a mais na memória de programação.

São convertidos no máximo 13 registros de armazenamento, na seguinte ordem:

.9 – .8 – .7 – .6 – .5 – .4 – .3 – .2 – .1 – .0 – 9 – 8 – 7

e, assim, a memória de programação da Gold pode chegar a:

$$8 + 13 \,.\, 7 = 99 \text{ linhas}$$

Já nos modelos Platinum e Prestige esse processo de conversão só ocorre a partir da linha 310. Assim, nesses modelos, a memória de programação pode chegar a:

$$309 + 13 \,.\, 7 = 400 \text{ linhas}$$

Observações

1) O conteúdo de cada registro convertido é perdido.
2) Para limpar completamente a memória de programação da HP-12C o leitor deve digitar a seguinte sequência de teclas:

   < f > < P / R > (Abre a memória de programação)

   < f > < PRGM > (Limpa totalmente a memória de programação)

   < f > < P / R > (Fecha a memória de programação)

3) Para saber a qualquer momento o tamanho da memória de programação e a quantidade de registros de armazenamento disponíveis, o leitor deve pressionar a seguinte sequência de teclas:

   < g > < MEM >

   Caso a sequência acima seja pressionada logo após o procedimento de limpeza da memória de programação, o leitor deve obter o seguinte resultado (em qualquer dos modelos):

   P – 008 r – 20

   que informa que a memória de programação possui 8 linhas (tamanho básico) e que estão disponíveis todos os 20 registros de armazenamento.
4) Ao pressionar a sequência de teclas acima (< g > < MEM >), a informação correspondente (neste caso, P – 008 r – 20) permanece no visor por aproximadamente 3 segundos. Caso o leitor queira aumentar o tempo de exposição da informação, basta manter a tecla < MEM > pressionada.

8.2 PROGRAMA 01 – CÁLCULO DE TAXAS EQUIVALENTES NA CAPITALIZAÇÃO COMPOSTA

8.2.1 A FÓRMULA

Já vimos que a fórmula para o cálculo de taxas equivalentes na capitalização composta é:

$$(1 + i_1)^{n_1} = (1 + i_2)^{n_2}$$

Isolando o valor de i_1 (taxa desconhecida) no primeiro membro da igualdade acima resulta:

$$(1 + i_1)^{n_1} = (1 + i_2)^{n_2}$$

$$1 + i_1 = (1 + i_2)^{n_2/n_1}$$

$$i_1 = (1 + i_2)^{n_2/n_1} - 1$$

Exemplo:

E 8.1 Determine a taxa bimestral equivalente à taxa trimestral de 90%.

Resolução:

$t = 2m \cdot 3m = 6\ m$	$i_1 = (1 + i_2)^{n_2/n_1} - 1$	**HP-12C**
$i_1 = i_d = i_b = ?$	$i_1 = \left(1 + \frac{90}{100}\right)^{2/3} - 1$	< f > < REG >
		90 < ENTER > 100 < ÷ >
$n_1 = 3$		1 < + >
	$i_1 =$ **53,40% ab**	2 < ENTER > 3 < ÷ >
$i_2 = i_c = i_t = 90\%$		< y^x >
$n_2 = 2$		1 < - >
		100 < x > → 53,40% ab

Resposta: 53,40% ab.

em que a notação $\mathbf{i}_c$ representa a taxa conhecida e a anotação $\mathbf{i}_d$ representa a taxa desconhecida. Observando o procedimento mostrado, notamos que embora fosse possível escolher um período qualquer, optamos por escolher:

$$t = \underbrace{2\,m}_{\text{bimestre}} \,.\, \underbrace{3\,m}_{\text{trimestre}} = 6\,m$$

e, consequentemente:

$$n_1 = 6 / 2 = 3\text{ m (1 trimestre) e } n_2 = 6 / 3 = 2\text{ m (1 bimestre)}$$

ou seja:

$$\frac{n_2}{n_1} = \frac{2}{3} = \frac{\text{bimestre}}{\text{trimestre}} = \frac{\text{"n" da taxa desconhecida}}{\text{"n" da taxa conhecida}}$$

Esta escolha nos permite escrever a fórmula para o cálculo de taxas equivalentes na capitalização composta de uma forma mais amigável, ou seja:

$$i_d = \left(\left(1 + \frac{i_c}{100}\right)^{n_d / n_c} - 1\right) . \,100$$

em que a notação $\mathbf{n}_d$ representa o número de períodos correspondente à taxa desconhecida (no caso: 1 bimestre = 2 meses) e a notação $\mathbf{n}_c$ representa o número de períodos correspondente à taxa conhecida (no caso: 1 trimestre = 3 meses).

Para elaborar o programa que calcula taxas equivalentes na capitalização composta, ou seja, para elaborar o programa que utiliza a fórmula acima, devemos atentar para as seguintes observações:

Observações

1) O Programa 01, que calcula taxas equivalentes no sistema de capitalização composta, espera encontrar o valor de $\mathbf{i}_c$ (taxa conhecida) armazenado no registro **i** e o quociente $\mathbf{n}_d / \mathbf{n}_c$ armazenado no registro **n**.

2) A instrução

< STO > xx

armazena o conteúdo do visor (primeiro andar da pilha operacional) no registro **xx** (ou seja, um dos 20 registros disponíveis ao usuário), e a instrução:

< RCL > xx

recupera para a tela o conteúdo do registro **xx**.

3) Cuidado!

Antes de iniciar a digitação do programa, o leitor deve abrir a memória de programação com a instrução:

< f > < P/R >

e, imediatamente após a digitação da última instrução do programa, o leitor deve fechar a memória de programação, utilizando novamente a instrução:

< f > < P/R >

para evitar que qualquer outra digitação seja incorporada como uma instrução do programa, danificando-o.

8.2.2 O PROGRAMA 01

< f > < P/R > (Abre a memória de programação)

Linha	Instrução	Código	Comentários
01	< RCL > < i >	45 12	i_c → Registro X (1º andar)
02	1	1	
03	0	0	
04	0	0	
05	< ÷ >	10	$i_c / 100$
06	1	1	
07	< + >	40	$1 + (i_c / 100)$
08	< RCL > < n >	45 11	n_d / n_c → Registro X
09	< y^x >	21	$\left(1 + \frac{i_c}{100}\right)^{n_d/n_c}$

(continua)

(continuação)

Linha	Instrução	Código	Comentários
10	1	1	
11	<–>	30	$i_d = \left(1 + \frac{i_c}{100}\right)^{n_d/n_c} - 1$
12	1	1	
13	0	0	
14	0	0	
15	<x>	20	$i_d = \left(\left(1 + \frac{i_c}{100}\right)^{n_d/n_c} - 1\right) . 100$

< **f** > < **P/R** > (Fecha a memória de programação)

Observações

1) Os códigos gerados por cada instrução representam a sua posição no teclado. Assim, por exemplo, a instrução:

< RCL > < i >

gera o código:

45 12

tendo em vista que a instrução < RCL > está localizada na 4ª linha e 5ª coluna do teclado e que a instrução < i > está localizada na 1ª linha e 2ª coluna do teclado.

A instrução localizada na 1ª posição de cada linha é representada pelo número da linha seguido do número 1 (assim, a instrução < y^x > gera o código 21). Já a instrução localizada na última posição de cada linha é representada pelo número da linha seguido do número zero (assim, a instrução < + > gera o código 40).

Excepcionalmente, cada número gera um código correspondente ao seu próprio valor.

2) Como a operação de gerar taxas equivalentes na capitalização composta é largamente utilizada no dia a dia do mercado financeiro, a tarefa de dividir por 100 a taxa conhecida, bem como multiplicar por 100 a taxa equivalente obtida, é realizada pelo próprio programa, visando, com isso, agilizar este procedimento.

Infelizmente, esta decisão apresenta um inconveniente, pois a inserção no programa de um número qualquer com **k** dígitos ocupa **k** linhas de programação. Em outras palavras, para dividir por 100 a taxa conhecida mediante a instrução:

100 < ÷ >

utilizamos quatro linhas da memória de programação. Por outro lado, para multiplicar por 100 a taxa equivalente obtida mediante a instrução:

100 < x >

utilizamos mais quatro linhas dessa memória.

Assim, se atentarmos para o fato de que a memória de programação da HP-12C possui apenas 99 linhas, poderíamos economizar um total de 8 linhas, ou seja, aproximadamente 8% da sua capacidade total.

Trata-se, portanto, de uma decisão envolvendo uma relação de custo/benefício.

Apresentamos a seguir a versão compacta do Programa 01:

Linha	Instrução	Código	Comentários
01	< RCL > < i >	45 12	$i_c / 100 \rightarrow$ Registro X (1º andar)
02	1	1	
03	< + >	40	$1 + (i_c / 100)$
04	< RCL > < n >	45 11	$n_d / n_c \rightarrow$ Registro X
05	< y^x >	21	$\left(1 + \frac{i_c}{100}\right)^{n_d/n_c}$
06	1	1	
07	< – >	30	$i_d = \left(1 + \frac{i_c}{ü}\right)^{n_d/n_c} - 1$

3) Para inserir o Programa 01 (versão completa) na HP-12C, o leitor deve digitar, em sequência, as seguintes instruções, não esquecendo de abrir a memória de programação antes da introdução da primeira instrução e de fechar a memória de programação logo após a introdução da última instrução:

< f > < P / R >

< RCL > < i >

1

0

0

< ÷ >

1

< + >

< RCL > < n >

< y^x >

1

< – >

1

0

0

< x >

< f > < P / R >

8.2.3 MEMÓRIA DA HP-12C GOLD APÓS A INTRODUÇÃO DO PROGRAMA 01

Linhas	Conteúdo
00	Instrução de parada
01 15	Programa 01
16 99	

Linhas	Conteúdo
00	Instrução de parada
01 07	Programa 01 (Compacto)
08	Desvio incondicional para a linha 00
09 99	

Nesse caso, após a introdução do Programa 01, ao digitar a sequência de teclas:	Nesse caso, após a introdução do Programa 01 (Compacto), ao digitar a sequência de teclas:
< g > < MEM >	< g > < MEM >
o usuário recebe a informação:	o usuário recebe a informação:
P - 15 r - 19	P - 08 r - 20
que indica que o registro .9 foi destruído para permitir a expansão de 8 linhas da memória de programação.	que indica que não houve necessidade de expandir a memória de programação.

Observações

1) O usuário não tem acesso à linha 00 da memória de programação, que contém a instrução < R/S > de código 31. Essa instrução, cujo significado é < RUN/STOP >, se comporta da seguinte maneira:
   - se for encontrada dentro de um programa, paralisa a execução deste;
   - se for utilizada fora da memória de programação, executa sucessivamente as instruções da memória de programação a partir da linha em que a calculadora estiver posicionada.
2) No caso de introdução do Programa 01 (Compacto), como são utilizadas apenas 7 linhas da memória de programação (de um total de 8 linhas), a HP-12C preenche automaticamente a linha 08 com a instrução

   < g > < GTO > 00 - CÓDIGO: 43,33 00

   que efetua um desvio incondicional do programa para a linha 00 (que, como já vimos, contém uma instrução de parada).
3) Caso o usuário esteja utilizando uma calculadora HP-12C modelo Platinum ou Prestige em qualquer dos casos acima, não há necessidade de expandir a memória de programação, uma vez que o seu tamanho básico é de 310 linhas.

8.2.4 INSTRUÇÕES PARA EXECUÇÃO DO PROGRAMA 01

Programa 01

1º passo: armazenar o valor da taxa conhecida (sem dividir por 100) no registro **i** mediante a instrução:

i_c < i >

2º passo: armazenar no registro **n** o quociente n_d / n_c mediante a instrução:

n_d < ENTER > n_c < ÷ > < n >

3º passo: posicionar a calculadora no início no Programa 01 mediante a instrução:

< g > < GTO > 01

4º passo: executar o Programa 01 mediante a instrução:

< R/S >

Programa 01 (Compacto)

1º passo: armazenar no registro **i** o valor da taxa conhecida dividida por 100, mediante a instrução:

i_c < ENTER > 100 < ÷ > < i >

2º passo: armazenar no registro **n** o quociente n_d / n_c mediante a instrução:

n_d < ENTER > n_c < ÷ > < n >

3º passo: posicionar a calculadora no início no Programa 01 mediante a instrução:

< g > < GTO > 01

4º passo: executar o Programa 01 mediante a instrução:

< R/S >

5º passo: multiplicar o resultado obtido por 100 (na HP-12C):

100 < x >

Observação

Caso o usuário esteja utilizando um modelo HP-12C Platinum ou Prestige, o 3º passo deve ser modificado para a instrução:

< g > < GTO > 001

uma vez que, neste caso, o endereçamento da memória é feito com 3 dígitos (400 linhas).

Exemplos:

E 8.2 Determine a taxa bimestral equivalente à taxa trimestral de 90%.

Resolução:

Programa 01	**Programa 01 (Compacto)**
90 < i >	90 < ENTER > 100 < ÷ > < i >
2 < ENTER > 3 < ÷ > < n >	2 < ENTER > 3 < ÷ > < n >
< g > < GTO > 01	< g > < GTO > 01
< R/S > → 53,40% ab	< R/S > → 0,53
	100 < x > → 53,40% ab

Resposta: 53,40% ab.

E 8.3 Determine a taxa diária equivalente à taxa anual de 24%.

Resolução:

Programa 01	**Programa 01 (Compacto)**
24 < i >	24 < ENTER > 100 < ÷ > < i >
1 < ENTER > 360 < ÷ > < n >	1 < ENTER > 360 < ÷ > < n >
< g > < GTO > 01	< g > < GTO > 01
< R/S > → 0,06% ad	< R/S >
	100 < x > → 0,06% ad

Resposta: 0,06% ad.

E 8.4 Determine a taxa anual equivalente à taxa mensal de 14,5%.

Resolução:

Programa 01	**Programa 01 (Compacto)**
14,5 < i >	14,5 < ENTER > 100 < ÷ > < i >
12 < ENTER > 1 < ÷ > < n >	12 < ENTER > 1 < ÷ > < n >
< g > < GTO > 01	< g > < GTO > 01
< R/S > → 407,77% aa	< R/S >
	100 < x > → 407,77% aa

Resposta: 407,77% aa.

E 8.5 Determine a taxa bimestral equivalente à taxa mensal de 13,26%.

Resolução:

Programa 01

13,26 < i >
2 < ENTER > 1 < ÷ > < n >
< g > < GTO > 01
< R/S > → 28,28% ab

Programa 01 (Compacto)

13,26 < ENTER > 100 < ÷ > < i >
2 < ENTER > 1 < ÷ > < n >
< g > < GTO > 01
< R/S >
100 < x > → 28,28% ab

Resposta: 28,28% ab.

E 8.6 Determine a taxa mensal equivalente à taxa quadrimestral de 15,83%.

Resolução:

Programa 01

15,83 < i >
1 < ENTER > 4 < ÷ > < n >
< g > < GTO > 01
< R/S > → 3,74% am

Programa 01 (Compacto)

15,83 < ENTER > 100 < ÷ > < i >
1 < ENTER > 4 < ÷ > < n >
< g > < GTO > 01
< R/S >
100 < x > → 3,74% am

Resposta: 3,74% am.

E 8.7 Determine a taxa diária equivalente à taxa semestral de 28,35%.

Resolução:

Programa 01

28,35 < i >
1 < ENTER > 180 < ÷ > < n >
< g > < GTO > 01
< R/S > → 0,14% ad

Programa 01 (Compacto)

28,35 < ENTER > 100 < ÷ > < i >
1 < ENTER > 180 < ÷ > < n >
< g > < GTO > 01
< R/S >
100 < x > → 0,14% ad

Resposta: 0,14% ad.

8.3 PROGRAMA 02 – CAPITALIZAÇÃO SIMPLES

A HP-12C, por meio das suas teclas financeiras, permite que, no sistema de capitalização composta, o usuário calcule o valor de qualquer uma das quatro variáveis (**FV**, **PV**, **i** , **n**) desde que sejam conhecidos os valores das outras três.

Entretanto, no caso da capitalização simples, só e possível determinar o valor dos **juros** (e consequentemente do **FV**) se forem conhecidos os valores de **PV**, **n (ao dia)** e **i** (**ao ano**), em uma base de 360 ou 365 dias.

Exemplo:

E 8.8 Uma pessoa aplicou a quantia de R$ 7.530,00 no sistema de capitalização simples, com taxa de 12% aa por 100 dias. Determine os juros e o montante obtido ao final desse prazo, considerando o ano com 360 e 365 dias.

Resolução:

Base de 360 dias	Base de 365 dias
100 < n >	100 < n >
12 < i >	12 < i >
7530 < CHS > < PV >	7530 < CHS > < PV >
< f > < INT > → R$ 251,00 (J)	< f > < INT > < R↓ > < x↔y > → R$ 247,56 (J)
< + > → R$ 7.781,00 (FV)	< + > → R$ 7.777,56 (FV)

Tendo em vista as restrições apresentadas acima, vamos elaborar um programa para a capitalização simples que permita ao usuário, como ocorre na capitalização composta, calcular o valor de qualquer uma das quatro variáveis **FV**, **PV**, **i** e **n**, desde que sejam conhecidos os valores das outras três.

8.3.1 AS FÓRMULAS DA CAPITALIZAÇÃO SIMPLES

$$FV = PV\,(1 + i\,n) \;\rightarrow\; PV = \frac{FV}{1 + i\,.\,n}$$

$$FV = PV\,(1 + i\,n) \;\rightarrow\; i = \frac{\frac{FV}{PV} - 1}{n}$$

$$FV = PV\,(1 + i\,n) \;\rightarrow\; n = \frac{\frac{FV}{PV} - 1}{i}$$

Figura 8.1

Observação

O Programa 02, diferentemente do Programa 01, que trabalha com uma única fórmula (a fórmula das taxas equivalentes na capitalização composta), trabalha simultaneamente com as quatro fórmulas apresentadas anteriormente.

Trata-se, portanto, de um programa mais elaborado, que deve utilizar comandos de decisão, de modo a permitir que o usuário escolha qual das quatro fórmulas pretende utilizar em determinado momento.

O artifício a ser utilizado será o de armazenar as três variáveis conhecidas nos registros de mesmo nome e armazenar zero no registro correspondente à variável que se pretende determinar.

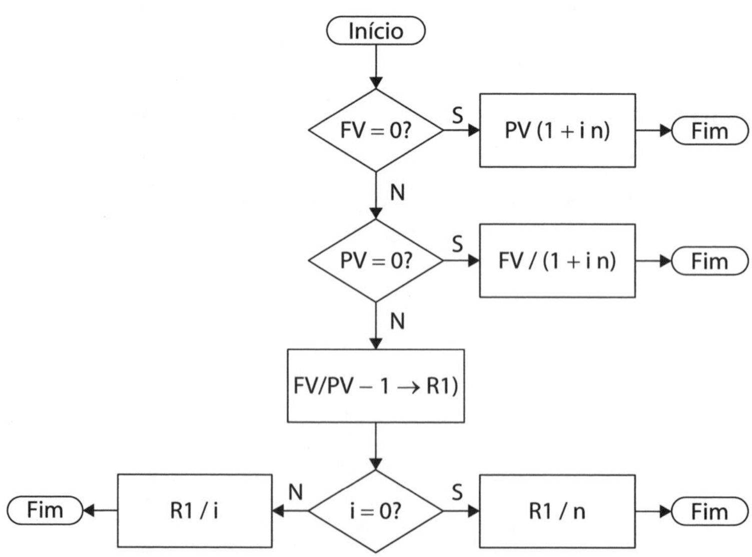

Figura 8.2 Diagrama de blocos.

Observação

O Programa 02 foi elaborado seguindo a ramificação dos blocos lógicos na vertical.

Ao encontrar a primeira instrução de decisão:

FV = 0 ?

se a resposta a essa pergunta for “sim”, o programa executa as instruções dos blocos lógicos localizados à direita e encerra o processamento. Caso contrário, o programa executa a próxima instrução localizada na vertical (segunda instrução de decisão)

PV = 0 ?

se a resposta a essa pergunta for “sim”, o programa executa as instruções dos blocos lógicos localizados à direita e encerra o processamento. Caso contrário, o programa executa a próxima instrução localizada na vertical. Ao encontrar a terceira instrução de decisão:

i = 0 ?

se a resposta a essa pergunta for “sim”, o programa executa as instruções dos blocos lógicos localizados à direita e encerra o processamento. Caso contrário, o programa executa as instruções dos blocos lógicos localizados à esquerda e encerra o processamento.

8.3.2 O PROGRAMA 02

O programa a seguir foi elaborado supondo que se está utilizando uma HP-12C Gold, na qual, anteriormente, foi armazenado o Programa 01.

< **g** > < **GTO** > **15** (Posiciona a memória de programação na linha 15)

< **f** > < **P/R** > (Abre a memória de programação na linha 15)

Linha	Instrução	Código	Comentários
16	< R/S >	31	Instrução de parada Separa o Programa 01 do Programa 02
17	< RCL > < FV >	45 15	FV → Registro X (1º andar da pilha)
18	< g > < x = 0 >	43 35	FV = 0 ?
19	< g > < GTO > 36	43,33 36	Se "sim", desvia o programa para a linha 36 Se "não", executa a linha seguinte (linha 20)
20	< RCL > < PV >	45 13	PV → Registro X (1º andar da pilha)
21	< g > < x = 0 >	43 35	PV = 0 ?
22	< g > < GTO > 44	43,33 44	Se "sim", desvia o programa para a linha 44 Se "não", executa a linha seguinte (linha 23)
23	< RCL > < FV >	45 15	FV → Registro X (1º andar da pilha)
24	< RCL > < PV >	45 13	FV → Registro Y (2º andar da pilha) PV → Registro X (1º andar da pilha)
25	< ÷ >	10	$\frac{FV}{PV}$
26	1	1	$\frac{FV}{PV}$ → Registro Y (2º andar da pilha) 1 → Registro X (1º andar da pilha)
27	< – >	30	$\frac{FV}{PV} - 1$
28	< STO > 1	44 1	$\frac{FV}{PV} - 1 \rightarrow R1$
29	< RCL > < i >	45 12	i → Registro X (1º andar da pilha)
30	< g > < x = 0 >	43 35	i = 0 ?
31	< g > < GTO > 52	43,33 52	Se "sim", desvia o programa para a linha 52 Se "não", executa a linha seguinte (linha 32)
32	< RCL > 1	45 1	R1 → Registro X (1º andar da pilha)
33	< RCL > < i >	45 12	R1 → Registro Y (2º andar da pilha) i → Registro X (1º andar da pilha)
34	< ÷ >	10	$\frac{R1}{i}$
35	< R/S >	31	Instrução de parada
36	< RCL > < i >	45 12	i → Registro X (1º andar da pilha)
37	< RCL > < n >	45 11	i → Registro Y (2º andar da pilha) n → Registro X (1º andar da pilha)
38	< x >	20	i . n
39	1	1	i . n → Registro Y (2º andar da pilha) 1 → Registro X (1º andar da pilha)
40	< + >	40	1 + i . n
41	< RCL > < PV >	45 13	1 + i .n → Registro Y (2º andar da pilha) PV → Registro X (1º andar da pilha)

(continua)

(continuação)

Linha	Instrução	Código	Comentários
42	< x >	20	PV . (1 + i . n)
43	< R/S >	31	Instrução de parada
44	< RCL > < FV >	45 15	FV → Registro X (1º andar da pilha)
45	< RCL > < i >	45 12	FV → Registro Y (2º andar da pilha) i → Registro X (1º andar da pilha)
46	< RCL > < n >	45 11	FV → Registro Z (3º andar da pilha) i → Registro Y (2º andar da pilha) n → Registro X (1º andar da pilha)
47	< x >	20	FV → Registro Y (2º andar da pilha) i . n → Registro X (1º andar da pilha)
48	1	1	FV → Registro Z (3º andar da pilha) i . n → Registro Y (2º andar da pilha) 1 → Registro X (1º andar da pilha)
49	< + >	40	FV → Registro Y (2º andar da pilha) 1 + i . n → Registro X (1º andar da pilha)
50	< ÷ >	10	$\frac{FV}{1 + i . n}$
51	< R/S >	31	Instrução de parada
52	< RCL > 1	45 1	R1 → Registro X (1º andar da pilha)
53	< RCL > < n >	45 11	R1 → Registro Y (2º andar da pilha) n → Registro X (1º andar da pilha)
54	< ÷ >	10	$\frac{R1}{n}$
55	< R/S >	31	Instrução de parada

< f > < P/R > (Fecha a memória de programação)

Observações

1) Como o valor da relação:

$$\frac{FV}{PV} - 1$$

é utilizado tanto no cálculo da taxa **i** como no cálculo do número de períodos **n**, essa relação é calculada apenas uma vez e guardada no registro R1, de modo a economizar linhas da memória de programação.

2) Ainda, tendo como objetivo a economia de linhas da memória de programação, ao escrever esse programa optamos por não dividir a taxa por 100 (assim, o valor de **i** deve dar entrada previamente dividido por 100) e por não multiplicar o valor da taxa por 100 (assim, caso a solicitação do usuário seja a taxa de juros, esta deve ser multiplicada por 100 ao final da execução do programa, na calculadora, para evitar possíveis erros de arredondamento).

3) Caso esteja sendo utilizada uma HP-12C Platinum ou Prestige, o usuário deve se lembrar de que todos os endereçamentos devem ser escritos com três dígitos. Assim, por exemplo, a instrução da linha 19 seria: < g > < GTO > 036.

4) Caso o usuário opte por armazenar na memória de programação, inicialmente, o Programa 01 (compacto), deve ficar atento ao fato de que o Programa 02 começaria a ser escrito a partir da linha 09 (após uma instrução de parada a ser colocada na linha 08), e não a partir da linha 17 (após a instrução de parada da linha 16). Como consequência, os endereçamentos do Programa 02 devem ser alterados convenientemente.

8.3.3 MEMÓRIA DA HP-12C APÓS A INTRODUÇÃO DO PROGRAMA 02

O diagrama a seguir pressupõe que se está utilizando uma calculadora HP-12C Gold e que o Programa 01 foi introduzido anteriormente na memória de programação.

Linhas	Conteúdo
00	Instrução de parada
01 15	Programa 01
16	Instrução de parada
17 54	Programa 02
55	Instrução de parada
56	Desvio incondicional para a linha 00
57	Desvio incondicional para a linha 00
58 99	

Observações

1) Observe que, para acomodar o Programa 02 em uma HP-12C Gold, após a introdução do Programa 01 é necessário utilizar 55 linhas da memória de programação. Isso acarreta a destruição de 7 registros do usuário (.9 , .8 , .7 , .6 , .5 , .4 , .3), gerando, cada um, 7 linhas adicionais, ou seja:

$$8 + 7 \,.\, 7 = 57 \text{ linhas}$$

As duas linhas excedentes (56 e 57) são automaticamente preenchidas pela instrução:

< g > < GTO > 00

que efetua um desvio incondicional para a linha 00 da memória de programação, onde se encontra uma instrução de parada.

Assim, se após a introdução do Programa 02 for pressionada a sequência de teclas < g > < MEM >, o usuário receberá a informação:

P – 57 r – 13

indicando que estão sendo utilizadas 57 linhas da memória de programação e que estão disponíveis para o usuário apenas 13 registros de armazenamento.

Caso o Programa 02 seja introduzido em uma HP-12C Gold/Platinum, ao ser pressionada a sequência de teclas < g > < MEM > o usuário receberá a informação:

P – 57 r – 20

informando que, embora estejam sendo utilizadas 57 linhas da memória de programação, nenhum registro do usuário foi destruído (pois, nesse caso, a memória básica de programação possui 309 linhas).

8.3.4 INSTRUÇÕES PARA EXECUÇÃO DO PROGRAMA 02

1º passo:

Armazenar as variáveis conhecidas nos registros de mesmo nome.

Caso a taxa de juros seja uma dessas variáveis, não esquecer de dividir o seu valor por 100 antes de efetuar o respectivo armazenamento.

Caso sejam conhecidos a taxa de juros e o número de períodos de capitalização, não esquecer de efetuar a devida compatibilização antes do armazenamento.

2º passo:

Armazenar zero no registro correspondente à variável que se deseja calcular.

3º passo:

Digitar a sequência de teclas:

< g > < GTO > 17

para posicionar a calculadora no início do Programa 02.

Caso esteja sendo utilizada uma calculadora HP-12C Gold/Platinum, o endereçamento do programa deve utilizar três dígitos (< g > < GTO > 017).

4º passo:

Pressionar < R/S > para executar o Programa 02.

Caso a variável a ser obtida seja a taxa de juros, não esquecer de multiplicar o valor obtido por 100 (na calculadora, para evitar possíveis erros de arredondamento).

Exemplos:

Nos exemplos a seguir, considere 1 mês igual a 30 dias e 1 ano igual a 360 dias.

E 8.8 Determine o montante resultante de uma aplicação de R$ 7.875,00 durante 9 meses mediante uma taxa de 35% aa, no regime de capitalização simples.

Resolução:

< f > < REG >

7875 < PV >

35 < ENTER > 100 < ÷ > < i >

9 < ENTER > 12 < ÷ > < n >

0 < FV >

< g > < GTO > 17 (< g > < GTO > 017 para HP-12C Platinum/Prestige)

< R/S > → R$ 9.942,19

Resposta: R$ 9.942,19.

E 8.9 Determine que capital, aplicado a uma taxa de 15,32% at, durante 171 dias, no regime de capitalização simples, produz um montante de R$ 5.300,00.

Resolução:

< f > < REG >

5300 < FV >

15,32 < ENTER > 100 < ÷ > < i >

171 < ENTER > 90 < ÷ > < n >

0 < PV >

< g > < GTO > (0)17

< R/S > → R$ 4.105,09

Resposta: R$ 4.105,09.

E 8.10 Determine quantos dias deve ficar aplicado um capital de R$ 1.000,00 à taxa de 7,80% ab, no regime de juros simples, de modo a produzir um montante de R$ 1.075,00.

Resolução:

< f > < REG >

1000 < PV >

1075 < FV >

7,80 < ENTER > 100 < ÷ > < i >

0 < n >

< g > < GTO > (0)17

< R/S > → 0,96 b

60 < x > → 57,69 d (58 d)

Resposta: 58 dias.

E 8.11 Um capital de R$ 3.790,00 foi aplicado por 80 dias no regime de capitalização simples e produziu um montante de R$ 4.000,00. Determine a que taxa anual esse capital esteve aplicado.

Resolução:

< f > < REG >

3790 < PV >

4000 < FV >

80 < ENTER > 360 < ÷ > < n >

0 < i >

< g > < GTO > (0)17

< R/S > → 0,25

100 < x > → 24,93% aa

Resposta: 24,93% aa.

E 8.12 Determine os juros produzidos por um capital de R$ 2.390,00 que foi aplicado no sistema de capitalização simples por 5 meses a uma taxa de 15% as.

Resolução:

< f > < REG >

2390 < PV >

5 < ENTER > 6 < ÷ > < n >

15 < ENTER > 100 < ÷ > < i >

0 < FV >

< g > < GTO > 17

< R/S > → R$ 2.688,75

2390 < – > → R$ 298,75

Resposta: R$ 298,75.

E 8.13 Um capital de R$ 9.300,00 aplicado no sistema de capitalização simples durante 100 dias produziu de juros 13% do seu valor. Determine a que taxa de juros mensal esse capital esteve aplicado.

Resolução:

< f > < REG >

9300 < PV >

9300 < ENTER > 13 < % > < + > < FV >

100 < ENTER > 30 < ÷ > < n >

0 < i >

< g > < GTO > 17

< R/S > → 0,04

100 < x > → 3,90% am

Resposta: 3,90% am.

E 8.14 Um capital foi aplicado no sistema de capitalização simples, com taxa de 12,40% aq, e produziu um montante de R$ 4.979,00. Sabendo que a aplicação produziu juros no valor de R$ 357,00, determine por quantos dias esse capital esteve aplicado.

Resolução:

< f > < REG >

4979 < FV >

4979 < ENTER > 357 < – > < PV >

12,40 < ENTER > 100 < ÷ > < i >

0 < n >

< g > < GTO > 17

< R/S > → 0,62 q

120 < x > → 74,75 d (75 d)

Resposta: 75 dias.

8.4 SOBRE O POSICIONAMENTO DOS PROGRAMAS NA MEMÓRIA DE PROGRAMAÇÃO

Deixar de digitar a sequência de instruções

< g > < GTO > (0)01

antes de executar o Programa 01, ou a sequência de instruções

< g > < GTO > (0)17

antes de executar o Programa 02 pode levar o usuário a cometer erros. Para ilustrar esse fato, vamos resolver em sequência os seguintes problemas:

- *1º problema:* um capital de R$ 5.000,00 foi aplicado a juros simples por 1 ano, 5 meses e 25 dias com taxa de 2,80% am. Determine o montante obtido por essa operação financeira.

Resolução:

5000 < PV >

360 < ENTER > 150 < + > 25 < + > 30 < ÷ > < n >

2,80 < ENTER > 100 < ÷ > < i >

0 < FV >

< g > < GTO > (0)17

< R/S > → R$ 7.496,67

Resposta: R$ 7.496,67.

- *2º problema:* determine a taxa diária equivalente à taxa trimestral de 150% no regime de capitalização composta.

Resolução:

150 < i >

1 < ENTER > 90 < ÷ > < n >

< R/S > → 0,00 % ad

Resposta: 0,00% ad.

O leitor deve observar que, na solução do segundo problema, não foi digitada a sequência de teclas:

< g > < GTO > (0)01

que posiciona a calculadora no início do Programa 01, e esse fato nos levou a obter uma resposta incorreta. Senão, vejamos:

150 < i >

1 < ENTER > 90 < ÷ >

< g > < GTO > (0)01

< R/S > → 1,02% ad

Justificativa

Ao utilizar o Programa 02 para obter o montante solicitado no primeiro problema, a calculadora interrompeu a execução do Programa 02 na linha (0)43 ao encontrar uma instrução de parada.

Assim, ao digitar o comando < R/S > na resolução do segundo problema, sem anteriormente posicionar a calculadora no início do Programa 01, o usuário instruiu a calculadora a continuar a execução do Programa 02 a partir da linha (0)44, o que causou o erro demonstrado há pouco.

8.5 VISUALIZANDO E CORRIGINDO PROGRAMAS NA MEMÓRIA DE PROGRAMAÇÃO

8.5.1 VISUALIZANDO

Para visualizar um programa **linha após linha** na memória da HP-12C, a partir de uma determinada linha, o usuário deve digitar a seguinte sequência de teclas:

Instruções	Observações
< g > < GTO > (x)xx	Posiciona a memória de programação na linha (x)xx
< f > < P/R >	Abre a memória de programação na linha (x)xx
< SST >	Permite visualizar o conteúdo da linha seguinte
< SST >	Permite visualizar o conteúdo da linha seguinte
.	.
.	.
.	.
< f > < P/R >	Fecha a memória de programação

Observe que a instrução < SST > permite visualizar as linhas de um programa em ordem crescente. Já a instrução

< g > < BST >

permite visualizar as linhas de um programa em ordem decrescente.

8.5.2 CORRIGINDO

Suponhamos, por exemplo, que, ao visualizar o Programa 02 na memória da HP-12C, tenha sido detectado o seguinte erro:

Errado

Linha	Instrução	Código
(0)36	< RCL > < i >	45 12
(0)37	< STO > < n >	44 11
(0)38	< x >	20

Correto

Linha	Instrução	Código
(0)36	< RCL > < i >	45 12
(0)37	< RCL > < n >	45 11
(0)38	< x >	20

Para corrigir erros desse tipo, o leitor deve proceder como segue:

Instruções	Observações
< g > < GTO > (0)36	Posiciona a memória de programação na linha (0)36
< f > < P/R >	Abre a memória de programação na linha (0)36
< RCL > < n >	A sequência de teclas ao lado é inserida na linha (0)37
< f > < P/R >	Fecha a memória de programação

Outro tipo de erro bastante comum é quando o usuário, ao digitar um programa, esquece uma ou mais instruções. Embora existam procedimentos que permitam efetuar correções desse tipo, tendo em vista sua complexidade, entendemos que, didaticamente, nesses casos, é melhor posicionar a memória de programação na linha anterior à da primeira instrução esquecida e refazer a digitação a partir desse ponto.

9 DEMONSTRAÇÃO DAS FÓRMULAS

9.1 AS FÓRMULAS DA CAPITALIZAÇÃO SIMPLES

9.1.1 FÓRMULA DOS JUROS

Suponhamos que um capital **PV** foi aplicado por **n** períodos com taxa **i**, no sistema de capitalização simples. Nessas condições:

$$1^o \text{ PERÍODO: } J_1 = PV\ i$$

$$2^o \text{ PERÍODO: } J_2 = PV\ i$$

$$3^o \text{ PERÍODO: } J_2 = PV\ i$$

.

.

.

Assim, após **n** períodos de capitalização, o valor total dos juros é dado por:

$$J = J_1 + J_2 + J_3 + \ldots + J_n$$

ou, ainda:

$$J = PV\ i + PV\ i + PV\ i + \ldots + PV\ i$$

e resulta, assim, a fórmula dos juros na capitalização simples:

$$\mathbf{J = PV \cdot i \cdot n}$$

9.1.2 FÓRMULA DO MONTANTE

Sabemos então que:

$$J = PV \cdot i \cdot n \; \mathbf{(1)}$$

Por outro lado sabemos também que:

$$FV = PV + J \; (2)$$

Assim, substituindo (1) em (2), resulta:

$$FV = PV + PV \cdot i \cdot n$$

e, colocando PV em evidência, resulta a fórmula do montante para a capitalização simples:

$$\mathbf{FV = PV \cdot (1 + i \cdot n)}$$

9.2 TAXAS EQUIVALENTES NA CAPITALIZAÇÃO SIMPLES

Consideremos, sem perder a generalidade, as seguintes taxas proporcionais: 26% ab e 39% at. Consideremos ainda, sem perder a generalidade, que essas taxas foram utilizadas em aplicações por 6 meses. Ora, nessas condições, a taxa de 26% ab deve gerar 3 períodos de capitalização e a taxa de 39% at deve gerar dois períodos de capitalização.

Notemos que a proporção existente entre as taxas e os respectivos números de períodos de capitalização é inversa, ou seja:

$$\frac{26}{39} = \frac{2}{3}$$

Assim, de forma geral, a proporção existente entre taxas proporcionais e os seus respectivos números de períodos de capitalização pode ser expressa como:

$$\frac{i_1}{i_2} = \frac{n_2}{n_1}$$

ou ainda:

$$i_1 . n_1 = i_2 . n_2$$

Estamos agora em condições de mostrar que no Sistema de Capitalização Simples, taxas proporcionais são equivalentes.

DEMONSTRAÇÃO

Suponhamos que um mesmo capital PV foi aplicado às taxas proporcionais i_1 e i_2, durante e o mesmo tempo t, gerando respectivamente n_1 e n_2 períodos de capitalização. Nessas condições, o juro produzido pela aplicação com taxa i_1 é dado por:

$$J_1 = PV\ i_1\ n_1$$

e o juro produzido pela aplicação com taxa i_2 é dada por:

$$J_2 = PV\ i_2\ n_2$$

Por outro lado, como i_1 e i_2 são taxas proporcionais, temos que:

$$i_1\ n_1 = i_2\ n_2$$

e consequentemente:

$$J_1 = J_2$$

o que nos mostra que de fato i_1 e i_2 são equivalentes.

9.3 AS FÓRMULAS DA CAPITALIZAÇÃO COMPOSTA

Suponhamos que um capital **PV** foi aplicado por **n** períodos com taxa **i**, no sistema de capitalização composta. Nessas condições:

- 1º período:

$$FV_1 = PV + J = PV + PV\ i = PV(1 + i)$$

- 2º período:

$$FV_2 = FV_1 + J = FV_1 + FV_1\, i = FV_1\,(1+ i) = PV\,(1 + i)\,(1 + i) = PV(1 + i)^2$$

- 3º período:

$$FV_3 = FV_2 + J = FV_2 + FV_2\, i = FV_2\,(1+ i) = PV(1 + i)^2\,(1 + i) = PV(1 + i)^3$$

e assim sucessivamente. Consequentemente, após **n** períodos, o montante total obtido é dado pela fórmula:

$$\mathbf{FV = PV\,(1 + i)^{\,n}}$$

Por outro lado, tendo em vista que:

$$J = FV - PV$$

podemos escrever:

$$J = PV\,(1 + i)^{\,n} - 1,$$

colocando PV em evidência, obtemos a fórmula dos juros na capitalização composta:

$$\mathbf{J = PV\,[\,(1 + i)^{\,n} - 1]}$$

9.4 TAXAS EQUIVALENTES NA CAPITALIZAÇÃO COMPOSTA

Já vimos que duas taxas dizem-se **equivalentes** quando, aplicadas a capitais iguais, durante tempos iguais, produzem juros iguais e, portanto, montantes iguais.

Assim, vamos considerar que dois capitais iguais, que iremos denominar **PV**, foram aplicados durante um mesmo tempo **t**.

O primeiro capital foi aplicado a uma taxa $\mathbf{i_1}$, gerando $\mathbf{n_1}$ períodos de capitalização, e o segundo capital foi aplicado a uma taxa $\mathbf{i_2}$, gerando $\mathbf{n_2}$ períodos de capitalização. Ora, tendo em vista a definição, se as taxas $\mathbf{i_1}$ e $\mathbf{i_2}$ são equivalentes, os montantes produzidos pelas duas aplicações são iguais. Denominando esse montante **FV**, podemos escrever:

- *1ª aplicação*:

$$FV = PV\,(1 + i_1)^{n_1} \Rightarrow \frac{FV}{PV} = (1 + i_1)^{n_1} \quad (1)$$

- *2ª aplicação:*

$$FV = PV(1+i_2)^{n_2} \Rightarrow \frac{FV}{PV} = (1+i_2)^{n_2} \quad (2)$$

Assim, igualando (1) e (2), temos:

$$(1+i_1)^{n_1} = (1+i_2)^{n_2}$$

$$1+i_1 = \sqrt[n_1]{(1+i_2)^{n_2}}$$

$$1+i_1 = (1+i_2)^{\frac{n_2}{n_1}}$$

$$\mathbf{i_1 = (1+i_2)^{\frac{n_2}{n_1}} - 1}$$

e resulta a fórmula que permite calcular taxas equivalentes na capitalização composta.

9.5 A CAPITALIZAÇÃO MISTA

Vamos iniciar este tópico propondo o seguinte exemplo:

Um capital no valor de R$ 87.500,00 foi aplicado à taxa de 7,85% am durante 83 dias. Determine o montante resultante dessa aplicação, supondo as seguintes opções de capitalização:

a) capitalização simples;

b) capitalização composta (utilizando a fórmula do montante);

c) capitalização composta (utilizando as teclas financeiras da HP-12C).

d) Nos primeiros 60 dias, o capital deve ficar aplicado no regime de capitalização composta. O montante assim obtido será aplicado durante os 23 dias restantes no regime de capitalização simples.

Resolução:

Antes de acompanhar a resolução a seguir na sua HP-12C, certifique-se de que a letra "**c**" não aparece no visor. Caso esteja aparecendo, pressione, para retirá-la, a sequência de teclas:

< STO > < EEX >

a) Capitalização simples:

PV = R$ 87.500,00
i = 7,85% am
t = 83 d
n = 83/30 m
FV = ?

$FV = PV \,.\, (1 + i \,.\, n)$

$$FV = 87.500 \,.\, \left(1 + 0{,}0785 \,.\, \frac{83}{30}\right)$$

FV = R$ 106.503,54

Resposta: R$ 106.503,54.

b) Capitalização composta (utilizando a fórmula do montante):

PV = R$ 87.500,00
i = 7,85% am
t = 83 d
n = 83/30 m
FV = ?

$FV = PV \,.\, (1 + i\,)^n$

$$FV = 87.500 \,.\, (1 + 0{,}0785)^{\frac{83}{30}}$$

FV = R$ 107.847,60

Resposta: R$ 107.847,60.

c) Capitalização composta (utilizando as teclas financeiras da HP-12C):

PV = R$ 87.500,00
i = 7,85% am
t = 83 d
n = 83/30 m
FV = ?

87500 < CHS > < PV >
7,85 < i >
83 < ENTER > 30 < ÷ > < n >
< FV > → R$ 107.901,96

Resposta: R$ 107.901,96.

d) Nos primeiros 60 dias, o capital deve ficar aplicado no regime de capitalização composta. O montante assim obtido será aplicado durante os 23 dias restantes no regime de capitalização simples.

- 1ª aplicação:

PV = R$ 87.500,00	87500 < CHS > < PV >
i = 7,85% am	7,85 < i >
t = 60 d	2 < n >
n = 2 m	< FV > → R$ 101.776,70
FV = ?	

- 2ª aplicação:

PV = R$ 87.500,00	FV = PV . (1 + i . n)
i = 7,85% am	$FV = 101.776,70 \cdot \left(1 + 0,0785 \cdot \frac{23}{30}\right)$
t = 23 d	**FV = R$ 107.901,96**
n = 23/30 m	
FV = ?	

Resposta: R$ 107.901,96.

Examinando atentamente os resultados obtidos neste exemplo, surgem, naturalmente, as seguintes perguntas:

1) O fato de o resultado obtido no item **b** ser maior do que o resultado obtido no item **a** se deve ao fato de que a capitalização composta **sempre** proporciona uma remuneração maior do que a capitalização simples?
2) Como explicar a diferença existente entre as respostas obtidas nos itens **b** e **c**?
3) O fato de termos obtido respostas iguais nos itens **c** e **d** é uma simples coincidência?
4) Se a capitalização composta **sempre** fornece uma remuneração maior que a capitalização simples, como se explica que o resultado obtido no item **b** (aplicação apenas em capitalização composta) seja menor do que o obtido no item **d** (aplicação em capitalização simples e composta)?

Vamos, então, às respostas.

Inicialmente, devemos observar que a taxa de juros do exercício apresenta capitalização mensal e que o período de 83 dias corresponde a 2 meses (parte inteira) + 23 dias (parte fracionária).

Quando um capital é aplicado no regime de juros compostos durante a parte inteira do período envolvido e o montante assim obtido é a seguir aplicado no regime de juros simples durante a parte fracionária desse mesmo período, dizemos que o montante final obtido foi calculado no regime de **capitalização mista**.

Ora, quando o indicador de estado da HP-12C relativo ao anúncio "**c**" não estiver aceso, a calculadora efetua o cálculo do montante no regime de capitalização mista e, em caso contrário, no regime de capitalização composta. Esse fato justifica plenamente tanto a diferença entre as respostas obtidas nos itens **b** e **c** como a igualdade das respostas obtidas em **c** e **d**.

Como consequência, segue que, quando o período envolvido em uma operação financeira é inteiro, as capitalizações composta e mista produzem o mesmo montante.

Para responder às demais perguntas, vamos observar a figura abaixo, que apresenta a evolução de um capital após **n** período no regime de capitalização simples (linha mais fina) e no regime de capitalização composta (linha mais grossa).

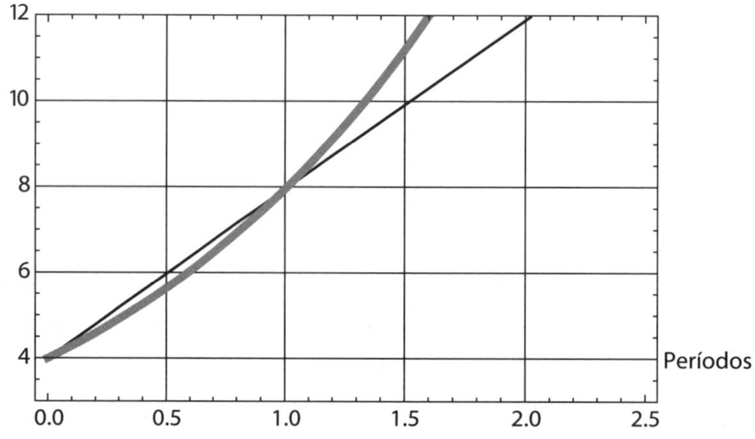

Cap. simples *versus* cap. composta

Gráfico 9.1

Observemos inicialmente que, quando **n = 1**, os dois gráficos se interceptam, ou seja, os dois regimes de capitalização produzem o mesmo montante.

De fato, fazendo **n = 1** nas respectivas fórmulas, resulta

$$\text{Cap. simples: } FV = PV\,(1 + i\,n) \Rightarrow FV = PV\,(1 + i)$$

$$\text{Cap. composta: } FV = PV\,(1 + i^{n}) \Rightarrow FV = PV\,(1 + i)$$

Observemos, ainda, que para qualquer valor de **n** à direita de 1 (um período), ou seja, para valores de **n** maiores do que 1, a capitalização composta produz um montante maior do que a capitalização simples. De fato, basta verificar que, nesta região, o gráfico representativo da capitalização composta (linha mais grossa) se posiciona acima do gráfico representativo da capitalização simples (linha mais fina).

Por outro lado, para qualquer valor de **n** à esquerda de 1 (um período), ou seja, para valores de **n menores** do que 1, a capitalização composta produz um montante menor do que a capitalização simples. De fato, basta verificar que, nesta região, o gráfico representativo da capitalização composta (linha mais grossa) se posiciona abaixo do gráfico representativo da capitalização simples (linha mais fina).

Está, assim, plenamente justificado o fato de a capitalização mista produzir um montante superior ao da capitalização composta para períodos não inteiros.

9.6 A FÓRMULA DO VALOR PRESENTE DE UMA RENDA IMEDIATA

Desejamos obter o **PV** de uma renda imediata da qual conhecemos **PMT**, **i** e **n**.

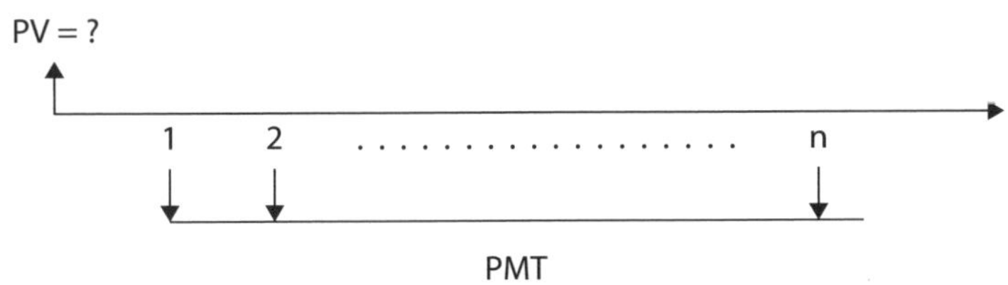

Para determinar o valor de **PV**, devemos expurgar de cada uma das **n** parcelas **PMT** os juros que a elas foram acrescidos.

A primeira parcela, ao ser expurgada dos juros, gera o fator $\mathbf{PV_1}$, que pode ser obtido como segue:

$$\mathrm{PMT} = \mathrm{PV_1}.(1+\mathrm{i})^1 \;\Rightarrow\; \mathrm{PV_1} = \frac{\mathrm{PMT}}{(1+\mathrm{i})^1} \;\Rightarrow\; PV_1 = PMT.(1+i)^{-1}$$

De forma semelhante, a segunda parcela, ao ser expurgada dos juros, gera o fator $\mathbf{PV_2}$, que pode ser obtido como segue:

$$\mathrm{PMT} = \mathrm{PV_2}\,(1+\mathrm{i})^2 \;\Rightarrow\; \mathrm{PV_2} = \frac{\mathrm{PMT}}{(1+\mathrm{i})^2} \;\Rightarrow\; \mathrm{PV_2} = \mathrm{PMT}\,(1+\mathrm{i})^{-2}$$

De forma semelhante, obtemos: $\mathbf{PV_3}$, $\mathbf{PV_4}$, ..., $\mathbf{PV_n}$. Notando agora que:

$$PV = PV_1 + PV_2 + ... + PV_n$$

podemos escrever:

$$PV = PMT\,(1+i)^{-1} + PMT\,(1+i)^{-2} + ... + PMT\,(1+i)^{-n} \Rightarrow$$
$$\Rightarrow PMT\left((1+i)^{-1} + (1+i)^{-2} ... + (1+i)^{-n}\right)$$

Chamando **(1 + i)** de α e invertendo a ordem da soma dentro do parênteses, resulta:

$$PV = PMT\,(\alpha^{-n} + ... + \alpha^{-2} + \alpha^{-1}) \quad \mathbf{(1)}$$

Os termos dentro dos parênteses formam uma progressão geométrica (PG) em que o primeiro termo é $\mathbf{a_1} = \alpha^{\mathbf{-n}}$ e a razão é $\mathbf{q} = \alpha$. Assim, sua soma pode ser calculada como segue:

$$S = \frac{a_1(q^n - 1)}{q - 1} = \frac{\alpha^{-n}(\alpha^n - 1)}{\alpha - 1} = \frac{1 - \alpha^{-n}}{\alpha - 1}$$

e, substituindo o resultado obtido acima em **(1)**, obtemos:

$$PV = PMT\ .\ \frac{1 - \alpha^{-n}}{\alpha - 1}$$

Substituindo, finalmente, α por **(1 + i)**, resulta:

$$PV = PMT\ \frac{1 - (1 + 1)^{-n}}{(1 + i) - 1}$$

ou, ainda:

$$\mathbf{PV = PMT\ \frac{1 - (1 + i)^{-n}}{i}}$$

que é a fórmula do valor presente para uma renda imediata.

9.7 A FÓRMULA DO VALOR FUTURO DE UMA RENDA IMEDIATA

Consideremos uma renda imediata formada por **n** pagamentos **PMT**, com taxa **i**, da qual desejamos conhecer o valor futuro **FV,** na data correspondente ao último pagamento (imediatamente após a efetivação deste).

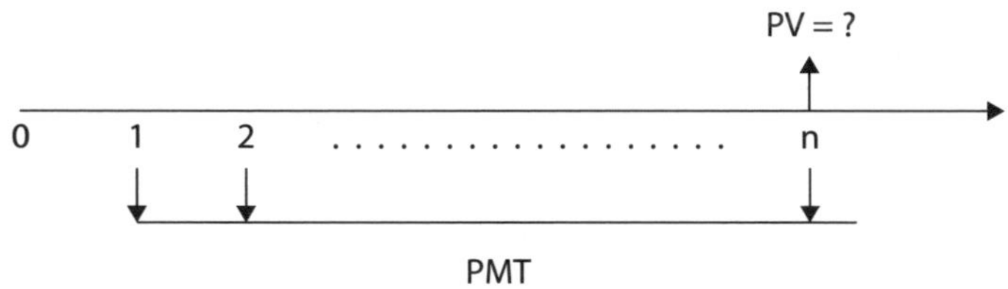

Apresentamos a seguir a maneira mais simples de se obter a fórmula que fornece o valor futuro desta renda, na data correspondente ao último pagamento (imediatamente após sua efetivação):

- *1º passo*: determinar o PV da renda na data focal zero:

$$PV = PMT \frac{1 - (1+i)^{-n}}{i}$$

- *2º passo*: deslocar o PV obtido no passo 1 da data focal zero para a data focal **n**.

$$FV = PV(1+i)^n$$

$$FV = PMT \frac{1-(1+i)^{-n}}{i}(1+i)^n$$

$$FV = PMT \frac{(1+i)^n - (1+i)^{-n}(1+i)^n}{i}$$

$$FV = PMT \frac{(1+i)^n - (1+i)^{-n+n}}{i}$$

$$\mathbf{FV = PMT \frac{(1+i)^n - 1}{i}}$$

9.8 AS FÓRMULAS DO DESCONTO RACIONAL SIMPLES

Inicialmente, devemos observar que o cálculo do desconto racional simples é realizado de forma semelhante ao da capitalização simples.

Assim, tendo em vista que o desconto ($\mathbf{D_R}$) é calculado sobre o valor do resgate bruto do título de crédito ($\mathbf{A_R}$), e lembrando que o desconto representa os juros da operação financeira, podemos deduzir a fórmula para o cálculo do desconto racional simples.

$$J = PV\ i\ n$$

Ou, especificamente:

$$D_R = A_R\ d\ n\ (\mathbf{1})$$

Por outro lado, como:

$$A_R = N - D_R\ (2)$$

segue, substituindo (2) em (1), que:

$$D_R = (N - D_R)\ d\ n \Rightarrow D_R = N\ d\ n - D_R\ d\ n \Rightarrow$$

$$\Rightarrow D_R + D_R\ d\ n = N\ d\ n \Rightarrow D_R\ (1 + d\ n) = N\ d\ n \Rightarrow$$

$$\mathbf{D_R = \frac{N\ d\ n}{1 + d\ n}}$$

Utilizando o resultado acima, podemos agora obter a fórmula para o cálculo do resgate bruto:

$$A_R = N - D_R \Rightarrow A_R = N - \frac{N\ d\ n}{1 + d\ n} \Rightarrow$$

$$A_R = \frac{N\,(1 + d\ n) - N\ d\ n}{1 + d\ n} \Rightarrow A_R = \frac{N + N d n - N d n}{1 + d n} \Rightarrow$$

$$\mathbf{A_R = \frac{N}{1 + d\ n}}$$

9.9 AS FÓRMULAS DO DESCONTO COMERCIAL SIMPLES

Inicialmente, devemos observar que o cálculo do desconto comercial simples é realizado de forma semelhante ao da capitalização simples.

Assim, tendo em vista que o desconto (**D_c**) é calculado sobre o valor nominal do título de crédito (**N**), e lembrando que o desconto representa os juros da operação financeira, podemos deduzir a fórmula para o cálculo do desconto comercial simples.

$$J = PV\ i\ n$$

Ou, ainda:

$$\mathbf{D_c = N\ d\ n}$$

Por outro lado, como:

$$A_c = N - D_c$$

substituindo a fórmula do desconto na expressão acima resulta:

$$A_c = N - N\ d\ n$$

ou, finalmente:

$$\mathbf{A_c = N\ (1 - d\ .\ n)}$$

9.10 A OCORRÊNCIA DE UM PARADOXO NO DESCONTO RACIONAL

Para que ocorra um paradoxo no desconto racional, é preciso que o valor do desconto (**D_R**) seja maior do que o valor nominal do título (**N**), e, neste caso, podemos escrever:

$$D_R > N \Rightarrow \frac{N\ .\ d\ .\ n}{1 + d\ .\ n} > N \Rightarrow N\ .\ d\ .\ n > N\ .\left(1 + d\ .\ n\right) \Rightarrow$$

$$\Rightarrow\ N\ .\ d\ .\ n > N + N\ .\ d\ .\ n\ \Rightarrow\ N < N\ .\ d\ .\ n - N\ .\ d\ .\ n\ \Rightarrow$$

$$\Rightarrow\ N\ <\ 0\ (\text{ABSURDO!})$$

ou seja, no desconto racional simples não há possibilidade de ocorrer um paradoxo como ocorre no desconto comercial simples.

9.11 PRAZO MÉDIO DE UM CONJUNTO DE TÍTULOS

Denomina-se **prazo médio** um conjunto de títulos, que vamos denotar por $\mathbf{n}_m$, o prazo em que devemos descontar a soma dos valores nominais deste conjunto de títulos, a uma dada taxa de desconto comercial, de modo a obter como resultado a soma dos descontos de cada título a esta mesma taxa.

Consideremos um borderô formado por **k** títulos. Sendo:

$$N_1, N_2, \ldots, N_k$$

os valores nominais destes títulos, com prazos de antecipação respectivamente iguais a:

$$n_1, n_2, \ldots, n_k,$$

e sendo **d** a taxa de desconto comercial a ser utilizada, podemos escrever:

$$(N_1 + N_2 + \ldots + N_k) \,.\, d \,.\, n_m = N_1 \,.\, d \,.\, n_1 + N_2 \,.\, d \,.\, n_2 + \ldots + N_k \,.\, d \,.\, n_k$$

ou, ainda:

$$(N_1 + N_2 + \ldots + N_k) \,.\, d \,.\, n_m = d \,.\, (N_1 \,.\, n_1 + N_2 \,.\, n_2 + \ldots + N_k \,.\, n_k)$$

Eliminando a taxa de desconto comercial **d** de ambos os membros e isolando $\mathbf{n}_m$ no primeiro membro, resulta:

$$\mathbf{n_m = \frac{N_1 . n_1 + N_2 . n_2 + \ldots + N_k . n_k}{N_1 + N_2 + \ldots + N_k}}$$

9.12 INCIDIBILIDADE DO PRAZO NA CAPITALIZAÇÃO SIMPLES

Suponhamos inicialmente que um capital **PV** tenha sido aplicado à taxa **i** por $\mathbf{n_1}$ períodos e que o montante apurado nessa aplicação seja então aplicado à mesma taxa **i** por $\mathbf{n_2}$ períodos, gerando o montante:

$$PV \,.\, (1 + i\, n_1) \,.\, (1 + i\, n_2) = PV \,.\, (1 + i\, n_2 + i\, n_1 + i^2\, n_1\, n_1) \quad \mathbf{(1)}$$

Suponhamos agora que o mesmo capital **PV** seja aplicado à taxa **i** durante o prazo total, ou seja, $\mathbf{n} = \mathbf{n_1} + \mathbf{n_2}$ períodos, gerando o montante:

$$PV\,(1 + i\,n) = PV\,(1 + i\,(n_1 + n_2)) = PV\,(1 + i\,n_1 + i\,n_2)\ (2)$$

Observando (1) e (2), concluímos que:

$$PV\,(1 + i\,\mathbf{n}) \neq PV\,(1 + i\,\mathbf{n_1})\,(1 + i\,\mathbf{n_2})$$

ou seja, no regime de capitalização simples, não é possível fracionar o prazo de aplicação no cálculo do montante (e, reciprocamente, na determinação do capital).

9.13 AS FÓRMULAS DO DESCONTO RACIONAL COMPOSTO

De forma semelhante ao que ocorreu na capitalização simples, o valor do resgate bruto ($\mathbf{A_R}$), resultante do desconto racional composto de um título de crédito de valor nominal (**N**), a uma taxa (**d**), com antecipação de (**n**) períodos, é **equivalente** a um empréstimo a juros compostos, de valor $\mathbf{A_R}$ por **n** períodos com taxa **i** (**i** = **d**), que deve gerar um pagamento final (empréstimo + juros) de valor **N**.

Tendo em vista o acima exposto, podemos escrever:

$$N = A_R\,(1 + d)^n$$

ou, ainda:

$$\mathbf{A_R = \frac{N}{(1+d)^n}}$$

Por outro lado, como:

$$D_R = N - A_R\ \mathbf{(1)}$$

substituindo o valor de A_R em (1), resulta:

$$D_R = N - \frac{N}{(1 + d)^n} = \frac{N\,(1 + d)^n - N}{(1 + d)^n}$$

e obtemos:

$$D_R = \frac{N \,.\, (1+d)^n - 1}{(1+d)^n}$$

9.14 O DESCONTO RACIONAL COMPOSTO NÃO GERA PARADOXOS

Observando a fórmula do desconto comercial composto:

$$D_R = \frac{N((1+d)^n - 1)}{(1+d)^n}$$

concluímos que, ao utilizar esta modalidade de desconto, não corremos o risco de obter resultados do tipo:

$$D_R > N \text{ (Paradoxo)}$$

como ocorreu no desconto comercial simples, pois como o fator:

$$\frac{(1+d)^n - 1}{(1+d)^n} < 1$$

segue obrigatoriamente que:

$$D_R > N$$

9.15 A CINDIBILIDADE DO PRAZO NA CAPITALIZAÇÃO COMPOSTA

De fato, suponhamos inicialmente que um capital **PV** tenha sido aplicado a juros compostos à taxa **i** por $\mathbf{n_1}$ períodos e que o montante apurado nessa aplicação seja então aplicado à mesma taxa **i** por $\mathbf{n_2}$ períodos, gerando o montante:

$$PV\ (1+i)^{n_1}\ (1+i)^{n_2}$$

Suponhamos agora que o mesmo capital **PV** seja aplicado à taxa **i** durante o prazo total, ou seja, $\mathbf{n = n_1 + n_2}$ períodos, gerando o montante:

$$PV\,(1+i)^n$$

Assim, tendo em vista a propriedade do produto de potências de mesma base, podemos escrever que:

$$PV(1+i)^{n} = PV(1+i)^{n_1+n_2} = PV(1+i)^{n_1}(1+i)^{n_2}$$

o que nos mostra que é possível fracionar os prazos de aplicação no cálculo do montante (ou do capital) na capitalização composta.

9.16 A TAXA ACUMULADA DE CORREÇÃO MONETÁRIA

Consideremos um índice indicador da inflação **I**, cujos valores em **k** períodos consecutivos foram, respectivamente: $\mathbf{I_0}$, $\mathbf{I_1}$, $\mathbf{I_2}$, . . . , $\mathbf{I_n}$, sendo $\mathbf{I_k}$ o valor do índice correspondente ao início do k-ésimo período $(1 \leq k \leq n)$.

Nessas condições, podemos escrever:

$$I_1 = I_0 \cdot (1+i_1) \Rightarrow i_1 = \frac{I_1}{I_0} - 1 \Rightarrow \frac{I_1}{I_0} = 1+i_1$$

$$I_2 = I_1 \cdot (1+i_2) \Rightarrow i_2 = \frac{I_2}{I_1} - 1 \Rightarrow \frac{I_2}{I_1} = 1+i_2$$

.

.

.

.

.

$$I_n = I_{n-1} \cdot (1+i_n) \Rightarrow i_n = \frac{I_n}{I_{n-1}} - 1 \Rightarrow \frac{I_n}{I_{n-1}} = 1+i_n$$

Multiplicando membro a membro as igualdades mostradas anteriormente, resulta:

$$\frac{I_1}{I_0} \cdot \frac{I_2}{I_1} \cdot \frac{I_3}{I_2} \cdots \frac{I_{n-1}}{I_{n-2}} \cdot \frac{I_n}{I_{n-1}} = (1+i_1) \cdot (1+i_2) \cdot (1+i_3) \cdots (1+i_{n-1}) \cdot (1+i_n)$$

Subtraindo agora uma unidade dos dois membros da igualdade acima, resulta:

$$\frac{I_n}{I_0} - 1 = (1 + i_1) \cdot (1 + i_2) \cdot (1 + i_3) \; . \; . \; . \; (1 + i_{n-1}) \cdot (1 + i_n) - 1$$

e, finalmente, podemos escrever:

$$\mathbf{i_{ac} = (1+i_1) \cdot (1+i_2) \cdot (1+i_3) \; . \; . \; . \; (1+i_{n-1}) \cdot (1+i_n) - 1}$$

9.17 A TAXA DE DESVALORIZAÇÃO DA MOEDA

Suponhamos que uma taxa de inflação $\mathbf{i_i}$ faz com que o preço **P** de uma mercadoria passe a custar $\mathbf{P \cdot (1 + i_i)}$.

Assim, a quantidade de moeda que comprava essa mercadoria ao preço inicial passa agora a comprar:

$$\frac{\cancel{P}}{\cancel{P} \cdot (1 + i_i)} = \frac{1}{1 + i_i}$$

ou, em outras palavras, deixa de comprar:

$$1 - \frac{1}{1 + i_i} = \frac{(1 + i_i) - 1}{1 + i_i} = \frac{i_i}{1 + i_i}$$

que é precisamente a taxa de desvalorização da moeda, ou seja:

$$\mathbf{i_d = \frac{i_i}{1 + i_i}}$$

9.18 A TAXA MÉDIA DE INFLAÇÃO

Vamos considerar as seguintes taxas de inflação válidas para **n** períodos consecutivos:

$$\mathbf{i_1, i_2, i_3, \; . \; . \; . \; , i_n}$$

Nessas condições, a taxa de inflação acumulada no período formada pelos **n** períodos consecutivos é dada por:

$$i_{ac} = (1 + i_1) \cdot (1 + i_2) \; . \; . \; . \; (1 + i_n) - 1$$

Ora, como estamos interessados em determinar uma taxa média para esses **n** períodos, taxa esta que gera a mesma taxa acumulada no período, podemos escrever:

$$i_{ac} = (1 + i_m) . (1 + i_m) . . . (1 + i_m) - 1 \quad \Rightarrow \quad i_{ac} = (1 + i_m)^n - 1 \quad \Rightarrow$$

$$\Rightarrow \quad (1 + i_m)^n = 1 + i_{ac} \quad \Rightarrow \quad 1 + i_m = \sqrt[n]{1 + i_{ac}}$$

e, finalmente, resulta:

$$\mathbf{i_m = \sqrt[n]{1 + i_{ac}} - 1}$$

9.19 TAXA REAL E TAXA APARENTE

Vamos supor que um capital **PV** foi aplicado e produziu após um determinado período um montante **FV**.

Ora, se não for levada em conta a inflação do período considerado, podemos escrever que:

$$FV = PV . (1 + i_a) \textbf{ (A)}$$

em que $\mathbf{i_a}$ representa a taxa aparente de juros no período.

Por outro lado, se levarmos em conta a inflação do período, podemos escrever que:

$$FV = PV . (1 + i_i) . (1 + i_R) \textbf{ (B)}$$

em que $\mathbf{i_i}$ e $\mathbf{i_R}$ representam, respectivamente, a taxa real de juros e a taxa de inflação do período considerado.

Assim, igualando **(A)** e **(B)**, resulta:

$$1 + i_a = (1 + i_R) . (1 + i_i) \quad \Rightarrow \quad 1 + i_R = \frac{1 + i_a}{1 + i_i}$$

e, finalmente, podemos escrever:

$$\mathbf{i_R = \frac{1 + i_a}{1 + i_i} - 1}$$

9.20 CÁLCULO DO SALDO DEVEDOR DE UM SISTEMA PRICE EM UM PERÍODO QUALQUER

Suponhamos uma série imediata composta de **n** prestações.

Em um período **n = k**, qualquer, o número de prestações ainda não pagas será igual a **n-k**. Nessas condições, o saldo devedor no **k-ésimo** período será igual ao valor presente das prestações ainda não pagas.

Assim, podemos escrever:

$$SD_k = PMT \cdot \frac{1-(1+i)^{-(n-k)}}{i} \qquad \textbf{(1)}$$

Por outro lado, como:

$$PV = PMT \cdot \frac{1-(1+i)^{-n}}{i} \quad \Rightarrow \quad PMT = \frac{PV}{\dfrac{1-(1+i)^{-n}}{i}} \qquad \textbf{(2)}$$

segue, substituindo (2) em (1), que:

$$SD_k = \frac{PV}{\dfrac{1-(1+i)^{-n}}{\not{i}}} \cdot \frac{1-(1+i)^{-(n-k)}}{\not{i}}$$

e, finalmente, resulta:

$$\mathbf{SD_k = PV \cdot \frac{1-(1+i)^{k-n}}{1-(1+i)^{-n}}}$$

9.21 CÁLCULO DO VALOR DA AMORTIZAÇÃO DE UM SISTEMA PRICE EM UM PERÍODO QUALQUER

Suponhamos uma série imediata composta de n prestações.

O valor da amortização no k-ésimo período é igual à diferença entre a prestação e os juros referentes a esse período. Não devemos esquecer, entretanto, que os juros no k-ésimo período são calculados com base no período anterior. Assim:

$$A_k = PMT - J_k \Rightarrow A_k = PMT - i \,.\, SD_{k-1} \Rightarrow$$

$$\Rightarrow A_k = \frac{PV}{\dfrac{1-(1+i)^{-n}}{i}} - i \,.\, PV \, \frac{1-(1+i)^{k-1-n}}{1-(1+i)^{-n}} \Rightarrow$$

$$\Rightarrow A_k = \frac{PV \,.\, i}{1-(1+i)^{-n}} - i \,.\, PV \, \frac{1-(1+i)^{k-1-n}}{1-(1+i)^{-n}} \Rightarrow$$

$$\Rightarrow A_k = PV \; i \left(\frac{1}{1-(1+i)^{-n}} - \frac{1-(1+i)^{k-1-n}}{1-(1+i)^{-n}} \right) \Rightarrow$$

$$\mathbf{A_k = PV \,.\, i \,.\, \frac{(1+i)^{k-1-n}}{1-(1+i)^{-n}}}$$

9.22 CÁLCULO DO VALOR DOS JUROS DE UM SISTEMA PRICE EM UM PERÍODO QUALQUER

O valor dos juros no **k-ésimo** período pode ser obtido subtraindo-se a amortização da prestação referente a esse período.

Assim, podemos escrever:

$$J_k = PMT - A_k \Rightarrow J_k = \frac{PV}{\dfrac{1-(1+i)^{-n}}{i}} - PV \; i \; \frac{(1+i)^{k-1-n}}{1-(1+i)^{-n}} \Rightarrow$$

$$\Rightarrow J_k = \frac{PV \,.\, i}{1-(1+i)^{-n}} - i \,.\, PV \, \frac{(1+i)^{k-1-n}}{1-(1+i)^{-n}} \Rightarrow$$

$$J_k = PV \; i \left(\frac{1}{1-(1+i)^{-n}} - \frac{(1+i)^{k-1-n}}{1-(1+i)^{-n}} \right) \Rightarrow$$

$$\mathbf{J_k = PV \,.\, i \,.\, \frac{1-(1+i)^{k-1-n}}{1-(1+i)^{-n}}}$$

9.23 CÁLCULO DO VALOR DO IOF COM FINANCIAMENTO

Consideremos inicialmente as seguintes notações:

x = valor do IOF com financiamento;

y = valor do financiamento sem IOF;

z = valor do IOF sem financiamento;

t = valor do financiamento com IOF.

Observamos agora que são válidas as seguintes relações:

$$\mathbf{t = y + x}\ (1) \quad \text{e} \quad \frac{\mathbf{y}}{\mathbf{t}} = \frac{\mathbf{z}}{\mathbf{x}}\ (2)$$

substituindo (1) em (2), resulta:

$$\frac{y}{y+x} = \frac{z}{x} \quad \Rightarrow \quad y \,.\, x = z \,.\, (y+x) \quad \Rightarrow \quad y \,.\, x = z \,.\, y + z \,.\, x \quad \Rightarrow$$

$$\Rightarrow \quad y \,.\, x - z \,.\, x = z \,.\, y \quad \Rightarrow \quad x \,.\, (y - z) = z \,.\, y \quad \Rightarrow$$

$$\mathbf{x} = \frac{\mathbf{y \,.\, z}}{\mathbf{y - z}}$$

9.24 CÁLCULO DO SALDO DEVEDOR DE UM SISTEMA SAC EM UM PERÍODO QUALQUER

Notemos inicialmente que o valor da amortização no sistema SAC é dada por:

$$A = \frac{PV}{n}$$

Para obter o saldo devedor no **k**-ésimo período, deve-se subtrair **k** amortizações do valor da dívida, ou seja:

$$SD_k = PV - k \,.\, A = PV - k \,.\, \frac{PV}{n}$$

e resulta:

$$\mathbf{SD_k = PV \cdot \left(1 - \frac{k}{n}\right)}$$

9.25 CÁLCULO DO VALOR DOS JUROS DE UM SISTEMA SAC EM UM PERÍODO QUALQUER

Como no **k-**ésimo período:

$$J_k = i \cdot SD_{k-1}$$

podemos escrever:

$$J_k = i \cdot PV \cdot \left(1 - \frac{k-1}{n}\right)$$

e resulta:

$$\mathbf{J_k = PV \cdot i \cdot \left(1 - \frac{k-1}{n}\right)}$$

9.26 CÁLCULO DO VALOR DO PAGAMENTO DE UM SISTEMA SAC EM UM PERÍODO QUALQUER

Como no k-ésimo período:

$$PMT_k = AM_k + J_k$$

podemos escrever:

$$PMT_k = AM_k + J_k \quad \Rightarrow \quad PMT_k = \frac{PV}{n} + PV \cdot i \cdot \left(1 - \frac{k-1}{n}\right) \quad \Rightarrow$$

$$\Rightarrow \quad PMT_k = PV. \left(\frac{1}{n} + i. \left(1 - \frac{k-1}{n}\right)\right) \quad \Rightarrow \quad PMT_k = PV. \left(\frac{1}{n} + i. \left(\frac{n-k+1}{n}\right)\right) \quad \Rightarrow$$

e, finalmente, resulta:

$$\mathbf{PMT_k = PV \cdot \left(\frac{1 + i \cdot (n - k + 1)}{n}\right)}$$

9.27 SOMATÓRIA DOS JUROS PAGOS NO SISTEMA SAC ATÉ UM PERÍODO QUALQUER

Já vimos no item 9.25 que o valor dos juros de um sistema SAC em um período qualquer é dado por:

$$\mathbf{J_k = PV \cdot i \cdot \left(1 - \frac{k - 1}{n}\right)}$$

Assim, podemos escrever:

Juros no 1º período: $J_k = PV \cdot i \cdot \left(1 - \frac{1 - 1}{n}\right) = PV \cdot i$

Juros no 2º período: $J_2 = PV \cdot i \cdot \left(1 - \frac{2 - 1}{n}\right) = PV \cdot i \cdot \left(1 - \frac{1}{n}\right)$

Juros no 3º período: $J_3 = PV \cdot i \cdot \left(1 - \frac{3 - 1}{n}\right) = PV \cdot i \cdot \left(1 - \frac{2}{n}\right)$

.

.

.

Juros no k-ésimo período: $J_k = PV \cdot i \cdot \left(1 - \frac{k - 1}{n}\right)$

e, consequentemente:

$$\sum_{t=1} J_t = J_1 + J_2 + J_3 + \ldots + J_k =$$

$$= PV \cdot i + PV \cdot i \cdot \left(1 \Re \frac{1}{ü}\right) + PV \cdot i \cdot \left(1 \quad \frac{2}{}\right) + \ldots + PV \cdot i \cdot \left(1 \quad \frac{k \quad 1}{}\right) =$$

$$= PV \cdot i \cdot \left(1 + \left(1 - \frac{1}{n}\right) + \left(1 - \frac{2}{n}\right) + \ldots + \left(1 \quad \frac{k-1}{}\right)\right)$$

$$= \quad PV\,.\,i\,.\left((1+1+1+\ldots+1) - \left(\frac{1}{n}+\frac{2}{n}+\ldots+\frac{k-1}{n}\right)\right)$$

$$= \quad PV\,.\,i\,.\left(k - \left(\frac{1}{n}+\frac{2}{n}+\ldots+\frac{k-1}{n}\right)\right)$$

Observemos agora que:

$$\frac{1}{n}+\frac{2}{n}+\ldots+\frac{k-1}{n}$$

representa a soma dos **k-1** primeiros termos de uma progressão aritmética (PA) com as seguintes características:

$$a_1 = \frac{1}{n} \quad \text{e} \quad R = \frac{1}{n}$$

e, lembrando que a soma dos **n** primeiros termos de uma PA é dada por:

$$S_n = \frac{(a_1 + a_n)\,.\,n}{2}$$

segue que:

$$\frac{1}{n}+\frac{2}{n}+\ldots+\frac{k-1}{n} = \frac{\left(\frac{1}{n}+\frac{k-1}{n}\right)(k-1)}{2} = \frac{\frac{k}{n}.(k-1)}{2} = \frac{k.(k-1)}{2n}$$

e, finalmente, podemos escrever:

$$\sum_{t=1}^{k} J_t = PV\,.\,i.\left(k - \frac{k\,.\,(k-1)}{2n}\right)$$

REFERÊNCIAS

1. ASSAF NETO, A. *Matemática financeira e suas aplicações*. São Paulo: Atlas, 2003.
2. ASSAF NETO, A. *Mercado financeiro*. São Paulo: Atlas, 1999.
3. AYRES JR., F. *Matemática financeira*. Trad. Gastão Quartin Pinto de Moura. São Paulo: McGraw-Hill, 1978.
4. BRANCO, A. C. C. *Matemática financeira aplicada*. São Paulo: Pioneira Thomson Learning, 2002.
5. BRUNI, A. L.; FAMÁ, R. *Matemática financeira com HP 12C e Excel*. São Paulo: Atlas, 2002.
6. BUENO, R. de L. da S.; RANGEL, A. de S.; SANTOS, J. C. de S. *Matemática financeira moderna*. São Paulo: Cengage Learning, 2011.
7. CRESPO, A. A. *Matemática comercial e financeira fácil*. São Paulo: Saraiva, 1997.
8. CRESPO, A. A. *Estatística fácil*. São Paulo: Saraiva, 2009.
9. DOWNING, D.; CLARK, J. *Estatística aplicada*. Trad. Alfredo Alves de Farias. São Paulo: Saraiva, 1998.
10. FARIA, R. G. *Matemática comercial e financeira*. São Paulo: Makron Books, 2000.
11. FARO, C. de. *Princípios e aplicações do cálculo financeiro*. Rio de Janeiro: Livros Técnicos e Científicos, 1990.
12. FRANCISCO, W. de. *Matemática financeira*. São Paulo: Atlas, 1976.
13. GIMENEZ, C. M. *Matemática financeira*. São Paulo: Pearson Prentice Hall, 2009.
14. KMETEUK FILHO, O. *Fundamentos da matemática financeira*. Rio de Janeiro: Ciência Moderna, 2005.
15. HAZZAN, S.; POMPEO, J. N. *Matemática financeira*. São Paulo: Saraiva, 2001.

16. HEWLETT-PACKARD Development Company. *HP-12C Gold/Platinum – Manual do Usuário e Guia de Resolução de Problemas*. 2003. Disponível em: http://h10032.www1.hp.com/ctg/Manual/bpia5314.pdf. Acesso em: 21 abr. 2019.

17. KARMEL, P. H., POLASEK, M. *Estatística geral e aplicada para economistas*. Trad. José Pereira Lima. São Paulo: Atlas, 1972.

18. KUHNEN, O. L.; BAUER, U. R. *Matemática financeira aplicada e análise de investimentos*. São Paulo: Atlas, 1996.

19. MATHIAS, W. F.; GOMES, J. M. *Matemática financeira*. São Paulo: Atlas, 1993.

20. MERCHEDE, A. *Matemática financeira para concursos*. São Paulo: Atlas, 2003.

21. MÜLLER, A. N.; ANTONIK, L. R. *Matemática financeira*. São Paulo: Editora Saraiva, 2012.

22. NASCIMENTO, M. A. *Introdução à matemática financeira*. São Paulo: Saraiva, 2011.

23. PILÃO, N. E.; HUMMEL, P. R. V. *Matemática financeira e engenharia econômica*. São Paulo: Cengage Learning, 2010.

24. PUCCINI, A. de L. *Matemática financeira objetiva e aplicada*. São Paulo: Saraiva, 1998.

25. SAMANEZ, C. P. *Matemática financeira com aplicações à análise de investimentos*. São Paulo: Prentice Hall, 2002.

26. SMAILES, J.; McGRANE A. *Estatística aplicada à administração com Excel*. Trad. Christiane Brito. São Paulo: Atlas, 2002.

27. SOBRINHO, J. D. V. *Matemática financeira*. São Paulo: Atlas, 1993.

28. SONIA, V. *Princípios de estatística*. São Paulo: Pioneira, 1999.

29. STEVENSON, W. J. *Estatística aplicada à administração*. Trad. Alfredo Alves de Farias. São Paulo: Harbra, 1981.

30. TEIXEIRA, J.; SCIPIONE, D. P. N. *Matemática financeira*. São Paulo: Makron Books, 1998.

31. TOSI, A. J. *Matemática financeira com ênfase em produtos bancários*. São Paulo: Atlas, 2003.

32. VANNUCCI, L. R. *Cálculos financeiros aplicados e informatizados*. São Paulo: Copiart, 2001.

33. VERAS, L. L. *Matemática financeira*. São Paulo: Atlas, 1991.